R 14426

1846

Azaïs, Pierre Hyacinthe-Mme Azaïs

Des compensations dans les destinées humaines

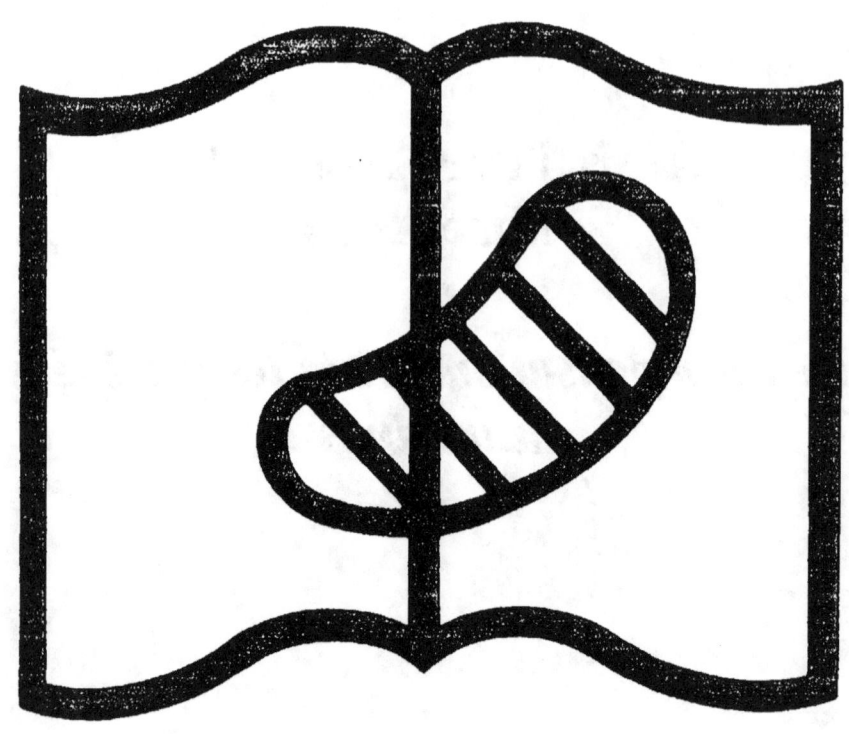

**Symbole applicable
pour tout, ou partie
des documents microfilmés**

Original illisible

NF Z 43-120-10

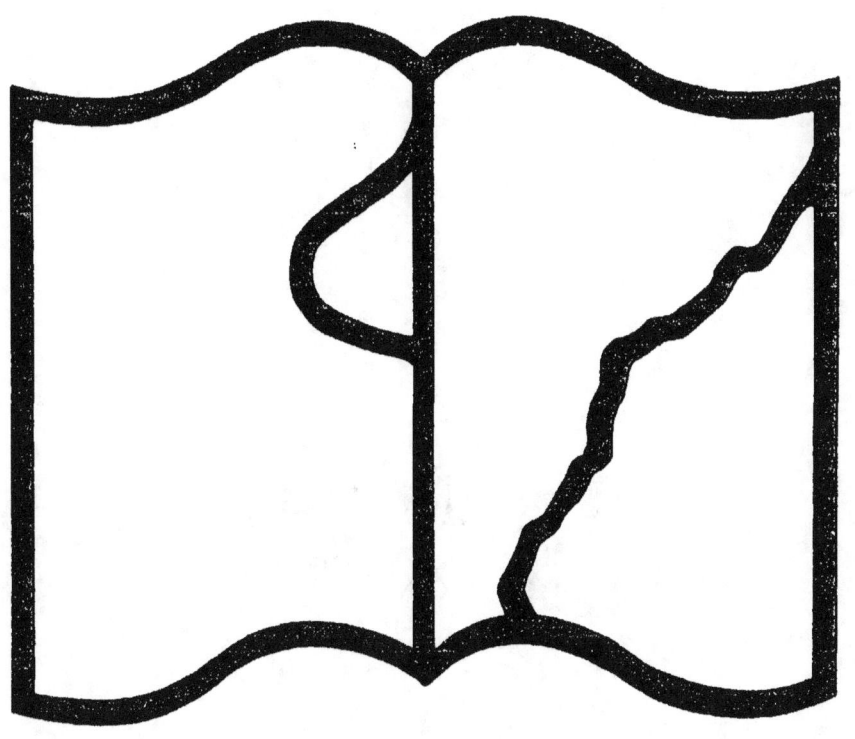

Symbole applicable
pour tout, ou partie
des documents microfilmés

Texte détérioré — reliure défectueuse

NF Z 43-120-11

R 2554.
6.E.
©

DES COMPENSATIONS.

PARIS,
TYPOGRAPHIE DE FIRMIN DIDOT FRÈRES, RUE JACOB, 56.

DES
COMPENSATIONS
DANS LES
DESTINÉES HUMAINES,

PAR H. AZAÏS.

Cinquième Édition,

REVUE AVEC SOIN SUR UN EXEMPLAIRE ANNOTÉ PAR L'AUTEUR,
PRÉCÉDÉE D'UNE NOTICE SUR SA VIE ET SES OUVRAGES,
ET ORNÉE DE SON PORTRAIT.

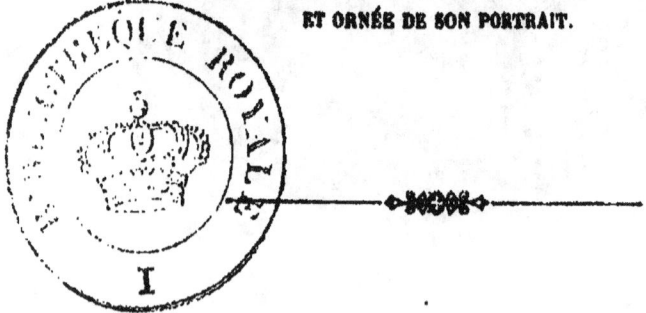

PARIS,
LIBRAIRIE DE FIRMIN DIDOT FRÈRES,
IMPRIMEURS DE L'INSTITUT,
RUE JACOB, 56.

1846.

AZAÏS.

SA VIE ET SES OUVRAGES.

L'auteur de cette Notice tient, sinon par les liens du sang, du moins par l'alliance la plus étroite, à celui dont il va écrire la vie. Pendant quatorze ans il recueillit ses souvenirs du passé, ses confidences du présent, ses projets d'avenir.

Ceux qui connurent la noble franchise, le cœur ardent et la douce simplicité de l'homme éminent auquel ces lignes sont consacrées, comprendront combien il dut inspirer de religieux respect et de tendre affection à tous les membres de sa famille. Toutefois, nous savons où doit s'arrêter le dévouement du fils d'adoption, où le devoir de l'historien commence; nous savons quelle impartialité notre position même nous impose.

Azaïs notait chaque jour, soit les événements qui intéressaient le pays ou la science, soit les faits personnels qui portaient dans son cœur la douleur ou la joie, l'appréhension ou l'espérance. C'est dans ce journal, confident intime de ses actions et de ses pensées, que nous puiserons les traits principaux de cette Notice; et peut-être un homme de mœurs, de caractère, d'habitudes tout exceptionnelles, comme fut Azaïs, ne peut-il être bien peint que par les écrits nés, pour ainsi dire, sous le trait rapide de sa plume, ou par les paroles recueillies dans le laisser aller de ses conversations familières.

Nous parlerons moins de ses ouvrages que de sa vie; et, dans ce que nous dirons de ses ouvrages, il y aura plus d'analyse que de jugements. D'autres pourront les apprécier; notre but plus modeste sera rempli, si nos pages simples et vraies ont fait naître chez nos lecteurs l'estime profonde qu'éprouvèrent pour Azaïs tous ceux qui le connurent.

I.

Pierre-Hyacinthe Azaïs naquit à Sorèze le 1er mars 1766. Quinze mois après sa naissance, sa mère lui donna une sœur; quinze mois après, elle lui en donna une seconde; et elle mourut. Le jeune Azaïs avait donc alors deux ans et demi : « Je me vois en-

« core sur un banc de pierre, auprès de notre porte, écrivait-il trente
« ans plus tard; un convoi funèbre sort d'un vestibule sombre, un
« cercueil passe; des chants l'accompagnent; je le suis du re-
« gard. C'est là seulement que je vois ma mère! »

Azaïs père quitta Sorèze peu de temps après la mort de sa femme. Il alla à Paris, où, quoique jeune encore (il avait à peine vingt-cinq ans), il se fit remarquer comme compositeur par les grands maîtres du temps, tels que Gossec et l'abbé Giroust; il trouva un guide et un ami dans l'abbé Roussier, auquel, selon toute apparence, il dut d'être nommé directeur du concert de Marseille, le meilleur qu'il y eût en France après le concert spirituel.

Le jeune Azaïs avait été laissé par son père dans une famille nouvellement établie à Sorèze, et qui tenait une école assez bizarrement dirigée. Néanmoins, il y eut pour lui un avantage réel à passer ses premières années dans cette famille : elle venait de Paris, elle parlait mieux que ne le faisaient dans le pays les gens qui parlaient le moins mal; l'enfant put donc acquérir un caractère d'organe, une inflexion de voix et une manière de s'énoncer éloignés à la fois de l'accent et du jargon de sa petite ville.

« Un homme d'un grand mérite, dom Despaulx, avait fondé à
« Sorèze, ou du moins étendu et perfectionné, un collége où quatre
« cents élèves recevaient tous les genres d'instruction. Les langues,
« les mathématiques, les sciences naturelles étaient montrées à
« Sorèze par des religieux de l'ordre des bénédictins. Là, on se
« délassait des études fortes et sérieuses par la musique, la
« danse et tous les arts d'agréments. Là, un ordre parfait mainte-
« nait un régime paisible et salutaire. Là, il n'était guère d'élèves
« qui ne parvinssent à acquérir un talent précieux ou une con-
« naissance utile, parce que le grand art du directeur était d'occu-
« per chacun selon ses dispositions naturelles[1]. » Azaïs père devint chef de la partie musicale dans le collége de Sorèze, et son fils y fut placé en 1772, à l'âge de six ans.

Nous ne saurions dire qu'Azaïs y ait fait ce qu'on appelle de bonnes études classiques : il fit toute sa vie assez bon marché de son savoir en fait de latin et de grec; mais il s'y adonna particulièrement à l'étude des sciences naturelles. Il reçut des leçons de physique d'un homme excellent, dont les bontés restèrent profondément gravées dans son cœur. Dom Reboul fut pour le jeune

---

[1] *Le nouvel Ami des enfants*, t. X, p. 88 et suiv.

homme bien moins un professeur qu'un ami. Tantôt il calmait son imagination naissante ; tantôt il satisfaisait son intelligence avide en causant avec lui des plus grands objets. Il favorisait le goût de la méditation qui se montrait déjà dans le caractère de son élève en lui abandonnant, pour ainsi dire, son cabinet de physique, en lui laissant la faculté de réfléchir seul au milieu de ses livres et de ses instruments.

Il y avait aussi à Sorèze un professeur d'histoire naturelle, d'une belle âme, d'une imagination ardente ; il se nommait dom Lamée. L'étude de la nature était pour lui une source continuelle de jouissances très-vives, qu'il exprimait avec enthousiasme, souvent avec exaltation. Il avait formé un beau cabinet, où les productions de la nature étaient classées avec ordre ; et c'est là qu'il donnait ordinairement ses leçons, ou plutôt qu'il se livrait à ses inspirations. D'autres fois il conduisait ses élèves dans la campagne ; et là il s'animait encore davantage. Il avait cette éloquence forte et passionnée qui naît des grandes idées, unies à des sentiments profonds. Le jeune Azaïs fut un des élèves les plus assidus de dom Lamée ; son bonheur était de le suivre et de l'entendre : celui-ci s'en aperçut, le distingua de ses camarades, prit pour lui une affection marquée, fit de lui son compagnon et son ami [1].

L'étude de la musique fut aussi une des occupations favorites du jeune collégien. Azaïs père voyait avec répugnance son fils devenir musicien ; mais la nature le voulait, et la nature l'emporte tôt ou tard sur les désirs d'un père. Le jeune Azaïs fut musicien passionné, et cet art devint un lien de plus entre dom Reboul et son élève ; car dom Reboul aimait la musique avec enthousiasme. Bientôt il put se reposer sur le jeune homme de l'intendance du concert, dont il était chargé. Azaïs aima toute sa vie à se rappeler ces temps-là. « Tous les jeudis nous faisions un quatuor chez dom « Reboul ; et puis venaient à grand orchestre les symphonies de « Stamitz, les chants d'opéra, les motets d'église, les messes et « les psaumes de mon père. Nous savions tout cela par cœur, et « nous y revenions sans cesse. Cet admirable *Stabat* de Pergolèse, « dans la semaine sainte, chanté le soir à l'église, accompagné par « nos violons en sourdine, et sur lesquels tombaient souvent nos « larmes de piété et d'amour..... tout cela m'est présent comme « si cela ne datait que de quelques jours [2]. »

[1] *Le nouvel Ami des enfants*, t. X, p. 88 et suiv.
[2] *Journal* d'Azaïs, 19 juin 1845.

Le temps passé par le jeune Azaïs au collége de Sorèze fut donc un temps de bonheur calme et de douces jouissances. Aussi, quand il fallut se séparer, que de pleurs versèrent dom Reboul et son élève, en se serrant dans les bras l'un de l'autre? Azaïs avait seize ans lorsqu'il quitta le collége.

II.

La seconde période de sa vie eut un tout autre caractère : elle fut inquiète, incertaine, traversée par mille contrariétés, par des chagrins véritables.

Azaïs père s'était établi depuis peu à Toulouse, où il tenait comme musicien un rang des plus honorables et des mieux mérités. C'était d'ailleurs un homme bon, d'une âme simple, droite, généreuse; mais il avait contracté un second, puis un troisième mariage; et, bien que sa femme fût douée de douceur et de sensibilité, cependant le cœur ardent du jeune homme dut sentir amèrement le vide que laisse au milieu de la famille l'absence d'une mère ! Puis, dans cette ville de Toulouse, aux idées, aux mœurs aristocratiques, le fils du musicien se trouvait parfois en face d'anciens condisciples qui, tandis qu'il entrait dans sa carrière de labeur et d'études, entraient eux dans une carrière de haute fortune; d'anciens condisciples qui, se rappelant peut-être qu'il les avait écrasés au collége sous sa supériorité, ne se refusaient pas toujours le plaisir de le froisser dans le monde sous le poids de leur orgueil [1]. « Je sortais à peine de la vie de l'enfant, a dit Azaïs, je nais-
« sais à peine à la vie de l'homme. Je souffris beaucoup de peines;
« je n'avais point le secret de leurs causes, je ne me connaissais
« point encore, personne ne me connaissait ; tout ce qui m'entou-
« rait concourait avec moi à me rendre malheureux [2]. » Découragé enfin par les obstacles de tous genres que son ardeur de jeune homme rencontrait sans cesse, il conçut une profonde mélancolie, et ne songea plus qu'à se jeter dans un cloître.

Il visitait souvent dans sa cellule un ancien ami de sa famille; ce fut près de lui qu'il se proposa d'aller cacher, sous l'habit de chartreux, son inquiétude et ses chagrins. Son confident chercha d'abord à le détourner de ce projet, lui annonçant, s'il le suivait, des chagrins plus grands encore ; « Mais, répondait Azaïs, vous

---

[1] *Journal*, 26 août 1827.
[2] *Journal*, 26 décembre 1798.

« voyez combien l'on me rend malheureux, et sans cesse on me
« blâme de l'être : je n'y puis plus tenir ; il me faut un asile où je
« puisse du moins pleurer en silence et mourir en repos [1]. » Le
bon religieux ne chercha plus à dissuader le jeune homme ; il fit
mieux, il le rendit témoin de scènes d'intérieur qui frappèrent vivement son imagination, et lui ôtèrent pour toujours l'envie de se
faire chartreux.

Cependant rien ne pouvait vaincre le penchant du jeune Azaïs
pour la retraite monastique ; son père obtint seulement de lui qu'il
en essayerait dans une congrégation religieuse où l'on ne faisait
de vœux que pour un an, dans la congrégation des doctrinaires.
Le jeune homme y entra à l'âge de dix-sept ans.

Le temps passé là fut bien triste, si l'on en juge par le souvenir
qu'il laissa dans l'esprit d'Azaïs ; il n'en parla jamais qu'avec le plus
profond déplaisir. Après six mois de noviciat, il fut envoyé au collége de Tarbes comme régent de cinquième. Là, il acheva de prendre en aversion, non des hommes tels que Daunou et Laromiguière,
qui lui inspirèrent une estime et une amitié inaltérable, mais les
communautés en général, et les fonctions auxquelles on l'appliquait.

Le jeune Azaïs était donc vraiment malheureux à Tarbes ; il
écrivit à son père sur le ton de la désolation. Ses lettres furent
montrées à l'abbé de Faye, grand vicaire de l'archevêque de Toulouse : le bon abbé les lut avec un vif intérêt ; et ayant été nommé
peu de jours après à l'évêché d'Oleron en Béarn, il voulut, en passant à Tarbes, voir le jeune professeur. Un jour donc le pauvre
petit régent de cinquième reçoit d'un évêque l'invitation de l'aller
voir ; il hésite, il tremble ; mais la lettre est si douce et si bonne !
Il se rend enfin près de monseigneur, qui le traite avec la bonté la
plus affectueuse, l'entraîne à lui parler avec franchise de son sort
chez les doctrinaires, ne le blâme point de s'y déplaire, et finit
par lui demander s'il serait bien aise de demeurer avec lui, d'être
son secrétaire à Oleron. Trop ému pour pouvoir exprimer son
étonnement et son bonheur, le jeune Azaïs ne put que pleurer ; et
le bon évêque entendit ce langage. — Allons, dit-il, vous consentez,
je le vois ; eh bien ! nous partirons demain. — Ainsi en moins d'une
heure le jeune Azaïs passait d'une tristesse accablante à un véritable ravissement.

[1] *Physiologie du bien et du mal*, p. 76.

Nous avons entendu plus d'une fois le vieillard raconter ce voyage de Tarbes à Oleron, fait dans la voiture et à côté de l'évêque; il peignait encore, avec la vivacité charmante qu'il mettait dans les moindres récits, les populations instruites du passage de monseigneur, accourant en foule pour recevoir sa bénédiction, et demandant même jusqu'à celle du jeune secrétaire, qui rougissait, se troublait, tandis que le bon évêque le rassurait par un sourire.

À cette époque, le palais d'un évêque rassemblait tout ce que la noblesse et le haut clergé avaient de plus élevé, de plus imposant; et la noblesse et le haut clergé jetaient encore alors cet éclat dont brillent parfois les choses qui vont bientôt finir. Le jeune secrétaire trouva d'abord de profondes satisfactions dans sa position et dans ses fonctions nouvelles. L'évêque le traitait avec une bonté qui le pénétrait d'affection; c'était un homme simple, un homme de bien, d'une piété vraie, d'une conduite réellement évangélique: mais il était habituellement environné de ses grands vicaires, des chanoines de la cathédrale, des évêques du voisinage, qui, pour la plupart, affichaient une excessive licence de mœurs et d'idées; aussi, quand on fit entendre au jeune homme qu'il convenait que le secrétaire d'un évêque fût ecclésiastique, son imagination s'effraya. De temps à autre, il se laissait bien entraîner; mais il était bientôt ramené par le regret aux pieds du bon évêque, qu'il trouvait toujours plein d'indulgence. Enfin monseigneur de Faye, voyant bien que le jeune Azaïs finirait par échapper à son affection et à ses conseils, ne chercha plus à le retenir près de lui, encore moins à en faire un prêtre.

Le désir du jeune homme était d'entrer dans la carrière des ponts et chaussées; c'était, il le croyait du moins, la plus convenable à l'éducation qu'il avait reçue, et à l'activité de son caractère. Mais son père avait formé d'autres projets: il voulait le faire avocat; il lui avait même ménagé un puissant protecteur dans le premier président du parlement de Toulouse. Le jeune Azaïs fut désolé; il protesta qu'il sentait pour les affaires une aversion invincible. « Envoyez-moi partout ailleurs, disait-il à son père, à l'armée si vous voulez, mais non à l'école de droit ou chez un procureur. »

Sur ces entrefaites, on remit à Azaïs père une lettre d'un ancien professeur du collège de Sorèze, devenu prieur de l'abbaye de Villemagne, près de Béziers. Dom Rigaud demandait un organiste pour l'église de son monastère. « Ah! comme cela me conviendrait! s'écrie le jeune Azaïs. — Eh bien! pars, lui dit son père, encore plus triste qu'irrité. Quel dommage! ajoutait-il ; il eût fait un si grand avocat! »

Le lendemain de très-bonne heure, le jeune homme était dans la barque de poste du canal du Languedoc; deux jours après, il arrivait à Villemagne. L'orgue ne valait pas grand'chose, l'organiste était plus faible encore; ce clavier très-dur, à trois étages, ces pédales qu'il faut rencontrer du pied avec prestesse et sans les regarder, les registres dont il faut connaître les combinaisons, tout cela déroute le pauvre novice, au point qu'il ne jette dans l'église qu'une maussade et intolérable cacophonie. « Ah! mon cher enfant, lui dit dom Rigaud en lui pinçant l'oreille, si dans ma classe de troisième à Sorèze vous n'aviez pas mieux fait vos versions, je vous aurais mis en pénitence. — Vous pouvez m'y mettre encore, répondit le jeune homme, je le mérite ; mais j'espère ne pas le mériter longtemps : je vous demande patience et indulgence. — Je vous accorde l'un et l'autre, dit le prieur. » En peu de jours, en effet, le jeune organiste, à force d'études, se rendit supportable, et, au bout d'un mois, il pouvait être écouté avec quelque plaisir.

Le pays était hérissé de montagnes agrestes et sillonné de quelques torrents; Azaïs le parcourut avec avidité durant ses longues heures de loisir. « Quel bonheur, disait-il, de se trouver à vingt ans au milieu d'une nature âpre et sauvage! Que d'idées vagues, de méditations informes, que de désirs indéfinis traversent l'âme, et la jettent tantôt dans l'exaltation, tantôt dans la mélancolie! »

Toutefois, dans le monastère huit moines différents les uns des autres par l'âge, le tempérament, le caractère, mais tous mécontents de leur genre de vie, exhalaient leur humeur en médisances, en querelles, en sombres ou violentes animosités. Le jeune organiste, par estime et par reconnaissance, prenait ordinairement le parti du prieur; d'autres fois cependant c'était d'autres moines qui l'intéressaient, qui lui paraissaient traités avec rigueur, avec injustice. Tous venaient le chercher dans sa cellule, et l'associer malgré lui à leurs plaintes, à leurs dissensions ; les plus modérés, à leur désœuvrement et à leur ennui. De là agitation, désagréments pour lui-même; désir de changer de position encore une fois.

Comme à Tarbes, une circonstance inattendue l'arracha à cette vie, devenue à la longue insupportable. Un propriétaire des environs vint un jour consulter l'un des moines de Villemagne, qui était très-versé dans la science des plans terriers et des institutions féodales. Le comte du Bosc était un homme de beaucoup d'esprit et d'une parfaite amabilité : sa conversation intéressa vivement le jeune Azaïs. M. du Bosc s'en aperçut ; il s'approcha du jeune homme, et, dès le premier instant, ils causèrent avec une confiance réciproque. Le jeune Azaïs se montra inquiet de son sort prochain ; il exprima le désir d'être accueilli dans une famille honorable, où il y eût des enfants à élever. « Eh bien ! dit M. du Bosc, venez augmenter notre famille. » Peu de jours après il l'emmena à Saint-Gervais, petite ville qui n'était éloignée de Villemagne que de trois lieues.

La famille au sein de laquelle Azaïs fut admis lui prodigua toujours des égards et une bienveillance qui firent naître en lui les sentiments de l'affection et de la reconnaissance la plus durable. Là, sa tendresse extrême pour les enfants put s'épancher sans réserve sur deux petits garçons, l'un âgé de quatre ans, d'une organisation musicale prononcée, l'autre qu'il vit naître, et dont il prit plaisir à diriger les premiers pas, à former les premiers sentiments, à développer les premières idées. Azaïs trouva aussi dans cette famille une femme remarquable par l'étendue de son esprit, la force de son caractère, la noblesse de ses sentiments. Madame de Rivières, sœur de M. du Bosc, sut découvrir, dans ce jeune précepteur à l'imagination bouillante, aux idées exaltées, au caractère un peu bizarre, une âme noble, franche, sensible ; madame de Rivières se fit pour le jeune Azaïs la mère la plus tendre, la plus dévouée ; et, par ses sages conseils, par sa douce affection, elle le contint dans ses moments d'exaltation, le releva dans ses accès de découragement. Toujours, depuis ce temps, madame de Rivières fut la confidente des peines, des espérances, des projets d'Azaïs ; elle devint plus d'une fois le censeur intelligent de sa conduite et même de ses écrits.

Cependant la révolution approchait, et déjà les hommes jeunes, ardents, sans nom, sans fortune, comme était Azaïs, commençaient à se placer sur une ligne d'agression énergique ; les hommes d'un âge plus avancé et en possession d'antiques priviléges, tels que M. du Bosc, s'animaient d'un esprit de résistance. Il y eut donc bien vite dissidence entre le jeune précepteur et le comte. A la fin, ce titre de comte et la nature féodale des propriétés de M. du Bosc ayant attiré sur lui les rigueurs révolutionnaires, Azaïs eut lieu de faire plus d'une fois, de la confiance qu'il inspirait aux patriotes, une égide pour son patron. Enfin, son dévouement à M. du Bosc finit par le compromettre lui-même, et il fut contraint de quitter

Saint-Gervais précipitamment. Il était alors dans la maison depuis six ou sept ans.

Peu de temps auparavant, Azaïs père, que ses relations avec les familles opulentes de Toulouse avaient aussi rendu suspect, était venu à Bagnères se mettre sous la protection du général Darnaud, dont il avait épousé la sœur, et qui commandait le département. Ce fut aussi à Bagnères qu'Azaïs fils alla chercher un asile, et laissa passer la plus grande fureur de la tempête révolutionnaire, ménageant du repos à son père en donnant pour lui des leçons de musique.

Le 9 thermidor arrive : il apporte l'espoir d'un commencement de raison et de modération. On forme dans les grandes villes des administrations de districts ; Azaïs est nommé secrétaire général de celui de Bagnères. Dans cette fonction, à laquelle il se prêta de bonne volonté, il ne fit que prouver ce qu'il avait toujours senti et affirmé de sa profonde incapacité pour les affaires. Les administrateurs, fort mécontents, et lui encore plus, se séparèrent bientôt, et sans regret.

Il serait impossible de suivre alors Azaïs dans sa vie inquiète et pour ainsi dire nomade : il passa plus ou moins de temps dans presque toutes les villes du Midi, sans pouvoir se fixer dans aucune ; tantôt il entrait en arrangement pour faire l'éducation de quelques enfants ; d'autres fois il faisait des projets de mariage, qu'il abandonnait bientôt ; puis il se cachait pour éviter la réquisition, ou s'attachait dans le même but à l'orchestre du théâtre de Toulouse. Son père, ses amis, cherchaient pour lui une position : il se prêtait à ces essais, qui le rendaient malheureux ; car il ne savait ni ce qu'il cherchait, ni pourquoi ce qu'on arrangeait pour lui ne lui convenait pas. Il écrivait tout cela à madame de Rivières, à *sa première amie*, comme il la nommait. Il s'était fait d'autres amies, en effet, non à coup sûr plus dévouées, mais peut-être plus tendres, plus ardentes que la première : à Toulouse madame Lacène, femme d'un cœur brûlant, d'un esprit vif et original ; à Bagnères mademoiselle Soubies, modèle des plus douces et des plus pures vertus. C'est une chose touchante de voir ces trois femmes, de caractères si divers, de positions si différentes, s'unir, se concerter pour le bonheur de leur ami commun, s'exciter l'une l'autre à des démarches en sa faveur, et, dans ses moments de découragement, s'entendre pour le relever et le soutenir. Ainsi, dans sa vie errante, Azaïs était loin de se trouver isolé.

Cependant, de près ou de loin, tous ses projets se rattachaient toujours à la famille du Bosc, et à l'enfant qu'il avait entouré de si tendres soins. Il trouva enfin l'occasion de s'en rapprocher. M. du Bosc n'habitait plus Saint-Gervais, mais le voisinage de Gaillac. Aidé par madame de Rivières, Azaïs essaya de fonder un pensionnat dans cette ville. Ce pensionnat ayant assez bien réussi, la municipalité d'Alby engagea le directeur à venir avec ses élèves s'établir dans l'ancien collége des jésuites ; là, les succès augmentèrent : un coup de foudre les arrêta.

La France, gouvernée par le Directoire, retombait dans l'anarchie. « Le mécontentement universel, a dit Azaïs, tendait à ramener l'an- « cienne dynastie, dont le chef, Louis XVIII, inspirait la confiance « par ses lumières et sa sagesse. Une vaste conspiration se tra- « mait à front découvert ; elle attirait, sans même les appeler, tous « les hommes à sentiments pacifiques et à vues inconsidérées. » Azaïs fut de ce nombre : dans son pensionnat, et dans toutes les réunions auxquelles il assistait, il invoquait hautement un mouvement politique qui refoulât en arrière, non les principes de la révolution, mais leur exagération, et les excès que cette exagération avait entraînés. Il publia dans ce sens une brochure véhémente [1], que la journée du 18 fructidor vint rendre subitement très-criminelle, de très-méritoire qu'elle serait devenue par le triomphe de Moreau et de Pichegru. L'auteur fut poursuivi, et condamné à la déportation.

Il se réfugia d'abord à Toulouse : mais, n'y étant pas en sûreté, il alla à Tarbes demander un asile à M. Georget, ingénieur en chef du département, père d'un de ses élèves [2]. Sa retraite fut bientôt connue. M. Georget en reçut avis de l'autorité même : Vous êtes compromis, lui dit-on ; vous avez recueilli un condamné de fructidor : on fera chez vous, dans la journée, une visite domiciliaire. Le proscrit quitte à l'instant la maison, et la nuit suivante un homme sûr le conduisit par des chemins détournés à la porte de l'hôpital de Tarbes, humble abri où il devait trouver enfin calme et repos.

III.

L'hôpital de Tarbes était dirigé par des sœurs de la charité. A peine M. Georget avait-il parlé à la supérieure de son ami et du danger qui le menaçait : « N'achevez pas, interrompait sœur Char-

---

[1] Cette brochure avait pour titre : *Le législateur de l'an v*.
[2] Voir surtout cet épisode : *Jeunesse, maturité*.

lotte ; la retraite de votre ami est toute prête et bien sûre : sœur Marianne en sera le geôlier. » M. Georget offrit un premier mois de pension, et il ajouta : « Si vous donnez votre confiance à mon ami, il tiendra avec soin vos registres ; il fera votre correspondance. — Reprenez donc votre argent. Si vous saviez quel bonheur ce sera pour moi d'être délivrée de chiffres, de mémoires ! Je vieillis, ma tête s'en va : il me fallait un secrétaire, un conseil ; le bon Dieu me l'envoie, c'est moi qui devrais le payer ; aussi ma sœur Marianne et moi nous le payerons en soins et en affection. »

Cependant la porte de l'hôpital s'était ouverte doucement, à un signal convenu ; une sœur à la physionomie bonne et spirituelle avait reçu le proscrit. « Plus de dangers ! avait-elle dit avec gaieté ; vous voilà sous ma garde, suivez-moi. » Un escalier les conduit au premier étage : « Voilà ma pharmacie, dit sœur Marianne. » Ils arrivent au second. « Voilà, continue-t-elle, l'appartement de monsieur le secrétaire. » Sœur Charlotte attendait Azaïs ; elle le fait asseoir auprès d'elle : « Calmez-vous, reposez-vous ; nous serons si heureuses de pouvoir adoucir votre captivité ! Votre demeure n'est pas magnifique, mais elle est tranquille et sûre. Vous devez avoir besoin de repos ; dormez bien, et sans inquiétude : au dehors M. Georget veillera sur vous ; au dedans, ma sœur Marianne et moi ; et au-dessus de tous, le bon Dieu. »

Le matin, dès le point du jour, Azaïs parcourut des yeux son paisible réduit : il avait toujours désiré confusément de pouvoir passer ses jours dans une retraite soutenue, qui donnât à son âme la liberté de méditations profondes et à son sort une tranquillité parfaite ; et le voilà sous l'abri le plus doux, le plus salutaire, sous un de ces abris donnés à l'infortune par l'homme qui fut le plus aimant, le plus charitable, le plus religieux. Son âme s'exalte ; il tombe à genoux ; ses regards se portent sur un portrait de saint Vincent de Paule, puis il aperçoit une Imitation de Jésus-Christ, quelques volumes de Massillon, de Bourdaloue, de saint François de Sales, de Bossuet, de Fénelon. « Encore une faveur du ciel ! s'écrie-t-il ; quelle société il m'accorde ! comme elle vient à propos pour me soutenir dans mes résolutions ! quels hommes admirables de bonté, de vertu, de génie, vont partager ma retraite ! »

Vers huit heures, sœur Marianne vint s'enquérir avec empressement de ses goûts, de ses habitudes, de ses besoins de chaque jour, afin de les satisfaire autant que faire se pourrait. Le lendemain, sœur Charlotte lui porta ses notes de dépense, ses registres d'entrée et de sortie, plusieurs lettres d'administration. Ils en conférèrent ensemble. Il fit de son mieux ce dont ils étaient convenus : le travail n'en fut guère que d'une heure. Les jours suivants, il fut moindre encore, et toujours sœur Charlotte s'en montra satisfaite.

Placée à l'angle d'un épais donjon, la cellule d'Azaïs avait deux petites fenêtres, l'une au midi, l'autre au levant. Le lit, placé sous celle du levant, recevait, dès le point du jour, la brillante visite du soleil ; la fenêtre du midi, située en face d'une plaine magnifique qui s'étend jusqu'à Bagnères, portait la vue du prisonnier sur la chaîne des Pyrénées. Après son petit dîner, toujours excellent, il s'accordait, selon son expression, une bonne heure de méridienne, le corps au soleil, la tête à l'ombre. Pour un captif dans un hôpital, c'était bien de la volupté ; lui-même en convenait [1].

Cependant les bonnes sœurs, inquiètes pour leur protégé de la privation d'air libre et d'exercice, pensèrent à lui procurer l'un et l'autre. Un soir, lorsque tout reposait déjà dans la maison, sœur Marianne le conduisit, par des voies solitaires, à une petite porte s'ouvrant dans le jardin, et préalablement le lia, comme il l'a dit, d'intime connaissance avec un gros chien qui la gardait. A l'aide d'une provision d'aliments de son goût qu'Azaïs lui portait chaque soir, il en fut de bonne heure le très-bien venu ; et non-seulement ce bon chien ne donnait point l'alarme quand s'ouvrait mystérieusement la petite porte, mais il y attendait avec impatience son ami, et l'accueillait avec joie. « Ses aliments dévorés, nous courions en-
« semble vers le fond du jardin, qui était très-grand, et où se trou-
« vait une pièce de gazon. Là, sans crainte d'être ni vus ni entendus,
« nous nous mettions en lutte de caresses et d'extravagances. Le
« bon animal, détenu toute la journée comme moi et bien plus sé-
« vèrement que moi, signalait largement le plaisir que lui faisait
« ma compagnie et la liberté. Après un quart d'heure de bonnes
« et salutaires folies, je lui demandais la permission de me prome-
« ner tranquillement dans le jardin. Quel charme avaient alors pour
« moi la vue du ciel, la fraîcheur de l'air et le silence ! Vers onze
« heures je disais adieu à mon brave camarade, je revenais à la pe-
« tite porte ; je la fermais bien doucement ; je remontais vers ma
« cellule, où je goûtais le reste de la nuit un doux et profond som-
« meil [2]. »

Sous l'influence de circonstances si heureusement appropriées à

---

[1] Voir *Jeunesse et maturité*.
[2] *Id.*, p. 57 et 58.

ses goûts, quelles pouvaient être les dispositions d'Azaïs? Piété, amour, reconnaissance. Il lut saint François de Sales. *Introduction à la vie dévote.* Ce titre était goûté par son cœur; c'était à la vie de dévotion, qui pour lui voulait dire de dévouement et d'amour, qu'il désirait être introduit. Saint François de Sales, qu'il appelle le la Fontaine du christianisme, cet homme si bon et si tendre, si ingénieux et si naïf, ne pouvait que le ravir de bonheur et d'admiration. « En lisant saint François de Sales, dit-il, en recevant de cette « lecture une impression pleine à la fois de douceur et d'élévation, « je sentis le besoin, que je pourrais appeler pieusement drama- « tique, de converser avec Dieu même, d'interroger sa bonté, sa puis- « sance, d'écrire les réponses que je croirais entendre au fond de « mon cœur. » C'est ce qui donna naissance aux *Entretiens de l'âme avec le Créateur*[1].

Azaïs lut ensuite l'Imitation de Jésus-Christ, Massillon, Bourdaloue, Bossuet, Fénelon. L'homme ne saurait être heureux sans éprouver le besoin de le dire; et écrire, c'est parler. Aussitôt que, sous l'influence de sa lecture, Azaïs se sentait pressé de ce besoin, il prenait la plume pour exprimer les sentiments dont il était pénétré, et fixait ainsi, pour la direction de son âme, les sages conseils qui lui étaient donnés : ainsi se forma l'*Élévation de l'âme à l'esprit de Dieu*[2]. Il écrivait un chapitre tous les matins. C'était là sa prière, disait-il.

Dans le même temps, et dès son entrée à l'hôpital, Azaïs concevait encore l'idée de l'ouvrage qui devait le plus contribuer un jour à populariser son nom. Quoique captif, les douceurs de sa situation, comparées aux peines qu'il avait éprouvées lorsqu'il était libre, et surtout la paix, la gaieté qui régnaient autour de lui dans le refuge de toutes les infortunes, dans un hôpital, rapprochées des angoisses si cruelles, de la position si déplorable de tant de familles jusque-là favorisées de la fortune, le conduisirent à concevoir les destinées humaines comme dirigées par une loi de suprême justice, par une loi de balancement, entremêlant sans cesse sur la terre le bien et le mal, le bonheur et le malheur, de manière à les tenir toujours en équilibre, même dans le sort de chaque individu. Après quatre mois environ de séjour à l'hôpital, il écrivait à madame de Rivières : « Je vais vous parler de mon ouvrage chéri,

---

[1] Publié d'abord à Paris sans nom d'auteur; 1822, in-18; et plus tard dans un vol. in 8°, intitulé *Jeunesse, maturité; Religion, philosophie*.

[2] Publiée sous le titre d'*Inspirations religieuses*.

« intitulé : *Du malheur, dédié aux infortunés*. Cet ouvrage n'est
« rien moins dans mon plan actuel que l'histoire morale et natu-
« relle de la vie humaine dans tous les temps, dans tous les âges,
« dans tous les lieux, dans toutes les conditions; il embrasse dans
« mes vues l'ensemble et les détails des institutions de la Provi-
« dence qui dirige le monde. J'ai senti de bonne heure que l'en-
« semble du livre devait en quelque sorte être fondu d'un bout à
« l'autre dans une teinte de sentiment, qui est la plus aimable, la
« plus attrayante couleur que l'on puisse donner à la vérité..... J'ai
« lu tout ce que j'ai écrit aux cœurs excellents et simples qui m'en-
« tourent; j'ai eu le plaisir de les voir bien doucement satisfaits. Il
« est surtout auprès de moi une âme pure, franche et sensible,
« qui fait le repos de la mienne et le bonheur de ma situation
« (sœur Marianne); c'est le censeur principal de tout ce que je fais;
« et son approbation est pour moi un bien encourageant témoi-
« gnage. » Cet ouvrage, dans lequel on devine déjà les *Compensations*, fut seulement ébauché à l'hôpital. Il fut suivi d'un second
traité, intitulé *Du bonheur*, qui fit également partie du livre des
Compensations.

La même lettre à madame de Rivières nous fait parfaitement
connaître l'état dans lequel se trouvait alors notre prisonnier :
« Que ne pouvez-vous, disait-il à son amie, venir passer quelques
« moments auprès de moi ! vous m'aideriez à acquitter mon tri-
« but de reconnaissance envers les excellents cœurs qui me ren-
« dent ma position si douce. Vous me verriez dans une jolie petite
« chambre, bien isolée, bien éclairée; vous trouveriez près de ma
« table un violon dont j'ose pincer doucement, bien doucement les
« cordes, et qui me sert dans mes compositions; sur ma table
« quelques livres, mon papier, mes plumes, mon encre; le silence
« le plus parfait, la liberté la plus entière de tout faire..., excepté
« de faire du bruit et de sortir..... Jamais d'ennui, d'oisiveté;
« quelquefois, mais bien rarement, un peu de malaise physique, qui
« amène nécessairement un peu, mais très-peu, de tristesse; et alors
« les soins, l'intérêt, l'amitié qui se pressent autour de moi, et qui
« ne laissent point à mes très-légères peines le temps de grossir et
« de se former, voilà comment vous trouveriez votre ami dans sa
« retraite, la bénissant sans cesse, et ne pouvant douter qu'il
« n'y ait été conduit par la main bienfaisante qui le protége [1]. »

---

[1] Lettre du 2 floréal an VII (21 avril 1798).

Ainsi, les soins des bonnes sœurs pour Azaïs, l'intérêt qu'au retour il prenait à elles, et même aux pauvres et aux enfants qu'elles soignaient, et qu'il allait souvent contempler à leur insu; l'étude, la lecture, un peu de musique, et ces petits détails intérieurs auxquels tout captif se complaît, tout cela mettait de l'intérêt, du charme sur sa vie. Et d'ailleurs, au dehors, ses trois amies, toujours animées de la même sollicitude, ne cessaient de lui procurer ces petites douceurs que la captivité rend encore plus chères. Les bons soins de M. Georget, le dévouement de M. Jalon, jeune peintre auquel il faisait partager ses pensées et son enthousiasme, et qui devint son ami pour la vie, contribuaient puissamment aussi à lui créer des jours de bonheur.

Aussi, madame de Rivières ayant paru mettre en doute ce bonheur, Azaïs lui disait : « Sans doute il ne m'est pas toujours « agréable de ne voir jamais la campagne qu'à travers les bar- « reaux d'une fenêtre, de passer ma vie dans le silence le moins in- « terrompu et l'uniformité la plus constante, d'être incertain sur « mon sort à venir, sur la durée de ma position actuelle, de voir « couler mes jours sans aucune espèce de profit pour ce qu'on ap- « pelle le bien-être du reste de ma vie : mais, mon amie, ce n'est pas « un des moindres sujets de ma reconnaissance envers celui dont « la main bienfaisante a tracé d'avance le plan de notre vie, que « d'avoir été poussé vers une solitude absolue à l'âge et dans les « dispositions de cœur et d'esprit où non-seulement je devais la « supporter sans impatience, mais où j'étais en état d'en tirer un « parti salutaire, profitable. — Oui, mon amie, j'ai fait dans ma re- « traite des acquisitions que j'ose dire immenses; et quand je « songe à la nature, à l'importance de ces acquisitions, il m'est « démontré que je ne pouvais les faire que dans ma retraite. Il « m'a fallu un loisir entier, un silence absolu, et cette position à « la fois douce et un peu extraordinaire qui dispose aux médita- « tions profondes du sentiment et de la pensée, pour embrasser « une immensité d'objets tous importants, pour atteindre à leur « ensemble, et pour me rendre raison à moi-même de ce qui, se « précipitant à la fois sur mon cœur et dans ma tête, les aurait « accablés l'un et l'autre, si je n'avais pu m'attendre et me re- « poser ».

Dans cette retraite, en effet, les idées d'Azaïs prenaient insensiblement un essor plus élevé; il concevait la pensée d'un nouvel ouvrage dont il expose à madame de Rivières l'idée fondamentale,

et pour ainsi dire le plan tout entier : « Vous n'imaginez pas, mon
« amie, ce que j'éprouve depuis environ deux ou trois mois. Des
« flots d'idées, toutes importantes, grandes, élevées, presque tou-
« tes lumineuses, sont venus m'inonder presque tout à coup. Ma
« tête, assez forte pour beaucoup apercevoir, trop faible pour
« mettre tout en ordre, s'est vue livrée à une confusion qui m'a
« valu, je puis le dire, des tourments d'une nature céleste. Dans des
« moments courts, rapides, mais d'une jouissance impossible à
« rendre, j'ai vu l'ordre, l'harmonie, l'explication générale, j'ai
« vu l'univers ; mais il a bientôt échappé à ma pensée, qui ne peut
« embrasser longtemps ce monde qui l'embrasse, dont chaque
« merveille excite des journées d'admiration, et qui n'existe que
« par une harmonie accablante pour l'admiration. Bien souvent je
« me suis vu hors d'état d'exprimer autrement qu'à genoux, et par
« des larmes brûlantes, mes pensées et mon ravissement ; il m'a
« semblé quelquefois qu'un éclair éblouissant jetait sa splendeur
« rapide sur cet ordre, sur cet ensemble, mille fois plus étonnant
« que les parties les plus étonnantes, et devant lequel l'entendement
« se hâte de s'abaisser, comme les yeux se détournent et se reposent
« lorsqu'ils ont osé fixer un moment l'astre qui nous éclaire. Ce-
« pendant j'ai eu l'audace de penser que, puisque je pouvais quel-
« quefois sentir l'ordre universel de la nature, il ne m'était pas en-
« tièrement impossible de le décrire. J'ai osé le tenter ; mais quelle
« entreprise ! mon âme en est effrayée ; et, sans le bonheur de tous
« les moments, qui m'entraîne, qui me soutient dans mes essais,
« je demanderais pardon à l'Auteur de toutes choses d'avoir osé
« prendre un vol si téméraire : je me réduirais à me taire et à
« adorer. »

Pour composer l'ouvrage dont Azaïs avait l'idée, il lui était indispensable d'avoir sur toutes les sciences des notions abondantes et positives. M. Georget lui procura des livres ; et il vit avec satisfaction que chaque nouvelle idée, présentée à son esprit par l'étude des sciences, rentrait, avec une convenance frappante, dans ce plan général dont il entrevoyait la composition vaste et harmonieuse.

« Voici ma persuasion, disait-il : la création, considérée dans son
« ensemble, son plan, son universalité absolue, est l'ouvrage d'une
« suprême intelligence : mais un ouvrage conduit par une inten-
« tion intelligente, exécuté par une puissance infinie, doit avoir
« un but, une fin digne de cet ouvrage ; car un ouvrage sans but et
« sans motif ne serait certainement pas celui d'un auteur intelli-

« gent. Eh bien! mon amie, si j'ai le bonheur d'exprimer un jour
« tout ce que j'aperçois, de faire entendre tout ce que ma raison
« découvre, il sera évident pour tous que le monde physique tel
« qu'il est, tel qu'il nous est découvert par l'astronomie, l'histoire
« naturelle, la physique et la chimie, n'a reçu pour objet, dans
« ses lois, dans ses détails, dans son harmonie, que la vertu de
« l'homme; en sorte que, sans elle, non-seulement il est incom-
« plet, mais il se trouve sans unité, sans plan et sans dessein. La
« conséquence immédiate de cette proposition magnifique est que
« l'homme vertueux est seul partie intégrante et active de l'uni-
« vers, et que lui seul doit être éternel, comme l'auteur qui l'a
« composé et la puissance qui le conserve. »

Puis, allant au-devant de la critique que pourrait rencontrer un jour son ouvrage, il déplorait l'effet produit par l'étude étroite des sciences prises isolément. « Cette étude, disait-il, fait descendre
« l'esprit dans des détails infinis et infiniment petits. L'expérimen-
« tateur le plus habile s'est insensiblement déshabitué des grandes
« idées. Dès ce moment son esprit a dû perdre toute chaleur, tout
« enthousiasme. Les savants, devenus arides, stériles, s'excitent
« tant qu'ils peuvent à dire bien du mal de l'esprit systématique;
« mais soyez justes; puisque la science positive est votre idole,
« reconnaissez que, toutes les fois qu'elle a fait un grand pas, elle a
« été dirigée dans sa marche par un esprit supérieur, dont le génie
« était systématique. Descartes, Newton, Kepler, Galilée, Ba-
« con, Leibnitz, n'ont fait que chercher avec ardeur ce qu'ils
« avaient deviné; et s'ils ne l'eussent deviné, ils ne l'auraient pas
« cherché avec tant d'ardeur [1]. »

Du reste, Azaïs comprenait parfaitement dès lors et ce qu'il était capable de faire, et l'importance des ouvrages qu'il pourrait laisser un jour. « Si l'on venait me dire, écrivait-il, que rien, dans
« les circonstances actuelles, ne m'encourage à me faire auteur, je
« répondrais que, fallût-il renoncer à l'être pour le monde, je vou-
« drais encore l'être pour moi-même, parce que je sens que cela
« me fait du bien; parce que ce projet suffit seul pour me rendre
« ma position non-seulement supportable, mais très-heureuse;
« parce que je ne changerais pas assurément ma plume contre l'é-
« pée de Bonaparte, mon obscurité contre sa renommée, mes rê-
« ves, tout au moins innocents, contre ses projets dévastateurs.

[1] *Journal*, 18 octobre 1798.

« Quand tous mes papiers devraient être brûlés lorsqu'ils com-
« menceront à contenir quelque chose, je n'écrirais pas moins; on
« ne brûlera jamais le plaisir que je prends à écrire, ni les aperçus
« d'admiration pour le plan général de la nature, qui excitent en
« moi ce plaisir [1]. »

Il disait encore : « Oui, je suis enflammé de l'ambition de con-
« quérir l'affection et l'estime de bien des générations qui ne sont
« pas nées encore; je désire, avec une vivacité soutenue, que l'on
« dise de moi, lorsque je ne serai plus : Il avait l'âme belle, l'esprit
« judicieux, le cœur bon et sensible. Et c'est pour me donner le
« plus qu'il me sera possible l'attente d'un jugement si honorable,
« que je veux donner à mon âme une beauté réelle, à mon esprit
« une instruction étendue, positive, qui puisse fournir des don-
« nées abondantes et certaines à mon imagination. Ainsi, je ne
« veux pas me presser de beaucoup faire, mais je veux beaucoup
« rassembler, beaucoup réfléchir, afin d'être un jour en état de bien
« faire. » Il ajoutait : « J'ose me dire bien souvent que mon livre,
« si j'ai le temps de l'achever, si j'ai le talent de le faire conforme
« à mon idée et pour le dessein et pour l'exécution, me fera un
« nom dans la postérité. Depuis que j'ai osé me permettre cette
« pensée, il s'est fait en moi une révolution qui a jeté singuliè-
« rement de charme sur mon existence. J'ai senti disparaître de
« ma vie ces limites ténébreuses, effrayantes même, que le temps
« et la mort nous présentent à une si petite distance. — Le
« grand écrivain, continuait-il, est un homme qui exerce une puis-
« sante influence sur son siècle et sur tous les siècles, qui élève
« les âmes par l'élévation de son âme, qui écrit parce qu'il faut
« bien exprimer ses pensées, mais qui avant tout est animé,
« rempli de nobles et utiles pensées, qui sent le besoin de les
« transmettre; qui veut faire du bien aux hommes; qui, pour cette
« raison seule, cherche à parler mieux que les hommes leur
« propre langage, et s'efforce ainsi d'acquérir ce talent d'écrire,
« qui, bien inférieur à la puissance de penser, doit être compris
« dans la classe des beaux-arts [2]. »

Azaïs se faisait à lui-même l'application de ces principes élevés :
comme délassement, il avait composé bien des scènes lyriques, un
petit opéra, des comédies; il s'était de plus donné, selon son expression, un petit magasin de dix-huit quatuor; mais il jugeait

---

[1] *Journal*, 22 février 1799.
[2] *Journal*, 11 mai 1799.

tout cela indigne de voir le jour. Il ne faisait grâce qu'à ses quatuor.

Le 4 septembre 1798 (18 fructidor an VII), un peu plus de neuf mois après son entrée à l'hôpital, Azaïs commença à écrire un journal de sa vie. « Tout cet espace encore blanc qui suit cette
« première page, disait-il au début, est destiné à recevoir, à me
« remettre sous les yeux, l'empreinte fidèle de tout ce qui aura
« frappé mon esprit, affecté mon cœur, et encore de ce qui aura
« honoré ainsi que de tout ce qui aura souillé mon âme. Censeur
« rigide, approbateur exact, ce registre de tous les mouvements
« de ma vie aura, sur le miroir le plus fidèle, l'avantage de con-
« server tout ce qui lui aura été présenté, et de pouvoir reproduire,
« soit à mes souvenirs heureux, soit à ma douleur, soit à mes re-
« grets, le bien que j'aurai pu faire, le mal auquel j'aurai pu
« m'abandonner. Et vous, grand Dieu, vous qui lisez déjà ce qui
« n'est point encore écrit, que ma conduite, que les dispositions
« de mon cœur puissent toujours détourner de vos regards un air
« de courroux, que je puisse toujours leur prêter un air de bonté
« et de clémence[1] ! »

Que ne pouvons-nous transcrire de ce journal tout ce qui se rapporte au temps passé par Azaïs à l'hôpital de Tarbes ! Quelle variété de scènes, quels tableaux attachants ! que de peintures naïves, que de pensées profondes déposées dans ce livre, écrit sous l'inspiration de chaque moment ! Peut-être un jour le public pourra-t-il en juger.

Azaïs passa dix-huit mois à l'hôpital de Tarbes; mais enfin on lui fit entrevoir un nouvel et riant avenir. Il en saisit l'espérance avec la vivacité qu'il mettait à toutes choses; et cependant c'est avec un profond regret qu'il va quitter son paisible asile. « Non,
« disait-il, le bonheur le plus parfait, le plus prochain, ne diminue-
« rait pas les regrets que j'éprouve. » De leur côté, les bonnes sœurs se désolaient; il s'efforçait de les consoler : « Il m'est bien
« douloureux, leur disait-il, de vous laisser dans la peine; mais
« préféreriez-vous que nous n'eussions point à nous regretter ? S'il
« en était ainsi, nous ne nous serions point aimés; et si nous
« ne nous étions point aimés, nous aurions donc manqué, vous
« de bonté, moi de reconnaissance[2]. »

A neuf heures du soir, le 4 juillet 1799, il leur fit ses derniers

[1] *Journal*, 22 septembre 1798.
[2] *Journal*, 3 juillet 1799.

adieux ; la supérieure les reçut collectivement. « Ma pauvre amie
« Marianne s'avançait dans le fond ; elle faisait quelques pas vers
« moi, afin d'être moins remarquée par sa contenance ; je parlais au
« chef de la maison, et mes remercîments étaient sincères ; je lui
« en dois beaucoup. Ils étaient encore plus sincères pour celle à
« qui je ne parlais pas[1]. »

IV.

Azaïs avait connu à Bagnères une jeune amie de mademoiselle Soubies, qu'il dépeint comme ayant à la fois beaucoup de raison dans sa conduite, et de grâces dans sa personne et dans ses manières : cette jeune fille, qu'Azaïs désigne ordinairement sous le titre de sa *gentille amie*, lui avait toujours montré beaucoup d'intérêt ; elle lui écrivait quelquefois, et il répondait avec plaisir à ses lettres ; elle lui avait même rendu visite dans sa retraite, et l'avait pressé de venir prendre un asile chez son vieux père.

Il avait envoyé à sa gentille amie son *Traité du bonheur*; après l'avoir lu, Caroline avait écrit à l'auteur de manière à lui prouver qu'elle l'avait non-seulement goûté, mais compris. Cette lettre était accompagnée d'une lettre de mademoiselle Soubies ; et celle-ci disait que Caroline avait paru pénétrée d'affection pour l'auteur de l'écrit, et qu'enfin elle avait laissé échapper ces mots : « Il faut que nous l'épousions, vous ou moi. »

Il était impossible qu'à cette confidence le cœur d'Azaïs demeurât tranquille ; et comme l'imagination, et surtout l'imagination d'un solitaire, marche vite, le voilà qui énumère déjà tous les avantages qui lui sont offerts. C'est une aisance assurée, c'est une des plus belles maisons de la ville, où il aura le plaisir d'habiter, d'avoir un joli petit jardin avec des échappées sur la campagne ; sa gentille amie possède aussi une petite métairie, dont il ignore le produit, mais qui, étant environnée de très-jolis pâturages, doit fournir au moins du lait en abondante provision ; il pourra se livrer à des travaux sérieux ; il n'y a point de séjour plus favorable que Bagnères aux goûts de celui qui, comme lui, préfère de beaucoup la société de la nature à celle des hommes.

On l'invite de nouveau, on le presse avec affection ; il part la

---

[1] *Journal*, 4 juillet 1799.

nuit, en compagnie de son fidèle ami M. Jalon (il n'osait encore pendant le jour s'exposer aux regards); il arrive chez Caroline; mais bientôt l'opposition qu'il rencontre dans la famille, et qui va jusqu'à des menaces de dénonciation, l'oblige à rentrer, pour quelque temps du moins, dans son ancien asile. Là, cette inclination, plus vive que profonde, commence à s'éteindre; mais le trouble est resté, et ce calme, cette paix, cette douce tranquillité, qui avaient fait si longtemps de sa retraite un séjour de bonheur, il ne peut les y retrouver; tout est changé, non autour de lui, mais en lui; son cœur et sa tête n'éprouvent plus qu'agitation, inquiétude et chagrin. « O « mon bonheur, disait-il quelquefois, quand donc reviendras-tu ? »

Il était depuis peu de jours à l'hôpital, lorsqu'on vint y faire une perquisition dirigée contre des émigrés; on parcourut la maison, mais sa chambre ne fut pas visitée. Cependant, comme ces alertes pouvaient se renouveler, il se décida, au bout d'un mois environ, à quitter l'hôpital, et à se retirer au sein d'une famille de Tarbes qui avait déjà recueilli la pauvre sœur Charlotte, atteinte d'une maladie incurable.

Son agitation le suivit dans ce nouvel asile: entouré de livres, il ne pouvait lire, encore moins composer; son journal même n'était plus écrit qu'à plusieurs jours d'intervalle; il n'osait plus le rendre témoin des mouvements tumultueux de son cœur; il avait honte de lui-même, il souffrait d'ailleurs du défaut absolu d'exercice. Puis, dans cette maison, il eût cherché vainement les jouissances élevées d'un commerce intellectuel; car il n'y avait là aucun esprit capable de se mettre avec lui en conformité d'idées et de sentiments, bien qu'il eût affaire aux cœurs les plus généreux et les plus bienfaisants que le ciel eût pu former.

Il entreprit l'éducation du fils de la maison, jeune homme d'une intelligence plus que médiocre, et près duquel il avait chaque jour la douleur de voir échouer ses plus constants efforts. Toutefois, chose rare en pareil cas, ses hôtes sentaient tout le prix de ces efforts infructueux, et comprenaient combien ils devaient en tenir compte au pauvre précepteur.

Au bout de quelques mois, Azaïs fut atteint d'une maladie violente; et, parmi les personnes qui lui prodiguèrent alors les soins les plus tendres, nous retrouvons cette excellente, nous devrions dire cette admirable sœur Marianne, qui se partageait entre le soin des pauvres et le soin de son pauvre ami. La convalescence fut longue, et ne se termina que chez une fille aînée de ses hôtes, qui habitait

Saint-Sauveur, village délicieux, au pied des Pyrénées. Azaïs y passa deux mois environ, parcourant chaque jour avec ravissement les montagnes voisines. De là le livre intitulé *Un mois de séjour dans les Pyrénées*. « Adieu, disait Azaïs en quittant Saint-Sauveur, « adieu beautés majestueuses et beautés simples! demain je vous « quitte. Partout où je me plairai, j'aimerai encore et je regretterai « Saint-Sauveur. » (*Septembre 1800.*)

Où allait-il porter ses pas? Il était attiré par le puissant ascendant de madame de Rivières; il était attiré par la tendre affection de Fanny Soubies : celle-ci habitait Bagnères; c'était encore les Pyrénées; il se décida pour Fanny. « Je vais, disait-il, me livrer à l'occupa« tion d'écrire au sein du pays que j'aime le plus, et d'une famille où « réside l'affection, la simplicité et la franchise. » Bien que la famille Soubies fût dans une grande aisance, Azaïs avait besoin de trouver un moyen de s'acquitter envers elle[1] : ses vœux furent remplis; il consacra deux heures par jour à deux petites filles de M. Soubies, qui bientôt formèrent pour lui une véritable société et une société ravissante; car « un enfant, disait-il, est bien ce qu'il y a de plus « intéressant au monde. » D'autre part, M. Jalon vint s'établir dans cette charmante ville : ainsi tout concourait au bonheur d'Azaïs.

Ses moments, on pourrait dire ses journées de loisir, il les passait en grande partie sur les montagnes. On le voyait seul à pied gravir les rochers les plus escarpés, à l'aide d'un bâton ferré, auquel il adaptait une petite planchette, bureau portatif qui lui permettait en tous lieux de fixer à l'instant ses pensées. A la longue, bien des pasteurs finirent par le connaître et par lui porter une espèce d'intérêt. Il causait quelquefois avec eux; et alors, exempt de la timidité qui lui nuisait dans le monde, il s'essayait à leur faire entendre quelque idée morale. D'autres fois, il faisait son profit de quelque récit bien naïf de ces bons montagnards, qu'il suivait jusque dans les endroits les plus sauvages, fréquentés seulement par leurs troupeaux et par leurs chiens, redoutables animaux auxquels ils apprenaient à respecter le hardi promeneur. Quelquefois ils plaçaient dans quelques fentes de rocher, connues de lui, un vase de lait à son intention; et, à son tour, il déposait aux mêmes endroits un peu de monnaie, ou quelque vêtement à demi usé.

[1] Il ne possédait rien : son père, mort depuis peu, avait laissé un peu de bien; mais Azaïs avait abandonné sa part à ses sœurs, et ne s'était réservé que vingt louis pour tout héritage.

Il consacra le premier hiver passé à Bagnères à achever ses traités *Du malheur* et *Du bonheur*. Ses idées prirent alors une précision qu'elles n'avaient peut-être pas eues jusque-là. « Hé quoi ! pensa-
« t-il (lui-même l'a écrit plus tard[1]), hé quoi ! le malheur, ainsi que
« la destruction, fait donc sans cesse le tour du monde ? Mais que
« peut être le malheur, si ce n'est le fruit de la destruction ? Et si
« cette définition est vraie, ou même puisqu'elle est évidente, que
« peut être le bonheur, si ce n'est l'œuvre de la puissance qui com-
« pose, qui répare, qui construit ? Or la destruction n'est-elle pas une
« puissance nécessaire ? N'est-ce pas toujours dans les débris d'an-
« ciens ouvrages que sont puisés les éléments de composition nou-
« velle ? et la somme générale de destruction n'est-elle pas nécessaire-
« ment et rigoureusement égale à la somme de composition, puisque
« l'univers se maintient, et que ses lois sont invariables ? Ainsi il le
« faut, et l'observation le démontre, tous les êtres alternativement
« se forment et se décomposent. Les êtres sensibles sont soumis
« à cette loi, comme ceux qui ne sont pas sensibles. Mais ces der-
« niers sont indifférents et à la formation qui les élève et à la dé-
« composition qui les détruit ; les êtres sensibles, au contraire, re-
« çoivent un *plaisir*, une *jouissance*, un *bonheur*, pendant toute la
« durée des opérations ou acquisitions qui les forment, les déve-
« loppent ; ils reçoivent une *peine*, une *douleur*, un *malheur*, pen-
« dant toute la durée des opérations qui leur enlève ce qu'ils ont
« acquis. L'être qui, dès le premier moment de son existence, a
« été environné du plus grand nombre de biens et d'avantages, est
« celui qui a fait les acquisitions les plus nombreuses, qui a été
« formé avec le plus de perfection et d'étendue ; qui, pour cette
« raison, a eu le plus de bonheur et de plaisir : sa destruction doit
« être la plus abondante en regrets et en souffrances. Les opéra-
« tions de cette puissance cruelle sont en lui non-seulement plus
« multipliées, mais elles sont plus vivement senties. Ainsi le mal-
« heur, dans cet être privilégié, a deux causes d'intensité plus for-
« tes ; et ces deux causes sont exactement celles qui avaient rendu
« son bonheur plus étendu et plus parfait.

« Et cette loi de succession, de retour, d'équilibre, embrasse
« nécessairement tout ce qui, n'étant pas éternel, s'accroît, s'arrête,
« se dégrade et se détruit. Ainsi, le sort des sociétés humaines, et,
« plus généralement encore, de toutes les institutions humaines,

[1] *Dictionn. de la Conversation*, article COMPENSATIONS.

« est figuré par le sort des individus. Pour l'observateur attentif et
« impartial, la loi des *compensations* est la clef de l'histoire. » Ces
lignes résument parfaitement toute la théorie des compensations,
théorie dont on a souvent parlé sans l'avoir suffisamment comprise.

Ces idées, fortement empreintes dans l'esprit d'Azaïs, et formant pour lui conviction parfaite, le conduisirent à d'autres idées d'un ordre non pas plus élevé, mais plus précis et plus étendu. Cette loi universelle du balancement par voie de compensations exactes, comment pouvait-on la considérer autrement que comme le résultat, dans le sein de chaque être, de deux actions égales et réciproquement opposées? Et comment concevoir dans l'univers deux forces générales, toujours opposées l'une à l'autre, et ne se réduisant pas mutuellement à l'impuissance? Là était la question fondamentale dont la solution devait tout éclaircir, mais qui au contraire, tant qu'elle resterait sans solution, devait tout laisser dans les ténèbres. Aussi se mit-il à chercher la source des rapports existant entre les faits divers, à chercher le *principe* même de ces faits, c'est-à-dire la cause directe des mouvements qui leur donnent naissance. Il se disait que le principe universel était nécessairement une propriété essentielle à tous les genres d'êtres; qu'ainsi tous les corps organisés ou inorganisés, d'un très-grand volume ou d'une subtilité extrême, devaient en être constamment pénétrés; que nul être dans la nature ne devait se montrer un seul instant affranchi de son action immédiate; qu'enfin le mot qui représentait le principe devait, à lui seul, dévoiler la grande énigme, en expliquant seul le plan, l'ensemble et tous les détails de l'univers. Or quel était ce mot?

« Comme je l'avais pressenti, » dit-il (car ici on ne peut qu'emprunter ses paroles), « le spectacle d'une nature fraîche et impo-
« sante, agreste et magnifique, échauffa mon imagination, agran-
« dit la sphère de mes pensées, et en même temps y jeta une abon-
« dante lumière. Un jour, au mois de juillet, je sortis de très-bonne
« heure, et je me dirigeai vers le pic du midi; il est très-escarpé
« sur sa face septentrionale; c'était celle que je suivais. De temps
« à autre, je rencontrais des excavations qui me permettaient de
« pénétrer dans le sein des couches extérieures, et d'en examiner
« la composition. Là se confirmait, sous mes regards, une idée
« qui m'était souvent venue pendant mes études des livres de géo-
« logie : il était évident que ces couches, parallèles entre elles, et

« toutes d'épaisseur uniforme, avaient d'abord été déposées, for-
« mées, consolidées dans la situation horizontale, et ensuite redres-
« sées brusquement par une force intérieure, qui manifestement
« avait dû soulever également le noyau. Quelle effroyable puis-
« sance !

« Je monte, je monte, et toujours cette pensée me poursuit.
« J'observe, à mesure que je m'élève, que les revêtements dimi-
« nuent d'épaisseur ; enfin ils disparaissent : c'est au sommet que
« j'arrive. Là, roches pures, compactes, mais dans l'état du plus
« violent désordre : des masses fracassées, jetées au hasard les
« unes sur les autres, s'appuyant par le tranchant de leurs arêtes,
« s'inclinant, se mêlant sous toutes sortes d'angles. Pour faire dix
« pas, il faux dix fois monter et descendre.

« C'est donc ici, me disais-je, que s'est terminée l'action du sou-
« lèvement ! Et par quelle cause ? D'où est venu l'obstacle ? Com-
« ment une force assez énergique, assez impétueuse pour faire
« jaillir à quinze cents toises de hauteur la masse qui me porte,
« s'est-elle subitement arrêtée ? Par elle-même une force en exer-
« cice peut-elle se retenir ? Lorsqu'elle se modère, lorsqu'elle s'é-
« puise, n'est-ce pas uniquement et nécessairement par la résis-
« tance d'une force opposée qui l'emporte sur elle ? Où s'est trouvée
« ici la puissance ayant une direction et une violence opposées à
« celle d'un globe défonçant lui-même ses enveloppes, ouvrant
« ses entrailles, et jetant vers le ciel les masses énormes que ces
« entrailles renfermaient ?

« Mais dans ce ciel qui me domine, dans cet espace sans limites
« qui environne la terre, qu'existe-t-il ? Des globes, et uniquement
« des globes. Pourquoi chacun ne serait-il pas doué, comme la
« terre, d'une force explosive, réduite, comme celle de la terre,
« à des tentatives, à des efforts ? Aucun de ces globes ne dissipe,
« dans l'espace, ses masses fortes, ses rochers ; tout ce que cha-
« cun peut faire, c'est de gonfler sa masse générale, d'en soule-
« ver quelquefois les parties. Mais la substance la plus atténuée
« de chacun, ses fluides, sa lumière, échappent sans cesse à ses en-
« veloppes, s'élancent dans l'univers. Chacun reçoit ainsi avec
« convergence, sur tous les points de sa surface, l'émission cons-
« tante de tous ceux qui l'environnent ; et c'est cette convergence
« soutenue qui établit à la surface de chaque globe la résistance
« modératrice, l'obstacle conservateur.

« Ah, je le tiens ! voilà le fait initial que le Créateur a placé à

« l'origine de tous les autres. L'*expansion* est le principe : le mot
« *expansion* est la clef de l'univers. Tout être isolément considéré,
« tout globe, et à la surface de chaque globe tout végétal, tout
« animal, tout homme, tout peuple, est en expansion continue;
« c'est sa vie, son ressort, sa puissance; il cherche constamment
« à s'étendre, à augmenter en tous sens l'espace qu'il occupe; li-
« bre de toute résistance, il se dissoudrait subitement : mais tous
« les êtres qui l'environnent sont expansifs comme lui; pour pou-
« voir comme lui se développer, s'étendre, ils luttent contre son
« expansion, ils la replient sur elle-même; si elle est violente, ils
« la replient avec la même énergie; la réaction à laquelle ils la
« soumettent est toujours égale à l'action qu'elle a produite. C'est
« ainsi que s'établit invariablement, dans l'existence de chaque
« être, la loi des *compensations*.

« C'en est donc fait : tout s'explique, et l'harmonie des globes,
« et la réciprocité de tous les actes physiques, physiologiques, po-
« litiques, et le balancement des destinées humaines, et la variété
« infinie des existences particulières, et la stabilité de l'ordre uni-
« versel : équilibre constamment invariable dans un mouvement
« constamment varié, telle est la définition de l'univers.

« Ces immenses aperçus ne furent au premier instant, que des
« éclairs qui traversèrent ma pensée; mais ils suffirent pour l'inon-
« der de ravissement et de lumière. » — En ce moment, Azaïs sentit sa destinée : — « L'univers, se dit-il, vient de se dévoiler à mon
« intelligence : ma fonction sur la terre sera de le décrire, de le faire
« connaître, de le faire admirer. Allons étudier avec un redouble-
« ment de zèle ce univers, dont le principe vient de m'être montré. »
Et il descendit vers sa demeure, l'âme enflammée d'ambition, d'ardeur et d'espérance.

Ce n'est pas à nous à dire si Azaïs venait d'arracher son secret
à la nature, ou s'il ne tenait qu'une brillante illusion. Toujours est-
il que, pour tout esprit capable de s'élever à de hautes conceptions,
l'univers et toutes ses parties ne peuvent être régies que par une
loi unique; autrement tout ne serait bientôt plus qu'un effroyable
chaos. Cette loi, Azaïs se disait : Je la tiens; et il se donnait la plus
magnifique mission dont un homme ait jamais pu être chargé.
Aussi, sa vie entière a-t-elle dès lors été consacrée à cette mission
sainte; toutes ses actions, tous ses écrits ont dès lors eu pour but
unique de la remplir dignement; et il faut en convenir, si Azaïs

trouva la vérité, la science moderne n'a rien à mettre à côté de sa découverte.

Il se mit donc à chercher dans tous les faits, dans tous les êtres, dans tous les rapports dont l'univers se compose, les témoignages de cette loi constante et unique; il entreprit d'acquérir la connaissance de tous les ordres de faits physiques, physiologiques, astronomiques, historiques, et, de plus, de découvrir ce que les meilleurs livres scientifiques ne donnent pas, les liens de tous ces ordres de faits [1]. Pendant six ans de suite passés dans les Pyrénées, Azaïs travailla sans se laisser détourner un instant de son but.

Sur la fin de ce temps vint une diversion inattendue, épisode saillant dans sa vie, jusque-là si obscure. Madame Cottin vint passer à Bagnères la saison des eaux; elle se logea chez M. Soubies. Cette femme célèbre inspira bientôt à Azaïs une estime, un attachement qui, par degrés rapides, devinrent de l'amour; madame Cottin n'y fut pas insensible; elle prolongea son séjour à Bagnères, afin d'achever sa *Mathilde* sous les yeux d'Azaïs, qui, de son côté, lui communiquait ses travaux sur le système universel. Il est probable que les rapports habituels d'Azaïs avec une femme dont les productions littéraires avaient déjà vu le jour, vinrent porter dans son esprit des idées plus précises sur ses propres travaux et sur les moyens de les produire; il indique lui-même dans son journal l'espèce de révolution qui se fit alors en lui [2].
« J'ai enfin commencé aujourd'hui la rédaction définitive de mon
« ouvrage; me voilà au début d'une entreprise extraordinaire : j'en
« suis effrayé, j'en suis glorieux. La timidité me saisit en traçant
« chaque ligne; l'espoir de bien faire me ranime. O mon Dieu, je
« vous consacre cet ouvrage! puisse-t-il faire du bien aux hommes!
« Je n'aspire point à faire un ouvrage parfait; bien des erreurs m'é-
« chapperont sans doute, bien des vérités me demeureront incon-
« nues. J'ose dire du moins, en présence de Dieu même, que je
« crois voir la vérité dans tout ce que je vais écrire, et que je pense
« fermement que mon ouvrage fera du bien. » Après avoir écrit son introduction, il disait encore : « Je me rassurerai peut-être, mais
« j'éprouve une gêne singulière en pensant que maintenant c'est
« pour le public que j'écris. Cette partie de mon ouvrage se ressen-
« tira des mouvements que j'éprouve; j'écrirai moins bien et avec

---

[1] *Idée précise de la vérité première*, p. 8.
[2] 20 frimaire an XII (11 décembre 1803).

« moins de facilité. » Avait-il fini quelque partie de son livre, il en faisait lecture à madame Cottin, qui tantôt lui donnait des encouragements capables de soutenir son ardeur, tantôt lui communiquait des réflexions critiques qui tournaient également à l'avantage de son œuvre.

La sympathie d'occupation s'unissant ainsi à la sympathie de caractère, le mariage d'Azaïs avec madame Cottin fut résolu ; mais d'un commun accord, et par égard pour certaines circonstances, madame Cottin retourna seule à Paris, laissant Azaïs à Bagnères. Il devait y passer un an encore ; il avait besoin de ce temps pour mettre son œuvre en état de soutenir, de la part des hommes éclairés, un premier examen.

L'année écoulée, Azaïs se dispose à quitter ses chères Pyrénées, et la bonne et simple famille dont il s'est si doucement accoutumé à faire partie. Le 1er février 1806, il s'arrache à sa chère Fanny, à son excellent ami Jalon : la séparation fut déchirante. A Tarbes, il va revoir toutes ses anciennes connaissances ; il retrouve sa bonne sœur Marianne toujours la même, et il part accompagné de tous les vœux, de toutes les bénédictions de ceux qui l'ont connu. A Toulouse, même concert d'affection et de souhaits. Il passe quelques jours à Revel, puis à Bérat, avec ses sœurs, pour lesquelles il conserva toute sa vie les sentiments les plus affectueux. Il revoit Sorèze ; et ce séjour et ses environs, qu'il parcourut si souvent pendant son enfance, réveillent en lui les plus douces émotions : là, comme partout, il trouva des hommes instruits qui, tout en lui exposant quelquefois des doutes sur ses idées, tout en lui présentant même les plus fortes objections, lui prodiguaient les plus vifs encouragements, lui souhaitaient les plus prompts et les plus signalés succès. A Tonneins, il attacha à ses idées et à sa personne un jeune homme qui obtint de sa famille la faveur de le suivre à Paris ; le jeune Suriray devint pour lui un ami dévoué, un prosélyte actif.

Azaïs avait alors quarante ans.

V.

Azaïs nous l'a dit : depuis bien longtemps les vœux de ses amis l'envoyaient à Paris ; c'était sa place, disait-on. Il avait plus d'une fois désiré lui-même de se placer sur cette grande scène ; mais il avait toujours craint que son âme ne vînt s'évaporer dans l'ivresse des plaisirs du monde ; au lieu qu'elle se conservait doucement au sein de l'obscurité et de la nature. Tout en approchant de Paris, il pressentait qu'il allait entrer dans une nouvelle vie; que cette existence douce et tranquille, passée jusque-là au milieu d'amis qui semblaient ne vivre que pour lui, que pour accueillir ses idées, pour encourager ses travaux, allait se changer en une vie inquiète, tourmentée.

D'abord il trouva madame Cottin prête à partir pour un long voyage qu'elle n'a pas désiré, qu'elle a cherché même à détourner, mais vers lequel elle a été, pour ainsi dire, lancée par cette passion de dévouement, cet entraînement de générosité qui étaient le fond habituel de son caractère. Azaïs, affligé de cette détermination, s'interdit cependant de la combattre; à l'exemple de madame Cottin, il se passionne pour le désintéressement et le sacrifice.

Madame Cottin eut le temps toutefois de recommander Azaïs à quelques personnes éminentes, et surtout au sénateur Garnier, qui lui-même le mit en rapport avec plusieurs savants, tels que Lacépède, Haüy, Cuvier, quelques autres, qui l'écoutèrent avec un vif intérêt, tout en combattant quelquefois ses idées; avec de Laplace, qui lui témoigna moins de bienveillance, qui bientôt même devint la pierre d'achoppement contre laquelle échouèrent tous ses efforts pour faire accueillir ses idées, soit par l'Institut en corps, soit par des savants isolés; car de Laplace tenait alors un rang si élevé dans la science, que son jugement devenait une espèce de loi. Azaïs lutta longtemps, avec plus de conviction et de courage que de succès. Il écrivit dans quelques journaux, il imprima une introduction de son ouvrage (*Essai sur le monde*[1]); il ouvrit des conférences publiques. Mais que pouvaient produire toutes ces tentatives, quand les principaux savants de Paris repoussaient son œuvre, plus frappés peut-être de quelques erreurs de détails, que de l'idée fondamentale sur laquelle elle reposait?

Accablé par la combinaison désespérante d'une affection à peu près brisée, d'une situation voisine de l'indigence, d'un isolement absolu, et par-dessus tout d'une dure réprobation qui venait en un instant renverser le fruit des travaux de sa vie, toutes ses espérances de gloire, tous ses projets d'avenir, Azaïs succombe au découragement: il va rentrer dans ses Pyrénées, et y ensevelir à jamais ses travaux et sa destinée; il va retrouver ces amis fidèles qui l'aimeront encore malheureux comme ils l'aimèrent riche d'espérance,

---

[1] 1 vol. in-8°; Paris, 1806.

lorsqu'un jeune professeur de mathématiques au prytanée de Saint-Cyr, qui l'entend déplorer ses peines, cherche à relever son courage, et lui offre, comme chose facile, de le faire recevoir maître d'étude au prytanée. Azaïs accepte ; et bientôt, accepté lui-même par le général Duteil, directeur de Saint-Cyr, il part pour sa nouvelle destination avec l'empressement de la détresse.

Maître d'étude ! c'est une fonction bien dure et bien pénible ! elle exige d'ailleurs, surtout dans un établissement militaire, une fermeté, une sévérité qui sont loin d'appartenir au caractère d'Azaïs. Le général Duteil s'en aperçoit ; mais, dès les premiers jours, il a pris Azaïs en affection, parce que, bon musicien, il a trouvé en Azaïs un musicien aussi, toujours prêt à faire avec lui des duos de violon, et même à en composer. Le général Duteil retire à Azaïs sa triste fonction de maître d'étude, et fonde en sa faveur une classe de géographie.

Voilà de nouveau Azaïs en position douce et silencieuse ; il reprend son grand ouvrage, s'attache soigneusement à réparer les erreurs que ses premiers juges lui ont si durement reprochées. Ce nouveau travail l'occupe beaucoup, mais non de manière à lui ôter le temps et l'inclination d'aller chaque semaine avec le général chez M. de Lacépède, faire de la musique avec tout ce qu'il y avait alors d'artistes distingués à Paris, et entre autres avec le célèbre Baillot ; de se mêler souvent aussi aux personnes qui se réunissaient dans le salon du général.

Parmi elles il distingua bientôt une jeune dame, veuve d'un officier mort à Austerlitz sur le champ de bataille. « Elle a deux en-« fants en bas âge ; ce sont leurs droits à l'éducation du prytanée « qui l'ont amenée à Saint-Cyr ; elle a pris dans le village un très-« modeste domicile ; elle vient de temps en temps présenter ses en-« fants au directeur de Saint-Cyr, et leur ménager sa bienveillance « pour le temps peu éloigné où ils seront en âge d'en profiter. Indé-« pendamment de sa position, madame Berger a toutes les qualités « personnelles, tous les avantages de figure, de manière, d'éduca-« tion, qui plaisent, touchent, intéressent. Sa conversation est « pleine de grâce, d'esprit, de raison, de politesse ; la teinte de tris-« tesse qui toujours y domine y jette un charme de plus. » Azaïs ne tarde pas à prendre pour elle un tendre attachement, que, par une pente naturelle, il étend à ses deux enfants. Il va la voir dans son humble demeure ; il discute avec elle les questions de philosophie qui se rapportent à la littérature, aux beaux-arts, à l'éducation, à l'amour surtout; et il se trouve toujours avec elle en accord de sentiments et de pensées.

Une circonstance annoncée depuis quelque temps vient presser madame Berger et Azaïs de resserrer et consacrer leurs penchants réciproques. Le prytanée militaire est retiré de Saint-Cyr, et transporté à la Flèche. Madame Berger ne peut le suivre; son père et sa mère habitent Versailles; elle ne peut se résoudre à s'en éloigner. Azaïs, de son côté, ne peut se séparer d'elle. D'ailleurs, il a besoin d'être à Paris ou dans le voisinage pour tenter de nouveaux efforts, suivre les progrès des sciences, les appliquer à son œuvre, et publier le fruit de ses travaux.

Ces considérations réunies déterminent madame Berger et Azaïs à se marier à Saint-Cyr, et à s'établir à Paris. « Après dix-huit mois « d'absence, a dit Azaïs, je rentrai dans cette grande ville, d'où j'étais « sorti seul et comme exténué de chagrin ; j'y rentrai consolé, époux, « et père de famille. »

Les moyens d'existence de cette famille étaient très-bornés et bien inférieurs à ses besoins. Azaïs chercha donc avec empressement les moyens de les augmenter. L'université venait d'être fondée : il demanda à y être employé. M. de Fontanes, que Napoléon avait placé à la tête de cette institution, accueillit favorablement sa demande; mais certaines influences le mirent dans l'impossibilité d'y donner suite.

Menacé plus que jamais d'une indigence d'autant plus cruelle qu'elle allait retomber sur ceux qui l'entouraient, Azaïs se souvint d'avoir vu à Saint-Cyr un libraire de Paris qui l'avait écouté avec intérêt et intelligence, et s'était montré disposé à éditer les ouvrages qu'il lui fournirait. Il se décida donc à publier de suite son livre sur les *Compensations*. Cet ouvrage se répandit avec rapidité. Une idée qui en soi n'était pas nouvelle, qui, au contraire, comme toutes les idées vraies et importantes, s'était dès longtemps montrée, quoique confusément, à un grand nombre de bons esprits, ne pouvait manquer d'appeler l'attention publique la première fois qu'elle ferait le sujet spécial d'un livre, et qu'elle serait exposée avec quelque développement. On sut gré à l'auteur du ton qu'il avait pris, des consolations qu'il avait données, de la justesse de ses observations, et des révélations qu'il avait porté chaque lecteur à trouver au fond de son âme; le mot *compensation* devint, en morale et en philosophie, un mot pour ainsi dire technique. Parmi les journaux qui rendirent compte de l'ouvrage, quelques-uns prodiguèrent à l'auteur les témoignages les plus honorables; d'autres se donnèrent le facile plaisir de la raillerie; quelques-uns mêlèrent à des éloges flatteurs une censure faite de bonne foi et sans amertume; tous s'accordèrent sur ce point, que l'auteur des *Compensations* venait de prendre place parmi les écrivains les plus distingués de l'époque.

Une seconde édition devint bientôt nécessaire. Azaïs la rendit plus étendue que la première, en ajoutant au volume de sa composition, qui présentait sa doctrine philosophique, deux volumes d'applications de cette doctrine à diverses situations imaginées par madame Azaïs, et dont elle avait tracé le tableau.

Azaïs obtint donc par son ouvrage une renommée honorable, ce qui était, du reste, sa principale ambition; mais, très-inhabile à faire valoir pécuniairement les fruits de ses travaux, il ne retira que 320 francs des deux premières éditions de son livre; en sorte que, sans la générosité de ses bons amis, qui ne l'abandonnèrent jamais, sa famille et lui auraient bien souvent *manqué de pain à Paris*. C'est lui qui nous en fait la triste confidence [1].

Et pourtant le nom d'Azaïs était devenu populaire; chacun voulait le voir, le connaître. Les administrateurs de l'Athénée, institution qui jetait alors un assez vif éclat, vinrent le solliciter de paraître à leur tribune : il y tint trois séances, qui suffirent pour le classer parmi les plus brillants improvisateurs de l'époque; ces trois séances furent autant de triomphes. De leur côté, les salons les plus renommés se disputèrent bientôt l'honneur d'entendre le philosophe moraliste exprimer ses pensées avec cette conviction, cet entraînement qui faisaient le principal caractère de son talent.

C'était une transition trop brusque pour le solitaire des Pyrénées ou le pauvre maître d'étude de Saint-Cyr : une maladie nerveuse vint le menacer; il fallut renoncer à ces premiers succès qui trop souvent décident de l'avenir des hommes; il fallut rentrer dans la retraite. Azaïs alla demander à Versailles, et aux bois qui entourent cette ville, le calme et la santé. Là, il eut aussi le bonheur de devenir père; et ce titre était bien le plus cher qu'il pût obtenir.

Enfin au bout d'un an, et grâce à la protection de madame Baude, amie de la famille du Bosc, le ministre de l'intérieur, M. de Montalivet, offrit à Azaïs une place d'inspecteur de la librairie à Avignon, avec deux bourses dans le lycée de cette ville pour les deux enfants de madame Berger. Azaïs prit possession de cette place en

---

[1] *Journal*, 24 janvier 1811.

septembre 1811. Une fonction administrative dévolue à l'homme de la nature! Il le disait lui-même avec bonne foi, peu de personnes étaient moins propres que lui à faire un inspecteur de la librairie.

Quoi qu'il en soit, Azaïs passa un an dans son inspection d'Avignon, et il y termina à ses frais la publication commencée à Paris de son grand ouvrage sur le *Système universel* (8 vol. in-8°). C'était une grande entreprise qu'une publication aussi étendue; mais aucun sacrifice ne coûtait à Azaïs lorsqu'il s'agissait de publier ses ouvrages. Les écrivains cherchent généralement dans leurs travaux des moyens de fonder ou d'augmenter leur bien-être; pendant toute sa vie Azaïs sacrifia son bien-être au besoin impérieux de propager ses idées.

L'année écoulée, Azaïs fut envoyé dans la ville de Nancy, avec les mêmes fonctions d'inspecteur de la librairie.

Le séjour de Nancy forme dans la vie d'Azaïs un épisode tout à fait tranché, mêlé de peine et de bonheur, de calme et d'agitation. Il disait en 1813 : « Ma femme et mes enfants sont en bonne santé ; « je travaille avec ardeur ; je suis satisfait de mon ouvrage ; je suis « logé d'une manière ravissante : quelques embarras d'argent se « montrent seulement vers la fin de l'année, mais ils seront passa- « gers. Je dois reconnaître que je suis dans une période de bonheur. « Je la consigne ici, afin que son souvenir m'apaise et me console « lorsque je serai revenu à un temps de peine. » Il se livrait surtout avec délices à tous ces petits soins de famille, qui étaient bien certainement pour lui les plus douces jouissances ; cette famille s'était alors accrue d'une seconde fille : « C'est moi, disait-il « avec orgueil, qui me charge de ma chère aînée toute la nuit et une « partie du jour. En ce moment il est neuf heures, elle dort dans « son lit auprès du mien ; je vais travailler auprès d'elle pendant « une ou deux heures ; ensuite je me coucherai, après l'avoir sou- « vent regardée, admirée, et lui avoir fait doucement un baiser. Au « point du jour, elle me demandera à déjeuner. Après ce petit repas, « il y aura une demi-heure de caresses, de folies, de chansons, « d'histoires. Ensuite nous nous lèverons ; j'irai embrasser ma bien- « aimée et ma bonne petite Gabrielle. On m'appellera pour déjeuner « avec toute ma chère famille. Je travaillerai jusqu'à midi ; après « dîner, j'irai sur la colline avec mes enfants si le temps est beau, « seul si la pluie menace. Vers la nuit je ferai souper mon enfant, « je la coucherai, je souperai moi-même, et après un peu de cau- « serie je travaillerai : ma journée de demain sera comme toutes

« mes journées[1]. » L'ouvrage auquel travaillait alors Azaïs était *Du sort de l'homme*, application du principe des compensations au sort des principaux personnages historiques du dix-septième et du dix-huitième siècle.

Cependant l'approche des armées alliées porta bientôt l'effroi jusqu'à Nancy. Azaïs, pensant que l'honneur et les plus chers intérêts imposaient à tout bon citoyen le devoir de manifester ses vœux et ses principes, et qu'il fallait avant tout armer l'opinion publique en faveur de la patrie, commença, à l'instigation du préfet de la Meurthe, un ouvrage périodique, sous le titre de *le Patriote français*. Il ne pouvait rien concevoir, rien exécuter froidement; les quelques numéros qui parurent électrisèrent les populations.

Cependant Paris est au pouvoir de l'étranger. Les Bourbons sont sur le trône. Six gendarmes de création nouvelle viennent arrêter Azaïs dans un village où il s'est réfugié. Mais, au bout de quelques heures, il est rendu à sa famille et à ses amis; on a voulu seulement l'épouvanter, et le réduire au silence.

L'occupation de la Lorraine jeta Azaïs dans une véritable détresse. Ses appointements furent suspendus; il fut obligé, pour vivre, de vendre un à un les meubles qu'il possédait. Mais, à Nancy comme ailleurs, il trouva des amis généreux toujours prêts à venir à son secours.

Azaïs avait la plus grande admiration pour Napoléon. Dans la simplicité de son âme, il se dit : « Louis XVIII annonce des inten-
« tions conciliantes et libérales; il fut autrefois patriote et philoso-
« phe. A l'aide de son expérience et de ses lumières, il sentira que
« son intérêt le plus pressant et l'intérêt de la France lui comman-
« dent de se montrer citoyen avec constance, et populaire avec fer-
« meté. » Il ne doute pas que « Louis XVIII ne suive les vues sociales
« du grand homme d'État dont il a pris la place, qu'il ne défende ce
« grand homme des clameurs forcenées et absurdes dont il est l'ob-
« jet. » Échauffé par cette noble attente, il prend la plume, et se hâte de « fournir aux regards du roi et des bons Français un ouvrage
« qui montre Napoléon sous un jour vrai, et qui lave la France de
« la honte que jetaient alors sur elle tant d'écrivains déclamateurs;
« qui enfin, accueilli, distingué par le roi, rattache à son autorité et
« à sa personne tous les hommes que la générosité frappe, et qui
« aiment à voir la vérité rendant justice à l'héroïsme[2]. » Cet ou-

---

[1] *Journal*, 3 octobre 1813.
[2] *De Napoléon et de la France*, préface.

vrage fut composé de verve; l'impression en fut bientôt commencée. Mais vint la loi qui soumettait à la censure les ouvrages d'un faible volume, et le livre *De Napoléon et de la France* ne put être publié que dans les cent jours.

Nancy salua avec enthousiasme le retour de Napoléon, et Azaïs s'associa à l'enthousiasme des habitants de Nancy; c'est lui qui rédigea l'adresse que la garde nationale de cette ville envoya à l'empereur, réinstallé aux Tuileries. Le gouvernement impérial le nomma recteur de l'académie de Nancy; mais il ne remplit ces fonctions que du 10 mai au 1er juin. Dans le même temps il organisa une fédération, qu'il anima par des discours chaleureux, bien qu'empreints d'une sage modération.

Mais bientôt vint le désastre de Waterloo : Azaïs, fuyant de Nancy, se retira à Toul, où déjà le préfet et le général s'étaient réfugiés pendant la nuit. Il y fut joint presque aussitôt par sa femme et leurs quatre enfants. Ainsi le voilà sans argent, sans espérance, enfermé dans une place qui dans deux jours peut-être sera assiégée. Enfin, le 2 août, il trouva une occasion de partir pour Paris avec sa femme et ses deux filles (leurs deux fils étaient retournés au lycée de Nancy, confiés à l'affection des amis les plus dévoués). Le 5, il arrivait dans la capitale.

VI.

« Nous voilà de retour à Paris, disait-il; nous venons chercher
« pour nous et pour nos enfants un sort et un asile. Que trouve-
« rons-nous? c'est ce que je n'aperçois pas encore. Nous aurons
« du courage, de la patience; nous nous soutiendrons mutuelle-
« ment : voilà tout ce que nous pouvons nous promettre, » *nous*, disait Azaïs. C'est qu'en effet, dans cette lutte contre le sort, son courage était sans cesse relevé et soutenu par le courage et le dévouement de sa femme.

Il fit plusieurs tentatives, et de plusieurs côtés; aucune ne réussit d'abord, et bientôt il fallut pour plus de liberté, et quoi qu'il pût lui en coûter, se séparer de ses deux filles, et les envoyer à Versailles chez les grands parents. Il obtenait seulement, et de temps à autre, l'insertion de quelque article dans les journaux. « J'écris, j'écris, et mille inquiétudes m'assiégent, disait-il; je suis
« si contraint, si fatigué, si triste, que le travail d'esprit me coûte
« beaucoup; je tremble de ne pouvoir y tenir. Cependant si je suc-

« combe, si seulement je suis contraint de prendre un long repos,
« que deviendra ma famille ? » Au mois d'octobre, ayant reçu cent
francs du libraire : « C'est pour nous une somme énorme, » disait-
il. Enfin ce même libraire consentit à accueillir le projet, conçu par
Azaïs, et par sa femme de continuer l'*Ami des enfants*. « S'il nous
« paye, écrivait Azaïs, si l'on nous laisse consacrer nos talents et
« notre cœur à cette œuvre innocente, nous serons heureux encore
« de notre repos et de la tendresse de nos enfants. » Le *Nouvel Ami
des enfants* fut pour Azaïs une planche de salut.

A la fin de décembre, Azaïs fut attaché momentanément au *Constitutionnel*. Un autre aurait vu là une occasion de s'assurer une
belle existence. Azaïs n'y vit guère qu'un moyen de propager ses
pensées. « Mon influence sur les opinions de mes contemporains
« va, je crois, commencer, disait-il. Si l'on me laisse tout dire, et
« j'en ai un peu l'espérance, je convaincrai les hommes réfléchis,
« j'entraînerai les hommes sensibles ; mes pensées deviendront le
« patrimoine commun. » Ses rapports avec le *Constitutionnel* furent de courte durée ; il s'adressa à l'*Aristarque*, qui accueillit de lui
quelques articles : mais bientôt après le journal fut supprimé.

Cependant, et à l'occasion même de l'*Aristarque*, il eut avec M. le
duc Decazes, alors ministre de la police, une entrevue qui exerça
une grande influence sur son avenir. Il espérait changer les déterminations du ministre à l'égard du journal ; le ministre fut inflexi-
ble : mais il avait remarqué les articles d'Azaïs, et il se montra
très-gracieux pour l'écrivain. « Il m'a demandé de lui envoyer
« quelquefois des morceaux semblables à celui que j'ai placé dans
« le *Constitutionnel*, me disant qu'il les ferait insérer dans une au-
« tre feuille, et qu'il m'en tiendrait compte ; mais je préfère m'at-
« tacher fixément à un journal : le ministre m'a dit qu'il m'y ver-
« rait avec plaisir [1]. »

Vers ce temps, Azaïs publia son *Manuel du philosophe* ; peu
après il eut occasion de voir et d'intéresser madame de Staël, qui
exerçait alors une grande influence sur les hommes placés au
pouvoir ; quelques savants, et surtout MM. de Humboldt et de
Prony. Quelques hommes de lettres, et entre autres M. de Jouy,
lui témoignèrent aussi un véritable intérêt, qui, plus d'une fois, vint
adoucir sa position et relever ses espérances : « Il me semble, disait-
« il, que ma carrière s'aplanit. J'ai des espérances encore vagues,

---

[1] *Journal*, 2 février 1816.

« mais qui me paraissent légitimes. Je ne sais point, à la vérité, de
« quelle manière elles se réaliseront[1]. »

Cependant le bon vouloir de ses amis ne pouvait faire oublier entièrement la participation d'Azaïs aux événements de Nancy; madame de Staël lui laissa apercevoir qu'elle lui en voulait un peu du vif dévouement qu'il avait montré pour Napoléon; et le ministre, à qui elle le recommandait un jour, répondit qu'Azaïs avait agi pour la cause impériale avec tant de zèle, qu'il était impossible de rien faire, du moins de trop ostensible, pour lui. Du reste, les idées politiques d'Azaïs ne varièrent jamais: les hommes pour lui n'étaient rien; le fond des choses était tout. Il n'aima jamais le gouvernement représentatif, qui donne aux peuples une vie trop agitée; il préférait le gouvernement absolu, qui amène après lui le calme et le silence des passions, parce qu'il regardait ce calme, ce silence, comme la condition nécessaire pour la propagation des grandes idées: voilà pourquoi il parla plus d'une fois de dictature, et voilà aussi ce qui lui attira plus d'une fois des reproches de la part des hommes qui lui voulaient du bien.

Mais ses protecteurs, et surtout M. Garnier, madame de Staël, ne se décourageaient pas; madame de Staël lui fit obtenir plusieurs gratifications du ministère. Sa sollicitude ne se borna pas là: trois jours après sa mort, le 18 juillet 1817, un domestique vêtu de noir remettait dans les mains d'Azaïs la lettre suivante :

« Je prie M. Azaïs d'avoir la bonté de passer chez moi. Un des
« derniers désirs de ma mère a été de lui être utile; et je crois
« remplir sa volonté en causant avec lui sur les moyens d'obtenir
« ce qu'il désire.
                           « STAEL DE BROGLIE. »

Six mois après Azaïs recevait de M. Decazes une pension de six mille francs.

Ce fut un moment de bien douce joie que celui où Azaïs vint annoncer à sa femme l'heureuse nouvelle qui assurait l'existence de la famille; et pourtant à cette joie se mêlèrent des larmes : Azaïs avait perdu depuis peu la plus jeune de ses filles; et c'est dans le bonheur qu'on sent plus vivement la perte de ceux qui ne sont plus là pour le partager.

D'autres chagrins aussi troublèrent parfois la douceur de sa nouvelle situation : ses ouvrages trouvèrent souvent des censeurs qui,

---

[1] *Journal*, 27 décembre 1816.

tout en faisant la part du mérite incontestable de l'écrivain, attaquaient sans ménagement les idées du penseur; et ce n'était pas le renom de littérateur qu'ambitionnait Azaïs, mais le titre d'apôtre de la vérité : il eût consenti bien volontiers qu'on le traitât de mauvais écrivain, pourvu qu'on approuvât ses pensées.

Puis enfin la malveillance, ou peut-être seulement la légèreté, inhabile à comprendre ce que peut être dans un cœur généreux et naïf l'expression de la reconnaissance, ne craignit pas de laisser entendre que l'homme de la nature achetait sans doute par des services secrets les faveurs du pouvoir, faveurs qu'on avait soin d'exagérer même, comme il arrive toujours en pareil cas. « J'habite au sein de Paris, disait Azaïs en 1820, une petite mai- « son solitaire; un beau jardin l'environne : je l'habite, mais je ne « la possède pas. On s'est trompé, l'année dernière, lorsque l'on a « répandu que je la tenais de la générosité de M. Decazes : M. De- « cazes a appelé sur moi les bienfaits du gouvernement; il m'a re- « tiré, il y a trois ans, d'une situation malheureuse; je serai à ja- « mais pénétré pour lui d'estime et de reconnaissance, et ces sen- « timents me survivront dans le cœur de mes enfants. Mais, je le « répète, cet ermitage dans lequel il m'est si doux de trouver le si- « lence, la retraite, la nature, et d'élever paisiblement ma famille, « ne m'appartient pas encore : l'acquérir pour le repos de ma vieil- « lesse, et le laisser à mes enfants, est toute mon ambition [1]. »

Il écrivit bien, il est vrai, et à plusieurs reprises, des ouvrages politiques, et entre autres plusieurs *Lettres à M. de Chateaubriand*. Mais, dans la composition de ces écrits divers, il n'exprima jamais d'autres idées que les siennes propres, sans se demander si elles seraient accueillies ou repoussées, soit du pouvoir, soit du public. Peut-être le ministre et ceux qui l'entouraient avaient-ils songé, en effet, un moment à utiliser la plume de l'écrivain; mais ils purent bientôt se convaincre que la plume d'Azaïs ne pouvait être au service que de ses propres pensées, et non des pensées d'autrui. Avec des hommes tels qu'Azaïs, il n'y a point de composition possible; ils sont tels qu'ils sont, ou ne sont pas; et il arriva souvent que la politique du protégé fut très-peu goûtée du protecteur : plus d'une fois Azaïs en reçut la confidence des plus intimes amis du ministre. Aussi disait-il avec fierté : « La force de pensée et de style « ne peut guère appartenir à un homme qui fait le courtisan auprès

---

[1] Préface de son ouvrage intitulé *Du sort de l'homme*, etc. Il devint propriétaire, plus tard, de la petite maison dont il parle.

« de tous les hommes en dignité et en réputation. Comme un tel
« rôle n'est point dans mon caractère, et que, pour cette raison, je
« n'en ai point le talent, je me tiens à l'écart. Je ne me reprocherai
« jamais, et mes enfants ne me reprocheront pas d'avoir jamais
« fait, pour parvenir au bien-être, des démarches dont je ne puisse
« m'honorer. J'ai besoin, pour faire de bons ouvrages, de soutenir
« la chaleur de mon âme et l'élévation de mes idées ; ce qui me de-
« viendrait impossible si, dans ma conduite, je ne gardais point,
« non de l'arrogance ni même de la sauvagerie, mais de la di-
« gnité[1]. »

Nous sommes arrivés à une période saillante dans la vie d'Azaïs.
En 1821 et 1822, il reparut à l'Athénée de Paris pour y professer ses doctrines. « Animé d'une noble ambition, dit un criti-
« que de ces temps-là[2], M. Azaïs veut enseigner ou plutôt même
« créer la philosophie générale : dans ce dessein hardi, il a choisi
« la tribune de l'Athénée, certain d'y trouver des auditeurs at-
« tentifs, des juges éclairés, des contradicteurs habiles et pleins
« d'urbanité. Éclairer est son but, instruire son moyen, con-
« vaincre son triomphe. Son début a été brillant; on ne saurait
« manier la langue philosophique avec plus de souplesse et de faci-
« lité; ses paroles naissent sans effort de ses pensées; ses expli-
« cations ont surpris l'assemblée par leur précision et leur clarté.
« C'est aux savants à juger de l'étendue de ses connaissances, à
« prononcer sur le mérite de sa doctrine : mais tout le monde peut
« reconnaitre en lui, sans craindre de se tromper, l'amour de la vé-
« rité, la ferveur de l'apostolat, le zèle du bien public, et, puisqu'il
« faut tout dire, le désir immense de sortir des bornes d'un siècle
« dont il voudrait être la lumière. »

Mais comme si la vie d'Azaïs eût dû offrir constamment l'application de ses principes, au moment même où il obtenait ces bril-

---

[1]. « J'ai été aujourd'hui très-affecté de peine et de surprise : ayant rencontré par hasard M. ..., je l'ai abordé ; il n'a répondu à mes avances que par une physionomie presque irritée, et des reproches qui n'avaient pas le sens com-mun. Mon ouvrage, dit-il, est plein d'imprudence ; il a détaillé ses chefs d'accusation ; et se rappelant ensuite qu'il fallait compenser cette partie ab-surde de son rôle, il m'a fait de grands compliments sur mon style, mon esprit et mes talents. Notre discussion n'a pas été assez longue pour que j'aie pu relever entièrement cette querelle d'Allemand ; car, se retirant brus-quement, il a coupé court, heureusement pour lui, peut-être encore plus heureusement pour moi, à la bordée de bonnes raisons, et, je crois, de franchise, que j'allais laisser échapper. » (*Journal*, 17 janvier 1818.)

[2] M. Tissot.

lants succès, sa pension était réduite d'abord de moitié, et bientôt des deux tiers ; ainsi son aisance avait duré bien peu. Il eut un moment de découragement. Ses chères Pyrénées lui revinrent à l'esprit, il eut un instant le désir d'aller s'y établir avec sa femme et ses enfants (il avait alors une autre fille) : mais la propagation de ses pensées était le principal but de sa vie. Il resta à Paris, et ne pensa plus qu'à travailler avec une nouvelle ardeur à perfectionner son œuvre ; ainsi il publia, sous le titre de *Cours de philosophie générale*, les leçons professées à l'Athénée ; vers le même temps, il fit paraître aussi sous le titre d'*Inspirations religieuses* les deux traités composés dans les premiers temps de son séjour à l'hôpital de Tarbes. Enfin en 1826 le *Cours de philosophie* devint, sous une autre forme, l'*Explication universelle*, ouvrage qui résume et complète tous ceux qui l'ont précédé. « C'est donc fait ! disait
« Azaïs ; mon livre capital est imprimé, et c'est bien le meilleur que
« j'aie fait, que je puisse même jamais faire : ordre, unité, détails
« suffisants, et cependant enchaînement rapide ; en un mot, forme
« digue du fond. Je crois avoir réuni tous les avantages sur cette
« composition philosophique. Cette pensée juste, légitime, m'a tenu
« tout aujourd'hui dans une émotion ravissante ; je me proclamais
« silencieusement l'homme de la vérité, et je sentais la gloire de
« ce privilége. J'aurai soin de renfermer ce sentiment en moi-
« même ; il est un genre de bonheur qu'il ne faut pas trop divul-
« guer [1]. »

On a beaucoup parlé des conférences tenues par Azaïs au milieu de son jardin, dans les années 1827 et 1828. Deux fois par semaine, à la chute du jour, ce jardin vaste et tranquille se remplissait d'une société nombreuse ; un modeste amphithéâtre ombragé par de grands arbres se couvrait d'hommes graves, de jeunes gens studieux, de dames élégantes. Azaïs arrivait bientôt : son âge, ses longs cheveux blancs, la simplicité de son maintien et de son costume, son air de bonté, tout disposait à une bienveillante attention. « Ses premières paroles, disait, dans le temps, un témoin ocu-
« laire, ont un accent d'émotion ; bientôt il se rassure ; son impro-
« visation, toujours élégante et facile, expose avec clarté le système
« général des êtres et de leurs rapports ; mettant en œuvre, de pré-
« férence, les notions les plus répandues, il révèle la cause de ce
« que chacun voit sans cesse ; et cette cause est si simple, son ac-

---

[1] *Journal*, 27 septembre 1826.

« tion est si évidente, que chacun croit l'avoir toujours aperçue :
« on n'est surpris que d'être devenu si éclairé en si peu de temps
« et avec si peu d'efforts. » Azaïs conservait surtout le souvenir
d'une de ces séances ; elle avait attiré une affluence telle, que, l'espace ordinaire ne suffisant plus, les murs, les arbres même s'étaient
chargés d'auditeurs. « Deux mille personnes, peut-être, sont en-
« trées dans mon jardin ; mais, dès six heures, six ou huit cents
« étaient placées, et mettaient tous les arrivants dans l'impossibilité
« de me voir et de m'entendre. J'ai parlé pendant plus d'une heure ;
« j'ai toujours été écouté avec une attention profonde, et de temps à
« autre interrompu par d'éclatants applaudissements [1]. »

C'étaient bien là les jouissances les plus vives, les plus enivrantes qu'Azaïs eût jamais pu rêver : mais en France les esprits distraits ne pouvaient se fixer longtemps sur les hautes questions qu'il soulevait ; puis les succès les plus brillants sont bien stériles pour celui qui ne sait pas en profiter à propos. Dès 1820 Azaïs avait frappé à la porte de l'Académie française ; il avait publié alors : *Essai sur le monde ;* deux éditions des *Compensations ; Un mois de séjour dans les Pyrénées ; Système universel ; Manuel du philosophe ; Du sort de l'homme ; Jugement impartial sur Napoléon ;* le *Nouvel Ami des enfants ;* plusieurs brochures politiques. C'était beaucoup plus qu'il n'en fallait pour avoir des droits à l'Académie ; mais les droits ne sont pas tout pour entrer à l'Académie : il faut encore du savoir faire ; et les habitudes, la manière de vivre d'Azaïs, son ignorance du monde, sa naïve confiance dans la bienveillance et la franchise des hommes, tout devait l'empêcher de réussir. Dès le premier abord il inspirait l'intérêt ; on comprenait également l'homme bon et l'homme supérieur : mais, content de ce premier accueil, il rentrait dans sa retraite, et reprenait ses travaux. Ce n'est pas ainsi qu'on arrive. Aussi les nouvelles publications d'Azaïs : *Inspirations religieuses ; Cours de philosophie générale ; Explication universelle,* et tant d'autres d'une haute importance[2], ni le talent de l'orateur, si

---

[1] *Journal,* 22 juillet 1828. La même année, M. de Martignac fit porter la pension d'Azaïs de 2,600 fr. à 3,000, et ce chiffre fut conservé jusqu'en 1841, où il fut réduit à 2,500 fr.

[2] En 1829, *Principes de morale et de politique ;* en 1833, *Cours d'explication universelle,* partie physique seulement ; en 1834, *Idée précise de la vérité première ;* en 1835, *De la vraie médecine et de la vraie morale ;* en 1836, *Physiologie du bien et du mal,* ouvrage auquel l'Académie française consacra, sur les prix Montyon, une somme de 5,000 fr. ; en 1839, *De la phrénologie, du magnétisme et de la folie ;* en 1840, *Constitution de*

généralement reconnu et proclamé si hautement, ne purent jamais le faire admettre parmi les académiciens. Il y a plus, et, malgré le retentissement de ses conférences philosophiques, malgré l'estime qui s'attachait à ses ouvrages et à son caractère, il était bien loin, à l'âge du repos, d'avoir atteint le double but de son ambition : la propagation de ses pensées, et le bien-être de sa famille.

VII.

Cependant les doctrines d'Azaïs ne lui permettaient pas de se laisser aller à un découragement complet, et ce n'est pas là leur moindre mérite. « J'ai souvent peine, disait-il, à éloigner l'idée que nous
« marchons rapidement vers un temps où presque personne n'aura
« souci de la vérité universelle, où nul livre sérieux n'aura de lec-
« teurs, où, par conséquent, il sera inutile d'en produire : alors
« je me demande si je ne ferais pas mieux d'abandonner le reste
« de ma vie aux douceurs salutaires d'un plein repos, entre mes
« enfants, mon jardin, mon violon, au lieu de poursuivre encore
« des travaux, des méditations dont ma santé est toujours plus ou
« moins affectée. Je suis par moments sur le point de prendre ce
« parti ; mais je le repousse par déférence pour mes habitudes in-
« tellectuelles, et pour le sentiment que je conserve de la grandeur,
« de la beauté, du système que j'ai découvert. Ce système de l'u-
« nivers en sera-t-il moins admirable, moins digne d'être la princi-
« pale affection de mon intelligence, parce qu'il sera délaissé par
« l'intelligence de mes contemporains ? et puis-je en venir à croire
« que j'aie été destiné, en dévoilant la constitution universelle, à
« ne faire qu'une œuvre personnelle, sans utilité, sans intérêt pour
« l'esprit humain ? Non ; une telle destinée dans l'histoire même de
« l'esprit humain serait une anomalie inexplicable ; elle est par con-
« séquent impossible. Reprenons courage [1]. » Il portait constamment la même résignation philosophique dans sa vie privée. « Ma vieillesse
« est calme, quoique non satisfaite, disait-il. A quelque emploi que
« ma vie se fût consacrée, si j'avais eu pendant mes belles années
« les satisfactions dont j'étais susceptible, je n'aurais pas eu la
« force que je porte maintenant dans le travail de pensée, et je
« n'aurais point goûté le bonheur qui me revient de ce genre d'oc-

---

l'univers et *Explication générale des mouvements politiques*. L'Académie accorda encore à l'auteur une gratification de 2,000 fr.
[1] *Journal*, 15 juillet 1839.

« cupations. Or, comme le passé est passé, et que c'est surtout de
« la vieillesse, qui sera présente quand le passé ne sera plus, qu'il
« faut assurer autant qu'on peut les avantages, j'ai donc été pro-
« fondément servi par les contrariétés de ma destinée. Mon devoir
« est de les bénir [1]. »

D'ailleurs son ambition personnelle se bornait aux plus modestes
jouissances : « J'ai arrosé mon jardin pendant deux heures, disait-
« il un jour ; la chaleur rendait toutes mes plantes avides d'eau
« fraîche. Aussi quand j'arrose, je me presse pour pouvoir atteindre
« à tout ; je me fatigue ; la nuit vient, et je laisse bien de mes bon-
« nes plantes mourant de soif : il m'en reste quelquefois de la tris-
« tesse. Je me dis : Un peu plus de revenu nous fournirait les
« moyens de mettre tous les soirs un homme à la pompe ; j'aurais
« ainsi pendant une ou deux heures un beau ruisseau d'eau fraîche
« dans mon jardin ; je ne toucherais qu'à l'arrosoir ; une charmante
« fraîcheur assainirait notre atmosphère. Cela me manque ; mais
« si je l'avais, je sentirais un peu plus les autres choses qui me man-
« queraient. »

Puis il se concentrait chaque jour davantage dans l'intimité d'une
famille à laquelle il avait inspiré sa simplicité et sa modération ; il
avait deux petits-fils, dont l'éducation enfantine occupait surtout
délicieusement ses loisirs de chaque jour : « Susceptible de tendresse
« comme je le suis encore, disait-il, quel trésor pour moi que deux
« enfants pleins d'amabilité, d'intelligence, et qui, au dire de toute
« la famille, m'aiment déjà avec une petite passion bien prononcée,
« quittent pour moi tous leurs jeux, se consolent avec moi de tous
« leurs petits chagrins [2] ! » — « J'ai repris courage aujourd'hui,
« disait-il un peu plus tard, en sentant le bien que m'a fait une
« station de deux heures au soleil du matin, assis sur un de mes
« fauteuils jaunes, que mes deux chers petits enfants ont porté
« dans le jardin. A mon tour j'ai déployé et tenu sur ma tête mon
« parapluie : à travers cet obstacle, le soleil ne m'était que
« doux et salutaire ; et, pendant que mes chers enfants jouaient fol-
« lement dans le jardin, je faisais sur mon fauteuil de la douce mé-
« lancolie : des larmes me venaient. Je pensais à beaucoup de vieil-
« lards bien plus riches que moi dans Paris, et n'ayant pas mon so-
« leil ni mes enfants [3]. »

[1] *Journal*, 16 avril 1839.
[2] 27 août 1824.
[3] 19 octobre 1842.

Vers ce même temps, un fait digne de toute l'attention des savants vint fortement attirer les méditations d'Azaïs : depuis huit années entières, la science et l'industrie humaine luttaient pour ainsi dire contre une nature rebelle, lorsque tout à coup, le 27 février 1841, l'ingénieur du puits artésien de Grenelle obtint un jaillissement tel que jamais encore le génie de l'homme n'avait rien produit de pareil. Azaïs en tressaillit de bonheur, car il vit dans ce fait la confirmation authentique de ses théories sur la constitution de l'univers. « La nature, disait-il, me tenait en réserve pour dévoiler le sys-
« tème qui la conduit : c'est pour cela qu'elle détournait de ma
« route toutes les occupations et toutes les satisfactions qui au-
« raient pu me distraire du but auquel elle me destinait ; c'est
« pour cela qu'elle faisait surgir, dans le voisinage de ma demeure,
« le jaillissement de Grenelle, à l'époque où, d'une part, ma pen-
« sée en est venue à posséder dans son ensemble et ses parties
« l'ordonnance universelle ; où, d'un autre côté, toutes les erreurs
« dogmatiques étant abandonnées, le champ est libre pour la vé-
« rité. » Ce grand fait du jaillissement de Grenelle ne pouvait, selon Azaïs, découler que de l'action expansive du globe terrestre ; et par conséquent il le démontrait, par conséquent encore il ouvrait, pour ainsi dire, la porte du système universel.

Il publia une notice explicative du phénomène, tel qu'il le comprenait. Sur les lieux mêmes plusieurs éditions de cette notice s'écoulèrent rapidement. Azaïs voyait avec bonheur ce moyen de publicité accordé à ses pensées, et une de ses occupations favorites était d'aller de temps en temps s'informer des progrès de cette publicité ; son journal nous révèle le plaisir profond que lui donnait tacitement cette pensée de chaque jour : « En ce moment plusieurs personnes s'attachent à mon système et à moi-même. » Il raconte qu'un soir entre autres, vers six heures, après avoir fait son lit, habitude de toute sa vie à laquelle il tenait, bien qu'elle commençât à le fatiguer, il consulta ses forces, très-abattues ce jour-là, et finit par se diriger vers l'abattoir de Grenelle. Il arrive à pas lents jusqu'au boulevard : « L'abattoir est encore bien loin, » se dit-il, en proie à la tristesse et à l'affaissement. Enfin il arrive, il entre ; la femme du portier, près duquel il vient s'asseoir, lui annonce que quarante-deux exemplaires ont été placés la veille. « Ces quarante-deux exemplaires, se dit-il, sont devenus
« la propriété de personnes que d'avance mon ouvrage a intéres-
« sées, et qui auront augmenté d'intérêt en le lisant : elles le pré-

« teront, à d'autres personnes; mon nom s'en étendra d'une ma-
« nière honorable : ce genre d'expansion est celui dont je suis le
« plus avide, c'est celui qui, lorsqu'il m'est accordé, me fait le plus
« de bien. Aussi, ajoute-t-il, lorsque j'ai repris la route de mon
« ermitage, je me suis senti leste, animé ; plus d'affaissement,
« plus de tristesse, j'ai suivi à pas de jeune homme ce long bou-
« levard sur lequel, une demi-heure auparavant, je n'avais cheminé
« qu'avec tant de langueur. L'œuvre de ma vie rayonne donc au-
« tour de ce jaillissement merveilleux que la nature et M. Mulot
« ont fait surgir dans mon voisinage. Affection et reconnaissance
« pour la nature, M. Mulot, et le merveilleux jaillissement [1] ! »

Cependant ses forces diminuaient, bien que son intelligence et
ses facultés morales conservassent toute leur puissance. En 1842,
il disait encore : « En faveur de mon jardin, je fais trêve avec
« tous les sentiments de mon âme et toutes les occupations de
« mon intelligence; le printemps s'empare de ma vieille activité,
« je sème, je bine, j'arrose; je me plais dans les fruits salutaires
« de ce genre d'occupations, non sans regretter par moments l'em-
« ploi de mon temps, que ma destinée philosophique réclame, en
« me rappelant tout ce que j'ai encore à faire pour l'accomplir.
« Mais je me dis presque aussitôt que, pour en avoir la force, le cou-
« rage, l'envie même, il faut que j'affermisse de mon mieux ma
« vieille santé ; et alors je reprends mon arrosoir, ma binette ou mon
« râteau. » A pareil jour, l'année suivante, il écrivait : « J'ai le
« chagrin d'éprouver cette année que mon système nerveux, mon
« organe de la vue surtout, sont incommodés par le travail au jar-
« din, ou même seulement par une simple action de quelques mo-
« ments au grand air. Pensées bien tristes qui à ces occasions me
« viennent! Résignons-nous : pourrais-je ne pas être compris dans
« la loi des compensations? Mes pensées et mes affections ont en-
« core tant de force, et aussi mes facultés! Je me tiens encore dans
« une jouissance si vive, si légitime, à l'aide de mon violon! La
« vie est-elle donc si avancée, lorsqu'elle se prête encore à de telles
« improvisations, à de tels plaisirs? » L'année suivante, il disait :
« Mes affections sont bien profondes, mon travail d'esprit bien puis-
« sant; et cependant mes forces musculaires et nerveuses décli-
« nent sensiblement. Ce matin, à mon lever, vers six heures, je me
« suis fait une fête d'aller faire au Luxembourg ma promenade

[1] *Journal,* 27 mai 1843.

« habituelle de l'année dernière, et au début seulement j'ai pris du
« plaisir : bientôt la fatigue des reins, la vacillation de la marche, et
« les nuages sur la vue, m'ont attristé et ramené à la maison. Un
« moment, pendant ce retour, je me suis arrêté pour écouter une
« fanfare de clairons dans le lointain; j'ai même fait quelques pas
« vers le point d'où elle partait. Mais j'ai repris tristement ma route.
« Ah ! la nature se ferme-t-elle pour moi ? » Lorsqu'il écrivait ces
lignes, il avait soixante-dix-huit ans.

Une circonstance inattendue vint alors l'affecter profondément :
une affiche placée près du puits de Grenelle annonçait aux nombreux
visiteurs qu'on pouvait se procurer sur les lieux mêmes l'explication du phénomène par Azaïs; cette affiche fut effacée, et remplacée
par une autre annonçant une autre notice; et, quelques efforts
qu'Azaïs put faire, il lui fut impossible de rien gagner sur les employés de l'abattoir, attachés désormais aux intérêts du nouvel
écrit. Ce fut pour le vieillard une peine vive, profonde, et, comme
il l'a dit, presque meurtrière, que celle qu'il éprouva en perdant
tant d'avantages précieux pour l'œuvre de sa vie entière. Dès lors sa
santé s'altéra rapidement. Vers le milieu de mars 1844, il éprouva
les premiers symptômes d'une maladie qui devait être pour lui la
dernière.

Cependant il travaillait toujours avec ardeur, et toujours cherchait les moyens de propager ses pensées : « Usons, disait-il,
« usons nos pauvres forces jusqu'à leur dernier moment[1]. » Il
pensait même à rédiger son grand ouvrage d'une manière définitive;
puis après, disait-il, il ne lui resterait plus qu'à mourir. En attendant, il écrivit une petite brochure intitulée *le Précurseur philosophique*, dernier appel à ses contemporains en faveur de l'œuvre de
sa vie, dernier effort de cette âme restée jusqu'à son dernier jour
fidèle à la mission qu'elle s'était donnée.

Cependant ses souffrances augmentaient, et prenaient un caractère plus alarmant. Le 11 octobre, après une nuit des plus pénibles,
il éprouva un accablement, une anxiété de l'âme qui lui fit considérer son dernier moment comme pouvant être près d'arriver; et il
exprima le pressant désir de voir près de lui sa femme, ses enfants, et de leur faire ses tristes adieux. Sa femme et ses filles s'étant assises près de son lit; il leur dit : « Dans mon état, ayant
« sans cesse à craindre d'être surpris par un accident qui du moins

---

[1] *Journal*, 22 mars 1844.

« opprimerait mes facultés, je dois vous confier deux désirs qui
« m'occupent bien souvent depuis que je sens si fréquemment de
« pareilles menaces : L'un est que tous mes ouvrages et tous mes
« manuscrits relatifs au système universel soient remis à Poirson
« (*jeune homme dévoué à sa personne et à son œuvre*), en l'invi-
« tant à en rédiger le précis sous le contrôle de Jules, de Gua-
« det et de ma fille aînée, afin que l'œuvre de ma vie soit en état
« de recevoir, après ma mort, une publicité digne de son objet; le
« second est relatif à mes instruments de musique; ces chers vio-
« lons qui m'ont si souvent reposé de mes travaux, consolé de mes
« peines, que j'ai le droit d'appeler de vrais et fidèles amis. Je
« demande qu'ils ne sortent pas de la famille, l'idée qu'un jour ils
« seraient vendus et aliénés étant déchirante pour moi, surtout à
« l'égard de mon alto, que mon père me donna il y a soixante ans,
« l'ayant fait faire exprès par un célèbre luthier de Toulouse; ins-
« trument d'ailleurs excellent par lui-même, ne m'ayant jamais
« quitté, et m'ayant procuré tant de véritables et innocents plaisirs.
« Un jour peut-être mes petits-fils se marieront; un ou plusieurs
« de leurs enfants pourront être organisés pour la musique; les
« violons qui auront fait mon bonheur auront du prix pour eux;
« et, en ce moment, moi qui les leur donne, j'ai la douceur de me
« persuader que je ne les quitte pas. Illusion de tendresse, et ce-
« pendant vraie consolation [1]. »

Peu de jours après, il cessait même d'écrire ce journal qui, sans aucune interruption, avait reçu jusque-là ses pensées intimes; ses dernières notes sont du 7 novembre. Il donna cependant quelques soins encore à la correction des dernières épreuves du *Précurseur philosophique*. Puis on vit cette haute intelligence s'obscurcir par degrés rapides, et retrouver, seulement par intervalles et à force d'énergie, le souvenir de ses grandes pensées; puis enfin il ne resta plus que les sentiments si purs, si élevés de cet époux, de ce père, de cet ami si tendre et si bon: il les conserva et s'efforça de les exprimer jusqu'au dernier moment.

La maladie faisait de rapides progrès. Les suffocations qu'il éprouvait depuis quelque temps devenaient plus fréquentes, plus fortes; bientôt elles furent continues, et, le 22 janvier 1845, le ciel reçut son âme.

Le lendemain, un modeste convoi s'acheminait vers le champ

---

[1] *Journal*, 14 octobre.

du repos; il se composait de quelques amis fidèles. Là, point de ces députations officielles, point de ces insignes brillants. Azaïs n'appartint à aucune académie, n'obtint aucune décoration : est-ce un reproche aux hommes de notre époque? Non; fidèle à ses principes, Azaïs songea moins à se plaindre des hommes qu'à leur trouver des excuses : imitons son exemple, et, comme lui, laissons à l'avenir à réparer les oublis du passé. « Quelquefois, di« sait-il, dans l'avenir qui se prépare, on se rappellera mes in« tentions, mes travaux, et ce souvenir se réfléchira sur mes en« fants, sur mes petits-enfants : c'est ce qui, depuis longtemps, fait « mes consolations et mon courage. Oui, disait-il encore, mon « nom sera prononcé avec éloge, et mes enfants en seront hono« rés : ce sera là leur héritage. »

J. GUADET.

PRÉFACE

(ÉCRITE EN 1830).

L'ouvrage dont je présente une nouvelle édition est écrit depuis longtemps ; il a été le premier fruit d'une profonde retraite. Victime, vers la fin du siècle dernier, de persécutions révolutionnaires, je fus accueilli dans l'un des asiles ouverts par la piété à l'infortune. J'y trouvai le silence, la paix, toutes les faveurs d'un entier loisir, tous les égards, tous les secours de la plus touchante bienfaisance. Environné d'amis véritables, car ils m'accablaient de soins, et je n'avais à leur offrir que ma reconnaissance ; comparant mon sort à celui d'un grand nombre d'hommes honnêtes qui gémissaient dans les privations les plus cruelles, j'étais profondément touché de tant de biens réels et inattendus. Mon cœur, toujours rempli de consolations, ne connaissait pas un instant d'ennui ou d'amertume ; le plus souvent, au contraire, il éprouvait, jusques à la surabondance, les sentiments qui faisaient son bonheur.

Dans mon attendrissement et ma reconnaissance, je voulus me rendre compte des sentiments et des biens qui embellissaient mon sort. Au premier rang, parmi ces biens, était le généreux intérêt de quelques personnes simples et vertueuses. Je devais à ce qu'elles appelaient mes malheurs leur affection, leurs soins, leur protection et leurs bienfaits.

Quant à mes sentiments, ils étaient surtout le fruit du contraste qui venait de s'établir entre des dangers pressants, suscités par mon imprudence, et une douce sécurité garantie par l'obscurité, le silence et la bonté. Ce contraste devait fortifier dans mon esprit une idée qui déjà l'avait occupé d'une manière confuse. Cette idée était celle d'une succession équitable dans les vicissitudes du sort de l'homme, d'un balancement continu dans les diverses conditions et les divers événements qui composent sa destinée. J'avais vu autrefois le chagrin, l'amertume, l'ennui, souvent le désespoir, au sein de la fortune ; moi-même, j'avais été agité des plus violentes peines lorsque rien ne manquait à mes premiers besoins. Au contraire, dans ma situation nouvelle, dans l'asile du malheur et de l'indigence, j'étais paisible, j'étais heureux ; et si quelque bruit pénétrait dans ma retraite, c'était le plus souvent les accents de la gaieté et de l'innocence ; j'entendais les jeux de pauvres orphelins recueillis par la charité.

Où étaient en ce moment les enfants de nos rois? L'un était mort lentement sous le poids d'une oppression brutale ; l'autre, conservé pour toutes les douleurs, avait vu son père, sa mère, traînés à l'échafaud !... et tous les trônes étaient ébranlés ! et toutes les hautes fortunes étaient renversées ! et l'éclat, la prospérité, l'opulence, étaient remplacés par l'humiliation, l'exil, la pauvreté ! et la surface entière du globe semblait livrée au déchirement et enveloppée d'orages !...

Eh quoi ! me dis-je, le malheur, ainsi que la destruction, fait donc sans cesse le tour du monde ! mais que peut être le malheur, si ce n'est le fruit de la destruction?

Et si cette définition est vraie, ou même puisqu'elle est évidente, que peut être le bonheur, si ce n'est l'œuvre de la Puissance qui compose, qui répare, qui construit?

Or, la destruction n'est-elle pas une puissance nécessaire? n'est-ce pas toujours dans les débris d'anciens ouvrages que sont puisés les éléments de compositions nouvelles? et la somme générale de destruction n'est-elle pas nécessairement et rigoureusement égale à la somme générale de recomposition, puisque l'univers se maintient et que son ensemble est immuable?

Ainsi, il le faut, et l'observation le démontre, tous les êtres alternativement se forment et se décomposent. Les êtres sensibles sont soumis à cette loi comme ceux qui ne sont pas sensibles ; mais ces derniers sont indifférents et à la formation qui les élève et à la décomposition qui les détruit. Les êtres sensibles, au contraire, reçoivent un *plaisir*, une *jouissance*, un *bonheur*, pendant toute la durée des opérations qui les forment et les développent ; ils reçoivent une *peine*, une *douleur*, un *malheur*, pendant toute la durée des opérations qui leur enlèvent ce qu'ils ont acquis. L'être qui, dès le premier instant de son existence, a été environné du plus grand nombre de biens et d'avantages, est celui qui a fait les acquisitions les plus nombreuses, qui a été formé avec le plus de perfection et d'étendue, qui pour cette raison a eu le plus de bonheur et de plaisir ; sa destruction doit être la plus abondante en souffrances ; les opérations de cette puissance cruelle sont non-seulement plus multipliées, mais elles sont plus vivement senties. Ainsi, le malheur dans cet être a deux causes d'intensité plus forte ; et ces deux causes sont exactement celles qui avaient rendu son bonheur plus étendu et plus parfait.

Et cette loi de succession, de retour, d'équilibre, embrasse nécessairement tout ce qui, n'étant pas éternel, s'accroît, s'arrête, se dégrade et se détruit. Ainsi, le sort des sociétés humaines, et plus généralement encore de toutes les institutions humaines, est figuré par le sort des individus. Pour l'observateur attentif et impartial, le principe des compensations est la clef de l'histoire.

Dans mon intention, le plan de l'ouvrage que j'allais faire devait embrasser toutes les circonstances des destinées humaines. Je me proposais de suivre le sort de l'homme dans tous les lieux, dans tous les temps, à toutes les époques de la durée des sociétés. Je voulais présenter des consolations à l'homme de tout âge, de tout rang, de tout pays, de tout caractère.

Mais, à mesure que je m'avançai dans mon sujet, je vis, chaque jour, s'en augmenter l'étendue ; et bientôt l'habitude de méditation qu'il donna à mon esprit m'entraîna inopinément vers des pensées encore plus importantes. Je crus apercevoir d'une manière confuse, vraisemblable, séduisante, que l'homme était l'objet extrême de la composition universelle, et que, pour cette raison, le balancement des destinées humaines était l'un des principaux effets de la cause même qui produisait l'équilibre de l'univers.

J'osai entreprendre de vérifier cette pensée. Je sentis aussitôt qu'elle m'imposait la nécessité d'étudier attentivement la marche du monde, de connaître la nature et la distribution de ses diverses parties, de découvrir surtout la loi nécessairement unique, et constamment exécutée, qui dirigeait et enchaînait tous les effets.

J'avais déjà écrit ce que je présente aujourd'hui, lorsque je fus entraîné à m'occuper de la composition du monde ; je suspendis à regret ce premier et consolant travail. Ainsi que j'avais osé le prévoir, je trouvai, dans le plan et la constitution de l'univers, l'explication de l'homme et de son sort, la source immédiate de toutes les conditions si nombreuses, si variées, qui tracent sa destinée, la cause du balancement équitable de toutes ces conditions. Il m'était ainsi devenu impossible d'achever isolément mon premier ouvrage ; il m'était devenu impossible de traiter isolément une question quelconque, de faire un ouvrage particulier. Je ne pouvais même plus considérer ce que j'avais déjà fait sur le sort de l'homme, que comme un essai sans précision, sans unité, que je ne devais point laisser paraître ; et telle était mon intention. J'avais du moins celle de publier d'abord mon système, et de réserver pour d'autres temps tous ceux de mes ouvrages préliminaires qui en avaient préparé la composition. Bien des circonstances, dont il est inutile que je rende compte, m'entraînèrent, en 1806, à changer de projet. Je fis précéder, alors, mon système de l'ouvrage que je publie de nouveau, ouvrage informe sans doute, mais intéressant par son sujet, et dont l'idée s'unit en moi au souvenir du temps le plus doux, le plus heureux du passé de ma vie.

Pour suivre moi-même avec plus de charmes le développement de mes pensées sur les destinées humaines, j'avais permis à mon imagination de les attribuer à un homme d'un caractère estimable, qui, plein d'affection pour un jeune homme sensible, agité de désirs, accablé de peines, cherchait à lui rendre la paix et le bonheur. Cette fiction m'intéressait ; elle plaçait auprès de moi, dans ma solitude, deux êtres selon mon cœur. Elle mettait mon âme dans un état d'abandon qui peut-être se répandait ensuite un peu trop sur mon ouvrage. J'aurais mieux fait sans doute de donner une forme plus simple, plus austère, à ce que j'oserais appeler le Traité de la justice providentielle ; mais, en cherchant à donner à mon ouvrage cette forme meilleure, je ne l'aurais pas fait aussi bien, parce que je l'aurais fait avec moins de plaisir.

Je demande ainsi que l'on me pardonne les longueurs, les répétitions, le désordre, l'exaltation même que l'on trouvera quelquefois dans mon livre ; ces défauts sont naturellement ceux des ouvrages d'un solitaire jeune, et jeté par une proscription honorable dans une situation extraordinaire.

Je demande que l'on fasse encore moins d'attention à

une inconvenance, qui, si je ne l'expliquais point, serait inexcusable.

J'attribue à Lorenzo, non-seulement mes idées sur le sort de l'homme, mais encore tout mon Système sur la composition du monde. Il semble ainsi que j'ai voulu me désigner moi-même sous le nom de cet homme que j'ai tâché de peindre constamment digne d'affection et d'estime. J'ai été loin d'avoir cette intention. Lorsque j'ai commencé ce premier ouvrage, je venais de passer plusieurs années auprès d'une personne qui vit encore, qui est un modèle de bonté, de vertu, de sagesse douce et indulgente, à qui je dois une reconnaissance sans bornes, parce qu'elle n'a mis aucunes bornes dans ses vœux pour mon bonheur. Son image m'avait suivi dans la retraite, et elle ne m'abandonnera jamais. L'affection, la reconnaissance et l'estime, lorsqu'elles s'unissent fortement, composent un sentiment éternel.

Cette personne (*madame de Rivières*), dont je trace le portrait dans l'un des chapitres de l'ouvrage que l'on va lire, est réellement celle que, sous le nom de Lorenzo, je désignais à mon cœur. Souvent je croyais écrire sous sa dictée, ou du moins en sa présence; et l'on aura raison d'attribuer ce que l'on trouvera de meilleur dans mon livre à cette inspiration.

Surpris, comme je l'ai dit, vers le milieu de cette douce carrière par des pensées d'un ordre plus étendu; contraint, non de revenir en arrière, mais de parcourir un champ beaucoup plus vaste, où rien cependant ne pouvait être donné à l'imagination, mon style et mon travail changèrent malgré moi de caractère. Mon nouvel ouvrage devait, non-seulement expliquer l'univers, il devait encore le peindre; sa forme devait être grave et simple; je ne pouvais emprunter le nom de personne; toute fiction eût été déplacée dans le livre que je consacrais à la vérité.

Déterminé dans la suite à faire annoncer mon Système par ce que j'avais déjà écrit sur les destinées humaines, je me suis permis d'ajouter à ce dernier ouvrage bien des traits qui indiquent le premier. Je ne pouvais mettre ces indications que dans la bouche de Lorenzo. J'en ai senti l'inconvénient. Pour l'éviter, il aurait fallu refondre entièrement cet ouvrage, lui donner la forme simplement didactique, en bannir les interlocuteurs. Le temps m'aurait manqué pour ce travail; j'avoue que la force m'aurait manqué davantage; je n'aurais pas eu celle de sacrifier ce qui, pendant que j'écrivais, avait tenu mon âme dans une émotion si douce. Peut-être même cet ouvrage, moins destiné à instruire qu'à toucher, à intéresser et à plaire, réduit aux pensées qu'il expose, serait devenu moins intéressant.

DES COMPENSATIONS

DANS

LES DESTINÉES HUMAINES.

INTRODUCTION.

On se plaint du malheur ; et c'est Dieu qui, dans sa justice, l'a distribué sur les hommes. Il faut un cœur généreux et un bon esprit pour reconnaître cette vérité. Mais les cœurs généreux sont très-sensibles. Les hommes sensibles éprouvent dans leur jeunesse les plus violentes peines. Leur imagination, vivement exigeante, s'était composé un sort auquel le temps et l'expérience ne viennent accorder aucune réalité. De là ces années de découragement, de désespoir, ces plaintes amères contre la Providence, contre la société, contre la nature. Tout est mal, tout est insupportable aux yeux du jeune homme sensible, parce que tout ne va point à son gré. Il demande raison de sa destinée à l'Être souverain qui la régla ; il devient injuste, insensé, blasphémateur, par excès de chaleur et désordre de sensibilité.

Mais l'âge vient, les passions s'apaisent, l'équité se fait entendre ; une raison douce succède à une violente ardeur. L'âme généreuse reconnaît qu'elle n'est point seule au monde. A l'aide de ses réflexions paisibles, tous les hommes rentrent dans leurs droits : ils ont tous la même origine ; et si l'âme, ainsi éclairée, ne peut révoquer en doute la puissance merveilleuse qui donne la vie à tous les hommes, elle ne peut lui contester cette justice impartiale qui s'occupe également de tous.

Amédée était un de ces hommes nés sensibles qui achètent par de désolantes peines le calme et la raison. Il avait trente-deux ans : c'est l'âge où l'on a appris une grande partie de ce que l'on doit savoir, où l'on a senti la plus grande partie de ce que l'on est destiné à connaître. Le cœur est encore animé autant qu'il le faut pour jeter une douce chaleur sur toutes les pensées : il a cessé d'être un brasier dévorant.

Amédée avait fortement désiré toutes les jouissances dont son imagination lui avait fait la peinture. Mais, né sans fortune et extrêmement timide, tant de besoins impétueux n'avaient presque jamais été pour lui que la source des plus cruels tourments. Il sentait la vivacité des facultés qu'il avait reçues de la nature ; et il se plaignait, tantôt avec une tristesse accablante, tantôt avec désespoir, de ce que son sort était en si grande opposition avec ses facultés. Contrarié dans tous ses désirs, arrêté dans ses penchants les plus honnêtes, trop sensible à l'honneur pour s'égarer dans des routes honteuses, mais trop peu affermi dans ses principes pour être toujours sage, et pour être heureux par la sagesse, lors même qu'il la pratiquait, il était sans cesse agité de mouvements opposés et d'une violence extrême ; il maudissait son existence, il invoquait la mort.

Amédée avait moins de trois ans lorsqu'il perdit son père. Ce fut le premier et le plus grand de ses malheurs. Sa mère survécut peu de temps à un époux qu'elle chérissait. L'enfance et la jeunesse d'Amédée s'écoulèrent dans la souffrance et l'infortune.

Je ne veux point raconter l'histoire des trente premières années de sa vie. Mon projet est de dire, non ce qu'il fut jusques à cette époque, mais ce qu'alors il était devenu.

J'avais cependant une intention tout à l'heure, en disant que dès sa plus tendre enfance il avait perdu son père et sa mère. La voici : Sa mémoire m'eût reproché de n'avoir point gémi, au moins un instant, sur cette perte désolante, et de n'avoir point en même temps acquitté sa reconnaissance envers l'ami sage, sensible, qui connut ses parents et qui les remplaça.

C'est l'amitié qui rendit Amédée à la raison, à la justice et à lui-même.

Lorenzo fut cet ami du jeune Amédée. Il avait lui-même éprouvé bien des malheurs : il était tombé de la fortune dans l'indigence ; il avait connu l'humiliation après la gloire, l'isolement après l'amour. Ses revers et ses peines n'avaient point abattu son courage, mais plus d'une fois l'avaient ébranlé. Heureusement la pensée d'un Dieu juste n'était jamais sortie de son âme : il avait beaucoup souffert ; il n'avait point murmuré.

Cependant la force qui soutient dans l'adversité ne vaut pas le sentiment qui en console. Lorenzo avait supporté le malheur ; il ne l'avait pas encore approuvé. Il parvint à cet état de douceur en vivant dans la solitude et en étudiant la nature.

Tout ce qu'il avait pu recouvrer de son ancienne opulence était un bien d'une faible valeur, situé dans une position agréable, au voisinage des Pyrénées. Là il connut le repos ; et bientôt son âme s'ouvrit à des affections profondes.

Il se livra d'abord aux soins de l'agriculture. Il profita ensuite, et du loisir qui lui était laissé par cette occupation paisible, et du calme ainsi que de la force donnés par la retraite à son esprit pour faire les études les plus importantes. Il avait vu les hommes, il les avait connus. Il réfléchit sur leur caractère, sur les conditions de leur destinée. Ses idées s'élevèrent jusques à la recherche des rapports qui unissent la composition de l'homme à la composition de l'univers. Il eut le bonheur d'apercevoir ces rapports ; l'unité fut son guide ; elle le dirigea vers l'examen de ce qu'il y a de commun entre tous les faits particuliers ; elle le conduisit, par cette étude attentive, à découvrir la loi unique instituée par le Créateur pour la formation et le mouvement des êtres. Il reçut, de tous les êtres et de tous les rapports qui les unissent, la démonstration entière de cette pensée : une Puissance suprême, éternelle, conduit l'univers ; l'ordre le plus parfait, le plus simple, règne dans la composition de ce grand ouvrage. L'homme est l'objet extrême de cet ordre, de cette sublime composition.

Lorenzo vivait en paix ; il était pénétré d'admiration pour le Maître du monde ; il bénissait le sort qu'il tenait de sa bonté... ; et cependant son cœur n'était pas satisfait.

Au premier rang des épreuves déchirantes qui avaient composé autrefois son temps de malheur était la perte d'une épouse adorée. Il avait reçu d'elle un seul enfant, c'était une fille ; et elle aurait eu toutes les grâces, toute la bonté de sa mère ; il la perdit encore. Lorenzo dans sa retraite était seul... avec ses vertus sans doute, avec sa raison, ses connaissances, ses occupations, avec la nature, et surtout avec le suprême auteur de la nature...., mais aussi avec sa douleur et ses regrets. Quelle félicité ravissante s'il eût conservé son épouse et sa fille! Lorenzo les pleurait souvent l'une et l'autre ; il les redemandait à Dieu même, et Dieu lui répondait au fond de son cœur : « Elles te seront rendues. Si tu continues de vivre pour la sagesse, le bonheur de les retrouver fera la plus douce partie de tes récompenses. »

A cette voix consolante, Lorenzo retrouvait ce contentement si doux qui se compose d'espérance, d'amour et de tristesse.

Mais le cœur de Lorenzo avait besoin, sur la terre même, d'un objet d'affection. Il avait aimé les parents d'Amédée, il aima ce jeune homme. Il n'avait pu malheureusement soigner son enfance, ni diriger sa jeunesse. Pendant tout ce temps il était lui-même sous le poids du malheur. Amédée avait erré dès ses premiers ans sur une mer orageuse, et il n'avait eu pour guides, au milieu de tant d'écueils et de tempêtes, que ses pensées incertaines et ses passions brûlantes.

Aussitôt que Lorenzo eut recouvré un peu de calme et de bien-être, il mit son empressement à gagner le cœur d'Amédée. Il ne se laissa point rebuter par son caractère quelquefois indomptable ; il ne regarda en lui que les qualités heureuses indiquées par sa vivacité et sa franchise. Il s'attacha à lui comme un père attentif et indulgent qui, sans découragement, sans précipitation, travaille assidûment au bonheur de son fils. Il l'attendait lorsque son impétuosité l'entraînait à des fautes; il l'écoutait et le consolait lorsque sa sensibilité le conduisait au repentir. Il ne suffisait point à sa tranquillité; trop de mouvement, trop d'agitation même, étaient nécessaires à cet ardent jeune homme. Mais il le tenait attaché à la vie; et, dans la position réellement malheureuse d'Amédée, c'était beaucoup obtenir. Bien des circonstances impérieuses avaient souvent éloigné Amédée; la vigilance de Lorenzo l'avait suivi. Exposé à tous les tourments que suscitent des passions comprimées, prêt à se livrer, dans sa douleur insensée, aux mouvements les plus désordonnés, Amédée était arrêté par une lettre, par un mot de son ami. Il s'apaisait lorsque son cœur parvenait à se dire : Il me reste l'amitié.

C'est ainsi que, concourant avec les leçons du malheur et les progrès de l'âge, Lorenzo travaillait avec constance au bonheur d'Amédée. Il préparait en silence un ouvrage destiné à l'instruire et à établir solidement la paix dans son cœur. Mais, pour que cet ouvrage fît une impression durable, il attendait qu'Amédée commençât d'échapper aux erreurs de la jeunesse, et qu'à force d'avoir souffert, en se livrant à son imagination fougueuse, il eût appris à se défier d'elle. Il se proposait de ne confier ses pensées à Amédée que lorsque ce jeune homme pourrait non-seulement supporter la solitude, mais en tirer les profits qu'elle rapporte aux âmes naturellement vives, quand elles ont reçu les lumières de l'expérience, et que l'honneur a demeuré.

On présume que l'amour avait souvent rempli l'âme d'Amédée. Cette âme de feu s'était créé une idole, et toute femme en avait quelques traits. Consumé de désirs, mais tremblant à l'instant de faire la plus innocente démarche, il remettait sa hardiesse d'un jour à l'autre; il se dévorait en poursuivant solitairement chaque image à son gré. Le besoin pressant d'aimer embellissant chaque nouvel objet que le hasard présentait à son culte, il était d'autant plus enflammé que, n'osant observer son idole, n'osant lui parler, rien ne le détrompait. Mais lorsqu'enfin son imagination s'était épuisée à arranger des circonstances favorables et à dissiper les obstacles, il s'apercevait avec désolation qu'il n'avait fait qu'un rêve sans possibilité. Il livrait alors son âme à une nouvelle illusion, à de nouvelles espérances, et s'exposait ainsi à de nouveaux déchirements, lorsque tôt ou tard il fallait les abandonner.

A la chute de chacune de ses passions, il retrouvait assez de raison pour examiner l'objet qui l'avait inspirée. Il lui manquait toujours une ou plusieurs qualités essentielles; et, prêt à poursuivre de nouveau une chimère inconsidérée, Amédée reconnaissait toute l'erreur de celle qu'il venait de quitter. Son imagination, aidée par les romans qu'il avait dévorés, lui peignait cependant une femme adorable. Elle existait dans son cœur, dans ses violents désirs, quelquefois dans sa confuse et tendre espérance; mais il ne la rencontrait pas, ou bien, d'autres la possédaient.

C'est dans cet état d'impatience fougueuse, de délire sans objet, de tristesse, de mélancolie, de désespoir et de secousses, que le jeune Amédée avait passé, jusques à trente ans, la plupart de ses jours. Épuisé par ses combats intérieurs, abattu par l'humiliation, par l'injustice, près de succomber au sentiment amer de ses privations et de ses peines, il était revenu auprès de son ami, et, dans sa langueur, il ne sentait même plus les consolations de l'amitié. Il ne fut point touché des tendres caresses de Lorenzo, il ne voulait plus que mourir. Lorenzo l'aimait pour sa candeur et sa tristesse; il fut bien affligé de le voir tomber dans un état si aride; mais il ne désespéra point de le ramener à sentir, à aimer et à souffrir.

Reposez-vous, mon bon ami, lui dit-il; la vie vous est à charge, je vous aiderai à la supporter. Plaignez-vous, Amédée; déposez vos peines dans le cœur compatissant de votre père. Oui, mon fils, plaignez-vous; vous n'en avez que trop sujet; le malheur vous a pris au berceau; toutes les douleurs semblent avoir composé votre sort. Mon sort, vous le savez, s'est composé en grande partie du vôtre; je suis donc malheureux : plaignez-moi à votre tour.

O douce et ravissante adresse! Que l'amitié a de grâces, d'esprit et de bonté! Amédée, à ces paroles touchantes, a retrouvé ses larmes. Sa raison écoutera bientôt la sagesse, puisque son cœur s'est attendri.

Lorenzo entretint pendant quelque temps ses dispositions à la tristesse et à la plainte. Son grand art se réduisait à le faire beaucoup parler et beaucoup pleurer. C'est par ce double épanchement que s'écoulait le sentiment de ses peines.

Lorenzo le conduisait de temps en temps sur le beau rivage d'une rivière agréablement et profondément encaissée qui bordait son habitation. Là, n'ayant pour siége que du gazon, pour témoins que de beaux arbres, pour point de vue que le cours majestueux d'une eau tranquille, il le ramenait sur ses souffrances, ses désirs et ses malheurs. Il approuvait ses regrets; il s'animait avec lui lorsque son âme ulcérée donnait de l'accent à ses plaintes; et comme lui il finissait de parler, lorsque, vivement ému de son propre récit, Amédée le terminait par le silence et par les pleurs.

Amédée avait retrouvé le goût de la vie dans le doux plaisir de se plaindre d'elle. Son ami avait fait succéder la tristesse confiante à la sécheresse du désespoir; c'était avoir obtenu un précieux avantage. Lorenzo, qui s'intéressait si tendrement à la guérison de son âme, savait quelles gradations il fallait suivre, par quels ménagements il fallait passer. Amédée, qui s'était dégoûté de lui-même, s'était aussi dégoûté de la nature; il était pressant de l'y rattacher. Lorenzo y parvint encore.

A la suite de ces entretiens où ils s'étaient mutuellement satisfaits, Lorenzo en écoutant, Amédée en faisant tristement ses plaintes; Lorenzo saisissait ce doux attendrissement qui succède aux douleurs d'une âme soulagée, pour laisser tomber quelques mots d'admiration et de reconnaissance sur la nature et sur son auteur. Il demandait adroitement l'explication d'un intéressant phénomène; il feignait de l'avoir oubliée; et Amédée, donnant avec satisfaction dans cet heureux piége, redisait à son ami ce qu'il avait trouvé si frappant, si sublime autrefois. Insensiblement il se laissait entraîner par le plaisir de causer des plus grands objets : il s'échauffait; des idées brillantes amenaient des idées fortes; toutes ces idées amenaient des sentiments vertueux et consolateurs.

Que Lorenzo jouissait délicieusement de son ouvrage! Oui, disait-il au fond de son cœur, j'ai donné à Amédée une nouvelle naissance; je l'ai rendu à l'amitié, à la nature; il est réellement mon fils.

Mais il fallait affermir et couronner ces dispositions heureuses; il fallait amener pour toujours Amédée à la raison et à la sagesse. Une circonstance nouvelle faisait d'ailleurs que Lorenzo était pressé par le temps d'achever le bien qu'il voulait faire à son jeune ami.

Lorenzo choisit le matin d'un beau jour. Mon cher fils, disait-il à Amédée, en l'entraînant vers le beau rivage, je suis bien content de vous, je vous vois apaisé et tranquille; mais si j'ai su adoucir vos peines, il faut que vous me consoliez à votre tour.

— O Dieu! s'écria vivement Amédée. Et quel est votre chagrin? Que faut-il faire? De nouveaux dangers vous poursuivent-ils encore? Faut-il exposer ma vie?... Aujourd'hui que vous me l'avez rendue chère, j'oserais vous l'offrir.

— Non, mon ami; il faut que nous quittions bientôt la retraite, et peut-être ensuite que vous vous sépariez de moi. Voilà ma peine, et c'est vous seul qui pouvez l'affaiblir.

— Je ne résiste point, dit Amédée avec douceur et tristesse. Il faut bien que cette séparation soit nécessaire, puisque vous me l'ordonnez. Cependant mon cœur avait d'autres espérances. Je vous voyais tous les jours vous attacher plus tendrement à moi ; vous aviez changé mon âme ; vous commenciez à me donner la vôtre ; je favorisais moi-même votre ouvrage, afin que vous pussiez vous plaire à l'achever ; je ne vous exprimais point mes désirs, je le croyais inutile !....

— C'est bien inutile encore, répondit Lorenzo. Votre silence était délicat, il était le signe de votre confiance. C'est moi qui aurais parlé le premier, si le bien que j'ai eu déjà le doux plaisir de vous faire ne me donnait le droit de croire que je sais un peu mieux que vous ce qui convient à votre âme, et ce qui est nécessaire à votre bonheur.

— Mon bonheur, dit Amédée, serait de passer mes jours près de vous.

— Cela ne devrait ni ne pourrait vous suffire, mon cher Amédée.

— Eh quoi ! le sentiment de la reconnaissance ne pourrait me suffire ? La mienne est si juste, si profonde ! Aurais-je besoin d'un autre sentiment ?

— Oui, mon ami ; et d'ailleurs, si la Providence nous sépare, cesserez-vous d'avoir pour moi de l'affection et de la reconnaissance ?

— Oh ! non, non, mon père ; mais je serai malheureux ! Je l'ai été jusques au moment où je suis revenu près de vous ; en vous quittant, je recommencerai de l'être.

— J'espère que non, mon cher Amédée. Écoutez ce que j'ai à vous dire.

Votre tendresse m'est bien chère, mon ami ; j'ajouterai même que le plaisir de vous voir tous les jours, et jusqu'à la fin de mes jours, pourrait seul adoucir pour mon cœur la perte des objets qu'il a aimés et qu'il regrette. Mais j'ai le sentiment de vos devoirs, et c'est ce qui me rappelle les miens.

L'homme qui a reçu, comme vous, des moyens de servir les hommes, ne doit pas vivre uniquement dans le repos et la solitude. La société humaine a toujours besoin de nobles exemples. Osez croire avec moi, mon ami, que nous sommes dignes de lui en donner ; et le plus noble exemple est de s'acquitter avec zèle, honneur et constance, d'une fonction utile.

Ma carrière commence à être avancée, mais ma vigueur n'est pas éteinte. Je n'ai pas le droit de me reposer. Vivre toujours au sein de la nature ne peut entièrement me satisfaire, parce que j'aime la société des hommes autant que j'aime la nature; parce que je puis travailler encore en faveur de mes semblables, et qu'une voix secrète vient troubler mon repos en me représentant le bien que je ne fais pas. La Providence, d'ailleurs, qui règle ma destinée et la vôtre, m'assigne en ce moment la place que je dois occuper. Le gouvernement m'appelle à remplir une fonction publique. Dans un mois je me rendrai à mon poste; ce délai m'est accordé.

Voici l'usage que je désire faire de ce délai :

J'ai composé un ouvrage étendu. Il embrasse tout ce que j'ai pu connaître de la nature, à l'aide des secours nombreux et de tous genres que j'ai eu l'avantage de recevoir. La nature n'est, dans son ensemble, que l'exécution constante d'une loi universelle, unique, instituée et maintenue par la puissance suprême. Tous les faits en découlent, c'est-à-dire que l'anéantissement de cette loi entraînerait aussitôt l'anéantissement de tous les faits qu'il nous est donné de connaître.

J'ai eu le bonheur de découvrir la loi unique, et de la suivre dans son application universelle. Je me propose, mon ami, de vous confier mon ouvrage, et de vous en abandonner la rédaction définitive. Mais avant que vous puissiez vous livrer à une étude longue, sérieuse, et qui étendra vos regards sur le champ entier des connaissances humaines, il est nécessaire que votre âme acquière toute la force dont elle est susceptible. Vous n'avez employé jusqu'ici vos facultés qu'à souffrir et à vous plaindre : c'est ainsi que votre âme s'est affaiblie, car de toutes les âmes, la plus faible, c'est la plus mécontente. Vous ne pourrez disposer de vous-même que lorsque vous serez profondément satisfait de toutes les conditions qui composent votre destinée. Alors seulement, vous aurez la propriété réelle de toutes vos pensées; elles ne seront plus traversées par de l'inquiétude, par de l'injustice. Alors seulement vous serez en état d'apprendre et de faire tout ce que, pour votre bonheur et l'avantage de vos semblables, il vous est important de faire et de savoir.

Nous allons converser ensemble sur le sort de l'homme dans les sociétés avancées. Les pensées que je vous présenterai à cet égard seront extraites de mes pensées générales sur la composition du monde. Vous trouverez un jour, dans mon ouvrage, l'explication de tout ce que je vais vous dire. Vous apprendrez, en étudiant l'univers, comment le principe qui le conduit amène toutes les circonstances des destinées humaines. En ce moment, nous allons seulement observer ce qu'il y a d'intéressant pour vous dans ces circonstances; nous allons aussi reconnaître qu'une justice parfaite en a réglé la distribution.

Mon ami, écoutez ce que mon affection et ma raison m'inspirent; j'ai la confiance de croire qu'au terme d'un petit nombre d'entretiens, votre âme affermie et consolée n'apercevra plus que des raisons d'aimer la vie et des motifs de la bien employer. Si cet heureux effet est obtenu, comme je l'espère, je vous laisserai ici quelque temps dans la retraite, me reposant, sur les dispositions de votre âme, de l'emploi que vous donnerez à votre loisir.

Lorsque vous aurez fait ce que j'attends de vous, vous viendrez me le dire, mon ami. Vous me montrerez mon ouvrage, devenu le vôtre, devenu ainsi bien plus cher à mon cœur.

Nous chercherons ensuite, d'après votre goût, vos talents et les circonstances, l'occupation qu'il vous est ordonné de prendre. Vous ne pouvez point différer plus longtemps d'obéir au devoir que Dieu vous impose, pour votre bonheur même, de travailler, de suivre une carrière utile: ce n'est que par le travail que l'homme sage échappe à l'inquiétude.

Si la confiance dont le gouvernement m'honore m'est continuée, et si vous pouvez vous occuper utilement dans le lieu même que je vais habiter, je bénirai ce rapprochement. Puissions-nous ne plus nous séparer, mon ami! puissiez-vous être destiné au triste plaisir d'adoucir les vieux jours et de fermer les yeux de votre père!

Mais si le devoir vous appelle loin de moi, vous sacrifierez mes consolations à vos devoirs. Eh! quelles consolations manqueront à mon âme, si, en quelque lieu que vous viviez, à quelque distance de moi que vous puissiez être, vous chérissez la vertu, le Dieu qui vous l'ordonne, et l'ami qui vous la conseille! A ces conditions, mon cher fils, notre séparation ne pourra être que d'une faible durée. Il est un point de réunion vers lequel mon cœur se porte d'avance et vous amène. C'est là que nous sommes attendus par ma fille et sa mère. Je vous devancerai, mon ami; ah! donnez-moi le droit de vous annoncer à ces deux objets de ma tendresse ! Que ma fille attende un frère ; que sa mère attende un fils !... Que moi-même je puisse vous appeler et vous attendre !...

A ces mots, Amédée ne peut retenir plus longtemps les mouvements de son cœur. Il se précipite dans les bras de Lorenzo : Oh ! mon ami, s'écrie-t-il d'un ton passionné, mon maître, mon protecteur, mon père ! guidez mes pas, mes sentiments, toutes mes pensées. Parlez, ordonnez ; je fais le vœu de toujours croire ce que vous me direz, de toujours faire ce que vous m'ordonnerez, d'imiter votre conduite, de vous faire admirer et respecter de tous les hommes, de voir en vous plus qu'un homme, plus qu'un père !...

Arrêtez, mon ami, dit Lorenzo ; votre reconnaissance me touche, mais elle vous trompe. Ne voyez en moi que ce que je suis, un homme faible, qui a souvent commis des fautes, qui craint d'en commettre encore, qui chaque jour voit des exemples meilleurs que ceux qu'il donne, et à qui vous-même pourrez en donner.

Amédée allait répondre ; Lorenzo l'arrête encore : Mon ami, lui dit-il, ne parlons point de moi : vous m'aimez de tout votre cœur ; c'est tout l'hommage que je vous demande... Et si vous le voulez, puisque j'ai la douceur de vous voir dans des dispositions si heureuses, et que la beauté du jour nous invite à demeurer sous cet ombrage, nous commencerons, en ce moment même, à étudier la disposition des destinées humaines. Le plaisir de vous parler m'inspirera, sans doute, bien des choses plus frappantes que celles que j'ai écrites ; j'aurai aussi l'occasion de parcourir bien des détails que j'ai négligés dans mon ouvrage. Vous pourrez d'ailleurs m'aider de vos réflexions, me demander des éclaircissements, quand je ne me ferai pas bien entendre, m'arrêter, lorsque vous me croirez dans l'erreur. Je me rétracterai quand vous m'aurez détrompé ; et si vous ne me détrompez point, ce sera vous qui aurez mieux compris ma pensée. Consentez-vous, mon ami, à ce que nous prenions, à l'instant même, ce sujet d'entretien ?...

Amédée montra à Lorenzo combien il était touché de tant de complaisance, et avec quelle impatience il désirait l'entendre. Ils choisirent ensemble, sur le bord de l'eau, une position agréable et solitaire ; ils s'assirent, et Amédée écouta attentivement Lorenzo, qui parla ainsi :

LIVRE PREMIER.

DU MALHEUR.

Coup d'œil général sur la distribution des diverses conditions qui composent le sort de l'homme.

Mon ami, vous avez bien souffert, et vous n'avez pas encore atteint le milieu de votre carrière. Vous savez que je n'ai trouvé jusqu'ici aucune exagération dans vos plaintes, et que j'ai gémi sincèrement avec vous de ce que vous aviez raison d'appeler des malheurs.

Mais, mon ami, entraîné par la violence du sentiment de vos peines, vous avez négligé de promener vos regards autour de vous. Vous ne m'avez encore parlé que de vous-même. Cependant votre âme est compatissante; et vous n'ignorez pas qu'il est d'autres malheureux que vous. Il y aurait eu, par conséquent, un peu plus de désintéressement dans vos plaintes, si vous les aviez faites au nom de tous les infortunés.

Mon ami, ne prenez point ces paroles pour un reproche. Nous tenons à nous-mêmes avant de tenir à nos semblables; et quand nous souffrons, c'est déjà bien assez de supporter nos douleurs. Aussi, ce n'était point quand les vôtres vous paraissaient insupportables que je vous faisais cette observation; je m'affligeais avec vous, parce qu'il fallait, avant tout, affaiblir et partager votre peine. Aujourd'hui qu'elle s'est doucement écoulée, et qu'il ne reste plus de ce torrent dévastateur que l'empreinte de ses ravages, aujourd'hui nous pouvons réfléchir sur les maux que vous devez attendre encore, et sur cette opiniâtreté du destin qui les verse universellement sur l'humanité.

Universellement? interrompit Amédée. Ce mot ne serait-il pas un peu de l'invention de votre cœur pour parvenir plus aisément à me consoler?

Mon ami, répondit Lorenzo, j'ose croire que vous trouverez bientôt avec moi la vérité même assez consolante pour n'avoir pas besoin d'être exagérée.

En second lieu, laissez-moi vous demander quel est le sentiment qui vous fait encore dire que vous vous consoleriez plus aisément de vos peines, si le genre humain souffrait universellement?

Amédée baissa les yeux. Il sentit avec quelle douceur son ami lui faisait le juste reproche de manquer de générosité. Lorenzo, qui n'insistait jamais lorsque les reproches qu'il avait voulu faire étaient compris, se hâta de continuer.

Ce n'est donc que comme sujet de méditation, et non assurément comme motif de consolation, encore moins comme sujet de jouissance, qu'il faut considérer l'universalité du malheur. Mais avant, je sens bien qu'il faut la démontrer.

Mon ami, définissons le malheur : c'est une atteinte directe portée à l'intérêt de notre personne dans ce qui nous est cher ou essentiel.

Nous nous intéressons vivement à notre être; c'est l'intention sage de la nature. Notre être est composé de plusieurs propriétés, de plusieurs facultés : chacune a ses besoins, chacune veut ses jouissances; chacune réclame, comme chère ou essentielle, la satisfaction qui l'entretient. Notre intérêt personnel est offensé, et un malheur partiel commence, lorsque nous perdons, ou que nous ne pouvons obtenir, ce qui est cher ou essentiel à quelqu'une de nos facultés.

Il faut à notre corps de l'entretien, de la santé, de la force; à notre cœur, de l'affection; à notre esprit, de la liberté, de l'exercice; à notre imagination, des désirs, de l'espérance; à notre amour-propre, des hommages. Il faut à l'ensemble de notre être cette sécurité de possession qui ramène au bien-être de chaque instant le souvenir du passé, la propriété du présent, et l'attente de l'avenir.

Voilà l'homme, mon ami : voilà ses besoins. Il possède le bien absolu lorsqu'il possède l'ensemble de ces biens particuliers. Son malheur est absolu lorsqu'ils lui sont refusés en totalité. Entre ces deux extrêmes, il est une foule d'intermédiaires; et chaque individu est plus ou moins exhaussé dans cette échelle de propriétés, dont la privation absolue ferait le malheur absolu.

Serait-il possible, mon ami, de donner à cette échelle dont nous venons de parler une division uniforme? Non, sans doute; toutes les facultés élémentaires entrent dans l'essence de chacun de nous; et c'est la diverse combinaison de ces facultés qui forme parmi nous l'immense variété des différences.

On voit plus d'imagination dans l'un, plus de jugement dans l'autre. Celui-ci est doué d'une sensibilité ardente; celui-là d'une raison froide, qui prévoit et calcule tout. Parmi les avantages du corps, l'un possède la force, un autre l'adresse, quelques-uns la beauté. Parmi les avantages de l'esprit, les uns ont de la pénétration, les autres de la consistance, quelques-uns de la grâce, de la finesse, quelques autres de la rudesse et de la profondeur. De toutes ces qualités, il en est assez de communes à tous les hommes, pour que l'on puisse adresser des observations à l'espèce générale; mais il y a aussi entre les hommes assez de distinctions, assez de dissemblances, pour que, dans tout ce que l'on pourrait dire avec vérité, on ne soit pas entendu de tous les individus.

Si vous me demandez, mon ami, ce que je pense de cette infinie variété qui distingue les hommes, je vous dirai qu'elle est à mes yeux l'un des principaux traits de cette sagesse suprême qui a présidé à la composition du monde.

En effet, l'homme n'est au premier rang des créatures que lorsqu'il possède une intelligence étendue, et qu'il éprouve des affections profondes. Or l'état de société est nécessaire à l'homme pour qu'il puisse connaître tous les liens de l'affection, et acquérir toute l'intelligence dont il est susceptible. L'homme est donc destiné à vivre en société. Mais, pour que les hommes pussent s'unir entre eux, il fallait qu'ils eussent à la fois des moyens d'attrait réciproque, c'est-à-dire, beaucoup d'inclinations communes, et des moyens de se reconnaître, c'est-à-dire, qu'ils fussent distingués par des différences. Ces deux conditions nécessaires se trouvent conciliées par la composition de l'espèce humaine. Le Créateur, voulant que l'organisation de l'univers eût pour son résultat le plus élevé la formation des sociétés humaines, a ordonné l'univers en conséquence de cette intention. La nature, chargée du développement de l'homme, a reçu la loi et les moyens d'exécuter toujours entre les hommes des ressemblances et des différences. D'une part, il nous suffit du premier aspect pour que nous puissions distinguer la créature humaine de toutes les créatures qui lui sont inférieures. A l'instant même, un second aspect nous fait distinguer l'homme que nous regardons de tous les hommes de notre connaissance, et, de cette manière, nous porte à le reconnaître; enfin, une observation plus suivie nous découvre dans ses qualités, dans son caractère, un certain nombre de traits particuliers qui fixent en nous l'idée qui le représente.

Remarquez, mon ami, que les choses les plus analogues, les moins susceptibles, ce semble, d'une distinction réciproque, sont variées à l'infini, lorsque cette dissemblance doit être un des ciments de la société. Ainsi, non-seulement la figure, la taille, le volume, la démarche, tous ces traits qui tiennent à l'ensemble, sont distingués dans chaque individu de notre espèce; mais le son de voix, et, ce qui est important à remarquer, l'aspect présenté par notre écriture, sont différents pour chacun de nous.

De cette observation simple et universelle ne faut-il point conclure que la nature nous destinait à nous parler et à nous écrire les uns aux autres? Ce dernier trait indique la civilisation, qui est l'effet naturel de la sociabilité.

La nature, qui nous destinait à vivre en société, établissait entre nous des différences. Mais comme elle est notre mère commune, elle nous devait en même temps l'égalité. Comment associer ces deux choses, en apparence inconciliables?

Si l'auteur de la nature eût tout donné à chacun de nous, il y aurait eu sans doute égalité; mais il n'y aurait point eu de différences, par conséquent il n'y aurait point eu de société. Chacun, trouvant en soi-même toutes les jouissances, n'aurait eu rien à demander à un autre; ne se sentant rapproché de personne par le besoin, il aurait vécu isolé. Rien de plus aride qu'une telle organisation de l'espèce humaine ; car c'est de la communauté de nos rapports et de nos affections que naissent les plus grandes douceurs de la vie. Rien encore de plus absurde ; car dites-moi, mon ami, comment aurait pu se faire la propagation de l'espèce humaine, si, dans ce plan d'égalité complète qui comprend l'égalité de forces, nous n'avions pu naître ni faibles ni enfants ?

Je vous présenterai, dans la suite, d'autres considérations importantes, qui vous démontreront combien il était nécessaire, même pour le bonheur de l'homme, que des privations lui fussent imposées, que des maux lui fussent envoyés. Vous verrez surtout que si l'homme, sur la terre, n'eût jamais été exposé aux atteintes du malheur, la prévoyance seule de la mort serait devenue pour lui une source continue de pensées désolantes ; et il fallait bien sur la terre le soumettre à la mort. Vous verrez encore que l'homme n'aurait pas reçu son plus beau privilége, celui de pouvoir acquérir du mérite, s'il n'avait jamais pu connaître les privations et la souffrance.

Cependant, il était de la généreuse grandeur de l'auteur du monde de composer son ouvrage de prédilection de tous les biens qui pouvaient lui être accordés.

Maintenant, mon ami, voyez que de conditions devaient être réunies dans la composition de nous-mêmes ! Il fallait que nous fussions tout ce qu'une créature peut être ; il fallait que des privations et des peines nous fussent imposées ; il fallait que notre corps et notre caractère fussent distingués par des différences sensibles ; il fallait, enfin, que nous fussions traités avec égalité.

Eh bien, mon ami, sortons de cet horizon rétréci, qui n'a d'autre étendue que celle de notre amour pour nous-mêmes ; élevons notre entendement vers le suprême Ordonnateur des hommes et des choses ; nous allons trouver toutes ces conditions remplies par sa sagesse et sa bonté.

Le sort de l'homme, considéré dans son ensemble, est l'ouvrage de la nature entière, et tous les hommes sont égaux par leur sort.

C'est tout ce que Dieu pouvait faire, et c'est tout ce qu'a fait pour nous sa bienveillance suprême.

Mon ami, interrompit Amédée, préparé comme je le suis par tout ce que vous venez de me dire, cette dernière idée me frappe. Mais il me semble encore que l'impression que j'en reçois résulte un peu plus de sa hardiesse que de sa vérité.

Laissez-moi la développer, répondit Lorenzo, et vous finirez, je l'espère, par lui trouver plus de vérité que de hardiesse.

Nous avons commencé par définir le bonheur absolu, et, par opposition, le malheur absolu. Le bonheur absolu est la jouissance de tous les biens particuliers auxquels notre nature peut atteindre; le malheur absolu en est la privation. Ni l'un ni l'autre n'existent et n'ont jamais existé. Les anciens, qui aimaient à personnifier toutes leurs idées générales, avaient imaginé un dieu de la richesse : Plutus; un dieu de la beauté : Apollon; un dieu du courage : Mars; un dieu de la puissance : Jupiter; un dieu de la force : Hercule. Ils n'avaient point imaginé un dieu du bonheur, ni un dieu du malheur, parce qu'ils n'avaient jamais vu ni le bonheur ni le malheur porté sur la terre à un terme remarquable.

Observez encore, mon ami, que presque tous les hommes tiennent à la vie, désirent la conserver, et, lorsque le terme approche, voudraient pouvoir la recommencer, mais non aux conditions exactes de la vie par laquelle ils viennent de passer; en recevant une seconde fois la vie, ils voudraient recevoir une autre destinée; ainsi tous les hommes aiment la vie et se plaignent de la vie; ce qui démontre que, pour tous, elle est mélangée de biens et de maux, de peines et de plaisirs.

Le bonheur absolu! Pour le posséder sur la terre, il faudrait d'abord avoir reçu de la nature toutes les facultés dont l'homme est susceptible; c'est ce qui n'a jamais lieu. Suivez, mon ami, tous les hommes de votre connaissance, et vous verrez que celui de tous qui a reçu le plus d'avantages manque cependant encore de quelques présents naturels. Ces présents sont : la force, l'adresse, la beauté du corps, la sagacité de l'esprit, l'étendue de la mémoire, la chaleur de l'imagination, la solidité du jugement et la sensibilité de l'âme.

Arrêtons-nous, mon ami, sur cette énumération, dont l'ensemble fait la perfection naturelle de l'homme. Voyez, réfléchissez; connaissez-vous quelqu'un sur qui tout cela se trouve rassemblé? Songez, mon ami, que nous parlons de la perfection naturelle au dernier terme, et que, dans la recherche que je propose à vos souvenirs, vous devez unir, aux plus brillants avantages extérieurs, le génie de Newton, le talent de Racine et l'âme de Fénelon.

Observez que ces hommes célèbres nous donnent, chacun dans leur genre, la mesure de ce que l'homme peut être, et que nous devons les rassembler tous dans notre esprit, lorsque nous voulons fixer nos idées sur le parfait absolu.

Lorenzo s'arrêta quelques moments. Il reprit ensuite : Ainsi, reconnaissez-vous qu'il ne s'est montré encore, à vos yeux, personne revêtu de tous les dons?

Amédée avoua qu'il n'en avait point encore vu.

— Vous n'en verrez point, ajouta Lorenzo, et personne n'en verra; la nature a reçu la loi de s'y opposer, en faisant naître de tout avantage bien déterminé une privation ou un défaut qui en sont la dépendance. Ce songe de l'imagination, qui prodigue à un seul individu l'ensemble de tous les avantages, ne se réalise que dans quelques-uns de nos livres; et je pense que ces livres nous rendent un mauvais service, en nous dégoûtant de l'humanité commune par l'effet de la comparaison.

Cette première vérité étant reconnue, mon ami, qu'aucun homme n'est naturellement parfait, suivons la chaîne d'observations qui en sont la conséquence.

En classant les dons naturels d'après leur dignité, leur nécessité, ou leur importance, nous reconnaîtrons parmi les hommes une gradation dont les termes extrêmes sont séparés par une distance très-sensible, mais dont les nuances intermédiaires se succèdent en se touchant, en sorte que la sagacité la plus exercée ne saurait assigner les limites de chacune, quoique ces limites ne se confondent pas.

C'est ainsi que, depuis la nuit la plus obscure jusques à la splendeur du jour le plus éclatant, la lumière a passé par un développement insensible; ses progrès sont aperçus; il serait cependant impossible de les mesurer sur la durée de chaque instant.

Il me semble, mon ami, dit Amédée, que vous vous proposiez de me démontrer l'égalité des hommes, et vous commencez par détruire tous mes doutes sur leur inégalité.

— Mon ami, vous avez oublié l'expression dont je me suis servi ; elle est essentielle à retenir. Je vous ai annoncé l'égalité de sort parmi les hommes, et non l'égalité des hommes ; j'espère tenir mes engagements.

Sans doute, si cette gradation, insensible dans sa marche, mais très-apercevable dans les distances un peu considérables, n'était jamais modifiée ; si la nature, ou plutôt la sagesse qui conduit la nature, n'établissait pas quelques autres gradations en sens inverse, le monde ne serait composé, en majeure partie, que d'êtres ayant un juste droit de se plaindre. Mais il s'en faut bien que notre sort se compose uniquement de nos facultés ; elles y concourent, elles le modifient : elles ne le font pas.

Ne vous êtes-vous jamais demandé, mon ami, quelle main vous avait jeté sur la terre ; quelle était l'intention, quel était le but de votre existence ; pourquoi vous apparteniez à un sol plutôt qu'à un autre, pourquoi vous étiez né de tels parents, dans telle condition, à telle époque de la durée du monde ; en un mot, pourquoi vous étiez *vous*, avec toutes vos circonstances, toutes vos relations.

Je vous avoue, mon ami, répondit Amédée, que toutes ces questions se sont bien souvent présentées à mon esprit, et qu'à la vue de mes privations, de mes douleurs, il ne m'est que trop souvent échappé d'attribuer mon existence incompréhensible et malheureuse à une puissance aveugle, quelquefois même ennemie.

— Vous étiez bien malheureux, mon ami, car vous étiez bien injuste ; mais reprenons notre discussion.

Souvenez-vous, mon ami, de ce que vous m'avez déjà accordé. Les hommes sont nés pour vivre en société, ils sont différents les uns des autres ; ils sont inégaux dans leurs dons naturels et dans leurs facultés. Nous en sommes là, et nous voulons parvenir à reconnaître l'égalité de leur sort, pris dans son ensemble. Pour cela, il ne faut jamais perdre de vue qu'en jugeant ainsi l'ensemble de l'ouvrage, nous nous élevons au-dessus de notre intérêt personnel, et nous osons assister aux déterminations du Créateur.

Si nous voulons nous assurer que la même puissance qui forma le monde composa aussi d'avance le plan de notre destinée, cherchons si ce plan manifeste l'œuvre de l'intelligence et de la justice.

Rappelons-nous les différences, les gradations distinctives de notre nature, et observons quelle est la disposition de la fortune, des circonstances et des événements.

Celui qui reçut beaucoup de dons personnels porte évidemment en lui-même une fortune considérable et positive. Avant de naître il n'avait rien fait pour mériter cette fortune : elle lui est accordée gratuitement, et elle est gratuitement refusée à l'homme sans esprit, sans talents. Celui-ci, avant de naître, n'avait rien fait pour mériter une telle indigence : n'est-il pas juste qu'il possède cet autre genre de fortune qui procure les jouissances du bien-être, les agréments de la vie? C'est, en effet, l'une des chances les plus communes de l'humanité.

Trop souvent l'orgueil et l'égoïsme, décorés bien injustement du nom de philosophie, quelquefois encore un amour sincère, mais peu éclairé, de l'humanité, ont déclamé contre l'inégalité des conditions et des richesses. Les sophismes de l'esprit ont ouvert, à cet égard, un vaste champ à l'éloquence : les passions du pauvre étaient flattées par ces déclamations. Cependant, en affectant du mépris pour les richesses, ce qui a toujours un air de grandeur, parce que les richesses sont réellement un bien désirable, on s'est plaint avec amertume de ce qu'elles sont inégalement répandues, ce qui n'est ni généreux, ni conséquent. Si l'on n'a point songé à se plaindre aussi vivement d'une inégalité plus distante peut-être, celle des dons de la nature, c'est moins parce qu'il est impossible de la réformer, que parce que le murmure à cet égard a toujours été prévenu par les réclamations de l'amour-propre. On veut bien se dire inférieur en fortune : on n'aime guère à se reconnaître inférieur en facultés.

Observons encore que ce ne sont point les riches qui se plaignent des inégalités de la fortune, et que, par une raison semblable, les écrivains qui ont appelé avec tant de chaleur et d'imprudence le mécontentement de la multitude sur la disposition des partages, n'ont point trouvé de l'injustice dans l'inégalité des dons naturels, parce qu'ils étaient doués eux-mêmes de la richesse réelle d'un vrai talent. Un degré de plus dans la réflexion, ou un degré de moins dans cette disposition qui nous entraîne tous vers l'égoïsme, les eût portés à découvrir et à prononcer cette vérité bien simple :

L'inégalité des conditions, quoique abandonnée extérieurement aux résultats qui dériveront toujours des institutions humaines, comme causes secondes, est primitivement instituée par l'auteur de la nature, comme l'une des compensations à cette inégalité qu'il a de même établie entre nos facultés.

Méditez cette idée, mon ami ; je ne fais que vous l'indiquer, sans entrer dans les détails qui la confirment. Gardez-vous cependant, en vous livrant aux observations qu'elle peut faire naître, de la considérer comme une idée exclusive et n'admettant point d'exception dans son application générale. Il n'est point d'idée exclusive dans le plan magnifique de la nature, qui se compose de tout ce qui existe, et dont le suprême ordonnateur a tout fait contribuer à ses fins. La faiblesse de notre entendement nous oblige d'abord à isoler les éléments d'une grande vérité composée. Mais, si nous avons de la justesse et de l'ordre, nous recomposerons ensuite cette vérité, nous rapprocherons ses éléments.

Ne vous méprenez donc pas, mon ami, sur ce que jusqu'ici j'ai voulu établir ; le voici en peu de mots :

L'auteur de la nature a destiné les hommes à vivre en société. Un résultat nécessaire de cette destination est l'inégalité des conditions et des richesses. Par conditions et par richesses il faut entendre tous les avantages extérieurs à l'individu, qui lui sont assurés par la place élevée qu'il occupe dans une composition quelconque de gouvernement et de société. Ces avantages sont réels, précieux, désirables ; ils sont la source de jouissances positives. Les hommes qui les possèdent sont inscrits sur une gradation de bien-être à laquelle il fallait des compensations, puisque le Créateur de l'espèce humaine est également le père de celui qui est élevé et de celui qui est très-abaissé dans cette échelle. L'échelle inverse des facultés personnelles est une de ces compensations.

Il en est une multitude d'autres qui se croisent en tous sens, non pour se combattre, mais pour s'aider, se soutenir, et, en dernier résultat, pour répandre sur l'ensemble de l'espèce humaine cette mesure uniforme de privations et de bien-être que la justice du père commun devait concevoir et que sa puissance devait exécuter.

Observez, mon ami, que pour fixer l'opinion que l'on doit avoir du sort de chaque individu il faut, comme je vous l'ai dit, prendre l'ensemble des conditions qui le composent; il faut considérer les avantages et les inconvénients qui résultent de ses facultés, même les plus heureuses; il faut apprécier les rapports de nécessité, d'utilité, de devoirs, ou de convenance, qui dirigent sa conduite; il faut examiner les circonstances de temps qui ont déterminé les conditions de son existence dans la succession des siècles; les circonstances de lieu qui ont déterminé sa place sur le globe que nous habitons; les résultats de tous les accidents prévus ou imprévus, d'une importance faible ou majeure, qui sont disposés sur le cours de sa vie; les avantages et les inconvénients qui le suivent dans ses divers âges, à mesure qu'il s'avance dans sa carrière. Enfin, il faut ne prononcer sur le degré de pitié ou de félicitation que mérite son sort qu'à la fin même de sa première existence, parce qu'alors il a parcouru toutes les chances qui devaient la composer, et encore plus parce que, à ce terme d'une carrière de préparations et d'épreuves, sa destinée va recevoir de la justice suprême un complément éternel.

Je vous l'ai dit, mon ami, je crois avoir suivi, avec les détails nécessaires, dans la dernière partie de mon ouvrage, les combinaisons principales que présentent les diverses conditions du sort de l'homme, dans tous les temps et dans tous les lieux. Je crois aussi avoir montré comment la nature, sous la direction de son auteur, produit ces conditions, et les combine d'une manière constamment balancée par la justice. Mais nos entretiens auront seulement pour objet de vous faire approuver votre sort personnel, en vous montrant qu'à l'époque où vous vivez, aux lieux où vous avez pris naissance, pendant le cours plus ou moins rapide de cette période de civilisation avancée où l'espèce humaine est parvenue à tout le développement dont elle est susceptible, le sort de chacun se compose d'une somme égale d'avantages et de privations.

Mon ami, c'est surtout dans les sociétés dont la civilisation est avancée que l'on peut considérer l'espèce humaine comme placée sur les deux bras d'un levier en oscillation perpétuelle. Pour fonder ce levier, le grand nombre se rassemble autour du point d'appui; et les hommes, soit d'une grande fortune, soit d'une âme ardente développée par l'éducation, se distribuent, au gré de leur relation, de leurs opinions, ou des circonstances, les uns vers l'un des deux points extrêmes, les autres vers l'autre point. De cette manière, le mouvement éprouvé par chaque individu est mesuré par la distance qui le sépare du centre de repos; mais ce mouvement, pour chaque individu, se compose toujours de deux impulsions en sens inverse, qui sont alternatives, et qui se font toujours équilibre. Une élévation immense, un abaissement égal, des secousses violentes, sont le partage des hommes placés par leur fortune, ou par leurs dons naturels, dans le voisinage des points extrêmes; et cette masse commune, volumineuse, pesante, qui fait le fonds de la société, repose sur ce pivot presque immobile, que les balancements des extrêmes animent faiblement, ébranlent quelquefois, déplacent, agitent même de loin en loin; ce déplacement, cette agitation, arrivent lorsque cette puissance des extrêmes s'est augmentée hors de mesure, par l'effet de la tendance générale donnée aux hommes pour l'élévation et le mouvement.

Vous le verrez dans la suite, mon ami : la plupart des idées fournies par la considération du monde matériel s'appliqueront aisément aux êtres intelligents; l'univers est le fruit d'une seule pensée.

— C'est ce que je ne conçois pas bien encore, dit Amédée. Il est plusieurs circonstances qui me semblent essentielles à la marche du monde matériel, et qui n'appartiennent point, sans doute, aux êtres intelligents et sensibles. La transformation est une de ces circonstances. Voilà une rose brillante et délicate; elle est l'emblème de la beauté. Les éléments qui la composent se sépareront dans peu de jours; son parfum délicieux, évaporé dans l'atmosphère, se combinera avec des exhalaisons différentes, avec des vapeurs malsaines peut-être, dont il ira diminuer l'insalubrité; ses feuilles tendres perdront leur coloris enchanteur. Se flétrir, c'est commencer à se détruire : elles se détacheront de leur tige; elles tomberont languissamment vers la terre; et là, devenues le jouet d'un vent léger, elles écarteront encore de quelques instants le moment fatal où elles seront l'aliment d'une dissolution éternelle; mais enfin elles céderont à la loi générale. Rien ne sera perdu de ce qui composait la rose.... Et la rose ne sera plus.

Mon ami, continua Amédée, je ne fais qu'appliquer vos leçons de physique; c'est à vous de me dire si je les ai bien retenues. C'est ici, dans ce même lieu, il y a peu de jours, que, conversant ensemble, votre âme émue par le spectacle de l'univers laissa échapper ces paroles qui me frappèrent par leur simplicité, leur grandeur, et encore plus par le ton d'admiration dont elles furent accompagnées. — Oui, me dites-vous, il existe dans l'univers deux puissances, l'une de destruction, l'autre de reproduction, puissances constamment opposées, constamment égales : la vie de l'univers résulte de leur action; la paix de l'univers résulte de leur équilibre... O mon ami! rassurez-moi : notre âme est-elle comprise dans cette loi de transformations constantes? Sa destruction est-elle nécessaire à la marche du monde?

Lorenzo, attendri de l'air d'inquiétude qui se peignait dans les regards d'Amédée, le serra doucement contre son cœur. — Oh! non, non, mon cher fils : votre âme, plus belle encore que cette rose délicate, ne périra pas si la sagesse l'alimente toujours. Au contraire, sa perpétuité convient à l'ordre et à la conservation du monde; c'est ce que j'espère vous démontrer. Mais je ne puis vous dire encore comment l'univers même est chargé d'exécuter l'immortalité de votre âme; le moment n'en est pas venu : mon ouvrage vous découvrira tout ce que j'ai osé apercevoir. Votre esprit recevra tout ce qui tient mon esprit dans l'admiration et la reconnaissance pour l'Auteur suprême. Ne nous pressons pas, mon ami ; nous entrons dans une carrière immense ; affermissons chacun de nos pas. Que maintenant votre âme s'éclaire, se console, s'apaise ; qu'elle se fortifie ensuite ; qu'elle s'ennoblisse ; qu'elle se trace par la vertu la route du bonheur. Tels sont les vœux que la mienne m'inspire.

C'en est assez pour aujourd'hui, mon bon ami. Si je ne me trompe, vous avez déjà commencé à m'entendre; vos regards peignent les mouvements intérieurs de l'affection et de la pensée. Je connais trop le vrai plaisir pour ne pas vous laisser dans cet état si doux où le cœur se hâte de présenter tout ce que la raison approuve. Ces heureux moments sont ceux de la méditation et du silence.

Je vous laisse, mon ami; promenez-vous sous cet ombrage, suivez le cours de cette eau paisible qui réfléchit l'éclat du ciel et la parure de la terre. Et pour achever en ma faveur l'enchantement de ces lieux que j'aime, pour me les rendre encore plus chers, confirmez le nom que je leur donne, et l'avantage que je leur destine... Qu'ils soient pour vous et pour moi le temple des consolations et de l'amitié !

A ces mots, prononcés du ton le plus tendre, Lorenzo quitta Amédée.

LIVRE SECOND.

Application générale de la loi des compensations à l'engagement du mariage.

Le jour suivant, Lorenzo et Amédée se rendirent ensemble vers le beau rivage, et ils reprirent ainsi leur entretien :

Mon ami, dit Lorenzo, la vérité se distingue par un caractère remarquable : c'est l'immensité d'observations qui la précèdent et y conduisent, une grande simplicité à son terme, et la facilité ainsi que la fécondité de ses conséquences.

Déjà, mon ami, vous avez assez vécu pour trouver en vous-même un fonds suffisant d'observations et de souvenirs nécessaires. Toutes les peines et tous les plaisirs que vous avez éprouvés jusques à ce jour, tout ce dont vous avez été témoin, tout ce que vous avez appris par vos lectures, ou sur le rapport des hommes, doit être rassemblé aujourd'hui dans votre pensée et être dirigé par elle vers un seul but, vers les principes qui, dans l'infortune, fondent la patience sur le sentiment de la justice, et l'obligation de la vertu sur le désir du bonheur. Le temps que vous avez déjà passé sur la terre doit être un assez long espace de réflexions et d'épreuves pour que la vérité et le repos puissent en être le terme. Nous venons de dire que la vérité était simple. Que notre cœur ne s'écarte jamais de cette simplicité qui nous aidera à la découvrir. Nous avons ajouté que les conséquences en étaient faciles et abondantes; c'est ainsi que nous en déduirons, pour le reste de nos jours, l'enchaînement facile de nos sentiments et de nos devoirs.

Mon ami, nous considérerons bientôt ensemble les relations de notre enfance, de notre jeunesse, ainsi que les avantages et les peines qui appartiennent plus particulièrement à ces deux âges. En ce moment, réfléchissons sur les liens si doux, si importants, que la nature nous invite tous à contracter, et examinons si, à cet égard, elle n'inspire pas à tous les hommes des vœux plus étendus qu'il ne lui est permis d'en satisfaire.

Que de déclamations violentes et inconsidérées n'a-t-on point faites contre la bizarrerie des assortiments sans convenances, contre leurs causes oppressives, contre leurs résultats funestes ! On a envié la faculté de contracter l'engagement du mariage au gré de l'inclination aveugle, et l'on n'a point songé que cette faculté ne pouvait exister qu'à deux époques de la vie des sociétés, à leur naissance sauvage, et à leur dissolution dernière ; que dans le premier état l'homme intellectuel n'existe presque pas encore ; que dans le second état il n'existe presque plus ; que dans l'un et dans l'autre l'union la plus importante n'est qu'une satisfaction passagère, qui, semblable à celle d'une nature inférieure à la nôtre, n'établit entre les êtres animés que les rapports d'un instant.

Au début des sociétés, lorsque les hommes encore épars sur un vaste territoire, ne forment que des peuplades errantes, l'industrie n'a pour but que la conservation du corps, et elle est toujours en relation avec les forces. L'homme naturel consomme peu ; l'enfant consomme moins encore : il vit aisément aux dépens de la peuplade vagabonde ; et celle-ci est ordinairement généreuse sans mérite, puisque ses propriétés, qui ne sont encore que le fruit de la chasse ou de la pêche, se détruiraient bientôt si elles n'étaient consommées par quelqu'un. Lors même que cette horde primitive s'est fixée, et a fait, par la construction de quelques cabanes d'écorce, par la culture informe d'un peu de terre, un premier pas vers la civilisation, la nature, jeune et vigoureuse, récompense très-abondamment un faible travail. Le territoire, bien supérieur par ses productions et son étendue aux besoins de ses habitants, prévient encore pour très-longtemps cette inquiétude, cette prévoyance, qui sont le principe de l'activité humaine dans les sociétés nombreuses. Le père de famille tient donc encore assez peu à ses enfants, parce qu'ils lui ont assez peu coûté ; et ses droits sur eux suivent également la proportion de ses soins, de ses légers travaux, de ses modiques sacrifices.

Mais lorsque l'État a commencé, et plus encore, lorsque, par l'accroissement de la population, la consommation totale a atteint le niveau de la production ordinaire ; lorsque ensuite le besoin d'augmenter les ressources de la nature a développé tous les genres d'industrie ; lorsque d'ailleurs l'espèce humaine perfectionnée, ou du moins étendue dans tous les sens, a ajouté les réclamations de l'esprit aux demandes d'une nature inférieure, les besoins du bien-être, de l'agrément, de l'ostentation, à l'entretien du corps et de ses forces ; alors un père de famille est un être sans cesse agissant, sans cesse en efforts, en inquiétude ; alors ses enfants, qui, comme lui, ont une existence très-étendue, très-composée, excitent, pendant leur premier âge, des soins assidus et pénibles : dès leur naissance ils sont l'objet de bien des sollicitudes ; l'imagination et la prévoyance de leur père embrassent, en les regardant, toute la longueur indéfinie d'un pressant avenir.

Que doit-il résulter, mon ami, d'une telle disposition dans les affections et dans les choses ? le voici. En premier lieu, le père de famille a acquis une autorité, un droit de propriété sur ses enfants, car ceux-ci n'auraient pu se passer des soins de leurs parents, et ils leur ont beaucoup coûté.

En second lieu, l'expérience accumulée de toutes les peines de détail, de toutes les angoisses, réelles ou imaginaires, qu'entraîne l'acquisition d'une fortune, l'expérience encore plus positive de la nécessité d'une fortune quelconque, pour obtenir le bien-être et toutes les satisfactions qui sont devenues d'impérieux besoins pour l'homme civilisé ; ce concert d'épreuves se joint au refroidissement que les progrès de l'âge jettent sur les sensations animées et sur les désirs généreux. Ne soyons donc pas étonnés qu'un père soit ordinairement peu disposé à favoriser les convenances primitives et naturelles, si ardemment réclamées par la jeunesse.

Reconnaissons d'ailleurs que, parvenu à cette saison brûlante, le jeune homme est enflammé d'une passion indéterminée dans ses mouvements, et à laquelle il ne faut qu'un objet ; que les sens alors, dans leur impétuosité fougueuse, interdisent au jugement les réflexions et la prudence ; que le cœur est moins porté vers un objet connu, qu'embrasé pour celui que l'imagination présente ; qu'en un mot, à cet âge, la première femme que l'on aperçoit est celle que l'on adore ; que les sens lui supposent les charmes de Vénus, le cœur lui reconnaît les qualités de Minerve. La passion embellit sans mesure les traits de son idole.

Oh! que vous connaissez bien le caractère de la jeunesse ! s'écria Amédée. Son ami lui répondit : Je me rappelle ma jeunesse, et j'ai observé la vôtre. Je n'aurais point, à cet égard, autant de connaissances, sans les inquiétudes que me causaient vos erreurs.

Ces erreurs du désir, qui sont d'ordinaire si funestes à la jeunesse, ne sont fréquemment commises par elle que dans les sociétés déjà avancées en civilisation, où cependant les mœurs austères existent encore. Il est alors, dans l'État, une classe d'hommes peu nombreuse, mais très-saillante, que bien des tourments dévorent. L'esprit des hommes qui composent cette classe est vivement exercé ; leur corps a beaucoup moins de fatigue. De toutes les facultés de l'esprit, l'imagination est la plus active, celle qui devance toutes les autres, et qui, dans son ardente exigence, dévore tous ses aliments. A cette époque, où les hommes communiquent si abondamment ensemble par l'intelligence, l'imagination est informée de tout ce qui existe épars dans l'univers ; elle le rassemble au gré du besoin et du désir ; elle l'applique à l'objet de son hommage, qui, malgré lui-même alors, et malgré la vérité, se compose de toutes les perfections répandues çà et là dans le champ varié de la nature. C'est un bouquet formé avec élégance des plus charmantes fleurs... ; mais bientôt l'odeur délicate s'en évapore ; les couleurs brillantes se flétrissent ; le temps sépare les fleurs. C'est ainsi que ce rapprochement imaginaire se trouve détruit par la réalité.

A peine le charme a-t-il cessé, que la raison se fait entendre. Heureux alors l'objet d'un hommage exagéré, s'il ne voit point l'adoration remplacée par l'injustice ; si on ne lui refuse point, de l'estime qu'il mérite, une quantité égale à celle d'enthousiasme et de prévention dont on avait dépassé la vérité ! Cependant l'engagement est formé, l'avenir est fini, le sort est fixé, et le bonheur a fui ; car, ou il faut vivre avec honneur dans le dégoût, dans la mortification d'une méprise ; ou bien il faut échapper à ses liens, franchir ses devoirs, attaquer les mœurs, et contribuer au désordre. Cette alternative est presque inévitable pour la jeunesse abandonnée à ses mouvements impétueux. Elle se trompe presque toujours ; et, dans les choses nécessaires, ou seulement importantes, c'est tôt ou tard un vrai malheur de s'être trompé.

Dans l'intention où je suis, mon ami, de vous conduire à voir sainement et avec modération toutes choses, je ne donnerai point moi-même dans une exagération de généralité que des exceptions fréquentes démentiraient malgré moi.

Il est bien des pères qui se trompent, et qui, un jour ou un autre, en sont victimes. Il en est qui attachent une importance exclusive à ce qui ne devrait en avoir qu'une secondaire ; qui ne donnent, au contraire, aucune considération à ce qui est de première importance. Leur inclination naturelle se trouvant ensuite renforcée de tous les petits arguments que fournissent aux esprits médiocres les désagréments de la vie, ils ne calculent qu'une seule convenance ; ils livrent toutes les autres au hasard.

Eh bien ! mon ami, que faut-il en conclure, si ce n'est ma maxime principale, mon principe de combinaisons balancées, d'équilibre, de compensations ?

En effet, de deux choses l'une. Les enfants, ainsi déterminés par le choix incomplet qu'une âme rétrécie indique à leur père, ont eux-mêmes une disposition semblable dans leurs aperçus, dans leurs désirs ; et alors, non-seulement ils ne font point un sacrifice, mais ils adhèrent à un assortiment qui leur convient.

Ou bien, et cette opposition est plus commune, des facultés plus généreuses leur donnent le besoin d'une association différente de celle qui leur est présentée par l'erreur d'un père ; et dans ce cas, voilà une des peines, une des contrariétés qui balancent les avantages d'une nature heureuse, le premier des biens, le plus étendu, le plus fertile. Observons encore que ces jeunes âmes, si énergiques dans leurs réclamations de bonheur et de jouissances, sont celles que la passion, la générosité, la confiance, la vertu même, entraînent le plus ordinairement vers les illusions et les méprises. Le début de leurs affections est presque toujours une erreur funeste ; en sorte que le choix d'un père, lorsqu'il n'est pas conforme à leurs inclinations, est cependant préférable d'ordinaire à celui qu'ils auraient fait eux-mêmes. Celui-ci les aurait entraînés au regret, au dégoût, à l'infortune, sur la pente fleurie de l'amour et du délire.

Si vous parcourez avec attention la société, mon ami, vous apercevrez partout des rapprochements qui vous sembleront disparates ; vous verrez une femme douce, paisible, unie à un caractère impérieux, violent ; un homme prudent, réfléchi, modeste et sage, l'époux d'une femme précipitée, légère, imprudente. Vous verrez, d'une part ou d'une autre, la vivacité s'échauffant contre l'indolence, la vertu éprouvée par le vice, l'esprit s'amortissant en présence de la médiocrité ; les soins d'un côté, le dérangement, la prodigalité de l'autre ; la faiblesse unie à la force, l'adolescence à la vieillesse, la maladie à la santé.

Mon ami, on pourrait peut-être attribuer une telle disposition au hasard, si la rareté des exceptions ne permettait point de la considérer, à peu de chose près, comme constante. Mais tout ce qui est général, et qui cependant pourrait être d'une autre manière que de cette manière générale, a certainement une cause digne d'attention.

Mon ami, n'oublions pas la place que nous avons osé prendre. Assistons de nouveau aux conseils du Créateur ; il est le père commun de tous les hommes ; les deux grandes divisions de l'espèce humaine sont également son ouvrage ; tous les caractères sont également sortis de ses mains, et nous avons vu qu'il les avait variés à l'infini dans les plans de sa sagesse.

Cherchons maintenant ce qui serait arrivé si Dieu avait abandonné les destinées humaines à toutes les chances d'un hasard aveugle, ou s'il les avait réglées d'après les vœux bornés que nous suggérerait notre intérêt individuel ou notre faiblesse.

Dans le premier cas, il n'y aurait point eu de balancement dans l'ensemble des destinées humaines; et alors les infortunés auraient eu le droit d'accuser le Créateur d'injustice.

Mais s'il avait écouté les vœux de ceux à qui il a beaucoup donné, et qui, pour cette raison, se croient en droit d'obtenir davantage, il aurait rapproché les unes des autres toutes les moitiés correspondantes; il aurait uni ensemble les dons les plus heureux de la nature, de manière à en faire un tout de perfection et de bonheur. Faites vous-même ce rapprochement deux à deux, par votre pensée, et unissez ainsi la beauté à la beauté, la force à la force, toutes les qualités heureuses à toutes les qualités heureuses, jusques à l'entier épuisement de la classe heureuse qui les a reçues. Que restera-t-il à cette portion de l'humanité si nombreuse, dont les raisonneurs mécontents tiennent peu de compte, mais qui ne pouvait être indifférente aux yeux de son Auteur? Observez, mon ami, que cette classe, qui comprend tous les individus faibles de corps, de caractère ou d'intelligence, s'étend non-seulement aux deux sexes, mais à tous les états de la société; qu'on la trouve parmi les riches comme parmi les pauvres; que c'est la classe réellement indigente de l'humanité. La rigueur de sa destinée ne serait-elle point extrême si, réduite à elle seule, et sans communication avec la classe heureuse, elle unissait sans cesse ce qui est faible et défectueux à ce qui est défectueux et faible; en sorte que, du rapprochement des deux moitiés respectivement placées de même dans l'échelle des privations et de l'infortune, il ne pût jamais résulter qu'un tout d'imperfection et de malheur!

Sans doute, d'après une disposition pareille, une sorte d'équilibre subsisterait encore dans l'ensemble du monde, puisqu'il serait divisé en deux parts, celle des souffrances et celle des priviléges. Mais, pour savoir si Dieu pouvait assortir ainsi ses créatures, il faut se demander si l'on voudrait être né dans la classe où l'on n'aurait eu que des désirs inutiles, des peines positives, et toute l'envie qu'aurait fait naître la vue d'une classe favorisée de tous les avantages, de toutes les perfections?

Non, mon ami, la Justice paternelle ne pouvait distribuer ainsi son héritage. Les hommes les plus heureusement nés ont des défauts qui tiennent à leurs qualités mêmes. Les femmes les moins favorisées de la nature, sous les rapports extérieurs, ont des vertus, des qualités qui compensent la privation de certains avantages. D'ailleurs, les différences qui distinguent les hommes entre eux et les femmes entre elles comprennent toutes les variétés des avantages intérieurs et extérieurs : ces différences naturelles sont plus ou moins augmentées par les progrès du temps et par des circonstances étrangères à la volonté de l'individu; car ce n'est point lui-même qui augmente volontairement ses années; ce n'est point lui-même d'ordinaire qui détruit sa santé, sa force, sa beauté, son adresse; ce sont assez souvent des accidents inopinés. La fortune lui est enlevée quelquefois, sans que l'on puisse lui reprocher sa ruine. Il fallait que la classe des malheureux de tout genre s'adjoignît un dédommagement à ce qu'elle a perdu, une compensation à ce qui lui manque; il fallait par conséquent que ce qui est imparfait fût à son tour l'apanage de la classe favorisée; et c'est pour cette raison que, communément, la douceur est unie à la rudesse, la nullité à l'intelligence, la laideur à la beauté; c'est pour cette raison, en un mot, que rarement chacun des deux époux trouve dans l'autre ce qu'il a lui-même apporté.

Ne pourrait-on point renforcer ce raisonnement d'une observation fréquente? Considérez, chez les hommes et chez les femmes, la pente secrète et ordinaire de l'inclination. Lorsqu'elle n'est point traversée par des circonstances étrangères, et que son cours est indépendant, on la voit se porter naturellement vers les dispositions et les qualités contraires à celles de l'individu qui l'éprouve. Combien d'hommes nés très-grands, très-forts, se laissent tendrement attirer par la beauté frêle et délicate! Combien de fois l'impétuosité audacieuse ne se passionne-t-elle pas pour la langueur indolente et timide! Et, de la part des femmes, combien de fois ne les voit-on pas sensibles à l'esprit, à la vivacité, à la modération, à la tendresse, selon qu'elles possèdent les facultés ou les dispositions contraires!

Cependant, mon ami, ce sont nos facultés qui déterminent nos qualités et nos défauts. L'homme paisible et tendre, qui adresse ses vœux à une femme douée d'une âme trop généreuse, épouse, sans le savoir, la prodigalité, quelquefois la négligence. La jeune personne douce et timide, qui abandonne son cœur à un homme d'une vivacité fougueuse, se soumet, sans le savoir, à un dissipateur, quelquefois à un tyran. Il en est ainsi de tous les caractères de notre organisation; ils ont tous de l'influence sur notre sort, parce qu'ils en ont une directe sur nos goûts et sur notre conduite.

Que veut donc la nature, lorsqu'elle oppose ainsi les caractères? La réponse est facile: elle veut le mélange, la combinaison, l'assortiment réciproque des qualités et des défauts qui en dépendent; elle veut son principe universel, l'équilibre par compensations.

Maintenant, mon ami, faisons à vous-même l'application de tout ce que nous venons de dire. C'est principalement à votre bonheur que j'aspire, en vous faisant part de mes réflexions. Confiez-moi de nouveau l'état de votre cœur. Est-il bien vrai qu'il soit libre, comme vous me l'avez dit, de toutes les chaînes qu'il a portées?

Ah! je vous l'assure, répondit vivement Amédée; je n'ai eu que des peines: comment ne serais-je point dégagé? Toute mon affection est maintenant pour vous, mon digne ami, je n'en éprouverai jamais d'autre.

— Mon cher fils, reprit Lorenzo, votre cœur se précipite encore, parce qu'il est vif et généreux; je n'accepte point votre dévouement, mon ami; je vous dégage d'une résolution que vous ne pourriez toujours suivre sans qu'il manquât à votre bonheur bien des choses que je serais loin de pouvoir remplacer; et alors je souffrirais moi-même de vos sacrifices. Je vous connais mieux que vous ne vous connaissez vous-même. L'inclination dans votre cœur est, pour ainsi dire, toujours prête, parce que votre cœur est né avec un besoin d'aimer qui ne s'éteindra jamais. Jusqu'ici, dans ce besoin pressant, constant, profond, votre cœur a toujours été impétueux par générosité, aveugle par enthousiasme. Celle qu'il aimait avait toutes les qualités qu'il désirait trouver en elle; il n'en adorait que plus vivement son propre ouvrage; et bientôt la surprise et le regret de s'être trompé étaient les principales causes de ses douleurs. Mon ami, écoutez désormais la raison et la justice, et vous ne serez plus exposé à de si violents regrets. La raison et la justice doivent maintenant vous avoir appris que la Providence ne vous présentera jamais, dans toute sa perfection, celle que votre cœur imagine. Gardez-vous donc, mon ami, d'exiger la perfection ni de l'attendre : elle n'est point en vous, pourquoi l'exigeriez-vous? Tenez votre cœur disposé à aimer tout ce qui le mérite par des qualités nobles, intéressantes, et ensuite à trouver le bonheur dans votre union avec celle à qui le véritable amour, l'honneur et les convenances vous auront permis de donner votre cœur; et quand l'union sera formée, rappelez-vous que si vous n'apercevez point en elle tout ce qui serait nécessaire à vos goûts, à vos idées, ce ne sera point une raison de vous repentir de votre engagement; une autre union aurait manqué d'autres avantages; il n'en est point qui n'eût manqué de quelques-uns; et nous sommes naturellement portés à donner aux biens qui nous manquent plus de prix qu'à ceux dont nous jouissons. Vous vous défendrez, mon ami, de cette pente naturelle qui vous entraînerait, comme bien d'autres, à l'humeur et à l'injustice. Vous reconnaîtrez toujours, et avant toutes choses, les avantages et les qualités de celle qui partagera votre sort; vous en profiterez pour votre propre bonheur; vous profiterez même de ses défauts pour vous rendre plus cher à son cœur. Le secret du bonheur, et même de l'amour, quand on s'adresse à un cœur honnête, est d'oublier son propre intérêt pour l'intérêt de celle que l'on aime, ou plutôt de bien entendre son propre intérêt, en le faisant consister dans le bonheur de celle que l'on aime. Il y a de l'égoïsme, et par conséquent de la maladresse, à vouloir ramener les autres à soi; il vaut mieux se ramener soi-même aux autres, surtout quand on veut aimer.

Mais, mon ami, dit Amédée, n'y a-t-il point divers degrés dans la convenance mutuelle? Pourrait-on être également heureux avec toutes les femmes qui, par leurs qualités, sont cependant dignes d'être aimées?

— Non, mon cher Amédée, on ne serait point également heureux. Jusqu'ici j'ai voulu seulement vous dire qu'un homme d'un caractère fort et généreux peut trouver un bonheur suffisant dans toute union qu'il aura contractée par des motifs honorables. Mais il y a divers degrés dans la convenance mutuelle; et il est bien permis de désirer et de chercher la plus parfaite convenance. Il faut seulement se tenir prêt à ne point la rencontrer, afin que, si ce précieux avantage est écarté de notre sort, nous pensions aux avantages qui nous restent, nous rejetions sans amertume cette peine douloureuse sur la justice universelle, qui distribue avec égalité les peines et les avantages; de cette manière, nous demeurerons encore satisfaits de notre destinée.

Voulons-nous savoir maintenant ce qui convient le mieux à chacun de nous; examinons notre caractère, notre position, et cherchons, dans celle qui doit embellir notre vie, les avantages qui sont le mieux assortis à notre position et à notre caractère. Tâchons surtout de ne pas nous laisser déterminer dans nos recherches par le désir, qui nous est d'ailleurs si naturel, de trouver les biens qui nous manquent. Je ne songe point à vous prémunir contre les engagements que le seul désir des richesses détermine. Votre âme est noble, sensible; elle ne s'abaissera jamais jusques à déshonorer l'amour. Je ne songe à vous présenter que des observations générales, en vous faisant remarquer les malheurs qui suivent toujours les mariages déterminés par le seul désir des richesses. Le plus grand, le plus juste, le plus inévitable de ces malheurs, est le défaut d'amour et de confiance. Bientôt rien n'est plus difficile, de part et d'autre, que de garder un peu d'honneur, de tranquillité et de vertu.

Mais, mon ami, dit Amédée, il me semble qu'il doit en être de même de tous les avantages. Il n'en est aucun, dans la personne que l'on aime, qui ne doive être cause de peines et de dangers.

Vous vous trompez, mon ami, dit Lorenzo; faisons en ce moment une distinction importante, et établissons-la sur la justice. La Providence ne nous fait expier, par des compensations, que ceux de nos avantages qu'elle nous a donnés gratuitement, et qui, de notre part, ne sont point un mérite. Elle doit, au contraire, une récompense aux avantages que nous avons acquis, qui sont en nous un mérite; et elle nous donne toujours cette récompense. Ainsi, ne craignez point en vous-même, ni en celle que vous aimerez, les compensations des véritables avantages, qui sont l'innocence et la bonté; et le véritable amour ne peut être éprouvé et inspiré que par une âme qui a de la bonté et de l'innocence. Il y a tant de beauté, tant de qualités, tant de richesses, j'oserais presque dire tant de divinité dans la bonté et l'innocence!

La simplicité est un des résultats nécessaires de l'innocence et de la bonté; et la simplicité est un bien nécessaire. Le commerce d'une tendre affection doit être si doux, si coulant, si facile! La simplicité, de part et d'autre, peut seule lui donner ce caractère. Deux cœurs qui s'unissent doivent s'aimer, s'estimer, se chérir. Celle qui veut briller, éblouir, se faire valoir, celle-là peut avoir ce qu'il faut pour plaire quelques moments, pour séduire, mais non ce qu'il faut pour aimer, et par conséquent pour être aimée : en amour, on n'inspire pas, du moins longtemps, les sentiments que l'on ne saurait éprouver.

La sensibilité du cœur est encore un de ces avantages inestimables qui sont donnés ou entretenus par la bonté et l'innocence; et quoi de plus doux à acquérir que la propriété d'un cœur sensible? La possession de tous les autres biens s'use par la jouissance, et ne nous soutient pas contre les peines et les difficultés de la vie. Mais un cœur sensible qui nous appartient nous laisse toujours, en quelque sorte, au commencement des satisfactions qu'il nous procure; c'est un bien toujours nouveau pour nous, parce qu'il nous suit dans tous les chagrins, dans tous les plaisirs, dans toutes les vicissitudes de notre destinée. Il se réjouit avec nous, il s'afflige avec nous, il s'accommode à tout ce que nous sommes, à tout ce qui nous arrive; en un mot, un bon cœur qui nous appartient est la plus nécessaire, la plus tendre, la meilleure portion de nous.

Vous voyez, mon ami, avec quel soin celui qui songe au mariage doit rechercher principalement un bon cœur. Se marier, c'est unir, et pour toujours, ses peines, ses plaisirs, ses avantages, ses défauts, aux défauts, aux plaisirs, aux peines de la femme que l'on épouse; c'est encore s'exposer à plus d'événements, à plus d'embarras, à plus de peines qu'on n'en aurait eu tout seul. C'est donc se donner, par-dessus tout, le besoin d'un cœur qui les partage, et qui, en s'intéressant à tout, rende tout intéressant. O mon ami! vous dont je désire si vivement le bonheur, et qui ne pourrez obtenir tout celui qui vous est nécessaire qu'en vous unissant à un cœur simple, innocent et sensible, hâtez-vous d'acquérir tous vos droits de le chercher, de le trouver; acquérez vous-même la simplicité, la bonté; augmentez par elles la sensibilité de votre âme, et reprenez votre innocence.

LIVRE TROISIÈME.

Compensations attachées au titre de père.

Nous avons considéré jusqu'ici les relations qui influent sur le sort de l'homme pendant son enfance, et celles qui le déterminent encore plus fortement lorsqu'il double son être. Le moment est venu où ce même être reçoit une extension bien importante. L'homme devient père!... Que ce seul mot renferme d'idées, de sentiments! Tous les mouvements de la nature se rassemblent sur cet ouvrage de l'homme, de son cœur, de sa nature. Le lien qui attache un père à ses enfants est un tissu composé de ce qu'il y a de plus fort et de plus délicat dans son âme. La vue d'un fils excite dans l'imagination paternelle les souvenirs de l'amour, et ce qui, peut-être, est plus doux encore, elle rappelle une propriété bien chère à l'amour-propre. Enfin, comme nous l'avons déjà remarqué, un enfant est la source de nouveaux soins, d'une nouvelle activité, de nouvelles sollicitudes. Chaque instant, depuis sa naissance, porte à la fois un tribut de peines dans l'esprit de son père, et un tribut de jouissances dans le fond de son cœur.

Il n'est point difficile de reconnaître l'intention de la nature dans l'échange des sentiments mutuels entre un fils et son père. Il est évident que celui qui doit aimer le plus est celui dont la tendresse est le plus nécessaire à l'existence de l'autre ; et le père ne tire encore aucun secours de son fils. Toujours le même plan, les mêmes vues, dans la marche du monde. Le plaisir d'aimer est le premier des plaisirs ; il est accordé, en dédommagement, aux travaux du père, à ses privations, à ses inquiétudes. L'enfant n'a rien à prévoir pour son père ; il n'a rien à souffrir, à abandonner, à faire pour lui ; il n'a pas le plaisir d'aimer autant que lui.

Mais suivons les progrès du temps, la marche des affections et les effets de l'âge. Tel enfant que l'on a vu peu caressant pour l'auteur de ses jours lorsqu'il recevait de ses soins le bien-être et la subsistance, ouvre son cœur à une véritable tendresse lorsque son père a perdu ses forces et réclame des secours. Le père et le fils échangent alors leurs relations et les sentiments de leur âme. Le vieillard est revenu à la faiblesse et aux besoins de l'enfance ; le fils se trouve revêtu, à son tour, des fonctions paternelles ; il est juste et nécessaire qu'il aime plus. C'est ce que l'on voit dans les familles où les mœurs se sont conservées. Les femmes surtout, dont le cœur est naturellement plus tendre, montrent ordinairement beaucoup d'égards pour les vieux auteurs de leurs jours. On voit encore fréquemment, dans ces familles estimables, ce même vieillard, qui reçoit sans empressement les soins et les consolations de son fils, aimer tendrement son petit-fils, et le caresser en père. C'est qu'il ne reçoit rien de ce petit-fils ; c'est que l'âge l'en a rapproché par sa faiblesse ; c'est que ce jeune enfant lui rappelle son propre fils ; c'est qu'enfin, en le caressant, en l'amusant, il croit encore le servir.

Et il le sert en effet, car le calme de l'âge donne aux vieillards les deux qualités que, par-dessus tout, les enfants demandent ; ces deux qualités sont la patience et la complaisance.

Compensations dans les familles.

Un père tient d'autant plus à ses enfants, que les mœurs, l'opinion publique et la législation lui en assurent plus intimement la propriété. Un des motifs qui entraînent les hommes honnêtes vers le mariage est l'espérance secrète d'acquérir une propriété animée, à laquelle ils pourront imprimer leurs sentiments, qu'ils pourront régler et conduire. Ce besoin de conduire est un des enfants de notre faiblesse. Si, pendant que ces hommes sont libres encore, l'opinion publique vient les prévenir qu'un jour ils seront sans influence sur l'ouvrage de leur sang, de leurs sacrifices et de leurs peines; dès lors, avec l'espérance de leurs droits, ils abandonnent les soins, les devoirs, les engagements, les douceurs qui devaient les précéder et les suivre. Ils demeurent seuls, isolés. Ils se contentent d'échanger tant de biens, tant de peines, qui auraient fortifié leur âme, contre quelques plaisirs qui l'affaiblissent et la déshonorent.

Mais, mon ami, dans les temps de bonnes mœurs, lorsque l'âme tendre et honnête, attirée par toutes les douceurs qu'elle prévoit, se présente au lien sacré de l'union conjugale, c'est bien à dessein que la nature lui dérobe toutes les chances de l'avenir sous le voile d'une espérance confuse. Quel est celui qui, échauffant d'avance son cœur de tous les plaisirs d'une heureuse attente, ne donne point à ce fils chéri, à ce fils qui n'existe pas encore, toutes les qualités les plus aimables, toutes celles qu'il trouve lui-même dans son âme ou ses désirs? L'imagination, qui toujours va plus vite et presque toujours autrement que la nature, se livre innocemment à la contemplation anticipée de cet enfant sensible, spirituel, beau, intéressant. L'amour-propre, combiné avec la tendresse, ouvre le cœur à la confiance, le ferme à la crainte. On n'accueille point l'observation; on rejette l'épreuve de tant de parents dignes d'une famille heureuse, et trompés dans leur espérance. On trouve toujours à faire aux autres un reproche que l'on saura prévenir pour soi-même. On n'imitera point, ou leur sévérité, ou leur condescendance. On donnera à son ouvrage le degré de perfection que l'homme le plus modeste reconnaît toujours un peu en lui-même. D'ailleurs on s'occupera de ses devoirs; ils seront si doux à remplir! et l'on mettra dans ses procédés d'éducation autant d'adresse que de constance.

Mon ami, tout cela semble fort bien arrangé. Mais disons encore que, s'il est bon que chacun de nous soit un peu prévenu sur son propre compte, il est nécessaire que l'Ordonnateur suprême soit impartial et juste.

Les différences que nous avons reconnues nécessaires parmi les hommes devaient évidemment commencer avec l'enfance, car les enfants actuels seront les hommes un jour. Il fallait ainsi que cette variété de dons et d'avantages, qui devient égalité par la combinaison, nous accueillît dès notre enfance. Et puisque chacun de nous compose, en plus ou moins grande partie, la destinée de ceux avec qui nous avons des relations, il fallait que l'homme, heureux déjà par son âme, par son esprit, par sa santé, sa fortune, son épouse, laissât aux hommes qui sont privés plus ou moins de ces précieux avantages la douce jouissance d'être consolés par leurs enfants. La nature ne pouvait faire qu'un certain nombre d'enfants bien organisés : à qui les devait cette mère commune? La réponse nous est fournie par la justice, et confirmée par une observation fréquente. Combien d'enfants maladifs appartiennent à des parents robustes? Et, ce qui est encore plus fréquent, combien de parents sensibles, actifs, intelligents, ont donné le jour à des enfants dénués de vivacité, de sentiment, d'intelligence? Combien d'enfants, organisés d'une manière supérieure, et qui un jour consoleront le monde, doivent la vie à des parents pauvres de bien-être, d'intelligence et de talents?

A la suite de cette compensation générale entre les familles, observez celle qui s'établit dans le sein de la même famille, lorsque la nature augmente les inquiétudes du père en augmentant le nombre de ses enfants. Une famille considérable est d'ordinaire l'image du monde. On y voit des âmes douces, et des caractères brusques; des esprits étendus, et des facultés étroites; la vivacité d'une part, et l'indolence de l'autre; la beauté et la laideur, la santé et la souffrance. Toutes les variétés y sont rassemblées; et dans quel dessein, mon ami? Pourquoi les enfants du même père ne sont-ils pas organisés de même ? Pour la même raison qui a établi tant de différences entre les enfants du Père universel de la nature humaine. Chacun ne pouvant tout avoir, il fallait pour chacun des dons différents. Il y avait de plus, dans une famille particulière, le motif de reposer le cœur des parents, lorsqu'ils avaient un regret à former ou une plainte à faire.

Famille nombreuse. Enfant unique.

On a observé que plus d'événements heureux surviennent aux auteurs des familles nombreuses, plus de consolations leurs sont données. Cela devait être, mon ami ; la nature veut les familles nombreuses ; et tout ce que veut l'Auteur de la nature est bon à l'individu ; et d'ailleurs, toujours compensations, équilibre. Le père d'une telle famille a pris plus de soins ; il lui faut plus de récompenses.

On peut ajouter, dans le même sens, que si, d'une part, l'enfant unique cause à son père peu de sollicitudes par la modicité de sa dépense, il est moins heureux pendant son enfance même, et souvent il contracte pour l'avenir des dispositions d'humeur et de caractère qui ne feront point le bonheur de ses parents. Je ne parle point de toutes les méprises qu'entraînent nécessairement, dans son éducation, des mouvements de tendresse concentrés sur un seul objet. C'est cependant une considération importante. Mais je la renvoie au moment où je parlerai des effets de l'éducation. Je voulais dire que l'enfant unique ne peut guère aimer sa maison. Il y est constamment seul ; et l'enfance, plus que tout autre âge, a besoin de compagnie. L'enfant unique se dégoûte de ce qui l'entoure, parce que, ordinairement, ce qui l'entoure ne l'amuse pas. Il faut des enfants auprès des enfants. L'esprit de famille se perd de bonne heure dans le besoin d'une dissipation étrangère. Un jour, l'enfant unique auquel ses parents n'auront pu se consacrer, en faveur duquel ils n'auront pas eu l'inclination ou le loisir de se faire enfants eux-mêmes, les quittera avec indifférence, parce que, dans son premier âge, il était auprès d'eux sans plaisir. Voilà sans doute un grand malheur pour lui. Mais il reçoit de ses parents plus de fortune ; c'est une des compensations à ce malheur.

Compensations en faveur de l'homme qui se marie de bonne heure.

Nous avons dit que chaque homme abordait l'état paternel, rassuré contre l'avenir par cette double illusion qui naît à la fois de la confiance que donne l'amour-propre, et de l'espoir que donne la tendresse. C'est principalement le jeune homme qui goûte avec vivacité cette illusion encourageante.

Mon ami, interrompit Amédée, il me semble qu'une telle illusion, cause de méprises, ne fait que rendre celles-ci plus amères quand elles arrivent, et que, par conséquent, c'est une erreur, sinon sans utilité, du moins sans compensations.

Mon ami, répondit Lorenzo, l'espérance honorable est toujours un bien actuel, une jouissance positive. On a été heureux pendant tout le temps qu'elle a duré. C'est donc elle-même qui sert de compensation aux mécomptes qui la suivent. L'homme qui espère trop est aveuglé; mais il jouit plus tôt, et il se livre avec plus d'activité aux soins que son nouvel état exige. L'homme qui connaît les événements, qui observe l'ordre et la justice des choses, espère peu; un jour il sera moins trompé, peut-être même les satisfactions qu'il obtiendra dépasseront-elles son attente; dans l'intervalle, il jouit moins. Telle est l'industrie de la nature. Elle met tout à profit; elle fait contribuer à notre sort et la vérité et l'erreur, et la raison et l'ignorance.

On peut ajouter les considérations suivantes au sujet du jeune homme qui se marie de bonne heure. Lorsqu'il étouffe ainsi, en faveur d'un lien indissoluble, les réclamations de la jeunesse, de l'inconstance qui nous est naturelle, de la curiosité qui nous porterait à changer souvent de position et de demeure, il a plus d'ardeur et de forces dans l'accomplissement des devoirs que sa famille lui impose; s'il n'agit pas toujours mieux, il agit du moins avec plus de plaisir. En second lieu, ses enfants plus tôt venus lui donnent plus tôt des jouissances, et lui en donnent de plus longues. Enfin, il peut devenir aïeul, et cet avantage, refusé à celui qui a voulu, comme on le dit si faussement, user de sa jeunesse, est peut-être le plus doux qui soit réservé à l'homme.

Principal avantage attaché au titre de père.

Nous tenons vivement à notre personne; cet attachement n'est un tort que lorsqu'il étouffe le sentiment de nos devoirs. Tout attachement est un plaisir. C'est donc pour notre plaisir que la nature nous a donné l'amour de nous-même. Et cet amour, en effet, qui se répète dans tous les instants, dont les témoignages, au fond de notre âme, ne sont ni timides ni équivoques, suffit, lorsqu'il est bien dirigé, pour composer le prix essentiel de notre existence.

Une preuve du plaisir que nous procure l'existence est fournie par le regret avec lequel nous voyons l'écoulement de nos années. Cet écoulement n'est sensible qu'au bout d'un certain nombre d'instants accumulés. Chacun ne laisse pas plus de regret qu'il ne laisse de traces. Mais le temps ne nous échappe pas moins, ou plutôt il nous entraîne dans sa marche rapide.

Cependant, qu'est-ce que le temps? Quelle est notre manière de mesurer la marche du temps? Le temps se démontre de deux manières distinctes, et en opposition constante : par le développement et par la destruction. Tout sur la terre s'élève, se forme, se perfectionne, ou bien tombe et se détruit. Le progrès de chacun de ces états en particulier est quelquefois lent, quelquefois rapide. Il est toujours certain, inévitable, ainsi que le passage de l'un à l'autre de ces états.

C'est ainsi que le temps se mesure. L'homme le voit partout. Mais l'inclination nécessaire qui nous rend nous-mêmes le but de nos pensées et le terme de nos comparaisons nous fait chercher principalement en nous-mêmes les traces du temps, et les monuments de son passage. Chaque observation nous les découvre, et chaque observation est ainsi la cause d'un regret. Le dernier moment de notre existence sur la terre se présente presque aussitôt à l'extrémité de ceux qui s'écoulent. Nous ne voyons que lui; nous nous arrêtons à peine sur les moments qui doivent nous en séparer encore; ils nous occupent moins que ceux qui sont passés.

Ce sentiment d'une vie qui s'en va est, je crois, le sentiment le plus habituel de notre pensée. Si l'on consultait tous les hommes sur leurs mouvements solitaires, on verrait que le regret d'avancer en âge est celui qui les a le plus fréquemment attristés.

Voilà donc une peine habituelle que la nature nous a donnée. Le sentiment habituel de notre existence n'en est point la compensation; car nous en jouissons presque tous sans y penser.

Il fallait donc à l'homme une échelle inverse de développement que son imagination et son cœur pussent opposer à cette échelle de dégradation qu'il suit toujours et qui l'afflige. Elle existe; c'est celle de la naissance et de l'accroissement des enfants. La nature, nous appelant tous à communiquer la vie, nous présente ainsi le plaisir de nous développer et de grandir à côté de la peine de passer et de vieillir. Car, disons-le encore, nos enfants sont nous-mêmes; l'amour-propre le dit ainsi, en même temps que la tendresse.

Je ferai encore une remarque. Ce n'est qu'à une certaine époque que nous commençons à mesurer avec tristesse les effets du temps sur notre personne. Pendant l'enfance, et aux premiers jours de notre brûlante jeunesse, le champ de l'avenir est immense à nos regards, et le présent se dissipe sans regret, parce que l'abondance de notre vie est encore supérieure aux occasions qui la dépensent, que les effets du temps sur notre personne ne sont point sensibles, et que rien encore ne nous avertit en nous-mêmes de la fragilité des biens que le temps doit nous enlever. Mais la première fois que l'expérience est venue nous attrister de sa lumière, nous avions déjà reçu depuis assez longtemps cette faculté de renaître en nos enfants, de recommencer en eux la croissance et la vie; en sorte que par l'effet d'une anticipation bienfaisante, si le système des compensations semble ici se trouver un peu en défaut, c'est à notre avantage.

Principales peines attachées au titre de père.

Mon ami, dit Amédée, d'après tout ce que vous venez de me dire, il me semble que le titre de père est environné de plus de douceurs que de peines; et la nature nous invite tous à acquérir ce titre si heureux. Pourquoi les choses sont-elles cependant disposées de manière à ce qu'un grand nombre d'hommes soient contraints de renoncer au mariage? Il me semble qu'il y a encore une autre contradiction dans le plan de la nature. Les mœurs de l'homme condamné au célibat par sa position sont bien plus exposées que ne le sont les mœurs de l'homme qui reçoit de sa fortune les moyens de soutenir une famille ; et je n'ignore pas que l'homme qui perd ses mœurs est souvent bien malheureux. Voilà par conséquent, dans le sort du célibataire, et plus de dangers et moins de plaisirs. Est-il traité avec justice?...

Oui, mon cher Amédée, répondit Lorenzo ; mais je ne pourrai vous en convaincre que lorsque je vous aurai fait connaître entièrement ce que j'aperçois de la nature de l'homme et de sa destinée ultérieure. Vous verrez que l'homme sage n'a jamais à se plaindre de la composition de son être, ni de la distribution des choses. Vous reconnaîtrez qu'il peut toujours donner à tout ce qu'il a reçu un emploi salutaire, et par conséquent qu'il n'a reçu que des bienfaits. Vous ferez de plus les réflexions suivantes.

Le globe de la terre étant limité dans son étendue, et la mesure annuelle de ses reproductions étant également limitée, le temps devait nécessairement venir où les lois naturelles elles-mêmes poseraient un terme à l'extension indéfinie dont la faculté appartient à l'espèce humaine. C'est ainsi qu'un grand nombre d'hommes devaient se trouver contraints de ne pas contribuer à cette extension. Le célibat est par conséquent d'institution naturelle, sinon à la naissance des sociétés, du moins aux époques avancées de leur existence ; et je vous annonce de nouveau, comme devant un jour vous être démontré, que tout ce qui est d'institution naturelle est avantageux à l'individu, parce que c'est un Être aussi bienfaisant que sage qui est l'auteur suprême de toutes les institutions naturelles.

En second lieu, mon cher Amédée, considérez toujours chacune des idées que je vous présente comme tenant à un ensemble d'idées toutes nécessaires au complément de chacune. Sans doute le titre de père est celui auquel s'attachent les plus tendres et les plus vraies douceurs de la vie ; mais rappelez-vous les observations que nous avons faites, et dans lesquelles nous avons été dirigés par le sentiment de la justice. Il serait bien inexact de dire que tous les pères sont heureux par leurs enfants. Ce genre de satisfaction n'est ordinairement accordé qu'aux hommes privés d'un grand nombre d'autres. Combien de pères dont la position sociale est douce, ou même prospère, dont le cœur est tendre, profond dans ses affections, ont la douleur de voir leurs enfants faibles de santé, habituellement malades, et portent envie à l'homme de peine dont les enfants brillent de force et de fraîcheur ! Combien de parents éclairés, spirituels, aimables, n'ont que des enfants dont la gaucherie ou la stupidité les afflige, les mortifie ! Combien d'autres encore, pleins d'honneur et de sagesse, sont amenés, par la conduite vicieuse, ingrate, criminelle de leurs enfants, à se reprocher de leur avoir donné la vie ! Combien d'autres enfin, moins malheureux cependant, beaucoup moins malheureux,... mais encore bien à plaindre !...

Lorenzo s'arrêta à ces mots;.... reprenant ensuite : Ai-je fini de vous exposer toutes les peines qui s'attachent au titre de père ? demanda-t-il avec un ton de douleur attendrissante... Des larmes roulaient dans ses yeux ; le raisonnement abandonnait son esprit ; la tristesse seule affectait son âme. Amédée l'entendit ; et, prenant sa main qu'il serra contre son cœur, il répondit ainsi à la question de son ami : Non, le sujet n'est point épuisé ; mais n'achevez pas, père trop sensible, trop malheureux ! Oui, je le vois, et vous êtes vous-même l'argument le plus fort que vous puissiez me présenter en faveur de vos idées consolantes. Je le reconnais : une âme comme la vôtre devait expier tant de dons et de vertus par une grande privation, par un grand malheur. Vous avez perdu une fille chérie. Vous avez perdu son bonheur, que vous vouliez faire, ses vertus dont vous vouliez jouir. Mais, mon ami, un fils qui se donne à votre cœur, et qui lui-même a perdu son père...!

Ah ! mon cher Amédée, dit Lorenzo, vous voulez donc que je m'attende encore au malheur ! Il faudra bien que j'expie une propriété si chère ! Eh bien, mon excellent ami ! reprit

Amédée, vous souffrirez de mes peines et de mes douleurs.

Ce dernier mot prouvait qu'Amédée était digne de l'affection de Lorenzo. — Oui, mon fils, je souffrirai de vos peines, et vous en éprouverez encore ; elles sont toujours nécessaires à la vie de l'homme, qui sans elles perdrait ses vertus, et par conséquent ses seuls moyens de mérite et de vrai bonheur. Si je puis reconnaître qu'un peu de bonté appartient à mon âme, je dois ajouter que je ne l'aurais point conservée sans les secours que l'infortune m'a donnés. Le cœur se dissipe, ou même se dessèche quand il n'a rien à souffrir. La bonté vient comme supplément aux plaisirs, quand ils nous manquent, et bientôt on la trouve meilleure que les plaisirs.

Oui, mon ami, je vous ai indiqué la raison de mon sort. L'homme heureux par sa fortune, par l'estime publique, par tous les avantages dont l'homme peut jouir en société, et par quelques-uns de ceux que donne la nature, doit tenir son cœur toujours prêt à la peine, parce qu'elle ne peut être éloignée. Il est juste qu'elle vienne, et que des coups déchirants le replacent dans cette destinée commune de l'humanité qui ne sauroit s'étendre jusques à la félicité constante. C'est ainsi que du fond de mon cœur j'explique ce que j'ai souffert, et surtout les deux pertes si douloureuses que j'ai essuyées. Ah ! non, non, je ne refuserai point d'en convenir !... J'ai beaucoup souffert, beaucoup regretté : le Maître suprême ne nous le défend pas ; au contraire, il approuve nos regrets quand ils sont légitimes. La souffrance est à nous, il nous l'a donnée. Le bonheur sans mélange n'est qu'à lui ; il ne pouvait en faire part à ses créatures ; il ne nous interdit que le murmure, et il nous invite à être justes nous-mêmes, en reconnaissant sa justice et sa bonté.

Eh ! de quoi me plaindrais-je, mon ami ? Ma fille n'est point perdue... et je vous ai trouvé !

Mon cher fils, parmi les malheurs qui assiégent l'homme dès le berceau, je ne vous ai point encore parlé du plus funeste. Vous avez perdu vos parents. O mon ami ! accueillez mes idées, prenez pour moi une tendresse filiale, et nous verserons ensemble des larmes bien douces sur la mort des auteurs de vos jours : ils sont auprès de ma fille, et vous êtes auprès de moi !

C'en est assez, mon cher Amédée : je ne pourrais, en ce moment, continuer une discussion sérieuse, et, je le vois aussi, votre esprit aurait peine à me suivre. Votre cœur est attendri. Laissons couler nos sentiments, et suspendons nos pensées. Demain nous reprendrons notre entretien.

Après quelques moments d'une méditation tendre et silencieuse, Amédée et Lorenzo revinrent ensemble vers leur demeure.

LIVRE QUATRIÈME.

Compensations dépendantes de l'organisation individuelle.

Nous avons reconnu que chaque avantage naturel était une source particulière de jouissances en faveur de l'homme qui le possède, et que pour cette raison même les avantages naturels étaient distribués parmi les hommes de manière à se compenser entre eux, ou à servir de compensation aux avantages de la fortune.

Mais chaque avantage naturel lui-même entraîne à sa suite des compensations qui en découlent immédiatement; et c'est même principalement par le moyen de ces compensations immédiates que l'égalité est établie entre les destinées humaines.

Généralement nous pouvons dire que le sort de l'homme se compose de l'état de son corps, de l'état de son esprit et de l'état de sa fortune. Nous allons considérer sous de nouveaux rapports chacun de ces états.

Compensation attachée aux divers tempéraments.

Le tempérament de l'homme est le résultat de son organisation; et l'on peut dire que le caractère est l'expression du tempérament. Or c'est le caractère qui compose habituellement l'état de l'esprit, et le tempérament compose habituellement l'état du corps. Il résulte de ce rapprochement qu'en considérant le sort de l'homme, on ne peut séparer ni le corps de l'esprit, ni le tempérament du caractère.

Cependant, supposons une séparation, afin de mieux suivre l'examen des conditions de notre destinée.

Le tempérament, dans les hommes, est aussi distingué que la figure. Mais comme il y a deux extrêmes dans la figure, l'un de beauté, l'autre de laideur, qui sont séparés par des nuances d'une diversité infinie, de même il y a dans le tempérament deux extrêmes, l'un de vivacité, l'autre d'indolence; et des nuances d'une diversité indéfinie séparent ces deux extrêmes. La vivacité extrême est la source de jouissances très-vives; mais de grands inconvénients sont attachés à cette vivacité. Premièrement, chaque jouissance très-vive est très-courte dans sa durée, ce qui occasionne une mobilité extraordinaire dans la vie de l'homme de ce tempérament très-animé. En second lieu, le temps du désir, quoique très-court, quand il est très-animé suffit cependant pour que l'homme de ce tempérament puisse fréquemment se porter à des actions funestes, dont les conséquences sont quelquefois cruelles, longues, éternelles. L'impétuosité entraîne; la faute et le plaisir qui l'accompagnent ne sont que d'un moment; et les embarras de position, les chagrins qui résultent de cette faute, durent quelquefois toute la vie.

C'est le tempérament de chaque homme qui détermine la mesure d'impression qu'il reçoit de tous les mouvements dont il est l'objet. Ainsi l'homme d'un tempérament très-animé, de ce tempérament que nous plaçons au degré de vivacité extrême, reçoit avec une vivacité extrême non-seulement les sensations agréables, mais aussi les sensations pénibles. La faculté de souffrir tient essentiellement au même état d'organisation que la faculté de jouir. Or, les causes de sensations douloureuses et les causes de sensations agréables sont distribuées dans la nature de manière à ce que le nombre de celles-ci compense l'intensité plus vive des premières. Rappelez-vous, mon ami, que je ne parle point encore des sentiments du cœur, mais seulement des causes de sensations qui affectent immédiatement le corps, et qui semblent se borner à agir sur lui. Tels sont, parmi les causes de sensations douloureuses, les maladies, les blessures, le froid, le chaud, la faim, la soif, les objets choquants à entendre, à toucher, ou à voir.

On observe en médecine que les maladies des hommes d'un tempérament très-animé sont les plus courtes, mais les plus aiguës et les plus dangereuses.

Si la vivacité du tempérament est ainsi la mesure de la vivacité avec laquelle l'action de la vie s'applique à tout ce qui peut en exercer le sentiment, il vous paraîtra évident, mon ami, que tout tempérament abaissé au-dessous du degré de la vivacité extrême perd une quantité de souffrances et une quantité de jouissances, qui sont deux quantités égales. Ainsi, sous ce rapport du tempérament, le sort de l'homme reste toujours en équilibre. L'homme dont le tempérament est au terme d'une indolence extrême n'a que très-peu à jouir et très-peu à souffrir.

Des douceurs attachées à la vie.

Est-il bien assuré, mon ami, dit Amédée, que les causes de sensations agréables compensent, dans la vie de l'homme, les causes de sensations douloureuses? Il me semble que celles-ci sont supérieures et en nombre et en vivacité.

Mon bon ami, répondit Lorenzo, vous parlez encore avec le ressentiment que laissent le chagrin et la souffrance. Vous êtes injuste, et presque tous les hommes sont injustes: ils jouissent des douceurs de la vie sans y réfléchir, sans en tenir compte; ils ne remarquent que les peines. C'est ainsi que nous respirons l'air qui nous environne; nous n'y pensons point, lors même qu'il est embaumé des vapeurs du printemps; ce n'est que lorsqu'il s'altère par des odeurs rebutantes, que que nous nous rappelons son existence.

Si la vie n'entraînait pas des douceurs, pourquoi les hommes tiendraient-ils si fort à la vie? — Il est des hommes, dit

Amédée, qui n'y tiennent point, qui la trouvent même odieuse: — Nous parlerons de ces hommes, répondit Lorenzo ; nous verrons pourquoi cet état de dégoût devient la juste punition d'une conduite imprudente ou coupable. Vous verrez dans mon ouvrage comment, par l'effet d'une composition admirable, la nature se dirige contre nous lorsque nous ne voulons plus qu'elle nous soit favorable.

Mon ami, j'étais à votre âge, et, loin d'avoir abusé des présents de la vie, je n'en avais pas encore profité autant que j'aurais dû le faire, lorsqu'une maladie dangereuse vint me surprendre. Je fus sur le point de mourir. Alors je ne sentais que mes pertes, leur nombre, leur importance ; alors le prix de la vie était bien grand à mes yeux. Tous les biens qui la composent se présentaient à mon imagination ; ils semblaient se venger alors de mes plaintes injustes ; il semblaient me reprocher de n'avoir point trouvé en eux assez de valeur et de consolations.

Ah! mon ami, votre cœur, encore fatigué de ses peines, demande où est la douceur de vivre! Elle est partout, si vous êtes assez bon pour la mériter. Elle est dans l'air que vous respirez, dans l'éclat du jour, dans le parfum de ces fleurs, dans la fraîcheur de cette eau limpide, dans la beauté de la nature. Elle est dans toutes les sensations si délicates, si nombreuses, qui développent et entretiennent votre existence ; elle est dans ce désir de voir, d'apprendre et de connaître, qui vous saisi dès le berceau ; elle est dans cette prévoyance confuse d'un avenir que votre imagination embellit ; elle est dans cette activité que tant d'intérêts pressants soutiennent au fond de votre âme ;... elle est dans la douleur même, oui, dans cette douleur mélancolique, que la tendresse accompagne, que les pleurs soulagent, que l'amitié console, que la vertu ennoblit. Mon cher ami, si vous ne connaissez pas encore toute la douceur de vivre, faites-vous aimer ; et pour cela soyez doux, sensible, compatissant, indulgent ; pour cela surtout, sachez aimer : le bonheur alors ne manquera point à votre vie, et vous n'aurez pas besoin de le chercher. Que votre âme se repose à la fois dans la vertu, dans l'affection, dans la confiance, et alors elle trouvera sans cesse, oui sans cesse, l'occasion d'exercer un sentiment tendre et paisible, ou un sentiment vif et généreux.

Mon ami, vous venez de m'écarter un peu, par la demande que vous m'avez faite, du sujet que je traitais tout à l'heure; j'y reviens; mais ne croyez pas que je me plaigne de vos interruptions; elles me conduisent à vous donner des explications plus précises, ou à satisfaire mon propre cœur par des sentiments qui vous sont salutaires. Ainsi vos observations me plairont toujours, bien loin de m'être importunes.

Pour fournir maintenant à votre esprit une application des idées que je vous ai présentées sur les compensations qui s'attachent aux divers tempéraments, je vais vous parler d'un homme célèbre, et vous dire de quelle manière j'ai cru pouvoir le juger.

Jugement sur Mirabeau [1].

Mirabeau était né avec une force d'esprit et une force de tempérament incomparables. Ses Lettres témoignent que la chaleur et l'abondance de la vie ne furent peut-être jamais portées plus loin dans un être humain. Le premier effet de cette chaleur et de cette force fut, dès sa jeunesse, une audace de désirs et de pensées que rien ne pouvait contenir. Ainsi, les principes de sa morale furent, de très-bonne heure, accommodés à ses passions, c'est-à-dire que de très-bonne heure ses passions mirent le feu, en quelque sorte, à tous ses principes de morale. Il ne lui resta que son esprit et son caractère, et il ne put que donner un emploi violent à ce caractère, qui, réprimé par la sagesse, aurait eu beaucoup d'élévation et de grandeur.

Son cœur était plus ardent que tendre; mais quelle vivacité! quelle ardeur! Un torrent abondant et rapide donne une faible image de ses mouvements. Avec quelle impétuosité les

---

[1] J'ai cru pouvoir placer ce jugement comme épisode dans mon ouvrage; il était lié à mon sujet. Je l'avais tracé, dans la retraite, à la suite d'une lecture qui m'avait profondément ému; jeune, persécuté et solitaire, je n'avais pu que recevoir une vive impression des *Lettres à Sophie*.

sentiments se pressent dans ses Lettres à madame de M***! Chaque phrase ne contient pas plus de mots que de pensées ; et quel sublime désordre dans l'enchaînement des phrases ! Ce ne sont point des lettres ; c'est Mirabeau, aux pieds de celle qu'il aime, exhalant avec délire l'ivresse de son amour. Quel abandon! quelle vivacité d'affection et de confiance ! Comme les idées les plus délicates arrivent sans être cherchées! comme elles s'arrangent sans chercher leur place! Jamais âme plus passionnée ne se peignit en style plus brûlant.

Quelle situation cependant! et quelle force d'esprit ne fallait-il point pour la supporter? Mais cette force était fournie par l'abondance et l'énergie des passions mêmes qui avaient amené Mirabeau à cette situation terrible. Enfermé dans un caveau de dix pieds; privé de toute société, de toute distraction; abandonné sans secours, n'ayant pas même des habits et du linge ; persécuté, je dois le dire, par la haine d'un père orgueilleux et jaloux, qui l'immolait avec barbarie; ne sachant à qui adresser ses plaintes; toujours repoussé dans ses réclamations les plus modérées et les plus justes; ayant tout lieu de croire que sa prison deviendrait son tombeau ; séparé d'une femme qu'il adorait, et dont il ne pouvait recevoir que furtivement des témoignages de tendresse; toujours comprimé, lorsqu'il osait lui écrire, par la crainte de trop oser ; ne sachant point si ses lettres lui parviendraient; ignorant s'il pourrait en recevoir la réponse ; demeurant quelquefois plusieurs mois de suite dans les angoisses de la crainte et de l'incertitude; se désespérant mille fois par minute des souvenirs du passé, de l'ennui du présent, des possibilités de l'avenir! Quel état! quelle accumulation de souffrances! Comment une organisation si vive, si irritable, pouvait-elle y tenir sans éclater, sans se dissoudre?... Il lui restait heureusement un peu d'espérance et beaucoup d'amour. Quels tableaux il savait faire des combats et des soulagements qui naissaient de cet amour et de cette espérance!

Mirabeau s'était passionné pour une femme charmante, qui, pendant plus d'un an, l'avait rendu très-heureux. Cette femme, d'après le portrait qu'il en trace, ressemblait à celle que tout jeune homme ardent et sensible poursuit dans son imagination exaltée. Mais il est bien rare qu'un jeune homme ardent et sensible rencontre celle que son cœur imagine et désire : lorsqu'il la rencontre, c'est ordinairement avec des circonstances qui entraînent de grands malheurs, en compensation des jouissances que cette acquisition lui procure.

Mirabeau ne rencontra et n'aima madame de M*** qu'aux conditions les plus funestes et les plus malheureuses. Il viola les lois, les bienséances ; il jeta son amante dans l'abîme : il s'y précipita avec elle et à cause d'elle ; enfin, il acheva de dérégler son âme, et de devenir le partisan audacieux des sophismes qui étouffent la vertu. Ainsi, dans cette circonstance importante de sa vie, il sentit s'exaspérer à la fois toutes ses passions, et par leur compression, et par leur exercice, et par les effets de la plus cruelle infortune, et par le déréglement de ses principes, et par le violent désordre d'une âme qui invoquait la souffrance au défaut du bonheur.

Au moment où la révolution vint donner un essor téméraire à toutes les passions ardentes, Mirabeau se présenta pour s'en emparer; il y parvint; d'immenses talents, et une exaltation provoquée par une compression longue et injuste, lui en donnèrent les droits et les moyens. Mais on ne peut devenir le chef d'un mouvement terrible qu'en le dépassant même en excès et en violence; alors, comment l'arrêter, et comment s'arrêter soi-même? Revenir en arrière, c'est choquer un torrent en furie; pour ne pas être englouti dans ses flots, il faut toujours le devancer; ce qui est impossible.

Condition affreuse! elle a toujours été celle des hommes audacieux et ambitieux, qui se sont précipités dans les révolutions, non pour les modérer, pas même pour les suivre, mais pour les convertir en bouleversements utiles à leur fortune : c'est sur eux d'abord que le bouleversement a passé.

Un jour, mon ami, nous rassemblerons ces tableaux offerts par l'histoire; maintenant revenons à nos pensées générales.

Des compensations attachées à la beauté. — *Des hommes presque dépourvus de sensibilité et d'intelligence.*

Nous nous sommes proposé de considérer d'abord, sous le rapport des compensations, les avantages qui tiennent plus particulièrement au corps de l'homme qu'à son esprit; et nous avons parlé des compensations qui procèdent des divers tempéraments, en montrant, par un exemple remarquable, combien le tempérament a d'influence sur les dispositions de l'âme et sur le sort de la vie.

Il est un autre avantage naturel qui dépend de la réunion de bien des causes, telles que l'éducation, le régime, le climat, et surtout l'organisation primitive : c'est la beauté extérieure.

On a observé depuis longtemps que cet avantage accompagnait rarement les avantages intérieurs; et nous verrons bientôt comment cette loi de balancement est exécutée par la nature. En ce moment, pour ne pas nous écarter de notre sujet, observons que la beauté extérieure, véritable privilége, qui porte un grand nombre de profits à l'amour-propre, qui sert quelquefois les désirs de fortune, qui même facilite quelquefois les moyens d'obtenir les jouissances du cœur, porte aussi, d'une manière proportionnée et presque inévitable, des détriments à la destinée des personnes qui l'ont reçue.

La beauté attire les hommages du vulgaire. Pendant la jeunesse, lorsque l'on est d'une beauté remarquable, les douceurs de la vie sont nombreuses et d'une acquisition facile; il suffit de se montrer pour avoir des plaisirs. Or, le besoin de plaisirs est le besoin habituel de notre vie; et il est naturel que, de tous les moyens qui nous sont accordés de satisfaire ce besoin, nous choisissions celui qui réussit le plus promptement, et qui nous coûte le moins de peine. Ainsi, le jeune homme qui a de la beauté choisit naturellement d'être heureux par le moyen de la beauté. A quoi ne sera-t-il pas exposé dans la route qu'il va suivre? Il s'éloignera constamment de lui-même; il évitera la méditation, la retraite, le silence; il ne pourra donner assez de temps aux études intéressantes pour acquérir une instruction étendue; son cœur ne connaîtra presque jamais un sentiment profond. Les plaisirs qu'il retirera de ses avantages extérieurs ne se feront point accompagner, dans son âme, de l'idée qu'il les mérite ; et il n'est cependant que les plaisirs mérités qui puissent être de vrais plaisirs.

Il n'est encore que les plaisirs mérités dont on puisse jouir sans porter envie aux personnes qui en obtiennent de semblables. Un sentiment de générosité accompagne toujours les jouissances dont on s'honore. Les plaisirs extérieurs, qui procèdent d'avantages étrangers aux qualités intérieures, sont si faibles, qu'il en faut accumuler un grand nombre pour produire une somme de bonheur un peu apercevable. Or, tous les hommes qui courent la même carrière diminuent cette somme que l'on exige ; le penchant personnel porte naturellement à les haïr.

Enfin la beauté passe ; chaque jour l'affaiblit : le temps arrive où elle a disparu sans retour ; et, à cette même époque, on ne peut plus acquérir ni de l'instruction, ni des qualités intérieures. Des regrets inutiles sont tout ce qui reste pour occuper la vie.

Mon bon ami, songez toujours que je vous présente des observations générales, et non des idées exclusives. La bonté et la beauté ne sont certainement point incompatibles, non plus que l'instruction et la beauté. Si l'acquisition des lumières et de la sagesse était impossible aux personnes qui ont reçu le don de la beauté, la nature les aurait traitées avec une grande défaveur, et par conséquent avec bien de l'injustice ; car le vrai bonheur ne peut résulter que de l'étendue dans les idées et de la sagesse. Non, cette réunion n'est pas impossible, et quand elle a lieu, celui en qui elle se fait a plus de moyens de bonheur que s'il possédait seulement de l'instruction et s'il y joignait la pratique de la sagesse. Mais cette réunion est très-difficile, et il est juste qu'elle soit difficile. Cette difficulté est un désavantage ; c'est la compensation des avantages que donne la beauté.

Amédée. J'aperçois la justesse de vos pensées, mon ami ; cependant, ne pourrait-on pas conclure, de ce que vous venez de dire, que la laideur extrême est le premier de tous les avantages, puisque c'est elle qui doit favoriser le plus l'acquisition des lumières et de la sagesse? S'il en était ainsi, il y aurait, ce me semble, de l'imperfection dans la composition de la nature humaine; car la sagesse et l'instruction portent à l'esprit des idées de noblesse, de grandeur, de beauté, que l'on n'aime point à associer avec l'idée d'une laideur extrême.

Vous avez raison, mon ami, répondit Lorenzo; tous les genres de beauté s'unissent naturellement dans notre idée, ainsi que tous les genres de laideur. Aussi l'on dit la laideur du vice; ce qui prouve que, dans notre âme, la laideur accompagne l'image du vice. Mais, si nous considérons seulement l'extérieur de l'homme, qu'est-ce que la laideur extrême? C'est le signe d'une organisation entièrement défectueuse. L'individu qui la montre est dépourvu d'esprit et de sensibilité. Jamais un homme qui a de la sensibilité et de l'esprit n'est d'une laideur repoussante. C'est à lui qu'appartient la physionomie, qui est le véritable attrait de la figure. La sagesse donne aussi, à la figure de celui qui la pratique, un caractère aimable; au contraire, le vice et le crime enlaidissent réellement celui qui s'y abandonne. Les traits de l'homme vicieux ou criminel peuvent être réguliers; et cependant cet homme effarouche nos regards, au lieu de nous plaire. Quant à la laideur rebutante qui nous est montrée par les hommes placés au plus bas degré de l'intelligence, comment serait-elle en eux une faveur donnée pour l'acquisition des lumières et de la sagesse? Les moyens essentiels de faire cette acquisition ne leur appartiennent qu'au degré le plus faible, puisqu'ils sont presque dépourvus d'intelligence et de sensibilité.

Amédée. Eh bien, voilà des malheureux qui sont nés pour l'infortune, et qui n'avaient point mérité l'infortune avant de naître.

Lorenzo. Mon ami, en quoi consiste un malheur que l'on ne peut sentir? Songez, mon cher Amédée, que si vous plaignez les hommes qui se montrent presque dépourvus de sensibilité et d'intelligence, c'est parce que, en vous transportant à leur place, vous conservez votre intelligence et votre sensibilité. Ainsi, en les jugeant, vous leur prêtez ce qui leur manque.

Rappelez-vous, mon ami, que la faculté de sentir peut être considérée comme une source originaire qui, dès sa naissance, se partage en deux branches parfaitement égales ; ces deux branches sont la faculté de jouir, et la faculté de souffrir. Si la source originaire est presque nulle, que peuvent être les branches ? L'homme insensible ne peut souffrir.

Au reste, mon ami, c'est toujours par le mouvement d'une noblesse généreuse que notre pitié s'adresse aux hommes presque dépourvus de sensibilité et d'intelligence ; et je suis loin de vouloir étouffer en vous ce mouvement. Vous voudriez relever jusqu'à vous cet homme qui vous semble si abaissé dans l'échelle de la nature humaine ; et d'un autre côté, en pensant à cet homme, qui est homme comme vous, vous résistez, avec un noble effort, au mouvement d'humiliation qui voudrait vous rabaisser jusques à lui. Sans doute, mon ami, vous lui êtes supérieur ; conservez cette pensée, elle est vraie. Mais la supériorité de votre nature est un présent du Créateur ; que ce ne soit point pour vous un motif de vanité, mais un motif de reconnaissance. Tremblez de descendre, par un faux emploi de votre sensibilité, bien au-dessous de l'homme naturellement insensible. Votre bonheur sera bien plus grand si vous le méritez ; mais vos peines sont plus fortes, vos dangers sont bien plus nombreux que les siens ; et c'est en cela que votre sort et le sien sont compensés.

Influence de notre caractère sur notre destinée.

Maintenant, mon ami, nous voilà naturellement portés à considérer l'influence de notre caractère sur notre destinée. Notre caractère n'est autre chose que le caractère de notre sensibilité. En effet, j'espère vous démontrer, dans la partie physiologique de mon ouvrage, que c'est le caractère de notre organisation qui fait le caractère de notre sensibilité, et que c'est elle, en même temps, qui fait la mesure d'esprit, de jugement, de mémoire, d'imagination, de chacun de nous, et de plus, l'humeur de chacun de nous. Or, on entend généralement par notre caractère les apparences que présentent notre humeur et notre esprit.

De même que la figure extérieure de l'homme montre de la beauté ou de la laideur, ou bien encore les nuances intermédiaires qui conduisent de la laideur à la beauté, il y a aussi naturellement dans les caractères une gradation qui, par des nuances intermédiaires, mène de la bonté extrême à la méchanceté extrême.

Nous avons reconnu, en parlant de la beauté extérieure, qu'il fallait joindre à l'influence primitive de l'organisation l'influence secondaire et successive du climat, du régime, de l'éducation. De même le caractère, qui est primitivement déterminé par l'organisation, est fortement modifié ensuite par le climat, par l'éducation, par le régime. Mais il l'est encore plus fortement par cette cause qui influe, non sur la figure, à parler exactement, mais sur la physionomie, qui est, en quelque sorte, la figure du caractère. C'est la pratique soutenue de la plus haute sagesse qui porte le caractère de l'homme jusques à la bonté extrême, et c'est, au contraire, la puissance funeste du vice soutenu qui précipite le caractère de l'homme jusques au degré malheureux de la méchanceté extrême.

Les caractères sont inégaux en sortant des mains de la nature. Il y en a réellement de supérieurs et d'inférieurs. Mais comme nous avons vu que le sort de l'homme qui possède la beauté n'est pas rendu plus heureux par elle, de même la supériorité naturelle de caractère entraîne à sa suite des compensations qui rabaissent au niveau du sort commun le sort de l'homme qui a reçu cette supériorité.

On peut diviser généralement les caractères en trois classes : vivacité extrême, vivacité modérée, et défaut de vivacité.

Les caractères naturellement supérieurs ne sont pas ceux d'une vivacité extrême. Cette vivacité entraîne l'inégalité de l'humeur, sa brusquerie, et de plus, la mobilité et l'incohérence des idées.

Je poserai en ce moment, mon ami, un principe général qui peut s'appliquer à un grand nombre de choses que nous avons déjà dites, et qui recevra encore de nombreuses applications dans la suite de nos entretiens. Voici ce principe :

Dans toutes les choses que l'homme peut faire, ou dont

l'homme profite, et qui sont susceptibles de gradations, le meilleur, le plus avantageux, se trouve à égale distance entre les extrêmes.

Ainsi, les meilleurs caractères naturels, et j'entends par là ceux qui procurent le bonheur avec le plus de facilité, sont les caractères d'une vivacité modérée. Le bonheur pour les caractères plus animés est plus vif ; mais il est plus rare ; ces caractères causent plus fréquemment le malheur. Au contraire, les hommes d'un caractère très-froid ne connaissent point le vrai malheur, le malheur très-vif, ni même le malheur modéré ; mais, pour cette même raison, ils ne connaissent point le bonheur très-vif ni le bonheur modéré ; et, pour cette raison encore, ils possèdent, avec une constance peu interrompue, la petite somme de bonheur à laquelle ils peuvent parvenir. L'homme situé, par son caractère, au milieu entre les extrêmes, possède assez de bonheur pour goûter la vie, et il le possède avec assez de constance.

Mon ami, si vous commencez à m'entendre, vous ne vous plaindrez plus, comme vous l'avez fait longtemps, d'avoir reçu un caractère sensible. Vous reconnaîtrez les avantages qui ont découlé pour vous de ce caractère : mais vous aurez soin, dans les mouvements de votre reconnaissance, de ne pas croire que vous avez été traité plus favorablement que les autres hommes. Vous ne direz point que vous seul, et les hommes qui vous ressemblent, avez reçu de la sensibilité. Tous les hommes d'un caractère animé sont sensibles, mais de manières différentes qui s'exercent différemment, dont chacune a ses avantages. Vous reconnaîtrez ainsi qu'il y a deux espèces de sensibilité.

Par l'une, on est touché des choses frappantes, on est ému de tout ce qui est de nature à faire une impression profonde ; et comme les occasions de sentir ainsi sont rares, ce genre de sensibilité s'exerce rarement. Il est uni d'ordinaire à un esprit capable de jugement, de prévoyance et de consistance, qui, par cela même, s'abandonne peu, soit aux personnes, soit aux événements, et qui manifeste beaucoup de réserve, beaucoup de prudence, longtemps même avant le temps où il peut avoir appris, par l'expérience, combien la prudence et la réserve sont des qualités nécessaires. Les hommes de ce caractère peuvent faire de grandes choses, des choses fortes, des choses pour lesquelles il faut un coup d'œil étendu, et, outre cela, de la résolution, de l'opiniâtreté et du courage. Mais ce mouvement si doux des choses petites et journalières, le cœur de ces hommes est peu destiné à le connaître; ce mouvement appartient au second genre de sensibilité.

Par celle-ci, on a l'habitude d'un sentiment doux et tendre; on s'intéresse à tout ce que l'on voit, à tout ce que l'on entend; aucun des moments de la vie ne se passe dans l'indifférence. Tout, jusques aux choses les plus légères, fait de la peine ou du plaisir. Avec une organisation si tendre, si délicate, on est timide; on craint d'alarmer, d'offenser, d'embarrasser, même par les actions les plus innocentes; on a cette générosité habituelle qui fait aller au-devant de tout ce qui peut plaire, intéresser. On est inquiet de la moindre inquiétude que l'on peut causer, même de celle dont on n'est point cause. Si l'on reçoit un grand service on en est profondément ému; si le service est léger, on en est tendrement touché. On sait trouver et saisir les occasions de soulager sa reconnaissance. On est pressé de se lier avec tout ce dont on est entouré, par un commerce d'égards, d'attentions, et surtout de confiance; oui, surtout de confiance; car c'est la disposition à cette qualité aimable, délicate et généreuse, qui fait le principal caractère des personnes qui ont reçu une tendre sensibilité.

Parmi les hommes du premier caractère, on trouve assez fréquemment ceux qui se consolent aisément des chagrins du cœur, et plus difficilement des revers de fortune. Au contraire, c'est parmi les hommes d'une sensibilité tendre que l'on trouve ceux qui abandonnent même les soins de la fortune, et jusques aux soins de la vie, pour se livrer profondément aux peines qui naissent des sentiments du cœur.

Parmi eux encore, on trouve les hommes pour qui rien n'est plus doux que de ne pas commander. Ils aiment beaucoup la paix de leur propre vie et le contentement des autres; ils sont d'ordinaire sans ambition et sans exigence ; quelquefois même ils sont paresseux, c'est-à-dire qu'il ne faut pas toujours leur faire honneur de la pleine liberté qu'ils laissent à tout ce qui les entoure. Sans doute, ils craignent souvent, en demandant quelque chose, d'être indiscrets, de gêner, de faire de la peine ; mais ils craignent aussi de prendre de la peine ; et cette déférence n'est point alors une qualité ; elle tient de près à la négligence, qui est un défaut, puisque, par elle, beaucoup de choses se perdent, ou ne se font pas, qu'il vaudrait mieux faire et conserver. Il y a, au contraire, beaucoup d'activité et de goût pour l'ordre, le bon emploi, l'économie, dans le caractère de ceux ou de celles qui aiment à commander. Ils inquiètent, ils sont inquiets ; ils font murmurer, ils se plaignent ; plus de choses se font, moins de contentement s'établit ; plus de choses se conservent, plus d'affection se perd ; moins de paix dans leur âme, plus de jouissances dans leur amour-propre ; des honneurs quelquefois ; des avantages, des commodités, de la fortune ; rarement le vrai plaisir, presque jamais le bonheur. Tout se compense, tout sert, tout est profitable aux hommes ou aux choses, et par conséquent aux hommes qui profitent des choses.

Mais la sensibilité du genre doux et tendre, lorsqu'elle est portée à un certain point, dégénère en faiblesse, et elle expose alors à toutes les peines qui naissent d'une condition soumise et dépendante. Il se trouve presque toujours, auprès de ces personnes d'un cœur si bon et si faible, d'autres personnes qui abusent de leur bonté pour en obtenir des sacrifices ; et ces âmes douces ne se révoltent point ; elles gémissent en silence ; mais elles sont si tendres, que la douceur même de gémir les soulage, et les rend encore heureuses plus que ne peuvent jamais l'être les personnes dont elles supportent l'oppression.

Ainsi, comme vous le voyez, il y a encore un tempérament entre le caractère trop fort, trop prononcé des hommes impérieux, et le caractère trop patient des hommes faibles : c'est le caractère des hommes qui ne sont ni faibles ni impérieux. Ceux-là sont peu jaloux du vain plaisir de commander, et cependant ils sont jaloux de leur indépendance. Cette disposition de l'âme, située au milieu entre les extrêmes, est sans doute la meilleure, considérée en elle-même. Mais rappelez-vous, mon ami, que nous ne considérons isolément aucune des conditions de notre destinée. Nous observons, au contraire, le balancement qui suit chacune de ces conditions. Ainsi, l'homme du caractère dont nous venons de parler, de ce caractère mêlé de sensibilité douce et de dignité intérieure, cet homme est mieux placé dans la société humaine que ne le sont et l'homme impérieux, et l'homme sensible jusqu'à la faiblesse. Il est plus utile au bonheur de ses semblables, mais il ne possède pas en lui-même une plus grande somme de bonheur. D'une part, il ne peut goûter les jouissances particulières à l'homme dont le caractère est d'une très-grande force ; il ne possède pas non plus, dans son corps, les mêmes avantages de vigueur et de santé. D'un autre côté, son cœur ne connaît pas toutes les douceurs qu'une sensibilité exquise procure à ces âmes délicates, dont l'état habituel est l'affection et l'attendrissement.

De l'influence que nous pouvons exercer nous-mêmes sur notre caractère.

Mon ami, dit Amédée, puisque le bonheur est distribué comme vous venez de me le dire, puisqu'une somme égale de bonheur appartient à tous les caractères, nous ne devons donc faire aucun effort pour modifier nous-mêmes notre caractère ? Pourquoi prendrions-nous cette peine, si nous ne devons point y gagner personnellement plus de bonheur ?

Mon cher Amédée, répondit Lorenzo, je ne vous parle encore que des distributions d'avantages, faites primitivement sur chacun de nous par l'auteur de la nature. Vous verrez, par la suite, qu'il a eu la sublime générosité de nous donner les moyens d'acquérir par nous-mêmes de nouveaux avantages. Il nous a permis d'ajouter nous-mêmes des sommes très-considérables à la somme primitive de notre sort naturel ; et en nous traçant la règle de nos devoirs, il nous a indiqué la ligne que nous devions suivre pour nous donner cette augmentation. Ainsi, c'est un devoir pour l'homme d'un caractère naturellement fort et impérieux de retenir le penchant qui l'entraîne à soumettre les hommes. C'est pour lui un devoir, parce que les hommes souffrent de l'exercice de ses penchants impérieux. Qu'il tourne donc contre ces penchants mêmes cette force si énergique qui lui a été accordée ; qu'il se réduise à ce milieu entre les extrêmes, où la déférence s'allie à la dignité, et alors il ajoutera à tous les dons qu'il tient de sa nature forte et animée tous les avantages qui appartiennent à l'homme dont le caractère est naturellement modéré. Il sera aimé comme lui au lieu d'être redouté ; il sera comme lui fier et paisible ; mais, je le répète, il sera plus heureux que lui, parce que son âme aura conservé toute la supériorité de ses forces, aura même augmenté cette supériorité.

Passons à l'autre extrême. C'est un devoir, pour l'homme d'une sensibilité exquise, d'augmenter sa force intérieure, et la sagesse lui en fournit les moyens. C'est un devoir pour lui, parce que les personnes qui sont liées avec lui par des rapports intimes souffrent fréquemment de sa faiblesse, parce qu'il est un grand nombre de services qui ne peuvent être rendus par un homme faible, et un grand nombre d'occasions où un homme faible est plus embarrassant, ou même plus dangereux qu'utile. Que cet homme se fortifie par l'exercice de la sagesse ; qu'il acquière cette fermeté modérée qui appartient naturellement à l'homme dont le caractère a été placé primitivement à égale distance des extrêmes, et alors il ajoutera tous les avantages qui appartiennent à cet homme à tous les dons qu'il tient de sa nature douce et délicate. Il sera estimé, respecté comme lui, au lieu d'être froissé, méprisé ; il sera, comme lui, noble et utile ; mais, je le répète, son cœur ayant conservé toute la sensibilité qu'il avait reçue de la nature, ayant même augmenté de sensibilité, il sera plus heureux que lui.

Influence des bons caractères sur ceux qui les environnent.

Mon ami, ces caractères naturellement sensibles, rendus meilleurs ensuite par la sagesse, sont d'une société bien douce et bien salutaire pour tous ceux qui les environnent. Qui peut donner trop de carrière à ses propres défauts, lorsqu'il a à vivre avec une âme très-généreuse ? Nos défauts, pour se soutenir et s'augmenter, ont besoin d'exercice, et les âmes très-généreuses, qui s'oublient toujours pour nous-mêmes, savent nous empêcher de les exercer. Ainsi, nos défauts meurent en nous, ou du moins s'affaiblissent jusques à paraître ne plus exister. Ils laissent alors, dans tout leur développement, les bonnes qualités que l'on possède ; celles-ci deviennent les seules que l'on se plaise à exercer. Ajoutons que les hommes d'un bon caractère sèment souvent le bien pour un temps où ils ne seront plus, et en faveur des hommes qui ne sont pas encore. Cela est bien vrai, surtout, des pères et des mères à l'égard des générations qui doivent les suivre. Les bonnes qualités des parents restent dans les familles comme tradition, comme exemple. Cette tradition encourage les enfants qui sont portés à bien faire, et souvent elle arrête, elle modère les penchants de ceux qui seraient tentés de faire le mal.

Telle est, mon ami, la douce influence d'un excellent caractère. Tirons de là un grand motif pour embellir notre âme; car c'est la beauté de l'âme qui fait la beauté du caractère, et une belle âme adoucit, apaise, concilie, attire ; une belle âme, la plus belle image de la Divinité sur la terre, se cache sans cesse, en ne cessant de verser des bienfaits.

LIVRE CINQUIÈME.

Indications à suivre dans le choix des personnes avec lesquelles il serait le plus doux de passer sa vie.

Mon bon ami, vous trouverez rarement des hommes parfaits, parce qu'il est très-peu d'hommes qui, ayant reçu de la nature beaucoup de sensibilité et d'intelligence, aient su, par l'exercice de la sagesse, augmenter ces précieux avantages et en affaiblir les inconvénients. Ainsi, lorsque vous serez le maître de choisir les hommes avec lesquels vous aurez des relations à entretenir, vous ne pourrez guère faire tomber ce choix que sur des hommes plus ou moins imparfaits. Il est bon que vous soyez guidé par des indications qui vous laissent peu de méprises à craindre. Voici, à mon gré, l'indication la plus sûre : livrez-vous de préférence aux hommes bons, confiants, qui ne savent que difficilement déguiser un sentiment ou une pensée, et dont les manières sont franches et simples. J'ai appris, mon ami, par plus d'une expérience, combien il est rare que la politesse, qualité des hommes qui savent être aimables, n'ait pas été acquise aux dépens de la franchise, qualité de ceux qui savent aimer. Il y a à cela des exceptions, sans doute. Il est des hommes, des femmes surtout, en qui l'aménité du cœur produit l'aménité des manières. Mais celle-ci n'a pas toujours une source aussi douce, aussi honorable; elle est plus souvent le résultat de l'habitude de vivre beaucoup avec les hommes, et de se donner en même temps un intérêt à les ménager, à les flatter.

L'art de déguiser son humeur, ses défauts, est exigé par l'acquisition de la politesse, et c'est un service que celle-ci semble nous rendre. Cependant ce service n'est qu'apparent. L'homme qui ne contient son humeur, qui ne réprime ses défauts, que pour être réputé poli et aimable, ne peut trouver dans un tel motif assez de force pour se réformer essentiellement. Il n'est pas d'entreprise plus difficile que celle de parvenir à posséder constamment la douceur et la modération de l'âme. Quand on a un caractère violent, fier, irascible, c'est réellement contenir de pressants besoins, je dirais presque de fréquentes jouissances, que de demeurer tranquille et modéré. Les biens qui en restent sont assurément bien supérieurs aux jouissances que l'on sacrifie; et à ces biens il faut ajouter les maux que l'on évite. Mais ces résultats sont éloignés; et sur l'heure on s'est véritablement refusé un soulagement qui aurait ressemblé à un plaisir. S'il n'en était pas ainsi, la modération ne serait pas une vertu, car la vertu ne s'exerce que par le sacrifice d'une jouissance.

La vraie modération, semblable à toutes les vertus, ne peut donc être acquise que par un effort intérieur fait avec constance, reposant sur des motifs élevés, et qui apportent plus de satisfactions que ne pourraient en produire des motifs inférieurs. Ceux-ci, tels que le plaisir d'être réputé aimable, ne peuvent être que froids et faibles, incapables de compenser les grands sacrifices qu'ils exigent, incapables par conséquent de produire un grand effet : aussi ils ne le produisent pas. Cet homme si poli, si doux dans la société, qui a toujours quelque chose d'agréable à dire, n'est pas toujours aussi doux en lui-même, aussi aimable pour les siens. Il a appris l'art de plaire aux hommes qu'il voit rarement ; il a ménagé leur amour-propre, il a caressé leurs défauts, il a ainsi gagné leur bienveillance. Mais on est plus souvent avec soi-même qu'avec les autres. Le caractère alors se dédommage, ou même se venge ; on souffre, on fait souffrir les personnes que l'on n'a aucun besoin de ménager, et que cependant on devrait rendre plus heureuses que les étrangers. Il est bien malheureux de se déplaire en soi-même et chez soi. Il est probable, cependant, que ce malheur est assez communément le partage des hommes qui font profession de politesse, et d'un grand usage du monde ; car ils s'ennuient beaucoup dans leur famille, et avec eux-mêmes ; ils y restent le moins qu'ils peuvent. On les voit même, dans leur langage, mettre la politesse et l'usage du monde au-dessus de tout.

Mon ami, habituez votre esprit, autant qu'il vous sera possible, à ne rien exclure de ce qui est bon et aimable. L'homme parfait serait celui qui saurait allier toutes les qualités, et la politesse en est une. Mais il est un degré à toutes les qualités ; au delà de ce degré, l'excédant est pris sur une autre. Et comme la politesse, tout aimable qu'elle est, n'est point cependant une des qualités les plus importantes, quand on veut la posséder au delà d'un certain terme, on ne peut y parvenir qu'aux dépens de deux qualités bien essentielles, la simplicité et la franchise. C'est ce qui est assez communément confirmé par l'observation.

L'homme parfait, ce qui veut dire ayant réussi à réprimer ses défauts, et cela en ne mettant en œuvre que de nobles motifs, pris dans l'amour de la sagesse, cet homme parfait étant extrêmement rare, c'est, comme je vous l'ai dit, parmi les moins imparfaits qu'il nous est heureux de passer nos jours.

Je crois pouvoir donner ce nom à ceux dont les défauts ne proviennent que d'une trop grande vivacité dans l'âme, et qui ne savent point encore maîtriser ces défauts : on sait à quoi s'en tenir avec eux ; on sait aussi quel parti on peut tirer de leur caractère. Cet avantage n'existe pas à l'égard de ceux qui ont appris, non à se contenir, à se réformer, mais à se déguiser, à se composer, bien au delà encore de ce que demande la simple politesse. Mon ami, fuyez ces hommes, si cela vous est possible ; évitez de mettre dans leur dépendance le destin de vos jours, ils vous rendraient malheureux.

C'est un sort réellement déplorable que d'être uni, par des liens essentiels, à des personnes qui ont de la fausseté. Il n'y a plus aucune douceur dans la vie. On est solitaire en société ; ou plutôt on a les peines de la vie solitaire sans en avoir les avantages. On regrette le temps que l'on passe auprès de l'homme à qui l'on n'a rien à confier. On finit par le haïr, parce qu'il devient fatigant, incommode. Enfin, on peut en venir insensiblement à être soi-même dissimulé à son égard, parce que, ne trouvant avec lui aucune douceur, aucune convenance, on ne peut cependant toujours étouffer le besoin que l'on a d'épanchements et de plaisirs. On va les chercher ailleurs, en cachant cette recherche. C'est ainsi que la dissension la plus funeste se met dans bien des familles ; il semble, à la fin, que les torts soient de part et d'autre, tandis que, dès le principe, ils n'étaient réellement que d'un côté.

Mon ami, dans les sociétés dont la civilisation est avancée, il est un art qui malheureusement devient commun, c'est celui de tromper sans que l'on puisse être convaincu d'imposture. On donne le change sur ses véritables intentions, en feignant de n'en avoir que de généreuses, et de favorables aux personnes avec qui l'on traite. On met toute son adresse à cacher ce que l'on désire, et à le faire désirer par celui que l'on veut surprendre.

Adresse honteuse, et bien plus fatale à l'homme qui l'emploie qu'à celui qui d'abord en est victime ! Par elle, on fait de temps en temps quelques petits profits ; mais on fait, en dernier résultat, une perte bien considérable : on perd la sincérité,

7.

le contentement de son âme; on se réduit à être toujours en garde, à se rappeler toujours ce que l'on a fait, ce que l'on a dit, afin de n'être point en contradiction avec soi-même. On n'a plus d'ami sur la terre, on se défie de tout le monde; on ne livre plus son cœur; on ne sait pas si l'on ne va pas être trompé. Quelle existence déplorable!... et le plus souvent on ne parvient pas même aux faibles avantages pour lesquels on a fait de si importants sacrifices. On trouve plus dissimulé que soi; on n'a gagné que des mortifications cuisantes; plus souvent encore on est dépouillé et précipité par un de ces événements terribles qui ne sont point des coups du hasard, mais les justes résultats d'une fausse conduite. En trompant tout le monde, on s'est isolé de tout appui; on tombe, à la grande satisfaction de tout le monde; on n'a que la honte et le désespoir pour compagnie éternelle. Voilà le sort des hommes qui deviennent dissimulés par avidité ou par ambition. O mon ami! plutôt que de tomber dans un si grand malheur, en vous laissant aller à un si grand défaut, puissiez-vous passer toute votre vie dans l'obscurité et l'indigence.

De l'amour-propre.

Mon ami, le Créateur a placé l'amour-propre généralement dans le caractère de la nature humaine. Les êtres animés, qui sont inférieurs à l'homme, ne connaissent que l'*amour de soi*. Ce sentiment en eux n'a pour but que la conservation de l'individu et celle de l'espèce. L'homme possède une organisation beaucoup plus étendue, à l'aide de laquelle ses semblables font partie de lui-même, et il fait partie de ses semblables. Il veut s'élever dans leur opinion à mesure qu'ils s'élèvent dans la sienne; c'est ce qui fait que les hommes qui font grand cas de la vraie gloire sont ceux qui font grand cas de l'humanité. Ainsi l'amour-propre est un des caractères distinctifs de l'espèce humaine, et nous devons être flattés de l'avoir reçu; mais, lorsqu'il est seul écouté, il nous fait tendre à une domination exclusive qui fait notre propre malheur, et jette dans la société de grands désordres. Il a besoin d'être corrigé par un sentiment plus doux, qui est aussi un des caractères distinctifs de l'humanité. Ce sentiment est l'amour de nos semblables. Son premier degré est notre disposition à leur rendre justice, à les placer, dans notre propre opinion, au rang qu'ils méritent exactement ; et lorsque ce sentiment s'échauffe, s'exalte au delà de la simple justice, lorsque nous rendons à quelques-uns de nos semblables plus même qu'ils ne peuvent mériter, notre disposition intérieure prend alors le nom de générosité. Vous verrez dans mon ouvrage en quoi consiste l'état de notre âme lorsque nous éprouvons cette disposition heureuse.

L'amour-propre, conservé et rectifié dans l'homme sage, est en lui un mobile salutaire. Dans l'homme qui a reçu les dons de l'esprit et de la sensibilité, mais qui n'a point suivi les inspirations de la sagesse, l'amour-propre est le principe d'un grand nombre de défauts ; et dans l'homme qui a reçu peu de sensibilité et d'intelligence, et qui n'a point écouté la sagesse, l'amour-propre est assez souvent le principe de ce que l'on nomme des travers et des ridicules. Généralement, c'est à cette classe d'hommes qui obéissent beaucoup plus à l'amour-propre qu'à la voix intérieure de la justice, et qui ont l'esprit peu étendu, que l'on peut rapporter le caractère des hommes qui sont ce que l'on appelle *susceptibles*, qui ont de la faiblesse, et qui cependant veulent dominer et être flattés.

Mais considérons l'amour-propre sous le rapport des compensations humaines. Nous aurons à ce sujet l'occasion de considérer les compensations qui s'attachent aux talents.

L'amour-propre est un des liens de l'espèce humaine. A l'instigation de ce désir qui nous porte à vouloir occuper les regards de nos semblables, nous produisons un grand nombre de ces choses qui ensuite restent en commun dans la société, et qui servent à son avancement. L'amour-propre a plus de part aux progrès des arts et des sciences que le désir qui nous fait rechercher les commodités de la vie ou les avantages de la fortune.

Les hommes qui ont beaucoup d'amour-propre sont ceux dont le tempérament est vif et l'imagination ardente. Ces hommes ont besoin d'une occupation intérieure qui soit très-active, afin de ne pas souffrir de l'accumulation et du défaut d'emploi de leurs principes d'activité; l'amour-propre met ces principes en dépense abondante, parce qu'il les met vivement en exercice. Ainsi il a été donné à l'individu pour son bien.

Mais l'amour-propre n'est qu'une cause d'activité, et non une source de vertu. Cette distinction est essentielle, mon ami. Il n'est que la vertu qui fasse du bien à l'homme, sans mélange d'inconvénients. Ainsi, l'individu a autant de souffrances que de jouissances par l'amour-propre. Cette égalité même ne se soutient que très-difficilement, parce que l'amour-propre touche aux passions violentes, les appelle même dans sa marche, les exige, soit lorsqu'il est comprimé, soit lorsqu'il est satisfait. Les passions violentes ne rapportent presque que de violentes souffrances.

C'est déjà un tourment, un effort, une peine, que de contenir l'amour-propre dans les bornes de la justice. Je dis que c'est alors même qu'il rapporte autant de souffrances que de jouissances. Je ne parle point ici des satisfactions que nous avons la faiblesse de poursuivre, à l'aide des avantages ou des agréments qui ne sont point un mérite. Ceux qui veulent être distingués par leur figure, par le faste de leur dépense, par l'éclat de leur parure, ceux-là ont de la vanité; ils ne s'élèvent pas même jusques à l'amour-propre.

Mais un artiste, ou un homme de lettres, a besoin de rassembler, en faveur de ses productions ou de ses talents, les suffrages des hommes. Il jouit en espérance tant qu'il travaille, qu'il se perfectionne; ses mécomptes arrivent ensuite en réalité. Pour faire valoir un talent, une production, il faut bien des conditions, bien des circonstances. Il faut l'à-propos du moment où cette production se montre; rien n'est plus difficile à saisir. Cependant si on le manque, on est jugé avec prévention, avec injustice; et l'on reçoit des critiques amères au lieu des suffrages que l'on attendait. C'est alors que les passions violentes s'allument d'ordinaire, et que l'on commence, quelquefois sans radoucissement et sans retour, une carrière de dépit et de désolation.

Un artiste désire surtout que son ouvrage soit remarqué,

apprécié et loué par les connaisseurs. Il n'y a de vrais connaisseurs, dans les arts, que ceux qui eux-mêmes ont les talents de l'artiste. Ceux-là demandent, pour leurs propres ouvrages, ce que l'on attend d'eux pour les ouvrages que l'on soumet à leur approbation; ils le demandent préférablement, quelquefois même exclusivement. Ainsi, ils sont juges dans leur propre cause, lorsqu'on leur demande de juger la cause d'autrui.

Chacun voudrait occuper seul la renommée; chacun regarde ses rivaux comme autant d'obstacles : il est difficile qu'il ne prenne bientôt pour eux des sentiments ennemis.

Observons encore quel est l'état des sociétés lorsque l'amour-propre semble devoir obtenir le plus de jouissances. Il n'y a d'excellents artistes que lorsque les arts ont fait de grands progrès, c'est-à-dire lorsqu'il y a beaucoup d'artistes. Les talents et les productions sont alors en grand nombre. Chaque jour voit éclore de nouvelles productions ; chacune s'empresse de paraître. Le temps arrive où il est impossible qu'il y ait de la place pour chacune. Les plus brillantes peuvent à peine se montrer un moment. On a beaucoup travaillé... pour un moment!

Ce n'est pas tout : la multiplicité des productions, et des productions bonnes, excellentes, fait que la sensibilité générale s'émousse et s'affaiblit. La société humaine, comme l'individu, n'a qu'une mesure de sensibilité, qui s'épuise par un trop fréquent usage. Toujours du plaisir!... C'est par là que l'on arrive à l'indifférence.

D'ailleurs encore, lorsque les arts sont très-avancés, les mêmes causes qui en ont hâté les progrès ont précipité les mœurs, et par conséquent affaibli la sensibilité générale; car c'est ainsi que s'établit la compensation, du moins à l'égard des productions qui demandent plus d'art, plus d'esprit, plus de goût que d'élévation et de génie. Dans les temps simples, les hommes ménagent et conservent leur sensibilité; les arts d'agrément ne leur présentent que des productions plus ou moins médiocres. Dans les sociétés développées, les hommes dissipent et perdent leur sensibilité; les arts agréables leur présentent des chefs-d'œuvre. Les arts s'élèvent comme les sociétés descendent; et c'est ainsi que, sous le rapport du plaisir, le niveau est toujours établi.

Ainsi les artistes, dans les sociétés très-développées, ne sont point goûtés, récompensés, comme leurs productions le méritent; et c'est la perfection même des arts qui cause leur abandon.

D'un autre côté, comme le plaisir que l'on prend à composer, dans un art quelconque, est en raison du talent et du savoir que l'on a, les artistes ont plus de cette satisfaction personnelle dans les sociétés avancées, puisqu'ils ont plus de talent et de savoir.

Ainsi, laissons les arts, laissons les sciences, laissons l'amour-propre. C'est par là que les sociétés marchent, se développent; et il faut bien qu'elles se développent; c'est le but de leur existence; c'est l'effet des mouvements particuliers. Mais disons encore, et nous le répéterons souvent, tout est juste dans la destinée particulière et dans la destinée générale. C'est pour cette raison que les arts, les sciences et l'amour-propre, rapportent autant de souffrances que de jouissances, autant de dommages que d'avantages, à l'individu et à la société.

Avantages des contrariétés qui s'attachent à notre sort. — Direction qu'il est heureux de donner à l'amour-propre.

Mon ami, dit Amédée, maintenant que votre affection et vos pensées me ramènent de mes erreurs, et commencent à me faire connaître un grand nombre de biens que j'ignorais, laissez-moi vous avouer que mon amour-propre m'a exposé à souffrir des peines encore plus violentes que celles que vous venez de me dépeindre, et qu'au souvenir de mes tourments, je ne puis encore reconnaître que l'amour-propre rapporte autant de jouissances que de souffrances; il me semble que celles-ci sont bien supérieures en nombre et en vivacité.

Mon cher Amédée, répondit Lorenzo, je n'ai établi cette égalité qu'en faveur de l'amour-propre qui a été satisfait, et qui a été contenu dans les bornes de la justice; et ces deux conditions sont bien difficiles à remplir. Pour vous, mon ami, c'est encore sur vos épreuves personnelles que vous jugez la valeur des choses; et comme votre amour-propre n'a presque jamais été satisfait, vous êtes un peu irrité contre lui, vous êtes porté à en médire. Ah! vous le pouvez, si vous le faites par comparaison, si vous commencez réellement aujourd'hui à entrevoir des plaisirs bien supérieurs à ceux que l'amour-propre désire et procure; en ce cas, félicitez-vous, du fond de votre âme, de ce qu'il n'a point eu de jouissances. Par cet aveu que vous venez de me faire, vous me conduisez à vous rappeler les contrariétés de tout genre, qui se sont attachées si fréquemment à votre sort, et qui, suppléant à votre force, vous ont si fréquemment sauvé de vous-même. Si vous prenez le goût de la retraite, si vous ne murmurez plus de l'obscurité de votre destinée, si vous avez le désir des biens que vous pouvez trouver en vous-même, c'est moins parce que vous avez choisi ces biens, l'obscurité et la retraite, que parce que vous avez été réduit à vous en contenter. Vous avez été presque toujours arrêté sur les penchants qui tiennent à la faiblesse humaine. Ce n'est pas vous ordinairement qui êtes parvenu à vous vaincre; ce sont presque toujours les obstacles qui vous ont vaincu. Ces obstacles se sont composés, non-seulement de la résistance des événements, des hommes et des choses, que vous avez rencontrés sur votre route, mais de votre caractère sans audace, quoique non sans violence, sans adresse, quoique non sans désir d'en avoir. Ce caractère, qui vous a été donné, a concouru avec votre position primitive et votre position successive, fruits combinés de votre caractère, de vos mouvements personnels, et d'un grand nombre de circonstances étrangères; car ce n'est que jusqu'à un certain degré que notre position est sous notre propre influence; nous disposons beaucoup mieux de nos sentiments intérieurs; mais c'est fréquemment par les résolutions et les actions auxquelles ces sentiments nous entraînent que nous rendons notre position meilleure ou plus avantageuse.

Écoutez bien ceci, mon cher Amédée; c'est le fond de ma doctrine. Notre conduite dépend de nous; mais les résultats de notre conduite sont des résultats nécessaires, sur lesquels nous n'avons point d'autorité, dont nous ne pouvons ni écarter la succession, ni affaiblir la mesure; qui sont réglés et fixés par les lois éternelles, de manière à amener l'expiation de nos fautes, de notre imprudence, de notre exigence, ou bien le dédommagement de nos sacrifices, et la récompense de nos efforts.

C'est ainsi que notre sort est à la fois sous notre propre direction et sous celle de la Providence. Celle-ci, en nous laissant disposer du présent, se charge, à son tour, de balancer, et toujours avec exactitude, le passé par l'avenir. Voilà ce que vous reconnaîtrez sans cesse, en examinant, dans leur ensemble, non-seulement la vie de chaque homme, mais celle de chaque peuple. A cet égard, nous consulterons l'histoire; mais, en ce moment, ne nous occupons que de vous.

L'amour-propre, mon ami, l'une de ces conditions de votre destinée dont vous n'avez pas été l'arbitre, cet amour-propre, votre compagnie secrète, qui par ses mouvements inquiets a si souvent troublé votre vie, n'est cependant qu'une dépendance des facultés que vous avez reçues, et qui ont embelli votre sort. Si vous n'étiez pas en état de faire quelque chose qui pût être montré, vous n'auriez point le désir de montrer ce que vous avez fait. Ce désir vous saisit au moment où vous trouvez vous-même quelque valeur à ce que vous venez de faire : et comme ce désir ne peut être satisfait à l'instant; comme, en n'étant pas satisfait, il vous tourmente, il se trouve ainsi, à l'instant même, le balancement du plaisir que vous avez pris à produire, et à reconnaître vous-même quelque valeur dans ce que vous avez produit.

Mon ami, n'étouffez pas les talents qui vous distinguent : faites-en usage; vous le pouvez, vous le devez même. C'est pour en faire usage que vous les avez reçus; mais que cet usage ne tourne point contre vous-même; et, pour cela, donnez à votre amour-propre la seule direction qui soit toujours noble et heureuse. Que le désir de vous faire aimer résulte surtout, dans votre cœur, du désir de vous faire connaître. Tout ce qui se rapporte à l'affection laisse un sentiment de douceur. On se plaît dans la pensée que l'on est aimé des personnes que l'on connaît, de celles même que l'on ne connaît pas, que l'on ne verra jamais, que l'on ne pourra connaître. On se plaît même dans la tristesse que donne cette pensée : je mériterais d'être aimé, je serais aimé, si mon cœur était connu, si je rencontrais un cœur digne d'amour...; mais ce cœur existe..., ou loin de moi, ou séparé de moi, par les conditions de sa destinée et de la mienne; je ne puis y prétendre!...

Oui, cette séparation jette dans la tristesse; et il y a de la douceur dans cette tristesse. Mais il n'y a aucune douceur dans la privation des suffrages que l'on croit mériter pour l'emploi seulement agréable des talents que l'on possède. Cette privation donne, au contraire, du dépit, de l'envie et de l'humeur. Enfin, lorsque l'on croit avoir obtenu des suffrages, il n'y a pas même dans cette persuasion le plaisir que l'on attendait; on est étonné du vide que cette persuasion laisse au fond de l'âme; on ne peut entendre tous les jugements flatteurs dont on croit être l'objet, et on voudrait les entendre tous. Ce silence dont on est entouré, au lieu de ce murmure d'applaudissements dont on avait l'espérance, fait que l'on en vient jusques à accuser d'inattention et d'injustice ces hommes qui ne savent point admirer. On se plaint d'eux, et le trouble intérieur suit toujours ce genre de plainte. On s'excite alors à faire davantage; pour occuper les regards de ces hommes indolents; nouveaux mécomptes, nouvelles plaintes, nouveaux efforts. On augmente d'ambition en augmentant d'humeur et d'inquiétude. Jamais content de ce que l'on possède, toujours envieux de ce que l'on n'a pas, toujours surpris de trouver si peu de chose, quand on est parvenu au terme de ses travaux et de son attente, on passe sa vie dans l'agitation, dans la peine réelle. La vieillesse arrive; et le dégoût de tout ce que l'on a désiré, le mépris de tout ce que l'on a fait, sont quelquefois les seuls biens que l'on ait obtenus.

O bonté! simplicité! sagesse! quelle différence! Celui qui s'abandonne à votre direction généreuse reçoit de vous le goût de tout ce qu'il possède, l'amour de ce qu'il obtiendra, et le contentement de ce qu'il a fait. Vous donnez toujours plus que vous n'avez promis ; l'ambition des suffrages fait toujours le contraire. Sans cesse vous tenez l'âme dans une heureuse surprise, par les biens que vous lui accordez ; sans cesse l'ambition des suffrages jette l'âme dans une pénible surprise par les continuels mécomptes qu'elle est si habile à ménager. Vous donnez successivement plus de bonheur ; l'ambition en enlève successivement davantage.

LIVRE SIXIÈME.

Des compensations qui s'attachent à la fortune.

Le sort de l'homme, avons-nous dit, se compose de l'état de son corps, de l'état de son esprit, et de l'état de sa fortune. Nous avons considéré rapidement les conditions qui résultent de son caractère, ou état habituel de son esprit, et les conditions qui résultent de son tempérament, ou état habituel de son corps.

Examinons maintenant de quelle manière l'état de notre fortune influe sur notre sort.

Nous pouvons être, par l'état de notre fortune, ou dans l'opulence, ou dans la médiocrité, ou dans l'indigence. Mon ami, il n'est pas difficile de voir que l'opulence doit être, pour l'homme, un avantage ressemblant à l'avantage de la beauté, ou bien encore, à l'avantage d'un tempérament très-vif, très-animé ; c'est-à-dire qu'une grande fortune, comme la beauté, comme la vivacité du tempérament, expose à des dangers pressants, mutipliés ; que la plupart des hommes qui jouissent d'une grande fortune doivent être fréquemment soumis à des peines violentes ; et qu'enfin la fortune, comme la beauté, comme la vivacité du tempérament, n'ajoute réellement au bonheur de l'homme que quand il a la force d'être sage.

Mon ami, l'homme le plus heureux est celui qui a le plus

de sensibilité, et qui en même temps donne à cette faculté la direction la plus heureuse. Or, la sagesse seule conserve notre sensibilité primitive, et en lui donnant la meilleure direction, augmente sa vivacité et son abondance. Ainsi, toute condition dans notre destinée, qui nous rendra la sagesse difficile, placera des difficultés entre nous et notre bonheur. La fortune, comme la beauté, comme la vivacité du tempérament, rend la sagesse difficile.

La fortune ne peut appartenir à l'homme sans quelque condition qui en traverse la jouissance. Il faut nécessairement qu'il tienne sa fortune de quelque chose qui le mette en rapports avec les autres hommes, et en rapports d'autant plus multipliés, que sa fortune est plus considérable. Si elle consiste en grandes propriétés territoriales, on peut dire, en quelque sorte, que l'existence de l'homme qui les possède est étendue sur toute la surface de ces propriétés; ce qui le rend accessible à un plus grand nombre d'embarras et de sollicitudes que si ses propriétés étaient resserrées dans un espace médiocre. Quel est le grand propriétaire qui passe une seule année sans essuyer des pertes, sans éprouver des injustices, sans avoir des procès, sans être contraint à des dépenses imprévues, à des voyages qui le dérangent, sans être fatigué par des contrariétés ?... Et cependant ce genre de fortune territoriale est le plus agréable et le plus sûr. Un capitaliste est exposé à bien plus d'inquiétudes.

Ainsi, les hommes qui n'ont point de fortune, et qui se livrent au désir si naturel d'en acquérir, se trompent lorsqu'ils attendent d'elle la tranquillité et l'indépendance. Dans leur imagination, ils ne voient que ses avantages, ils l'isolent de toutes les relations qui s'attachent à elle, et qui l'accompagnent toujours. Sans doute l'homme qui a de la fortune n'est pas, comme l'indigent, dans la dépendance de ses premiers besoins; mais il est dans la dépendance de ses affaires, qu'il serait blâmable de négliger. Il peut n'être soumis à personne, et l'indigent est toujours soumis à quelqu'un : mais l'esprit de l'indigent qui travaille peut être libre, par cela même que le prix de son travail ne dépend que très-peu de lui, qu'il ne peut guère l'augmenter ; que, d'ailleurs, les rapports que son travail établit entre lui et ceux qui le récompensent sont simples et en petit nombre. Au contraire, l'homme qui jouit des biens de la fortune peut améliorer ces biens, et il est naturel qu'il s'en occupe. Il donne alors un plus grand nombre d'occupations à son esprit, un plus grand nombre de rapports à son existence.

Ainsi, l'indépendance de l'homme qui a de la fortune consiste en ce qu'il peut agir plus librement, et c'est un bien grand avantage. L'indépendance de l'indigent qui travaille consiste en ce que son esprit a plus de repos, plus de loisir, et c'est un avantage bien grand.

Je donne généralement le nom d'indigent qui travaille à tout homme qui, n'ayant point de propriétés, point de capital qu'il puisse transmettre, vit de son industrie, de sa profession, de son état, de l'emploi de son esprit et de ses talents. Je crois maintenant pouvoir vous faire remarquer que ce n'est point parmi les grands propriétaires, ni parmi ceux dont l'activité s'exerce sur les moyens de tirer le parti le plus avantageux d'un grand capital, que l'on trouve communément les hommes qui se distinguent par de beaux ouvrages, soit dans les sciences, soit en littérature. Ce n'est pas que les hommes qui ont de la fortune manquent tous, à beaucoup près, de talents naturels. Les moyens d'instruction leur manquent bien moins encore. Mais l'homme livré à des intérêts particuliers a nécessairement l'esprit occupé de pensées particulières, de pensées, en quelque sorte, locales et individuelles. L'homme qui veut composer, dans les sciences ou en littérature, a besoin que son esprit soit dégagé de soins particuliers, de pensées locales et particulières. Tout, dans ses idées, ses méditations et ses recherches, doit avoir un caractère d'étendue et de consistance, un caractère général.

Aussi la meilleure situation, pour se livrer aux douceurs de la méditation et de l'étude, serait celle où l'on jouirait de tous les avantages de l'indigence, sans en souffrir les privations. Il existait autrefois, en faveur des hommes d'une imagination active, des retraites assurées qui, à des conditions onéreuses à la vérité, et servant de compensation, reposaient leur esprit dans une sécurité entière, les affranchissaient du soin de pourvoir à leur avenir. Ce soin est, de toutes les distractions données à la pensée de l'homme, la plus ordinaire, la plus naturelle. L'homme est sur la terre; ses besoins l'y attachent tous les jours. Ses privations, ses maux le portent à prévoir que, pendant toute la durée de son avenir, il sera naturellement exposé à des privations, à des maux semblables. Ce qui se présente sans cesse finit par l'occuper sans cesse; son esprit perd toute force, toute élévation, en perdant toute liberté.

Mon ami, dit Amédée, d'après ce que vous venez de me dire, j'entrevois plus aisément pourquoi, dans les premières années de mon adolescence, je me sentais quelquefois entraîné, par un désir si pressant, vers un de ces asiles qui existaient encore, et où mon imagination plaçait le silence, le loisir, la sécurité.

— Mon cher Amédée, cela voulait dire que vous étiez destiné, par votre nature particulière, à vivre beaucoup avec vous-même; telle était, en quelque sorte, votre vocation. Vous deviez trouver, loin du commerce des hommes, plus de moyens d'être utile aux hommes, et, pour vous-même, plus de biens et de plaisirs.

Une telle inclination devait nécessairement être associée, dans votre caractère, à une grande inhabileté pour tout ce qui procure le bien-être pendant la vie; et cette inhabileté devait vous faire présumer des charmes dans une situation qui aurait assuré votre bien-être, sans vous contraindre à des soins pour lesquels vous manquiez d'adresse et par conséquent d'activité.

Une telle inclination supposait encore que vous aviez reçu une âme susceptible d'impressions vives et profondes, une âme qui, déjà éprouvée par les tourments de la vie, cherchait de la tristesse, au défaut des plaisirs.

Ce besoin d'une émotion vive et profonde aurait pu, à certains égards, être satisfait, si vous aviez embrassé ce genre de vie qui présentait continuellement un exercice à la force de l'âme, et un bel emploi au sentiment.

Mais, mon ami, je vais profiter de cette occasion que vous

me fournissez de vous éclairer sur vous-même : le sentiment religieux n'aurait point suffi à votre bonheur; et, en reconnaissant cette insuffisance, je crois dire de vous plus de bien que de mal. La perfection, pour nous, ne peut consister à nous rendre étrangers aux affections qui font le lien et la supériorité de l'espèce humaine. Le sentiment religieux peut être en nous le premier de tous les sentiments; il peut les embrasser tous; il peut même en venir à les absorber tous, lorsque notre cœur s'élève, par la vertu, au-dessus de la région humaine. Mais cet enthousiasme ne saurait être habituel, parce que la simple et faible humanité est notre nature habituelle. Le sentiment religieux, considéré isolément, ne peut avoir une vivacité égale et constante, parce que son objet n'est point sensible hors de nous; et c'est pour cette raison même que l'on égarerait son esprit dans une métaphysique vaine, si l'on voulait considérer isolément le sentiment religieux. Dieu n'est pour nous que dans les objets qui nous le montrent, dans les rapports qui unissent entre eux ces objets, et encore plus dans les rapports qui les unissent avec nous. Ainsi, le sentiment religieux ne fait, comme je vous l'ai dit, que contenir tous les autres sentiments; il les anime, il les dirige; il leur donne un but qui les rassemble, une chaleur qui les excite, une pureté qui les adoucit, une vigueur qui les fortifie; mais il ne peut s'en séparer; c'est un ensemble ravissant qui se compose en nous-mêmes, lorsque nous sommes satisfaits de notre manière d'aimer les objets qui sont autour de nous; alors notre âme les confond et les élève; son admiration, son attendrissement, ou sa reconnaissance, lui donnent le besoin et la force d'invoquer, de trouver, de sentir, de chérir l'Auteur de ces objets.

Rentrons maintenant dans l'examen des compensations qui s'attachent à la fortune, comme dépendance immédiate.

Les hommes qui possèdent les dons de la fortune ont rarement de vrais amis.

Le sort de l'homme qui jouit des biens de la fortune excite l'envie; c'est une des compensations attachées à ces biens mêmes. Celui qui excite l'envie n'est pas aimé. A la vérité, parmi les hommes favorisés de la fortune, il en est, et peut-être en assez grand nombre, qui sont bien aises qu'on leur porte envie, qui considèrent même cette envie, qu'ils excitent, comme la principale jouissance attachée à leur état de prospérité. Ces hommes sont ceux sur qui la fortune a produit presque tous ses effets funestes. Leur âme est insensible, puisqu'ils peuvent se faire un plaisir de la peine qu'ils occasionnent ; de plus, elle manque de grandeur et d'étendue, puisqu'un avantage, qui n'est rien moins qu'un mérite, satisfait leur vanité.

Ces hommes sont environnés de flatteurs, de courtisans avides, qu'ils reconnaissent ordinairement pour tels, et à qui ils craignent de se confier, mais qui, par cela même, leur ont donné l'habitude de croire que les hommes sans fortune ne s'attachent que par cupidité ; que même les hommes qui ont de la fortune désirent en avoir davantage, et n'ont pas d'autres motifs de s'attacher. Ne sont-ils pas bien malheureux, mon ami, de ne pouvoir croire à l'affection désintéressée, de ne pouvoir se persuader que, jusque dans les rangs inférieurs, il existe des âmes généreuses ?

Tous les hommes qui ont reçu les dons de la fortune sont loin d'être compris parmi ceux que je viens de désigner. Il en est qui ont un bon cœur, une âme étendue, et qui savent aimer. Ceux-là trouvent des âmes généreuses qui s'attachent à eux pour leurs qualités, et non pour leur fortune ; ils ont alors, sur les hommes généreux et sans fortune, l'avantage de pouvoir favoriser le bonheur de leurs vrais amis.

Économie, prodigalité.

La fortune a, pour l'un de ses avantages, d'affranchir ordinairement les hommes qui la possèdent de l'inclination aux petites économies. Cette inclination est naturelle et louable, surtout dans un père et une mère de famille, lorsque leurs moyens de subsistance sont peu étendus. Mais on doit convenir aussi que l'habitude des petites économies finit par rétrécir l'esprit, parce qu'elle l'occupe de petites choses, qui sans cesse se renouvellent. On reconnaît surtout cet inconvénient dans l'éducation des enfants. Le développement de leur esprit et de leur corps est nécessairement gêné, lorsque, d'une part, tous les secours utiles ou nécessaires ne peuvent leur être accordés; lorsque, d'un autre côté, la principale attention qu'on leur recommande est de ne rien perdre, de ne rien gâter.

Mais il y a aussi des dangers, pour le bonheur, dans cette habitude d'idées et d'inclinations aisées, libérales, que l'on prend dans les familles où la fortune les autorise. On s'accoutume, par elle, à ne pas tenir assez de compte des besoins de l'avenir. On est prodigue, négligent, imprévoyant, en croyant n'être que généreux, ou même raisonnable. Bien des choses se dissipent, sans que l'on se rappelle les avoir employées, et sans que l'on ait joui de leur emploi. Cependant, mon ami, on s'enlève un moyen de satisfaction réelle, toutes les fois que l'on s'accorde une dépense superflue. Que de choses bonnes, utiles, agréables, ne peut-on plus faire pour en avoir fait d'inutiles, et dont on n'a retiré aucun agrément! Le temps arrive où le présent occasionne des embarras, et l'avenir fait prévoir des inquiétudes, sans que le passé présente des souvenirs dans lesquels on puisse se plaire; alors on a de l'humeur; car vous observerez, mon ami, que l'humeur vient surtout de ce que l'on a à se reprocher d'avoir perdu, par le désordre, quelque chose d'essentiel, comme le temps, ou la santé, ou la fortune.

Les hommes qui jouissent d'une de ces fortunes que l'on pourrait appeler petites, parmi les grandes, sont principalement ceux qui sont exposés à tomber dans ces embarras de position. Ils entrent en liaison avec les hommes qui ont des fortunes plus considérables. Ceux-ci donnent généralement le ton à la dépense de ce que l'on nomme leur société. Ne fallût-il répondre qu'une seule fois à la manière dont on est reçu chez eux, on se sent contraint d'éviter les trop grandes disparates. Et que de choses ne faut-il pas! On ne veut contraster, ni par ses vêtements, ni par l'ameublement de sa maison, avec la réception que l'on se croit obligé de faire. On veut ensuite soutenir l'état que l'on a pris, et profiter des jouissances de cet état. On se répand dans le monde; on augmente le nombre de ses liaisons ; et alors, ce n'est plus seulement le besoin de s'élever jusques au niveau des hommes à grande fortune, qui entraîne à des dépenses superflues, c'est le simple commerce des personnes qui sont dans la classe où l'on est soi-même. Chacun, dans cette classe, concourt à jeter tous les autres dans la gêne, parce que l'économie que chacun peut faire, lorsqu'il est reçu chez les autres, est de beaucoup inférieure à la dépense qu'il fait lorsqu'il reçoit à son tour ; parce que, d'ailleurs, chacun se laisse entraîner peu à peu à renchérir sur ses modèles, non toujours par ostentation, mais quelquefois par véritable libéralité.

Mon ami, ce genre de dépense, duquel il ne reste rien, a ceci de funeste, qu'il met le sort de la vie à la merci de l'amour-propre, et que, lorsque déjà on n'en retire plus de plaisir, lors même qu'on en est lassé depuis longtemps, et lorsque, d'ailleurs, on aperçoit à une faible distance les embarras dans lesquels on se jette, on ne revient point cependant sur ses pas ; la force en est enlevée par les habitudes mêmes que l'on a prises : le caractère s'est affaibli ; on craint les mortifications, le ridicule ; persuadé même que les personnes avec lesquelles on a des rapports commencent à apercevoir la gêne dans laquelle on se trouve, on s'efforce de répondre à leurs soupçons par des dépenses encore plus considérables ; on se ruine plus tôt, par le vain besoin d'être censuré plus tard.

Amédée. Mon ami, il me semble que l'esprit de dissipation et de prodigalité est une dépendance du caractère, car on le trouve dans toutes les classes de la société.

Sans doute, répondit Lorenzo ; cet esprit dépend primitivement du caractère. Mais les habitudes, l'éducation, le loisir et l'exemple, dans les classes favorisées de la fortune, tendent à le développer et à le rendre beaucoup plus commun. La fortune a, par conséquent, sous ce rapport, une influence déterminée, et qui devient funeste, non-seulement au bonheur de l'individu, mais au repos des nations. En effet, ce ne sont point les hommes nés dans l'indigence qui sont redoutables dans un État ; ils le deviennent quelquefois ; mais c'est lorsqu'ils sont excités par une classe bien plus dangereuse, que l'on trouve dans les rangs plus élevés de la société : c'est celle des dissipateurs et des prodigues. Ceux-ci, pour peu que les circonstances leur deviennent favorables, cherchent à reconquérir, à la faveur de l'intrigue et du désordre, les biens qu'ils ont dissipés par leur faute, et qui étaient pour eux les principes de jouissances auxquelles ils ne peuvent ou ne veulent point renoncer. Les conjurés de Catilina, les adhérents de Cromwell, les amis de César, les frondeurs du cardinal de Retz, et, dans tous les temps, les principaux directeurs ou fauteurs des mouvements révolutionnaires, étaient, pour le plus grand nombre, des hommes ruinés par leur inconduite, qui avaient besoin, pour rétablir leurs affaires, du délabrement des affaires publiques et de la ruine de l'État.

Goût de la dissipation; goût de la retraite.

Mon ami, ce n'est point seulement la fortune que l'on apprend à dissiper, lorsque l'on a reçu en naissant les dons de la fortune. On apprend encore à dissiper le temps et le goût de la retraite, biens précieux à l'aide desquels on conserve et on augmente les biens dont on porte le principe en soi-même.

Ce qui fait que la fortune éloigne ou dissipe le goût des plaisirs intérieurs et solitaires, c'est qu'elle est loin de suffire pour les procurer; c'est qu'il faut des efforts, des sacrifices, de la sagesse, pour se mettre en état de les goûter; c'est qu'il faut s'élever pour les goûter, et que la fortune, au contraire, met à notre portée des plaisirs faciles, qui se multiplient, se succèdent, s'effacent mutuellement, accoutument l'esprit à une mobilité continuelle, et, d'ailleurs, ne demandent point que nous les méritions d'avance par des sacrifices et de la sagesse.

Mon ami, il ne suffit point, sans doute, de vivre dans la retraite pour avoir de l'étendue et de la force dans les idées, pour être capable d'aimer avec profondeur et constance. Mais l'homme le plus destiné par la nature à connaître ces premiers avantages ne parviendra point à les posséder, si, par l'usage qu'il fait de sa fortune, il s'environne sans cesse de jouissances légères, s'il se donne le besoin de l'amusement et des vains plaisirs.

O mon ami! quel véritable bonheur, lorsque, par les effets de la sagesse et de la retraite, nous parvenons à goûter, au fond de notre âme, nos affections et nos pensées! Je dis nos affections; nous en éprouvons réellement une pour nous-mêmes, lorsque nous nous livrons solitairement à une jouissance innocente. Nous nous plaisons avec notre cœur. Nous faisons avec nous-mêmes une conversation douce, féconde, qui ne repose point toujours sur des idées déterminées, mais qui s'alimente de souvenirs récents, de privations douloureuses, d'espérances confuses, et qui se termine par une rêverie dont notre cœur est touché. C'est ainsi que, dans une belle matinée du printemps, nous respirons, sans les apercevoir, mais non sans les sentir, toutes les particules odorantes qui embaument l'atmosphère.

Mais, pour connaître cet état délicieux, il ne faut point seulement un cœur sans remords; il faut encore une âme recueillie, se plaisant dans la solitude, goûtant par-dessus tout les faveurs de la nature et les charmes d'un beau jour. Tout alors est ravissant: si une inquiétude nous affecte, c'est celle de ne pouvoir arrêter le temps sur chacune des jouissances qui nous émeuvent, de le sentir, au contraire, s'écouler, s'enfuir d'une marche rapide, et de prévoir ainsi, malgré nous, le moment qui nous appellera ailleurs, et viendra terminer nos plaisirs. Mais ne nous plaignons pas. Notre nature est bien faible; il faut que des regrets viennent se mêler à tous les plaisirs qu'elle peut prendre. Ces regrets feront que nous quitterons ces plaisirs, en désirant de les goûter encore; nous y reviendrons de nouveau, et toujours dans l'espoir de les goûter sans mélange, sans mesure; espoir que, pour notre bien, la disposition des choses trompera de nouveau et toujours.

O mon ami! dit Amédée, pourquoi ne voulez-vous donc point me laisser dans la retraite? pourquoi voulez-vous que je rentre dans la société des hommes? Il y a avec eux tant de dangers et si peu d'avantages!

Lorenzo. Encore de l'exagération, mon cher Amédée; encore les contre-coups des mouvements qui vous ont agité dans un sens bien différent. Il n'y a pas longtemps que, si je vous avais demandé de partager à jamais ma retraite, votre cœur me l'eût accordé; mais vous auriez fait un sacrifice; votre inclination vous portait vivement vers les hommes, parce que vous aviez l'espérance de trouver auprès d'eux un grand nombre de plaisirs. Votre espérance a été trompée, et votre cœur mortifié se venge. Mais est-ce bien la faute de la société humaine, si votre amour-propre ou votre cœur vous ont fait attendre d'elle plus qu'elle ne pouvait vous accorder? Mon ami, j'ai beaucoup souffert; mes peines m'ont rendu le service de me jeter dans la retraite et de me la faire aimer. Mais c'est aussi dans la retraite que, lorsque le temps a adouci mes peines, j'ai réfléchi sur les causes qui les avaient amenées; j'ai vu que je serais injuste de m'en plaindre, puisque j'en ai retiré des effets salutaires; je suis rentré en paix avec les hommes et avec mes souvenirs; dès ce moment, j'ai vu, ce que j'espère vous démontrer un jour, que l'accomplissement de nos devoirs n'est autre chose que ce qui doit nous rapporter à nous-mêmes le plus d'avantages. Sous ce rapport, j'ai trouvé que l'affection pour les hommes était un de nos devoirs, puisqu'elle est un sentiment bien avantageux à notre âme.

Oui, mon cher Amédée, c'est un devoir pour nous d'aimer les hommes; et si nous voulons mesurer, en quelque sorte, l'élévation de notre innocence et de notre sagesse dans les dispositions si inégales de notre vie, nous n'avons qu'à consulter la douceur et la facilité que nous trouvons à remplir le devoir qui nous prescrit d'aimer les hommes; mais ajoutons que ce doit être pour nous un plaisir intérieur, dont la manifestation ne nous est point ordonnée. Si même nous suivions sa pente, nous ne ferions bientôt que déguiser, sous un nom et un motif honorables, le goût de l'oisiveté et le besoin de la dissipation.

Il faut tenir un milieu entre les extrêmes; je vous ai dit, mon ami, que c'est le principe de la réalité et de la sagesse. Ne nous jetons point dans l'universalité du monde : semblables alors à une petite quantité d'eau répandue sur une grande surface, nos sentiments n'ont aucune profondeur; bientôt ils s'évaporent; il n'en reste rien ni pour nous-mêmes, ni pour les autres.

Évitons également de nous isoler dans une solitude absolue ; nos sentiments se concentrent, fermentent, s'exaltent ; ils finissent par altérer quelquefois le vase qui les contient. Tâchons de vivre un peu en solitaires, au milieu d'une société doucement et agréablement composée. Nous pourrons ainsi, sans perdre nos biens intérieurs, donner de l'emploi au plus aimable des besoins que nous ait accordé la nature, à celui d'inspirer et de sentir de la bienveillance. Il est heureux pour nous d'aimer paisiblement les personnes qui nous entourent, d'en être aimés de même. Il faut, pour cela, que les personnes qui nous entourent ne soient pas en trop grand nombre ; il faut aussi qu'elles aient un bon cœur ; on le trouve plus communément en société de femmes estimables. C'est là qu'une douce aménité s'établit, d'ordinaire, en faveur de l'homme qui sait se défendre des prétentions, dont le cœur est sensible aux moindres témoignages d'intérêt, qui sait ne tenir compte que des qualités avantageuses, dont l'humeur est égale, conciliante, et qui, sans se presser, sans se fatiguer, cherche et saisit l'occasion de témoigner des égards et de l'affection.

D'ailleurs, il est encore dans nos devoirs, mon ami, de porter, autant qu'il nous est possible, la paix et le bonheur dans l'âme de nos semblables. C'est pour nous un devoir, puisqu'il n'est pas de plus sûr moyen de se consoler de ses propres peines que de consoler les peines des bons cœurs. Voyez que d'avantages pour soi-même ! On se fait promptement, et sans y penser, l'application de ce que l'on dit à ses amis ; on trouve, d'ailleurs, en leur parlant, bien des choses que l'on ne trouverait point si l'on ne s'entretenait qu'avec soi-même, et l'on en reçoit au fond de l'âme une salutaire impression... On veut, d'ailleurs, ne point se démentir, et achever son ouvrage, c'est-à-dire payer d'exemple en fait de bonté, de contentement et de douceur ; c'est le fondement du commerce que Dieu a établi entre nos âmes. Commercer, c'est se procurer des avantages réciproques. Dieu a voulu que donner du repos, du vrai contentement, ce fût en recevoir.

Compensations attachées aux avantages de la puissance, du caractère et du talent.

Mon ami, le malheur, lorsqu'il arrive à l'homme, n'est qu'une réaction des hommes et de la nature contre le bonheur dont il a joui. Il serait impossible à la nature de jeter dans la souffrance un homme à qui elle n'aurait accordé aucun moyen ni aucune occasion de plaisir; mais il est également impossible à l'Auteur de la nature de ne pas retirer successivement à chaque être périssable tous les dons qu'il s'est plu à lui faire. L'homme sur la terre est nécessairement mortel; et la mort pour chaque homme est l'ensemble des pertes que, successivement il est contraint de faire. Celui qui, pendant le cours de cette existence passagère, doit éprouver le plus de froissements et de douleur est donc celui qui a reçu le plus de biens; c'est celui qui est parvenu à avoir le plus de motifs de tenir à la vie; c'est celui qui, étant né très intelligent et très-sensible, ayant d'ailleurs été placé dans une condition élevée parmi ses semblables, a vu longtemps ses semblables et la nature se concilier pour enrichir son être, pour étendre indéfiniment son existence par un très-grand nombre de doux et heureux rapports; c'est, par exemple, le souverain illustre qui régna sur la France pendant le dix-septième siècle. Cherchez dans l'histoire : vous ne trouverez pas un homme que la nature ait doué primitivement d'un plus beau caractère, qui soit venu au monde dans une position plus brillante; qui dès sa plus tendre jeunesse ait régné sur un peuple plus éclatant; qui d'abord ait plus fortement maîtrisé les événements et les hommes; qui ait obtenu d'une génération entière plus d'affection et d'hommages; qui, en un mot, pendant la première période de sa vie, ait figuré plus noblement un dieu sur la terre... Lisez toute son histoire : vous ne trouverez pas d'homme qui ait terminé son illustre carrière par de plus longues années d'ennui, de déchirements, d'humiliation et de tristesse; vous le suivrez silencieusement dans sa retraite pompeuse, luttant à la fois contre l'horreur de la mort et le poids de la vie...; et cette retraite elle-même, admirable monument de grandeur et de magnificence, demandez-lui pour quels motifs elle fut placée en ce lieu jusqu'alors sauvage et solitaire ; elle vous répondra : Je n'existerais pas sans les sombres terreurs d'un roi jadis brillant, fier et magnanime. C'est ici qu'il chercha, mais vainement, à fuir l'image désespérante des tours de Saint-Denis.

Si maintenant, avant de descendre de ce grand souverain à l'humanité ordinaire, nous nous arrêtons quelques moments sur les marches de son trône, nous y verrons une femme d'un caractère très-remarquable. Écoutons ses confidences, elles nous apprendront si la prospérité est la même chose que le bonheur.

« Que ne puis-je, écrivait madame de Maintenon à une amie, que ne puis-je vous faire voir l'ennui qui dévore les grands, et la peine qu'ils ont à remplir leur journée ! Ne voyez-vous pas que je meurs de tristesse au sein d'une fortune que l'on aurait eu peine à imaginer ? J'ai été jeune et jolie, j'ai goûté des plaisirs, j'ai été aimée partout ; dans un âge plus avancé, j'ai passé des années dans le commerce de l'esprit ; je suis venue à la fortune, et je vous proteste que tous les états laissent un vide affreux. »

Elle disait dans une autre lettre : « On rachète bien les plaisirs et l'enivrement de la jeunesse ; je trouve, en repassant ma vie, que depuis l'âge de trente-deux ans, qui fut le commencement de ma fortune, je n'ai pas été un moment sans peines, et qu'elles ont toujours augmenté. »

Que manquait-il donc à cette femme célèbre ? elle avait reçu naturellement le goût de toutes les satisfactions que son sort lui prodiguait ; elle était spirituelle, polie, régulière, vertueuse ; mais tel était sur elle, comme sur Louis XIV, l'effet de cette situation si élevée, si fortunée aux yeux des hommes ; l'un et l'autre étaient lassés, accablés d'éclat et de jouissance ; leur âme avait presque perdu la faculté de sentir, et leur imagination rassasiée ne leur présentait plus rien à désirer. Satiété du bonheur ! peut-il être un mal plus insupportable ? l'excès même du malheur permet au moins l'espoir.

Dans les âmes naturellement faibles ou depuis longtemps affaiblies, la satiété du bonheur se manifeste par un morne accablement; dans les âmes jeunes ou encore vives, elle produit une humeur et une irritation qui vont souvent jusques au délire.

Bien éloigné de madame de Maintenon, par son âge, son rang naturel et son caractère, le petit-fils de Louis XIV, le jeune duc de Bourgogne, fut d'abord très-malheureux. Pendant son enfance, « il était dur, colère jusques aux derniers emportements contre les choses inanimées, impétueux avec fureur, incapable de souffrir la moindre résistance, même des heures et des éléments, sans entrer dans des fougues à faire craindre que tout se rompît dans son corps. » (*Mémoires de Saint-Simon.*)

Ce portrait, tracé par un historien contemporain et fidèle, ne convint plus au jeune prince, lorsque, par l'influence de la piété et par des soins admirables, l'immortel Fénelon eut effacé en lui les effets de l'extrême fortune. Mais ce portrait sera toujours celui des enfants qui, étant nés avec une organisation heureuse, seront placés par leur sort au sein d'un parfait bien-être, et seront environnés de personnes qui ne mettront point de bornes à leur complaisance. Organisation heureuse, bien-être parfait, et de la part des hommes complaisance absolue! Il semble que le bonheur parfait devrait résulter de la réunion de si grands avantages; c'est cependant le malheur qui en est le résultat; parce que, dans l'enfant ainsi organisé et ainsi placé, il n'y a bientôt plus que l'exigence qui soit sans bornes, et cette exigence finit par ne s'adresser qu'à des choses impossibles; la nature et les hommes ne peuvent plus présenter que des plaisirs déjà accumulés et usés.

L'éducation pour de tels enfants n'est autre chose que l'art de forcer leurs désirs à rentrer en proportion avec les moyens justes et raisonnables de les satisfaire.

Il en est ainsi de la sagesse pour les hommes faits. La vraie sagesse peut seule conduire l'homme à tout le bonheur dont il est susceptible, et elle seule établit ainsi une véritable inégalité dans le sort des hommes; cependant elle ne fait pas que la loi du balancement soit troublée; seulement elle ménage les intérêts de l'avenir en demandant au présent des sacrifices; elle fait que les peines et les privations, sans jamais être immodérées, sont répandues uniformément sur l'ensemble de la vie. Les hommes livrés à leurs passions, ou entraînés par l'extrême fortune, saisissent avec précipitation, dès le début de leur vie, tous les biens, tous les plaisirs qui devaient en adoucir l'ensemble; lorsqu'ils ont achevé cette consommation, il ne leur reste que malheur et indigence.

Et n'oublions pas que parmi les biens répandus à divers degrés sur les hommes il faut considérer comme d'une grande importance les qualités individuelles, les qualités données par la nature, telles que la force de l'esprit et la bonté du caractère. L'homme né très-confiant, très-généreux, goûte un profond et tendre ravissement toutes les fois qu'en faveur d'autrui il s'oublie lui-même; c'est ce qui l'entraîne souvent à l'excès de désintéressement et de confiance; par cette bonté immodérée dont les mouvements sont accompagnés d'une volupté si douce, il se met dans une position souvent pénible; et lorsque l'ardeur du dévouement est apaisée, lorsque les événements viennent le surprendre, il souffre; quoique généreux encore, son cœur regrette au moins d'avoir eu trop de générosité.

De même, l'homme qui a reçu de la nature un esprit très-étendu est vivement satisfait pendant ses études ou ses méditations solitaires; et lorsqu'il s'abandonne à quelques-unes de ses idées, lorsqu'il compose en employant à la fois son imagination et son savoir, il est plus heureux encore. Enfin lorsqu'il publie ses ouvrages, ou qu'il communique ses pensées, il reçoit souvent par son cœur ou son amour-propre de vives et profondes jouissances. S'il use modérément de sa fortune naissante, il la conserve et l'augmente paisiblement; s'il met trop d'ardeur à l'étendre, il excite de fortes résistances, il alarme l'envie; et si enfin, trop avide d'une célébrité fastueuse, il emploie pour l'obtenir des moyens plus rapides qu'honorables, ou seulement si par l'effet de circonstances particulières il est exalté au delà de ce qu'il mérite, sa chute succède, les mortifications arrivent; elles lui font expier ce qui, dans sa marche et ses jouissances, fut injuste et exagéré.

C'est toujours ainsi que se terminent les plaisirs multipliés et extrêmes; en toutes choses, la modération seule garantit la durée. Mais la modération est naturellement donnée par le caractère, ou bien elle est acquise par la sagesse, ou bien encore elle est forcée par les événements et la situation. Dans le premier cas, elle est constante et facile; l'homme médiocre est naturellement modéré. L'homme sage est modéré comme l'homme médiocre; mais sa modération est son ouvrage; elle lui a coûté des efforts, des sacrifices; sa récompense est de jouir avec douceur, avec profondeur même, des plaisirs simples et modestes qu'il a cru pouvoir s'accorder.

Enfin l'homme ardent et sensible, qui, d'abord fut flatté par les hommes et la fortune, et qu'ensuite l'infortune abaisse, cet homme, s'il est faible et injuste, s'irrite, se désespère, mais si la raison et la justice pénètrent son âme, il s'apaise; se console; il donne son cœur aux biens qui toujours demeurent, à la nature, à l'amitié, à l'étude, à la sagesse; il en vient jusques à bénir l'infortune de ce que sa vie, semblable à une source paisible, coule avec utilité et permanence, au lieu de ressembler à un torrent impétueux, inégal, qui porte au loin le bruit, le ravage, et se dessèche en peu d'instants.

Pour vous montrer, mon ami, par un second exemple, que mes réflexions sur le sort des hommes revêtus des biens de la fortune s'appliquent surtout à ceux qui sont revêtus de la puissance souveraine, je choisirai un des hommes qui a jeté le plus d'éclat sur cette puissance, et je citerai le jugement qu'il en a porté lui-même.

Frédéric sera à jamais un homme célèbre. Lorsqu'on a achevé la lecture de ses écrits, on voit qu'il avait reçu un premier fonds très-abondant de qualités heureuses, justement compensées par les défauts qui en dépendent; qu'il s'est formé par les événements, par le temps, par l'expérience, et qu'il a fini par être, sous tous les rapports, un homme supérieur. Sa correspondance présente une étude intéressante à faire. C'est une galerie de tableaux qui le montre dans tous les âges, dans toutes les positions. Tant qu'il est emporté par le feu de la jeunesse, ses opinions, ainsi que ses actions, sont inconsidérées, audacieuses. Il admire le talent, les vertus; mais il les attribue, avec la générosité de son âge, à bien des hommes indignes de tant de considération. On le voit s'éclairer, dans l'âge mûr, par la connaissance personnelle de ceux pour lesquels il s'était le plus fortement passionné, et par l'étude générale des hommes, de la vraie politique, de l'art de bien gouverner.

Une vive et longue scène, la guerre de sept ans, attendait Frédéric à la fin de sa vie, pour en faire, dans sa vieillesse, un homme très-élevé et un grand souverain.

Nul homme n'a été soumis à des épreuves plus fortes, plus multipliées que celles de Frédéric, pendant la guerre de sept ans. Sans cesse exposé à de nouveaux dangers, accablé de revers, écrasé de toutes parts, obligé de lutter, avec toute la constance de l'héroïsme, et toutes les ressources du génie, contre une dernière défaite, qu'il jugeait lui-même inévitable, il ne trouve des moyens et des forces que dans le courage qu'excitent en lui la fierté et l'honneur. Presque certain de succomber, mais incapable de craindre ou de descendre, il ne combat que pour reculer glorieusement sa chute, et pour la faire payer chèrement. Cent mille hommes de plus dans son armée, et lui-même de moins pour la commander, la Prusse n'était plus. Dans une telle situation, Frédéric fut réellement un grand homme, donnant au monde un grand spectacle, celui de dominer, d'écraser lui-même, et lui seul, ses propres revers.

On ne peut lire sans un vif intérêt tout ce qu'il datait du champ de bataille, tout ce qu'il écrivait de fier et même d'aimable, au milieu d'un chaos de difficultés sans cesse renaissantes, et dans l'embarras effrayant d'une position désespérée.

Les vers suivants méritent d'être cités : c'est Frédéric, un souverain justement admiré, un grand homme, qui fait le tableau de la souveraineté.

> ... Voilà le sort des grands qui gouvernent le monde :
> Des chagrins, des revers, une douleur profonde,
> Des piéges, des dangers, des ennemis cruels,
> Des soins pour des ingrats, des soucis éternels !
> Et si, se consumant en des travaux utiles,
> Le destin les traverse, on les croit malhabiles !

Aux malheurs, aux hasards, plus que d'autres soumis,
Ils ont des envieux, et point de vrais amis.
. . . .
. . . . Le bonheur au pouvoir ne fut point attaché;
Le vulgaire le croit sous la pourpre caché;
Le vulgaire ébloui juge sans connaissance,
Prend pour réalité ce qui n'est qu'apparence.
Pour moi qui, dans le monde, ai de tout éprouvé,
Dans ces divers états mon cœur vide a trouvé
Qu'au milieu de nos maux, le seul bien véritable,
Aux grandeurs, à la gloire, aux plaisirs préférable,
Seul bien, étroitement à la vertu lié,
C'est de pouvoir en paix jouir de l'amitié.

ÉPITRE AU MARQUIS D'ARGENS. 1761.

Jugement sur Voltaire.

L'homme célèbre dont je viens de vous parler a été contemporain et ami d'un grand écrivain, qui contribua à ses fautes et à sa gloire. Je vais vous dire ce que je pense de Voltaire, et c'est ainsi que je terminerai mes considérations sur les compensations que l'équité providentielle attache toujours aux principaux avantages que l'homme désire sur la terre.

Voltaire était né avec le germe des talents les plus supérieurs; c'est ce que personne ne révoque en doute. Mais on est porté à croire qu'il n'avait point naturellement une belle âme, et l'on se trompe. Pour rectifier son jugement à cet égard, il faut d'abord reconnaître que l'esprit est bien loin de suffire pour composer ces ouvrages d'imagination où l'on trouve des sentiments élevés, généreux, et des situations frappantes. Il faut, de plus, une âme vive, grande, ayant le goût et la connaissance du bien. Il peut venir un temps où toutes les dispositions heureuses soient très-affaiblies dans l'âme d'un écrivain qui était né avec de telles dispositions. Alors, s'il fait encore des tableaux animés, il ne sait plus en puiser la composition que dans ses souvenirs, ou quelquefois dans ses efforts pour remonter vers la grandeur qu'il regrette, et d'où il est descendu. De telles compositions peuvent encore être recommandables; cependant elles manifestent de la contrainte; elles n'ont point cette beauté pleine et facile qui distinguait les productions de l'âme belle et simple, telle qu'elle était à son printemps.

Les hommes, en jugeant un écrivain, ne le considèrent point à toutes les époques de sa vie. Il est rare qu'on l'ait connu tant que sa vie a été estimable. Le vrai mérite n'a ni les occasions ni le désir de se rendre saillant. Les premières compositions d'un écrivain sont le fruit du silence et de la retraite. Ces compositions mêmes l'attirent sur la scène publique; et alors il est exposé à mille tentations bien plus dangereuses pour lui que pour tout autre, parce que, s'il n'avait pas eu une sensibilité exquise et une âme très-vive, il n'aurait pas été en état d'être bon écrivain.

Voltaire s'était laissé entraîner bien loin de ses dispositions primitives, et la dernière impression qu'il a laissée par ses écrits et sa conduite ne lui ayant pas été favorable, il sera toujours jugé avec prévention.

Voici, je crois, ce que l'impartialité autorise à dire sur le compte de Voltaire : il avait naturellement un excellent cœur; sa correspondance le montre à découvert. Elle apprend qu'il faut partager la vie de Voltaire en deux époques bien distinctes, et, pour ainsi dire, sa personne même en deux personnes. On le voit d'abord ami généreux, indulgent et fidèle. Bien loin de porter envie aux talents d'autrui, il les fait valoir et les encourage. Loin d'être intéressé, il est loyal et bienfaisant. Nulle arrogance dans ses opinions, nul entêtement dans sa façon d'envisager ses propres ouvrages. On le voit, au contraire, déférer avec complaisance aux représentations de ses amis; sensible à la voix du véritable honneur, il montre une âme bien supérieure aux exigences de la vanité.

Mais tout se compense; Voltaire unissait à des talents extraordinaires un amour-propre qui, s'il abandonnait la sagesse, devait insensiblement l'entraîner à une jalousie excessive, parce qu'il devait lui donner le besoin des hommages universels.

Une âme très-fière, très-orgueilleuse, que la sagesse n'adoucit pas, peut en venir jusques à mettre sa grandeur dans le mépris des suffrages. Voltaire n'avait point une âme de ce genre. On a dit avec vérité que son organisation se rapprochait de celle des femmes. Une imagination très-féconde, une sensibilité exquise, mais un sentiment très-mobile, une rapidité extrême dans les aperçus, mais peu de cette consistance qui fait saisir un grand ensemble, enfin, et par-dessus tout, le désir d'une renommée brillante, le besoin des hommages, de cette fumée enivrante que l'on respire avec la célébrité, et qui ne nourrit point comme la gloire : tels sont les principaux penchants de bien des femmes; tels étaient ceux de Voltaire.

Or, il est aisé de voir que la passion des hommages est incompatible avec ces dispositions douces et modérées qui conduisent les cœurs paisibles aux méditations solitaires ; que d'ailleurs cette passion entraîne presque inévitablement vers la plus malheureuse des faiblesses, vers celle qui, à force de tourments, altère peu à peu les plus heureux caractères, efface les inclinations généreuses, rend odieux ce qui est aimable, et, d'un homme très-aimable, finit par faire un homme odieux.

Le caractère de Voltaire, non réprimé par la sagesse, le conduisit insensiblement à se laisser dévorer par les tourments de l'envie; et cette passion finit par l'entraîner à bien des mouvements honteux ou même coupables.

Son intelligence ayant de bonne heure été en état de tout saisir avec une rapidité extrême, il avait eu, jusques à un certain point, le droit de se persuader qu'il pourrait devenir le premier dans tous les genres, et faire dire de lui-même qu'il était universellement supérieur. Mais il y a très-loin de l'intelligence qui saisit à l'intelligence qui crée; celle-ci est le génie. Voltaire avait trop de vivacité dans l'esprit pour être un homme de génie. Il manquait encore de ce goût pour la retraite, l'obscurité, le silence, que la nature donne toujours aux hommes de génie, parce que leurs conceptions sont si étendues, si profondes, qu'ils ne pourraient eux-mêmes s'y reconnaître, sans le secours de la retraite, du silence et de l'obscurité.

Toutes les productions d'un vrai génie excitèrent donc l'envie de Voltaire, et leurs auteurs devinrent l'objet de sa haine, parce qu'ils l'éloignaient de la supériorité universelle. Aussi le voit-on essayer constamment de rabaisser, par des critiques amères, tous les bons ouvrages de ses contemporains. Depuis une certaine époque de sa vie, il ne loue plus que Racine, Newton, et quelquefois Corneille, parce que ces trois grands hommes n'étaient plus ; et comme d'ailleurs il se vante plus d'une fois des louanges qu'il a données à Racine et à Corneille, on voit que ces louanges lui ont coûté un effort.

Telle est la liaison de nos penchants, soit heureux, soit funestes. L'effort d'acquérir une vertu nous aide à les acquérir toutes ; la faiblesse qui nous entraîne vers un défaut essentiel nous conduit bientôt, quand nous ne voulons pas nous retenir, à une honteuse et complète faiblesse.

Voltaire, envieux et dominateur, parvint, à la fin de ses jours, à un degré de petitesse très-éloigné de sa bonté primitive et de ses qualités naturelles. C'est ainsi qu'il affaiblit le mérite de tout ce qu'il y avait de bon, d'excellent même, dans ses premières productions. On jugea alors celles-ci sur ce que Voltaire était devenu, et on les trouva d'un contraste qui étendit malheureusement jusques aux belles-lettres, en général, la prévention des hommes peu réfléchis. Ceux-ci ne distinguèrent point les temps ; ils dirent seulement : Les productions de Voltaire sont semées de traits pleins de noblesse et de grandeur d'âme ; Voltaire manqua souvent, dans sa conduite, de grandeur d'âme et de vertu, donc, les beaux sentiments que l'on trouve dans ses productions littéraires ne sont qu'une belle hypocrisie ; et il est impossible qu'un homme d'honneur lise ces productions avec plaisir.

Cette prévention est injuste sans doute, mais elle est naturelle ; et les écrivains qui s'y attendront, qui la redouteront, auront l'avantage de trouver dans cette crainte un frein salutaire.

Il faut deux choses pour qu'un ouvrage puissse avoir une grande valeur : il faut la bonté de l'auteur, et la bonté de l'ouvrage.

Je vais vous dire maintenant, mon ami, par quelle cause principale il me semble que Voltaire fut entraîné à abandonner la sagesse, et à perdre avec elle la beauté de son âme et l'élévation de ses talents.

C'est par l'effet des moyens mêmes qui développèrent l'étendue et la fertilité de son esprit. Dès sa jeunesse, Voltaire eut non-seulement la jouissance d'un loisir absolu, mais il se lia intimement avec une femme aimable et d'un esprit supérieur, qui rassembla toutes les ressources et tous les agréments autour de son sort. Madame du Châtelet, généreuse et riche, rendit Voltaire indépendant de la fortune, et l'environna de secours. Elle fit malheureusement davantage ; elle fut pour lui d'une société charmante : ils s'aimèrent mutuellement ; ils oublièrent ensemble la vertu pour le plaisir. Quelle force n'aurait-il point fallu à Voltaire pour renoncer à une vie si délicieuse? Mais, d'un autre côté, quelle force pouvait rester à Voltaire, menant une vie dont les délices affaiblissaient en lui le sentiment des principaux devoirs?... C'est un vrai malheur pour un jeune homme qui aimerait naturellement la vertu, de se trouver dans une position où le plaisir le plus séduisant rend la vertu presque impossible. Mille fois heureux celui qui est tenu à une grande distance d'un sort en apparence si heureux!

Voltaire et madame du Châtelet ne pouvaient manquer de suivre insensiblement une ligne funeste. L'homme qui s'égare a besoin, pour sa justification, des égarements de son esprit. Il s'efforce de se rassurer contre les remords, et peu à peu il se rassure. Les âmes ordinaires parviennent le plus souvent à se calmer par insouciance. Il leur a été facile d'oublier les principes dont elles n'avaient jamais bien senti la force. Mais les esprits ardents et étendus ne se tranquillisent point aisément. Ils ont besoin de renverser de force ce qui les importune, parce qu'ils en sont fortement importunés. Ils ont beau faire, ils le sont toujours ; et c'est ce qui multiplie leurs attaques. Compensations et équilibre. Les hommes qui sentent le plus vivement le plaisir sentent le plus vivement le regret, répandent tantôt le plus de lumières, tantôt le plus de ténèbres, font beaucoup de bien, beaucoup de mal, goûtent les jouissances les plus vives, les plus nombreuses, éprouvent les tourments les plus cruels, les plus nombreux.

Je pense donc que c'est au sein d'une vie délicieuse et coupable que Voltaire s'anima contre tous les hommes à grande renommée, et contre la religion chrétienne, de cette haine implacable qui le dévora jusques à la fin de sa vie, qui fut trop ardente pour ne pas témoigner qu'elle laissait toujours son âme dans le trouble, et que la passion l'excitait; qui lui fit faire mille petitesses injurieuses à sa gloire; qui le porta à gâter ses meilleurs ouvrages, ses ouvrages d'imagination, par des sentences déplacées, par une ostentation de philosophie également nuisible à la vraie philosophie et à la saine littérature; qui le conduisit enfin, dans sa vieillesse, à une sorte de dépit, souvent très-amer, plus souvent puéril et misérable.

Mon ami, je vous le répète, et je me résume : Voltaire, né avec les plus grands talents et une belle âme, abandonna la sagesse; il perdit ainsi sa force, sa bonté et son bonheur [1].

[1] A cette esquisse sur le caractère et le sort de Voltaire, fruit de l'impression que, dans ma solitude, venait de faire sur moi la lecture de ses œuvres, principalement de sa Correspondance, je désire que l'on ajoute le jugement plus détaillé, plus approfondi, que j'ai placé postérieurement dans l'ouvrage que j'ai intitulé : *Du sort de l'homme dans toutes les conditions;* là j'ai considéré ce célèbre écrivain sous ses traits les plus remarquables, et je l'ai mis en parallèle non-seulement avec J. J. Rousseau, son émule ordinaire, mais encore avec Fénelon et Bossuet.

Dans ce second jugement sur Voltaire, je crois ne m'être pas écarté de la justice; cependant plusieurs de ses admirateurs, qui me semblent exagérés, m'ont adressé des reproches, que je vais indiquer ici par ma réponse.

Je persiste à penser que Voltaire n'a point mérité le titre de philosophe, quoiqu'il ait fait quelques ouvrages philosophiques, et que souvent il y ait eu de la bonté, de la chaleur, de la générosité, dans ses actions : c'est à l'ensemble de la vie que les titres se donnent; et Voltaire a manqué habituellement de calme, de dignité, de désintéressement et de noblesse.

J'ai peine à concevoir comment des Français pourraient consacrer, par une profonde estime, la mémoire de l'homme qui, à l'aide d'une poésie indignement séduisante, se plut à travestir en caricature honteuse une héroïne forte, admirable, malheureuse, sublime. Jeanne d'Arc, née à Rome ou dans la Grèce, eût reçu de ses compatriotes les honneurs divins; par quelles imprécations n'eussent-ils point flétri un poëme tel que celui de Voltaire ?

D'un autre côté, j'ai cru pouvoir dire que Voltaire, *merveille d'esprit*, n'était pas précisément un *homme de génie*, parce qu'il me paraît avoir manqué des deux qualités les plus essentielles au génie : la force qui crée, et la constance qui poursuit.

On m'a opposé qu'il s'était montré créateur dans le genre historique.

LIVRE SEPTIÈME.

Des compensations qui s'attachent au séjour des villes et au séjour des campagnes.

Dans l'état de société, les hommes peuvent être considérés comme partagés en deux classes, les habitants des villes, et les habitants des campagnes. Sous ce rapport, la destinée des hommes est encore balancée avec égalité.

Les habitants des villes jouissent davantage des agréments qui naissent de la société. Les habitants des campagnes jouissent davantage des biens qui sont donnés par la nature.

L'esprit des habitants des villes acquiert plus d'étendue,

Je ne disconviens point qu'il n'ait saisi, dans ce genre, une route grande et nouvelle. Mais, d'une part, il a manqué de constance pour la parcourir; d'un autre côté, je doute qu'en histoire, où la matière existe, où elle est, en quelque sorte, toute placée, toute faite, l'homme puisse être créateur; c'est assez, ce me semble, qu'en retraçant l'histoire avec fidélité, l'écrivain puisse y mêler convenablement ce qui appartient à tous les siècles, la raison puissante et la haute philosophie.

Un critique judicieux m'a représenté, par la voie du Journal de Paris, que l'on devait accorder à Voltaire le *génie de l'artiste*. Une telle attribution me paraît ingénieuse et juste. Sur un sujet borné, quoique frappant, concevoir d'une seule pensée, et exécuter d'un seul jet, c'est en cela que consiste le génie dans les beaux-arts, et Voltaire a quelquefois montré ces facultés brillantes. Mais Voltaire ayant beaucoup plus écrit comme philosophe que comme poète, et ayant surtout aspiré à la gloire d'écrivain philosophe, c'est principalement sous ce titre qu'il se montre à notre pensée; c'est sous ce rapport qu'il doit être jugé. Je crois pouvoir ici répéter mes paroles :

« ... Par l'ensemble de ses ouvrages, de son caractère et de sa conduite, il manqua de cette mesure pleine et soutenue, de cette énergie opiniâtre et imposante, qui donnent au génie le sceptre de la puissance humaine. Ce sceptre éclatant, encore plus ferme, Voltaire n'aurait pu le jeter en fonte : mais c'est lui surtout qui aurait pu l'orner et le polir. »

plus de sagacité. Celui des habitants des campagnes, occupé de moins d'objets, acquiert plus de maturité et de consistance.

Dans les villes, on doit trouver plus fréquemment de grandes vertus et de grands vices, parce que l'homme s'anime dans le bien, comme dans le mal, par la présence et la fréquentation de ses semblables.

L'habitant des campagnes est placé et occupé d'une manière favorable à la santé. C'est surtout parmi les cultivateurs que l'on ignore ces maladies nerveuses, si cruelles, qui désolent fréquemment l'homme dont la vie s'écoule au sein du repos, des plaisirs et du bien-être. Celui-ci est accessible à toutes les passions qui naissent du loisir et de la fréquentation des hommes. Il les excite d'ailleurs par sa nourriture presque toujours trop abondante, et surtout trop composée de principes irritants. Il est entraîné à mêler ces principes irritants à sa nourriture, afin d'en rendre la digestion plus facile, et de se délivrer par là de la torpeur où le laisseraient de lentes digestions. De tels suppléments sont bien loin de remplacer l'influence du grand air et de l'exercice; l'activité que donnent ces deux agents de la véritable force est bien mieux distribuée, et il n'en résulte jamais d'inconvénients.

Les maladies qui affligent l'habitant des villes, et qui épargnent l'habitant des campagnes, viennent encore de ce que celui-ci connaît peu cet état de l'âme si pénible, que l'on nomme ennui. Ses occupations sont trop nombreuses et ses plaisirs sont trop simples pour qu'il s'en dégoûte. L'habitant des villes parvient ordinairement à l'ennui, par le défaut d'occupation, et encore plus par la satiété qui résulte du nombre et de la vivacité de ses plaisirs.

C'est parce que, dans nos désirs, nous ne regardons presque jamais que ce qui est le plus près de nous, et rarement le terme auquel nos désirs nous conduisent, que l'on voit l'habitant des campagnes tendre naturellement vers la ville. Ce n'est pas seulement pour subsister d'une manière plus aisée qu'il se rend ainsi vers les lieux où s'emploient tous les genres d'industrie, c'est aussi parce que son imagination lui représente les plaisirs de la ville comme plus vifs et plus multipliés. Toutes les fois qu'il va y passer un jour, il n'y trouve qu'agrément, et il envie le sort des hommes qui y font habituellement leur demeure. Il ne sait pas que c'est de lui-même que découlent la plus grande partie des charmes qu'il trouve aux plaisirs de la ville. Ces plaisirs ont pour lui ce qu'ils n'ont point pour l'habitant des villes, l'avantage de la rareté.

Ainsi, l'habitant des campagnes est séduit par des illusions attrayantes, lorsqu'il tend vers la ville. Au contraire, les douceurs de la campagne sont réelles et paisibles; mais l'habitant des villes craindrait d'y être réduit. Lorsqu'il est accoutumé aux plaisirs de la ville, lorsqu'il ne les goûte plus, c'est parce qu'il a perdu, à l'aide de ces plaisirs mêmes, la plus grande partie de sa sensibilité. Les plaisirs de la campagne lui suffiraient bien moins encore.

On voit cependant quelques-uns de ces hommes, lassés du tumulte des villes, chercher à la campagne des jouissances qu'ils puissent trouver nouvelles. Et comme dès le début de ce changement, leur santé devient meilleure; comme d'un autre côté la nouveauté a toujours des attraits, ils éprouvent d'abord une satisfaction sensible, et ils croient pouvoir compter sur sa durée. Mais bientôt ils ne s'aperçoivent plus que leur santé est devenue meilleure; ils ne tiennent plus compte de cet avantage, et si, d'ailleurs, ils n'ont point assez de fortune pour se procurer, à la campagne, tous les agréments et toutes les commodités de la ville, ils ne sentent plus que la privation de ces agréments. Ils sont ramenés vers la ville; et là, par de petites habitudes, ils tâchent de suppléer, autant qu'ils le peuvent, au défaut d'occupations élevées et de vrais plaisirs.

Ce sont principalement les habitants des grandes villes qui se dégoûtent de la vie que l'on y mène, qui font quelquefois des efforts pour prendre le goût de la campagne, qui rentrent dans leur ville pour s'y déplaire encore, et qui enfin, ennuyés de tout, ne sachant plus que faire de la vie, ont beaucoup de peine à la supporter. On voit plus rarement des habitants des petites villes se plaindre du poids de la vie. Cela même prouve que tout n'est point avantage en faveur des grandes villes, quand on les compare aux petites : et voici, ce me semble, en quoi consistent les compensations.

Dans les grandes villes, on a communément les idées plus étendues, les habitudes d'esprit plus aisées, plus libérales. Quand on éprouve un sentiment d'intérêt, c'est pour des choses plus intéressantes; mais on y éprouve rarement un sentiment de véritable intérêt. Beaucoup de bien peut se faire dans les grandes villes, sans que l'homme qui le fait puisse parvenir à être loué, aimé, estimé. Si, d'avance, il n'est pas très-affermi dans le bien, il se décourage.

Dans les grandes villes, il y a beaucoup plus de liberté : et c'est bien ce que l'on fait surtout valoir quand on vante leur séjour; mais cette liberté vient de ce que chacun est à peine connu des hommes qu'il fréquente, et qu'il est isolé de tous les autres. Dans les petites villes, chacun est connu de tous; ce que chacun fait, ce qui lui arrive, devient à l'instant la nouvelle publique. Il résulte de là que chacun est lié à tous les autres, puisqu'il les occupe et qu'il s'occupe d'eux. Cela même est la source de plusieurs grands avantages. L'homme qui est tenté de mal faire est contenu, jusques à un certain point, par la crainte de la médisance ou même de la calomnie. Dans une grande ville, il pourrait beaucoup plus aisément cacher ses fautes; par conséquent il en commettrait plus aisément. En second lieu, les sentiments que les hommes s'inspirent mutuellement, dans les petites villes, sont plus ardents, plus prononcés; l'affection et la haine y sont plus vives; et la haine elle-même est un moyen de liaison entre les hommes; on se rapproche, non de celui que l'on poursuit de sa haine, mais de tous ceux qui partagent et approuvent les sentiments que l'on a pour celui que l'on hait. Or, quand l'homme tient à la vie, ce n'est point par le goût des choses brillantes, curieuses, mais inanimées, telles qu'il en trouve beaucoup dans les grandes villes; c'est par les sentiments d'une nature quelconque qu'il éprouve à l'égard des hommes. Le plus heureux des hommes est sans doute celui qui éprouve un sentiment d'affection pour tous les hommes; il en est le plus heureux, parce qu'il en est le plus sage. Mais l'homme entièrement opposé à l'homme sage n'est pas celui qui est encore capable de passions funestes; c'est celui qui, à force de s'isoler, de ne tenir à rien, de pouvoir tout faire sans être vu, sans être blâmé, a pris tous les hommes et l'opinion publique en parfaite indifférence ; c'est celui qui, à force d'user sa sensibilité dans la légèreté et dans le vice, l'a entièrement épuisée, et est devenu pour jamais incapable d'aimer et de haïr.

Il me semble, mon ami, dit Amédée, que, parmi les avantages de la solitude et du séjour des campagnes, vous n'avez point reconnu que les affections pour les personnes avec qui l'on passe sa vie doivent y devenir plus solides et plus profondes.

— C'est une vérité que vous me rappelez, mon ami, répondit Lorenzo. Mais, semblable à toutes les vérités qui ont le sort de l'homme pour objet, cette vérité n'est point exclusive ni absolue ; elle est modifiée par des compensations. Sans doute, la mobilité du caractère de l'homme fait que souvent il est heureux pour lui d'être réduit à la société habituelle des personnes à qui il doit une affection constante. Il exerce alors, uniquement à leur égard, l'inclination qu'il a reçue de se confier et d'aimer. Mais d'un autre côté, il n'a point la satisfaction d'être préféré, et la satisfaction, plus douce peut-être, de témoigner sa préférence. Si l'objet que l'on chérit est revêtu de qualités heureuses, il est bon pour lui d'être environné d'objets de comparaison, qui fassent ressortir ces qualités, et qui soutiennent l'attention de celui dont il veut conserver les sentiments.

D'ailleurs, mon ami, voici encore une révélation de l'expérience. Il n'est que les âmes très-fortes qui, dans la retraite, puissent ne pas se lasser de la continuité des mêmes affections ; et les âmes très-fortes sont bien rares. Pour le plus grand nombre d'hommes, il faut, dans la vie, un renouvellement plus ou moins rapide de scènes et d'objets. Si la légèreté dissipe et évapore les caractères mobiles, la monotonie les accable ; elle fait plus : elle les rebute, elle les aigrit. La variété est nécessaire dans l'emploi de l'existence ; mais c'est la sagesse qui doit fixer la mesure de la variété ; car, au delà d'un certain terme, celle-ci épuise l'âme ; et alors il n'est plus de ressource contre le vide et l'ennui.

Des compensations qui s'attachent aux divers emplois de l'industrie et de l'activité de l'homme.

Le sort de l'homme en société se compose en partie, comme nous l'avons dit, de l'état de sa fortune ; et jusques ici nous avons considéré la fortune seulement sous le rapport de la supériorité et de l'infériorité. Mais, à fortune égale, il est encore des conditions particulières attachées au genre de fortune, au genre de profession, dont l'homme en société tire son bien-être et les agréments de sa vie. Ces conditions sont distribuées de manière à se balancer mutuellement par leurs avantages et leurs inconvénients.

De quelque manière que l'homme agisse pour se procurer le bien-être, c'est toujours son industrie et son activité, de corps ou d'esprit, qu'il exerce. Nous ne parlons plus des hommes qui, à l'aide d'une grande fortune, sont en état, s'ils le veulent, de se livrer au repos. Je me propose de vous montrer maintenant le balancement qui se trouve entre les divers emplois de l'industrie et de l'activité humaines.

L'agriculteur exerce son industrie sur la fécondité de la terre ; l'artisan exerce son industrie sur les produits de l'agriculture, ou sur les substances immédiatement fournies par la nature ; le commerçant exerce son industrie et l'activité de son esprit sur les moyens les plus avantageux de transport et d'échange entre les diverses productions ; enfin, l'homme livré aux arts d'agrément, ou aux professions libérales, ou aux méditations nobles et élevées, exerce l'activité de son esprit sur les moyens les plus propres à adoucir ou embellir le sort des hommes. Voilà, je crois, d'une manière générale, tous les emplois de l'activité et de l'industrie humaines.

On peut d'abord comparer entre elles l'agriculture, l'industrie manufacturière, et l'industrie du commerçant, sous le rapport de l'agrément de la vie, et sous le rapport plus général de la fortune particulière et de la fortune publique.

L'agriculteur vit au sein de la nature ; il a le plaisir et la peine de s'intéresser à tous les accidents naturels. Dans sa pensée, la pluie devient du blé, des fruits... ou les inonde. Le vent agite ses arbres par un exercice salutaire... ou les renverse. Il est bon pour l'homme d'être en commerce journalier avec des choses variables, dont il a de nombreuses satisfactions à attendre, ou du moins à désirer ; qui tantôt justifient ses désirs, tantôt les trompent, et qui, alors même qu'elles portent le plus de préjudice, en sont si innocentes, que tout en s'affligeant on ne peut point s'irriter.

Le cultivateur prend ordinairement plus de peine que l'artisan des villes ; il est exposé à souffrir davantage de la part des éléments ; mais, comme nous l'avons dit, la vie sédentaire et enfermée des villes expose bien plus l'artisan à perdre sa santé.

Les travaux de l'agriculture se succèdent nécessairement. Le labourage et la moisson ne sauraient se faire ensemble, mais ne sauraient non plus être trop différés. Les ouvrages d'industrie sont entrepris et laissés quand on le veut. En second lieu, rien ne vient déranger, sur le moment, les produits que l'on attend d'un ouvrage d'industrie. La résistance de la matière est prévue, ainsi que le déboursé qu'il faut faire pour se la procurer. L'artisan ou le manufacturier ne redoutent pas ces accidents funestes, ces désastres naturels, qui détruisent brusquement l'ouvrage de l'agriculteur au moment où il allait le recueillir. Pour cette raison l'industrie soutient, dans les temps ordinaires, l'existence d'un bien plus grand nombre d'hommes. Enfin, toute la perfection de l'agriculture consiste à retirer de la terre une plus grande quantité de fruits ; mais ces fruits sont à peu près égaux en qualité : aussi se vendent-ils à peu près au même prix. Tandis que l'industrie ne s'exerce pas seulement à produire un plus grand nombre d'ouvrages, mais à leur donner une qualité qui en augmente considérablement la valeur.

Dans les temps ordinaires l'agriculture fournit au delà de ce que les agriculteurs peuvent consommer. De son côté, l'industrie, dans les temps ordinaires, saisit et emploie cette surabondance des produits de l'agriculture. Ces deux quantités, la production et la consommation, sont égales, en comprenant dans l'une et dans l'autre ce que l'on consomme sur les lieux, et ce que l'on envoie dans les pays éloignés.

Amédée. Et comment se fait-il qu'il y ait annuellement dans un État un excédant de subsistance, un excédant qu'il soit nécessaire d'exporter? Il me semble que la consommation n'étant que l'emploi de la production, elles doivent toujours se tenir en équilibre.

Lorenzo. Mais observez, mon ami, qu'il ne faut habituellement à l'industrie agricole qu'un petit nombre d'hommes pour amener une grande quantité de produits. Ainsi, par elle-même, la production agricole tend habituellement à se mettre en surabondance.

Amédée. Sans doute; mais comment une telle tendance peut-elle se réaliser? Si la population des villes ne peut s'accroître selon une progression égale à la surabondance annuelle que le cultivateur pourrait donner aux subsistances, c'est le cultivateur qui doit s'arrêter et ne pas prendre un excès de peine dont il ne recueillerait pas les fruits.

Lorenzo. Il n'en est pas ainsi, mon ami. Le cultivateur se plaît à demander à la nature le plus possible de faveurs; la splendeur de ses champs forme pour lui un spectacle très-agréable, qui l'anime, l'encourage; il est, de plus, excité par l'émulation, souvent par la rivalité, la jalousie; chacun veut, par amour-propre autant que par intérêt, que les fruits de ses travaux effacent ceux de ses voisins. De tous ces efforts individuels résulte, dans les pays fertiles, une somme de denrées plus ou moins considérable, mais habituellement supérieure à l'emploi que le pays même peut lui donner; dans un État tel que la France, la faculté d'exportation doit donc être habituellement accordée par le gouvernement. L'excédant de ses productions indigènes a besoin d'être versé sur la surface de contrées qui, de leur côté, ont aussi habituellement un excédant des productions particulières à leur climat. C'est par ces échanges réciproques que les compensations s'établissent.

Et parmi les productions indigènes de chaque pays civilisé, il faut compter celles de son industrie manufacturière, celles de son industrie libérale, en un mot, tous les objets créés ou façonnés par le peuple de cet État, et qui ont une valeur d'utilité ou d'agrément. Chacun de ces objets surabonde chez certains peuples, manque à certains autres ; le balancement réciproque s'en fait au gré des besoins respectifs.

En sorte, mon ami, que si vous prenez l'ensemble des peuples qui ont entre eux des relations commerciales, si de tous ces peuples vous ne formez qu'une seule famille, vous trouverez que la somme générale de ses productions est toujours égale à la somme générale des consommations, en comprenant d'ailleurs dans cette somme les destructions désastreuses qui proviennent des inondations, des naufrages, des guerres, des incendies. Et si vous vous occupez ensuite d'un peuple en particulier, vous découvrirez dans son économie politique des perturbations plus ou moins fréquentes, qui toutes, pendant leur durée, affecteront la population plus que la production territoriale. En voici la raison :

L'industrie agricole, comparée à l'industrie manufacturière, ne conduit point, comme celle-ci, à des profits rapides et considérables ; mais par compensation l'écoulement de ses produits est beaucoup plus assuré. Nulle stabilité dans les fruits de l'industrie manufacturière ; les mouvements politiques, les guerres, les changements dans les relations commerciales, les défaveurs de la concurrence, et jusques à l'inconstance des modes, préviennent toute fixité. Il arrive souvent que bien des objets dont la fabrication a été coûteuse sont presque subitement privés de toute valeur. Si l'artisan que de telles chances laissent sans ouvrage, et par conséquent sans aliment, pouvait refluer vers les campagnes, il souffrirait beaucoup moins, il pourrait encore soutenir son existence et celle de sa famille ; mais le cultivateur n'accepte point ses services ; l'esprit du commerce agricole est toujours celui-ci : le moins possible d'ouvriers et d'avances ; le prix des subsistances étant toujours médiocre, ce n'est qu'à l'aide d'une telle économie que le cultivateur peut soutenir son exploitation.

L'artisan des villes est donc obligé de rester dans les villes, lors même que ses moyens d'existence y diminuent. Dans ce cas, c'est la population qui s'abaisse par l'effet du mal-être de cette classe. Sans doute, si les récoltes sont bonnes, le prix des subsistances devient très-modique; mais, d'une part, le prix de la main-d'œuvre tombe dans le même rapport, et d'un autre côté, le cultivateur, moins récompensé de ses fatigues, se dispose encore plus fortement à économiser ses avances et le nombre de ses ouvriers.

C'est donc essentiellement de la prospérité du commerce que dépend la prospérité de la population. Si dans un État tel que la France le commerce devenait très-brillant, très-actif, s'il se soutenait toujours de manière à placer avantageusement, soit en France, soit chez les nations environnantes, tous les produits de l'industrie française, la population s'élèverait et se soutiendrait constamment au niveau de la production territoriale, parce que les habitants des villes seraient toujours assez riches pour acheter tous les produits des campagnes et deviendraient assez nombreux pour les consommer. Mais indépendamment de ce qu'il est impossible que le commerce d'un peuple quelconque en vienne, avec permanence, à un tel degré de splendeur et d'activité, l'État, s'il y parvenait, serait exposé à la chance effrayante des mauvaises récoltes. Les bonnes années dans un pays tel que la France étant les plus communes, ce serait au niveau des produits de ces bonnes années que la population s'élèverait. Nulle réserve par conséquent ne serait possible. Que deviendrait le peuple lorsque la récolte manquerait? On serait heureux alors de pouvoir appliquer à l'achat des subsistances étrangères des capitaux dont l'industrie manufacturière s'alimentait; il faudrait par conséquent affaiblir les moyens et la puissance du commerce, ce qui, en dernier résultat, ferait souffrir l'artisan des villes et diminuerait la population.

Vous voyez ainsi le cercle dans lequel on rentre par les rapports des choses. Dans un État agricole comme la France, il est essentiel qu'une partie de la production annuelle reste disponible, et par conséquent que la population intérieure ne s'élève jamais au niveau de cette production.

Rentrons maintenant dans l'examen des compensations individuelles.

Du commerçant. — Des voyages. — Balancement des divers états.

L'esprit du commerçant doit être dans un état d'activité bien supérieur à celle du cultivateur, et les jouissances que cette activité lui procure doivent se rapporter davantage à l'augmentation de sa fortune; ce qui, peu à peu, entraîne son cœur et son esprit loin des affections douces et généreuses. Ce n'est point, comme le cultivateur, à tel ou tel genre de productions qu'il confie sa destinée, c'est à l'emploi des fonds qu'il possède, et qu'il applique, de la manière la plus favorable qu'il peut imaginer, à l'échange des diverses productions. Ainsi, il faut que son esprit se tienne toujours attentif à la variation des circonstances qui peuvent influer sur le succès de ses spéculations. Il faut qu'il se défende de la témérité, de l'imprévoyance, et que cependant il s'abandonne, jusques à un certain point, aux événements. Une anxiété, quelquefois pénible, doit presque toujours résulter de cette préoccupation continuelle. Si son entreprise a été modérée, et que le succès la couronne, il regrette de n'avoir pas eu plus d'audace; s'il échoue dans ses spéculations, il se reproche d'avoir fait de fausses combinaisons; son amour-propre en est même mortifié.

Le cultivateur peut être affligé de voir ses travaux renversés, et son attente trompée par les calamités de la nature; mais elles n'étaient point sous sa dépendance, il n'a point à se les reprocher.

Dans les grandes villes, ou plus généralement dans les lieux dont le commerce et les correspondances ont une grande activité, les spéculateurs ont un caractère entreprenant; il n'est pas rare, pour cette raison, d'en voir dont l'esprit est noble et étendu. Dans les lieux dont les correspondances sont faibles et bornées, le commerçant a besoin surtout d'un esprit de détail qui est ensuite maintenu et augmenté par son occupation même. Sa fortune se compose de l'accumulation des petits profits; son esprit doit se composer de la réunion des petites idées. Mais s'il a de la constance, de l'ordre et de la probité, la fortune modérée qu'il ambitionne est à peu près certaine. Au contraire, il arrive souvent, dans les grandes villes, qu'une ruine complète succède rapidement à des spéculations considérables.

Mais il est rare que le commerçant, celui même dont les idées ont commencé par être très-modérées, n'acquière pas insensiblement l'audace d'entreprises. Les profits légers donnent naturellement l'idée et le désir de plus grands profits ; d'ailleurs, une suite non interrompue de petits succès augmente dans l'homme la confiance qui lui est naturelle ; car chacun de nous, surtout dans la jeunesse, aborde sa destinée en redoutant beaucoup moins les chances funestes qu'il ne compte sur les chances heureuses. Chacun ne voit que lui-même, ou du moins s'intéresse à lui-même plus qu'aux autres hommes. Il prend l'habitude de penser que la fortune ne voit que lui, ou s'intéresse à lui plus qu'aux autres hommes. Ensuite l'expérience détrompe ; on passe à l'autre extrême ; on se venge en accusant la fortune d'aveuglement, de caprice. Mon ami, soyons justes nous-mêmes, et nous nous défendrons ainsi des extrêmes. La fortune n'est point aveugle dans la distribution de ses dons et de ses rigueurs ; au contraire, elle est impartiale, car elle est conduite par l'impartialité des lois éternelles.

L'inconvénient le plus funeste de l'état de commerçant, est d'exposer sans cesse sa probité à s'affaiblir. Il est aisé à un commerçant de manquer de bonne foi, sans que l'on puisse l'en convaincre ; et l'homme se défend difficilement de faire ce qu'il peut faire aisément. Un cultivateur n'a pas les mêmes dangers à courir, ce qui est un grand avantage ; car c'est notre premier intérêt et notre bonheur essentiel qui sont exposés dans chacun des dangers qui viennent assaillir notre probité et notre sagesse.

Vous le voyez, mon ami, la Loi du balancement étant la Loi universelle, il n'est pas de question morale ou politique qui ne soit double, c'est-à-dire qui ne soit formée de deux ordres de considérations respectivement opposées. Par elles-mêmes ces considérations tendent toujours à prendre leur équilibre, ou, comme disent les mathématiciens, à se mettre en équation ; mais dans l'application, cet équilibre perd son exactitude, parce qu'il y a toujours, dans la situation de l'homme ou du peuple qui examine une question quelconque, des circonstances particulières qui gênent l'impartialité de leurs jugements, ou qui même dirigent et commandent leurs déterminations.

Et dans le commerce intellectuel des hommes entre eux, toute dispute pour cause d'opinions, toute polémique, procède de ce qu'il n'est pas de question de quelque importance qui n'ait deux faces méritant, l'une et l'autre, d'avoir pour défenseurs des hommes d'esprit et de bonne foi. Parmi ces défenseurs qui se rangent d'un côté ou de l'autre, plusieurs ne sentent pas que leur préférence est déterminée par des motifs personnels; d'autres découvrent en eux-mêmes cette influence, et ils la déguisent le plus qu'il leur est possible en faisant valoir outre mesure les motifs qui leur sont étrangers; la bonne foi alors commence à être compromise, l'irritation prend naissance, l'amour-propre l'échauffe; la discussion devient dispute; chacun dépasse la limite de son opinion réelle; toute la question s'embrouille; on arrive à des termes très-éloignés du point de départ. C'est là encore que l'on voit la Loi des compensations en exercice, car le même degré d'exagération, mais en sens opposés, enflamme de part et d'autre les interlocuteurs.

Ce n'est qu'entre des amis véritables que la discussion des choses graves reste toujours modérée et judicieuse, parce que la déférence mutuelle est l'un des premiers caractères de la véritable amitié.

Si vous le voulez, mon ami, nous allons nous fournir à nous-mêmes un exemple de cette discussion douce et instructive; nos sentiments nous en donnent bien le droit. Prenons un sujet qui par sa nature se prête à deux genres de considérations opposées. Demandons-nous, par exemple, quels sont les effets des voyages sur l'homme qui y consacre son temps et son activité. Je vais me charger d'en soutenir les avantages; vous n'aurez pas de peine à en trouver le balancement.

— Je l'essaierai du moins, dit modestement Amédée.

Lorenzo. L'homme sensible, né dans un lieu obscur, paisible, et qui n'en est point sorti, y est devenu susceptible d'un étonnement quelquefois voisin de la niaiserie ; à cette faculté d'admiration trop générale, ou même trop généreuse, s'unit souvent une crainte puérile de regarder, de demander, d'être indiscret, crainte qui, portée à l'excès, est une source féconde de petits tourments et de grands embarras. Par compensation, l'homme sensible et sédentaire tombe quelquefois dans une circonspection excessive, et devient aussi injuste dans ses jugements, aussi opiniâtre dans sa défiance qu'il a été facile dans son abandon : les voyages affaiblissent ces deux dispositions extrêmes.

Les voyages accoutument aux changements ; ce qui est, pour l'esprit ainsi que pour le corps, une habitude avantageuse ; car tout change sans cesse en nous et autour de nous.

Amédée. Oui, je conçois que les voyages doivent produire ces effets ; mais de tels effets sont-ils toujours bien salutaires ? Par cela même que les voyages accoutument l'esprit et le corps au changement, n'en augmentent-ils pas le besoin naturel ? Ne rendent-ils pas ainsi nécessaires les changements vifs et saillants ? Ne font-ils pas trouver insuffisantes, monotones, ces vicissitudes légères et modestes dont se compose habituellement le cours de la vie ? Ne conduisent-ils pas à la mobilité de caractère, ou même à cette inquiétude, à cette turbulence, qui se montrent à l'homme mobile comme les seuls préservatifs de l'ennui et du dégoût ?

Vous ajoutez, mon ami, que les voyages affaiblissent la faculté d'admirer ; il me semble qu'ils doivent alors tarir la source des jouissances les plus innocentes ; l'admiration n'est-elle pas toujours un plaisir pour l'homme qui l'éprouve ? Et l'homme pour qui l'admiration est devenue un sentiment difficile n'est-il pas exposé à prendre en toutes rencontres le ton dépréciateur et dédaigneux ? N'est-il pas malheureux dans les moments où il dédaigne et déprécie ? N'était-il pas meilleur et plus aimable lorsque, dans son approbation, dans son enthousiasme, il ne savait mettre ni discernement ni mesure ?

Lorenzo. Sans doute ; mais si l'homme sensible et sédentaire, qui trouve partout bonté et beauté, puise dans cette disposition une bienveillance qui le rend heureux lui-même, n'arrive-t-il pas souvent qu'il contribue à écarter l'homme de mérite en se laissant fasciner par l'homme à prestiges, par l'homme qui sait si bien fonder sa fortune ou sa gloire sur la crédulité des âmes simples ? Le charlatanisme et l'imposture peuvent-ils germer ailleurs que sur le terrain déjà échauffé et fertilisé par l'enthousiasme ?

Amédée. J'en conviens.

Lorenzo. D'ailleurs, si nous considérons plus particulièrement les effets des voyages sur l'individu, nous trouverons qu'ils l'exercent à voir de sang-froid les accidents, les dangers, à supporter la fatigue, la faim, la soif, toutes les vicissitudes des saisons, tous les contrastes de la température; ainsi, ils fortifient son corps et son âme; ils le forment à savoir attendre et souffrir. Il n'est point d'art plus important dans la vie humaine.

Amédée. Mais il est, ce me semble, une faculté plus douce, plus sociale, que cette force qui met l'âme et le corps de l'homme au-dessus de la souffrance; cette faculté est celle de compatir aux souffrances d'autrui ; on n'en est susceptible que lorsque l'on peut connaître en soi-même la peine, la douleur, la crainte, la faiblesse. Si les voyages conduisent l'homme à devenir indifférent sur son propre sort, ils ne peuvent manquer de le conduire aussi à l'indifférence sur le sort de ses semblables ; dès lors, plus d'amitié, plus de pitié, plus de bienfaisance, plus de patriotisme, plus d'esprit national.

Lorenzo. Eh, mon ami! qu'est-ce que l'esprit national ? qu'est-ce que le patriotisme? qu'est-ce en général que tout esprit de corporation, tout esprit exclusif? C'est l'égoïsme étendu sur une plus grande surface, et acquérant de l'obstination, de la passion, de la violence. L'homme qui hait les ennemis de sa nation haïra ses rivaux dans sa patrie, parce qu'il en viendra même jusqu'à s'honorer de savoir haïr. Le meilleur homme est celui que personne n'incommode ; celui-là seul n'incommode personne.

Amédée. Vous diriez peut-être avec plus de vérité: celui-là ne sert personne, ne s'intéresse à personne ; il est seul au milieu de ses semblables. Le voyageur, fatigué de voir et ennuyé d'être vu, se dégoûte du mouvement sans parvenir au goût du repos, parce que son repos est suivi d'isolement; il n'a contracté aucun lien, aucune relation permanente; il n'est plus susceptible d'affection; il n'en inspire plus.

Lorenzo. Mais pendant ses voyages mêmes n'a-t-il pas été reçu partout avec attrait, avec bienveillance ?

Amédée. Tant qu'il a été nouveau pour les personnes qui le recevaient; s'il a eu du tact et de la prudence, il a toujours eu soin de s'éloigner avant le moment où il allait cesser d'être nouveau.

Lorenzo. Que conclure de là, mon ami ? qu'il serait sage de passer sa vie à être toujours étranger et nouveau sur la terre; que, pour plaire et être content, il faudrait changer constamment de société et de situation : *glissez, mortels, n'appuyez pas*, sinon on ne trouvera bientôt à votre raison que des formes lourdes et maussades, à votre instruction que de la pédanterie; vos meilleures qualités fatigueront, on les délaissera comme des choses usées...

..... O mon ami ! s'écria Amédée avec étonnement et tristesse !

..... O mon enfant ! s'écria Lorenzo en serrant Amédée dans ses bras, que je fais en ce moment une douce épreuve de votre jugement et de votre cœur! Je vous surprends, je vous afflige; c'est ce que j'espérais en poussant à l'extrême une cause qui d'ailleurs n'est ni la mienne ni la vôtre. Vous m'avez combattu comme j'aurais combattu l'homme qui aurait présenté mes raisons. Nous sommes, vous et moi, sédentaires par goût, par habitude, par caractère; nous estimons beaucoup plus les avantages qui naissent de la retraite, que nous n'en redoutons les inconvénients; mais, pour le bien même de la société, tous les hommes ne partagent pas nos inclinations; il en est un grand nombre qui, sans mériter de blâme, et par l'influence de leur caractère, de leur situation, de leur éducation, considèrent la vie agitée, ou du moins variée, comme préférable à la vie tranquille et casanière ; et, en toutes choses, c'est l'excès seulement qui porte dommage; le mouvement et la variété sont utiles à nos sensations, à nos organes, à nos pensées ; l'excès de mouvement, de changement, de variétés, de spectacles, détruit en nous la constance d'idées et la puissance d'affection. Ainsi la modération dans les voyages, comme dans tout emploi de la vie, nous serait profitable ; mais les circonstances entraînent si fréquemment l'homme hors de la modération ! Tel est contraint par sa destinée de voyager au delà de son envie ; tel autre aurait le désir des voyages, le temps et les moyens lui en sont refusés. Que l'un et l'autre se consolent ; chacun a fait des pertes et des acquisitions, a laissé hors de sa route bien des peines et des plaisirs.

Il est maintenant facile de donner à la discussion que nous venons de tracer une extension qui en augmentera la justesse.

Généralement, tout ce qui développe l'esprit et le corps de l'homme, ainsi que tout ce qui amène le développement d'un peuple, porte en soi deux sommes égales d'inconvénients et d'avantages, mais réparties sur l'ensemble de la durée de ce peuple ou de cet individu.

Ainsi, pour l'individu, la vie retirée, concentrée, austère, et la vie mobile, variée, sont respectivement entre elles comme la vie sédentaire et la vie du voyageur. L'une prévient la multiplicité des idées, et par là donne au sentiment de celles, en petit nombre, qui sont acquises, de la profondeur, de l'opiniâtreté, quelquefois de l'exaltation. La vie mobile et variée prévient cette exaltation, elle fournit au jugement les éléments de l'exactitude.

Le commerce et généralement les progrès de la civilisation, produisent sur un peuple des effets analogues à ceux que la vie mobile et variée produit sur l'individu ; ils multiplient les relations entre les hommes ; ils étendent et perfectionnent les idées publiques, ils augmentent et affermissent la raison générale ; ils versent sur le peuple entier des sommes toujours croissantes de jouissances et de bien-être ; les individus augmentent généralement de force, de beauté, d'activité, d'intelligence.

Mais ce commerce et ces progrès de la civilisation, forcés de suivre leur cours qui jamais ne s'arrête, multiplient les besoins des individus encore plus qu'ils ne parviennent à les satisfaire ;

ils impriment généralement au caractère de l'homme une activité de plus en plus incompatible avec la puissance d'attention et les affections profondes; ils amènent le temps où, au sein de la société nombreuse et brillante, l'homme vit à la fois dans l'isolement et le tumulte; ils remplacent l'ennui et la monotonie à laquelle la vie solitaire est exposée par l'ennui plus cruel et la monotonie plus accablante qui suivent l'étourdissement; à force de multiplier les choses précieuses et admirables, ils tarissent l'admiration et rabaissent la valeur de ces choses admirables au niveau des plus communes; ils rendent difficile l'existence de chaque individu et de chaque famille, parce qu'ils rendent généralement le goût de la dépense supérieur aux moyens de l'entretenir.

Dans ce tableau, mon ami, je n'ai placé de part et d'autre que les traits essentiels. J'ai fait abstraction des secousses, des révolutions, des orages, qui jettent de la brusquerie dans le mouvement habituel, et y forment comme de violents épisodes. De telles considérations mériteraient un développement particulier, et du sujet que je traite on y serait conduit par une transition facile.

Par exemple, le luxe est l'enfant du commerce, de l'industrie, de l'intelligence, de l'activité, en un mot de la civilisation; sous bien des rapports, il est bienfaisant et salutaire; il donne généralement aux sociétés humaines de l'éclat, de l'amabilité, de la grâce; il accélère la population; par conséquent, il procure chaque jour à un plus grand nombre d'hommes la faculté de pouvoir connaître les douceurs de l'amour et les jouissances de famille.

Mais, s'il environne l'homme magnifique d'un cortége de clients, vivant de ses dépenses, il en fait un objet d'envie pour un grand nombre d'individus, qui, au spectacle de ce qu'ils prennent pour une profusion de bonheur, s'irritent, s'enflamment de haine, et tendent à saisir par violence une existence semblable à celle qui les éblouit. Tel est le principe le plus soutenu et le plus actif de cette guerre intestine que, dans toute société brillante, les classes inférieures font sans cesse aux classes supérieures, et qui, lorsque les sentiments hostiles sont à leur comble, amène de si effroyables bouleversements.

C'est alors principalement que surviennent, dans l'économie sociale, ces perturbations violentes qui en renversent tous les rapports ; les travaux d'industrie manufacturière ou libérale se trouvent presque tous dérangés ou suspendus ; une grande partie de la population tombe dans la détresse ; les hommes qui ne succombent pas s'inquiètent, se plaignent, s'irritent : c'est pour l'État un moment de crise ; car le gouvernement, qui ne peut satisfaire à des besoins nombreux, impérieux, est accablé de sollicitations, d'accusations, et ne peut se défendre, ne peut sauver même la société générale qu'à l'aide d'une fermeté qui ressemble presque toujours à de la cruauté et à de l'injustice.

Au terme de la crise, le niveau est rétabli ; chaque chose reprend sa place et ses rapports ; non-seulement les denrées et les comestibles, mais généralement tous les produits de l'industrie humaine se mettent en équilibre à l'aide de tâtonnements réciproques et d'oscillations légères ; la valeur de chaque objet, toujours variable, mais sans secousses, est déterminée dès son apparition par la combinaison du prix de la matière, de l'adresse et des efforts de l'homme ou des hommes qui l'ont travaillée, et enfin de sa rareté ou de son abondance. Si l'objet est de nature éminemment utile ou agréable ; si, à ce titre, il est recherché, désiré, demandé, les producteurs se multiplient, et par ce moyen ils en diminuent progressivement la valeur.

Amédée. Il me semble cependant qu'il y a quelque chose d'arbitraire et de non balancé dans le prix exorbitant que certains hommes, certains artistes, par exemple, retirent de leurs ouvrages. Il est tel tableau dont la matière première ne mérite pas d'être comptée, et qui n'a pas coûté beaucoup de temps à son auteur, qui cependant lui a rapporté une somme bien considérable.

Lorenzo. En premier lieu, ce tableau est sans doute d'une beauté supérieure, et de tels tableaux sont rares ; en second lieu, il a fallu à son auteur un apprentissage long et dispendieux avant qu'il pût parvenir à faire un chef-d'œuvre ; ce temps et ce travail préparatoires doivent lui être payés : ce n'est pas tout : un grand nombre d'hommes ont suivi en même temps que cet artiste la carrière dans laquelle il s'est distingué, et ils n'ont pas eu les mêmes talents ; il n'a pas moins fallu que la société soutînt leurs travaux et leur existence ; ce qu'ils ont dépensé doit se retrouver, et c'est en effet ce qui se retrouve dans l'élévation du prix fixé par l'opinion en faveur de l'ouvrage hautement préféré ; celui-ci rapporte à la société une valeur qui couvre toutes ses avances.

Amédée. Mais, mon ami, est-ce donc seulement par des rétributions pécuniaires que la société récompense les travaux de ses membres ?

Lorenzo. Mon ami, elle balance les unes par les autres ses diverses rétributions. Ce balancement a été très-bien indiqué par Smith dans son bel ouvrage sur la nature et la cause de la richesse des nations ; il l'a réduit aux combinaisons diverses de cinq circonstances principales :

1° Lorsqu'un emploi est désagréable ou difficile, il obtient plus de profits pécuniaires. Les professions honorables sont récompensées en partie par l'honneur même qui les accompagne. C'est ce qui fait que, lorsqu'elles sont fortement récompensées par des profits pécuniaires, elles perdent leur honneur.

C'est ce qui fait encore que certaines professions, brillantes sans doute, mais peu honorables, puisqu'elles ont pour objet l'amusement du public, et qu'elles exigent l'art de feindre tous les sentiments et de revêtir tous les caractères, sont lucratives dans les temps de mœurs sévères ; peu d'hommes les embrassent. Lorsque l'opinion publique, affaiblie par la chute des mœurs sévères, ne flétrit plus ces professions, beaucoup de personnes osent s'y livrer, et en font tomber les rétributions par la concurrence.

L'audace et la curiosité sont deux principes essentiels des mouvements de l'homme, surtout dans la jeunesse. C'est en partie pour cette raison que la profession des armes attire bien des hommes, et que même le service sur mer entraîne plus vivement que le service sur terre. La profession de marin est moins honorable, plus fatigante, plus incommode, plus dangereuse que celle de soldat. Mais les marins sont exposés, dans des pays très-éloignés, à des aventures extraordinaires, et d'ailleurs, il leur est plus aisé qu'aux soldats de faire fortune.

2° L'apprentissage d'un emploi peut être facile ou difficile, coûteux ou à bon marché. Les arts de l'esprit et les professions libérales demandent des études longues et dispendieuses : leurs récompenses doivent être plus considérables que celles des arts mécaniques.

3° Il est des emplois dans lesquels l'occupation est constante, réglée. Dans d'autres, elle est irrégulière, interrompue. Les profits pécuniaires sont plus considérables en faveur des emplois qui ne fournissent pas toujours de l'occupation.

4° On confie sa santé au médecin ; on confie à l'avocat sa fortune, sa réputation, et quelquefois sa vie. De tels hommes doivent tenir dans la société un rang considéré ; ils doivent tirer de leur profession le moyens de s'y soutenir.

5° Le succès est plus ou moins probable dans les divers emplois de l'activité humaine. Dans la plupart des arts mécaniques, il est presque certain ; il ne l'est point dans les professions libérales. Parmi des jeunes gens qui s'appliquent ensemble à l'étude de la médecine ou des lois, on ne voit, au bout d'un certain temps, que ceux qui réussissent. Les hommes sans talents n'ont pas moins commencé par établir une concurrence défavorable aux intérêts de celui qui ensuite les écarte plus ou moins de sa route, et qui est dédommagé, par ses profits postérieurs, du détriment que lui ont porté ses premiers concurrents.

Amédée. Ne peut-on pas dire alors que le sort de celui qui est préféré est plus heureux que le sort de tous ceux sur lesquels il obtient cette préférence ?

Lorenzo. Sans doute, il obtient alors les jouissances et les avantages attachés aux talents qu'il a reçus de la nature. Mais rappelez-vous ce que nous avons dit, que les talents, comme la beauté, comme la fortune, comme la vivacité d'organisation, de laquelle ces talents mêmes dépendent, exposent celui qui les possède à autant de souffrances que de jouissances. En second lieu, ceux qui sont entrés dans une carrière qui ne leur convenait point, et qui sont obligés de revenir en arrière, sont plus propres à une autre profession que ne pouvait l'être celui qui, par sa supériorité, les a écartés de la première. Cette expérience vient ordinairement les informer d'assez bonne heure de l'emploi qu'ils doivent donner à leurs moyens naturels.

Enfin, tous les hommes médiocres ne se retirent pas. Assez souvent, il n'est que ceux dont les moyens naturels sont à peu près nuls qui se découragent ; et parmi les hommes dont les talents sont inégaux, qui persistent dans la même carrière, il est rare que les plus grands succès soient accordés à celui qui les mériterait par ses talents. Ordinairement la hardiesse de faire beaucoup valoir ses talents manque à celui qui en a le plus. Les plus grands talents sont l'apanage des hommes d'une organisation très-heureuse ; et cette organisation est elle-même la source de cette timidité, de cette générosité, de toutes ces qualités nobles et douces qui décorent les meilleurs caractères, mais qui, par compensation, nuisent aux intérêts de ceux qui les possèdent. Il est très-commun de voir, dans une profession, dans l'exercice d'un art, dans la carrière des sciences ou des lettres, les hommes médiocres usurper la fortune et même la renommée, tandis que les hommes supérieurs sont délaissés sans honneur et dans l'indigence.

Amédée. Cela est-il juste, mon ami ?

Lorenzo. Oui, mon cher Amédée, cela est juste, en prenant, comme nous devons toujours le faire, l'ensemble du sort de l'homme pour base de nos considérations. La justice est rétablie en faveur de ces hommes qui semblent abandonnés de la justice. Et d'abord, puisqu'ils doivent la supériorité de leurs talents à une organisation plus féconde, à un caractère supérieur, ils ont joui singulièrement de leur travail, à l'instant même où ils s'y sont livrés. De plus, ils ont trouvé sur la route de leur vie toutes les satisfactions si douces, si multipliées, qui suivent les faveurs de l'organisation et du caractère. Enfin, la postérité est toujours juste : ils obtiennent d'elle ce qui leur a été refusé par leurs contemporains. Ainsi, l'homme qui a reçu des talents supérieurs n'a qu'à pratiquer la sagesse, il est certain alors d'obtenir toutes ses récompenses; il sera contemporain de toute la postérité, puisqu'il sera immortel.

LIVRE HUITIÈME.

Des compensations établies dans le sort des femmes.

Si l'Auteur de la nature écoutait dans bien des moments les vœux de la plupart des hommes à l'égard des femmes, elles deviendraient plus heureuses que les hommes. D'un autre côté, la plupart des femmes font des plaintes à l'Auteur de la nature; elles disent que la destinée des hommes est plus heureuse.

Les vœux des hommes généreux ne sont point exaucés. Les femmes en général ne sont pas plus heureuses que les hommes. Elles ne sont pas non plus moins heureuses; leurs plaintes sont injustes. Les avantages de part et d'autre sont différents, mais ils sont balancés.

L'homme a plus de force que la femme; il a moins de sensibilité. Telle est la différence essentielle qui caractérise ces deux moitiés de l'espèce humaine; et de cette différence résultent de part et d'autre toutes les conditions qui forment les balancements du sort et l'égalité.

Il fallait bien que des deux moitiés de l'espèce humaine il y en eût une plus forte que l'autre, parce qu'il faut un chef dans toute société. Ce chef est surtout nécessaire au bonheur de ceux qui sont sous sa dépendance. Ainsi quand les femmes portent envie à la destinée des hommes, elles imitent ces hommes inconsidérés qui se plaignent d'être soumis à une autorité sur la terre : ils sont bien plus à plaindre lorsqu'elle est renversée. Ce n'est pas que l'autorité soit toujours déposée en des mains bienfaisantes et justes. De même, il est bien des hommes qui abusent de leur supériorité de force à l'égard des femmes. C'est la principale source des peines auxquelles les femmes sont exposées, comme la tyrannie des souverains est la principale source des maux qui affligent les sociétés humaines. Mais, disons-le encore, les hommes et les femmes tombent dans de bien plus grands malheurs, lorsqu'il n'existe plus sur eux de domination et d'autorité.

Les femmes ont plus de sensibilité que les hommes, c'est-à-dire qu'elles sont susceptibles d'être affectées plus vivement et plus fréquemment par tout ce qui peut émouvoir la sensibilité humaine. Et puisque les plaisirs et les peines ne sont autre chose que les deux emplois de la sensibilité, les plaisirs et les peines des femmes doivent être plus nombreux que ceux des hommes; ils doivent avoir plus de vivacité.

La sensibilité des femmes étant plus vive et plus fréquemment exercée, la composition de leurs pensées, à l'instant où elle cherche à se faire, est traversée, dérangée, distraite par des sensations nouvelles. Ainsi elle ne peut se faire ni avec une grande étendue, ni avec une forte consistance. Telle est l'explication du principal avantage que les hommes ont sur elles. La pensée des hommes a plus d'étendue et de maturité.

Un femme à qui il n'en coûtait point d'être juste, parce qu'elle était une des premières de son sexe, a dit: « Les femmes n'ayant ni profondeur dans leurs aperçus, ni suite dans leurs idées, ne peuvent avoir de génie. On a beau rejeter cette vérité, démontrée par les faits, sur le genre de leur éducation, on a tort: car combien n'a-t-on pas vu d'hommes, nés de parents misérables, de la plus basse extraction, entourés de préjugés, sans ressources, sans moyens, plus ignorants que la plupart des femmes, s'élever eux-mêmes, par la force de leur génie, du sein de l'obscurité jusques à la palme de la gloire et percer dans l'immense avenir? Nulle femme, que je sache, n'a encore fait ce chemin. » (*Malvina*, 2e vol., pag. 88.)

Les femmes ne sont point destinées à s'occuper des sciences, parce que la sagacité ne suffit point dans les sciences, et que l'esprit des femmes n'est susceptible que de sagacité. Elles entendent très-aisément chacune des choses qui leur sont dites; mais il faut que les hommes en leur disant ces choses leur en fournissent encore le lien et les conséquences. Quand elles veulent elles-mêmes composer ce lien et trouver ces conséquences, elles se fatiguent beaucoup, et elles ne parviennent ordinairement qu'à s'égarer. Elles perdent d'ailleurs ainsi et les grâces qui les rendent aimables, et la simplicité qui les rend heureuses. Elles ne s'élèvent que jusques aux défauts présentés quelquefois par les hommes instruits; elles ne vont point jusques à leurs avantages.

La même vivacité d'organisation fait encore que les femmes ne sauraient faire de bonnes compositions dans les beaux-arts. Un beau poëme, un beau discours, une belle composition en musique, demandent plus d'ordre et de force dans les pensées que les femmes ne peuvent en avoir. Mais les femmes sont supérieures aux hommes dans tout ce qui ne demande que des idées fines, légères et un goût délicat. On voit aussi qu'elles acquièrent plus promptement que les hommes la pratique des beaux-arts ; elles ont bien plus de flexibilité et d'adresse. C'est à la flexibilité de leurs organes, dès leur enfance, ainsi qu'à la promptitude de leurs sensations, que l'on doit rapporter l'avantage qu'elles ont sur les hommes, de parler plus tôt, plus aisément, et de pouvoir toute leur vie donner plus aisément à leur langage cette variété d'accent qui est exigée par les nuances infiniment variées des sentiments et des idées.

Lorsque les femmes jugent les productions des arts et celles de l'esprit, c'est bien plus par sentiment rapide que par examen. C'est ce qui fait que le mérite d'un ouvrage à leurs yeux consiste principalement dans la grâce, l'esprit et la délicatesse.

La vivacité des sensations entraîne nécessairement la mobilité du caractère; et le caractère se manifeste surtout par les goûts et les opinions.

Les goûts de la plupart des femmes sont très-mobiles; c'est ce qui fonde sur elles l'empire de la mode. Les lois de cet empire sont dictées par les femmes qui sont les plus ingénieuses et les plus actives dans l'art des changements.

Quant aux opinions des femmes, ce sont presque uniquement les opinions en vogue qui les entraînent ; elles se passionnent successivement pour les pensées les plus opposées. La vérité leur plaît, mais c'est lorsqu'elle est nouvelle ; l'erreur leur déplaît, mais c'est lorsqu'elle est ancienne. Le plus grand tort d'une pensée quelconque, vraie ou fausse, c'est la permanence.

Cette même mobilité de caractère fait que les femmes sont plus exposées que les hommes à ce qu'il y a de funeste dans l'influence des positions agréables ; la vivacité de leurs sensations est alors pleinement en exercice ; elles deviennent frivoles. C'est alors que l'agrément des manières est presque tout ce qu'elles désirent trouver dans les hommes. Il faut d'abord plaire à leurs regards, les aimer ensuite ; car celui qui les aime les séduit encore, mais plus faiblement ; et celui qui ne sait ni les aimer ni leur paraître agréable a vainement de l'esprit et du mérite.

Le caprice est naturellement dans le caractère de la plupart des femmes, parce qu'il est le produit de la rapidité avec laquelle des sensations vives, mais d'une nature opposée, se succèdent l'une à l'autre. Le caprice dans les femmes n'est pas toujours sans attraits ; mais il nuit à leur vrai bonheur. Il semble d'abord fixer auprès d'elles le cœur de celui qu'elles aiment ; aux premiers jours, il jette une sorte de variété jusque dans la constance ; mais bientôt il fatigue, il rebute. Dans le mariage surtout il est déplacé ; car un père de famille est livré à tant de soins qui demandent toute l'attention de son esprit qu'il est bon pour lui de pouvoir aimer avec calme et sécurité.

Les femmes reçoivent de leur organisation l'avantage de s'intéresser à un grand nombre de petites choses ; et le cours des petites choses trace le cours habituel de la vie. C'est principalement dans les conditions moyennes que l'on voit la plupart des femmes s'informer de tout ce qui se passe, le répéter avec empressement, s'animer vivement pour ou contre des choses peu importantes. Je dis encore que cette disposition dans le caractère des femmes est pour elles un avantage, quoique ce ne soit pas un don relevé et éclatant. L'essentiel est qu'elles soient bien aises de vivre, et il faut bien qu'elles soient moins exposées que les hommes au dégoût de la vie, puisque l'ennui est plus fréquemment connu des hommes que des femmes, et puisqu'il est très-rare de voir une femme attenter à ses jours.

On peut observer encore que les femmes sont beaucoup plus sensibles aux injures que l'on adresse généralement à leur sexe, que les hommes ne sont affectés de ce qui se dit contre les hommes. Cela prouve que les femmes tirent de leur faiblesse même l'avantage de faire entre elles une sorte de fédération, à l'aide de laquelle chacune prend part à ce qui intéresse toutes les autres.

Les femmes, ne pouvant porter dans leurs réflexions une grande opiniâtreté, manquent ordinairement de prudence. On peut définir la prudence le sentiment de l'avenir. Ce sentiment ne peut aisément se former, ne peut du moins être écouté aisément lorsqu'il entre en concurrence avec un grand nombre de sensations présentes.

Les femmes ne voient guère le malheur d'avance; elles n'en souffrent que lorsqu'il est arrivé; ainsi, bien des tourments leur sont épargnés; mais elles souffrent plus vivement que les hommes lorsque la peine arrive. Il est donc heureux pour elles qu'elles ne puissent aisément s'y exposer. Telle est la grande utilité qu'elles retirent de la contrainte à laquelle elles sont soumises. Ce qui leur est enlevé par cette contrainte, c'est surtout la faculté de fournir aux hommes et aux événements les moyens de les surprendre.

D'ailleurs, ce n'est point l'autorité des hommes qui impose aux femmes cette contrainte salutaire; elles la reçoivent d'elles-mêmes; car elles la reçoivent de leur propre timidité et du sentiment de l'honnêteté et des bienséances, sentiment que les hommes connaissent bien moins profondément. C'est le désir même d'aimer et de plaire qui est dans les femmes le principe du sentiment de l'honnêteté et des bienséances, parce que ce n'est réellement que ce qui est honnête, qui touche, qui intéresse, et que les femmes ont reçu en partage bien moins encore les sensations qui agitent que les sentiments tendres et délicats.

La timidité, la pusillanimité même, sont naturellement dans le caractère des femmes. Destinées à chercher en nous un appui, il fallait qu'elles ne le trouvassent point en elles-mêmes. Il est rare que celles qui s'effrayent difficilement possèdent une âme douce et sensible. C'est pour cette raison encore que les femmes qui ont de la douceur et de la sensibilité ne s'attachent point aux hommes sans courage.

Mais elles s'appuient, du moins en désir et en imagination, sur ce qui est en contraste avec leur faiblesse; c'est pour cela que, semblables aux enfants et aux hommes qui sont enfants, elles aiment beaucoup les récits fabuleux, les aventures extraordinaires, les combats de ces hommes merveilleux qui terrassaient la nature et les géants.

Il est, parmi les femmes comme parmi les hommes, des caractères impérieux qui aiment beaucoup à commander, et qui d'ailleurs ont eux-mêmes de la force. Il est d'autres femmes qui sentent au contraire leur propre faiblesse, et qui, pour cette raison, s'emparent autant qu'elles peuvent du pouvoir, de peur d'être commandées. Les unes et les autres manquent ordinairement de sensibilité et de confiance. Elles aiment beaucoup à montrer ce qu'elles font, ce qu'elles ordonnent; c'est une jouissance de leur amour-propre; elles s'y livrent avec d'autant plus d'empressement qu'elles sentent bien que l'autorité dont elles usent n'est pas un droit qui leur appartienne; on le leur a cédé; et elles craignent sans cesse qu'on ne le reprenne.

La sensibilité des femmes étant plus vive, plus délicate que celle des hommes, elles doivent aimer plus vivement la parure; chacun des ornements qu'elles ajoutent à leurs grâces naturelles commence par leur donner, à elles qui en sont les premiers témoins, une jouissance secrète; à l'instant elles sont conduites, par cette jouissance, à l'espoir de plaire davantage.

Les femmes sont destinées à plaire; elles attachent leur principal intérêt à remplir cette destination. C'est ce qui les rend secrètement envieuses de celles qui y réussissent le mieux, et de ce qui leur donne cet avantage. De là dérive le plus grand nombre des peines éprouvées par les femmes qui ont de la beauté, des talents ou des qualités séduisantes. Il est rare que celles-ci sachent se faire pardonner ce qui les distingue. Elles aiment au contraire, la plupart, à jouir, non-seulement des hommages des hommes, mais des mortifications des femmes; et tôt ou tard elles expient cette jouissance avec d'autant plus de justice, qu'en y livrant leur âme elles ont manqué de générosité.

Le désir d'aimer et de plaire n'est point encore la coquetterie, mais il y mène; la coquetterie n'est point encore l'inconduite, mais elle y mène. La route est glissante; la nature même a placé les femmes au début; mais elle leur a donné, pour les retenir, la pudeur et le don de connaître jusques au plus haut degré les affections tendres et profondes.

En donnant le nom de passions aux mouvements de l'âme qui ne causent en elle que des ravages, et le nom d'affections aux mouvements qui honorent l'âme qui les éprouve, je crois pouvoir dire que les affections sont plus dans le partage des femmes, et que les passions sont plus dans le partage des hommes. Les femmes s'adonnent beaucoup moins que les hommes à l'ambition, à l'avarice; elles se laissent moins emporter par les fureurs de la colère; elles n'éprouvent jamais au même point les mouvements de l'orgueil. Dans tous ces états de l'âme, il n'y a rien pour l'amour, pour la tendresse, et elles sont avides surtout de tendresse et d'amour. Mais quand elles ont su conserver l'innocence de leur âme, et par elle le besoin de sentir et d'aimer, elles abandonnent leur cœur sans réserve à leur amant, à leur époux, à leurs enfants, à la pitié, à Dieu, à l'amitié. Les plus beaux exemples d'amitié sont présentés par des femmes. Mais ils sont peut-être assez rares, et le plus bel éloge que l'on puisse faire de deux femmes, est de dire qu'elles sont unies par une généreuse et parfaite amitié.

Un homme qui avait le génie du bien comme Newton avait le génie des sciences, saint Vincent de Paule, connaissait la nature humaine; il savait que les femmes ont en général dans le cœur une vivacité, une fécondité de sentiments qui les rendent capables des soins les plus assidus, les plus pénibles. Rien n'est au-dessus de leurs forces lorsque l'on emploie leurs forces à aimer, à soulager, à consoler. Mais, par cela même qu'elles ont une sensibilité plus délicate, plus active que celle des hommes, elles sont plus disposées entre elles aux mouvements qui font les dissensions secrètes.

C'est par leurs mains adroites et soigneuses que saint Vincent de Paule a voulu faire le plus de bien que jamais un homme ait eu le bonheur de faire aux hommes. Mais il fallait leur donner des directeurs qui prévinssent entre elles les divisions et les oppressions. C'était une idée ingénieuse et salutaire, de la part de saint Vincent de Paule, que d'avoir placé les pauvres, les malheureux, les malades, les enfants abandonnés sous la tutelle immédiate de femmes, dont il avait soigneusement augmenté la disposition naturelle à être sensibles en augmentant leurs dispositions naturelles à être vertueuses ; de les avoir mises ensuite elles-mêmes sous la tutelle immédiate d'hommes simples et cependant éclairés, formant un corps dont les fonctions très-actives demandaient beaucoup de zèle, une vertu parfaite, conduisaient à la connaissance des passions des hommes, et, sous bien des rapports, avaient une grande ressemblance avec les fonctions des sœurs de la Charité.

Que les femmes ainsi occupées et dirigées étaient heureuses ! Que leur état était doux et satisfaisant à suivre, lorsque, d'une part, il assurait pour le reste de leurs jours, à celles qui l'avaient embrassé, une existence commode et honorable, lorsque, d'un autre côté, il inspirait à l'opinion générale un intérêt bien tendre et assurément bien mérité ! On ne prononçait précédemment le nom des sœurs de la Charité qu'avec un sentiment d'affection et de respect. Ces bonnes filles savaient de quelle manière elles étaient considérées ; toute l'humilité de leur cœur ne les empêchait point d'être justement sensibles à une rétribution d'estime qu'elles sentaient leur appartenir, quoique leurs principes de modestie leur fissent un devoir de ne pas le reconnaître. Elles avaient des rapports très-fréquents avec des personnes de tout état ; et ces personnes, affectées à l'instant même où elles leur parlaient d'une sorte de vénération religieuse, ne traitaient jamais avec elles qu'en prenant un ton de bonté, de déférence, de douceur, qui faisait pour ces excellentes filles une continuité d'encouragements salutaires, une suite réelle des plus heureux profits.

La révolution est venue; tout est tombé, et ces profits et la vertu elle-même, et cette considération générale que la vertu n'obtient que lorsque le sentiment en est encore répandu d'une manière générale. Des traitements horribles, bien plus affreux que la dispersion et les supplices, ont été infligés par ces hommes barbares qui avaient atrocement calculé que dégrader, que souiller des personnes innocentes, c'était le moyen le plus sûr de massacrer en quelque sorte l'innocence même... Oui, massacrer l'innocence!... Cette image fait horreur; mais on ne peut en douter : telle a été l'intention des hommes les plus pervers, les plus durs, que la licence révolutionnaire ait armés d'une autorité effroyable. Si l'on considère tout ce qu'il faut violer de sentiment pour faire une criminelle injure à l'innocence, lorsqu'elle est dévouée au service des pauvres, on regardera les indignités souffertes au commencement de la révolution par les sœurs de la Charité, comme un des plus grands forfaits révolutionnaires [1].

Cette direction de l'âme vers la piété, vers la bienfaisance, est surtout bien salutaire, pour les femmes comme pour les hommes, à l'âge où commence le besoin d'aimer. Ce besoin alors, pour les caractères très-animés, devient une passion terrible quand il n'est point détourné au profit des inclinations vertueuses. Les femmes surtout, lorsqu'elles ont ce caractère,

---

[1] Je laisse ces lignes : elles paraîtront véhémentes; je prie le lecteur de se rappeler que j'écrivais mon ouvrage, il y a cinquante ans, dans une maison de charité. Là, d'anciennes *sœurs*, admirable reste d'une société presque proscrite, déguisées sous le vêtement de servantes ordinaires, mais toujours pleines d'humanité et de zèle, se dévouaient sans relâche au soulagement de tous les genres d'infortunes, et me pénétraient de vénération par une extraordinaire simplicité de bonté et de vertu. Je crois n'écouter que la justice, et non ma reconnaissance, en disant que l'institut des sœurs de la Charité sera à jamais ce qui aura existé de plus touchant et de plus noble sur la terre. Dans les temps anciens, et vraisemblablement dans les temps à venir, rien ne pourra lui être comparé.

tombent dans une disposition de cœur et d'esprit plus funeste à leur bonheur, plus déplorable que celle des hommes qui leur ressemblent; parce que les femmes, par leur position même, n'ont pas d'autre occupation essentielle que l'amour, tandis que les hommes ont beaucoup d'autres occupations essentielles; parce que toute la sensibilité de leur âme, ainsi concentrée sur une seule pensée, au lieu de pouvoir s'adresser librement à son objet, est ordinairement comprimée et irritée par la contrainte. Les femmes de ce caractère, et dans cette situation, peuvent alors commettre bien des fautes, perdre leurs qualités généreuses, en acquérir d'opposées, se conduire comme si elles avaient de la méchanceté dans l'âme, tenir longtemps cette conduite à contre-cœur, souffrir cruellement, et du mal qu'elles reçoivent et de celui qu'elles font, et de la haine qu'elles portent à elles-mêmes, enfin, se délivrer de ces tourments affreux par la voie la plus funeste, se jeter dans le désordre, appeler à jamais sur elles-mêmes le mépris et le malheur.

Mais, nous l'avons dit, peu de femmes ont reçu ce caractère à la fois très-fort et très-impétueux, à l'aide duquel on s'élève jusques aux vertus les plus sublimes, ou bien l'on s'égare dans les passions les plus criminelles. La sensibilité du plus grand nombre des femmes est douce, tendre, délicate; et le besoin d'aimer, quand il ne s'applique point à des affections vertueuses, est un sentiment qui les consume en secret. Elles ne savent point le redouter; elles s'abandonnent à son attrait; elles oublient en sa faveur les soins de la vie; et comme avec cette bonté de cœur elles sont ordinairement trop timides pour manifester ce qu'elles éprouvent, elles tombent dans la mélancolie. Elles se livrent solitairement à la tristesse; elles souffrent, elles dépérissent, elles se laissent dépérir. Le moment arrive où cette langueur de l'âme a détruit insensiblement les forces du corps; alors la tristesse augmente, parce que les souffrances ont augmenté, et cependant l'on est toujours disposé à l'affection, à la douceur; on n'a point la force d'être inquiet ou agité de ses peines; on n'a que celle de s'en affliger; aussi plus on souffre, plus on intéresse. Tels sont d'ordinaire pour les femmes, encore plus que pour les hommes, les avantages et les compensations d'un caractère tendre et sensible ; on souffre beaucoup ; mais on est bon jusque dans la peine ; on est plaint, on est aimé.

Les maladies qui résultent d'un faux emploi de la sensibilité sont plus communes chez les femmes que chez les hommes. Mais il est aussi un grand nombre de maladies auxquelles les femmes échappent presque toutes à la faveur de leur organisation, et ces maladies sont bien cruelles.

Les travaux de l'esprit ne sont pas entièrement étrangers aux femmes ; mais c'est aux hommes que la nature les a principalement réservés ; et si c'est un honneur pour eux, c'est un danger qui en compense bien souvent les jouissances. Il est bien rare que le travail de l'esprit ne soit point nuisible à la santé, parce qu'il est difficile de ne pas s'y livrer au delà de ses forces. Les hommes surtout qui ont reçu de grands talents ne savent point se défendre de l'excès du travail, parce qu'ils sont vivement excités par l'ambition des suffrages. Nous avons vu qu'ils avaient beaucoup d'amour-propre par la même cause qui fait qu'ils ont beaucoup de talents. Cet amour-propre les entraîne, non-seulement à vouloir être estimés pour de bons ouvrages, mais à vouloir paraître en faire beaucoup. Il n'est pas rare alors de les voir suppléer à l'affaissement où la fatigue les jette, par le café, le thé, les boissons spiritueuses. Ces moyens d'une force artificielle tournent plus au détriment de leur corps qu'au profit de leur esprit. On peut citer à cet égard bien des hommes, célèbres dans les sciences ou dans les lettres, qui ont passé leurs dernières années à vivre artificiellement, à souffrir sans cesse et à composer des ouvrages médiocres. On a vu aussi des hommes encore jeunes, dont les productions annonçaient du génie, expier leur gloire naissante par une sorte d'irritation de zèle, et mourir de travail [1].

---

[1] Semblable destinée a été récemment celle d'une femme célèbre par ses talents, je dirai presque par son génie ; car jamais femme n'en approcha davantage.

Mme de Staël a été prématurément enlevée à sa famille, à ses amis, à la

Les femmes, ainsi que les hommes qui vivent dans le bien-être, se laissent aller quelquefois au penchant de l'oisiveté. C'est un plus grand danger pour elles que pour les hommes, parce que leur organisation plus vive leur impose davantage le besoin de l'occupation. Mais elles sont éloignées de l'oisiveté plus aisément que les hommes, parce que les hommes qui vivent dans le bien-être ne peuvent guère se livrer qu'aux travaux de l'esprit ; et ils ne font rien dans les intervalles, nécessairement longs et multipliés, où ce travail est suspendu.

L'occupation ordinaire des femmes peut n'être jamais suspendue, parce qu'elle n'est point fatigante pour leur esprit, qu'elle est continue, égale, facile, que cependant elle peut intéresser leur amour-propre, car elle est souvent un emploi du goût et de l'adresse. Cette occupation d'ailleurs a pour elles un grand avantage. Elles peuvent, en s'y livrant, jouir de toutes les douceurs de la conversation et des épanchements de l'amitié ; ou, si elles sont seules, s'abandonner sans efforts aux pensées qui peuvent les satisfaire.

Les relations des hommes sont beaucoup plus étendues que celles des femmes. Celles-ci sont presque uniquement consacrées par la nature à leurs époux et à leur famille. Les hommes appartiennent à leur famille et à la société humaine. Le bien-être même qu'ils doivent procurer à leurs enfants exige que leur esprit ait plus de liberté. La nature ne pouvait leur donner cet avantage qu'en leur refusant celui qu'elle a donné aux femmes, celui d'aimer avec plus de constance et de tendresse.

Que d'inquiétudes, d'embarras sont épargnés à la plupart des femmes, et entrent dans le partage des hommes ! Les soucis

---

haute littérature, à la philosophie. Si l'acquisition d'une grande gloire ne lui avait pas été facile, elle l'eût poursuivie avec moins d'avidité, et, pour obtenir toute celle dont elle sentait le droit et le besoin, elle n'eût pas précipité l'emploi de ses forces et le cours de son existence. On peut dire que sa vie a eu la marche rapide, inégale, et pompeuse, d'un magnifique torrent ; elle a eu de l'éclat ; elle a fait un grand bruit ; mais elle a elle-même ravagé le corps qui faisait comme le sol et les rives de son âme ardente.

des affaires, les procès, les guerres, les révolutions atteignent les hommes bien plus directement que les femmes.

La nature expose les femmes à souffrir beaucoup lorsqu'elle les invite à devenir mères. Mais que de dédommagements elle leur accorde! La plus grande faculté de recevoir le bonheur est dans la plus grande faculté d'éprouver les affections les plus tendres. Un enfant qui a vécu neuf mois dans le sein de sa mère, qui a été nourri de son lait, qui l'a exposée à perdre la vie, est bien plus la propriété de sa mère que de son père. Quoi de plus doux et de plus juste qu'une plus tendre affection pour une plus chère propriété!...

Nous avons parlé de la beauté, nous avons dit qu'elle était ordinairement un obstacle à la sagesse. Cela est plus vrai des femmes que des hommes, parce que les femmes sont très-sensibles aux hommages des hommes, et que les hommages de la plupart des hommes s'adressent à la beauté. Nous avons dit aussi que la beauté était rarement unie aux avantages intérieurs. Cela est encore plus vrai des femmes que des hommes, parce que leur sensibilité, naturellement plus vive, les expose plus vivement et plus fréquemment à cette action intérieure qui traverse le mouvement bien ménagé d'un développement paisible. Ainsi, une femme d'une beauté parfaite, et en même temps pleine d'esprit, d'une sensibilité exquise et d'une bonté parfaite, est plus aisément l'ouvrage de notre imagination qu'il ne peut être celui de la nature.

Malgré l'autorité de quelques auteurs anciens, il est difficile de croire que le célèbre sculpteur athénien eût rassemblé les divers traits de beauté épars sur plusieurs belles femmes de la Grèce pour en composer cette Vénus que l'on admire encore. La beauté, dans tout objet composé, résulte de l'harmonie entre toutes les parties de cet objet; et cette harmonie de la beauté humaine comprend non-seulement tous les traits de la forme extérieure, mais l'âme, les facultés, les inclinations, les habitudes, tout cela désigné par ce jeu et cette disposition d'organes que l'on appelle physionomie. Ainsi, un trait de beauté appartenant à un individu est fait pour lui et non pour un autre; et, la beauté exactement parfaite n'existant nulle part, parce qu'elle comprend toutes les formes parfaites, réunies à toutes les perfections intérieures, lorsque Praxitèle voulut former Vénus, son imagination, éclairée et animée par toutes les impressions qu'il avait reçues, créa un modèle, et lui donna cet ensemble dont il avait l'idée, mais qu'il ne pouvait avoir aperçu. Plus récemment, un écrivain célèbre, Richardson, a encore mieux rendu la pensée de Praxitèle, parce qu'il a présenté son modèle à notre imagination seule, qui, comme nous l'avons dit, compose la beauté et la perfection beaucoup mieux que nos sens ne peuvent nous la faire connaître. Richardson d'ailleurs a songé principalement à peindre, non l'assemblage des plus belles formes et des grâces les plus séduisantes, mais la réunion bien plus touchante de toutes les vertus. Aussi, on regarde principalement la physionomie quand on pense à Clarisse. L'idée voluptueuse de la beauté extérieure suit l'idée attendrissante de la perfection intérieure. Il n'est pas un homme sensible qui balançât un instant, s'il avait le choix de porter ses pas vers une Vénus brillante de santé et de grâces, ou vers l'infortunée Clarisse, succombant à la douleur, consumée par le sentiment de mille persécutions injustes, et écrivant ses adieux au monde sur un cercueil qu'elle va bientôt remplir. Voilà l'image réelle de la beauté, puisque ce nom ne doit être accordé qu'à l'objet qui fait le plus d'impression sur notre âme; et si l'on disait que la santé, la vivacité, la force, qui sont des avantages naturels, manquent à Clarisse mourante, je répondrais que ces avantages sont remplacés par des perfections bien plus grandes, données par le malheur et la sagesse; que l'abattement, les approches de la mort, le calme, la sérénité des traits au milieu de ces approches, montrent les vertus et l'infortune de Clarisse, et qu'à cette vue touchante l'imagination ne songe plus à demander les attraits que Clarisse a perdus.

L'ouvrage de Richardson aurait plus de vérité, plus de perfection, il présenterait plus d'encouragements aux femmes sensibles, intéressantes, si Clarisse, ornée de tous les dons de l'âme, de tous les talents, de tous les avantages de l'esprit, n'était pas encore au printemps de sa vie revêtue de tous les dons extérieurs; elle serait alors plus conforme à la nature; et une femme, pour être intéressante, n'a pas besoin d'avoir reçu tous les dons de l'esprit, d'être belle et jolie; il vaut peut-être mieux qu'elle ne possède que modérément ces avantages. Il est plus essentiel qu'elle ait le regard bien doux, le son de voix mélodieux et tendre. Il est bon que la position de sa tête, que son maintien et sa démarche aient à la fois de la grâce, de l'abandon, et même un peu de mollesse. Sa bouche doit sourire, et ses yeux s'entendre avec sa bouche pour représenter la sensibilité et quelquefois la tristesse. Elle doit parler peu, sans trop de vivacité, sans force, sans images saillantes et animées, mais avec sentiment et facilité. Lorsqu'elle se tait, on doit supposer, non qu'elle médite, mais qu'un doux souvenir l'intéresse, ou qu'une peine l'afflige; elle doit attendrir avant d'émouvoir; et, quand elle a ému, elle doit encore attendrir.

Telle est celle qui a reçu de la nature un doux mélange de dons heureux, et qui a conservé ces dons, qui les a augmentés en conservant son innocence.

Il est des femmes supérieures aux femmes intéressantes, comme il est des hommes que leur génie élève au-dessus des hommes. Il en est une, mon ami, que depuis votre enfance vous admirez, vous aimez comme la plus touchante image de la Divinité sur la terre [1]. Elle a à la fois les meilleures qualités des hommes et les meilleures qualités des femmes; toute la force, la dignité, la constance, les vertus d'un sage, et la douceur, la sensibilité, l'indulgence, la délicatesse d'une âme tendre et affectueuse; sachant être généreuse et simple; capable de conceptions étendues, et réduisant son ambition à être aimée de ce qui l'entoure; ne voulant point de la gloire, mais de la paix et de l'affection. C'est d'une manière noble, grande et constante, que l'on s'attache à elle. On voit en elle une âme élevée autant que sensible, qui est constamment frappée des

---

[1] Ceci est un tribut d'affection presque filiale. Dans la préface de cet ouvrage, j'en ai nommé l'objet.

beautés de la vertu ; et une telle âme est bien rare. On peut avoir plus de légèreté, plus d'agrément, plus de connaissances ; mais on ne peut avoir plus de justesse dans l'esprit, plus de justice dans les sentiments, plus de sagesse dans la pensée, plus d'ordre dans le raisonnement, plus de raison dans la conduite. On ne peut assigner avec plus d'équité à chaque objet, à chaque personne, à chaque chose, le prix et le rang qu'elles méritent. On ne peut avoir à un plus haut degré la sagacité du jugement et de la sagesse ; je veux dire qu'on ne peut mieux qu'elle savoir distinguer dans chaque objet, dans chaque événement, dans chaque action, ce qui est essentiel de ce qui est accessoire, ce qui doit rester de ce qui doit passer ; ce qui doit être estimé de ce qui ne mérite que mépris ou indifférence. Elle compare toutes les idées à une grande idée, tout ce qui se fait à un grand modèle ; elle porte dans son âme ce modèle et cette idée. C'est ainsi, parce qu'elle a le don de voir et de sentir tout ce qu'il y a de plus grand, qu'elle peut distinguer et connaître tout ce qu'il y a de médiocre et de petit. Elle voit aussi pour la même raison qu'il n'y a rien de plus grand que la vertu constante et modeste ; c'est vers la constance et la modestie de la vertu qu'elle dirige son langage, ses conseils et sa conduite. Elle ne sait ni parler, ni agir au hasard ; il y a toujours un but à ce qu'elle dit, à ce qu'elle fait, à ce qu'elle médite. Ses lettres sont admirables, en ce que toutes les parties qui les composent sont non-seulement liées entre elles, mais encore appartiennent toujours à un ordre supérieur de sentiments et de pensées, qui restent quand la lecture est finie, et laissent dans l'âme des pensées fortes ou de nobles sentiments.

LIVRE NEUVIÈME.

Des compensations attachées à l'enfance.

Jusques à présent, mon ami, nous avons comparé l'homme à ses semblables. Il faut maintenant le comparer à lui-même; car la succession des années apporte de telles modifications à son être, que, lorsqu'il a passé sur la terre le temps que la nature accorde d'ordinaire à la vie humaine, ses souvenirs lui rappellent en lui-même plusieurs hommes différents d'organisation, d'inclinations, de pensées, qui se sont succédé insensiblement.

Si la nature est uniforme dans sa marche, ces diverses modifications de l'individu doivent se balancer mutuellement par leurs plaisirs et leurs souffrances, par leurs avantages et leurs privations. Je crois que nous allons trouver encore cette unité de vues pour résultat de nos recherches.

L'enfance! quel mot ravissant à prononcer! D'où vient qu'il porte toujours à notre cœur une idée intéressante? D'où vient que cet âge fait si souvent le sujet de notre envie? Et que devons-nous conclure des regrets qui nous y ramènent, si ce n'est qu'il fut l'âge de nos plaisirs?

Mon ami, plusieurs raisons peuvent être apportées de cette prévention en faveur des premiers moments de notre existence. Lorsque nous parlons de cet âge, la pensée qui nous y ramène en provoque à l'instant une seconde que nous avons reconnue être toujours accompagnée de regrets. Nous mesurons avec rapidité le temps écoulé depuis notre enfance; et avec la même rapidité notre imagination se porte en avant vers cette heure fatale, qui doit être la dernière, et que nous n'aimons point à envisager. Oh! que nous en étions loin pendant notre enfance ! disons-nous intérieurement ; que nous étions heureux d'en être si longuement séparés !

Nous envions même, dans tous ceux qui ne sont plus enfants, mais qui sont moins âgés que nous, cette plus longue distance du moment où toutes les distances se terminent, se confondent, et où il ne reste plus rien à comparer.

Cette observation nous explique la répugnance que chacun de nous éprouve à avouer son âge ; c'est que l'on aime très-peu à y penser. Les femmes, avant de considérer cette époque qui les appelle toutes, ainsi que les hommes, en considèrent une qui la précède, et qu'elles envisagent, quelques-unes, avec plus de regrets. Avant de finir de vivre, elles finiront d'être belles ; elles le savent ; elles n'aiment point à dire de combien elles sont rapprochées de ce terme fatal.

Revenons à l'enfance. Il y a encore une raison pour que nous donnions à cet âge la préférence sur ceux qui le suivent ; c'est l'heureuse disposition que nous avons reçue d'oublier plus aisément nos peines que nos plaisirs.

Notre imagination, cette faculté active qui se combine essentiellement de la mémoire et de la prévoyance, se plaît à n'apercevoir dans le passé que des causes de regrets, dans l'avenir que des sujets d'espérance, et cela pour balancer notre manière commune d'envisager le présent ; car nous sentons plus vivement les maux actuels, les contrariétés actuelles, que nous ne jouissons actuellement de nos plaisirs et de nos biens. Ceux-ci coulent en quelque sorte sans bruit, sans que nous nous apercevions de leur passage. Nous les considérons même comme si naturels, si essentiels à notre être, que nous avons besoin d'une réflexion attentive pour les reconnaître et les détailler. C'est ainsi que toutes les commodités de la vie, la santé, le loisir, la pureté de l'air, le calme d'un beau séjour, la liberté de nos sentiments et de nos pensées, mille avantages inaperçus, se combinent ou se succèdent sans que nous tenions aucun compte de cette profusion. Mais qu'un seul bien nous manque, qu'une seule douleur nous atteigne, qu'une seule perte nous éprouve, elle seule attire notre attention, provoque nos murmures : elle rend notre sort insupportable ;

nous oublions, dans nos plaintes contre elle, tous les biens qui nous restent ; nous mesurons seulement alors le prix du bien qui lui était opposé, de ce bien dont nous jouissions cependant sans reconnaissance.

Bientôt l'événement malheureux, l'accident, la privation, qui avaient rendu à chacun de nos biens perdus sa mesure d'estime, disparaissent à leur tour devant de nouveaux accidents, de nouvelles privations. Mais l'estime reste ; et c'est ainsi qu'au bout d'une certaine période d'événements et de vicissitudes, lorsque nous avons perdu successivement ce qui était essentiel, notre jugement s'est formé à l'aide de l'expérience. Nous savons le prix de chaque chose, parce que nous savons ce que chaque chose nous a coûté. C'est à cela en grande partie que nous servent nos douleurs, nos contrariétés et nos peines : cette utilité produite, elles s'effacent aisément de nos souvenirs.

Voilà, mon ami, ce qui fait que non-seulement notre enfance, mais toutes nos situations passées, ne se présentent à notre mémoire qu'accompagnées de ce qui en faisait le charme, et ordinairement débarrassées de ce qui en faisait le tourment. A peine avons-nous changé de position, que ce qui excitait le plus nos murmures dans l'ancienne disparaît devant les désagréments de la nouvelle, et que les biens de l'ancienne sont rappelés par le sentiment actuel de nos nouveaux désagréments.

C'est à notre équité à rétablir le balancement des partages. Guidés par elle, examinons le sort de l'enfance. Ce sort, comme celui des autres âges, se compose de ce qui appartient à notre nature, et des combinaisons de la société. Séparons d'abord cette influence de la société pour ne considérer que ce qui nous est essentiel.

La nature nous fait naître dans l'ignorance, afin que dès notre entrée dans le monde, chaque instant de nos jours soit utilement occupé. Il n'est point de moment dans notre vie, et principalement à son début, où nous n'apprenions quelque chose. Quoique au bout d'un certain temps nous ne tenions compte que des connaissances qui nous distinguent du commun des hommes, il n'en est pas moins vrai que cette masse commune du savoir général est très-considérable ; elle s'est composée de toutes les acquisitions du jugement naissant et de l'instinct. Celui-ci est d'une sagacité rapide dans le premier âge ; et la raison en est évidente : il a la commission de nous apprendre tout ce qui intéresse notre développement et notre conservation. Chacun de nos sens est son émissaire vigilant et fidèle. L'instinct le place constamment en sentinelle ou l'envoie à la découverte, et le jugement met ensuite à profit toutes ses relations.

C'est ainsi que nous apprenons très-promptement à connaître la nature dans ses rapports avec l'entretien et l'accroissement des forces de notre corps. Notre force intellectuelle s'établit successivement sur ce premier fonds.

Mais, mon ami, comment cette première instruction pourrait-elle être rapide, si nos organes n'étaient point d'une sensibilité très-vive à l'âge où nous la recevons ? et quelle est la conséquence de cette vive sensibilité ? Puisque toutes les impressions sont très-actives, il en résulte que celles de la douleur doivent être aussi aiguës que celles du plaisir sont agréables ; ou même, puisqu'il nous manque à cet âge de savoir nous arrêter sur le plaisir, de savoir méditer sur ses douceurs, l'augmenter par la comparaison, par la reconnaissance, puisque sa vivacité nous entraîne sans réflexion, et qu'il n'en reste aucun sentiment lorsqu'il est passé, la douleur, dont la pointe est plus pénétrante, nous ménage de plus vives épreuves ; et cela devait être, car c'est du mal que nous avons reçu que notre intelligence retire le plus d'instruction.

La compensation se rétablit cependant, parce que dans l'enfance les moments de douleur sont plus rares, et que l'état commun de la vie est un état de gaîté, de contentement et d'action. Si cela n'était point ainsi, et qu'il nous fallût mesurer l'avantage de vivre sur les signes extérieurs de plaisir ou de souffrance, convenons que les cris aigus d'un enfant, ses plaintes convulsives, ses larmes abondantes, ne nous indiqueraient cette première période que comme celle de la douleur. Songez, mon ami, que je ne parle encore que des atteintes naturelles, et que je suppose l'enfant dont je m'occupe favorisé par la fortune, par la tendresse de ses parents. Puisqu'il s'agit d'établir que l'enfance n'est point exclusivement l'âge du plaisir, je lui accorde tous les avantages qui ne découlent point immédiatement de la nature. Eh bien, mon ami, cet enfant crie, pleure encore, et cela bien souvent, bien vivement. Les soins des personnes qui l'entourent préviennent, il est vrai, bien des occasions de souffrir, mais par cela même le rendent plus sensible au mal qui arrive nécessairement. Le froid le saisit de la manière la plus violente; car il faut bien qu'il apprenne ce que c'est que le froid, et toutes les précautions ne peuvent pas toujours être prises. L'enfant, excité par cet attrait de la nouveauté, par cette curiosité du goût que l'on appelle gourmandise, recherche des aliments de mauvaise qualité; et bientôt des maladies, des souffrances aiguës, sont pour une autre fois des avis salutaires. Moins agile, moins adroit que l'enfant non soigné, il est cependant entraîné par le besoin de mouvement à des épreuves qui seraient indifférentes pour l'enfant vulgaire, et qui pour lui sont suivies d'accidents, de meurtrissures, de chutes, et toujours de larmes et de cris. Il faut bien qu'il apprenne à se tenir, et c'est pour cela qu'il tombe. S'il ne courait point dans son enfance, il tomberait davantage un jour, et en attendant il n'aurait point de santé; ce qui serait une plus grande cause de souffrance.

Développons une autre conséquence de cette sensibilité excessive, combinée avec l'ignorance au début de la vie. Un enfant sensible tremble de la chute d'une feuille, redoute l'ombre, le silence, le bruit, le plus faible animal, l'insecte le plus timide; pour cet enfant, dont la sensibilité est augmentée par la douceur du bien-être, tout est si nouveau, les effets les plus simples sont des phénomènes si étonnants; d'un autre côté, la puissance qui l'entoure est tellement exagérée par le sentiment intime de sa propre faiblesse, que l'effroi, la terreur, viennent troubler fort souvent les plaisirs auxquels il s'abandonne. Bien des femmes conservent à cet égard le caractère des enfants.

Tout ce que nous avons dit jusques à présent se rapporte généralement à l'enfance, et doit être ensuite modifié au gré du caractère particulier à chaque enfant. Celui qui aura reçu un caractère impétueux, irascible, aura plus de force, et à bien des égards plus de qualités heureuses; mais il ne pourra supporter la moindre résistance; il trépignera sans cesse contre des refus qu'il éprouvera sans cesse; car, dans son ignorance ou son caprice, il exigera vivement ce qui ne pourra lui être accordé. Mettez-le aux prises avec un enfant impétueux comme lui, et la colère et la fureur ne tarderont point à l'agiter; cependant il a besoin d'enfants, et pour ses jeux, et pour ses petites relations de commerce; car, aussitôt que nous avons senti notre être, l'intérêt personnel a commencé.

Nous avons supposé jusques ici l'enfant au sein de l'aisance et traité avec douceur par tout ce qui l'environne. Considérons maintenant le sort d'un enfant né de parents pauvres, ou bien gémissant sous l'oppression qui résulte du caractère de ses instituteurs. Pour celui qui est né pauvre, cet âge si intéressant, si tendre, est-il toujours l'âge du bonheur? Quelquefois, et trop fréquemment, l'humeur de ses parents est aigrie par l'atteinte sans cesse renouvelée du besoin et de la misère; et alors, malgré son innocence, c'est sur l'enfant que l'humeur retombe, parce que son existence, qu'il ne pouvait refuser, est cependant la cause de la détresse commune, ou du moins de son augmentation. Il n'est que trop vrai, mon ami, qu'il est certaines situations de l'esprit produites par la peine accumulée, où la gronderie, l'injustice même sont un soulagement. Quelque déraisonnable et barbare qu'il soit de décharger sur de faibles innocents le poids de ses embarras et de ses souffrances, il n'en est pas moins vrai qu'il faut de la force d'âme, de la vertu, et l'habitude d'une raison douce et éclairée, pour ne murmurer dans le chagrin que contre ses véritables causes, pour ne point s'en prendre à tout, et principalement à ce qui, par sa timidité, par sa faiblesse, n'ose que souffrir et ne peut rien opposer. Si l'on demandait à la plupart des enfants battus, maltraités, ce qu'ils ont fait pour mériter le châtiment qu'on leur inflige, ils pourraient répondre avec vérité : « Je n'ai rien fait; mais l'infortune a battu mon père. » Il n'est point d'enfants qui soient en état de faire cette réponse, parce qu'ils ne connaissent point encore les effets de ce genre de chagrin qui dévore leurs parents, et dont ils sont eux-mêmes victimes; mais ils ne sentent pas moins l'injustice du traitement qu'on leur fait subir. C'est dans ces occasions cruelles que les larmes de ces petits êtres coulent avec abondance, et coulent encore lorsque la douleur physique n'existe plus. C'est là, pour eux, la cause d'une mélancolie, d'une disposition à pleurer, que tout alimente, et qui devient à son tour le sujet de nouvelles duretés, de nouveaux reproches.

Que de biens nécessaires sont refusés aux enfants nés dans une condition pauvre ! Que leur santé est exposée par le défaut de soin, de propreté, d'aliments salutaires ! Dans les classes supérieures, les excès opposés, la surabondance de la nourriture, ou ses qualités trop échauffantes, appellent aussi bien des maladies sur les enfants. Généralement, et cette compensation est remarquable, les enfants sont plus souvent malades que les grandes personnes, et la faiblesse de ces tendres plantes les désigne plus fréquemment à la faux de la mort.

Pour vous montrer, mon ami, que l'enfance n'est point exclusivement l'âge du bonheur, il ne me reste plus qu'à vous peindre le sort des enfants dont l'éducation est dirigée d'une manière absurde et barbare. Pour cela, je n'ai qu'à vous rappeler ce que vous avez vous-même souffert. Dès vos plus tendres années, pour obtenir aux dépens de vos forces, de votre gaieté, quelques petits succès de vanité, inutiles même à votre intelligence, vous êtes forcément accablé d'un travail insipide et sédentaire, qui déjà vous fait connaître le poids de l'ennui et la longueur du jour. Votre timidité, loin de recevoir les encouragements de l'intérêt et de la bienveillance, est sans cesse augmentée par les duretés d'instituteurs mercenaires, fatigués eux-mêmes de leur tâche pénible, monotone, et vous punissant de leurs propres dégoûts. Des châtiments barbares vous sont infligés avec colère; et les fautes que l'on prétend punir en vous ne sont en proportion, ni avec cette colère, ni avec ces châtiments. Vous n'êtes qu'un enfant, conduit par la nature dans ses désirs et ses répugnances; cependant on vous traite comme un criminel. Vous éprouvez les terreurs qui précèdent le supplice, les souffrances qui l'accompagnent, la honte qui le suit. Votre âme, froissée, abattue, n'ose plus se révolter contre l'injustice, ou même elle ne l'a jamais osé. Ce tourment du moins lui fut épargné dès l'âge le plus tendre, et la succession non interrompue de mauvais traitements ne vous a permis d'autres sentiments intérieurs et solitaires que la douleur et la crainte. Rappelez-vous, mon ami, ces années presque entières d'effroi, dont mon propre cœur s'épouvante encore, car vos récits resteront à jamais dans mon âme, et j'ai reçu ma part de tous les maux que vous avez soufferts; rappelez-vous ces frayeurs convulsives qui suspendaient en vous le repos du sommeil, et glaçaient votre imagination à la vue certaine des maux qui vous attendaient. Vous comptiez les heures, les minutes, qui vous séparaient encore de l'instant où vous alliez comparaître devant un tyran effroyable. L'instant arrivé, vous entendiez une cloche fatale; vous vous acheminiez, pâle, tremblant, avec lenteur, vers le lieu où un bourreau impitoyable, avide de saisissement, de cris et de larmes, rassemblait les malheureuses victimes de sa férocité. Cet homme cruel, surchargé de vices, violait la pudeur, excitait le désespoir, provoquait la rage... Quel bonheur pour vous quand il était malade! que vous deviez être malheureux de trouver à cela du bonheur[1]!...

[1] J'écrivais ces lignes vers la fin du dernier siècle. Depuis cette époque, le régime de l'éducation publique et celui de l'éducation particulière ont reçu d'heureux adoucissements; et c'est un des grands avantages que la civilisation a entraînés, en échange des pertes nombreuses et considérables qui ont en même temps résulté de ses progrès. Ces deux mouvements de la civilisation, toujours égaux entre eux, mais toujours opposés l'un à l'autre, méritaient un développement spécial; rien n'est plus concluant en faveur du balancement continu des destinées humaines: c'est toute l'histoire. J'ai tracé ce développement dans plusieurs ouvrages; je laisse ici, comme monument d'anciennes mœurs, le tableau de ces horribles douleurs qui accablaient un grand nombre d'enfants mes contemporains, et dont peut-être, en quelques lieux, les restes cruels subsistent encore.

Mon ami, vous me l'avez souvent dit : vous n'avez commencé qu'à un certain âge à vous plaindre de ce que le temps s'écoulait avec vitesse. Vous aviez contracté pendant votre enfance l'habitude de considérer l'intervalle d'une heure comme un espace de temps éternel. Vous n'étiez donc point heureux pendant votre enfance. La nature a voulu que le temps, si long pendant la peine, s'écoulât rapidement pendant le plaisir, afin qu'au terme de nos jouissances un regret vînt du moins les affaiblir.

Amédée était vivement ému. Quel est le cœur qui pourrait ne pas l'être, quand il entend ses propres peines racontées par celui qui les console? Si c'est un plaisir pour notre faiblesse de parler de nous-mêmes, quelle douceur n'éprouvons-nous pas lorsque c'est un autre qui s'oublie pour nous parler de nous!... Et lorsque cette voix généreuse est celle de notre meilleur ami, que de satisfactions ensemble sont produites par le plus doux amour-propre uni à l'amitié la plus tendre !

Des avantages de l'enfance.

Hâtons-nous, mon ami, reprit Lorenzo, de détailler le bonheur de l'enfance ; car après ce que nous venons de dire, il semble que nous ayons à le découvrir et à le prouver.

Le premier bien des enfants, le plus précieux, est l'innocence. Ils ignorent la haine, la perfidie, le ressentiment, quoiqu'ils connaissent la colère et l'impatience. Ils ne sont point capables d'une combinaison méchante, parce qu'ils sont pressés de jouir de petits objets, et que toute combinaison suppose la faculté d'attendre. Heureux âge que celui où l'on est sans défiance, et où l'on n'en souffre pas encore, parce qu'on ne possède rien qui puisse exciter la cupidité des trompeurs !

L'instruction est semée sur chacun des pas de l'enfance, et l'instruction est la source la plus abondante en plaisirs. La nature l'a si bien jugé ainsi, qu'elle a voulu non-seulement que l'individu eût toujours quelque chose à apprendre jusques au dernier jour de sa vie, mais encore que chaque génération, profitant du savoir des générations précédentes, ajoutât de nouvelles acquisitions en faveur de celle qui la suit ; en sorte que le livre de la science générale, toujours ouvert, mais lentement feuilleté par l'intelligence humaine, pût tenir toujours en réserve plus de pages que l'intelligence humaine ne pourrait en parcourir [1].

La nature, si attentive à nos besoins, ne nous délivre le plaisir qu'à mesure qu'il nous devient nécessaire. Les progrès des arts et des sciences sont rapides, lorsque les hommes, devenus nombreux et exigeants, parce qu'ils sont moins sensibles, ne peuvent plus se contenter des choses simples. C'est ce qui fait que la dernière période d'un peuple est brillante et bientôt parcourue ; mais l'enfance de l'homme ressemble à l'enfance des peuples. L'une, ainsi que l'autre, apprend bien vite ce qui lui est nécessaire, et s'en tient là pendant longtemps.

La faculté de pouvoir prendre du plaisir est mesurée par un indice certain, par la curiosité. C'est elle qui alimente le désir : et quel peut être l'âge de la curiosité si ce n'est l'enfance ? Plus heureux, et encore plus mobile que le papillon volage, l'enfant trouve partout à exprimer le suc d'une fleur. L'activité des sensations lui fournit sans cesse une épreuve utile, et l'immense fécondité de la nature inconnue présente un aliment continuel à l'activité de ses sensations.

Nous avons dit précédemment que ces épreuves étaient souvent douloureuses ; mais, comme nous l'avons remarqué, cette douleur est de peu de durée ; la chaleur du sang et de la vie suffit ordinairement pour que l'atteinte en soit bientôt dissi-

---

[1] Au moment où j'écrivais ces lignes, les savants poursuivaient avec ardeur des travaux extraordinaires, des travaux définitifs ; ils préparaient le système universel ; ils l'élevaient dans ma pensée, mais à mon insu ; et j'étais loin de soupçonner qu'il allait devenir possible à l'esprit de l'homme d'embrasser la science générale. Néanmoins je ne rétracte pas entièrement ce que je disais alors sur la faculté accordée aux générations humaines, de toujours ajouter de nouvelles acquisitions à celles que les générations précédentes leur ont transmises. Vérifier sans cesse le système de tous les êtres, en perfectionner sans cesse l'exposition, en affermir sans cesse les conséquences, tel sera désormais l'emploi de l'intelligence humaine ; et cet emploi interminable offrira toujours à la curiosité de l'homme un heureux aliment.

pée; au lieu que ce doux et simple plaisir, dont la nature est peinte par le mot riant et enchanteur de *badinage*, dure plus longtemps pour l'enfant livré à lui-même, et établit sur une feuille de rose, sur une goutte d'eau, sur un grain de sable, son abondante contribution. Heureuse cette saison de badinage; c'est seulement alors que le plaisir est pur, simple et facile.

Vous avez sûrement observé, mon ami, que si, dans une compagnie de grandes personnes, dont la conversation tarissait, dont les plaisirs devenaient insipides, un enfant venait à s'introduire, aussitôt tous les regards lui étaient adressés ainsi que tous les cœurs; chacune de ses paroles était recueillie, répétée, et excitait le sourire de l'intérêt. Ce don de plaire, d'intéresser tout le monde, n'appartient qu'à l'enfance, et forme un de ses attributs les plus enchanteurs. Quoique l'enfant ne puisse se rendre raison de cette affection qu'il inspire, et qu'il en jouisse sans y songer, il ne faut pas moins la classer avantageusement parmi les biens qu'il possède, puisque nous comparons cet âge à ceux qui le suivent, et que ces derniers sont loin d'obtenir une générale affection.

Si nous cherchons à l'expliquer dans les enfants, nous en trouverons plusieurs causes, et d'abord l'absence de l'orgueil et des prétentions. Le Distributeur général des balancements et de l'équilibre a établi que les suffrages et la bienveillance de nos semblables seraient en raison inverse des hommages que nous recevrions de nous-mêmes; il a voulu avec justice que celui qui porterait toujours en soi un approbateur complaisant ne le trouvât point ailleurs, lors même qu'il le mériterait par ses qualités ou ses avantages; il nous a donné au contraire une inclination empressée vers celui qui s'oublie lui-même et n'exige rien. L'enfant est dans ce cas; et cette qualité heureuse est si bien l'une de celles qui nous rendent cet âge recommandable, que nous étendons le même genre d'affection et de bienveillance à tous les hommes qui ont la simplicité et la candeur des enfants. Il n'est point de fonds qui rapporte plus d'amis que le fonds de la franchise et de la bonhomie. On sourit aux bonnes gens comme on sourit à l'enfance ; on se sent même disposé à les caresser, malgré la gravité que peut imposer leur âge, et, enfin, on définit la nature d'attachement que l'on porte à un homme de ce caractère en disant de lui : C'est un bon enfant.

Il est encore une cause de d'intérêt général excité par cet âge dont nous nous occupons ; c'est sa grâce et sa faiblesse. Sa grâce plaît à nos sens. Une tendre fleur produit sur notre âme une impression douce ; elle obtient de nous une sorte de sourire, tandis que le chêne majestueux qui la couvre et la protége donne à nos pensées de la gravité et de l'élévation. Un enfant a tous les avantages d'une fleur, son éclat, sa fraîcheur, la finesse, le poli des traits, l'agrément des formes ; il a de plus à nos yeux ce charme inaperçu qui tient à l'amour secret de nous-mêmes, ce charme de la sympathie et de la ressemblance. Un enfant, c'est nous, sans nos travers, nos jalousies, nos rides et nos défauts. Tous nos sens sont affectés par cet aimable objet d'une manière agréable ; le son de sa voix est doux, mélodieux, facile ; ses mouvements ont de la gentillesse ; ses pleurs mêmes ont une grâce touchante, et si la physionomie de l'enfant joyeux anime, réjouit et console, celle de l'enfant qui souffre émeut et attendrit.

Enfin, mon ami, c'est encore à sa faiblesse que l'enfance doit notre affection, nos caresses et nos égards. Toujours balancement et équilibre. La force étrangère vient à l'appui de tout être qui n'en a pas. Notre âge protége celui des enfants. Cette condescendance même n'est pas seulement un penchant de l'homme. Nous voyons ces gardiens vigilants de nos demeures, ces animaux courageux que la nature nous a donnés pour compagnons et pour amis, nous les voyons s'élancer avec audace vers l'inconnu vigoureux et armé qui vient troubler le repos du maître ; nous les voyons flatter en paix l'enfant timide et désarmé. Ils se laissent caresser par cet enfant ; ils se laissent même battre ; ils déposent devant lui leur force et leur colère.

Fondement du pouvoir de l'éducation.

Les événements de notre vie se gravent dans nos souvenirs en raison des impressions que notre âme en a reçues ; et la force de ces souvenirs se manifeste par le plaisir que nous prenons à parler des événements ou des objets qui les excitent.

Quels sont les souvenirs qui nous restent, qui se prolongent jusque dans notre vieillesse, qui font le charme et l'occupation de cet âge? Ce sont les souvenirs de l'enfance et de la première jeunesse.

Presque tous les événements intermédiaires ont disparu. Écoutez un homme incliné déjà vers le couchant de la vie : il raconte avec un plaisir sensible les jeux, les accidents de son premier âge; il n'a oublié aucune circonstance; son imagination, éteinte pour les plaisirs mêmes que sa situation actuelle lui présente, le transporte en entier vers ces régions lointaines que le passé habite, elle en parcourt tous les détails avec une complaisance qui le satisfait encore; il prend du plaisir à redevenir enfant; il était donc enfant avec plaisir.

C'est sur cette heureuse propriété de l'enfance qu'est fondé le pouvoir de l'éducation. C'est parce que l'imagination et le cœur des enfants, semblables à des vases encore vides, reçoivent tout ce que l'on y jette, tout ce qui y tombe, qu'il faut choisir avec soin la semence qu'on leur confie, et se reprocher une erreur, encore plus une injustice, un mauvais exemple, comme une source de productions funestes, qui croîtront et ne mourront que difficilement. Et ici, mon ami, nous sommes ramenés à l'effet constant de cette variété que l'Auteur suprême a mise dans l'organisation du monde. Ce que l'on appelle les leçons de l'instituteur forme la moindre partie de l'éducation, qui se compose de tout ce que l'enfant peut voir, entendre, éprouver, sentir, en un mot de tout ce qu'il apprend; et comme parmi les sensations extérieures il en est pour lui d'agréables, il en est d'autres qui sont douloureuses, et que toutes concourent au développement de ses facultés; il est de même, parmi les causes d'impressions intérieures qui l'affectent sans cesse, un mélange plus ou moins proportionné de bien et de mal, dont le résultat pour l'avenir est un mélange d'idées saines à rappeler, d'impulsions à suivre, d'erreurs à détruire, et d'inclinations à étouffer.

Je pense donc que, pendant l'éducation d'un enfant, il faut

éloigner de lui, autant qu'il est possible, les occasions de voir et d'entendre ce qui peut égarer son esprit ou altérer son innocence. Mais nous devons bien nous garder de perdre courage, lorsque ce qui nous environne ne va point à notre gré. Le plan général de la nature s'assouplit quelquefois à nos vues, mais il ne se dérange jamais en entier pour complaire à nos désirs. Dès notre naissance, nous sommes entourés de rapports essentiels, dont l'utilité pour nous-mêmes et la nécessité pour la société en général ne sont point incertaines, quoique nous ne les apercevions pas toujours; en faveur du bien qu'elles produisent, et par respect pour leur liaison avec l'ordre universel, nous devons bien prendre notre parti sur les petits froissements qu'elles font éprouver à nos vœux, à nos projets et à nos espérances.

Ainsi, les enfants, par leur faiblesse même et par leurs besoins, appartiendront toujours à tout ce qui les environne, c'est-à-dire à des parents ou trop faibles ou trop sévères, à des instituteurs capricieux ou négligents, à de petits camarades désordonnés, à une société de grandes ou petites personnes d'un mauvais exemple, ou d'un sens borné et d'une âme étroite. L'homme sage qui dirige le développement de leur esprit et de leurs forces ne doit point s'armer de haine contre ces contrariétés inévitables; il doit les compenser lui-même en faisant mieux que ce qui fait mal, en prenant occasion de ces inconvénients pour instruire la raison et former l'âme à la pratique de la modération, de la patience. Combien de leçons utiles n'auraient pu être données si un défaut naturel ou communiqué ne les avait rendues nécessaires! Combien de vérités n'auraient pu être exposées s'il n'avait point fallu combattre une erreur!

Imprévoyance des enfants.

Mon ami, il est un principe que je considère comme l'un des plus favorables au repos de la vie, et que pour cette raison je tâche de vous démontrer toutes les fois que l'occasion s'en présente; vous ne le retiendriez point peut-être si je ne vous l'exposais qu'une fois. Voici ce principe : Aucun bien ne nous est accordé que parmi ses conséquences prochaines ou éloignées un mal proportionné n'en soit le balancement. Mais retenez bien aussi, afin de n'être point arrêté dans vos désirs honnêtes, que ce nom de mal, c'est notre faiblesse ou notre attachement naturel à nos intérêts présents qui le donne; car ce mal devient lui-même, plus tôt ou plus tard, un véritable avantage, pourvu que nous observions les lois de la sagesse.

Que deviendrait l'homme si, parmi les facultés qui le distinguent, la nature ne lui avait point accordé la prévoyance? Cette vue exercée sur l'avenir par la réflexion et le jugement, est le principe de son activité, parce qu'elle tend à réaliser des désirs ou à dissiper des craintes. Mais, d'un autre côté, comme en bien des choses elle n'a à découvrir que des probabilités confuses, elle trouble le présent par des inquiétudes que les événements ne confirmeront pas, ou elle l'embellit par des espérances que le temps viendra détruire.

Les enfants n'ont rien à prévoir, parce qu'ils n'ont encore à faire que des provisions pour l'âge de la prévoyance. Ils sont privés des espérances qu'elle permet; mais aussi ils sont affranchis des tourments qu'elle donne et des mécomptes qu'elle amène; le présent est tout pour eux avec plénitude et réalité.

Explication de la cruauté des enfants, et de leur indifférence pour les maux qui nous affectent.

Bien des enfants sont cruels; et si l'on s'arrêtait seulement à l'idée que notre cœur aimerait à se former d'un âge si tendre, on ne pourrait le croire capable de cruauté. Nous aimons les enfants; l'affection est toujours suivie d'indulgence; nous consentons difficilement à reconnaître une qualité odieuse dans l'objet de nos plus doux sentiments. Il n'en est pas moins vrai que bien des enfants se plaisent à faire souffrir de petits animaux, qu'ils s'entretiennent souvent entre eux d'exécutions sanglantes, qu'ils désirent en être témoins; cette vérité a besoin d'être expliquée de manière à ce qu'elle n'altère point l'intérêt que nous portons aux enfants.

Mon ami, nous avons dit que l'ignorance était au début de notre vie l'un de nos principaux avantages; elle s'étend non-seulement à tout ce qui doit un jour être aperçu par notre intelligence, mais à ce qui doit être éprouvé par notre cœur; en un mot, notre cœur n'existe pas encore. Ce n'est pas que nous ne puissions déjà sentir des mouvements d'affection; mais elle est légère comme le plaisir procuré par ceux qui nous l'inspirent. Nous aimons vivement les personnes qui nous aident à jouer vivement.

Les souffrances auxquelles nous sommes exposés sont quelquefois très-vives; mais elles ne nous jettent pas encore dans ce que plus tard nous appellerons le malheur; le plus souvent elles n'ont besoin que de repos et de remèdes; rarement elles nous donnent le besoin d'amitié ou de consolations. Toutes nos facultés se développent par l'exercice; lorsque nous sommes devenus réellement sensibles, nous ne faisons que sentir une seconde fois, à l'occasion de nos semblables, ce que nous avons nous-mêmes éprouvé.

L'enfant ne sait point ce que c'est que la mort, parce qu'il ne sait point encore ce que c'est que la vie. Il n'a point l'idée d'une séparation déchirante, d'une perte funeste, parce que tout ce qu'il vient quelquefois à perdre est aisément remplacé; il n'a point encore appris la langue des véritables peines; il ne peut encore la parler ni l'entendre.

Il est si vrai que la plupart des enfants sont cruels par ignorance, que cet enfant même qui martyrisera un petit animal, qui courra au supplice d'un malfaiteur, qui entretiendra volontiers son imagination de sang et de tortures, donnera son déjeuner à un pauvre affamé, ou s'attendrira sur son sort s'il le voit exposé aux injures des saisons : c'est qu'il a lui-même senti la faim et le froid, et qu'il rapporte les souffrances dont il est témoin aux souffrances personnelles dont il a conservé la mémoire; en un mot, il connaît alors ce qu'il voit, et il plaint ce qu'il connaît.

En second lieu, nous avons défini la curiosité, le besoin d'apprendre; nous avons dit que nous étions curieux de tout ce que nous ne savions pas. Les enfants veulent savoir ce que l'on fait quand on souffre violemment, ils veulent voir des convulsions, une agonie; et c'est par ce spectacle même qu'ils s'instruisent d'avance de toute la force des maux qu'un jour ils éprouveront. La cruauté des enfants cesse quand cette instruction est acquise; et leur cœur est développé quand ils ont assez d'instruction.

Facilité de pleurer accordée aux enfants par la nature.

Cette rosée salutaire qui humecte si abondamment le matin de la vie, les larmes sont le soulagement rapide que la nature accorde aux enfants. La vivacité de leurs frayeurs, de leurs plaisirs, de toutes les impressions qu'ils reçoivent, donne à leurs humeurs naissantes un mouvement impétueux et une pressante surabondance.

Mon ami, vous rangerez avec moi cette faculté parmi les avantages de l'enfance, puisqu'en premier lieu elle indique la vivacité des sensations, ce qui est déjà un avantage, et que d'ailleurs elle produit un effet semblable à celui de tous les renouvellements qui, dans la nature, se font avec facilité : elle distribue la vie, la chaleur et le mouvement; l'enfant lui doit plus de fraîcheur, plus de santé, plus de sommeil ; c'est ainsi que la verdure et les fleurs d'une prairie altérée acquièrent, par une pluie douce, une teinte plus vive, plus de force et de couleurs.

Les personnes qui grondent les enfants lorsqu'ils pleurent ne connaissent point l'organisation active de cet âge. Le besoin de pleurer n'est seulement point déterminé chez les enfants par une contrariété ou une souffrance. L'abondance de la vie et l'accélération du développement suffisent pour causer ce besoin. L'enfant l'éprouve quelquefois sans cause apparente, et sans pouvoir expliquer lui-même l'inquiétude confuse qui le sollicite. C'est alors qu'une parole irritée ou un traitement injuste font une vive impression sur son âme, et peuvent même altérer profondément les dispositions les plus intéressantes de son caractère.

Ah! qu'il y a encore de différence, mon ami, entre ce débordement de tous les principes alimentaires qui, dans notre premier âge, accélèrent l'action de la vie, et ces besoins du cœur qui, à un âge plus avancé, se manifestent de même!

La douleur, l'affection, en un mot le sentiment profond devient alors la source de nos larmes; et un tel sentiment est souvent plus doux, souvent plus cruel que les simples sensations. C'est alors que notre âme est ouverte aux émotions de la pitié, de la tendresse, de la générosité, de l'héroïsme, de l'admiration, de la reconnaissance. De telles émotions s'élèvent quelquefois jusques à une agitation qui nous semble pénible; notre âme est comme oppressée et troublée par la vivacité de ses mouvements. Enfin nos larmes tombent, et le désordre s'apaise. C'est pour nous le moment du calme dans les idées les plus douces, du repos dans le bonheur.

LIVRE DIXIÈME.

Compensations attachées à l'âge de l'adolescence et à celui de la jeunesse.

Mon ami, je vais maintenant décrire, conformément à mon idée principale, les peines et les avantages de la jeunesse; et c'est vous-même qui me fournirez en grande partie les observations que je vais vous présenter. Vous êtes principalement le jeune homme dont je vais parler. Il n'en est aucun que j'aie étudié avec autant d'intérêt; je vais retracer à votre souvenir les tourments dont vous m'avez fait la peinture. Peut-être en m'écoutant vous regretterez de n'avoir pas su plus tôt combien étaient justes et nécessaires tant de déchirements, de contrariétés et de souffrances. Vous les auriez supportés, à l'aide de l'équité qui voit tout ce qui doit être, de la patience qui attend la fin des maux, et des plaisirs contemporains qui les compensent.

Rappelez-vous, mon ami, ce passage du printemps à l'été de votre vie, cette époque de votre existence où vous commençâtes à être agité de mille mouvements doux ou terribles; à être embrasé de mille feux que vous ne pouviez ni ne saviez éteindre; à vous associer à tous les êtres sensibles qui existaient dans l'univers; à peupler l'univers d'êtres plus sensibles encore que ceux qui existaient. Effrayé de votre émotion continuelle, et la prenant pour une peine, vous pleuriez abondamment, sans autre cause que votre tristesse, et sans autre cause de tristesse que le désordre d'une foule de sentiments. Vous cherchiez le silence et la solitude; vous vous y sentiez entraîné par le besoin de réfléchir, et mille fois plus encore par le besoin de désirer, de vous égarer dans l'immensité de vos désirs. Disposé à tout recevoir, à être pénétré de tout, le plus léger bruit retentissait jusques au fond de votre âme; la vue d'une fleur, d'une eau limpide, la douce chaleur du soleil, le parfum de l'atmosphère, la fraîcheur du matin, une feuille tremblante sous l'haleine du Zéphire, en un mot le plus léger accident de la nature remuait à l'instant et à la fois toutes les fibres de vos sens, toutes les facultés de votre cœur.

Telle est, mon ami, l'aurore de l'adolescence, de cet âge où tout ce que l'on éprouve est inattendu; où l'on ne sait encore ni jouir, ni se plaindre; où, dans l'ignorance de ce qui sera un jour, on étend ses espérances ou sa tristesse sur l'immensité de l'avenir.

Cet âge serait celui du bonheur, si, lorsque nous y sommes parvenus, nous avions un guide complaisant et sensible, qui, de retour lui-même et récemment de cet important voyage, voulût bien conduire nos pas dans les sentiers attrayants qui nous entraînent, tantôt vers les jouissances funestes, tantôt vers les plaisirs salutaires. Mais, par un effet de cette combinaison variée dont je vous ai entretenu, ces secours sont ordinairement refusés à celui dont la vivacité fougueuse paraît les réclamer comme nécessaires; et ils environnent l'âme faible dont les mouvements ne sauraient être rapides, et qui est paisible de bonne heure par impuissance d'agitation. Si vous avez retenu mes principes, mon ami, cette discordance apparente ne doit être à vos yeux autre chose qu'une sage dépendance de ce système général d'équilibre qui excite par des encouragements étrangers à l'individu, l'activité médiocre, et abandonne à ses propres moyens l'abondante activité.

Ce n'est donc qu'avec son propre cœur que d'ordinaire le jeune homme ardent peut correspondre. Ce n'est pas qu'il ne cherche à déposer quelque part son intime confiance ; mais on le repousse ; on ne l'entend pas... ou on le trahit !

Les deux premiers traits de l'adolescence sont la timidité et l'enthousiasme. Ils tiennent aux mêmes causes ; ils sont la source de bien des souffrances et de bien des erreurs.

Comment le jeune homme ne serait-il point timide ? Mille sensations impétueuses l'assaillent en même temps : et que peut-il exprimer au milieu de tant d'idées en désordre ? La faculté de s'énoncer avec assurance suppose que l'on maîtrise ses pensées, et non que le cœur en est plein et agité.

C'est encore parce que tout fait impression sur le jeune homme qu'il croit être observé de tout le monde ; et c'est ce qui lui donne cette gaucherie en société, source de vrais supplices. Les manières confiantes du jeune homme entouré dès son enfance de personnes considérées prouvent ce que je viens de dire. Accoutumé à les voir, à être écouté d'elles, il sait jusques à quel point elles l'observent et le censurent ; leur présence subite ne fait plus d'impression sur lui.

Comment le jeune homme ne serait-il point enthousiaste ? Il conçoit tout ce qui est élevé ; il sent tout ce qui est passionné et sublime ; une vive chaleur le porte vers tout ce qui est généreux ; il ne sait point que cette chaleur s'affaiblira en lui-même par les progrès de l'âge ; et il la suppose encore réunie à tous les avantages que donne l'âge plus avancé. Que de jeunes gens embellissent dans leurs récits l'homme médiocre, l'homme qui leur est inférieur ! Avec quelle bonne foi, quelle ardeur, ils leur donnent des éloges qui prouvent seulement combien d'éloges ils méritent eux-mêmes par les fictions généreuses de leur propre cœur !...

Cet enthousiasme ne s'adresse point seulement aux personnes ; il embellit encore les lieux, les plaisirs et les choses. Le jeune homme ne cesse jamais de créer dans tous les genres ce qu'il désire. Il ajoute aux beautés qu'il a vues, il suppose celles qu'il ne voit point. Un modèle idéal du parfait, de l'enchanteur, est constamment dans son âme ; il a besoin de le peindre ;

il en saisit avidement les traits épars, partout où ils se rencontrent; mais ignorant encore que la nature ne rassemble nulle part la perfection qu'il imagine; ignorant bien plus que le mieux qu'il imagine serait loin d'être toujours un bien, il se hâte d'accumuler les dons de son modèle aussitôt qu'il trouve un objet revêtu d'un seul de ces dons.

Tel est, mon ami, le principe de cette inquiétude vague, de cette inconstance que l'on reproche tant à la jeunesse. L'expérience arrache de l'âme du jeune homme les illusions que la confiance y avait formées; des hauteurs de son attente il descend aux réalités de l'imperfection et de la faiblesse; ce qui l'avait passionné n'est plus qu'une chose naturelle et vulgaire, il l'abandonne, précipite son âme vers de nouvelles espérances; se trompe encore, multiplie ses recherches, s'attriste de ses méprises et court à d'autres erreurs.

Je n'en suis point encore aux tourments de l'amour, mon ami. Ce que je viens de dire s'applique aux plaisirs dont le jeune homme est avide, aux liaisons qu'il forme, aux lieux qu'il parcourt, aux situations qu'il ambitionne, aux occupations qu'il s'impose, à tous les mouvements auxquels se livre cette âme pétulante, qui est sans cesse mécontente, parce qu'elle est sans cesse prévenue, et qui s'étonne, se dépite de se tromper ainsi sur tout.

L'amour !... oserai-je le décrire ?... hélas! qu'est-il encore à cet âge ? qu'une lave brûlante qui roule ses flots sur un sol enflammé !...

Une femme !... quel mot alors !... quel être !... quelle image !... quelle union magique de toutes les séductions, de tous les désirs, de toutes les espérances !... Une femme !... c'est le seul être de la nature...; il n'y en a point d'autre!... Il est partout; la distance ne peut en séparer; l'ombre de la nuit ne peut le faire disparaître; le silence n'affaiblit point sa voix; la dissipation le poursuit; la solitude le ramène !... L'image d'une femme !... c'est un brasier dévorant! vous ne le touchez que du regard, que de la pensée...; et il vous consume...

Un tel état n'est point encore l'amour; il le précède. Aussi, distinguons l'adolescence de la jeunesse.

Dans l'adolescence, l'imagination est presque seule occupée ; elle poursuit un fantôme qu'elle embellit de tous les charmes, qu'elle désire sans limites, qu'elle combat sans résistance ; dans la jeunesse le cœur adore, se dévoue, appelle de tous ses vœux l'image qui l'enchante, et trop occupé de sentir, trop effrayé de laisser paraître, il s'abreuve solitairement de toutes ses affections et de tous ses désirs.

Que de sentiments alors sont adressés à des objets qui n'en ont point connaissance !... que de doux entretiens dont le cœur fait tous les frais !.. que de situations heureuses, critiques, extraordinaires, sont arrangées par l'imagination du jeune homme qui ne voit rien que de désirable dans les peines, les privations, les dangers, les supplices, dans la mort même qui prouverait son amour !... que de présents sont faits à celle qui l'occupe !... et quelle vaste contribution est imposée sur tous les biens, sur tous les plaisirs, pour l'accabler de jouissances, pour combler la félicité de son sort ! Partout, dans tous les lieux, dans tous les temps, cette image devient sa compagne fidèle. Le sommeil, longtemps écarté par le besoin de converser avec elle, vient changer la nature de l'entretien, et non le suspendre : le jeune homme ne pense plus à elle, mais il y rêve encore ; la nuit s'écoule ; le réveil arrive ; il la retrouve à son réveil.

Lorsque ce moment est arrivé, mon ami, lorsque le jeune homme est passionné pour un objet dont l'image le conduit sans cesse vers les douceurs de l'attendrissement, ou l'égare dans les régions brûlantes du délire, il est parvenu à l'instant critique qui va exercer une grande influence sur le sort de sa vie. Le monde va devenir pour lui enchanteur ou insupportable ; il va se nourrir de bonheur ou se consumer de désespoir. Ah ! que dans cette alternative inévitable il est rare que le jeune homme soit dirigé sur une ligne heureuse ! Notre globe ne serait point l'habitation de l'homme si tant de voluptés et tant de biens étaient communément son partage. Oui, mon ami, une nature céleste lui aurait été donnée sur une demeure ravissante si le monde et si lui-même pouvaient se trouver en proportion avec tant de bonheur! Mais sa faiblesse, ses défauts, les besoins d'une nature inférieure qui l'attachent à la terre, cette terre elle-même, attristée par les hivers, dévastée par les orages, tant d'imperfections hors de lui ou en lui-même, annoncent assez que l'amour, dans sa pureté, dans sa vivacité sublime et féconde, doit être seulement le vœu de son âme, afin de l'échauffer par une tendre espérance, mais ne doit pas être accordé avec plénitude à son cœur, qui en serait accablé.

Que de conditions, en effet, ne seraient point nécessaires à cet âge pour goûter l'amour dans tous ses charmes! De part et d'autre, tous les agréments extérieurs, le feu de la jeunesse et tous les dons de l'âme; de part et d'autre, cette convenance entière qui ferait succéder le délire du contentement à l'impuissance d'imaginer un contentement plus désirable; de part et d'autre, les douceurs d'une volupté parfaite, que la sincérité, la fidélité, la confiance, répandraient sur tous les instants de la vie, et qui jamais ne seraient troublées ni par les regrets du passé, ni par les craintes de l'avenir; en un mot, des affections intimement confondues et coulant ensemble, tantôt vers les jouissances paisibles, tantôt vers les idées sublimes, vers ces passions grandes et généreuses!... Tel serait l'amour, mon ami; mais il ne pouvait vous être accordé; je crois du moins que votre vie n'aurait pu y suffire, et qu'à force d'en rouler les flots, d'en précipiter le cours, il eût rompu les faibles liens qui vous retiennent habitant du monde.

Vous n'avez donc point connu l'amour, mon ami, vous ne l'avez point connu tel que vous en aviez le besoin et l'idée; et cette privation, qui jusqu'à ce moment vous avait consumé de regrets, vous paraîtra juste et sage lorsque vous aurez entièrement éclairé votre raison du principe lumineux de l'équité générale. L'amour véritable, sans inquiétudes qui le traversent, accordé au jeune homme, nous présente l'image complète du bonheur absolu; et le bonheur absolu devait être donné à tous les hommes, ou refusé à tous les hommes; ni l'un ni l'autre n'étant possible, les demi-éléments d'un bonheur modéré sont entrés dans le sort de tous.

C'est pour cette raison, mon ami, qu'une ou plusieurs conditions essentielles manquent toujours aux premiers attachements du jeune homme. C'est tantôt la beauté, tantôt la jeunesse qui n'appartiennent point à sa première idole; ou bien son âme n'est ni tendre, ni délicate; ou son esprit n'a point d'étendue, ou son caractère n'a ni égalité, ni douceur. Trop souvent le jeune homme aperçoit ce qu'il désire; son cœur ne le trompe point; presque tous les dons personnels sont réunis sur celle qu'il adore....; mais des nœuds à briser, des devoirs à franchir, des lois justes à enfreindre... Ah! il est encore bien plus malheureux que celui qui ne trouve point dans l'objet qu'il peut aimer la perfection qu'il demande. Le feu de l'amour, comme celui que le grand prêtre dérobait au soleil et que les vestales entretenaient d'aliments épurés comme les affections de leur âme, doit avoir son origine dans le ciel et se nourrir de vertus, de sentiments généreux et honnêtes. Il est flétri par tout ce que ne peut admettre la pureté d'une âme qui se plaît à montrer tout ce qu'elle éprouve. Je sais que de telles considérations ne suffisent pas toujours pour prévenir une passion enflammée; trop souvent même elles en augmentent la violence... Heureux encore le jeune homme d'éprouver les tourments d'un combat terrible, de trouver au moins une légère excuse dans l'aveuglement du délire, et de ne point se porter à la violation des lois les plus saintes avec cette tranquillité funeste qui suppose l'absence des principes, de la vraie sensibilité, et même de l'amour.

La timidité, nous l'avons dit, est l'effet immédiat d'une sensibilité extrême. Et dans quelle occasion, devant quelle tentative le jeune homme doit-il être timide, si ce n'est devant celle qui a son bonheur extrême pour objet? Au seul mot de l'amour, toutes ses facultés étincellent; les sentiments se succèdent, se confondent, s'excitent...; tant de bonheur pourrait-il être attendu, tant d'ivresse goûtée?... tant d'espérance être permise?... tant de vœux couronnés?... tant de désirs accueillis et satisfaits?... Non, non, s'écrie douloureusement le jeune homme, ce serait trop demander, trop obtenir; et un triste effroi le fait reculer involontairement devant l'audace même d'espérer une félicité si ravissante! il se contente d'en poursuivre l'image... Elle me repousserait!... elle serait offensée!... Cette crainte le glace d'épouvante; il adore en silence; il passe ses jours à étouffer, à chercher, à réprimer les expressions d'un hommage que tout décèle et qu'il croit déguiser.

C'est ainsi, mon ami, que s'écoulent les beaux jours de la jeunesse. On se reproche de manquer de confiance ; on se reprocherait d'en avoir ; on n'ose profiter des occasions heureuses, on réserve toutes ses forces pour des occasions plus heureuses; que l'on néglige encore ; les circonstances viennent arracher tout espoir; on se désole alors; on regrette tous les moments que l'on a perdus ; on fait ses plaintes à la nature entière; on s'abandonne au découragement, à la tristesse ; une accablante langueur jette sur les devoirs et sur les occupations le voile sombre du dégoût. L'imagination s'affaisse ; toute voie est fermée au plaisir, toute pensée à l'espérance ; le désir même s'éteint. L'amour a disparu du monde ; le monde a disparu.

Heureusement cet état funeste ne dure pas longtemps lorsque le jeune homme en est atteint pour la première fois. Des circonstances étrangères à sa volonté lui rendent le service de l'arracher, malgré lui, à une douleur qu'il aime. Un voyage, un danger, un événement qui l'inquiète, ou seulement une situation nouvelle, viennent redonner de l'exercice à ses facultés et des distractions à son âme. Toutes ses forces se rétablissent avec vitesse...; et bientôt l'activité brûlante est rendue à son cœur. Celui qui ne voulait plus aimer, qui voulait mourir, va aimer de nouveau ; il va recommencer à connaître les douceurs et les tourments de la vie. Le voilà épris d'un nouvel objet..., plus adorable que le premier, car il a oublié le premier ; et quelle image effacée peut entrer en concurrence avec une image récente, lors même que celle-ci serait moins belle! Nouveaux combats, nouveaux désirs, un peu plus hardis peut-être...: mais non! tant que le sentiment coulera en torrents de feu dans les veines du jeune homme ; tant que son cœur pur et honnête aura bien plus besoin d'amour que ses sens n'exigeront de jouissances ; tant qu'il prêtera à toutes les âmes la générosité de son âme, il n'osera point demander un bonheur qu'il n'osera point attendre ; il n'osera point attendre un bonheur auquel il lui semblera qu'il ne pourrait résister.

Mon ami, venons enfin au terme de cet état critique.

Si, comme nous l'avons supposé, le jeune homme est honnête autant que sensible, et s'il a été heureusement entouré ; si son éducation a secondé les facultés de son âme ; si des malheurs, si l'amitié, et quelquefois la retraite, ont développé et fortifié en lui le sentiment des vertus qui font la gloire de l'homme ; si, trop faible pour être vainqueur de ses désirs, il est assez fort pour réprimer de honteuses faiblesses ; ajoutons surtout, s'il est assez heureux pour ne point trouver auprès de lui-même l'occasion de succomber dans les moments, peu rares peut-être, où il ne serait point en état de faire une longue et victorieuse résistance, dès lors le temps arrive où, épuisé de combats, fatigué de tant de secousses intérieures, lassé de se vaincre, de céder, de se défendre, il succombe au découragement ; la tristesse flétrit son âme ; son corps abattu s'affaisse et tombe ; plus de ressort, plus de désirs, plus de désespoir. Il demande la mort, l'attend sans frayeur, l'appelle sans violence ; il souffre sans cesse de légers maux, pressés et inaperçus ; il languit, s'énerve, se décolore ; la nature se fane, se dessèche. Chaque jour une teinte lugubre est ajoutée à son voile funèbre... Tout va finir...

O Providence ! s'écrie Amédée avec transport ; c'est à ce dernier terme qu'il est retenu par l'amitié, la raison, la sagesse ; un homme d'une vertu douce et indulgente, qui semble n'avoir point connu les erreurs et qui cependant les écoute ; un ami tendre, patient, le ranime, le touche et le console ; son cœur ingénieux l'attendrit par degrés, prépare sa guérison avant de l'entreprendre ; il le réconcilie avec la nature, avec lui-même, bientôt avec la raison, avec la sensibilité, qu'il lui apprend à ne plus craindre ; il lui montre l'univers peuplé d'êtres, souffrants quelquefois, moins à plaindre lorsqu'ils savent être justes ; il l'amène à reconnaître la nécessité des privations, du malheur ; il lui fait apprécier les biens qui en dédommagent ; il l'instruit à la patience, à la douceur, en le formant à la modération des désirs, à l'attente raisonnable d'un sort mélangé de plaisirs et de peines...; il le rend heureux et paisible... Il fait comme vous, mon ami!...

— Il aime comme moi, mon cher Amédée; voilà tout ce qui, pour réussir, lui a été nécessaire. Mais écoutez-moi encore.

Mon ami, le plus grand nombre des jeunes gens ne souffre point autant que vous avez souffert, et ne parvient pas non plus à la paix par les moyens qui vous y ont conduit; plus souvent le jeune homme conserve ses forces et acquiert la tranquillité aux dépens d'un bien plus précieux que la tranquillité et les forces, aux dépens du goût de la vertu et des bonnes mœurs.

Dans ces moments si communs où il faut juger le jeune homme avec indulgence, dans les moments d'une sorte de frénésie causée par les besoins des sens, si un objet se présente, disposé à les satisfaire..... adieu résolution, sagesse!.... Adieu aussi tendre inquiétude, doux et pénible sentiment! Le jeune homme ne souffrira plus...; mais il n'aura plus de vrais biens à désirer et à sentir. Le goût d'une satisfaction aride sera périodiquement entretenu par cette satisfaction même; il ne lui faudra plus de bonheur; il ne lui faudra qu'un funeste plaisir.

Cet état est bien malheureux, mon ami; le jeune homme estime encore les biens qu'il a perdus; mais la force de les reconquérir est au premier rang dans le nombre de ses pertes. Le peu de contentement réel qu'il trouve dans ces liaisons fortuites, que le sentiment n'accompagne ni ne dirige, ne peut être compensé que par la multiplicité de ces liaisons. Chacune n'intéresse qu'un instant, et l'intervalle qui les sépare est fatigant, parce qu'il est insipide. Il faut méditer les moyens de s'arracher, non à cette sorte de fermentation voluptueuse que l'on appelle mélancolie, mais à l'ennui, à tout le poids du dégoût et du désœuvrement. La vivacité du jeune homme a changé d'objet; il ne s'agit plus que de tendre des piéges à l'innocence, d'écarter des rivaux, de renverser des obstacles, de corrompre la vigilance. Il ne réussit point toujours, et alors le dépit l'irrite; il réussit quelquefois, et alors, en attendant le dégoût, qui viendra bientôt, l'inquiétude le suit. Enfin ses principes s'effacent, il en écarte la censure : il a commencé par les combattre, il finit par les oublier. Bientôt il sera l'apologiste de la licence et du désordre; pour avoir été faible, il deviendra vicieux.

Mon ami, soyons, comme la Divinité, plus miséricordieux que sévères; il est un âge où nous sommes si dévorés par le feu des passions, que nous devenons presque inévitablement leur victime, si nous ne sommes pas très-loin de ce qui peut nous embraser; notre sagesse consiste alors à nous éloigner. Mais le pouvons-nous toujours? Notre position nous le permet-elle?... Les relations qui nous entourent, les occupations qui assurent notre bien-être, les devoirs, les égards, la bienséance, mille liens ne nous retiennent-ils pas au centre des dangers? Notre inclination les renforce sans doute; mais notre inclination est l'ouvrage de la nature; tout ce qu'elle nous a donné nous est bon et nécessaire; et, comme nous l'avons dit, une cause de douleurs ou de peines accompagne toujours les présents dont nous ne pouvions nous passer.

Ajoutons, mon ami, que cette composition variée, qui se montre partout dans l'organisation de la société, préside à l'assemblage mélangé qui entoure la jeunesse. C'est elle qui place auprès du jeune homme et la retenue et l'audace, et l'attrayante mollesse et la vertu sévère, et la perfidie et la sincérité. Que d'impressions différentes sont alors reçues par les sens du jeune homme! Les unes l'épurent, l'animent, le fortifient; les autres le séduisent, l'attaquent, l'affaiblissent. Mais il faut bien des efforts pour être sage ; il ne faut qu'un moment pour cesser de l'être.

Je suppose un jeune homme dévoré de tous les genres de besoins, encore passionné pour une idole digne d'occuper son âme, aimé peut-être de celle qu'il adore, mais n'osant point le croire, échauffé par son image, par ses regards, par le son de sa voix, brûlant de désirs au dernier terme; je suppose ce jeune homme, dans cette crise violente, aperçu par un de ces êtres que j'ose à peine dépeindre, par une de ces femmes sans pudeur, et habiles en fausseté et en artifice. Le jeune homme est attiré par elle, et le lien qui l'entraîne ne paraît tissu que d'intérêt, de consolations, d'amitié et de confiance. Bientôt il est attaqué par toutes les ressources d'un art perfide; celle qu'il aime est adroitement dépouillée de tous ses avantages; ou, si on lui en parle encore, on choisit le genre d'éloges qui, en affaiblissant l'enthousiasme du cœur, peut exciter l'irritation des sens. On joue tous les sentiments aux yeux d'une âme confiante, qui suppose aisément les sentiments qu'elle éprouve...; on enflamme l'amour-propre, le plus écouté des séducteurs. Dans l'état de calme le plus insensible, on avoue timidement un attrait, un penchant, une faiblesse... C'est, dit-on, la première; c'est la seule à laquelle on succomberait... On ne s'attendait point à une impression si profonde, si irrésistible... On se livre à la discrétion, à la générosité de celui qui la produit... Mon ami, tirons le rideau, et plaignons le jeune homme !....

Plaignons-le, et gardons-nous de le décourager par une censure funeste, qui l'empêcherait de revenir vers l'honnêteté, en détruisant son espérance. Le jeune homme qui jamais n'aurait cédé à l'erreur serait infiniment recommandable, si, comme on en trouve, mais rarement, des exemples, il devait uniquement cette gloire à la force de sa sagesse; il est moins recommandable, mais il l'est encore, s'il faut rejeter une partie de son triomphe sur des circonstances impérieuses, sur une nature trop favorisée peut-être de ces dons qui procurent le calme un peu plus que le mérite, en un mot, sur mille avantages de tempérament ou de position que l'on peut regarder comme les puissants auxiliaires de la sagesse.

Mais je ne crains point de le dire encore : le jeune homme séduit une première fois par tous les prestiges de sensibilité, de délicatesse, qui n'eussent pas été employés si on ne l'eût reconnu délicat et sensible, est encore bien loin du terme funeste où il n'aura plus ni tourments à craindre, ni estime à mériter. Instruit par cette faiblesse, il saura mieux peut-être en prévenir une seconde. Tout l'artifice employé pour le retenir n'aura pu fasciner son âme au delà des bornes fixées par la satiété des sens. Les satisfactions du cœur ne sauraient avoir un supplément. Tant qu'on en est digne, on les désire; et tant qu'on les désire, on éprouve en leur absence un vide que rien de ce qui plaît aux sens ne saurait remplir. Après un certain temps, les efforts que l'on fait pour se contenter de ce qui ne contente plus, ne font que hâter le dégoût de tant d'insuffisance. Bientôt on ne supporte qu'avec impatience la honte d'être subjugué sans plaisir. On est retenu par un reste de timidité, et par les égards que l'on croit devoir à celle qui en a tant obtenu à l'aide de l'illusion, et qui n'en fut jamais digne. Mais elle a soin elle-même de rendre une rupture pressante et facile. Elle a aperçu, dès sa naissance, l'affaiblissement du délire qui faisait tous ses moyens. Elle a mis inutilement en jeu, pour le soutenir et le ranimer, les larmes, le désespoir, les caresses, les menaces même. Elle s'est en vain adressée aux sens du jeune homme qu'elle a tâché d'émouvoir par toutes les ressources de l'art honteux de la volupté. C'en est fait; les sens ne demandent jamais ce qu'on leur prodigue; le terme de leurs jouissances est fixé au terme de leurs désirs; c'est alors que les mortifications de l'amour-propre, le regret d'une privation qui se prépare, et non d'un attachement qui s'efface, l'attente du mépris, la jalousie, mille passions furieuses ne gardent plus de mesure; elles s'expriment avec cette colère qui les rend odieuses, avec cette indiscrétion qui les décèle, cette indécence qui les rend dégoûtantes. Un éclat scandaleux termine brusquement cette liaison pénible; l'irritation de la haine et des projets de vengeance, voilà tout ce qui reste d'une part; tandis que le jeune homme, étonné de son égarement, confus de sa méprise, ne remporte au fond de son âme que le regret et la honte pour tout souvenir.

Rien n'est donc perdu encore, si ce n'est cette fleur de pureté que trop de confiance avait exposée aux atteintes d'une main sacrilége. Elle n'existe plus; c'était le premier des biens; le jeune homme peut la rendre à son âme; il peut se dire : J'ai été trompé; c'est un malheur bien plus qu'un tort...; mais aujourd'hui me tromper encore serait un tort que suivraient justement la honte et le malheur.

Cette leçon humiliante peut donc être utile... Heureux cependant le jeune homme qui ne l'aurait pas reçue ! heureux celui que la main prudente et attentive d'un ami aurait préservé d'une chute si douloureuse ! Il croirait encore à la vertu avec cette exagération qui fait le plus doux enchantement de la vie.

Le jeune homme, fatigué, plus encore des découvertes qu'il vient de faire, que de ses insipides plaisirs, va se reposer quelque temps dans l'ombre du silence et de la retraite. C'est alors que, pour la première fois, la réflexion s'unira au sentiment animé qui fait encore pour longtemps le principe de sa vie. La honte causée par son erreur s'évanouira bientôt avec les derniers traits d'une image méprisée ; le besoin d'aimer rentrera insensiblement dans son cœur. Apaisé lui-même, rassuré par un oubli salutaire, il osera croire que le souvenir de son égarement est partout effacé ; que ses amis, que l'opinion publique, ne lui en feront plus de reproches, et que celle qu'il va aimer, qu'il ne connaît peut-être pas encore, ne l'aura point su, ou le lui a d'avance pardonné.

Heureux le temps où les mœurs publiques inspirent à l'honneur de si salutaires craintes ! heureux le jeune homme qui les éprouve ! Mais si la légèreté de ce qui l'entoure l'affranchit de tout regret ; si, bien loin de redouter la révélation indiscrète de sa faiblesse, il en tire lui-même vanité ; s'il fait aux mœurs publiques l'insulte de croire qu'une telle défaite le mènera à de nouveaux succès ; si cette insulte lui semble une vérité et une justice..., c'en est fait pour toujours, dans son âme, de l'honnêteté, du sentiment et de l'amour. Il va perdre à jamais tout ce qui fait le vrai charme de la vie, cette douceur de l'estime intérieure, la source de tant de pensées, de tant de chaleur. Fatigué de lui-même, et ne trouvant plus dans son propre cœur un ami, un confident, une compagnie, il ne pourra supporter la solitude, si douce pour celui qui a le droit de s'y plaire. Il n'aura plus de fierté dans les sentiments, plus de dignité, de liberté dans le caractère. Les mauvaises mœurs détruisent la véritable force humaine, cette force intérieure, si nécessaire au bonheur, puisqu'elle est nécessaire à la sagesse. Le jeune homme, affranchi, il est vrai, de ces tourments de l'imagination et de la sensibilité, qui, comme nous l'avons vu, ont quelquefois de si funestes suites, conservera la tranquillité de son cœur, et peut-être sa santé s'il ne la dissipe point dans les excès, et s'il ne contracte point des maux que la nature ne consent guère plus à guérir que ma voix à les décrire. Mais je veux que son tempérament ne reçoive aucune de ces honteuses et dangereuses atteintes ; il n'en sera pas moins devenu incapable de méditation, de retraite, de silence, de grandeur, d'amitié, d'amour, de générosité, d'éloquence, de vrai talent, de conceptions hardies, d'admiration, d'enthousiasme, de vertu, d'indépendance, en un mot, de toutes les applications nombreuses et si heureuses de la chaleur et de la sensibilité [1].

[1] Ce tableau que je viens de tracer est encore un monument de ces mœurs anciennes qui, en France, à Paris surtout, et peut-être dans toutes les grandes villes de l'Europe, n'existe presque plus qu'en vestiges ou en souvenirs. Pendant ma jeunesse, elles étaient encore assez communes, surtout dans les provinces retirées et les conditions modestes ; et il est encore en Europe, en France même, des régions abritées, pour ainsi dire, contre les grands mouvements de la civilisation, où les mœurs austères se sont maintenues. Là, tous le genres de sentiment ont conservé cette ferveur puissante qui leur donne alternativement un charme profond et une violence cruelle, mais qui, dans toutes ses vicissitudes, se fait accompagner de fierté intérieure. C'est surtout par l'estime de soi-même que l'homme se dédommage des peines de l'austérité.

Maintenant, ce que l'on va lire au sujet du jeune homme appartient, beaucoup plus que le chapitre précédent, au cœur humain chez tous les peuples et dans tous les siècles ; il me semble que je vais être mieux entendu de la génération actuelle, et que je le serai encore au delà de notre âge, si mon livre passe à d'autres générations. Je n'en laisse pas moins subsister la peinture des sentiments extrêmes, que j'ai connus autrefois, et qui, à la même époque, vers le temps où la révolution allait éclore, faisaient de même l'extrême bonheur et le tourment extrême d'un grand nombre de mes contemporains. De tels sentiments ne sont pas encore devenus impossibles. Dans d'autres contrées, chez d'autres peuples, le temps les ramènera peut-être encore.

LIVRE ONZIÈME.

Continuation du même sujet. — Défauts attachés au caractère du jeune homme.

Mon ami, en vous présentant le tableau des peines de la jeunesse, je me suis hâté de décrire celles qui ont pour cause le penchant qui entraîne le jeune homme vers l'amour. Ces peines, les plus multipliées, les plus violentes, ne sont point les seules qui l'agitent. Sa vivacité le livre à d'autres mouvements, qui lui causent à l'instant même, ou dans des temps plus éloignés, des chagrins plus ou moins cuisants; et ceux-là n'ont pas toujours, comme les peines que l'amour suscite, un dédommagement produit par leur motif et leur ardeur.

Pour découvrir ces peines et pour les décrire, il suffit de parcourir les défauts de la jeunesse et d'en examiner les conséquences. Nos défauts sont la principale source de nos douleurs; l'homme parfait aurait peu de choses à souffrir.

Mais la nature pouvait-elle accorder cette perfection au jeune homme? Dans l'âge où tant de choses doivent encore être acquises, pouvons-nous d'avance avoir tout pressenti et tout savoir? Nous arrivons dans la société avec toute la ferveur de nos inclinations naturelles. Nous sommes encore, pour mille objets, dans la simplicité de l'homme primitif; et la société, qui ne pourrait se maintenir si nous conservions au milieu d'elle tous les droits et tous les penchants de la nature, nous force à sacrifier sans cesse une grande partie de ces penchants et de ces droits. Un tel abandon nous cause nécessairement un froissement pénible. Nous ne pouvons nous laisser dépouiller sans regret, sans résistance, de ce que nous sentons bien fortement nous appartenir.

L'inexpérience de la jeunesse est donc pour elle la source de mille tourments, de mille surprises cruelles; et l'expérience est-elle autre chose que cette lumière acquise par les réflexions que nous avons été forcés de faire à l'occasion ou à l'aide de nos épreuves et de nos tourments?

Un second défaut naturel au jeune homme est d'être d'une impatience extrême. Lorsqu'à cet âge l'imagination appelle un plaisir, elle se le peint sous les couleurs les plus enchanteresses; elle le dévore d'avance; elle est jalouse du temps qui le lui dérobe; et lorsque le jeune homme ne l'atteint pas, ou que bientôt ce plaisir lui échappe, il se livre au désespoir, parce que, devant beaucoup jouir, il a beaucoup perdu.

Le jeune homme, encore inhabile à prévoir les événements funestes, ou trop emporté par la vivacité du désir actuel pour réfléchir sur les suites de la satisfaction qu'il désire, se prépare avec certitude mille contrariétés réelles pour courir après un seul objet incertain. Mais, dans l'âge des désirs, une jouissance jette tant de plénitude sur les moments heureux qu'elle occupe! la chaleur du plaisir donne tant de prix aux instants qui lui sont consacrés! Non, s'écrie le jeune homme, au moment de commencer une journée de satisfaction dont l'attente lui a causé une nuit d'impatience, non, cette journée n'aura point de terme; je dois être si heureux!... je dois goûter tant de plaisirs!... Mille inconvénients doivent la suivre, je le sais; des reproches doivent m'être faits; des dettes que je vais contracter me jetteront dans l'embarras; des amis auxquels je tiens par le cœur, ou dont l'appui m'est nécessaire, vont être aliénés par mon étourderie; je ne saurai peut-être que devenir quand tout sera fini!.... Mais il y en a pour si longtemps avant que tout soit fini!.... je vivrai tant aujourd'hui!... Comment résister à la vivacité qui m'entraîne?... Soyons heureux d'abord...; et dans les peines qui vont en résulter, nous nous consolerons par le souvenir.

Hélas! mon ami, cette journée s'écoule avec d'autant plus de rapidité, que le plaisir l'a remplie. Les peines arrivent; le souvenir est bien loin de consoler de toutes celles que l'on attendait, encore moins de celles que l'on n'avait point prévues; le regret s'unit à l'embarras, quelquefois la honte au regret; et tout ce qui reste de cette journée, qui ne devait jamais finir, c'est une douleur bien plus longue.

Ainsi, l'impatience du jeune homme le rend imprévoyant et irréfléchi. Son imprévoyance le jette dans des situations pénibles; sa timidité aggrave ces situations; il ne sait point y remédier; il n'ose point les découvrir; et c'est ainsi que trop souvent les suites de son étourderie sont une inquiétude qui le dévore en secret, ou un désespoir qui le jette dans le malheur par la route du vice.

La confiance du jeune homme est encore très-souvent pour lui la cause d'erreurs funestes et de cruelles inquiétudes. L'astuce, qui tend des piéges à la bonne foi, exige une âme froide; la bonne foi au contraire suppose une âme simple et généreuse. Le jeune homme ardent et sensible, qui ne porte toutes ses pensées que sur les jouissances qu'il désire, pourra-t-il se défier d'une combinaison dont il ne saurait avoir l'idée? Aussi, dira-t-on, il a toujours à sa portée les conseils des gens sensés; c'est à lui de les écouter et de les suivre. Oui, sans doute; mais la raison n'a qu'une voix, et le plaisir en a mille; c'est par son attrait que la perfidie enchaîne; et la gradation a été quelquefois si bien ménagée, que le jeune homme se trouve malheureux et coupable sans que l'on puisse assigner le moment où il a commencé à le devenir. Évitez donc les mauvaises compagnies, répéteront les hommes raisonnables... Et je répéterai : Tâchez de donner à la raison de l'attrait et de la douceur. Mon ami, il y a bien souvent des choses vraies dans ce que disent les personnes d'un âge avancé; mais nous pouvons reconnaître aussi, à l'égard de quelques-unes de ces personnes, que la sévérité avec laquelle elles censurent les fautes de la jeunesse, prouve moins leur raison que le regret intérieur qu'elles éprouvent de ne plus être au temps heureux où elles pouvaient commettre des fautes semblables. Il est rare que l'homme de bien soit sévère. Cela vient de ce que, n'ayant point toujours cédé aux penchants qui le sollicitaient, il a fait un effort dont il a gardé le souvenir, ce qui le dispose à l'indulgence. Au contraire, l'homme toujours faible autrefois ne se rappelle aucune violence intérieure, aucun combat personnel. Il ne plaint point, parce qu'il n'a point souffert. Ajoutons que l'indulgence, à un certain âge, est une qualité qui suppose dans l'âme de la douceur, de la paix, de la générosité, et que la principale punition d'une vie longuement désordonnée est d'éteindre à jamais la générosité, la paix et la douceur.

C'est encore un des effets de l'inexpérience du jeune homme de grossir les peines qu'il a à craindre, comme il exagère les plaisirs qu'il veut goûter. La vue de l'œil et la vue de l'imagination opèrent ordinairement en sens inverse : l'une diminue ce qui est loin et élevé ; l'autre l'augmente. Les frayeurs qu'éprouve le jeune homme ne sont point de la nature de celles qui à un âge plus avancé nous saisissent, en occupant notre esprit de tout ce que nous aurons à souffrir si nous venons à manquer du bien-être ; le jeune homme est à cet égard plein de confiance, ou plutôt il n'y pense pas. Mais un reproche de la part des personnes qu'il aime ou qui ont de l'autorité sur lui, une censure de la part des hommes qu'il a établis juges de ses productions, une raillerie de la part des indifférents, sont pour lui de vrais tourments dont l'attente le trouble et dont l'effet le désespère. Tout acquiert pour lui une extrême importance, parce que tout est vivement senti. S'il a fait du mal à quelqu'un, il s'attend à une haine implacable, à une vengeance excessive, parce que lui-même, quand il est offensé, se sent agité avec violence par la fièvre du ressentiment. Il compte encore sur une reconnaissance éternelle et sur une vive amitié, lorsqu'il a obligé quelqu'un d'une manière importante. Il se dit assuré des efforts que l'on fera pour lui dans l'occasion ; il fonde sur de tels contrats la sécurité de son avenir et ses plus douces espérances !... vaine illusion, qui n'a de réalité que dans les dispositions de son âme. Quand l'âge l'aura apaisé lui-même, il saura qu'il n'y a pas plus de mérite quelquefois à oublier une injure, qu'il n'y a de penchant naturel à conserver profondément le souvenir des bienfaits. Si le temps n'affaiblissait point toutes les impressions, comme il efface les couleurs d'un tableau, comme il use les traits d'une gravure, on ne donnerait pas si justement le titre de vertus à la fidélité et à la reconnaissance.

Le jeune homme est très-inquiet de savoir ce que l'on pense, ce que l'on dit de lui. Il est fréquemment porté à croire que l'on s'occupe de ses actions et de sa personne; et cette erreur, fondée sur le vif intérêt qu'il prend à ses amis, lui ménage bien des tourments secrets. Il n'existe point encore pour lui d'autres affaires que celles qui établissent entre les hommes des relations morales. L'opinion, l'estime, le mépris, l'amitié, la haine, l'attrait, le dégoût, la sympathie, le plaisir, voilà encore à ses yeux tous les ressorts du monde. Le spéculateur intéressé qui calcule froidement une entreprise; l'économe rustique qui toujours en idée laboure, ensemence son bien; le fabricant mécanique qui assortit les matériaux insensibles sur lesquels il exerce son industrie, ne se présentent point encore à la pensée du jeune homme. Il suppose généreusement à tous les hommes, pour occupation de l'esprit et pour emploi du temps, des sentiments actifs, des passions ardentes; il fait aller le monde comme il va lui-même, par l'attrait du cœur ou par son aversion.

Aussi il déclame contre l'insensibilité générale. La vue de celui qui ne s'affecte point de mille choses, selon lui très-importantes, lui devient pénible. Son exagération tient à deux causes: à ce que d'abord il embrasse et connaît un petit nombre d'objets; en second lieu, à ce que ces objets ont tous une relation immédiate avec le sentiment; et tout ce qui n'est point animé par le sentiment n'est encore rien pour le jeune homme. Aussi n'est-il point rare de voir la misanthropie flétrir et attrister cet âge du plaisir, de l'épanchement et de la confiance. Le jeune homme s'étonne d'abord d'être seul à sentir vivement ce qui seul lui paraît digne d'affection et d'estime; bientôt il s'en afflige; à la fin il s'en indigne. L'orgueil venant ajouter ses jouissances intérieures aux sophismes de l'inexpérience, le jeune homme se sépare avec humeur du commerce de ses semblables; et comme à cet âge plus qu'à un autre l'isolement est très-pénible, l'exagération et l'injustice du jeune homme entraînent son malheur.

Que de peines, mon ami! quelle succession, quel entassement de peines!... et je suis loin d'avoir tout dit. La jeunesse a encore bien d'autres défauts pour compensation, ou même pour conséquence de ses avantages ; et, comme nous l'avont dit, nos défauts sont les principales sources de nos douleurs.

Le jeune homme est envieux d'ordinaire ; et cette disposition, qui le rend si malheureux et quelquefois si peu estimable, tient à la fois à l'erreur de ses jugements et à la vivacité de ses sensations. Il sent vivement tout ce qui lui manque en agréments, en jouissances ; il envie fortement les biens que lui procureraient ces jouissances et ces agréments. Il ne sait pas que le plus souvent l'homme qui a été placé par sa fortune de manière à pouvoir se procurer toutes les jouissances de la vie, a usé de ce dangereux avantage, par cela même, a usé sa vie et ne désire plus. Il sait moins encore ce que j'ai cherché à vous apprendre, mon ami ; il ne connaît point cette sage distribution de plaisirs et de peines qui compose le sort de chaque homme sur la terre. Il ne regarde que les plaisirs et les avantages, ou s'il tient quelque compte des privations imposées à l'homme dont la fortune l'éblouit, s'il donne quelque attention à ses peines, c'est pour ajouter avec quelle facilité il les supporterait au même prix. Quelquefois, plus injuste encore, il les impute à celui qui les a reçues ; il ose assurer qu'il ne les aurait point méritées de même. Ainsi il blâme les plaintes de l'homme auquel il porte envie ; et il ne lui porte envie que parce que lui-même se plaint.

Mais les dons de la fortune ne sont point le principal objet des murmures du jeune homme. Ce genre d'envie appartient plus particulièrement à l'âge plus avancé, où la fortune est le premier désir, parce que le premier besoin est celui du bien-être. Le jeune homme ne demanderait encore la fortune que comme moyen de plaisir ; mais le plaisir se présente à son imagination sous tant de formes ! Celles qui lui sont données par l'amour-propre sont les formes qu'il aime le plus à revêtir. Et l'amour-propre ! quel agent universel dans nos déterminations, dans nos désirs, nos craintes, nos espérances ! On le trouve partout ; on le sent toujours ; et le jeune homme principalement n'a pas un mouvement auquel l'amour-propre ne s'unisse ou qu'il ne dirige.

Ainsi les talents de l'homme dont la réputation est brillante, la figure de celui qui attire universellement les regards, l'esprit de celui que l'on écoute avec intérêt, dont on retient et dont on cite les paroles, tous les avantages personnels qui assurent une satisfaction à celui qui les possède, sont pour le jeune homme des objets d'envie, parce qu'ils seraient pour lui-même des sources de vives jouissances. A cet âge où l'on éprouve tout ce qui est opposé et extrême, il n'est pas rare de voir l'enthousiasme arracher des éloges excessifs; et, ce plaisir à peine goûté, un secret sentiment d'envie le remplacer dans l'âme du jeune homme, le disposer à la haine, et dicter une exagération opposée, pleine d'amertume et de fiel.

Nous avons cru pouvoir le dire : les femmes éprouvent rarement une affection bien décidée pour celles qui ont reçu de la nature de précieux ou de brillants avantages. Les femmes sont très-sensibles. Les jeunes gens sont très-sensibles comme les femmes; ils sont aimables, ils sont envieux comme elles.

Vous vous rappelez, mon ami, qu'en exposant les défauts et les peines de la jeunesse, j'ai choisi idéalement pour modèle une organisation abondante en facultés et en sensations, une organisation semblable à la vôtre. Les degrés élevés contiennent et indiquent aisément les degrés inférieurs.

Je vais encore vous parler de ce jeune homme ardent, intelligent et sensible. Nous avons vu les effets de son ardeur dévorante. Examinons maintenant quels sont les défauts de son esprit, et quels tourments lui sont suscités par l'exercice de son intelligence.

Pour le découvrir il est peut-être bon de faire d'avance quelques réflexions générales.

L'esprit de l'homme est cette substance merveilleuse, invisible dans laquelle se trouvent rapprochées et combinées les idées acquises par le moyen des sens.

Nos idées ont une vivacité proportionnelle à la vivacité de l'organisation que nous avons reçue. Notre intelligence, chargée de lire sur le tableau de nos idées, ne le fait avantageusement et avec facilité que lorsque ces idées sont saines, mais en petit nombre; ou mieux encore lorsque, rassemblées avec abondance, elles sont cependant distribuées avec ordre et prononcées clairement.

Le premier tableau appartient aux hommes de bon sens, qui voient bien ce qui fait la direction commune de la raison et de la vie. Le second tableau est celui que la nature généreuse présente aux esprits supérieurs. Le caractère de ces esprits est de posséder beaucoup et de posséder distinctement.

Nous avons supposé un jeune homme favorisé de l'organisation qui conduit à un esprit distingué, ou, comme nous l'avons dit, ardent, intelligent et sensible. Suivons-le dans l'application et le développement de ces heureuses facultés.

Son âme s'ouvre aux merveilles de la nature; il entre dans l'univers. Tout le frappe, l'émeut, l'agite; une sensation l'attire, une autre le repousse; toutes se succèdent, se croisent, se confondent. Que fait son esprit? peut-il mettre quelque chose en œuvre? les matériaux arrivent toujours.

Cependant une faculté si active, d'autant plus active qu'elle est naissante, ne peut rester dans l'inertie. Le jeune homme qui nous occupe a d'ailleurs reçu de l'instruction; des idées saines lui ont été transmises sur le témoignage des autres hommes; des idées fausses se sont mêlées à ces idées saines; car l'instruction se compose des unes et des autres, et l'habitude de raisonner sur ce fonds étranger lui a été encore donnée à la manière d'autrui. Cette manière un jour deviendra en partie la sienne, sera rejetée en partie; mais en attendant qu'il puisse s'approprier ce qui est fait pour lui convenir, il raisonne comme il a appris à le faire sur les idées nouvelles qui lui arrivent en foule. Quelques-unes de celles-ci s'accordent avec les idées transmises, d'autres les combattent. Que doit-il d'abord éprouver et manifester? Un grand désordre et une grande inconstance dans ses jugements.

Tantôt il respecte ce qu'il a pensé jusqu'alors et il tâche d'y adapter ses idées nouvelles; tantôt la force de celles-ci l'entraîne; il dispute, il cède, il repousse, il cède encore jusques à une nouvelle et très-prochaine révolution.

Cependant, mon ami, cet esprit destiné à connaître un jour

l'ordre en éprouve le besoin d'avance. Il est des moments où les sensations se ralentissent pour donner passage au désir de classer et d'ordonner les résultats des sensations.

Si alors une idée générale et spécieuse rassemble plusieurs idées particulières d'une manière satisfaisante, le jeune homme, glorieux de l'avoir trouvée ou d'en avoir senti les dépendances, s'arrête aussitôt et l'adopte avec empressement. Fatigué d'une confusion dans laquelle tout était en mouvement rapide, il saisit avec un plaisir avide ce point d'appui qui le repose. Une lumière subite vient dissiper la confusion. Le jeune homme devient systématique, caractère d'esprit qui distingue généralement les hommes dont l'intelligence a beaucoup d'énergie.

Nous avons dit que les idées arrivaient dans l'esprit du jeune homme avec une affluence et une rapidité extrêmes. Cela n'empêche pas que pendant longtemps le nombre de ses idées ne soit peu de chose en le comparant à l'assemblage immense de causes, d'effets, d'accidents, de propriétés, de substances, de modifications et de formes, qui composeraient la connaissance universelle de la nature.

Mais le jeune homme ne sait point encore qu'il a peu d'idées. Comment l'aurait-il appris?... Il ne peut se comparer à ce qu'il sera un jour; il ne peut même encore le deviner. Il se compare à ce qu'il a été. La masse de ses acquisitions lui paraît considérable, et il se croit en état de juger l'ensemble d'un sujet. C'est ce qui donne fréquemment à ses discours et à ses écrits ce ton de présomption dont on lui fait justement un sujet de reproche.

Ajoutons encore que des sensations très-vives ont pour effet naturel de donner une grande force à cette faculté de notre esprit qui va plus vite que le jugement. L'imagination est un foyer créateur qui se nourrit de suppositions, de possibilités, d'analogies. Le jugement rassemble et compare les réalités. L'homme le plus instruit est loin de tout connaître, et c'est ce qui fait que son imagination trouve encore de l'exercice. Mais le jugement la conduit, assigne son domaine et ses limites. Celle-ci est un coursier docile avec lequel le jugement va plus vite qu'il ne marcherait seul, mais qui lui-même suit fidèlement la direction que le jugement lui indique. Ce coursier, au contraire, devient fougueux sous la main du jeune homme qui se plaît à ses écarts et à sa vitesse impatiente, qui manque d'adresse et de sang-froid pour le diriger, qui d'ailleurs ne sait sur quelle ligne le conduire, lorsque, avide de tout voir, il voudrait être partout.

Le jeune homme, devenu systématique avant que ses connaissances se soient assez étendues pour qu'il ait pu se modérer, en s'attachant à un système étendu, à un bon système, se trouve en attendant avoir contracté une disposition d'esprit qui influe sur son caractère et qui lui ménage bien des peines. En effet, un esprit de système incomplet est nécessairement un esprit de prévention et de dispute qui applique sans cesse avec passion son idée partielle qu'il prend pour une vérité universelle, qui s'emporte vivement contre les idées fausses opposées à cette idée, et encore plus vivement peut-être contre les idées vraies qui ne peuvent point s'y assortir. Avec un tel esprit toute discussion est impossible, toute querelle inévitable. Le jeune homme, agité par la contradiction, aperçoit rapidement tous ses moyens de défense. Pressé par eux, il voudrait tout dire; et il est rare qu'on lui en donne le temps; car son interlocuteur voit aussi ses propres arguments, tous excellents dans son esprit, tous pressés de paraître. De part et d'autre l'expression manque bientôt de rapidité; on y supplée par la vivacité, par l'emportement. L'attachement que l'on porte à des idées qui sont devenues une partie de soi-même produit la haine des objections qui les combattent; la haine de ces objections s'étend à ceux qui les soutiennent. L'amour-propre de part et d'autre souffle l'animosité et l'injustice. Une question souvent indifférente amène ainsi le plus violent combat des plus funestes passions.

Observons, mon ami, que les vérités positives, évidentes, ne prêtent à aucune contradiction; que c'est par conséquent sur des sujets vagues et indéterminés que s'élèvent ces malheureuses disputes; que pour cette raison l'imagination peut jouer un rôle abondant dans cette controverse; que les conjectures, supplément des connaissances positives, sont le principal domaine de l'imagination; que ces conjectures flattent l'amour-propre, parce qu'elles sont une création personnelle, et qu'ainsi, toutes choses égales d'ailleurs, celui qui est le plus jeune, étant celui qui sait le moins, celui qui conjecture le plus, celui qui a le plus de persuasion intime, le plus d'amour-propre, le plus d'opiniâtreté, est pour toutes ces raisons celui qui dans la dispute s'échauffe, s'écarte, s'emporte davantage.

Ces discussions animées dont le jeune homme est avide, parce que toutes ses idées excitent en lui un mouvement qui ne saurait être contenu, ne le mettent point toujours aux prises avec des personnes indifférentes. Il doit arriver fréquemment que le jeune homme, environné de liens qu'il doit respecter, viole par impétuosité d'esprit les lois que ces devoirs lui imposent. Des parents, des bienfaiteurs, des amis essentiels et sincères sont méconnus dans l'agitation que produit la contradiction qu'il éprouve. Cependant le jeune homme sent profondément tout ce qu'il doit à la nature et à la reconnaissance; aussi il est longtemps arrêté par cette voix intérieure; et la première fois qu'il a cessé de l'entendre, il est déchiré de regrets. Mais la fougue de l'esprit et la roideur de l'orgueil étouffent à la fin toutes les réclamations du cœur; et le jeune homme qui ne sait point s'arrêter dans cette gradation malheureuse finit par s'affranchir du respect et de l'affection.

D'ailleurs, le jeune homme peut avoir quelquefois raison contre les personnes qui l'entourent; et alors, comment espérer de sa part une longue contrainte? lui qui ne sait point que la médiocrité n'exclut pas l'amour-propre; que le sentiment de l'infériorité, assez souvent, l'augmente; que ce sentiment d'ailleurs peut être déguisé, dans l'homme médiocre, par la supériorité d'âge ou de titres qui relèvent ses prétentions. Le jeune homme soutient ce qu'il pense, sans s'apercevoir le plus souvent qu'on ne veut pas l'entendre, ou qu'on ne l'a pas entendu. Ses idées sont si frappantes dans son esprit, il en est si vivement persuadé, qu'il juge très-facile de les persuader de même; et lorsque, bien loin d'y parvenir, il est contredit, combattu; lorsque, surtout, ayant la vérité pour lui, il éprouve ce trans-

port enflammé que donne à cet âge la volupté de l'évidence !...
Mon ami, il fait mal, sans doute, d'aimer plus l'évidence qu'il ne respecte ses parents, qu'il ne considère les personnes âgées, quil n'aime ses bienfaiteurs ; mais nous parlons des défauts du jeune homme ; nous cherchons la source de ses torts et de ses peines.

Oui, mon ami, c'est pour le jeune homme une grande source de fautes et de peines que d'avoir raison quelquefois, et, dans des choses plus ou moins importantes, contre les personnes avancées en âge, contre ses bienfaiteurs et ses parents. La prévention étant l'effet le plus naturel d'une imagination vive, le jeune homme étend bientôt sa défiance jusques à l'ensemble des idées qu'on lui présente. Il reçoit impatiemment des avis utiles, qu'il ne considère que comme les inspirations d'une raison bornée, quelquefois d'une humeur chagrine. Il ne sait point que l'âge et l'expérience forment une raison au moins habile, et lui apprennent bien des choses que le jeune esprit le plus pénétrant ne soupçonne pas. Bientôt, entièrement aliéné et indocile, il aliène à son tour les personnes dont l'affection et l'appui lui seraient nécessaires ; il s'isole de ses soutiens naturels ; et, rapidement entraîné par l'impulsion de ses idées, mais privé d'une boussole qui le dirige, il se jette aveuglément dans une carrière de méprises, de tourments, de fautes et de malheurs.

Il nous reste à détailler quelques défauts qui dépendent encore naturellement du caractère de la jeunesse.

Le jeune homme n'est point égoïste ; car il se sent bien souvent disposé aux plus grands sacrifices pour bien des personnes qui ne lui en tiennent aucun compte, ou qui n'éprouvent point, à beaucoup près, des dispositions semblables. Cependant il a le principal caractère de l'égoïsme, qui est de parler beaucoup de lui-même. Il en parle vivement, et c'est pour lui un grand plaisir. Mais c'est toujours dans ses passions, ses désirs ou ses espérances, qu'il puise cette abondance d'idées, si pressées de se répandre. Il fatigue à la longue les personnes qui l'écoutent, d'autant plus qu'il n'écoute guère à son tour, à moins que celui qui lui parle ne soit l'objet de son affection la plus tendre; alors, c'est comme s'il s'écoutait parler lui-même. De la part de toute autre personne, il n'entend rien citer, soit comme peine, soit comme jouissance, qu'il ne s'écrie aussitôt: Et moi j'en ai bien plus à dire. A l'instant, ses récits commencent, et ils durent tout le temps que l'on veut bien lui accorder. C'est ainsi que le jeune homme, toujours par l'effet d'une sensibilité trop vive, manque d'un talent bien essentiel en société, celui de faire parler les personnes avec qui l'on se trouve, de les écouter et de se taire.

Je placerai au nombre des défauts de la jeunesse l'extrême difficulté pour elle de garder un secret. Le jeune homme a tant de chaleur dans l'âme, que les intérêts qui lui sont confiés deviennent les siens à l'instant même; et dès lors les intérêts d'autrui courent les mêmes chances que ses propres intérêts. Il ne peut rien taire de ce qui l'occupe fortement. C'est un vase qui déborde toujours, parce qu'il reçoit plus qu'il ne peut contenir. Ainsi, tout ce qu'il apprend, soit en confidence, soit par événement, est toujours un dépôt d'une sûreté précaire. C'est cependant de très-bonne foi qu'il a promis une discrétion à toute épreuve. Au moment où il a fait cette promesse, il s'est senti la force et la volonté de la tenir. Son indiscrétion même sera si peu un acte prémédité, qui doive le rendre moins estimable, que, dans les occasions importantes, il montrerait plus de fermeté que des hommes avancés en âge, et que ni les menaces, ni un danger personnel, ne pourraient alors lui arracher son secret. C'est dans ce cas une grande et noble affection qui réprime une petite jouissance. Mais dans les cas ordinaires, lorsqu'il n'aperçoit point, à la faiblesse qui l'entraîne, des conséquences bien funestes, il cède à sa nature pétulante, il dit tout; et, quand il s'est bien soulagé, le secret lui semble si facile à garder, qu'il compte fermement sur la discrétion de celui à qui il vient de le confier; il ne néglige point cependant de le lui recommander fortement.

Les jeunes gens vifs et sensibles ont communément un défaut qui les expose à de fréquents inconvénients : c'est celui du dérangement et de la négligence. Que de choses ils perdent, ils oublient! que de dépenses ils font, dont il ne leur reste rien par un effet du désordre! Toujours entraînés par une idée pressante, ou par un désir qui rassemble sur un seul point l'avenir, le passé et le présent, ils n'ont ni le temps, ni la patience de donner la moindre attention à cet ordre minutieux, important sans doute, mais pour lequel il faut être libre de mouvements confus et rapides.

On sent que c'est à la même cause qu'il faut attribuer cette prodigalité inconsidérée, qui n'est point la générosité. Celle-ci, qui est un penchant de toute âme sensible vers la douceur de soulager l'infortune, et de répandre le bonheur autour d'elle, se mêle souvent aux dépenses du jeune homme, mais souvent elle en est séparée. L'extrême désir qui l'entraîne vers une jouissance ne lui permet point de calculer les moyens qui la procurent. Peu inquiet des besoins d'un avenir, ou même d'un lendemain, auquel il ne pense pas, il ne craint que de manquer l'occasion de se satisfaire, et il se presse, à quelque prix que ce soit, de saisir cette occasion.

On peut dire encore que, lorsqu'il abandonne des droits légitimes, et qu'il laisse bien des personnes indiscrètes, ou peu délicates, jouir en paix de leurs usurpations, ce n'est point de sa part générosité simple, c'est aussi, bien souvent, timidité, embarras de dire à ces personnes des choses qui lui semblent pénibles ; c'est, encore plus, paresse et insouciance pour tout ce qui ne se rapporte point directement aux plaisirs, aux pensées, aux désirs qui sont l'unique mobile de son activité.

LIVRE DOUZIÈME.

Continuation du même sujet. — Sort du jeune homme dans les situations où il est déplacé.

Il ne me reste plus à vous parler, mon ami, que de l'une des sources les plus abondantes des peines que vous avez éprouvées pendant votre jeunesse.

Aucun de nous n'est placé sur la terre de manière à pouvoir s'abandonner, sans contrainte, à ses goûts et à ses inclinations. Le jeune homme demande vivement des plaisirs ; la position de presque tous les jeunes gens exige du travail, des occupations. Si le jeune homme était le maître de diriger lui-même sa destinée, il établirait une correspondance parfaite entre ses occupations et ses penchants. Le plus souvent il se tromperait ; car ses penchants sont rapides, se multiplient et changent sans cesse, tandis qu'il est nécessaire que ses occupations aient une suite continue, puisqu'elles ont son bien-être pour objet.

Mais si, comme nous le verrons bientôt, le jeune homme est vivement exposé à s'abuser lui-même, lorsqu'il dispose de ses propres facultés, il est encore soumis fréquemment à de cruelles méprises, lorsque, dans le choix de la place qu'il doit occuper parmi les hommes, il n'est pas même consulté.

Cependant, mon ami, si vous n'oubliez point que l'équité préside aux distributions générales, vous reconnaîtrez de nouveau que cette discordance entre la position du jeune homme et ses inclinations doit être fréquente. Ne craignons pas de répéter ces vérités consolantes, que la justice indique, que l'observation démontre, et qui ne sont démenties qu'en apparence par un petit nombre d'exceptions. Voici l'une de ces vérités : Les circonstances qui nous entourent dès le berceau, et qui ont tant d'influence sur notre sort, sont ordinairement disposées en sens inverse de notre organisation personnelle. Ces circonstances ne sont que différentes, lorsque notre organisation n'est pas très-avantageuse; elles sont ordinairement opposées, lorsque nous avons reçu une organisation distinguée, la plus abondante des faveurs. Ceux qui ont reçu à la fois et tous les avantages de l'organisation, et toutes les faveurs des circonstances, expient, dans la suite de leur vie, cette réunion d'avantages. Il n'est que les biens donnés par la sagesse qui soient exempts d'expiations, parce que ceux-là se répandent sur l'ensemble de la vie.

Considérons maintenant l'effet que la contrainte doit produire sur l'âme neuve et brûlante d'un jeune homme qui n'a point encore écouté les consolations de la justice.

Ce serait déjà beaucoup à cet âge de ne pouvoir obtenir ce qui aurait le droit de plaire. Mais faire ce qui déplaît, ce qui est en opposition bien prononcée avec les facultés que l'on a reçues de la nature, agir toujours contre son gré en étouffant tous ses moyens de bien agir, ah! mon ami, quel pénible et insupportable sacrifice! Le jeune homme, semblable pour ainsi dire à une fournaise ardente où tous les matériaux s'élaborent, ne saurait point se définir lui-même; il ne saurait point se mettre à sa place si on l'en laissait l'arbitre; il ne se connaît point; il ne connaît aucun des détails qui composent l'organisation de la société; il n'en est pas moins dans un état de souffrance extrême pour avoir été placé par une combinaison étrangère à un poste qui ne lui convient pas. Il s'acquitte très-mal de ce qui serait très-bien fait par un autre. Il est cependant averti par un sentiment intérieur du parti abondant et honorable que l'on aurait pu tirer de lui-même. En même temps que toutes ses inclinations sont froissées, il a l'humiliation de n'obtenir que de l'indifférence, quelquefois du blâme, au lieu de cette considération à laquelle il se sent le droit de prétendre. Il voudrait inspirer de l'estime, de l'intérêt, de la reconnaissance même... Au lieu de cela, dans le dépit et le chagrin de répondre si mal à sa propre attente, il s'expose par un dégoût qu'il ne peut vaincre à une censure cruelle ; et cette censure paraît juste à tous les esprits médiocres, par conséquent sévères, dont il est entouré. Jeune homme infortuné ! à qui porteras-tu tes plaintes ? Tu n'aurais pas longtemps sujet de te plaindre si tu pouvais être entendu ! Les hommes d'un âge avancé qui seraient passés par les mêmes épreuves donneraient à ton sort une direction plus heureuse, ou à ton esprit des avis utiles, ou à ton cœur des consolations bienfaisantes. Mais telle est ta destinée ! tu as beaucoup reçu ; tous tes appuis doivent te venir de toi-même. Le jeune chêne se fortifie par l'effet des vents mêmes qui ébranlent jusques à ses tendres racines : l'arbuste faible et peu utile trouve des soutiens et un abri.

Quel désordre ! quel combat d'idées et de sentiments ! quelle perplexité violente et continuelle lorsque le jeune homme cherche vainement à concilier ce qu'il désire avec ce que l'on exige ! lorsque, pénétré encore pour l'âge avancé et pour l'opinion commune, de cette déférence confiante qui fait l'un des attributs les plus intéressants de la jeunesse, il s'efforce de se condamner lui-même ! il contraint au silence ses plus vives réclamations ; il étouffe ses propres pensées ; il s'arme d'une véhémence extraordinaire de volonté en faveur d'une occupation rebutante, d'une existence cruelle, d'une manière de voir, d'agir et de sentir que sa nature se refuse opiniâtrément à lui inspirer. Une victoire de quelques jours sur ses propres penchants le rend à la fois satisfait et malheureux. Il s'applaudit d'avoir rempli son devoir ; car ce mot sacré a pour son cœur une profonde importance ; il jouit de la satisfaction qu'il procure aux personnes que son âme révère ; mais il souffre violemment d'une telle contrainte ; bientôt son courage s'affaiblit ; son aversion augmente ; il recommence à se plaindre, à se combattre, à s'agiter, à se désespérer sous l'influence rapide de mille mouvements opposés qui le déchirent, et qui multiplient dans sa conduite ainsi que dans ses paroles les inconséquences, l'irritation, les torts et les travers.

Si à cette source féconde de tourments insupportables vous ajoutez toutes les peines dont nous avons parlé précédemment, celles surtout que l'amour suscite à une âme de cette trempe ;

si vous mêlez ensemble tant de combats, de désirs, de regrets, d'incertitudes, de passions impétueuses, extrêmes, vous reconnaîtrez, mon ami, que la jeunesse, cet âge si envié, et sous bien des rapports si digne de l'être, est cependant livrée bien souvent à des souffrances multipliées et excessives qui se reproduisent sous mille formes, et éloignent à une bien grande distance l'image et la jouissance du bonheur.

C'est aussi vers cet âge que l'homme prend quelquefois des résolutions désespérées dont les conséquences le suivent d'ordinaire jusques au tombeau. On a détruit les retraites obscures où l'inquiétude confuse des âmes vives allait souvent chercher du repos et un asile. Le jeune homme, pressé par le besoin de donner un aliment à son cœur, de goûter en paix et avec loisir cette sorte de volupté que la sensibilité demande sous le nom de tristesse, fatigué de tant de désordre dans ses désirs et ses pensées, effrayé de tous les obstacles qu'il aurait à surmonter pour arriver au bien-être et à l'indépendance, découragé par le dégoût de persister dans la carrière déjà entreprise ou d'en entreprendre une nouvelle, le jeune homme embrasse avec ardeur une situation extraordinaire qui, par ce caractère même, attire son âme avide de mouvement. Il n'en voit encore que les douceurs, c'est-à-dire qu'elle le délivrera du moins des peines qui le poursuivent; qu'elle favorisera sa douleur, la seule consolation qu'il désire. Le silence, la solitude, l'appareil sombre et lugubre, bien loin de l'épouvanter, sont autant de sources de jouissances que son imagination saisit d'avance. Après le tourment d'agir sans cesse contre son gré, il trouvera bien doux de n'avoir qu'à pleurer et à souffrir.

D'ailleurs, à une vie de ce genre il ne faut point d'étude ni d'apprentissage. Ce n'est point au bout d'un long terme que ces jouissances se présentent à l'espoir du jeune homme, c'est au début; et le jeune homme, par l'impatience de son caractère ainsi que par le sentiment de ses souffrances, ne peut supporter les délais.

Encore une fois, mon ami, les asiles que je viens de désigner sont détruits. Ainsi ce n'est plus le cas de suivre le jeune homme dans les peines inattendues de sa nouvelle retraite. Mais les motifs qui entraînaient vers elle bien des jeunes gens infortunés et sensibles de la génération précédente, ces motifs ne seront jamais détruits tant qu'il existera des jeunes gens sensibles ; et, à quelque degré de raison ou d'affaiblissement que les sociétés humaines puissent parvenir, il y aura toujours des ressources ouvertes à l'âme infortunée, avide de quelque nouveauté, du moins, dans son sort et ses malheurs.

Sort du jeune homme dans les situations de son choix.

Le jeune homme n'est pas toujours contraint dans ses penchants ; il est quelquefois libre de prendre l'état ou l'occupation qu'il désire. Mais c'est principalement à la jeunesse que convient l'une de nos observations précédentes. L'homme n'est jamais content de ce qu'il possède, parce qu'il en voit les inconvénients ; il désire ce qu'il ne possède point encore, parce qu'il n'en voit que les avantages.

C'est donc par ignorance des inconvénients et des peines auxquels il va s'exposer que le jeune homme montre tant d'ardeur pour toute situation nouvelle. Les occupations qu'elle présente et les devoirs qu'elle exige lui paraissent bien inférieurs au sentiment qu'il a de ses forces. Il l'aborde avec confiance...; il va se trouver enfin satisfait... et les plaisirs qu'il va prendre sont si bien ceux qu'il fallait à son cœur ! le nouvel emploi de sa vie va si bien suffire à ses goûts ! il s'y tiendra jusques au dernier de ses jours ! Il s'impatiente même contre l'homme raisonnable et expérimenté qui lui présage la chute prochaine de son courage.

Rien n'est en effet plus brillant que son début dans cette nouvelle carrière. Son zèle égale ses moyens ; il double le temps par une activité extrême ; et non-seulement il fait beaucoup de choses, mais chaque chose il la fait bien.

Par cela même que sa situation est nouvelle, il est nouveau lui-même pour toutes les personnes dont il est environné ; il est par conséquent favorisé de plus de secours, de plus de bienveillance ; car la nouveauté plaît à tous les hommes et à tous les âges. Comment ne serait-on point content d'ailleurs de tant de qualités, de talents et d'ardeur, qui succèdent à tant d'incapacité et d'indolence? car le jeune homme remplace d'ordinaire un prédécesseur dont on s'était dégoûté et qui s'était dégoûté lui-même. Il n'est presque point de fonctions dans la vie qui ne nous placent à la suite d'un autre homme, et qui par là n'excitent les comparaisons. Or, toutes choses égales d'ailleurs, le nouveau venu a pour lui une prévention avantageuse; et les hommes habiles savent profiter de cette prévention.

Mais le jeune homme est trop ardent et trop franc pour être habile. Dans chaque circonstance il suit l'impulsion du moment, et l'impulsion qui lui est donnée par une situation nouvelle, où quelques-uns de ses goûts sont satisfaits, est animée, excessive, par conséquent éphémère; car aucun mouvement dans la nature ne dépasse un certain degré de force qu'aux dépens de la durée.

Le jeune homme a donc bientôt épuisé la jouissance de tout ce qu'il y a d'attrayant dans sa situation; il aperçoit le terme prochain du contentement qu'il s'était promis avec tant de confiance; à mesure qu'il se lasse des avantages qu'il possède, il découvre les inconvénients qu'il n'avait point aperçus. Des privations lui sont imposées; il y devient sensible. Enfin le regret de ce qui lui manque se substitue à la jouissance de ce qu'il avait tant désiré; et c'est ainsi qu'il retombe dans la peine après un intervalle de temps bien moins heureux et moins long qu'il n'avait osé l'attendre. Cependant l'amour-propre le retient à son poste. Comment se résoudre à fournir un fondement si légitime à l'imputation d'inconstance? Le jeune homme, né très-sensible et sans fortune, est ordinairement environné d'hommes médiocres ou favorisés du sort qui distribuent ce titre d'inconstant avec beaucoup de facilité. Leurs idées et leurs désirs s'étant peu élancés au delà des biens et des objets qu'ils trouvaient à leur portée, ils ont blâmé tous ceux qui, échauffés par une organisation supérieure, se plaignent sans cesse de trouver un grand vide dans leur âme. Ces mêmes hommes, oubliant les distractions, les voyages, les plaisirs de leur jeunesse, et les oubliant, parce qu'ils n'avaient point eu à cet âge une nature ardente, sur laquelle tous ces avantages pussent produire une vive impression, font un tort aux jeunes gens de désirer fortement ce dont ils ont eux-mêmes très-aisément perdu l'envie. Enfin ces mêmes hommes, en possession d'un héritage transmis par leurs ancêtres, n'ayant ni souffert, ni travaillé pour l'acquérir, investis de bonne heure des deux avantages extérieurs les plus précieux, l'indépendance et le bien-être, ces hommes, froids par tempérament et par habitude, insensibles à des maux qu'ils ne peuvent connaître, ne quittent jamais leur place pour prendre celle du jeune homme battu de l'orage et de l'infortune. Leurs reproches inconsidérés et barbares le poursuivent jusque dans l'abîme où il tombe; et trop souvent le désespoir d'être abandonné, blâmé, condamné par ces âmes arides dont les jugements mériteraient peu que l'on y fût sensible, ce désespoir est le tourment cruel qui entraîne le jeune homme vers des résolutions précipitées, condamnables, et dont les conséquences, prochaines ou éloignées, sont toujours d'extrêmes malheurs.

Avant que le jeune homme se décide pour un nouveau genre de vie, que de combats ne seront point livrés! que de pas en avant, en arrière! que de résolutions prononcées, suivies d'un prompt regret! que de projets suspendus, abandonnés! Le jeune homme, audacieux dans ses pensées, est ordinairement timide dans ses démarches; le monde est encore pour lui d'un horizon immense, confus, sans limites, sans point d'appui pour ses regards, ses désirs et ses espérances.

En second lieu, il est impossible qu'un jeune homme, organisé comme celui que nous essayons de dépeindre, n'ait auprès de lui, dans la situation même qui le rebute et le fatigue, quelque objet d'affection, quelque lien difficile à rompre. Il faut si peu de chose au jeune homme sensible et malheureux pour émouvoir son cœur et obtenir sa reconnaissance! Qu'un autre malheureux se trouve à sa portée; qu'ils s'intéressent mutuellement l'un à l'autre, qu'ils se communiquent leurs chagrins, qu'ils pleurent ensemble, ou seulement que cet autre infortuné, inhabile lui-même à consoler, reçoive les secours et les consolations de notre jeune homme : c'en est assez pour arrêter mille fois des résolutions extrêmes. De tels soulagements à la douleur, quelque insuffisants qu'ils puissent être, morcellent et reposent le mécontentement, qui, pour produire tout son effet, a besoin d'être accumulé sans interruption.

Et puis le défaut d'avances, de ressources ! Notre jeune homme est trop sensible pour n'être pas désintéressé, trop orgueilleux peut-être pour ne point trouver des jouissances dans une générosité exagérée. Quand il en aurait eu la volonté, il n'aurait eu que peu de talents pour acquérir de la fortune ; et il a toujours mis faussement son honneur à la mépriser.

Enfin il est retenu par mille petits avantages de situation, dont il ne tient aucun compte lorsqu'il se livre au sentiment de ses peines, mais qui produisent de l'effet sur lui au moment où il se dispose à les abandonner.

Les événements viennent à la fin au secours de tant d'irrésolutions cruelles. Il quitte cette position malheureuse ; il quitte, il regrette, il n'est point regretté. L'inégalité de ses dispositions et de ses services en a été la principale cause. Le zèle excessif qu'il avait montré au commencement avait donné l'habitude d'une grande attente aux personnes qui en étaient les témoins, et encore plus à celles qui en tiraient profit. Il n'a pu soutenir cette ardeur ; et de la part des hommes inoccupés qui l'entourent il n'entend jamais dire qu'au commencement il faisait trop, mais seulement qu'à la fin il ne fait point assez. Ce jugement le désole; car il a grand besoin de l'approbation d'autrui. Il sent quelquefois cependant que c'est avec un peu de justice que l'on a diminué à son égard d'estime et de bienveillance ; il regrette de n'avoir pas fait quelques efforts de plus. Il lui semble alors que ces efforts auraient pu être faciles ; il se condamne, s'afflige, et sent traverser encore par bien des motifs de tristesse la joie de voir finir une position qu'il ne pouvait plus supporter.

Le voilà donc, mon ami, dans une situation nouvelle. L'expérience qu'il vient de faire l'a rendu sans doute un peu moins empressé, moins animé de ce zèle extrême qui ne prête plus à l'augmentation, moins prévenu en faveur des nouvelles circonstances de son sort et des nouvelles personnes qui l'entourent. Cependant il l'est beaucoup trop encore. Le mécontentement l'attend de nouveau à une certaine distance ; le besoin du changement viendra encore solliciter plusieurs fois son âme en faveur d'un sort imaginaire, abondant en faveurs et exempt de chagrins. C'est dans cette recherche inquiète et abusive qu'il passera ce temps de fermentation destiné aux contrariétés et aux épreuves; et ce profit, bien grand sans doute pour l'âge à venir puisqu'il aura formé la raison du jeune homme, n'aura été utile en attendant, ni à son bonheur, ni à sa fortune.

LIVRE TREIZIÈME.

Compensations attachées à l'âge mûr et à la vieillesse.

Mon ami, je viens de vous présenter le tableau de la jeunesse; je n'ai pu le rendre exactement applicable à la jeunesse de tous les hommes, parce que je ne pouvais détailler toutes les modifications qui résultent de la position et de l'organisation particulières à chaque individu, mais je crois avoir défini la jeunesse ordinaire de l'homme qui a reçu beaucoup de sensibilité et peu de fortune. Rappelons-nous que le jeune homme sensible qui a reçu les biens de la fortune est vivement exposé à perdre sa sensibilité.

Je vais maintenant rapprocher de cet âge ceux qui le suivent.

L'âge mûr succède à la jeunesse. Ce passage se fait d'une manière insensible. Les avantages et les inconvénients de la jeunesse sont insensiblement remplacés par les avantages et les inconvénients de l'âge mûr.

Le principal avantage que l'homme acquiert dans l'âge mûr, c'est d'être beaucoup moins exposé aux tourments qui l'ont dévoré pendant sa jeunesse. La vivacité de son tempérament commence à se calmer. Il est moins susceptible d'illusion, d'enthousiasme; il est moins égaré par ses désirs; il écoute davantage la prudence. Le présent a cessé d'être tout pour lui ; il commence à réfléchir sur le passé et à ménager l'avenir.

Il est certainement encore bien susceptible d'amour ; mais ses penchants ont perdu leur ardeur impétueuse. Il est moins exposé à se tromper lui-même en prenant la passion des sens pour la véritable inclination de l'âme. Devenu moins timide, parce que sa raison s'est formée et que la vivacité de ses sensations s'est affaiblie, il est en état de choisir, non tout à fait une amante, mais un peu plus encore qu'une tendre amie ; il ose exprimer ce qu'il éprouve, et il sait s'en rendre raison. Il a appris d'ailleurs, en observant le monde, ce qu'il ne se serait point permis de croire dans les premiers temps de son ardeur ; il sait à présent que la nature a établi entre les deux sexes un penchant réciproque ; cette connaissance l'encourage ; il ne l'admettait point autrefois. Il croyait que le plus aimable ornement de la nature était seulement destiné à faire impression sur le cœur de l'homme ; mais il n'osait penser qu'une femme pût recevoir elle-même une semblable impression.

Il sait aujourd'hui donner à son attachement des motifs éclairés qui le rendent durable ; et c'est maintenant aussi que, demandant surtout des qualités heureuses et de la sagesse, il obtient quelquefois encore ou la fortune, ou la beauté. C'est un des balancements établis par la loi des compensations. Peu lui était donné lorsqu'il pouvait très-vivement sentir : il sent moins aujourd'hui, beaucoup lui est accordé.

Il en est de même des situations dans lesquelles il parvient à se placer. Elles sont ordinairement plus heureuses en elles-mêmes que ne l'étaient celles de sa jeunesse ; mais aussi il en goûte les douceurs moins vivement qu'il ne les eût goûtées pendant sa jeunesse, s'il avait pu être placé dans les mêmes situations.

Généralement les commodités et le bien-être sont amenés par le temps sur le cours de notre vie à mesure que notre vivacité s'apaise et que nos moyens personnels sont moins en état de nous procurer de nombreux et ardents plaisirs.

Le jeune homme en passant à l'âge mûr éprouve une révolution marquée dans le caractère de son intelligence. La faculté de l'imagination devient en lui moins active, moins brillante ; mais il a plus d'étendue, de consistance et de vérité dans ses jugements. Il devient capable d'études profondes. Bien des choses qui n'avaient pu l'intéresser dans sa jeunesse, parce qu'elles demandaient plus de force et d'attention que de sagacité, lui deviennent intéressantes. La nature commence à se montrer à lui telle qu'elle est ; il est moins sensible à la beauté de quelques parties ; mais il peut saisir l'ensemble, et il trouve à cet ensemble une beauté grave, plus réelle, plus noble que tout ce qu'il avait imaginé. Il y a de même plus de goût et de raison dans ses jugements sur les ouvrages des hommes. Dans la jeunesse on manque de goût, parce que l'extrême vivacité de l'âme est incompatible avec le goût, soit lorsque l'on juge, soit lorsque l'on compose. Le goût résulte du mélange ou balancement réciproque de la sensibilité, de l'instruction et de la raison.

Dans l'âge mûr, les forces du tempérament prennent un caractère ressemblant à celui des forces intellectuelles. Pendant cet âge l'homme se porte aux divers exercices du corps avec moins d'ardeur que pendant la jeunesse ; mais il se maintient plus longtemps en exercice ; il se fatigue moins aisément ; il peut résister davantage aux atteintes des éléments comme aux rigueurs de la fortune.

Dans la jeunesse, l'homme goûte avec plus de vivacité la sensation de la vie ; dans l'âge mûr il goûte avec plus d'égalité le sentiment du bien-être, parce qu'il y a plus d'égalité dans ses dispositions, parce que d'ailleurs il commence à ne désirer que ce qu'il peut obtenir.

Pour la même raison, l'homme parvenu à l'âge mûr commence déjà à supporter sans trop d'impatience et les contrariétés de position et les divergences d'opinion ou d'humeur, qui pendant sa jeunesse le choquaient, l'irritaient, le portaient quelquefois lui-même à une humeur âpre, intolérable. Cette disposition au calme, à la résignation, à la tolérance, sources heureuses de la paix sociale, s'augmente et s'affermit dans l'homme sensible, à mesure qu'il avance en âge. De jour en jour il s'accommode plus aisément aux hommes qu'il ne peut changer et aux choses qu'il ne peut empêcher : une société uniquement composée de jeunes gens serait en discorde continuelle.

Nous avons dit, mon ami, que le jeune homme ardent et sensible ne pouvait encore être ambitieux, que l'avenir n'avait point encore acquis de droits dans sa pensée, que son âme entière était livrée aux jouissances présentes; mais, parvenu à l'âge mûr, il n'est plus aussi pressé par le besoin de jouir. Il est d'ailleurs en état de former de longs projets, parce qu'il est en état de combiner des idées étendues. D'ailleurs encore, il a perdu par les effets de l'expérience cette confiance généreuse ou même téméraire qu'il avait dans les événements, dans les hommes et en lui-même. Il commence à prévoir les inquiétudes du dernier âge, et à reconnaître qu'à mesure que l'on avance vers le temps où l'on perd ses grâces et ses avantages extérieurs, on intéresse moins, on a plus besoin d'être affranchi de toute dépendance. Or, il semble à bien des hommes que le moyen le plus sûr de ne dépendre de personne soit de mettre sous sa propre dépendance les personnes avec lesquelles on a des rapports. L'amour-propre d'ailleurs trouve une jouissance dans l'exercice de la domination; et lorsque les sentiments généreux se refroidissent il y a plus de place et de liberté dans le cœur humain pour les sentiments qui naissent de l'amour-propre.

Mais tous les hommes qui parviennent à l'âge mûr ne sont pas sollicités ainsi, et par l'ambition, et par le besoin de dominer sur ce qui les entoure. L'état de l'âme dans l'âge mûr dépend beaucoup de l'emploi que l'on a fait des années de la jeunesse; et le bonheur à tous les âges dépend surtout de l'état de l'âme. La jeunesse se prolonge longtemps dans l'âme de celui qui a vécu de bonne heure pour la sagesse; je veux dire que la sensibilité et toutes les inclinations généreuses s'unissent aux avantages que donne l'âge mûr lorsque dans la jeunesse on n'a employé sa sensibilité qu'en faveur des vrais biens et des inclinations généreuses. C'est dans l'âge mûr que commence à s'exécuter la grande loi des punitions et des récompenses. Les événements auxquels nous devons être soumis pendant la seconde moitié de notre vie dépendent beaucoup des rapports que, pendant la première moitié, nous avons établis entre nous et les hommes; et ces rapports sont favorables ou désavantageux, selon que notre conduite a été juste ou déréglée. Le vice et l'injustice ne forment aucun lien durable entre les hommes; au contraire, ils rendent tôt ou tard ennemis les uns des autres ceux qui ont suivi ensemble cette ligne funeste. Mais l'homme qui a été fidèle à l'honneur et à la conscience, qui a sacrifié, quand cela était juste, ses propres désirs aux droits de ses semblables, cet homme n'a pu agir ainsi qu'à l'aide des motifs les plus élevés. Ces mêmes motifs l'ont engagé vivement à s'abandonner à toutes les affections nobles et pures. Il a éprouvé intérieurement l'heureuse contrainte d'employer en faveur de l'amitié, de la reconnaissance, de l'admiration, de la piété, de l'étude, cette surabondance de sensibilité et de force que la sagesse procurait à son âme. Ainsi, il s'est ménagé d'avance des amis contre les événements funestes et de grandes pensées contre cette inquiétude confuse qui suit l'homme à tous les âges. Voilà les biens qu'il trouve un jour, et il les trouve avec d'autant plus de contentement qu'il a eu le mérite de se les donner lui-même. Ainsi, il est entouré de soutiens qui lui sont chers; il marche avec fermeté et tranquillité dans la carrière de la vie. Au contraire, l'homme qui fut déréglé, méchant, injuste, chancelle et tombe, parce qu'il n'y a que faiblesse en lui-même, et que, partout où il se place, il est isolé et manque d'appui.

Ces dernières conditions de l'âge mûr sont encore plus le partage de la vieillesse. A cette époque l'homme n'est plus en état d'acquérir; tout ce qu'il peut faire, c'est de conserver. Mais que peut-il conserver, s'il n'a rien acquis? si au contraire il a passé sa vie à dissiper sans retour les avantages de la vie?... Que reste-t-il à l'homme lorsqu'il vieillit sans famille ou sans tenir à sa famille, sans amis, sans idées utiles ou intéressantes? que lui reste-t-il pour sentir encore qu'il possède l'existence? Il lui reste le chagrin de vieillir. Il voit sans cesse autour de lui des hommes, des enfants, plus éloignés que lui-même de ce terme fatal vers lequel le temps le précipite; chacun des regards qu'il laisse tomber sur ceux qui l'environnent semble ainsi lui revenir chargé d'envie et de regrets.

Voyez aussi avec quel soin il dissimule son âge; il cherche à faire illusion aux autres et à lui-même; il ne peut tromper lui-même, ni personne; et cet effort inutile est un tourment de plus.

Généralement on peut reconnaître à ce dernier caractère les hommes d'un âge mûr ou d'un âge avancé qui ont mal usé de la vie; ils conservent autant qu'ils peuvent les manières, le costume, les goûts, les discours de la jeunesse, parce qu'ils n'estiment que les avantages spécialement attachés à la jeunesse; parce qu'ils n'ont pas même l'idée d'autres avantages que ceux de la jeunesse; et parce que, à la faveur des déguisements qu'ils emploient, ils espèrent encore pouvoir se mêler à la jeunesse et surprendre quelques-uns de ses plaisirs.

Ah! que de biens encore sont répandus sur les dernières années de l'homme qui a vécu pour l'honneur et la justice! Il ne craint point de se montrer tel qu'il est, parce qu'il est digne de respect et de tendresse. Il avoue son âge; c'est son titre de gloire; il a surmonté les dangers de la vie; il a su réellement profiter de ses avantages; il a gagné une âme noble, une âme riche en grandes idées, en idées vraies, en heureux souvenirs. Il a des amis parmi les hommes de tous les âges; il ne craint point l'abandon, l'infortune, parce qu'il est aimé, parce qu'il n'a point laissé dans l'abandon et l'infortune ceux à qui il a pu prêter ses secours. Enfin, ses regards intérieurs s'appuient sur le passé dont il s'honore; et il ne regrette point le passé, parce qu'il s'en est servi pour fonder ses droits au plus doux avenir.

Mon ami, quelques années encore et vous toucherez au milieu de la vie; ne le regrettez pas; vous aurez encore de grands biens à connaître. Quelques années de plus, et celles de vos facultés qui tiennent à la force et à la vivacité de votre corps commenceront à s'affaiblir; vous vous défendrez encore du regret. Alors commencera pour vous un ordre de jouissances bien dignes de remplacer celles dont vous perdrez le désir. Si votre volonté se maintient avec fermeté sur la ligne de la raison et de la sagesse, votre âme s'agrandira, s'élèvera, se fortifiera; elle sera fière de ses pensées, heureuse de ses souvenirs. Délivrée du feu des passions, elle pourra se livrer paisiblement à la méditation des idées profondes; c'est vers cette noble occupation qu'elle se sentira entraînée par la direction naturelle de ses forces; mais elle ne sera ni affligée, ni mortifiée de se voir ainsi réduite à ce qu'il y a de plus grand dans la destination humaine. Elle se rappellera qu'elle a su contenir d'autres penchants dans ces temps orageux, où elle aura été si agitée... J'ai choisi la sagesse, dira-t-elle, à une époque où mes passions m'entraînaient vivement vers une route opposée; route fleurie et séduisante! Si j'avais attendu pour être sage le temps où le feu de mes passions se serait naturellement calmé, je n'aurais jamais eu ni le droit, ni le pouvoir, ni le bonheur d'être sage.

O mon ami! s'écria Amédée, je me mets sous votre surveillance attentive; que votre amitié ne m'abandonne pas. Je le sens, j'éprouverai vivement encore l'atteinte de mes passions. Dans bien des moments sans doute, elles me rendront la sagesse difficile; heureux encore de ce qu'elles me fourniront l'occasion de combattre!... Mais vous venez de me l'apprendre, combien ne m'est-il pas important de toujours vaincre! que de pertes et de chagrins suivraient ma défaite!... Je me sens aujourd'hui si heureux de mes biens! je me sens si heureux de mes privations mêmes! je perdrais le bonheur que je retire et de mes biens et de mes privations!...

Lorenzo, profondément ému de l'accent et des sentiments d'Amédée, y répondit par ces paroles :

O temps! poursuis ta marche! entraîne avec toi tous les événements et toutes les choses!

Mon fils est libre et immortel! tu ne l'entraîneras pas; il t'accompagnera! il ne s'écartera point de la sagesse; il usera en maître de tout ce que tu lui présenteras.

Mon cher Amédée, continua Lorenzo, je crois vous avoir exposé à peu près toutes les conditions qui composent le sort de l'homme dans les sociétés avancées; il ne me reste plus qu'à tirer les conclusions de cette partie de mes idées; mais en ce moment j'aime mieux me reposer sur le bien que vous venez de me faire par vos dispositions heureuses. Il est bon aussi que vous vous entreteniez solitairement avec de si douces pensées. Nous reviendrons ici ce soir, mon ami; nous terminerons en ce lieu même cette heureuse journée.

LIVRE QUATORZIÈME.

Résumé et conclusion.

Lorsque le soleil commença à s'incliner vers les régions du soir; lorsqu'il eut permis aux ombres de s'allonger et de faire ressortir le tableau de la nature; à l'heure où le calme commence, où les oiseaux chantent faiblement pour la dernière fois, où cette douce langueur, qui précède le sommeil, semble appeler les hommes à la méditation et au silence, Lorenzo conduisit son jeune ami vers le beau rivage. Amédée le parcourut d'une âme contente; jamais il ne lui avait paru si beau. Le soleil, penché vers l'horizon, ne frappait plus directement le feuillage. Sa douce lumière, d'une teinte ravissante, effleurait la surface des eaux; et, s'introduisant sous cette voûte dont elle nuançait diversement la verdure, elle n'était interceptée que par les tiges majestueuses, qui, comme autant de colonnes antiques, donnaient à ces beaux lieux la magnificence d'un temple.

Assis à leur place chérie, sous ce berceau formé, au simple gré de la nature, par de jeunes arbres dont les racines puisaient, jusque dans le sein des ondes, le feu de la jeunesse, Lorenzo et Amédée s'entretinrent ainsi:

Lorenzo. — Mon ami, voici ce que vous devez retenir de ce que j'ai cru devoir vous dire : Notre sort est l'ouvrage de deux espèces de conditions, les unes prises en nous-mêmes, les autres prises hors de nous. Les premières sont les faveurs et les désavantages de notre organisation, de notre caractère et de notre âge. Ces conditions personnelles ne dépendent point de nous primitivement, nous ne pouvons point les changer ; mais nous pouvons augmenter les biens qu'elles nous rapportent, et diminuer les peines qu'elles sont chargées de nous causer. Le moyen d'obtenir ce double effet est de vivre avec sagesse.

Les secondes conditions dépendent de la manière dont se trouvent distribués autour de nous les hommes et les circonstances. Nous pouvons également, par l'exercice de la bonté et de la sagesse, faire tourner toutes ces conditions en notre faveur, même celles qui sont chargées de nous causer de la souffrance ; car il en est toujours un certain nombre qui ont reçu, pour ainsi dire, cette commission de la justice universelle. Mais c'est aussi en nombre à peu près égal que sont placées autour de nous les conditions qui, par elles-mêmes, nous reposent de la peine sur l'agrément, de la répugnance sur l'attrait, de la contrariété sur la convenance. Donnons quelque développement à cette dernière vérité.

Mille rapports indispensables naissent pour nous du besoin réciproque qui nous lie, et qui donne à chacun de nous mille intérêts à ménager. Quel est celui qui n'est point contraint par les circonstances de sa position à passer ses jours avec des personnes qui lui déplaisent, soit par leur caractère, soit par leurs opinions ? Mais quel est celui encore qui ne trouve point à sa portée, quand il n'est point trop exigeant, des cœurs bons et faciles, des caractères généreux, aimables, tout ce qui attire la bienveillance, l'estime, tout ce qui compose les douceurs de la société ? Le misanthrope est un malade qui ne goûte rien par l'effet de son humeur. Ce n'est point l'état ordinaire de l'homme.

Il en est du besoin de communication, qui est l'un des premiers mobiles de notre âme, comme du besoin qui attire nos sens vers les objets qui leur sont adressés. C'est avec une alternative rapide et imprévue que nos yeux aperçoivent, tantôt des fleurs agréables, une eau pure et limpide, tantôt une dissolution difforme et des objets choquants à considérer. Parmi les sons qui successivement viennent frapper notre oreille, il en est de doux et harmonieux, il en est de discordants et pénibles.

C'est ainsi que nos voisins, nos parents, les parents de nos amis, et plus que cela encore, les hommes auxquels nous sommes liés par nos besoins, par nos affaires, fournissent alternativement à notre âme un plaisir ou une épreuve, un attrait ou un dégoût. Cet assortiment de contrastes n'est seulement point le cercle social qui environne certains hommes dans certaines positions; mais chaque homme le trouve partout où il se transporte, excité par le désir et l'espoir de ne pas le rencontrer. Nous avons beau faire, la nature, plus juste que nous, n'écoute jamais nos vœux quand leur accomplissement doit troubler le balancement et l'équilibre. Le plus généreux des hommes ferait encore avec partialité ses propres partages. Il arrangerait si bien les choses autour de lui, qu'il ne commencerait jamais, soit de liaisons, soit d'intérêts, qu'avec les caractères les plus doux et les âmes les plus honnêtes. Cependant si cette heureuse combinaison se faisait en sa faveur, il serait juste qu'elle se fît également en faveur de tous les hommes qui la désireraient, c'est-à-dire en faveur de tous ceux qui sont sensibles aux procédés, à l'amitié, à la délicatesse. Elle diviserait ainsi le monde en deux portions : l'une de discorde, de désagrément, de perfidie et de haine; l'autre, d'agrément, de bienveillance, de paix et de douceur.

Il n'en est point ainsi, mon ami; et la connaissance de ce qui est vrai et juste doit fixer notre attente dans toutes les positions nouvelles où nous sommes conduits par notre destinée ou notre inconstance. Vous trouverez partout des amis; ce ne sera point en vain que votre cœur en éprouvera le besoin. Vous trouverez partout des hommes éclairés, puisque l'instruction est un besoin de votre esprit; et si, comme je l'espère, la vertu est toujours un besoin de votre âme, vous trouverez partout quelques âmes vertueuses qui seront vos soutiens et vos modèles. Mais vous trouverez aussi, n'en doutez pas, et cela parmi vos relations essentielles, des âmes froides, intéressées, peut-être perfides ; des caractères bizarres, insociables ; la nullité de l'ignorance ; les prétentions de la médiocrité. Que cela ne vous étonne ni ne vous afflige : c'est votre part d'humanité qui vous suit partout avec toutes ses dépendances. Elle ne vaut ni plus ni moins que celle d'un autre ; et vous n'avez ni envie à faire, ni envie à éprouver.

« Mon ami, dit Amédée, cette manière de voir me paraît si bien fondée sur la justice qu'elle apaise en moi bien des souvenirs du passé et bien des inquiétudes sur mon avenir. Dans toutes les positions où je me suis trouvé, il y a eu toujours quelques circonstances contre lesquelles je murmurais quelquefois jusques à l'irritation, et quelques personnes contre lesquelles je prenais jusques à de la haine. Fatale circonstance ! disais-je ; cruelle personne ! pourquoi viennent-elles se mêler à mon sort ? Sans elles, tout irait si bien pour moi ! sans elles, je serais si heureux !

Je ne parlerai plus ainsi, mon ami. Je sens qu'il serait injuste que tout s'arrangeât en ma faveur, et que pour cette raison ce sera toujours impossible. Je vivrai donc sans amertume et avec les circonstances et avec les personnes qui troubleront les douceurs de mon sort. Je les aimerai peut-être ; car je crois déjà apercevoir dans mon cœur que le sentiment de l'affection peut naître d'un sentiment profond de la justice. Mais si je ne puis aimer les causes de mes peines, je les approuverai du moins ; et de cette manière sans doute elles me feront moins de mal.

Beaucoup moins, mon cher ami, reprit Lorenzo en serrant Amédée contre son cœur. Avec quelle douceur je vois les plus vrais fondements du bonheur s'établir dans votre âme ! J'ose donc me l'annoncer aujourd'hui : mon cher Amédée en viendra jusques à bénir toutes les conditions de son sort ; non qu'il ne trouve pénibles celles qui seront destinées à causer sa peine ; il souffrira ; il sentira le prix des biens dont il sera privé ; il évitera de souffrir ; il s'efforcera d'obtenir les biens qui lui seront nécessaires, mais il ne murmurera point lorsqu'il ne pourra y réussir ; il reconnaîtra la justice de ses privations et de ses souffrances.

Et de plus, reprit tendrement Amédée, n'aurai-je pas toujours l'amitié pour changer mes peines en plaisirs ? Ah ! parlez-moi de l'amitié ; vous ne m'en avez rien dit encore ; il me semble que ce bien est le seul qui ne soit jamais racheté par des peines.

L'amitié, répondit Lorenzo, est le premier sentiment que le ciel ait accordé au cœur humain ; et il est destiné à servir lui-même de compensation aux peines de la vie. C'est lui qui, une fois décidé par la convenance d'idées, de goûts, de caractère, et surtout par un penchant commun vers l'honneur et la justice, ne tient plus compte des défauts, ne se laisse plus affaiblir par les événements, par l'absence, par l'infortune, s'augmente au contraire par toutes les épreuves auxquelles le Créateur nous a soumis. Un ami supporte les torts de son ami, les excuse et aime davantage. Il jouit de ses qualités heureuses et aime davantage. Son cœur est toujours satisfait et toujours occupé. Cet état, d'une activité douce et permanente, est plein de charmes. Des jouissances plus vives durent peu ; et par cela même qu'elles sont très-vives, elles sont compensées par quelque violente amertume qui les précède, les accompagne ou les suit. Mais l'amitié constante et simple ne s'alimente que de jouissances paisibles et de tristesse sans amertume. Oui, mon ami, je serai heureux toutes les fois que vous serez dans le bonheur... ; quand vous n'y serez plus, je m'affligerai de vos peines, et ma tristesse même sera un plaisir.

Telles étaient les douceurs que la nature devait à cette générosité de l'âme qui prend sa part des souffrances d'un ami. Il ne faut point exagérer. Les maux que l'on éprouve sont toujours plus cuisants pour soi-même que pour celui qui les partage. La douleur du corps, quand elle les accompagne ou quand elle les cause, une maladie par exemple, nous tourmente vivement. L'ami qui s'en afflige, qui nous soigne, qui nous console, éprouve des peines, mais d'un autre genre ; il souffre moins ; il se rend compte à lui-même d'une affliction qui ne survient jamais aux âmes arides ; il s'honore et s'attendrit des mouvements de son propre cœur. Cette douceur lui était due ; car il n'est point dans nos devoirs de nous affecter du mal d'autrui ; et toutes les fois que nous le faisons, il est juste qu'un sentiment consolateur vienne nous dédommager des peines que notre cœur et notre volonté nous imposent. Mais ce sentiment pénètre à son tour dans l'âme de celui qui est exposé en ce moment au mal et à la peine. Il va y réveiller l'attendrissement, qui, même dans les douleurs du corps, est un soulagement salutaire ; il va ouvrir au fond du cœur la source de la reconnaissance ; il y prépare le devoir et le plaisir de consoler à son tour lorsque les événements, si attentifs à distribuer partout les douleurs et la peine, épargneront l'ami qui souffrait, et verseront sur l'ami qui consolait des souffrances semblables.

C'est dans le malheur surtout que l'on goûte l'amitié, parce que c'est dans le malheur que l'on a besoin d'elle ; parce que d'ailleurs on est ordinairement rendu plus tendre, plus sensible par le malheur ; et ce sentiment de l'amitié demande pour ainsi dire que le cœur vive dans la retraite : il est trop doux, trop peu éclatant pour ramener à lui le cœur que la dissipation entraîne ; et que font les prospérités de la vie si ce n'est de jeter l'âme dans un torrent de dissipations ? Ainsi, comme je vous l'ai dit, l'amitié est une des compensations de l'infortune. Il est cependant des hommes qui connaissent encore ce sentiment, quoiqu'ils vivent au sein de la prospérité. Mais il se maintient difficilement dans leur âme. Une sagesse parfaite peut seule l'y conserver ; et qu'il est difficile dans la prospérité de conserver une sagesse parfaite !

Quand on est dans l'infortune, la sagesse est moins nécessaire pour connaître le sentiment de l'amitié, parce que le besoin de déposer ses peines donne de l'emploi à ce sentiment, et que toutes nos facultés se maintiennent, se développent par l'exercice. Dans la prospérité, nous n'avons que des satisfactions à faire partager. Et telle est la faiblesse du cœur humain : il confie plus volontiers ses peines que ses plaisirs.

Mais dans l'infortune même l'amitié demande encore la

sagesse pour se soutenir, et bientôt la véritable amitié soutient et augmente la sagesse. Que de reconnaissance ne vous dois-je pas, mon cher Amédée ! que de bien ne me suis-je point fait à moi-même en suivant avec zèle l'intention de vous fortifier, de vous rendre meilleur ! Vous m'avez imposé l'obligation heureuse d'acquérir autant qu'il m'a été possible les vertus que je désire vous inspirer. Je ne les possède point encore ; mais vous m'animerez en me donnant l'espérance que je pourrai vous conduire au bonheur par la route de la sagesse. Vous voulez bien me prendre pour guide dans cette route salutaire ; c'est me demander d'y marcher devant vous.

A présent, mon ami, appliquons à l'amitié, d'une manière plus immédiate, l'idée des compensations générales.

Par cela même que l'amitié est le bien le plus doux dont il nous soit donné de jouir, nous ne pouvons que bien rarement le posséder au gré de notre cœur. Bien des circonstances nous gênent, nous empêchent de voir notre ami aussi souvent que nous en aurions le désir. Quelques-unes nous en séparent pour plus ou moins de temps.

Enfin la mort ne frappe presque jamais deux amis ensemble. Celui qui demeure sur la terre fait une perte désolante ; rien ne peut l'en dédommager. Oh ! mon fils, quelle affliction je jetterai dans votre âme lorsque vous me verrez mourir !... N'est-il pas vrai que rien sur la terre ne pourra vous consoler, et que vous me regretterez jusqu'au dernier de vos jours ?...

Amédée ne put faire qu'une réponse à ces mots si tendres. Il se jeta dans les bras de son ami, et le couvrit de pleurs.

Calmez-vous, mon cher Amédée, lui dit Lorenzo. Dieu me permettra de vivre encore ; j'en ai la confiance : elle est fondée sur ce que je n'ai point fait encore assez de bien, et sur ce que je suis encore nécessaire à votre sagesse. Je pourrai quitter la vie lorsque j'aurai rempli tous mes devoirs, que j'en aurai mérité la récompense, et que vous-même pourrez me dire : Allez en paix ; nous serons réunis un jour.

L'émotion d'Amédée fut à son comble. Eh bien ! mon ami,

dit-il vivement, vivez en paix; je m'engage à mériter cette réunion éternelle. C'est en vos mains, c'est sur votre cœur que je dépose mes vœux, mes résolutions et mes promesses. C'est aux derniers rayons de ce jour dont le souvenir ne s'effacera jamais; c'est en votre présence et en présence de ce témoin auguste qui m'entend et vous inspire, que je prononce du fond de mon âme le désir d'être digne de lui, de moi-même et de vous. Vous m'avez démontré tous les biens que je tiens de sa bonté, toutes les peines que je tiens de sa justice. Ma reconnaissance bénira les biens; mon équité justifiera les peines; et, disposé à tout accueillir avec raison, avec douceur, je le serai, je crois, à tout supporter avec patience, avec courage. Ah! mon excellent ami, quel service vous rendriez à tous les infortunés si vous leur démontriez que leurs souffrances, comme les miennes, bien loin d'être les combinaisons du hasard ou les présents de la dureté et de l'injustice, sont les dépendances nécessaires du bien et de l'ordre général! Comme l'âme se repose sur cette idée de l'ordre! et au contraire comme elle est découragée, flétrie, par l'idée de la confusion, du désordre; et que, pour un être déjà malheureux, le monde en dérangement, en dissolution, en ruine, est un affreux spectacle! Mais la proportion, l'arrangement portent à l'esprit l'idée de la grandeur, de la puissance; et quand l'esprit admire, le cœur est satisfait. Pour vous prouver que j'ai retenu ce que vous m'avez dit et que je prévois ce que vous avez encore à me dire, je résumerai en peu de mots toutes vos idées, mon ami, en reconnaissant que le bien n'est autre chose que la distribution des avantages; que tous les avantages ne peuvent être partout, et que le mal, que l'on peut appeler une distribution négative, n'est en lui-même que la répartition exacte des privations; qu'ainsi souffrir c'est manquer d'un bien; que tout est disposé de manière à ce qu'une même somme de biens manque à tous les lieux, à tous les temps, à tous les individus, à toutes les institutions, à tous les âges, en sorte qu'une immense variété donne cependant par la combinaison uniformité et égalité de résultats. O mon ami! serait-ce vainement que je découvrirais cette haute et magnifique pensée?... Et vous dire que je vous ai entendu d'avance lorsque je ne sais point tout encore, n'est-ce pas vous dire que déjà je suis heureux et consolé ?...!

Quel ne fut point le plaisir de Lorenzo en entendant ces paroles ! Il n'en est point de comparable à celui qu'une belle âme éprouve en voyant tout le bien qu'elle a fait à l'aide de ses sentiments. Mon cher fils, dit Lorenzo à Amédée, j'ai trouvé des expressions pour vous exposer mes idées ; je n'en trouve point pour vous peindre mon bonheur... ! Je suis votre père ! Voilà tout ce que je sais vous dire !

Et toi, Bienfaiteur suprême, qui as daigné emprunter mon organe, entends la voix de ma reconnaissance !... Mon fils te bénit !... il est heureux !... C'en est assez... tu m'as comblé de biens.

La nuit commençait à déployer la sombre teinte de ses voiles. Une ombre silencieuse se répandait sur la nature. La terre semblait disparaître à dessein, afin que l'âme de Lorenzo et celle d'Amédée pussent se livrer sans distraction aux douceurs d'une méditation religieuse. Pénétrés ensemble au même degré de l'émotion la plus profonde, ils s'y abandonnèrent en silence... Ils ne parlaient point ; mais ils s'entendaient. Les paroles sont quelquefois le vain supplément d'un plus doux langage.

Ils quittèrent lentement cette rive délicieuse, consacrée par eux aux consolations de l'amitié et aux leçons de la sagesse. Amédée fut conduit par son ami dans sa demeure tranquille. Le bonheur et la paix y rentrèrent ensemble ; la journée avait reçu l'emploi le plus heureux, le plus utile ; un doux repos la termina.

Les jours suivants s'écoulèrent en conversations d'un profond intérêt. Amédée trouvait sans cesse dans ses réflexions et ses souvenirs la confirmation des pensées de Lorenzo ; et tel est le caractère de la vérité : elle se démontre d'autant plus que l'on pense à elle davantage.

Mon cher Amédée, dit un jour Lorenzo, le moment est venu où il faut que je me rende à mes devoirs ; je vous quitterai demain ; je vous laisserai avec la nature et votre cœur ;

personne ne sera jamais en société plus heureuse. Étudiez la nature, mon ami; étudiez-la en elle-même; permettez seulement à mon ouvrage d'être votre guide. Je crois n'avoir laissé dans cet ouvrage aucune erreur importante; mais ne partagez point ma confiance; examinez avec attention tout ce que je dis; que cet examen se fasse toujours en présence des faits que j'emploie. Songez, mon ami, que toute contradiction entre un seul fait bien constaté et ma pensée principale démontrerait invinciblement l'erreur de cette pensée, et que, sans égard pour moi, vous devriez alors la rejeter. Mais songez aussi que, si tous les faits que l'homme peut connaître sont expliqués par ma pensée principale, si la loi qu'elle indique est sans cesse présente à tous les êtres qui se forment, à tous les mouvements qui s'exécutent, cette pensée est rigoureusement vraie. Il est impossible à l'homme d'imaginer une cause qui se montre universelle, et qui cependant ne soit pas la cause véritable. L'univers est un ouvrage dont l'ensemble est unique, immuable. Un ouvrage quelconque ne peut avoir qu'une seule cause primordiale; toute autre cause que celle qui le conduit aurait nécessairement amené un ouvrage différent.

Retenez donc bien, mon ami, que par cela même qu'il ne peut y avoir qu'un seul système universel, le premier système universel qui sera découvert par l'esprit de l'homme sera nécessairement vrai; ainsi vous ne pourrez point douter de la vérité de celui que je vous confie, si vous ne pouvez point douter de son universalité absolue. Que telle soit l'épreuve à laquelle vous vous imposiez la loi de le soumettre. Ne l'adoptez que lorsque vous serez certain qu'il est démontré par la nature entière. Ce n'est pas qu'un seul fait bien expliqué ne suffise pour prouver la vérité du principe général; car il n'est point de fait qui puisse découler d'une autre cause que de ce principe; mais c'est l'ensemble de la nature qui seule en forme le système; il n'est point de fait isolé dans cet ensemble, chacun a des rapports avec tous les autres; chacun ne peut être connu que lorsque tous les autres sont connus.

Eh quoi! s'écria Amédée avec une sorte d'épouvante, je

vais donc parcourir la nature entière ! Que de temps ! que de méditations ! que d'efforts !

Rassurez-vous, mon ami, l'univers est le plus parfait des ouvrages ; il en est donc le plus simple, le plus facile à connaître ; son immensité ne diminue point sa simplicité ; elle ne fait que rendre sa simplicité plus admirable. L'unité, la simplicité, la perfection d'un ouvrage, consistent dans la liaison de toutes ses parties, et leur subordination a un principe commun. Cette subordination même établit nécessairement entre elles un ordre, une gradation ; suivez cet ordre dans vos études ; vous éviterez ainsi les tâtonnements, les pas inutiles ; votre marche sera aussi ferme que rapide ; vous négligerez toutes les répétitions de faits qui ne vous feraient connaître que des modifications peu apercevables, des détails peu importants.

Je suppose qu'un bel arbre, nouveau pour vous, se présente à votre vue et vous fasse désirer de connaître son ensemble, sa forme, la distribution de ses parties, la nature des productions que sa vie amène : vous porterez sur le tronc vos premiers regards ; vous suivrez alternativement les branches principales, et les rameaux de ces branches vous présenteront les feuilles, les fleurs et les fruits. Il vous suffira d'examiner un petit nombre de ces fruits ; ils vous donneront la connaissance de tous les autres ; vous ferez peu d'attention à leurs différences légères de grosseur ou de forme ; toutes les feuilles, toutes les fleurs se montreront également ressemblantes ; vous n'examinerez qu'un petit nombre de feuilles et de fleurs.

Mon ami, j'ose vous dire que, dès le début de la lecture à laquelle je vous invite, les regards de votre pensée seront adressés au tronc de l'arbre universel. Vous le suivrez dans le développement que j'ai cru pouvoir lui donner. Peut-être, en bien des parties, quelques rameaux vous paraîtront n'être pas exactement placés comme ils le sont dans la nature ; vous réformerez le plus d'inexactitudes que vous pourrez en découvrir, et sans doute vous en laisserez beaucoup encore. Mais je suis profondément persuadé que vous ne trouverez nulle part dans la nature un seul rameau manifestement détaché de l'arbre que je vous présente ; vous ne trouverez jamais un fait qui puisse être rapporté à une autre cause qu'à celle à laquelle je rapporte tous les faits.

Mon ami, puisque l'homme naît et se développe au sein de la nature ; puisque toutes les parties de l'univers concourent à former son corps ou à fournir des idées à son intelligence ; puisqu'en un mot l'homme est dans l'univers le centre de tous les rapports, la connaissance de l'univers peut seule donner la connaissance de l'homme.

Si j'ai su mettre dans mon ouvrage un enchaînement semblable à celui qui unit toutes les parties de l'univers, vous aurez reçu au terme de mon ouvrage l'explication de l'homme, de toutes ses facultés, de l'origine de ses facultés, de leur destination, de leur exercice ; vous connaîtrez les vrais fondements de sa morale : vous saurez en effet ce qu'il doit penser et pratiquer pour être heureux sans nuire à ses semblables, en leur procurant même le plus de bonheur possible.

Tel est pour l'esprit humain le but de l'instruction à laquelle il est invité par l'Auteur de la nature. C'est principalement pour savoir ce qu'il doit faire que l'homme doit chercher à connaître ce que le Créateur a fait. Je ne crois point que la connaissance entière de tout ce qui est puisse jamais être pleinement acquise par l'esprit de l'homme. Mais ce qui est au delà de ce que nous pouvons connaître n'est point nécessaire à la direction de notre conduite. Il est vraisemblable, au contraire, que le voile qui nous le dérobe a été placé pour notre plus grand avantage par la bienfaisance du Créateur. Vous trouverez dans mon ouvrage les raisons et les développements de cette pensée. Mais dès ce moment elle me fournit l'occasion de vous dire que les conjectures sur ce qui est au delà des choses positives sont permises à l'homme ; que je me suis livré à ces conjectures ; que seulement j'ai eu soin de ne le faire qu'après avoir parcouru selon mes forces le domaine des choses positives. Je n'ai commencé à imaginer qu'au terme où j'ai cessé de voir, et à ce terme j'ai pris l'unité pour guide ; j'ai fortement attaché mon esprit à cette pensée :

L'unité embrasse nécessairemment ce qui nous est connu et ce qui ne peut l'être; il n'existe qu'une Puissance suprême; cette Puissance n'a établi qu'une loi; cette loi ne conduit qu'un ouvrage; l'univers est cet ouvrage; tout ce qui est contraire à la loi universelle est impossible; tout ce qui dans les régions de l'inconnu cherche à se montrer comme possible ne peut s'exécuter que par cette loi.

Tel est, mon ami, le plan des études que vous allez faire et des méditations auxquelles je vous invite. Que votre bonheur surtout en soit le terme; l'instruction et la sagesse sont pour une âme telle que la vôtre les deux premiers éléments du bonheur.

Ces paroles de Lorenzo frappèrent d'une grande attente l'esprit d'Amédée. Extrême simplicité, immense étendue, tels étaient déjà à ses yeux les caractères des pensées qu'il allait suivre. Il était à la fois entraîné et épouvanté. Mon ami, s'écria-t-il dans la confusion de ses sentiments, quel horizon se déploie!... est-ce réellement l'univers qui va se mettre en ma présence?... O mon père! laissez-moi le fuir; épargnez ma faiblesse!... Mais non; déjà mon âme le contemple; et l'admiration dissipe la frayeur.

— Vous admirez l'univers, reprit Lorenzo; vous commencez donc à le comprendre; et en effet, si vous sentez profondément que l'unité est le caractère essentiel du plus grand des ouvrages, vous sentez, vous comprenez ce qu'il y a de plus vrai, de plus admirable dans la composition de l'univers.

Venez, mon ami, profitons de vos dispositions heureuses; je vais vous confier le fruit de mes travaux.

Amédée suivit Lorenzo jusqu'à sa demeure... Tenez, mon cher fils, voilà mon livre; je vous le donne; il n'est plus à moi; jamais il ne m'a été plus cher qu'en ce moment où je puis dire : Il est à vous.

Amédée, interdit de plaisir et de reconnaissance, accepte et ne peut répondre; ses larmes coulent... Ah! mon enfant, lui dit Lorenzo en le serrant dans ses bras, mon ouvrage est à vous; mais qu'ai-je abandonné?... N'êtes-vous pas à moi?

Dès le lendemain, Amédée chercha vainement Lorenzo dans sa demeure. Lorenzo était parti avant le jour, et ce jour de part et d'autre fut donné à la tristesse ; mais à cette tristesse qui laisse à l'âme le calme et la force.

Lorenzo porta dans ses fonctions son zèle et son caractère. Amédée porta sans cesse dans l'étude de la nature son intelligence et son ardeur. Guidé par l'ouvrage de son ami, sa marche fut rapide; elle aurait pu l'être davantage s'il se fût laissé entraîner par le désir de beaucoup voir et le plaisir de toujours comprendre. Mais son ami lui avait fortement recommandé d'examiner avec une attention sévère; il se contraignait sans cesse à revenir sur ce dont il était déjà persuadé. Il croyait cependant apercevoir quelquefois les incorrections que son ami lui avait annoncées. Mais, tremblant de porter atteinte à un ouvrage si cher à son cœur, il s'accusait longtemps de se tromper lui-même; et ce n'était jamais qu'avec tous les sentiments du respect le plus tendre qu'il exposait ses observations sur ce qu'il croyait être des erreurs.

Moins d'un an fut nécessaire pour terminer cette occupation si douce, si importante. Elle laissa dans l'esprit d'Amédée ce que son ami avait espéré y mettre, la connaissance de l'ensemble de la nature, de ses traits principaux, des rapports qui unissent toutes ses parties, des gradations qui les enchaînent, de la loi unique dont l'exécution constante fait de l'univers une pensée unique, un système unique, un fait universel.

Amédée, conformément à la promesse de son ami, fut conduit par la nature entière à la science de l'homme, à la connaissance de ses facultés, de sa destination, de la place qu'il occupe au sein des êtres tous occupés à le former ou à l'instruire. Il apprit ce qu'il devait faire lui-même pour concourir le plus possible à cette œuvre générale de l'univers. Il apprit que la sagesse de l'homme donne seule à l'univers tous les moyens d'agir en faveur de l'homme. Il trouva ainsi dans le noble désir d'améliorer son être les motifs les plus pressants de toujours respecter les droits de ses semblables ; de se livrer à tous les sentiments élevés ; d'éviter toutes les actions honteuses ou injustes; de prendre toujours pour guide de sa conduite cette pensée aussi vraie que salutaire :

L'homme de bien, l'homme sage, l'homme qui poursuit le véritable bonheur et qui seul peut l'obtenir, est celui qui par chacune de ses actions et de ses intentions mérite de l'affection ou de l'estime.

Amédée avait régulièrement informé son ami de ses travaux, de ses progrès. Lorsqu'il eut achevé la lecture de son ouvrage, qu'il en eut fait pour toujours le fond essentiel de ses pensées, Lorenzo revint passer quelques jours auprès de lui. Douce réunion! que de sentiments la rendirent heureuse! que de tendresse fut exprimée par Lorenzo! que d'amour, de respect, furent exprimés par Amédée! O mon père! lui disait-il, avec quelle justice ne vous dois-je pas ce titre! mon âme est votre ouvrage!..... Oui, mon fils, répondit Lorenzo, ce titre m'appartient; je reconnais dans mon cœur et dans le vôtre tous les sentiments qui me le donnent; je n'en veux plus d'autre auprès de vous; j'en prends tous les droits; je les conserverai toujours, mon cher Amédée; et à l'instant même je vous demande de vous soumettre au premier usage que je vais en faire. Écoutez-moi, mon ami.

Je vous avais donné mon livre; considérez aujourd'hui comme votre propriété ce lieu où vous en avez fait la lecture. C'est aussi pour qu'il me devienne plus cher que je vous le donne, que dès ce moment et pour toujours je m'en dépouille pour vous. Mais son revenu, qui suffirait à votre existence, ne pourrait suffire à l'existence d'une famille; et je veux, mon ami, que vous cherchiez à devenir aussi heureux que vous méritez de l'être. Votre cœur a besoin d'affections profondes qui vous imposent le devoir d'occupations soutenues, intéressantes par leur nature et leurs motifs. Vous ne parviendrez point peut-être à obtenir ce que je désire ; la douceur de contracter les liens les plus importants vous sera peut-être toujours refusée par la Providence ; s'il en est ainsi, vous ne murmurerez point contre elle ; vous savez quelle est toujours l'équité de ses desseins. Mais en ce moment où vous ne les connaissez pas encore, elle vous invite par ma voix à mériter d'elle ses faveurs les plus précieuses. Venez prendre dans la ville que j'habite une occupation utile, conforme à vos talents. J'ai demandé pour vous une place honorable, elle m'a été accordée. Vous la remplirez avec distinction et avec zèle : vous serez aimé, estimé, et alors nous chercherons ensemble une jeune personne digne par sa bonté, son innocence, ses qualités aimables, de s'unir à votre sort.

Que de touchantes espérances furent excitées par ces paroles dans le cœur d'Amédée !... O mon père ! vous m'accablez de biens ! Ah ! pressez-vous de me conduire au milieu de mes semblables, de m'entourer d'hommes justes, de cœurs simples que je puisse associer à ma reconnaissance ! Oui, j'ai besoin d'aimer ; j'ai besoin d'une famille ; j'ai besoin d'une occupation soutenue et intéressante. Mais aujourd'hui ce qu'il me faut le plus promptement, c'est de pouvoir beaucoup parler de vous ; c'est de pouvoir aussi faire parler de moi de manière à honorer mon père.

Amédée et Lorenzo quittèrent ensemble la campagne : ils allèrent l'un et l'autre remplir dans la même ville les fonctions qui leur étaient confiées. Amédée s'acquitta des siennes avec honneur et succès. Il appliqua à sa position les idées de compensation et de justice qu'il tenait de Lorenzo. Il parvint ainsi à l'améliorer, parce que sa douceur et son zèle lui concilièrent la bienveillance générale. Son ami jouissait délicieusement de son bonheur et de tous les sentiments qu'il inspirait. Il demandait pour lui les faveurs dont il le jugeait digne. Elles lui étaient ordinairement accordées.

En peu d'années, la situation d'Amédée était déjà devenue assez avantageuse pour que Lorenzo crût pouvoir sans imprudence encourager les vœux de son cœur. Amédée avait eu récemment l'occasion de connaître une jeune personne ressemblant à celle dont son ami lui avait fait concevoir l'image. Son ami, se défiant encore de la vivacité de ses désirs ou même de la générosité de son âme, lui avait demandé de ne rien précipiter, lui promettant de bien observer l'objet de son affection naissante. Lorenzo avait mis dans cet examen tout l'intérêt d'un père. Il eut la douceur d'être satisfait : vertus modestes, grâces touchantes, il trouva ce qu'il désirait pour le bonheur de son fils. Il prépara cette union, il la forma, il la bénit : elle fut heureuse.

.....Cette union fut heureuse...; et cependant bien des sujets de peines entrèrent encore dans le partage d'Amédée. Ses enfants ne répondirent pas tous par leur caractère, leur intelligence, leur conduite, à ses soins et à ses désirs. Des circonstances imprévues le jetèrent dans la gêne, lui suscitèrent des inquiétudes. Mais Amédée n'oublia jamais qu'il est impossible à l'homme d'obtenir un bonheur sans mélange. Il approuva les peines qui lui furent envoyées, en ne négligeant rien d'ailleurs pour les adoucir. Il goûta avec reconnaissance les biens qui, toujours en récompense de sa bonté, firent plus que balancer ses douleurs.

Le premier de ces biens fut la tendresse constante et la vertu sans tache de celle qui possédait son cœur. Leur confiance mutuelle était sans mesure ; et leurs sentiments, toujours approuvés, toujours confondus, reposaient principalement sur trois affections profondes : ils aimaient ensemble le Créateur du monde, leurs enfants et Lorenzo.

Puisse ce tableau de toute la félicité que l'homme peut connaître se renouveler quelquefois sur la terre !

APPLICATIONS
DU PRINCIPE
DES COMPENSATIONS.

AVANT-PROPOS.

Je viens d'indiquer l'étendue et la nature du principe le plus vrai, le plus général et le plus simple.

Je vais présenter quelques applications de ce principe.

Je dis quelques applications : le livre qui les comprendrait toutes serait non-seulement, comme celui que j'ai osé produire sous le titre de Cours de philosophie, le Livre de la théorie générale, en physique, en physiologie, en idéologie, en politique et en morale ; il comprendrait encore tous les détails, toutes les circonstances de la vie entière de chaque peuple, et de la vie entière de chaque individu ; ce serait ainsi l'histoire complète de tous les lieux, de tous les siècles, de tous les hommes.

Le temps approche où la composition successive de ce livre universel sera l'occupation continue de l'esprit humain, qui s'en distribuera les parties. Chaque ouvrage particulier, littéraire ou scientifique, ne pourra être jugé vrai, ne pourra être un bon ouvrage, que lorsqu'il aura mis en œuvre, à l'occasion de son sujet, le principe de l'unité et de l'équilibre par voie de compensations harmoniques.

Il est aisé de sentir que ce livre immense, toujours ouvert, toujours varié d'exécution et de style, et cependant toujours semblable à lui-même par le fond de pensée, sera à jamais interminable.

De toutes les sections du livre universel, les *romans* forment la plus attrayante ; c'est celle qui permet à l'esprit de l'homme de s'employer avec le plus d'aisance sur les sujets les plus touchants, ou les plus frappants, ou les plus aimables. Sous la plume d'un observateur profond et judicieux, d'un homme doué, comme Walter Scott, d'une grande faculté de voir, de retenir, de raconter et de peindre, un roman devient un tableau de faits rendus avec vérité et disposés selon un ordre ingénieux.

Chaque âge dans la vie d'un peuple imprime son caractère particulier aux romans qu'il appelle. Walter Scott, excellent peintre d'histoire, signale par ses succès les dispositions de la génération actuelle ; celle-ci ne demande au raisonnement que des idées positives, et à l'imagination que des sentiments déjà indiqués par l'histoire comme ayant appartenu à un grand nombre d'hommes.

Il n'en était pas ainsi il y a un demi-siècle ; les âmes avides de bons romans cherchaient dans ce genre d'ouvrages des sentiments très-élevés, des personnages dont les actions héroïques et les idées nobles, passionnées, exaltées même, fussent d'un ordre très-supérieur aux actions et aux idées communes. Cette école, dont Richardson fut le chef admirable, était encore dans tout son éclat, dans toute son influence, lorsque nous recevions, ma femme et moi, notre éducation sociale. Il était naturel que, voulant mettre en scène le principe des compensations, nous prissions pour théâtre la société du temps de notre jeunesse ; société au sein de laquelle se trouvaient nécessairement un grand nombre de personnes à caractère passionné et dramatique, puisque les romans de Richardson, sans être populaires comme le sont aujourd'hui ceux de Walter Scott, étaient très-répandus, très-goûtés, et avaient mérité à cet écrivain illustre le titre de *divin*.

Les divers sujets de l'ouvrage que l'on va lire appartiennent donc à une époque déjà ancienne, et que les temps actuels ne représentent pas. Mais le cœur humain à cette époque était susceptible des mouvements que nous avons décrits, et la loi des compensations les balançait les uns par les autres, comme elle balancera toujours tous les effets contemporains des mêmes lois, des mêmes institutions.

D'ailleurs si les formes morales des sociétés changent sans cesse, ce n'est jamais qu'en modifiant un fonds d'inclinations humaines qui ne changent pas ; c'est ce qui fait que l'histoire même du peuple le plus ancien n'est jamais pleinement étrangère au peuple moderne qui en prend connaissance.

Le tableau de mœurs que nous reproduisons aujourd'hui semble avoir déjà reçu du public un accueil assez favorable pour nous autoriser à croire que nos jeunes contemporains même y ont trouvé de la vérité.

Ces *six Nouvelles* que l'on va lire sont à la fois l'ouvrage de ma femme et le mien. Ma femme m'en a fourni le fonds ; les sujets sont principalement de son invention, l'ordre et le style sont principalement de moi ; un certain nombre de pages m'appartiennent uniquement, mais le plus souvent c'est de l'ouvrage même de ma femme que l'inspiration m'est venue. Attendri par la lecture de ce qu'elle m'avait fourni, j'ai créé à mon tour des situations, et j'ai exprimé des sentiments analogues à ceux qu'elle me chargeait de mettre en œuvre ; j'ai sans doute fait en ce genre autrement et bien mieux que, sans une telle préparation, je n'aurais pu y parvenir.

Peut-être dans nos six Nouvelles le principe des compensations n'est pas assez fréquemment en scène et en évidence ; pressée par le besoin de peindre ses propres sentiments et d'affermir les cœurs honnêtes dans les dispositions vertueuses, ma femme a souvent oublié qu'elle avait une idée générale à développer et à défendre ; en sorte que, sans jamais s'éloigner de cette idée, ce qu'elle dit semble ne pas toujours servir à la démontrer.

Il était naturel que le principe des compensations fût

plus présent à ma pensée : elle s'en nourrit depuis si longtemps! Aussi, il fait comme la substance du récit de M. Dalmont. Ce récit est presque entièrement mon ouvrage.

Au reste, dans les ouvrages d'imagination, les réflexions ne doivent pas être prodiguées; il faut laisser au lecteur judicieux le soin de faire lui-même celles qui sont vraies et naturelles. Je pense que celui qui se sera arrêté avec quelque attention sur mon ouvrage, celui qui se sera pénétré de la vérité et de l'universalité du principe des compensations, appliquera aisément ce principe à toutes les situations et à tous les caractères que nous allons lui présenter.

Qu'il nous soit permis d'espérer un résultat encore plus honorable et de fonder cet espoir sur un témoignage de grande valeur. Madame de Staël, peu de temps avant sa dernière maladie, lut avec un profond intérêt nos six Nouvelles. Dans une lettre qu'elle m'écrivait le 3 février, elle louait surtout l'histoire de madame de Belval. « Elle est faite, me disait-elle, pour inspirer une forte raison dans toutes les circonstances de la vie. »

Telle a été notre intention. Nous serons heureux si tous nos lecteurs jugent également que nous l'avons remplie.

APPLICATIONS

DU PRINCIPE

DES COMPENSATIONS.

INTRODUCTION.

Monsieur de Murville était retiré dans une terre éloignée de Paris. Il était bon ; il était aimé ; sa famille peu nombreuse était augmentée par de vrais amis, dont il conservait l'affection par son esprit, sa raison, sa douceur, ses qualités heureuses. Sa fortune était considérable ; il en faisait un emploi généreux.

Cependant M. de Murville avait des peines ; il éprouvait des privations, des souffrances ; mais il en diminuait l'atteinte par son courage, et il augmentait ses biens par la reconnaissance avec laquelle il en goûtait les douceurs : ce n'était point l'optimiste exagéré qui s'efforce de croire que le mal est un bien ; c'était l'homme juste et sage qui donne à chaque chose sa mesure ; c'était un Lorenzo par instinct et par sentiment.

Quel fut son bonheur en trouvant dans le livre des Compensations le développement des principes consolateurs qui avaient embelli sa vie ! M. de Murville lisait peu. Le titre *des Compensations dans les destinées humaines* l'avait déterminé à se procurer cet ouvrage ; et depuis qu'il l'avait ouvert, depuis qu'il en avait lu les premières pages, il ne l'avait plus quitté. Il écoutait Lorenzo ; il donnait aux paroles de cet homme sage l'attention de son cœur, souvent de douces larmes, toujours l'approbation de l'expérience et de la justice.

M. de Murville était allé vers un site de son parc qui ressemblait au beau rivage où Lorenzo inspirait au jeune Amédée ses sentiments et ses principes ; il y avait porté son livre chéri ; il le lisait en ce lieu avec plus de plaisir ; il croyait voir Lorenzo ; il croyait l'entendre ; il recueillait toutes ses pensées dans le silence d'une solitude charmante, interrompue seulement par le bruit d'un ruisseau.

Hé quoi ! mon frère, s'écria une voix qui semblait fatiguée par une course rapide, allez-vous rester seul encore toute la journée ? Quelle raison, quelle occupation vous éloigne de vos amis ? Que vous ont-ils fait pour être privés de leur plus doux plaisir ? — Pourquoi donc nous abandonner deux jours de suite ? — Pour lire cet ouvrage. — Voyons ! s'écria madame de Belval en saisissant le livre avec vivacité : *Des Compensations dans les destinées humaines*. Oui, je le crois, ce livre doit vous plaire : d'après son titre, il offre bien des rapports avec vos principes. — Dites avec mes sentiments, avec mon expérience et la vôtre. Oh ! ma chère sœur ! c'est bien nous qui avons le droit de dire que tout se compense. — Hélas ! dit madame de Belval, votre cœur et vos vertus ont fait peut-être une exception aussi rare que notre position fut extraordinaire ; vous m'avez fait trouver des biens au sein même du malheur ; vous m'avez résignée à tout, consolée de tout. — Hé bien, ma sœur, voilà ce que ce livre fera sur toutes les âmes disposées à la justice. Croyez-vous qu'il soit utile ? — Sans doute ; cependant il est tant de situations malheureuses !... — Ma chère sœur, prenez ce livre avec la confiance que mon amitié vous inspire ; lisez-le avec une réflexion impartiale ; vous commencerez peut-être par vous sentir quelquefois portée à combattre l'auteur ; vous finirez par reconnaître la vérité de ses pensées.

Madame de Belval prit l'ouvrage sur les compensations; disposée à le lire avec intérêt, quoique avec quelques préventions encore.

On vint appeler M. de Murville ; il rentra aussitôt. Il trouva chez lui deux de ses meilleurs amis qui revenaient de Paris. Après avoir causé avec intérêt de leurs affaires, il leur parla de l'ouvrage qu'il aimait. — Je pense comme vous, lui dit son vieux ami Dalmont ; cet ouvrage fait la consolation de ma vieillesse. Et en disant ces mots il montra un exemplaire qu'il avait apporté.

— Pour moi, dit le jeune Armand, ma vie n'est pas encore au tiers du terme ordinaire, et je ne dois pas prononcer. J'aime l'ouvrage ; le sujet m'intéresse ; j'honore les intentions de l'auteur, mais pour le principe... — Quel est cet ouvrage? demanda madame de Belfort, femme respectable, très-âgée et aveugle. Dalmont présenta son exemplaire à une jeune femme qui était assise auprès d'elle, dont la contenance était sérieuse et dont la physionomie peignait la tristesse. Fanni, cette jeune personne, fille de M. de Murville, en lut la première page à madame de Belfort, et un soupir termina cette lecture ; des larmes essuyées avec soin se joignirent à ce soupir.

M. de Murville s'en aperçut : — Ma chère fille, lui dit-il, ce livre fera du bien à ton âme bonne et sensible; tu le liras à madame de Belfort : en ce moment un peu de promenade te conviendra davantage; va prévenir ma sœur de l'arrivée de nos amis.

Fanni ramena bientôt madame de Belval, qui commençait à dire beaucoup de bien de l'ouvrage sur les Compensations, lorsque l'on vit entrer M. et madame Durand, deux amis de la famille. Eux aussi avaient lu cet ouvrage ; et ils s'empressèrent de dire que cette lecture les avait bien satisfaits.

Avouez, mes amis, dit M. de Murville, que si l'auteur arrivait en ce moment, il trouverait une secte toute dévouée. — Vous avez raison, dit M. Durand, je me fais gloire d'être son disciple, et je félicite mes amis de leurs dispositions. Il faut être juste pour croire aux compensations dans les destinées humaines ; quand on est juste, on est plus aisément heureux. Mes amis, vous m'avez souvent répété que j'étais le centre de vos affections; je le sens aujourd'hui, vous m'apportez votre bonheur ; vous augmentez le mien..... M. de Murville était ému ; ses amis lui prodiguèrent de douces expressions d'attachement et de confiance : on se livra sans contrainte aux témoignages d'une affection fondée sur l'estime. Chez M. de Murville tout le monde était bon et naturel; personne n'avait rendu les sentiments ridicules en les contrefaisant; personne n'avait blâmé l'usage des expressions tendres, parce que personne n'en avait abusé; tout le monde était franc et croyait à la franchise; si quelques-uns étaient moins sensibles, ils témoignaient moins de sensibilité, sans aimer et estimer moins ceux qui étaient plus sensibles.

Pendant plusieurs jours on ne parla que du livre des Compensations. Chacun le lut en particulier; on en fit ensuite une lecture commune, et alors on discutait quelquefois; on s'efforçait surtout de convaincre Armand, seul antagoniste de ce consolant système.

Comment, lui disait un jour madame de Belval, vous résistez encore à une vérité si bien indiquée par le sentiment de la justice ? — Oui, madame, je résiste ; le système des compensations est, je l'avoue, ingénieux et consolant ; je le saisirais avec transport si mon expérience ne m'en démontrait l'erreur. — Vous m'étonnez, dit M. Durand. — Vous ne connaissez pas mon sort ; vous ne savez pas quelles lumières il me donne !... — J'avais cru, comme vous, reprit M. Durand, posséder des lumières semblables ; j'ai cherché à m'en servir pour relever les erreurs que je croyais apercevoir dans le système des compensations ; elles n'ont servi qu'à me montrer la vérité de ce système.

Madame Durand ajouta : Pendant les premiers jours qui suivirent la lecture de cet ouvrage, des exceptions semblaient s'offrir ; nos souvenirs apportaient de vagues arguments ; nous résolûmes de les examiner ; et pour y parvenir nous les passâmes en revue avec impartialité. Nous ne composions point des situations imaginaires, les unes formées de tous les biens, les autres de tous les maux, l'histoire des hommes n'en présente jamais de semblables ; nous prenions telle qu'elle est l'histoire de tous les hommes que nous avons bien connus ; et en tenant compte de toutes les conditions, de toutes les qualités personnelles, de toutes les circonstances extérieures, surtout des vicissitudes du sort et de l'ensemble de la vie, nous avons trouvé partout ce balancement qui fait dire généralement par l'auteur *des Compensations* que le sort de personne n'est en lui-même plus désirable que celui d'un autre.

Nous avons fait subir la même épreuve à nos souvenirs, dit madame de Belval, et mon frère, ajouta-t-elle, me permettra de dire pour nous deux que la masse de notre expérience commence à être un peu forte.

— La mienne l'emporte de beaucoup, dit madame de Belfort ; j'ai une mémoire de quatre-vingt ans à donner comme appui aux compensations dans les destinées humaines. — Je pense, ajouta M. de Murville, que pour convaincre les incrédules, il suffirait, comme Asmodée, de lever le toit des maisons. — Il vaudrait mieux, mon frère, obliger tous les hommes à raconter sincèrement leur histoire. — Vous me donnez une bonne idée, ma sœur ; nous ne pouvons la faire exécuter dans toute son étendue ; mais nous pouvons... — Je vous entends ! s'écria madame de Belval ; nous pouvons raconter tour à tour notre histoire ; chacune offrira des preuves... — La mienne n'aura point cet effet, dit avec tristesse le jeune Armand.

Mes amis, dit M. de Murville, consentez-vous à ce projet de ma sœur? Tous y consentirent avec empressement. La confiance parfaite, l'estime et l'amitié, rendaient les confidences douces et faciles. Madame Durand s'engagea à parler la première. — Je commencerai ce soir ; mais allons remplir les heures d'attente par une promenade.

Vers la chute du jour, on rentra dans le salon ; madame Durand s'acquitta de sa promesse.

HISTOIRE DE MADAME DURAND.

Si des événements extraordinaires et ce que l'on appelle des malheurs pouvaient seuls rendre les récits intéressants, j'aurais peu d'espoir de fixer votre attention. Mais j'ai l'avantage d'avoir été formée de très-bonne heure à goûter l'idée consolante des compensations; c'est ce qui me donne le droit auprès de vous de parler la première.

Je suis née à Paris : mon père était très-riche; il n'espérait plus d'enfants, lorsque je vins au monde : ma mère ne partagea qu'un instant le bonheur que ma naissance donnait à mon père; elle mourut en couches, et me laissa pour toujours le plus profond des regrets.

Je fus élevée par une sœur de mon père, qui avait toujours été la meilleure amie de ma mère : cette bonne tante la remplaçait auprès de moi par les plus touchantes bontés; elle la remplaçait aussi dans mon cœur en me faisant éprouver une reconnaissance filiale. Mon père me voyait peu; il avait de nombreuses occupations. Les plaisirs et les affaires que donne la fortune se partageaient tout son temps.

Ma bonne tante ne me quittait pas. Nous nous levions ensemble; nous nous promenions ensemble; nos repas, nos travaux, se faisaient en commun; et le soir, quand nous avions terminé une journée entremêlée de douces instructions et de tendres caresses, j'unissais ma reconnaissance à la satisfaction de ma tante; elle était heureuse de sa bonté; j'étais heureuse de ma tendresse. Nous nous le disions en nous donnant le bonsoir; et ce bonsoir était bien doux; car il ne nous séparait pas : nous couchions dans la même chambre, et nos lits étaient assez rapprochés pour que nous pussions nous tendre la main au réveil.

C'est ainsi, mes bons amis, que je passai les premières années de ma vie ; ces années furent heureuses sans doute, mais non sans mélange de peines et de regrets. L'éducation que je recevais, en convenant à mon caractère, avait développé ma sensibilité : ma tante me parlait toujours d'un ton doux et grave, elle touchait souvent mon cœur. Je devins sérieuse et même un peu triste. A cet âge où les enfants ignorent encore ce que c'est que s'affliger et souffrir, je m'affligeais de tout ce qui offrait l'image de la souffrance. Si l'on parlait devant moi d'une maladie, d'une infortune, mon imagination, guidée par des lectures touchantes, me révélait ce que l'expérience n'avait pu m'apprendre encore. J'approfondissais dans la solitude les impressions que je recevais ; une privation légère, une faible douleur, un récit pénible, un objet touchant, se gravaient dans mon âme à l'aide de la retraite, et augmentaient ma sensibilité en prévenant dans mon caractère cette gaieté vive et franche que la dissipation donne ordinairement aux enfants. J'avais de la bonté, de la raison ; je n'avais ni enjouement, ni légèreté.

Quelquefois une petite-nièce de mon père venait partager mes jeux ; elle était très-vive, faisait beaucoup de choses avant même que j'eusse songé à changer de place ; car j'étais souvent nonchalante. Ma cousine s'exprimait avec une extrême facilité. Lorsque mon père venait nous voir et qu'il amenait quelques personnes, on appelait la jeune Clara : on l'excitait à causer pour m'exciter moi-même ; ce moyen réussissait toujours fort mal : on admirait Clara ; on riait de ses folies ; et plus on l'admirait, plus j'étais sérieuse et embarrassée. Je sentais cependant le désir de satisfaire mon père et ma tante ; j'aurais été très-sensible au plaisir d'être aimable, et je croyais sentir à la fois les moyens de l'être et l'impossibilité de m'en servir : une timidité excessive, un amour-propre facile à décourager, me rendaient presque stupide quand j'avais l'intention de plaire ; tandis qu'avec ma tante, auprès de laquelle je me livrais simplement à mon caractère, j'étais une aimable enfant.

Que je suis malheureuse ! lui disais-je souvent le lendemain des visites de mon père. Tout mes efforts pour être gaie, pour causer, pour répondre à vos désirs, ont encore été inutiles. M'aimez-vous toujours, ma tante, malgré ce qui me manque, malgré l'esprit et la légèreté de Clara, malgré ma gaucherie? Oui, vous m'aimez, ajoutais-je en pleurant; mais c'est votre bonté qui vous attache à moi : vous me plaignez d'être moins aimable que ma cousine, et vous voulez m'en consoler. — Non, ma chère Marianne, non, vous n'êtes pas moins aimable; votre timidité vous ôte les moyens de le paraître; elle nous enlève à toutes deux bien des jouissances; mais combien ne nous en donne-t-elle pas! Ma chère enfant, notre intimité serait moins douce si vous aviez les brillantes qualités de Clara; vous auriez plus de succès dans la société, et moins de bonheur dans la solitude : votre cousine a un caractère séduisant et de charmants avantages; vous avez un caractère solide et les avantages les plus précieux. — Ne pourrais-je pas tout réunir? — Non, ma chère amie, vous ne pourriez être gaie et sérieuse, très-vive et très-réfléchie. — Non, mais... — Quoi donc, mon amie? — J'en suis affligée. — Gardez-vous de l'être, ma chère enfant : la justice et la bonté de Dieu ont partagé sur nous les dons de la nature; il nous a laissé encore le droit d'augmenter les biens qu'il nous a donnés. Vous avez reçu une sensibilité profonde, de la raison, de la douceur, la faculté de vous occuper avec attention; vous pouvez, en cultivant ces heureuses qualités, en les dirigeant avec sagesse, acquérir d'autres qualités; vous pouvez vous servir de votre raison pour vaincre votre timidité, de votre attention pour apprendre à causer, de votre sensibilité pour chercher à plaire à vos parents; vous pouvez devenir aimable pour tout le monde; mais vous devez commencer par bien connaître ce que vous avez et ce qui vous manque. — Et Clara manque-t-elle aussi de quelque chose? — Oui, Clara est très-étourdie; elle a beaucoup de peine à s'appliquer, elle a besoin que beaucoup d'objets se succèdent; elle aime la dissipation, elle en goûte tous les plaisirs, mais elle ignore ceux de la retraite; elle a une conversation facile, brillante et légère; mais elle ne peut ni étudier ni penser. Au moment où l'on a besoin d'elle, on la trouve prête; si on lui demande un service qui exige qu'elle s'en occupe avec suite, on doit craindre d'être oublié. Dans la société habituelle, vous êtes distraite et sérieuse; celui qui vous adresse la parole vous dérange souvent. On ne dérange jamais Clara; elle a beaucoup de présence d'esprit, beaucoup de saillie et d'agrément. Il est rare que vous trouviez à l'instant ce qu'il faut dire; mais si l'on vous attend, vous montrez de la justesse et de la réflexion. Clara aimera beaucoup les conversations spirituelles et légères, vous celles du cœur et de la raison. Enfin, ma chère Marianne, Clara est née pour briller dans le monde, vous pour aimer votre famille et en être aimée. Êtes-vous fâchée de votre partage? — Oh non, ma tante. Mais tous les hommes ont-ils leur part des dons de la nature? — Ils ont leur part des dons de la société ou de la nature; car Dieu est juste, et il est l'auteur de la nature et de la société. La force, la santé, la richesse, la gaieté, la sensibilité, l'esprit, la raison, la douceur, la bonté, forment une somme de biens qui est distribuée entre les hommes. Chacun de ces dons promet des plaisirs à celui qui l'a reçu, et chaque homme en a reçu plusieurs; chacun des hommes manque aussi de plusieurs biens, et c'est ce qui impose à chacun d'eux des peines et des privations. Voilà, mon amie, les preuves de la justice suprême! L'expérience vous apprendra à les vérifier.

Ma tante, dis-je alors, je vous crois d'avance; mais je crains cependant que bien des enfants soient moins heureux que moi. Ont-ils une tante comme la mienne? Sont-ils aimés comme moi? — Ma bonne tante ne me répondit que par ses larmes, et les plus tendres caresses gravèrent dans mon cœur cette première leçon. Depuis ce jour nous en fîmes une application perpétuelle.

La dernière peine que j'avais témoignée à ma tante, celle d'être plus heureuse que la plupart de mes semblables, revenait souvent m'agiter. — Allons rassurer ton cœur dans les chaumières, me disait ma seconde mère; viens voir des enfants joyeux, de paisibles familles; la privation de fortune et d'instruction, mais l'innocence et la gaieté; viens, ma chère Marianne, et si nous trouvons les malheurs de l'indigence plus grands que les plaisirs de cet état obscur, hâtons-nous de soulager ton cœur généreux et les besoins du pauvre. Nous serons aussi les instruments de la Providence dans son plan d'équité et de consolations.

Nous allions chez les paysans du voisinage ; nous trouvions souvent de la joie, et l'occasion de l'augmenter ; et lorsque nous trouvions de la tristesse, elle cédait aisément à nos conseils et à nos témoignages d'affection.

Je finis par croire ces bonnes gens plus heureux que les amis de mon père. Je le dis un jour à ma tante. — Oui, mon enfant, me dit-elle, ils sont plus heureux que la plupart des hommes du monde, car ils sont plus près d'être sages. Si un jour tu trouves, dans des hommes éclairés, de l'innocence et de la sagesse, tu trouveras plus de bonheur encore ; mais c'est ce que tu ne rencontreras que bien rarement. La sagesse des hommes simples est facile. Les hommes dont le sort est brillant sont entourés de jouissances et de tentations. Tu l'as déjà éprouvé, mon enfant. Clara t'a rendue presque jalouse de ses talents, de son amabilité : tes désirs de l'égaler ont troublé la paix de ton âme ; ton application, ta sensibilité, en ont souffert. Ton père, qui n'a peut-être pas assez vu ton empressement à lui plaire, t'a témoigné son mécontentement. Ton cœur a été affligé ; tes larmes ont coulé ; tous les dons que tu as reçus n'ont pu te sauver du découragement ; et, sans mon expérience, tu aurais joint l'injustice de te plaindre aux privations que la nature a placées près de tes avantages ; tu te serais déjà écartée de cette sagesse qui consiste dans le bon emploi de tous les biens que l'on possède ; tu aurais laissé perdre tous ces biens, au lieu....
— Au lieu de les augmenter ; d'en recevoir sans cesse de votre affection, m'écriai-je, en couvrant de baisers mon guide et mon amie. — Laisse-moi achever, me dit-elle en me serrant sur son cœur ; les paysans, les hommes simples, n'éprouvent pas tous ces besoins d'amour-propre qui font si souvent du mal, et qui exigent, pour être utiles à notre bonheur, une force soutenue. Mais la sagesse donne autant de jouissances qu'elle a exercé de vertus, et elle récompense toujours en proportion des efforts qu'elle impose.

C'est ainsi, mes chers amis, que ma bonne et respectable

tante me donnait les premières idées de la justice divine. Ces idées salutaires devinrent le principe de mes forces, ou les appuis de ma faiblesse; j'y puisai l'espoir, la résignation, et j'en étendis bientôt les consolants bienfaits aux plus importantes actions de ma vie.

J'avais atteint ma quinzième année; ma bonne tante ne m'avait jamais laissé connaître de véritable peine; elle ne m'avait jamais quittée. Un jour elle me dit qu'une affaire indispensable l'obligeait de partir pour une terre qu'elle avait dans le midi de la France. — Hé bien, mon amie, lui dis-je, nous partirons quand vous voudrez. — Ma chère Marianne! — Qu'avez-vous, ma tante? vous pleurez! Est-il arrivé quelque malheur dans notre famille? — Non, non. — Mon amie, ma mère, qu'avez-vous donc? — O mon Dieu! comment ne le pressens-tu pas? Mon enfant, il faut nous séparer. — Je me jetai dans les bras de ma tante, et pour toute réponse je m'attachai à elle; je la serrai... — Mon enfant, ma chère Marianne, pense à ton père.

En ce moment mon père entra; je le craignais. Eh bien! Marianne, me dit-il, qu'avez-vous? Pourquoi pleurez-vous? — Mon père, mon père, elle veut s'en aller sans moi; oh! je vous en supplie, priez-la de m'emmener; qu'elle ne m'arrache pas le premier des biens. — Taisez-vous, mon enfant, s'écria ma tante, c'est votre père qui est.... — Non, non, ma sœur, point de contrainte; vous croyez avoir animé ce cœur insensible, jouissez de votre ouvrage; vous pouvez emmener Marianne, mes résolutions viennent de changer. — O mon père! que vous me rendez heureuse! Mais pourquoi faut-il vous quitter? — Mon père me regarda avec un sourire qui m'affligea. — Allez, me dit-il, et puissiez-vous développer dans ce voyage l'esprit et les qualités que je voudrais trouver en vous! En vérité, ma sœur, dit-il à ma tante, je vous dirais que vous la gâtez, si j'étais persuadé, comme vous, qu'elle est née avec des dispositions heureuses. Mais adieu, ajouta-t-il; vous m'écrirez souvent, j'espère. Ma tante le promit, et m'ordonna de demander à mon père la permission de lui écrire aussi quelquefois. Alors l'idée que j'allais m'éloigner de mon père vint s'unir aux reproches qu'il m'avait adressés; l'humiliation et la douleur firent couler mes larmes. O mon frère! dit ma tante, aimez votre enfant, aimez l'enfant........ Mon père fit un geste sévère; ma tante paraissait accablée, elle pleurait amèrement. — Embrassez votre père, me dit-elle. Je le regardai; je crus le voir attendri; j'osai le couvrir de baisers. — Adieu! adieu! s'écria-t-il, en s'arrachant de mes bras : Marianne, vous m'écrirez.

Mon père sortit; et pendant quelque temps nos larmes et nos caresses furent notre seul langage. Clara vint nous voir. J'apprends que vous partez, nous dit-elle; eh quoi! nous allons nous séparer; les douceurs de l'amitié vont être remplacées par les chagrins de l'absence, la tendre intimité par la triste solitude! J'embrassai ma cousine, je pleurai avec elle; son affliction était bien vive ;) je la plaignais bien. Elle reste seule, disais-je à ma tante; nous sommes ses meilleures amies, et nous partons à la fois. Le lendemain Clara revint nous voir. Nous faisions les préparatifs de notre départ. Je fondis en larmes en pensant qu'elle allait en être témoin. Je me désolais pour elle, lorsqu'elle me montra un riche cadeau qu'elle venait de recevoir d'un de nos parents qui se mariait; j'en avais reçu un pareil une heure avant, mais je n'avais pas même songé à le montrer à ma tante. Je n'avais cessé de penser à notre voyage, et aux regrets de ma cousine. Quelle fut ma surprise, en la voyant si occupée d'une bagatelle, et si peu malheureuse de notre séparation!.... Elle pleurait cependant; mais, après quelques instants, elle regardait le joli présent; puis elle pleurait encore, puis elle parlait d'un projet ou d'une espérance, puis de ses regrets et de nos lettres, et tout cela avec grâce et facilité.

Nous nous séparâmes. Le moment du départ fut bien triste. La lettre qu'elle nous écrivit le soir était touchante, comme nos adieux; celle du lendemain aimable et gaie, comme l'emploi de sa journée qu'elle nous racontait. Pour nous, après quatre jours de voyage et de distractions, le sentiment de la séparation pesait encore sur nos cœurs, et nous n'exprimions que nos regrets. Mon père et ma cousine n'en étaient pas les seuls objets; les paysans à qui nous faisions du bien, les domestiques qui nous servaient avec tant d'affection, les maîtres qui m'avaient donné des leçons pleines de bienveillance, tout était retracé à nos souvenirs par la reconnaissance; nous regrettions aussi nos prairies, nos bois, notre château, nos jardins, nos jeunes plantations, nos habitudes, nos espérances; nous regrettions tout ce que nous laissions; je m'apercevais souvent que les personnes qui nous rencontraient pendant notre voyage, me croyaient malheureuse. J'aurais voulu pouvoir les détromper; car je craignais qu'elles ne fissent à ma tante un reproche de ma tristesse; mais je n'osais point leur parler.

En arrivant dans la terre de ma tante, nos regrets et nos souvenirs s'unirent à des satisfactions qui les rendirent plus tendres. Nous retrouvâmes de l'affection à inspirer, des bienfaits à répandre, des lieux enchanteurs à parcourir; nous retrouvâmes tous les biens qui nous étaient nécessaires. La société de ma cousine ne fut pas remplacée, il est vrai; mais près de ma tante, je ne désirais personne; j'avais pour Clara l'attachement de l'habitude, pour mon père celui du respect et du devoir; ma tante avait toute ma tendresse, et la nature et l'étude pouvaient seules partager avec elle le droit de me rendre heureuse.

Peu de jours après notre arrivée, nous reçûmes des lettres de mon père. Ma tante parut affectée de celle qui lui était adressée. Pour moi, je le fus bien vivement de la froideur avec laquelle mon père m'écrivait. — O ma tante! m'écriai-je, pourquoi mon père n'a-t-il pas un cœur comme le vôtre? — Marianne, me dit ma tante, ne murmurez jamais, et surtout contre votre père. — Hé bien! je me tairai, mais laissez-moi dire dans l'intime secret de l'amitié, laissez-moi dire une seule fois que j'aimerais bien mieux la sévérité la plus rigoureuse qu'une si cruelle indifférence. — Mon enfant, me dit ma tante en essuyant ses larmes, vous m'affligeriez si vous reveniez sur ce sujet; votre père est moins heureux que moi, s'il vous aime moins; mais, ajouta-t-elle d'un ton que mon respect et sa douceur me faisaient trouver sévère, ne faisons plus d'observations sur votre père; n'appliquons nos principes qu'à nous-mêmes. Reprenez votre sérénité, mon enfant; soyez heureuse du bonheur que je vous devrai tant que vous serez douce et sage. Ces mots de ma tante suffirent pour détourner mes pensées et mes regrets; je ne songeai plus qu'à mes occupations ordinaires ; je m'accoutumai à désirer des nouvelles de mon père, et à en recevoir, sans m'affliger de ne point y trouver de marques de sa tendresse.

Notre absence, qui d'abord ne devait durer que six mois, se prolongea pendant trois ans. Ma raison s'était bien développée; ma tante avait exercé ma soumission naturelle avec une douceur et une bonté qui m'avaient caché ce travail : les occasions seules devaient m'en faire connaître les effets salutaires : elles ne vinrent que trop.

Ma première épreuve fut la tristesse de ma tante. En vain elle cherchait à me la dérober. Mon cœur en suivait les progrès ; j'en ignorais la cause. Accoutumée à cesser mes questions aussitôt que ma tante me les interdisait, et même à ne plus penser à ce qu'elle me disait être hors de ma portée, je connaissais pour la première fois les tourments d'une inquiétude solitaire; j'éprouvais cette curiosité douloureuse d'un cœur tendre qui se désole de ne pouvoir découvrir ce qui doit l'affliger.

Ma bonne tante, touchée de mes questions, de mes caresses, de mes instantes prières, me répondait : Ma chère Marianne, je ne puis te dire le sujet de mes peines ; je me reproche de te montrer ma faiblesse; je me reprocherais plus encore de t'en dire la cause ; puisse ton courage m'en inspirer ! Résigne-toi à ma douleur et au silence que je dois t'imposer.

Je voulus encore solliciter la confiance de ma tante. Épargne-moi, me dit-elle. Que ta résignation me déguise ton affliction ; que le mérite de ta docilité me console de ta peine. N'en parlons plus, ajouta-t-elle, puisqu'il reste de l'espoir. Elle se leva, me conduisit, par une avenue charmante, vers le plus joli de nos hameaux ; je vis ses efforts pour me distraire de ses chagrins, en paraissant les oublier elle-même. Elle chercha tous les moyens de s'occuper, de fixer ses idées; je la secondai; j'étouffai mes inquiétudes; nous causions beaucoup; je rappelai tout ce qui pouvait lui plaire, et j'évitai de lui montrer combien je souffrais.

Quelque temps après elle reçut une lettre; elle la prit, en me disant qu'elle allait se promener et la lire. Elle me pria de finir un dessin qu'elle m'avait demandé la veille : ce dessin représentait une jeune personne à genoux sur le rivage de la mer; un vaisseau était dans le lointain, une chamière abandonnée sur le devant; la jeune personne avait l'expression de la prière. Ma tante avait choisi ce dessin parmi les modèles que j'avais emportés. J'imaginai, puisqu'il lui plaisait, de substituer mes traits à ceux de la jeune fille. J'avais un portrait de moi fort bien fait; j'essayai de le copier; et l'idée de surprendre ma tante m'entraînant, je passai plusieurs heures à cet ouvrage. J'étais fortement occupée du plaisir qu'elle éprouverait, et des consolations qu'il pourrait apporter à ses peines, lorsque l'on vint me prévenir de sa part qu'elle m'attendait dans le jardin. Je quittai mon ouvrage, et je me hâtai de la rejoindre. Je me sentais plus heureuse que la veille. Ma tante m'avait paru plus calme; j'avais travaillé pour elle ; l'air était doux et pur; on eût dit qu'une espérance vague m'entourait de ses charmes pour me soutenir au moment où j'allais avoir besoin de toutes mes forces.

Ma tante était dans un bosquet très-sombre, et son chapeau enfoncé m'empêchait de voir combien elle avait versé de larmes. — Hé bien! Marianne, me dit-elle, avez-vous beaucoup dessiné? — Oui, beaucoup; j'espère que vous serez contente. — Je le crois; je le suis toujours de vos intentions, et bien souvent de vos succès. Mais je voudrais l'être... Je pourrais... Écoutez, mon enfant, me dit-elle, en faisant un effort pour prendre l'accent du courage; vous êtes bien raisonnable, et vous m'aimez tendrement; j'ai un chagrin cruel que vous pouvez adoucir. — Ah! parlez. — Hé bien! oui, mais laissez-moi parler sans m'interrompre. Ma chère Marianne, il faut que vous supportiez la moitié de ma peine, que vous soyez résignée, et que nous nous efforcions de nous surpasser mutuellement en générosité, en nous calmant toutes les deux pour la tranquillité l'une de l'autre. Marianne, ma chère fille, rien ne pourra désunir nos vœux; ils nous rapprocheront, en attendant que nous puissions de nouveau nous réunir. — Je tressaillis, j'avais compris ma tante; mes sanglots l'interrompirent. Marianne, ajouta-t-elle, pleurons, accordons-nous les douceurs de la plainte et des larmes; mais ne murmurons pas, et soumettons-nous. Viens sur mon cœur, ma chère enfant, tandis que je puis t'y presser encore, bientôt je ne le pourrai plus; mais je croirai te voir toujours, et tu ne m'oublieras pas, mon amie; ce moment restera dans notre mémoire; il sera notre consolation; l'espérance viendra s'y joindre; et si nous méritons le bonheur dans ce temps d'épreuves, si nous sommes affligées sans être découragées, si nous souffrons avec résignation, nos souvenirs, notre espoir, nos consolations, auront chaque jour plus de charmes. Ces doux sentiments ne restent que dans les cœurs soumis et sages; l'aigreur et l'injustice nous en priveraient.

Je ne répondis rien; mes larmes m'en empêchaient. Mon amie, me dit tendrement ma tante, nous allons prendre l'engagement d'être sages et résignées; nous allons nous unir, pour le temps de l'absence, par la communauté de nos sentiments et de nos résolutions. Tiens, me dit-elle, en me donnant un anneau qu'elle portait toujours, prends ce gage de ma promesse; je te jure de me conserver pour toi et pour la vertu; d'employer mes forces et ma raison à supporter toutes mes peines, et à mériter la douceur de te revoir. Oui, je le jure devant Dieu et à la seule amie que je possède! s'écria ma tante en se jetant à genoux. Je m'y précipitai devant elle, mais toujours en étouffant mes sanglots. — Ne veux-tu donc rien me promettre? me dit-elle. Me refuses-tu ton courage? — Non, non, je ne le refuse pas; je veux être digne de vous : je jure tout ce que vous avez juré; je jure de remplir tous mes devoirs, même celui de vivre sans vous.

Ma tante avait employé toutes ses forces pour obtenir cette promesse; elle les perdit en ce moment. Je sentis que je devais en avoir à mon tour, et je jurai intérieurement de la soulager du devoir cruel de se contraindre. Le malheur me fit prendre les résolutions les plus fortes; je trouvai une sorte de douceur à augmenter ma douleur en la dévorant. Ma tante venait de me donner un exemple héroïque; je voulus le suivre, et je trouvai des consolations à lui offrir dans l'éloquence de ma désolation, et surtout dans la vivacité de ma tendresse.

L'histoire de madame Durand paraissait intéresser tous ses amis ; madame de Belfort surtout témoignait une émotion extraordinaire, que M. Durand remarquait. — Reposons-nous, dit-il à sa femme ; vous êtes attendrie de vos souvenirs, et nous de vos touchants récits. — Permettez-moi plutôt de continuer, répondit l'intéressante Marianne ; j'aimerais à m'arrêter sur de plus douces scènes ; il me tarde d'avoir gagné un temps plus heureux. J'ai passé les jours tristes et calmes de mon enfance, j'en suis à ceux d'une jeunesse bien malheureuse ; laissez-moi me rapprocher de ceux qui m'ont dédommagée de tout, excepté d'avoir ignoré le sort de ma tante.

Je rendis à cette amie si tendre du courage et des forces, et nous pûmes pleurer sans désespoir. Nous rentrâmes dans notre chambre ; ma tante se reposa sur son lit ; j'eus la douceur de lui voir oublier un instant ses peines. Mais ma femme de chambre vint redoubler les miennes en me les montrant trop distinctement. Mon Dieu ! mademoiselle, me dit-elle, qu'allons-nous devenir ? Vous avez pleuré ; ainsi je puis vous parler du départ de votre tante ; vous ne l'ignorez pas. — Oh ! non, je ne l'ignore pas. — Qu'allons-nous devenir ? Dans quel endroit vous retirerez-vous, ma chère demoiselle ? Quel est votre sort ? — D'être séparée de ma tante : que me fait le reste ?

En ce moment ma tante se réveilla ; elle me parut plus triste encore qu'avant son sommeil. Dans l'espoir de lui donner un instant de distraction, je lui remis le petit dessin qu'elle avait désiré. — O ciel ! dit-elle en m'y reconnaissant, elle a peint d'avance ce moment cruel... Ma tante éloignait le dessin pour ne pas le couvrir de larmes. — Aurez-vous la bonté de l'emporter ? lui demandai-je. — Oui, me répondit-elle, en me montrant le vaisseau. — Un cri fut tout ce que je pus faire, ou plutôt ce que je ne pus retenir ; ma tante me serra dans ses bras, m'attira sur son lit, et nous répandîmes nos pleurs et nos plaintes, sans tarir notre douleur. Écoutez, mon enfant, me dit ma tante, je suis mieux ; je puis vous parler ; il faut que je me hâte...; car j'ai bien des choses à vous dire. — Je promis à ma tante de l'écouter avec autant d'attention que je le pourrais, et elle me révéla mon sort. — Mon enfant, me dit-elle, tant que j'ai eu l'espoir de rester près de vous, et de vous servir de guide, j'ai retardé l'instant de vous apprendre d'importants secrets; aujourd'hui qu'une nécessité impérieuse me force à vous quitter, je veux vous laisser ce qui doit vous guider vous-même; écoutez ce que j'ai promis de vous confier.

Votre mère était très-jeune et très-belle lorsqu'elle épousa votre père; elle fut gâtée par les hommages, et séduite par les plaisirs du monde. Votre père l'aimait cependant ; mais il était peu sensible, et ne connaissait pas le véritable amour. Sa femme lui témoigna, pendant quelque temps, des égards et de la tendresse; il y répondit par beaucoup de faste et de galanterie; son immense fortune lui permettait de combler sa femme de dons et de fêtes ; le goût d'une grande dissipation en résulta bientôt. Mon enfant, continua ma tante, il faut plaindre votre mère, elle était jeune et sans expérience ; elle n'avait pas l'idée du vrai bonheur; elle ne connaissait que les faux plaisirs; elle n'avait pas demeuré, comme vous, dans une retraite profonde, sous les ailes de l'affection et de la prudence. Dès son enfance, elle n'avait eu que l'embarras d'imaginer de nouveaux amusements, et de varier ses désirs.

J'étais chez ton père à son mariage; ta mère m'intéressa; je lui offris mon amitié; je la priai de me permettre d'y joindre quelques conseils; elle y consentit, mais elle n'en profita pas, et bientôt il ne fut plus temps de lui en donner. Mon frère lui-même autorisa sa conduite par le goût insensé qu'il montra pour le plaisir. Il rassemblait chez lui une société brillante et frivole, et rien n'était plus difficile que de trouver le moment de lui parler. Je le cherchais cependant avec soin ; je désirais le bonheur de vos parents; j'aurais voulu leur persuader qu'en le poursuivant avec tant d'ardeur, ils ne faisaient tout au plus qu'embrasser quelques illusions qui ne pourraient longtemps les satisfaire.

Un jour je parvins à causer avec mon frère ; il m'avoua qu'il était mécontent ; mais il ne voulut pas croire qu'il lui fût possible de cesser de l'être. Il me dit que je faisais bien de vivre dans la retraite ; que je devais m'estimer assez pour être heureuse avec moi-même ; que pour lui, qui ne valait pas autant que moi, il ne se suffisait pas.

Comme tout cela était dit en riant, je n'en persistais pas moins. Que voulez-vous ? me dit-il ; je suis insensible à bien des choses qui vous touchent ; j'ai vu tant de ridicules et de faussetés... — Que vous ne croyez plus qu'il y ait rien de bon ni de vrai ! — Vous l'avez dit ; je me défie de tout, excepté de votre amitié.

Quelque temps après, je tombai dangereusement malade ; vos parents, ma chère Marianne, me comblèrent des plus tendres soins ; ils oubliaient leurs plaisirs en ma faveur ; leur occupation était de me garder, de me conserver. — Ils m'ont ainsi donné le bonheur avant la vie ! m'écriai-je en embrassant ma tante. — Enfin, ma bien chère enfant, ils me rendirent la santé, et ma reconnaissance fut bien vive. J'étais attachée à votre père depuis son enfance : les années que j'avais de plus que lui m'avaient rendue sa seconde mère. Mes parents m'avaient entraînée à faire un mariage malheureux : abandonnée bientôt par mon mari, j'avais disposé de ma liberté en faveur de mon frère ; mais, je l'avoue, son caractère m'affligeait. Tant que ma maladie l'avait tenu dans l'inquiétude, il ne s'était occupé que de mes dangers ; bientôt il était redevenu insensible à mes besoins de confiance et de tendresse. On le trouvait obligeant dans l'occasion, mais il ne faisait pas naître les occasions d'obliger. Il avait de la probité sans désintéressement, de la générosité sans délicatesse, de la bonté sans douceur ; il jouissait peu de l'affection qu'il inspirait, encore moins de celle qu'il éprouvait ; il ne tenait fortement qu'à un seul sentiment, à celui d'un honneur sans tache ; et cet honneur consistait, pour lui, dans la réputation de sa probité, et dans la fidélité de sa femme. Qu'elle recherche les plaisirs les plus coûteux, disait-il, je suis assez riche pour la satisfaire ; qu'elle soit très-dissipée, très-frivole, très-répandue ; qu'elle mette son bonheur à se montrer et à briller : ces goûts me préserveront des craintes que toutes les femmes doivent inspirer. Toutes sont faibles, ajoutait-il dans l'injuste opinion qui nuisait à son bonheur, toutes sont faibles ; mais le moyen de prévenir leurs faiblesses, c'est d'étouffer leur cœur : elles se perdent toujours par sensibilité ; elles se sauvent par coquetterie.

O mon enfant! ajouta ma tante, pourquoi faut-il que je vous répète ces paroles de votre père? Hélas ! pourquoi suis-je forcée d'affaiblir d'avance tout ce qu'il vous dira bientôt?

Votre père jetait à dessein sa femme dans le tourbillon; il était convaincu que la sagesse et la vertu sont des chimères romanesques ; ma conduite dans la retraite ne prouvait rien à ses yeux. C'est une exception, disait-il. Hélas! mon enfant, il ne tarda pas à recueillir de tristes fruits de ses funestes maximes !

Un soir, votre mère était rentrée de meilleure heure qu'à l'ordinaire; elle me fit appeler; Ma chère sœur, me dit-elle, voulez-vous passer une heure avec moi ? Vous êtes si bonne que je l'espère, et je suis si triste que j'en ai bien besoin. — D'où peut venir cette tristesse, ma bonne amie? Avez-vous reçu de votre famille quelques nouvelles fâcheuses ? — Oh! mon Dieu! non ; mais l'ennui me gagne. Je ne peux plus me fuir, même dans le monde; et si je n'éprouvais que de l'ennui!... Ma sœur, je suis bien malheureuse ; je n'étais pas née insensible; mais ma sensibilité n'était pas assez profonde pour me soutenir ; je ne pouvais, comme vous, me suffire à moi-même au défaut d'innocents plaisirs. Si j'avais eu un mari plus tendre, si l'intimité m'avait offert quelques douceurs, j'aurais été contente.... Mais il m'a forcée à m'étourdir, à ne rien donner à mon cœur, ni à ma raison. Hélas! ajouta-t-elle en se couvrant le visage, la dissipation m'a entraînée au lieu de me sauver!... — Que me dites-vous? — Que je suis perdue sans ressource; que la vie m'est insupportable! — Je pris votre mère dans mes bras; je la couvris de larmes, je pleurai sur elle et sur mon frère. — Ma chère sœur, lui dis-je, vous m'avez conservé la vie, que ne puis-je vous rendre la paix ! — Non, non, je ne puis avoir la paix ; mais vous pouvez aussi me sauver la vie; engagez votre frère à s'absenter pendant quelque temps; imaginez un moyen; demandez-lui d'aller dans vos terres pour vos intérêts; il ne vous refusera pas. Ma chère sœur! s'écria-t-elle en se précipitant à mes pieds, il le faut pour ce frère que vous chérissez, autant que pour l'infortunée qui vous en conjure. S'il reste ici, une jeune femme que j'ai désolée peut se porter à des éclats funestes; quelques mois d'absence apaiseront tout, et vous serez l'ange secourable qui nous aura préservés du malheur.

J'allais répondre, j'allais essayer, dans ce moment de confiance, de conduire votre mère à la vertu par le repentir; j'allais mettre un heureux prix à mes services; je pensais à la lier par l'aveu de ses fautes, à toucher mon frère par cet aveu; j'espérais ramener pour toujours mon frère de ses fausses maximes et ma sœur de ses goûts frivoles; je pris sa main : Ma chère sœur, lui dis-je, vous pourriez encore être heureuse, et faire le bonheur de mon frère; vous pourriez recommencer une union de confiance. — Arrêtez, me dit-elle, je vous entends; jamais, jamais....', qu'il ne sache jamais.... Ma vie en dépend, et il se tuerait après m'avoir immolée; d'affreux serments ont fermé mon cœur à l'espérance...; le secret et vous peuvent seuls me sauver.

En ce moment on apporte une lettre à votre mère; elle était de cette femme qu'elle craignait; des reproches sanglants, des menaces cruelles : « Vous m'avez enlevé mon époux, lui disait-on; j'en doutais pour mon bonheur; un hasard affreux m'a ôté toute illusion; je l'ai vu sortir de chez vous, en revenant moi-même pendant la nuit de chez mes parents malades. Cependant, il ne m'a rien avoué; il me respecte encore; il reviendra à moi s'il ne peut plus vous voir. Hé bien! il ne le pourra plus, et c'est à votre mari que je m'adresse; c'est en satisfaisant ma juste vengeance, que j'assure mon repos. »

Cette lettre mit votre mère dans un état effrayant; elle voulait s'enfuir; elle voulait s'ôter la vie; elle perdait la raison : je ne songeais qu'à la calmer, lorsque sa femme de chambre, effrayée, vint nous dire que mon frère était rentré, une lettre à la main; qu'il paraissait furieux, et qu'il avait fait donner l'ordre d'appeler sa femme. Je veux mourir avant qu'il me revoie ! s'écria votre mère dans un état convulsif et en s'attachant à moi. — Non, non, vous ne mourrez pas, ni lui non plus; le ciel m'inspire; jurez-moi de ne pas attenter à vos jours : jurez-moi de confirmer tout ce que je dirai; jurez-le-moi. — Hé bien! oui; mais que voulez-vous faire? — Votre mari va vous croire innocente, puisqu'il le faut pour vous sauver.

Je m'enfuis en disant ces mots; j'arrivai au cabinet de mon frère. Ce n'est pas vous que j'ai demandée, me dit-il d'une voix étouffée. — Vous vous trompez, ce n'est que moi. Une erreur funeste à votre repos vous a fait croire que votre femme était coupable; on l'avait cru avant vous, on l'a accusée de mes fautes, en voyant sortir la nuit un homme de votre maison; ne l'accusez plus, mon frère; et si je perds aujourd'hui votre estime..... — Grand Dieu, s'écria mon frère, elle me sauve la vie ! — O mon frère, en faveur du repos que vous retrouvez, consentirez-vous à me garder près de vous, à me permettre de vous aimer toujours? Mon cher frère, m'écriai-je en me jetant à ses pieds, vous m'êtes bien cher, ainsi que ma sœur ! vous ne le croyez plus peut-être; je n'ai plus de droits à votre confiance, mais je les reprendrai; oui, j'ose espérer que l'emploi de ma vie entière me rendra votre estime.

Je montrais tant de douleur, et cette douleur était si vraie, que mon frère ne forma aucun doute. Remettez-vous, me dit-il, je ne suis point votre époux, vous êtes séparée du vôtre, vous n'offensez personne; je déplore vivement la perte de votre honneur, mais vous n'en resterez pas moins mon amie. Cependant, ma sœur, ne mettez plus tant de prix à toutes ces vertus qui, disiez-vous, conservaient la sagesse; vous le voyez, la sensibilité, la raison, valent moins que la folie et l'indifférence.

Ces mots cruels déchirèrent mon cœur; je versai des larmes amères; mon frère crut m'avoir humiliée; il crut que je pleurais sur moi-même, tandis que je pleurais le droit que j'avais sacrifié de lui montrer les biens de la vertu. — Je vais voir ma femme, me dit-il, allez vous reposer; ma sœur, comptez sur notre amitié, et tâchez d'oublier tout le reste.

J'avais effectivement besoin de repos. Je me jetai sur mon lit ; je pensais au don que je venais de faire. Je demandai à Dieu de le rendre profitable à ceux qui l'avaient reçu : C'en est fait ! m'écriai-je, l'estime publique m'est ravie ; ma réputation n'est plus sans tache ; mais n'ai-je pas un effort de plus à montrer à celui qui voit tout ? Je serai moins heureuse dans le monde, je serai plus heureuse dans la solitude ; oui, oui ! je le sens au calme de mon cœur, à l'approbation de ma conscience : la sagesse et la vertu récompensent de toutes les peines qu'elles imposent.

Pendant que je faisais ces réflexions, j'entendis pleurer à ma porte : Y a-t-il quelqu'un ? demandai-je. — Oui, répondit-on bien bas. — Je vais ouvrir.... Votre mère tombe à mes genoux, les presse, les embrasse, arrose mes pieds de ses larmes ; en vain j'emploie mes forces à la relever. — Laissez-moi, me dit-elle, laissez-moi adorer un ange de bonté ! O vous, qui vous êtes humiliée pour moi, laissez-moi vous honorer, vous respecter, vous rendre tout ce que je vous enlève !... Mais, hélas ! ajoutait cette infortunée, que sont mes sentiments ? quel prix ont mes respects, mes hommages, mon estime ? Ai-je le droit d'honorer, d'admirer la vertu qui me sauve ?...

Je voulais embrasser votre mère, je voulais modérer sa reconnaissance par mes caresses : Non, non, me dit-elle en détournant la tête, ce serait trop ; ne suis-je pas déjà accablée de vos bontés ?

En parlant ainsi, elle continuait à verser des larmes ; et chaque fois que je voulais l'attirer sur mon sein, elle retombait à mes pieds, les baisait avec ardeur, en s'écriant : N'est-ce pas trop de bonheur pour moi d'être prosternée devant mon ange tutélaire, d'embrasser ses genoux, de pouvoir y répandre ma douleur ?... — Eh bien, ma sœur, lui dis-je, quand on éprouve une douleur si touchante et si profonde, on est bien près de revenir à tous les sentiments qui font du bien... Vous m'aimez, ma sœur ; n'est-il pas vrai que vous m'aimez ? Je voudrais avoir acquis toute votre confiance ; je voudrais même vous conduire, pendant quelque temps, par mes conseils. — Ne me parlez pas ainsi; dites-moi si vous acceptez ma soumission; je deviendrai votre fille; vous disposerez de moi; je serai à vous. O ma sœur! ajouta-t-elle, le seul moyen d'augmenter le bien que vous m'avez fait, le seul moyen de me faire aimer la vie que vous m'avez rendue, c'est d'en faire votre propriété. — Hé bien, je l'accepte, lui dis-je; et, pour vous le prouver, j'exige que vous vous placiez auprès de moi. — Votre mère m'obéit; je la fis asseoir, je lui fis les plus tendres caresses; elle n'osait m'en empêcher; mais je voyais dans ses humbles regards, dans sa contenance touchante, qu'elle faisait un effort pour ne pas retomber à mes pieds... Tant de reconnaissance, un bienfait si vivement senti, me donnaient de grandes espérances; je me dis : La leçon terrible qui vient de frapper cette femme infortunée fera sans doute, sur son âme, une impression salutaire. Je ne me trompai pas; votre mère avait reçu du malheur une seconde naissance, ou, pour mieux dire, son âme engourdie se réveillait d'un long sommeil; j'en profitai pour assurer son bonheur, je la fortifiai; j'augmentai la force de ses résolutions; je l'aidai à les tenir, en lui offrant toutes les douces espérances, en lui fournissant mille vrais plaisirs. Enfin, mon enfant, je rendis votre mère à la raison, à la sagesse; et son repentir durable la soutint contre les séductions et les dangers.

Telle fut la récompense de mon sacrifice, et l'adoucissement de toutes les peines qui en résultèrent; j'en éprouvai beaucoup; ma réputation était perdue. La jeune femme qui avait dévoilé par jalousie les fautes de ma sœur, avait su par votre père même ce que je lui avais dit; elle m'avait crue coupable, et ne m'avait pas ménagée. Dans la société, où je ne pouvais éviter de me trouver quelquefois, je recevais des épigrammes piquantes, des allusions malignes; une humble contenance me coûtait peu dans ces occasions; mais dans celles où la vertu donne seule le droit de s'indigner contre le vice, ou de défendre l'innocence avec chaleur, ô mon enfant! combien je souffrais d'être condamnée au silence! L'intimité de famille avait aussi perdu pour moi ses charmes; mon frère n'avait plus de respect pour moi; il osait professer devant moi des principes funestes; et, lorsque je voulais y opposer les sentiments les plus nobles, il souriait d'un air significatif : j'osai lui dire un jour que le repentir rendait la conscience des devoirs. Ah! me dit-il, puisque la vertu est si fragile, permettez-moi de douter aussi du repentir.

Voilà, ma chère Marianne, ce que j'avais à supporter; mais, je vous l'ai dit, mon enfant, tant que la sagesse nous reste, elle nous dédommage de toutes nos peines. Quand j'avais le cœur ulcéré par l'injustice et le mépris, j'allais le guérir devant le souverain juge de ma conduite; et dans ces moments de solitude, bien plus fréquents que ceux où j'étais obligée de me montrer, combien de bonheur ne trouvais-je pas en moi-même! combien encore n'en devais-je pas à votre mère! Elle avait pour moi tant de respect et de reconnaissance! son amitié était devenue une sorte de culte bien touchant; lorsqu'elle était libre, c'était à moi que tout son temps, tous ses soins appartenaient; c'était sur mes conseils qu'elle réglait toutes ses actions; mais c'était surtout dans le monde, lorsque nous y étions ensemble, lorsqu'elle était forcée de réunir chez elle une société, c'était alors que sa conduite m'attendrissait; toutes ses attentions étaient pour moi. En vain je l'avais suppliée de se contenir : ses regards, les soins de son cœur, me montraient que je l'occupais sans cesse, et lorsqu'on cherchait à m'humilier, elle imposait silence avec une vivacité, un accent qui, à mes yeux, était le plus touchant témoignage de son émotion aussi noble que profonde.

Ma sœur, me disait-elle quand nous étions seules, oh! combien cette considération usurpée, que je vous dois, entretient mon repentir! Vous m'avez laissé le droit de vous défendre, en vous chargeant de mes torts; c'est ma conduite que l'on blâme en vous, et c'est moi qui semble vous protéger.

Je consolais votre mère; je lui montrais tout le bonheur que je recevais de son affection et de sa reconnaissance.

Quant à votre père, il conservait ses maximes, ou plutôt il s'y attachait plus fortement; de grandes augmentations de fortune lui offraient tous les moyens de dissipation; il faisait beaucoup de dépenses, croyant acheter beaucoup de plaisirs;

et il fournissait à sa femme les moyens de faire beaucoup de bien, en lui remettant plus d'argent encore que dans le temps où elle l'employait en frivolités brillantes.

Plusieurs années se passèrent ainsi, et toutes nos tentatives pour ramener votre père au bonheur que nous goûtions furent inutiles ; souvent même il disait à sa femme qu'il craignait de la voir devenir tout à fait raisonnable ; et il lui eût fait une obligation de recevoir plus souvent du monde, si elle n'avait eu sa santé pour excuse.

Enfin, ma chère Marianne, votre mère devint enceinte : cet événement nous remplit tous de joie. Votre père désirait des enfants, et il n'en espérait plus ; il éprouva tout le contentement dont il était susceptible, lorsqu'il apprit qu'il allait transmettre son nom ; et, quand ce moment fut venu, je le trouvai presque heureux. Pour votre mère, son bonheur ne fut pas incertain ; elle avait repris toutes les forces de son cœur dans son retour à la sagesse ; elle éprouva les joies pures de la maternité.... Mais, hélas ! ma chère Marianne, elle les éprouva pendant peu de temps ; elle n'était plus jeune ; elle avait beaucoup souffert en vous donnant le jour ; elle sentit bientôt qu'elle allait mourir : ces moments furent les plus cruels de ma vie. Votre mère me surpassait en courage ; et, tandis que je lui prodiguais mes soins sans espoir, son cœur me soutenait par les plus tendres discours.

Pour votre père, il était affecté à sa manière ; la vivacité des peines est mesurée sur celle des jouissances ; il venait cependant plusieurs fois par jour dans la chambre de votre mère. Un soir, pendant qu'elle m'avait forcée à prendre un instant de repos, elle l'envoya prier de venir ; elle avait recueilli toutes ses forces pour ce moment terrible : elle parla pendant près d'une heure, et je n'arrivai qu'à la fin de cette conférence, dont je devinai trop aisément le sujet. Votre mère était vivement animée ; elle ne me vit pas entrer ; elle continua : — Mon ami, disait-elle à votre père, croyez bien ce que je vous dis dans cet instant : si je n'avais vu en vous qu'un juge sévère ; si vous aviez pu représenter pour moi le Dieu dont les châtiments permettent le repentir et l'espoir, j'aurais été trop heureuse ; vous m'avez enlevé le premier moyen d'expier mes fautes, et vous m'avez entourée de tous les moyens d'en faire ; vous espériez dessécher mon cœur, pour lui laisser ignorer les sentiments tendres ; mais vous ne faisiez ainsi que le dessécher pour les sentiments du devoir et de la sagesse. Qu'en est-il arrivé ? Ce n'est point par sentiment que j'ai failli ; c'est par étourderie. Quand la dissipation entraîne, rien ne retient. Je ne veux cependant pas vous reprocher mes fautes. Oh ! non, non : j'ai été bien coupable, et mon premier vœu était de m'en accuser devant vous, de vous demander pardon...

Votre père restait immobile. Assis dans un fauteuil, la tête cachée sous son mouchoir, il ne paraissait plus entendre l'infortunée qui joignait les mains devant lui. Oh ! je vous en prie, ayez pitié de moi ! lui dit-elle, c'est ma dernière prière ; ma vie va être passée..... Vous n'avez plus qu'un instant pour m'accorder le dernier bienfait. — Il fit un mouvement de tendresse, je m'élançai sur le lit de votre mère. — Il t'a pardonnée, lui dis-je ; remets-toi, au nom de l'amitié ! — Oui, remettez-vous, dit mon frère, je vous en prie. — Que je suis heureuse ! dit-elle en saisissant la main de son époux et la portant sur son cœur ; il m'a pardonné !

Elle tomba sans connaissance, et sa faiblesse dura longtemps. Quand elle revint à elle, une douce joie brillait dans ses yeux : Ma sœur, me dit-elle, vous avez repris vos titres sacrés, j'ai aussi repris les miens ; la vie dont je jouis encore est maintenant un état céleste ; je crois avoir expié mes fautes, puisque celui que j'ai offensé ne me les reproche plus ; je suis en paix avec lui, avec votre dévouement, avec moi-même ; je suis heureuse de mourir, puisque la mort seule pouvait me rendre ces biens ; oui, me dit-elle, l'aveu que j'ai fait aujourd'hui était le droit de mon dernier jour.

Je ne pouvais plus parler, je ne pouvais plus retenir ma douleur. Ma sœur, me dit encore votre mère, j'ai tout dit à mon mari ; vous allez sans doute reprendre tous vos droits sur lui ; il m'a promis de vous confier notre enfant... Moi, je vous le donne ; je vous donne tout ce que mon amour et mon titre de mère m'auraient acquis de pouvoir sur son cœur.... Élevez-le pour moi : demandez-lui, quand il pourra vous entendre, de vous aimer comme sa mère vous aimait... Et si son père vous l'ôtait !... O mon Dieu ! s'écria-t-elle, épargnez-moi cette seule crainte ! je puis quitter mon enfant, si je le laisse entre les mains d'un ange..... — Je te promets son bonheur ; je te le promets sur mon honneur et sur ma vie ; j'adopte ta fille. — J'aurai donc la force de lui dire adieu ; je pourrai donc jouir du plaisir douloureux de la voir, puisque notre séparation n'est plus un malheur pour elle.

Votre mère demanda que l'on vous apportât sur son sein... Je ne te verrai pas grandir, mon enfant ; je ne recevrai pas tes caresses ; je ne jouirai pas de tes progrès ; mais tu auras une mère ; tu seras heureuse : c'est moi qui m'en vais ; c'est moi qui pleure mon enfant..... Ma sœur, jurez-moi qu'un jour vous répéterez à cette pauvre petite fille tout ce que je viens de lui dire ; jurez-moi que vous lui raconterez aussi toutes mes fautes : élevée par vous, elle en sera préservée sans doute ; mais ajoutez encore mon exemple à vos leçons ; que je sois utile à ma fille.....

Je jurai, mon enfant, de suivre les intentions de ton excellente mère ; alors la joie brilla sur son visage décoloré... Ne pleurez plus ; ne me plaignez plus, dit-elle ; j'ai assez vécu pour me repentir ; j'ai assez vécu pour être aimée, et devenir mère. Quels plus grands biens auraient pu m'appartenir !..... J'ai pleuré....., et j'espère, dit-elle en joignant les mains..... O ma chère Marianne ! ces mots furent les derniers.

Madame de Belfort ne pouvait retenir ses sanglots. — Cette histoire touchante fait sur vous un effet qui m'inquiète, dit M. de Murville. Madame de Belfort assura que cette émotion lui faisait du bien ; et madame Durand, après lui avoir témoigné un respectueux intérêt, continua son récit.

Ma tante était si vivement affectée, dit-elle, qu'elle fut obligée de s'interrompre, en témoignant son affliction par des larmes que celles de madame de Belfort viennent de me rappeler. Elle me dit ensuite que mon père l'ayant chargée de moi dans ce cruel moment, elle m'avait conduite dans cette belle campagne où nous avions passé tant d'années, et où mon père venait nous voir quelquefois. Vous me donniez bien de la satisfaction, ajouta ma tante, et je vous prodiguais tous mes soins, lorsque votre père m'apprit que ses affaires étaient fort dérangées ; qu'il avait fait de grandes pertes, et que, pour les réparer, il comptait sur mes secours. J'avais des biens assez considérables dans cette province ; des comptes arriérés avec mes fermiers pouvaient me fournir les moyens d'aider mon frère ; je me décidai à faire ce voyage ; votre père ne voulait pas d'abord vous laisser partir avec moi, croyant que vous me gêneriez, et que ma tendresse pour vous retarderait mes affaires. — Oh ! je m'en souviens ! dis-je à ma tante, je me souviens de mon bonheur quand j'obtins de vous suivre ! — Nous partîmes. Ce voyage ne devait durer que six mois ; mais au bout de ce temps, mon frère me pria de prolonger mon séjour, en m'apprenant qu'il avait vendu sa belle campagne. Je lui fis les représentations de l'amitié sur des dépenses qui pouvaient entraîner sa ruine et la vôtre, et je joignis à ces avis l'assurance de vous regarder toujours comme ma fille. Enfin, mon enfant, je croyais habiter longtemps cette retraite, vous la donner, et vous y marier quand votre cœur aurait fait un choix, lorsqu'une lettre bien inattendue a renversé toutes mes espérances.

Je vous ai dit que j'étais séparée de mon époux depuis bien longtemps ; je croyais l'être pour toujours. Tenez, mon enfant, voilà ce qu'il m'écrit de la Martinique.

J'écoutai en tremblant la lecture de cette lettre. En voici à peu près le contenu :

« Si vous avez conservé cette générosité, cette douceur,
« toutes ces vertus que j'ai méconnues, si vous êtes toujours
« un ange de bonté, venez au secours de celui dont vous
« avez voulu faire le bonheur, venez adoucir la fin d'une vie
« qui ne saurait être longue, et recevoir les plus importants
« aveux : votre fortune en dépend ; mais ma consolation en
« dépend davantage. »

Vous voyez, me dit ma tante, que je ne pouvais hésiter ; je connais peu celui que je vais rejoindre, et je ne vous en parlerai pas. — Et ne puis-je donc vous suivre ? — Je l'ai demandé à votre père ; c'est sa réponse que j'attendais lorsque je vous disais qu'il me restait des espérances. — Hé quoi ! il me refuse à votre tendresse ! il oublie ce qu'il vous doit ! — Et vous, mon enfant, n'oubliez pas ce que vous lui devez. Mais écoutez, Marianne, j'ai encore d'autres choses à vous dire. Votre père vient de m'écrire qu'il voulait vous revoir ; que sa fortune encore ébranlée avait besoin d'être raffermie par les soins d'une économie soutenue. Il compte sur vous, il a aussi besoin de vos soins pour lui-même ; il les recevra : ces deux devoirs vous seront doux et faciles à remplir ; mais il ajoute qu'il vous égaiera un peu, et vous apprendra à moins respecter mes chimériques espérances et mes préjugés de l'autre siècle. — O ciel ! — Il vous attend, dit-il, pour vous sermonner à son tour sur un autre ton. Ma fille, mon amie, ayez les plus grands égards pour votre père ; mais fermez votre cœur à ses principes, conservez votre respect et votre amour pour la vertu ; rentrez souvent en vous-même, et chérissez vos souvenirs... Tu pleures, mon enfant ; tu vois les peines qui te menacent ; vois aussi la grandeur des satisfactions qui se préparent ; mesure le prix de ta sagesse sur les efforts que tu vas faire. Plus tes devoirs seront difficiles, plus ton mérite portera de récompenses à ta conscience et à ton cœur.

Ma tante me pressait sur le sein, me couvrait des plus tendres caresses. — Tu vois, me dit-elle, que je ne puis fixer le terme de mon voyage, il peut être plus ou moins rapproché ; tu ne doutes pas de mes vœux ; mais, mon amie, écoute surtout ce qui me reste à dire. Tu pourras peut-être te marier en mon absence ; ton père s'en occupera bientôt, sans doute ; pense bien que de cet engagement dépendra ton bonheur ; que l'amour et l'estime doivent le former ; que tous tes sentiments doivent le tenir. Ne te laisse séduire, ni par les grâces extérieures, ni par trop de condescendance ; tu jureras à ton époux obéissance, il faut que ta raison reconnaisse la supériorité de la sienne ; tu lui jureras fidélité et tendresse, il faut que tu chérisses ses qualités et sa personne. Promets-moi de te conformer à mes avis, et souviens-toi de tout ce que je t'ai dit sur les devoirs d'une épouse. — Je le promis à ma tante.

— Et tu as tenu ta promesse, femme adorable! Pourquoi ta respectable tante ne peut-elle jouir du bonheur qu'elle nous préparait!

M. Durand n'avait pu retenir cette vive exclamation; sa femme, attendrie, le regarda avec reconnaissance, et de douces larmes interrompirent son récit.

Allons nous promener dans le jardin, dit M. de Murville. Nous avons tous besoin de nous reposer d'une tendre émotion; mais celle de madame de Belfort est si vive qu'elle m'inquiète. — Vous avez tort, mon ami, car je suis bien heureuse; et si vous voulez causer avec moi, je vous le prouverai. — M. de Murville, étonné de l'expression de sa vieille amie, la conduisit dans un bosquet solitaire. — Le reste de la société suivit une allée peu éloignée.

On parla de l'histoire de madame Durand. On trouva des preuves de la doctrine des Compensations dans le mélange de biens et de peines qui avait composé le sort de l'intéressante Marianne. — J'ai donc fait des prosélytes? dit-elle. — Comment vous résister? dit M. Dalmont. — C'est le suffrage d'Armand que je voudrais. — En doutez-vous? — C'est pour les Compensations que je le réclame. Parlez franchement, mon histoire les prouve-t-elle? — Elle prouve que la vertu peut adoucir un sort malheureux. — Et n'est-ce pas un avantage du malheur, que d'exercer la vertu? dit M. Durand avec vivacité. — Oui, dit M. Dalmont, cette tante, dont l'histoire est si touchante, aurait-elle goûté la jouissance intérieure d'un si généreux dévouement, sans l'humiliante position qui résultait de ce dévouement même, et qu'elle avait choisie?

On allait continuer de montrer ce que l'histoire de madame Durand avait de relatif à l'idée générale du balancement dans nos destinées, lorsque M. de Murville fit prier ses amis de revenir dans le salon; il était assis près de sa respectable amie; il pressait sa main avec affection; ils paraissaient l'un et l'autre avoir versé des larmes, mais de ces larmes qui suivent les heureuses confidences et les épanchements de l'amitié.

Tout le monde pria l'aimable Marianne de reprendre son récit. Hélas! ajouta-t-elle, il faut que je vous fasse le récit du départ de ma tante, de cette amie si tendre qui manque seule à mon bonheur, qui embellit et attriste tous les souvenirs de ma jeunesse. Cette excellente amie ne voulut pas me dérober le moment cruel qui devait nous séparer. Nous partîmes ensemble pour le port de mer où elle devait s'embarquer; il était très-voisin du château que nous habitions; une demi-journée nous suffit pour y arriver... Nous ne parlions plus; nous ne faisions plus que pleurer; à peine osions-nous fixer nos regards l'une sur l'autre. En arrivant au port, on nous dit que le vaisseau n'attendait que ma tante, que le vent était favorable. Ces mots me déchirèrent. Marianne, me dit ma tante, veux-tu rester dans cette auberge? Tu n'es pas en état de me suivre sur le rivage. — Je vous en conjure. — Viens. — Ma tante, ma mère, serrez donc bien le bras de votre fille!...

Nous approchons, nous arrivons. Une chaloupe attendait ma tante pour la conduire au vaisseau. — Nous reverrons-nous? m'écriai-je. Grand Dieu! dites-moi si nous nous reverrons. — Oui, oui : adieu, ma fille, le plus cher trésor de mon cœur. — Ma mère, ma mère, ma protectrice! que vais-je devenir?

Ma tante me remit un papier qu'elle tira de son sein, me repoussa doucement, en s'écriant : Par pitié, Marianne, laisse-moi le courage de te quitter! Ces mots me rendirent un peu de raison. Ma tante était dans la chaloupe; je me jetai à genoux sur le rivage; je priai pour elle; ses bras étaient tendus vers moi; je la vis monter dans le vaisseau, s'éloigner en me regardant, chercher à me voir encore, puis disparaître à mes yeux.

O ma tante! ma chère et respectable tante! le sentiment que vous m'inspirez est resté dans mon cœur avec le souvenir de ce moment.

C'en est trop, dit madame de Belfort en cherchant madame Durand; viens dans mes bras, Marianne, puisque mes yeux ne peuvent plus te trouver! — O ciel!... Madame Durand pressait son ancienne amie. Tous les amis se regardaient avec attendrissement ; M. de Murville paraissait le plus heureux. Hé quoi ! dit madame de Belval, vous êtes cette femme si généreuse ! et comment ne vous avons-nous pas connue plus tôt ? comment ?... Attendez, ma sœur ; dit M. de Murville. — Oui, attendez, reprit madame de Belval ! vous nous demandez d'attendre, parce que vous êtes déjà au fait de tout ce que nous désirons savoir ; c'était là, sans doute, le sujet de votre entretien. — De grâce, dit madame de Belfort, laissez ma chère Marianne continuer un récit que je brûle d'entendre ; il m'intéressait vivement quand elle l'a commencé ; depuis qu'il m'a fait reconnaître en elle ma nièce chérie, l'intérêt est devenu si fort que j'ai formé en vain le projet de retenir mon bonheur. J'ai voulu m'en soulager en le communiquant à notre excellent ami. J'espérais pouvoir attendre mon tour, pour offrir mon histoire et mes sentiments à ma chère Marianne ; ce sont mes sentiments qui m'ont pressée trop vivement pour que je pusse soutenir un tel projet. Continue, mon amie, tu parleras maintenant de tes regrets avec moins de peine.

Madame Durand passa encore quelques instants à se remettre de l'émotion que lui causait une découverte si heureuse ; ensuite, s'adressant à madame de Belfort, dont elle pressait doucement la main, elle continua ainsi :

Après votre départ, dit-elle, je restai plongée dans une profonde tristesse ; je m'y livrais avec une sorte d'ardeur ; je l'aimais comme le seul bien qui me restait... Lorsque je me souvins du papier que vous m'aviez remis, je me hâtai de le lire. — Mon amie, disiez-vous, je suis encore près de toi pendant que tu me lis ; mon cœur te suit ; je veux régler l'emploi des premiers jours de notre séparation. Ma fille, je te demande de partir ce soir, de retourner au château, de passer la nuit dans notre chambre ; n'y serai-je pas encore si je dispose de toutes tes actions ?... Tu te lèveras de bonne heure demain ; tu iras sous le berceau où je t'ai remis mon anneau ; tu écriras dans cet endroit le récit que ton cœur te dictera. Mon cœur ne te quittera pas ; tu reviendras dîner, ma fille ; tu prendras un léger repas à l'heure où nous le prenions ensemble. Je te promets d'employer tout mon temps comme toi. Après demain, mon amie, tu partiras avec ta femme de chambre, et tu iras promptement à Paris. Le domestique que j'ai laissé te suivra; tous mes ordres sont donnés; les chevaux sont demandés; ma lettre pour ton père est dans le tiroir de mon bureau; toute ta garde-robe est arrangée par moi-même dans tes malles; chaque chose que tu toucheras je l'aurai touchée... Adieu, Marianne! N'aimeras-tu pas à vivre sous la direction de celle qui se trouve si malheureuse de t'avoir quittée? O mon enfant! tu agiras toujours d'après ma volonté la plus chère; car la sagesse sera toujours ton guide et ton soutien.

Cette lettre me calma. L'attention si délicate que vous aviez eue produisit les effets que votre tendre sagacité avait prévus; je relisais ce que je devais faire; il me semblait vous entendre me le prescrire; je n'étais pas seule; vos ordres et la bonté qui les avait dictés me restaient dans ma solitude.

J'arrivai chez mon père; je lui présentai votre lettre, et je l'assurai que, malgré la douleur qu'il m'était impossible de surmonter, il trouverait en moi une fille tendre et empressée d'obtenir son affection. Son accueil fut bienveillant; il m'installa dans sa maison, me dit de m'en regarder comme la maîtresse, d'en faire les honneurs et d'en prendre la direction. Cet état me parut bien pénible; recevoir beaucoup de gens qui ne m'inspiraient point d'intérêt par leurs qualités, ni d'estime par leur conduite; gouverner des domestiques qui cherchaient tous à s'enrichir; apporter de l'économie dans le train d'une dépense excessive, c'étaient bien des distractions fatigantes pour les sentiments dont j'aimais à m'occuper. Je vivais d'une manière contraire à mes goûts. Cela dura longtemps; et quand j'entendais dire par des jeunes personnes de mon âge que j'étais bien heureuse d'être rentrée dans le monde et dans une position brillante, que j'avais été élevée bien tristement, j'apprenais combien on se trompe ordinairement dans les jugements que l'on porte sur le bonheur et sur la peine. Ma seule consolation était d'écrire à ma tante; mais hélas! je n'eus que trop de raisons de croire que mes lettres ne lui parvenaient pas, et je ne reçus jamais des siennes.

Madame de Belfort dit à sa nièce qu'elle avait elle-même bien souffert de cette privation. — Ah! j'en avais la certitude, répondit madame Durand, et à ce chagrin se joignit bientôt une contrariété bien pénible. Mon père me parla de mariage et m'ordonna de choisir parmi plusieurs jeunes gens qui m'avaient demandée, qui lui convenaient également, mais qui étaient aussi loin les uns que les autres de me convenir. Je me souvenais des avis de ma tante ; ces avis étaient d'accord avec toutes mes réflexions. J'osai les communiquer à mon père ; il ne fit qu'en plaisanter. Vous êtes, me dit-il, bien scrupuleuse, bien romanesque ; vous parlez une langue oubliée ; vous exprimez des sentiments inconnus ; vous feriez mieux de vous conduire comme tout le monde, de prendre le parti d'aimer toutes les réalités, bonnes ou mauvaises, que vous pourrez trouver, sans idolâtrer de chimériques vertus. — Enfin, mes amis, vous savez tout ce que l'on dit dans le monde ; vous savez ce que l'on dirait de nous, de nos sentiments, de nos affections, du besoin d'honneur et de vertus si faciles à ridiculiser. — Oui, oui, dit madame de Belval, je conçois votre indignation et votre douleur.

J'étais bien malheureuse, je l'avoue ; mais je pensais à ma tante ; et le souvenir des injustices qu'elle avait éprouvées soutenait mon cœur.

Un jour mon père entra dans ma chambre, et me demanda si je persistais à refuser tous ceux qui me demandaient en mariage. Je l'affirmai. — Eh bien! me dit-il, il faut pourtant vous décider ; car je reçois une nouvelle demande qui m'expose à l'inimitié d'une famille puissante si je la repousse sans donner pour motif que vous êtes déjà engagée. — Quelle est donc cette demande? dis-je à mon père. — Un homme qui n'est plus jeune et qui est contrefait. — Je crois le connaître ; n'est-ce pas M. de Montcar? — Lui-même. — Hé bien, dis-je à mon père, puisqu'il faut absolument que je me marie, si ce parti vous plaît, c'est celui que je préfère. — Y pensez-vous? me dit mon père en riant. — Oui, mon père. — Savez-vous que vous me combleriez de joie? Mais vous faites donc grand cas de la fortune? — J'ignorais que M. de Montcar en eût beaucoup. — Il en a une immense. — Je ne connaissais que son caractère et sa raison. — Vraiment, je suis trop heureux qu'il vous convienne ! Mais est-ce bien vrai ? — Oui, mon père ; j'estime ses principes et sa conduite ; j'aime ses qualités ; tout ce que j'ai appris de sa bonté attire mon cœur.

Mon père fut ravi ; M. de Montcar le fut encore plus ; et peu de temps après je fus mariée à cet homme aimable et estimable. J'étais heureuse, et je tâchais de satisfaire mon époux par mon affection et ma conduite ; il me traitait avec des égards bien tendres ; il m'aimait ; et mon bonheur présent, qui surpasse tout celui qu'il me donnait, ne fait que m'apprendre à lui rendre justice, en me prouvant qu'à moins de la convenance parfaite qui fait aujourd'hui ma félicité, j'avais rencontré les principaux rapports dont le bonheur se compose.

Peu de temps après mon mariage, je perdis mon père, auprès duquel nous demeurions à Paris. M. de Montcar était d'une mauvaise santé ; il souffrait souvent ; il avait pour la peinture une passion contraire à son tempérament et qui lui faisait beaucoup de mal ; il en résultait pour moi des inquiétudes très-vives et qui m'attachaient encore plus à lui. Je le déterminai à habiter la campagne ; j'espérais qu'il s'y livrerait moins à son goût pour les arts ; je me trompais. Les charmes de la solitude ne firent qu'enflammer son imagination ; je lui reprochais quelquefois de préférer à mon affection le talent qui faisait ses délices ; ce doux reproche le touchait, mais ne le retenait pas ; j'étais secrètement affligée que l'affection lui fût moins nécessaire qu'à moi-même.

Je devins mère, et ce bonheur fut bien grand ; j'essayai vainement de nourrir mon fils ; je fus obligée d'y renoncer. Mon mari partagea cette peine comme il partageait celle que me causaient le silence de ma tante et l'inutilité de mes démarches pour avoir de ses nouvelles ; cette inquiétude était une source de chagrins. M. de Montcar, pour l'adoucir, avait tracé dans des tableaux charmants l'histoire de ma jeunesse, que je lui avais souvent racontée. Un portrait de ma tante l'avait aidé à la peindre dans les moments les plus intéressants de ma vie... C'est ainsi que j'adoucissais votre cruelle absence ; mais hélas ! je l'avoue, je craignais plus que l'absence ; j'espérais bien peu vous revoir sur la terre; et si je n'avais pas attribué quelquefois l'ignorance où j'étais de votre sort aux événements de la révolution, j'aurais perdu toutes les consolations de l'espérance.

Madame de Belfort embrassa bien tendrement madame Durand, qui semblait avoir besoin de se persuader son bonheur en se rapprochant de sa tante chérie. — Je vous ai dit, continua-t-elle, que nous habitions une de nos terres; les troubles qui ravagèrent la France nous forcèrent bientôt à la quitter; les grands biens de M. de Montcar furent saisis, et nous fûmes obligés de nous soustraire avec précipitation aux malheurs qui nous menaçaient. Dans cette fuite précipitée nous laissâmes notre enfant; il était malade; le voyage l'aurait exposé à mourir; sa nourrice était très-sûre; je lui donnai beaucoup d'argent, et je lui fis toutes les recommandations d'une mère.

Nous nous retirâmes en Allemagne; bientôt les fonds nous manquèrent. Nous fûmes obligés de tirer parti de nos talents pour vivre; cette peine m'affecta peu. Les chagrins que me causaient l'absence de mon enfant et l'incertitude du sort de ma tante étaient plus difficiles à supporter avec résignation. Pour M. de Montcar, il souffrait moins que moi des peines du cœur; mais il supportait avec moins de force le changement de climat et les privations de fortune. L'air de la France était nécessaire à son tempérament; ses habitudes, ses goûts, ne pouvaient être changés impunément.

Le souvenir de ce temps me montre bien de quelle manière les peines de la vie se distribuent et se balancent. Pendant la première année de notre émigration, je fus presque seule à gémir d'être séparée de mon enfant; les larmes de M. de Montcar se mêlaient rarement aux miennes; il m'accusait avec douceur de manquer de raison; et quand l'opulence nous fut enlevée, je ne me plaignis point; M. de Montcar fut malheureux. Les commodités du luxe auraient pu seules adoucir pour lui le changement de climat et d'habitudes. Tant que nous avions pu recevoir des fonds, nous avions fait des courses agréables; nous avions visité les plus belles collections de tableaux; nous avions rassemblé une société qui remplaçait celle de notre province. Mais quand nous avions vu nos ressources épuisées, quand nous n'avions plus compté que sur nous-mêmes, nous avions changé de manière de vivre, et, je vous l'ai dit, ce changement, qui ne m'affectait pas personnellement, était très-pénible pour M. de Montcar. Enfin, mes amis, ce mal cruel qu'on nomme ennui et qui compense tant de félicités apparentes, qui même est le fruit ordinaire des habitudes de félicité, l'ennui avait gagné mon mari; et moi, qui ne le connaissais pas, je ne pouvais cependant l'en distraire. Que son sort fut alors désolant! il en fut victime... Ne me demandez point, mes amis, les détails de ce douloureux événement; des larmes bien sincères furent données à M. de Montcar, et ma reconnaissance et mon estime honoreront toujours sa mémoire...

Le chagrin que j'éprouvai affaiblit ma santé, et me retint longtemps en Allemagne. Aussitôt que j'eus repris quelques forces, je songeai à aller chercher auprès de mon enfant les consolations les plus chères; malgré tous les dangers, je revins en France. Hélas! mes amis, une épreuve bien cruelle m'attendait encore! Cet enfant que je venais chercher avec tant d'empressement, cet unique objet de toutes mes affections, l'image de son père, le filleul de ma tendre amie, celui à qui j'aurais transmis les leçons de mon enfance, je ne le trouvai plus..., et j'ignorais s'il était mort, ou seulement perdu pour moi.

O ma tante! c'est bien alors que j'eus besoin de résignation! Mais alors encore, j'avais des moments d'une tristesse que j'ose appeler calme et heureuse; il me semble que je puis espérer, me disais-je, car je puis mériter un bonheur qui ne finira plus, par ma douceur à supporter un malheur qui doit finir... Cette disposition devint bientôt un baume consolateur; je repris peu à peu l'usage de mon cœur, de toutes mes facultés; je conservai seulement cette tristesse paisible qui me tenait lieu de plaisir.

Je me retirai dans les montagnes des Cévennes; un bien qui m'y restait me fut rendu par les soins de quelques amis; je vécus là dans une retraite profonde; la promenade, l'étude, reprirent leurs attraits; et mes souvenirs étant chers et honorables, la tranquillité de ma conscience me rendit bien des douceurs.

Je passai plus d'un an seule dans ces lieux. Au bout de ce temps je reçus la visite de Clara; elle avait découvert ma retraite. J'eus une bien vraie satisfaction en revoyant cette compagne de mon enfance; à mon retour chez mon père, je ne l'avais pas retrouvée; elle était déjà mariée, et elle voyageait. Nous avions cessé de nous écrire, et je l'avais perdue de vue. Elle était toujours la même, très-vive, très-étourdie; elle me raconta son histoire; beaucoup de brillants plaisirs, peu de vrai bonheur, bien des contrariétés, des aventures, des événements bizarres, des inquiétudes vives, et point de chagrins profonds; elle m'apprit qu'elle vivait mal avec son mari; qu'elle en était fâchée, qu'elle profiterait de son séjour près de moi pour prendre mes conseils et pour demander d'importants services à un jeune homme excellent, retiré dans mon voisinage, qui, étant l'ami intime de son mari, pourrait les réconcilier. — Je la priai de disposer de ma maison comme de la sienne, et d'inviter à venir nous voir celui dont elle désirait obtenir la bienveillante entremise. Clara avait conservé toute l'activité de sa jeunesse; elle écrivit sur-le-champ, envoya son billet... et le lendemain nous reçûmes une visite que je n'oublierai jamais.

Ni moi non plus, dit M. Durand en serrant tendrement la main de sa femme.

Nous nous promenions avec Clara sur une montagne assez voisine du château; nous parlions de notre enfance, de nos plaisirs, de ma chère et respectable tante; Clara disait qu'elle regrettait les premiers jours de sa jeunesse, et ce qu'elle appelait les illusions de la vie; pour moi, que des espérances chimériques n'avaient point abusée, je n'éprouvais point de semblables regrets; mes jours coulaient avec une douceur mêlée de tristesse, et j'aurais volontiers recommencé le passé de ma vie en ce moment où tout le bonheur qui m'était destiné allait parer mon avenir. Oui, Clara, disais-je; comme vous, mais par des motifs bien différents, j'échangerais tous les biens qui peuvent m'être donnés encore contre le retour de mon enfance; il me serait si doux de revoir ma tante chérie! — Je le crois, dit Clara; mais en faisant le même vœu, je regretterais ces charmes de l'incertitude que l'imagination jette sur l'avenir; car c'est à la faveur de cette incertitude même que l'imagination l'arrange,..... hélas! tout autrement qu'il ne vient!... Au reste, que sais-je s'il ne doit pas m'arriver encore les plus aimables aventures, si un bonheur inespéré ne doit pas couvrir de fleurs la fin de ma vie? Il est vrai, ajouta-t-elle, qu'il faut que les fleurs s'empressent d'éclore; car la saison s'avance chaque jour. — Toujours des fleurs, Clara, c'est tout ce que vous demandez! Pour moi, si je désirais un bien supérieur à l'amitié de ma tante, à l'affection de M. Montcar, ce serait de pouvoir réunir l'amitié, l'estime, la confiance, l'amour dans un seul objet...

J'achevais ces mots, lorsque Clara s'écria : Voilà Frédéric! et un instant après un jeune homme descendit de cheval et vint saluer Clara. Je vous présente un aimable et digne ami, me dit-elle.

La physionomie, les manières et le langage de Frédéric, confirmèrent l'éloge que m'en avait déjà fait ma cousine; mon accueil, rempli de bienveillance, fut d'accord avec les sentiments que j'éprouvais.

Clara proposa de prolonger la promenade; nous arrivâmes bientôt dans un vallon charmant; nous y trouvâmes un asile frais et agréable. Que ces montagnes sont belles ! dit Frédéric. —Les aimez-vous donc toujours autant? dit Clara. — Toujours; et vous, Clara, aimez-vous Paris avec autant de constance?— Je ne crois pas l'aimer beaucoup, et pourtant je ne puis m'en tenir éloignée. — Vous êtes donc toujours la même? — Hélas! oui. Écoutez, Frédéric, ma cousine est mon amie; je lui ai dit tous mes secrets; je puis vous parler devant elle, et vous n'avez aucune réserve à garder; je ne vous dirai pas seulement qu'elle est digne de ma confiance; je vous assure qu'elle serait également digne de toute la vôtre.

Frédéric sourit; je rougis, et Clara continua avec la même légèreté : Je voudrais confier ma conduite et mes secrets à Marianne de préférence à moi-même, et avec autant d'abandon qu'à vous ; jugez si vous devez nous parler librement. — Frédéric allait parler. — Avez-vous reçu des nouvelles de mon mari? dit ma vive cousine. — Oui, Clara. — Hé bien! il se plaint; il joint mes torts aux siens. — Il se plaint, il est vrai, dans le sein de l'amitié; mais ce ne sont pas des plaintes légères ou injustes; vous l'avez désolé; vous avez méconnu ses qualités heureuses; vous avez abusé de sa bonté, de l'indulgence de son caractère; et, loin d'employer votre amabilité pour le bonheur de votre époux, vous avez fait qu'il a souvent regretté de vous voir si aimable. — Il vous dit tout cela? — Non pas précisément, mais je le vois. — A-t-il toujours la même confiance en vous? — Rien ne pourra l'altérer; votre époux a le caractère le plus solide et le plus tendre; Clara, vous m'avez ordonné la franchise, et mon amitié pour vous me l'ordonne également; vous aviez un caractère différent de celui de mon ami; mais vous auriez pu être si heureuse! — Est-ce donc impossible désormais? dit Clara. — Non, ce ne serait point impossible; j'ose l'espérer encore, et tous les soins me seraient bien doux pour y parvenir. Parlez, Clara, vous sentiriez-vous disposée à sacrifier au vrai bonheur vos frivoles plaisirs? Voulez-vous employer tous les dons que vous avez reçus à rendre à mon ami la paix et l'intimité de famille?

Frédéric était attendri; je vis quelques larmes mouiller ses paupières; mon cœur fut profondément touché; je ne cherchai point à retenir mon émotion. — Quel ami vous avez, Clara! m'écriai-je. Écoutez son cœur et sa raison. — Appuyez-moi, me dit Frédéric; votre douce voix doit si bien défendre les droits de la sagesse! — Et sa conduite présente de si touchants exemples! dit ma cousine, en pleurant.

Frédéric me regarda; le tendre respect, l'amour timide, étaient dans ses yeux...; et dans mon cœur, je sentis que j'aimais, que j'étais aimée; nous venions de nous connaître.

Mon cher ami, dit Clara, dites-moi donc ce que mon mari vous a écrit. — J'y consens : voilà sa lettre :

« O mon ami! disait le mari de Clara, j'ai besoin de soulager mon cœur; je suis dans un de ces instants de malheur qui ne trouvent pas même assez de consolations dans l'amitié. Cette Clara que j'aime malgré ses défauts, cette femme dont j'appréciais toutes les qualités..., elle me repousse! Tu sais de combien de ménagements j'ai usé envers elle; tu as vu des scènes vives et pénibles, des caprices, des folies, de l'aigreur, troubler ma félicité, sans altérer ma modération et mon indulgence. Je l'aime, disais-je ; je dois la supporter : elle manque de douceur, de raison, de prudence ; c'est à moi à en avoir pour nous deux... J'ai rempli ce devoir, mon ami ; je l'ai rempli longtemps, et l'amour que j'avais pour Clara m'en ôtait le mérite : cet amour, lorsqu'il a été diminué par mes peines, a été soutenu par ma volonté ; et mon indulgence ne s'est point affaiblie. Aujourd'hui la mesure de patience et de douceur est comblée ; Clara, fière d'être restée sage dans un temps où les mœurs sont si légères, et croyant qu'il n'est point d'autre offense que l'infidélité, s'irrite de mes plaintes, et m'accuse quand je souffre de ses torts... D'abord elle s'en est amusée, bientôt elle a répondu avec humeur à mes reproches les plus doux et les plus justes ; l'aigreur et la colère ont suivi... J'avais acheté une maison de campagne ; je voulais partager l'année entre ce séjour et celui de Paris ; j'avais vu Clara désirer vivement cet arrangement ; lorsque je lui ai annoncé que l'acquisition était faite, son désir était changé ; d'autres projets étaient formés ; elle m'a protesté qu'elle ne quitterait point Paris ; le jour était pris pour notre installation dans un lieu ravissant ; j'avais invité des parents et des amis respectables ; en vain j'ai employé les raisons les plus fortes et les sentiments les plus tendres. Clara, se disant lasse de sa faiblesse, mais n'étant forte que de mon indulgence, a pris un appartement séparé du mien, et elle dit nos caractères incompatibles!... Peut-être aurais-je encore pardonné cette scandaleuse étourderie, peut-être aurais-je reçu Clara, comme je l'ai fait tant de fois, si elle ne m'avait froidement écrit pour me demander une pension... O Frédéric ! que n'ai-je suivi vos sages conseils ! Je ne l'aurais pas épousée, ou je serais tranquille, et elle raisonnable.... Je le sens aujourd'hui, mon ami, la raison et la sagesse dictaient les règles de conduite que vous vouliez m'imposer.... Il n'est plus temps ; ce ne sont plus des avis que je vais recevoir de vous, je le sais bien ; ce sont des sentiments tendres, des preuves d'amitié.... Écrivez-moi, plaignez-moi, et peut-être recevez-moi bientôt. »

Clara ne put entendre cette lettre sans fondre en larmes,

et, par un de ces mouvements dont elle ne paraissait jamais la maîtresse, elle prit la lettre des mains de Frédéric pour aller la relire seule dans le bois. Nous fûmes peu étonnés de cette précipitation. — Vous connaissez bien ma cousine, dis-je à Frédéric. — J'ai bien étudié son caractère, me répondit-il ; je suis, comme vous venez de le voir, l'intime confident de son mari ; notre liaison date de notre enfance, et ne s'est jamais ralentie. Lorsque mon ami vit Clara pour la première fois, il en fut vivement épris. J'observai l'impression profonde qu'il recevait, et les qualités de celle qui le passionnait. Clara était pleine de grâces et de charmes ; elle avait mille avantages précieux, mais sans tenue ni solidité ; son humeur était pleine de contrastes ; elle s'abandonnait à tous ses premiers mouvements, s'enivrait de ses succès ou de ses plaisirs, se désolait de ses peines, tout cela avec une excessive rapidité.

J'engageai mon ami à réfléchir sur ce caractère, à penser aux chagrins qu'il pourrait souvent en recevoir. Mais je vis que l'amour l'entraînait ; je le priai du moins de voir ce qui manquait à son idole, afin de ne pas élever ses espérances de bonheur bien au-dessus de la réalité. — Sois tranquille, mon cher Frédéric, me dit-il : je ne crois pas Clara parfaite ; je sais d'avance que quelques peines seront à côté des plaisirs que j'espère, mais j'aimerai ces peines en pensant à leur cause ; on s'acquitte sans regret des charges qui tiennent aux droits que l'on a désirés.

Mon ami épousa Clara ; il se conduisit comme il me le rappelle dans sa lettre ; votre cousine aurait pu obtenir facilement tout le bonheur d'une épouse adorée...— Oui, s'écria Clara, en revenant vers nous, je l'aurais pu, je l'aurais dû, car mon mari le méritait. Le ciel est bien injuste de lui avoir donné une femme si peu digne de tant de bontés ! Clara continua sur ce ton ; elle s'accusa avec une franchise et une vivacité qui m'attendrirent ; et en rentrant, elle me fit l'éloge le plus touchant de son époux.

Je l'écoutais, je l'encourageais ; Frédéric en faisait autant ; mais il ne partageait pas ma confiance. Clara sortit un instant ; j'en profitai pour féliciter l'ami de son mari sur les résolutions qu'elle semblait former.— Sans doute, me dit-il, je m'applaudis de l'avoir touchée par mes discours et par la lettre de mon cher Albert ; mais j'ai commencé tant de fois de semblables effets sur elle que je n'ose me livrer à l'espoir. Cependant, je l'avoue, ses dispositions me paraissent plus prononcées que jamais ; et elle est d'ailleurs dans une situation qu'elle n'avait point encore éprouvée.

En vérité, dis-je à Frédéric, le sort assemble des époux qui se conviennent bien peu. — Les unions parfaites sont très-rares, dit Frédéric ; mais n'est-ce pas un bonheur, souvent, que cette inégalité dont on se plaint ? Si Clara avait épousé un homme aussi peu favorisé qu'elle par la raison et la prudence, quelle union en serait résultée ! que de malheurs peut-être ! — Hélas ! oui, dis-je, et je pensai à mes parents. — Ces mariages en apparence si mal assortis, dit Frédéric, sont, je crois, une des combinaisons les plus sages de ce sort qu'on traite d'aveugle. Une femme douce et raisonnable retient souvent un homme que ses passions ou ses défauts entraîneraient : un homme raisonnable établit toujours l'ordre et la paix dans sa maison. Si l'amour et les convenances parfaites ne rapprochaient que les époux dignes de s'unir sous tous les rapports, tous les avantages seraient concentrés dans un petit nombre de familles privilégiées.

Clara vint nous rejoindre. Frédéric, dit-elle, que signifie donc cette phrase de la lettre de mon mari : *Si j'avais suivi tes conseils, je serais tranquille, et elle raisonnable.* — Vous ne vous fâcherez pas, si je vous l'explique ? — Non, non, je ne me fâcherai pas. — Hé bien, Clara, j'avais jugé votre caractère ; je viens de le dire à votre cousine. Lorsque Albert vous épousa, je lui fis toutes les représentations de l'amitié ; je désirais mon bonheur dans le sien. Au bout de très-peu de temps, je vis qu'il s'écartait de la seule conduite qui pouvait assurer votre félicité et la sienne ; je lui écrivis ce que je pensais. Mon ami, lui dis-je, vous avez une femme aimable et honnête, mais sans prudence, sans raison, et hors d'état de se conduire ; mille chagrins vont naître pour elle et pour vous de ses étourderies et de ses caprices. C'est un enfant qu'il faut diriger ; si vous voulez qu'elle profite de ses avantages, et ne souffre point de ses défauts, ayez pour elle tous les égards, toute la tendresse que votre amour et vos devoirs vous rendent si faciles ; mais faites-vous aussi un devoir de commander chez vous, et surtout à elle, de vous faire respecter et obéir ; vous n'en serez que plus chéri. Les enfants les plus heureux et les plus tendres sont les moins gâtés ; et, je vous le répète, Clara est la plus aimable des enfants.

Vraiment, dit Clara, je crois que vous avez raison, et que mon mari, avec moins de condescendance, m'eût épargné bien des peines; cependant ne tirez pas trop d'orgueil de cet aveu. Ce besoin d'être gouvernée tient peut-être à ma mauvaise éducation, et ne s'étend pas, sans doute, à tout notre sexe ; n'est-ce pas Marianne ? — Et si je vous disais que je pense, au contraire, que tout notre sexe aurait besoin d'être gouverné avec bonté et sagesse, si je vous disais que je crois qu'une juste soumission peut seule être l'appui de notre faiblesse, et le supplément de ce qui d'ordinaire manque à notre prévoyance et à notre raison ? — Je dirais, s'écria Frédéric, qu'une femme qui parle et pense ainsi est digne d'être adorée ! — O mon cher Frédéric, dit Clara en riant, quelle véhémence ! Frédéric baissa les yeux ; je rougis, et nous changeâmes de conversation.

Quand je fus seule, je pensai à Frédéric ; il avait fait sur mon cœur une impression profonde. Je n'osais point me dire que ce sentiment fût de l'amour, mais seulement qu'il était bien doux. Clara avait invité cet ami si digne de confiance à revenir le lendemain ; elle voulait se concilier avec lui pour écrire à son mari. Frédéric vint de très-bonne heure. — Que vous êtes obligeant ! lui dit Clara ; quel puissant mobile pour vous que l'amitié ! — Frédéric me regarda timidement, en répondant à Clara, et je ne pus m'empêcher de voir que j'étais de moitié dans la cause de son empressement.

La journée se passa comme la veille, en conversations douces et raisonnables. Le soir vint trop tôt à notre gré. Quand Frédéric nous eut quittées, Clara me dit qu'il avait profité d'un instant où je les avais laissés seuls, pour lui témoigner les sentiments que lui inspirait mon caractère. Chère cousine, me disait Clara, il vous estime, il vous admire : l'amour viendra bientôt, s'il n'est déjà venu. Frédéric a l'âme ardente, des mœurs pures ; il mène une vie simple qui entretient toute l'énergie de ses vertus ; il n'est point frivole comme nos jeunes citadins. Cet habitant des montagnes, ce sauvage, dont toutes les pensées sont mûries par la retraite, et échauffées par la nature, va vous aimer comme au plus beau temps de l'amour et de l'honneur. Prenez garde à vous, Marianne ; je vous prédis ce qui vous menace : on ne rebute pas aisément un amant comme Frédéric.

Je répondis en riant aux prédictions de Clara : Vous êtes encore trop jeune pour avoir beaucoup de prévoyance, et moi je n'ai plus assez de jeunesse et de beauté pour inspirer une passion... Je l'avoue, mes amis, je mentais un peu à mes pressentiments et à mes espérances en répondant ainsi à Clara ; mais elle était si étourdie ! elle aurait tout répété à Frédéric. Elle lui dit un jour devant moi qu'il m'aimait, que je le lui rendais peut-être. Je fus extrêmement embarrassée ; Frédéric eut l'adroite délicatesse de détourner cette conversation.

Cependant je sentais mon cœur se pénétrer chaque jour pour lui d'admiration, d'affection et d'estime ; bientôt je ne doutai plus que tous ces sentiments réunis n'eussent le droit de prendre le nom d'amour. Je ne doutais pas non plus du retour le plus tendre ; Frédéric me le montrait dans tous ses discours, dans toutes ses actions ; et, sans me dire qu'il m'aimait, il me l'exprimait sans cesse. Oh ! combien il est doux ce début du bonheur ! que l'aurore de l'amour est bien digne des beaux jours qu'elle annonce ! Timidité touchante, craintes délicieuses, tendre agitation, confuses espérances !...

Nous allions tous les soirs reconduire Frédéric sur le chemin du village qu'il habitait. Pendant ces promenades, Clara s'écartait souvent ; une belle plante l'attirait ; un joli enfant appelait ses caresses ; un berger qui conduisait son troupeau l'arrêtait encore. Frédéric me parlait alors avec plus de tendresse ; il ne prononçait pas, il est vrai, le mot d'amour ; mais que d'amour dans ses regards, dans son admiration pour la nature ! quel doux attendrissement ! quelle élévation dans nos sentiments et nos pensées !

Je m'arrête avec délices sur ces beaux jours, mes amis. Une circonstance bien imprévue vint presser le bonheur qu'ils me promettaient.

Clara était chez moi depuis trois semaines. Il y avait déjà quinze jours qu'elle avait écrit à son mari, dans la disposition touchante que Frédéric avait communiquée à son cœur. Frédéric avait joint une lettre à la sienne, et ils s'inquiétaient l'un et l'autre de ne point avoir de réponse, lorsqu'une lettre d'Albert leur fut remise, en ma présence. Clara brise le cachet avec une impétuosité qui ne nous étonne pas; Frédéric partage son impatience. Grand Dieu! s'écria ma cousine, mon mari est ruiné! On a cru que je l'avais quitté pour soustraire notre fortune à une banqueroute! Des ménagements nécessaires, des fonds qui auraient couvert ses emprunts sont maintenant perdus; ses biens sont saisis; il a tout sacrifié; il ne doit rien, mais il est ruiné. Clara parlait avec exaltation. Eh quoi! ajouta-t-elle, il a conservé mes biens, et il se dit ruiné!

Marianne! ma chère amie, ordonnez que l'on aille chercher des chevaux de poste, et félicitez-moi; je vais revoir Albert, je vais embrasser ses genoux. Comme il m'a traitée! comme il m'a punie! disait-elle. Séparer nos biens, et c'est moi qui l'ai ruiné.

Frédéric voulait engager Clara à ne partir que le lendemain, dès le point du jour. — Non, non, dit-elle, je ne perdrai pas un instant. — Je voudrais vous accompagner, dit Frédéric; mais vous savez que je suis seul auprès de ma mère et de mon fils adoptif. Votre cœur dira à mon cher Albert tout ce que j'éprouve de douleur de n'avoir pas de fortune à partager avec lui. — Je lui dirai ce qu'il sait, que vous êtes un ami incomparable : adieu, Frédéric. En écrivant à Albert, répétez-lui vos sages conseils; qu'il les suive; qu'il soit mon époux et mon maître : soumise à l'amour et à la raison, je serai plus heureuse dans notre médiocrité que je ne le fus au sein de l'opulence.

On vint dire que les chevaux étaient prêts; Clara me serra dans ses bras, embrassa Frédéric, m'embrassa encore, et se jeta dans la voiture qui l'entraîna loin de nous.

Nous étions saisis d'étonnement et d'émotion ; nous pleurions, nous regardions la voiture s'éloigner rapidement. — Bonne Clara ! puisse-t-elle être heureuse ! dis-je à Frédéric. — Je crois pouvoir l'espérer : cette leçon sera salutaire. La médiocrité, en bannissant les distractions frivoles, facilite la réflexion et resserre les liens de l'intimité. — Je vous en prie, écrivez à votre ami ; racontez-lui tout ce que Clara nous a montré de dispositions touchantes. — Je vous le promets ; l'intérêt que vous prenez à mon ami me le rend plus cher encore.

Toutes les fois que Frédéric me parlait de sa tendresse, j'évitais de répondre ; mais cette fois j'étais si émue, si troublée par le départ de ma cousine ! — Je connais votre cœur, dis-je à Frédéric, sans trop savoir ce que je disais. — Vous le connaissez, Marianne : ô ciel ! serait-il vrai que vous le connaissez ! Il pressait mon bras appuyé sur le sien ; nous marchions doucement sur le revers d'une montagne ; le ciel était pur, l'air frais et embaumé ; la lune éclairait seule nos pas tranquilles ; le silence, la nuit, la nature, ajoutaient des émotions profondes à la douceur de nos premiers aveux. O Marianne ! parlez-moi, dit Frédéric. Votre main tremble dans la mienne ! vous êtes touchée des sentiments que j'éprouve : vous dites que vous connaissez mon cœur ; vous savez donc qu'il est rempli d'amour ! — Je le crois, Frédéric ; mais pourquoi parler d'amour ? pourquoi ne pas nous livrer à ces sentiments d'estime et d'affection qui suffisent au bonheur ?... Si vous saviez combien vous m'êtes cher, combien vos vertus me touchent, vous seriez peut-être heureux sans amour... — Marianne, s'écria Frédéric, je suis heureux, je suis le plus heureux des hommes ; redites-moi que je vous suis cher, appelez-moi votre ami. — Eh bien oui, mon ami, vous m'êtes bien cher... — Marianne, mon amie adorée, je suis ton ami !... Frédéric fut obligé de s'appuyer sur un arbre ; je fus effrayée de son émotion ; je pris une de ses mains avec inquiétude ; ses larmes le soulagèrent ; je ne pus retenir les miennes... O Frédéric ! tu t'en souviens, dit madame Durand en serrant sur son cœur la main que son mari lui présentait.

Mes amis, continua Marianne, voilà Frédéric : ma tendresse

et ma félicité sont plus faciles à comprendre en voyant mon époux qu'en écoutant mon histoire. Je veux cependant l'achever ; elle n'offrira plus, il est vrai, que des peines bien légères, attachées aux plus grands biens ; mais si les premières années de ma vie ont réuni plus de maux que de plaisirs, n'est-il pas juste que le bonheur acquitte aujourd'hui les dettes de ma jeunesse ? — Ah ! votre bonheur vous appartient, dit M. de Murville ; votre conduite et vos vertus l'ont bien mérité. Continuez, je vous en conjure, votre touchante histoire.

L'aveu mutuel de notre amour, dit madame Durand, nous fit éprouver une félicité céleste ; nous ne désirions rien, nous ne formions encore ni projets ni espérances ; nous aimions, nous le disions, nous le sentions avec délices, et nous ne vivions que pour le sentir. En ce moment, que j'essaierais vainement de vous peindre, assis sur le gazon, au sein d'une solitude profonde, pouvant livrer nos cœurs sans distraction à l'amour, laissant couler nos larmes sans contrainte, Frédéric tenait une de mes mains : il la pressait tendrement sur son cœur ; nos regards se rencontraient et s'entendaient. Nous passâmes peut-être bien du temps dans ce délicieux état. Amour chaste et vertueux ! toutes ses pensées, tous ses désirs ont tant de charmes et de pureté !

Frédéric se retira. A demain, mon ami, lui dis-je. — O Marianne ! être votre ami et vous quitter ! — Il me reconduisit jusques à la porte de mon habitation. Quand je fus seule, je pensai à mon amour, à mon bonheur ; je vis une liaison de confiance intime, de sentiments purs et honorables, parer, enchanter ma vie ; je m'y livrai avec le plus tendre espoir. Le lendemain je me levai avec le jour ; oh ! comme il me parut beau ! combien la nature était touchante et ma demeure délicieuse ! Ce n'étaient plus les douceurs de la résignation et de la solitude qui m'environnaient, c'étaient tous les charmes de l'intimité, tous les liens d'une société ravissante !... La nature, la bienfaisance, la promenade, tous mes biens étaient animés par l'amour...

Frédéric vint de bien bonne heure ; toutes les journées qui

suivirent notre premier beau jour s'écoulèrent avec rapidité; nos promenades, nos lectures, nos conversations, nos visites dans les pauvres chaumières, tout resserrait nos sentiments et nous donnait le vrai bonheur.

Un jour Frédéric me dit : Marianne, nous nous aimons si tendrement, ne serons-nous donc jamais époux? — Mais nous sommes si heureux! — C'est pour l'être toujours. — Je rougis, et des larmes mouillèrent mes joues brûlantes. — Vous ai-je affligée, Marianne? ah! parlez; si mes vœux vous affligent, je... — Ce sont vos vœux? dis-je à Frédéric. — Oh! oui, bien ardents, bien sincères. — Vous n'êtes donc pas aussi heureux que moi? — Je suis heureux...; mais si j'étais votre époux, je le serais davantage. — Allons nous asseoir sur ce banc de gazon; je vous ouvrirai mon cœur; peut-être répandrai-je bien des larmes! — O mon amie, c'est moi qui dois les essuyer!

Nous allâmes nous asseoir. Le temps était couvert; une teinte de mélancolie rendait la nature plus touchante. — Je vous aime, Frédéric, et je donnerais mille fois ma vie pour vous; je n'ai jamais aimé comme je vous aime; mon cœur a connu l'amitié la plus vive, l'estime la plus tendre; mais il n'avait pas connu, avant de vous trouver, l'union de tous les sentiments : il n'avait pas connu l'amour. — O Marianne! — Laissez moi parler, mon ami.

J'ai eu bien des chagrins; ma santé est affaiblie; ma jeunesse sera bientôt passée. Pourrai-je devenir mère? pourrai-je vous plaire? Frédéric, le mariage est si doux lorsqu'il donne l'espoir d'une famille! Vous méritez toutes ces douceurs... J'ai été mère, Frédéric; des instants de tristesse me le rappelleront souvent, et cette tristesse vous affligera vous-même. J'ai eu un époux estimable, et dont la mémoire me sera toujours chère; quand je le pleurerai comme je pleurerais un frère, un père chéri, la jalousie ne rendra-t-elle pas ces larmes amères pour vous?... O mon ami! j'ai des liens qui vous sont étrangers; une jeune personne qui aurait un cœur comme le mien vous rendrait plus heureux... Mais pourrait-on avoir pour toi un cœur comme le mien? m'écriai-je en cachant mon visage inondé de larmes! — O Marianne! tu m'aimes, et tu doutes de mon amour! — Frédéric pressait ma main... — Je serai ton époux, Marianne, prononce mon bonheur. — Eh bien! oui, je serai ta femme; tout ce qui me manque, je le remplacerai par l'amour.

Nous rentrâmes à la maison. Frédéric me sollicita de fixer le jour de notre mariage. Nous décidâmes que Clara et son mari en seraient les témoins, et qu'en les priant de venir nous rendre ce doux office, nous remettrions à leur arrivée le temps de notre union.

Le soir même nous écrivîmes à Clara, à son époux, et nous convînmes que le lendemain Frédéric me présenterait à sa mère.

Frédéric me quitta le soir à l'heure ordinaire; je ne pus dormir; des idées ravissantes m'en empêchèrent; d'autres idées douces et tristes s'y mêlèrent. Je me levai avec le jour, et j'allai me promener sur la montagne qui dominait mon habitation. Je regardai cette antique demeure où j'avais passé seule plusieurs années, où je croyais passer ma vie. Je me rappelais les réflexions douloureuses que mon isolement m'avait souvent inspirées. Il y avait deux mois que dans ce même lieu, en regardant ma solitude, en songeant que je n'avais plus de parents à soigner, d'enfant à élever, j'avais versé des larmes amères.... Aujourd'hui, m'écriai-je, ce sont des larmes de joie qui baignent mon visage; ces lieux vont être habités par le maître de mon cœur. La tendre mère qui m'a donné la vie, la tante incomparable qui a soigné mon enfance, vont être remplacées dans ce lieu par l'époux qui me rappellera leur bonté. L'estime que m'inspirait M. de Montcar, il la partagera, il l'approuvera dans mon cœur; il réunira tous les sentiments que j'ai connus et tous ceux qui composent l'admiration et l'amour. Oh! combien ma félicité et mes espérances dépassent les souvenirs qui faisaient couler mes larmes!... Il n'est que toi, ô mon enfant, qu'il ne remplacera pas, et si je suis mère, mes regrets n'en seront point effacés. Je pleurerai le frère de mes enfants... J'aurais trouvé si doux de te donner à l'homme vertueux à qui je donne mon cœur et mon estime!

O mon cher enfant! tu vis peut-être, et tu es perdu pour ta mère et pour le père que tu aurais reçu de ma tendresse!... Mon émotion devint si vive que je ne pus retenir mes sanglots. Au moment d'être heureuse, je pensais à mon enfant, et cette douleur, que plusieurs années avaient comme engourdie, se ranimait dans mon cœur. Frédéric arriva. Je me levai en lui tendant la main. — Qu'avez-vous, mon amie? vous pleurez aujourd'hui, et ce n'est pas d'amour? — Oh! c'est toujours d'amour! je regrettais le plus cher présent que mon cœur eût pu vous faire; vous savez que j'ai été mère, que j'ai perdu mon enfant? — Pleure, Marianne, pleure avec moi et sur mon sein; et, si nous avons des enfants, ils pleureront aussi leur frère. — Oh! que votre cœur est sensible et bon, Frédéric! comme il comprend la douleur maternelle!

Frédéric me donna le bras, et me conduisit dans un vallon charmant. Nous parlerons souvent de votre fils, me dit-il; mais aujourd'hui vous ne pourrez voir le mien; ma mère est obligée de s'absenter avec lui; nous n'irons que demain leur rendre la douce visite dont l'annonce et le motif les ont comblés de joie. Aujourd'hui, chère Marianne, je voudrais vous raconter mon histoire : elle sera courte; elle n'offre rien de brillant; mais elle sera digne d'intéresser votre cœur.

Je remerciai bien tendrement Frédéric; j'aimais à penser que j'allais reprendre possession, par son récit, de tous les instants de sa vie, de tout ce passé que j'aurais voulu embellir de mon amour.

Nous nous assîmes. Je sais d'avance, dis-je à Frédéric, que je vais voir la plus belle âme et le cœur le plus tendre. Les lettres que Clara m'a prêtées m'ont appris à vous juger et à vous estimer. — Vous avez vu cette longue correspondance, Marianne! — Oui, j'ai admiré la vertu donnant des conseils; faites-moi admirer ses actions.

Mes amis, dit Marianne, je vais vous raconter l'histoire de Frédéric. Il désire que je l'acquitte envers vous de cet engagement; vous ne me refuserez pas la douceur de le remplir.

HISTOIRE DE M. DURAND.

Ma chère Marianne, me dit-il, je suis né de parents pauvres et obligés d'employer une économie bien sévère pour subvenir aux frais de l'éducation soignée qu'ils me donnaient. Ma mère était bonne et tendre, mon père un peu dur, mais juste et rempli d'honneur. Les meilleurs, les plus sages principes me furent inspirés par le conseil et par l'exemple; nos mœurs étaient simples : mon père avait conservé celles des anciens temps, dans les camps où il avait passé sa jeunesse; il les avait rapportées pour toute fortune; une croix honorable avait fait toute sa récompense; il cultivait lui-même le petit domaine que j'habite encore avec ma mère. Pour moi, j'étais au collége de la ville voisine; c'est là que je connus Albert, et que commença notre vive amitié. Il avait beaucoup de fortune; ses parents, qui demeuraient à Paris, n'épargnaient rien pour son instruction et ses plaisirs : son amitié lui fit désirer de les partager avec moi; il en demanda la permission à son père, et l'obtint aisément. Nous fîmes toutes nos études ensemble, et je profitai de tous les maîtres qui lui furent donnés. Quand notre éducation fut terminée, mon ami obtint de ses parents que, si les miens y consentaient, je le suivrais à Paris, où il devait étudier en droit, étant destiné au barreau par sa famille. Mon père et ma mère me permirent avec joie de suivre Albert; je me livrai à l'étude du droit comme lui, sous la protection et avec les généreux secours de sa famille. Nous avions des succès l'un et l'autre; nous étions chaque jour plus heureux de notre amitié, lorsque nous fûmes jetés dans le chagrin par une aventure embarrassante et fâcheuse.

Il y avait dans la maison d'Albert une jeune personne vive et légère; on l'avait mal élevée et encore plus mal mariée. Bientôt une séparation était devenue inévitable; cette jeune femme était sous la tutelle de son oncle, père de mon ami. Elle rentra sous sa protection; mais elle était bien déplacée dans cette famille vertueuse, chez qui les mœurs du siècle précédent semblaient habiter encore. Elle offrait surtout un contraste frappant avec l'innocente sœur d'Albert, jeune fille trop aimable pour mon repos, et trop sage pour encourager mes plus vagues espérances.

Nous vivions dans une respectueuse intimité avec toute cette famille, que j'appellerais volontiers la mienne. La mère d'Albert, surveillante et sévère pour tous les jeunes gens qui venaient dans sa maison, me distinguait par une confiance qui soutenait mes forces. Entouré de sagesse et d'honneur, j'aurais préféré tous les malheurs à un plaisir coupable; mais j'étais jeune, ardent, j'avais besoin d'amour.

Je fus bien malheureux. Cette jeune personne ignora mes sentiments et mes combats; son frère les ignora de même; son amitié trop tendre eût cherché à me donner des espérances que je n'osais entrevoir et que les événements semblaient ne pouvoir réaliser. La sœur de mon ami était promise par son père.

Pendant que je dévorais ce premier feu d'une passion dont la pureté augmentait l'ardeur, la jeune cousine dont je vous ai parlé, accoutumée à céder à ses fantaisies, à prendre la coquetterie pour de l'amour, avait résolu d'attirer mes hommages; l'austérité de la maison qu'elle habitait, et les droits que sa conduite avait donnés sur elle, la réduisaient au cercle étroit de la famille; elle avait tenté vainement d'entraîner Albert. J'avais reçu les confidences de mon ami; embrasé d'amour, il avait résisté; mon admiration, mon estime, avaient honoré ses efforts; mon amitié avait adouci ses sacrifices. J'eus bientôt mon tour. Tout ce que les grâces et la beauté ont de plus séduisant fut employé... Le sentiment pur et profond qui occupait mon cœur me défendit; mais que de combats ne m'étaient point livrés par ce sentiment même!

Je crus devoir m'absenter; l'embarras de ma position m'y réduisit; je le dis à mon ami; il demanda à ses parents la permission de voyager avec moi dans le midi de la France, et nous partîmes ensemble.

Ce voyage fut très-agréable, il apaisa nos chagrins; nous admirions la nature comme nous avions éprouvé l'amour. Pour moi, mon plaisir fut si grand lorsque je parcourus les belles montagnes des Pyrénées, que mes vœux étaient de m'y fixer un jour.

Mon ami partageait mes désirs, mais avec moins d'ardeur. Nous revînmes à Paris; mon ami reprit sans souffrir l'état qui devait le fixer au sein des villes; et moi j'avais laissé mon âme et mes espérances dans la solitude, et je n'envisageais qu'avec une sorte d'horreur l'état qui devait m'en arracher pour toujours.

Une tristesse profonde s'empara de mon cœur. Mes lectures furent choisies dans cette disposition et l'augmentèrent. Que ferai-je à Paris? m'écriai-je; je suis sans fortune; qui me donnera une compagne? et qui me dédommagera de n'en point avoir? qui me consolera de ne pouvoir me livrer ni à la méditation, ni au sentiment de la nature? Je devins misanthrope; je fus bien malheureux. La reconnaissance me liait à la famille de mon ami; mon père m'ordonnait de suivre l'état que j'avais pris; en revenant près de lui, j'aurais augmenté son indigence. Je ne le fis pas; je respectai tous mes devoirs, mais j'en fus accablé. O Marianne! je le répète, j'étais bien malheureux! La dépendance d'un état que je n'aimais point, la dépendance de la pauvreté, celle de la reconnaissance, tous les liens entravaient mes goûts, mes vœux, et même mes talents. Oh! combien de jeunes gens sages et ardents ont dû éprouver ces peines! combien elles obscurcissent les plus beaux jours de leur vie! combien elles les portent à déplorer les dons de la sensibilité!

J'étais dans cette position cruelle, et je la cachais à mon ami; lorsqu'il fit connaissance avec Clara; sa famille consentit à ses vœux; vous savez ce que je lui dis, et comment ce mariage fut conclu; j'en fus témoin; je ne portai point envie au bonheur de mon ami, je l'aurais assuré aux dépens du mien; d'ailleurs Clara ne touchait pas mon cœur; mais c'était une femme; c'était un mariage, et j'étais seul, peut-être destiné à l'être toujours. Encore si j'avais pu l'être au sein de la nature; mais j'étais isolé au sein de la société.

Une circonstance vint enfin changer mon sort par une nouvelle crise de douleur. La sœur d'Albert avait passé une année dans un couvent; nous ne l'avions pas trouvée chez ses parents au retour de notre voyage; on la fit venir quelque temps après le mariage de son frère : elle était grandie, embellie; elle ralluma dans mon cœur un feu que je croyais éteint. Son respectable père la destinait au fils de son meilleur ami, elle le savait depuis longtemps; cependant un jour son frère vint dans ma chambre d'un air désolé : Frédéric, me dit-il, votre vertu peut seule nous sauver d'un chagrin cruel : ma sœur vous aime avec une tendresse dont je ne la croyais pas susceptible; elle n'a fait cet aveu qu'à sa mère, elle veut rentrer dans son couvent, se refuser aux engagements de mon père. Cher Frédéric, les sentiments de ma sœur sont si justes, son amour a un objet si digne de l'inspirer, que nous tremblons de ne pouvoir l'en guérir. La mère d'Albert entra en ce moment, se plaça près de moi, prit ma main avec tendresse; ses yeux étaient mouillés de larmes. — Je voudrais pouvoir disposer de ma fille, et qu'elle vous plût comme elle vous aime, me dit-elle; je mettrais ma gloire et mon bonheur à vous appeler mon fils. Mais notre parole est engagée; mon mari mourrait peut-être des chagrins que cette rupture occasionnerait.

Cette femme si franche, si respectable, versait des larmes. — Ah! parlez, madame, ordonnez-moi tout ce que je dois faire pour mériter tant de confiance et d'estime; les plus grands sacrifices pourraient-ils me coûter? — Mon digne ami, si l'amour de ma fille n'est pas partagé par votre cœur, si vous ne souffrez pas comme elle du sort qui vous sépare, parlez-lui de ses devoirs, élevez son cœur, demandez-lui de se rendre aux vœux de son père; demandez-le-lui, comme si votre bonheur y était intéressé; l'amitié vous en donne le droit.... Feignez même une inclination ou de l'éloignement pour le mariage... Que sais-je!... Mais si votre cœur est rempli du même amour, éloignez-vous, je vous en conjure; et sachez bien, pour adoucir vos regrets, que ma fille n'a point le caractère et les avantages qui pourraient suffire à votre bonheur. — Madame... mon cher Albert, je ferai pour vous deux ce que je ferais pour ma mère et mon frère, je parlerai à celle qui mérite votre affection ; je lui parlerai devant vous de ses devoirs ; j'emploierai tous mes sentiments, toutes mes pensées, à la déterminer en faveur de vos désirs ; mais vous me permettrez de m'éloigner après avoir rempli cette tâche. — Je crois vous entendre, s'écria Albert, et je vous admire ; nous ne disputerons pas de générosité ; je ne vous prierai pas d'épargner votre cœur ; je connais vos forces, mon ami, je vous dirai seulement, comme ma mère : ma sœur est bonne, aimable, tendre, mais elle n'a pas l'élévation, le dévouement qu'il faudrait à votre épouse. — Et si elle l'avait, dit la généreuse mère, pourrions-nous.... Elle s'arrêta. O bon jeune homme, continua-t-elle, le repos de ma famille est donc entre les mains de la vertu !

Elle sortit, et peu d'instants après elle me fit prier de passer dans son appartement ; sa fille y était seule avec elle ; la conversation était engagée sur le mariage ; je parlai avec toute la force que j'aurais pu mettre à peindre mon amour ; je présentai tous les avantages, tous les charmes du devoir, et je finis par dire que moi, qui ne pouvais éprouver d'autre sentiment que l'estime, je l'accorderais toujours tout entière aux belles âmes que le devoir guiderait. La jeune personne rougit, pleura, cacha ses larmes, et ne vit pas que les opinions que je prononçais avec tant de véhémence, et qui déchiraient son cœur, étaient puisées dans l'ardeur même de mon amour.

Cette scène pénible se renouvela quelquefois ; la mère de mon ami se joignait à lui pour me soutenir ; cependant j'appelais de tous mes vœux la fin de cette épreuve, lorsqu'une autre bien cruelle vint l'abréger. J'appris que mon respectable père était malade et dans le plus grand danger ; je partis aussitôt ; j'arrivai trop tard pour lui prodiguer les soins de la tendresse ; je n'eus que le temps de recevoir sa bénédiction, de lui jurer de ne jamais quitter ma mère ; et, l'âme déchirée, je vis mourir celui qui m'avait donné la vie..... O ma chère Marianne ! de tels souvenirs ne s'effacent jamais.

J'écrivis à Albert que je me fixais dans mon humble héritage ; je le priai de m'écrire souvent, d'engager sa femme à m'écrire aussi ; ils le firent tous deux avec cette confiance parfaite qui me donna la connaissance de toutes leurs peines, et autorisa le ton de franchise que vous avez remarqué dans mes lettres à votre cousine.

Mon père avait laissé bien peu de chose; mais ce peu était suffisant pour ma mère et pour moi. Ma tendre mère donnait tous ses soins à ce qu'elle appelait mes intérêts; elle me comblait de bontés, et je tâchais de la consoler de ses peines et de ses infirmités par mon affection et ma reconnaissance.

La révolution commençait alors : elle obligea la famille d'Albert à s'expatrier; ils partirent tous, et j'eus de vives inquiétudes pour des amis si vrais; j'avais conservé des sentiments bien tendres pour la sœur de mon ami; la mélancolie que la mort de mon père m'avait laissée augmentait ma disposition à nourrir mon cœur de ses sacrifices. J'appris par Albert qu'ils étaient consommés : sa sœur était mariée et paraissait heureuse. Je versai des larmes dans la solitude; je me plaignais souvent de ma destinée. Quelque temps après, Albert, que l'émigration séparait de sa sœur, me transmit les lettres qu'il en recevait; et je vis qu'il avait eu raison de dire que cette fille aimable n'aurait pas eu cependant toutes les qualités nécessaires à mon bonheur.

Cette expérience me fit bénir le sort que je venais d'accuser; je donnai tout mon cœur à la nature : je parcourus les montagnes; par mon admiration j'en fis ma propriété; j'aimais la botanique; j'avais suivi quelques cours à Paris : je me livrai à l'étude de cette science aimable; quand je voulais reposer mes pensés de méditations sérieuses, j'analysais de jolies fleurs. Bientôt un goût plus utile occupa mon temps : j'acquis des connaissances en agriculture; j'améliorai mon petit domaine et ceux de mes voisins.

C'est ainsi, Marianne, que j'employais ma jeunesse, lorsqu'une nouvelle occasion ralluma les passions que la mélancolie et le travail ne pouvaient employer.

Une jeune veuve de vingt ans, belle, aimable et riche, vint se réfugier dans le village que j'habite : la révolution l'avait forcée à chercher cette retraite. Je vis cette femme charmante, et je sentis tous les dangers qui me menaçaient encore; je voulus mettre de la prudence dans une liaison commencée par quelques services réciproques : elle s'en aperçut, me fit entendre avec beaucoup de délicatesse qu'elle était libre ; que si nous nous convenions, nous pourrions nous unir. Cet espoir était enchanteur pour un cœur bien épris ; ma raison me retenait cependant encore. Cette jeune femme avait un esprit très-agréable, une sagacité prompte, qui lui faisait juger à l'instant ce qu'il convenait le mieux de dire ; elle savait faire tomber la conversation sur les sujets qui la faisaient briller ; elle avait peu d'instruction ; elle manquait de ces notions que tout le monde possède aujourd'hui, et qui sont devenues nécessaires pour lire et pour causer ; elle manquait surtout de réflexion, de sens et d'application ; mais elle avait tant d'adresse, qu'elle ne se montrait jamais que sous le jour le plus favorable, et détournait sans cesse mes inquiétudes et mes soupçons.

Tant de grâces, de charmes, d'esprit, tant de moyens de séduire, entraînèrent mon choix ; je me dis que mes craintes, si elles étaient fondées, ne devaient pas me retenir ; qu'il était impossible de trouver tout réuni... Je n'espérais pas vous rencontrer, Marianne ; je croyais, en désirant une femme comme vous, désirer une chimère adorable ; je me dis bientôt que la solitude et l'intimité donneraient sans doute à celle qui me charmait bien des qualités heureuses.

Enfin, mon amie, notre union fut arrêtée, et nous allions être époux, lorsque, profitant de mon amour et de mes transports, celle qui les causait me dit qu'en se donnant à moi elle devait me confier et ses goûts et ses désirs. Je n'aime point ce pays, me dit-elle ; toute ma famille est à Paris ; je voudrais au moins partager l'année ; j'ai une sœur qui a de la fortune, elle nous recevrait pendant l'hiver.

Cet arrangement me fit de la peine ; j'allai le communiquer à ma mère. — Mon cher fils, me dit-elle, ton bonheur est le mien ; je t'en prie, accepte les propositions qui te sont faites. — Mais vous viendrez donc avec nous ? — Oh ! non, je suis trop âgée ; je veux mourir ici, près de ton père. — Et je vous laisserais ! non, non. Ma mère me pressa ; et, ne pouvant rien obtenir, elle finit par me dire qu'elle me suivrait. Je fus bien heureux ; je courus le dire à celle que je croyais d'accord avec tous mes vœux. — Votre mère est trop faible pour supporter les fatigues de nos voyages, me dit-elle ; et puis ma sœur... Elle n'acheva pas ; je vis de la contrainte ; je témoignai du mécontentement ; ma mère vint ; elle fut comblée d'amitié et d'égards ; je ne savais que penser.

Quelques jours après, celle que j'appelais mon amie me dit qu'elle était forcée de faire un court voyage ; elle me donna un prétexte plausible : des lettres l'obligeaient de se rendre à Lyon pour terminer des affaires pressantes. Elle partit, pleura beaucoup, me dit mille choses charmantes, et me pria de garder pendant son absence un enfant adoptif qu'elle élevait avec des soins qui me faisaient croire à sa bonté. Je me chargeai avec satisfaction de ce dépôt.

Pendant les premiers jours qui suivirent notre séparation, les lettres les plus aimables me consolèrent. Ces lettres, il est vrai, étaient courtes ; mais elles me paraissaient tendres, et elles étaient toujours remplies d'esprit ; au bout de quelque temps elles devinrent plus rares, mon amour s'en augmenta ; je l'exprimais avec vivacité ; on en tirait avantage ; on m'assurait cependant que l'on m'aimait toujours, que l'on serait malheureuse sans moi ; mais qu'ayant des liens de famille, des devoirs rigoureux, on ne pouvait se dispenser de demeurer à Paris, ou du moins dans une belle campagne voisine de cette grande ville, et qui me consolerait de mes montagnes ; que là je serais libre ; que ma mère consentirait sans doute à cet arrangement ; que nous lui laisserions l'enfant, et que nous irions souvent la voir.

Je répondis à cette lettre d'un ton qui montrait l'intention de rompre ; mais mon cœur était déchiré. On chercha tous les moyens de m'adoucir, d'affaiblir mes résolutions par des expressions bien tendres. Je ne cédai point ; je montrai mon amour, ma douleur ; mais j'annonçai très-positivement que je ne quitterais point ma mère. On crut devoir alors prendre aussi un ton ferme, m'opposer des devoirs. — Eh bien ! séparons-nous, répondis-je avec amertume et désespoir.

Cette lettre fut la dernière. J'essayai de guérir mon cœur.

Depuis un an, on me faisait éprouver tour à tour tous les plaisirs de l'espoir et toutes les douleurs de l'inquiétude. Un long silence succédait à tant d'agitation; mais des regrets me restaient; l'isolement me rendait la tristesse.

Un jour j'étais auprès de ma mère et de l'enfant, qui devait nous rester quelques mois encore; je vis entrer la femme de chambre de celle dont le souvenir ne m'avait point entièrement quitté. Cette fille paraissait bien triste. Nous la priâmes d'expliquer le sujet de sa visite; nous lui demandâmes où était sa maîtresse. Elle se mit à pleurer et me remit une lettre que je m'empressai de lire. En voici à peu près le contenu :

« Je vous ai aimé, je vous estime, et je vous prie de ne pas me haïr. Vous n'avez pu satisfaire mes vœux; vous avez fatigué mon cœur : mon amour est passé... J'ai trouvé l'homme qui convient à mon caractère; nous allons voyager ensemble. Frédéric, vous aussi, vous trouverez un jour celle qui doit faire votre bonheur : je ne l'aurais pas fait; il me faut trop de plaisirs, trop de variété; je crains la gêne, la vie de famille, les sentiments trop tendres... Je m'étais trompée... Pardonnez-le-moi... Mais comment vous demander un important service? Cet enfant, que j'avais adopté, paraissait vous être devenu bien cher, ainsi qu'à votre mère : s'il vous inspirait assez d'intérêt pour que vous eussiez la complaisance de le garder jusques à mon retour! si vous daigniez accepter une pension! J'ai pour vous une estime sans bornes; elle peut seule autoriser tant de confiance. »

Cette lettre m'accabla; j'étais éclairé trop brusquement; ma pauvre mère me plaignait; elle sentait mes peines. — Mon ami, me dit-elle, nous garderons ce cher enfant, n'est-ce pas? — Oui, ma mère. — N'est-ce pas un adoucissement à tes chagrins? Elle prit l'enfant, le mit sur ses genoux; il m'aimait déjà; il me caressait. — Oui, tu seras mon consolateur, cher enfant. Sans ce malheureux amour, tu ne m'appartiendrais pas. — Et que serait-il devenu? s'écria la femme de chambre en pleurant. En prononçant ces mots, elle prit l'enfant dans ses bras, le couvrit de caresses, nous rendit mille actions de grâces. Tant de bonté gagna notre confiance; nous interrogeâmes sur sa maîtresse la bonne Marie. — O mon Dieu ! nous dit-elle, quand elle vous connut, elle vous aima ; mais elle est si légère ! elle se rappela bientôt que vous manquiez de fortune. Elle avait réellement des affaires à Lyon ; elle y fit connaissance avec un homme très-riche. Vous l'aviez touchée sans efforts et sans séduction ; son nouvel amant ne fut pas aussi heureux, ni aussi délicat. Elle céda plutôt à ses biens qu'à sa personne ; souvent même elle vous regrettait ; elle aurait voulu vous déterminer à demeurer à Paris, persuadée que la fortune se serait attachée à vous et aurait augmenté ses plaisirs. Quelquefois elle éloignait son amant pour tenter de vous ramener ; elle voulait aussi vous rendre jaloux, afin de vous retenir par ce sentiment. Elle redoutait votre austérité, tenait beaucoup à son indépendance ; elle disait souvent qu'elle ne voulait pas prendre un maître. Vous appartenez à une famille considérée ; celui qu'elle épouse n'a point cet avantage : c'est encore ce qui souvent l'en éloignait, car elle tient à tout alternativement. C'est une femme bien vive, bien inconstante ; elle est bonne aussi quelquefois ; l'adoption de cet enfant le prouve ; mais on ne peut compter sur rien. — Est-elle mariée ? demandai-je. — Elle l'est maintenant. Quand elle a vu que vous ne consentiriez pas à ses désirs, et qu'il faudrait mener ce qu'elle appelait une vie de l'autre siècle, elle a cédé aux vœux de celui qui la pressait, et qu'elle avait ménagé en vous éprouvant. — O ciel ! que d'artifices, et combien je dois être satisfait de cette rupture ! — Oui, mon ami, dit ma mère, et c'est toujours la vertu qui te sauve ; c'est ton dévouement pour moi qui t'a préservé d'une union si peu digne de toi. — Ma mère pleurait, l'enfant souriait en me caressant, la bonne Marie me bénissait. Je suis heureux, dis-je, ô mon Dieu, je suis heureux, et je vous remercie de mon bonheur !

Ma mère demanda à la bonne Marie pourquoi elle avait quitté sa maîtresse ; cette pauvre fille avoua que son nouveau maître lui déplaisait si fort et avait un ton si grossier, qu'elle n'avait pu rester près de lui, surtout en pensant à celui qu'elle avait espéré servir : cet innocent éloge toucha ma mère, et elle prit cette pauvre fille à son service.

Un an après, nous fûmes informés que cette femme, que j'avais aimée avec tant d'imprudence, avait péri sur mer avec son mari en faisant une partie de plaisir sur les côtes d'Italie. Alors, ma chère Marianne, l'enfant que j'avais adopté devint ma propriété; il m'est chaque jour plus cher, et c'est un des dons les plus précieux que je puisse offrir à votre âme bienfaisante.

Mon ami, dis-je à Frédéric, votre histoire m'a pénétrée d'admiration pour vos vertus; vous l'avez vu à mes larmes; votre mère m'est bien chère, et vous le reconnaîtrez quand nous serons réunis. — Ma chère Marianne, je ne vous avais pas demandé cette réunion; je n'avais pas besoin de vous la demander. — O Frédéric! que votre confiance est honorable et chère!... Mais, mon ami, vous ne m'avez rien raconté de la naissance de cet enfant; vous est-elle inconnue? Celle qui vous a laissé ce cher héritage l'avait-elle recueilli dans les asiles des orphelins? — Oui, elle l'avait reçu des mains d'une sœur de la Charité, à qui elle avait demandé le plus joli enfant de son hospice pour adoucir les regrets que lui causait un joli enfant qu'elle avait perdu. — O mon Dieu! et vous me l'offrez à moi qui ai perdu mon fils! Cet enfant était donc né pour consoler la douleur maternelle; quel âge a-t-il? — Environ six ans. — O Frédéric! ce serait l'âge de Charles.

Dans ce moment, nous vîmes arriver une carriole bien suspendue et bien propre. Quelle surprise! s'écria Frédéric; voilà ma mère et le petit Émile! — Nous courûmes au-devant d'eux; une femme dont les traits inspiraient le respect et peignaient la bonté fut serrée dans nos bras; elle vit bien qu'elle avait doublé son titre de mère. — Ma fille, me dit-elle, je vous ai prévenue; c'est moi qui vous dois réellement le plus; tout mon bonheur est dans mon fils, et vous allez le rendre heureux. — Et ne vous dois-je pas ce fils chéri? ne vous dois-je pas mon bonheur? — Papa, papa, dit l'enfant, embrasse-moi donc: Frédéric le prit dans ses bras, le mit dans les miens... Mes amis, dit madame Durand en étouffant ses sanglots, je ne puis plus vous ménager de surprise; je voulais vous faire atten-

dre la plus douce scène de ma vie ; mes pleurs me trahissent...
— Charles et M. Durand se précipitèrent dans les bras d'une mère et d'une épouse si digne de tendresse, et le récit fut encore interrompu.

Je reprends mon récit, dit Marianne ; vous voyez bien que mon Charles était l'Émile de Frédéric. Il me reste à vous dire comment s'éclaircit cet heureux mystère.

Notre tendre mère venait d'arriver ; Frédéric me présentait son fils adoptif. O ciel ! m'écriai-je en reconnaissant dans les traits de cet enfant tous ceux de M. de Montcar... Frédéric, Frédéric, l'âge et la ressemblance ne peuvent me tromper, mon cœur achève de m'éclairer, cet enfant est mon fils !... Oui, tu es mon fils ! tu es mon Charles ! Mes amis, il n'en faut pas davantage à une mère ; je pleurai, j'embrassai Charles, j'embrassai celle qui l'avait soigné ; je bénissais Frédéric qui m'avait conservé et donné mon fils ; tout le délire du bonheur était dans mon cœur et dans mes expressions. — Puissiez-vous n'être pas abusée par votre tendresse ! dit notre bonne mère. — Non, non, je ne m'abuse pas, je dois tout à Frédéric et à vous. — Frédéric envoya chercher la bonne Marie ; on lui demanda dans quel hospice sa maîtresse avait pris l'enfant ; elle le dit ; on convint de partir le lendemain de bonne heure ; il n'y avait que six lieues, et le voyage qui devait fixer notre espérance pouvait être fait dans un jour.

Je n'entreprendrai point, mes amis, de vous peindre mon ravissement. Mon époux adoré m'offrait, dans le fruit de sa bienfaisance et de ses vertus, l'enfant que mon cœur regrettait. Cher Frédéric ! lui disais-je, que je me sens heureuse de vous avoir exprimé mon amour avant d'avoir su tout ce que je vous devais ! Vous auriez cru qu'en me donnant moi-même, je payais une dette. N'oublie jamais, je t'en conjure, que mon amour a devancé ma reconnaissance et qu'il la surpassera toujours !...

Le soir de cette douce journée fut encore embelli par une lettre charmante de Clara, qui en contenait une d'Albert. Ma bonne amie, disait ma cousine, je suis heureuse ; depuis plus d'un mois que je vous ai quittée, je ne vous ai écrit qu'une fois à la hâte ; ne m'accusez pas de négligence ; je voulais avoir le droit de dire : Je suis heureuse. Marianne, vos conseils et ceux de Frédéric m'ont touchée ; et la perte de notre fortune m'a fourni les moyens de suivre vos conseils ; une position bornée, gênée même, m'a rapprochée de mon mari ; il est digne de tous mes sentiments ; je le deviendrai, j'espère, de son amour et de sa bonté... Marianne, ajoutait-elle, vous devez voir souvent Frédéric ; laissez-moi vous dire ce que je pense sans cesse ; si l'amour achevait de vous montrer ce que vous valez l'un et l'autre ; si vous vous unissiez, vous seriez sans doute les plus heureux des époux, car vous seriez bien les meilleurs : ne vous étonnez donc pas si votre amie vous souhaite à tous deux autant d'amour qu'elle voudrait vous donner de biens.

La lettre d'Albert était bien tendre aussi ; il disait qu'il était heureux, qu'il le devait à l'amitié. Cher Frédéric, ajoutait-il, d'après ce que Clara me dit de Marianne, d'après l'heureuse influence qu'elle a eue sur le cœur de ma femme, je voudrais toucher en faveur de mon ami cette cousine que je connais déjà par le bien qu'elle m'a fait ; il me semble que tous mes vœux seraient réalisés, si une femme comme Marianne devenait votre compagne.

Ces deux lettres nous causèrent une douce satisfaction ; nous aimions à prévoir celle que nos amis éprouveraient en apprenant que leurs désirs si tendres et si flatteurs étaient déjà accomplis lorsqu'ils les formaient.

La mère de Frédéric consentit à rester chez moi avec son fils et le petit Émile ; nous devions partir de bonne heure le lendemain. Ce voyage était si cher à mon cœur que j'aurais voulu en presser l'instant... Mais quand il fut arrivé, quand nous montâmes en voiture, et que je plaçai le petit Émile entre moi et Frédéric, mes larmes coulèrent... Mon ami, dis-je au père adoptif de ce cher enfant... si l'éclaircissement que je cours chercher avec tant d'ardeur détruisait l'espérance qui m'est si chère ! si j'apprenais qu'Émile n'est pas mon fils ! quelle illusion précieuse me serait enlevée !...

La route se fit dans cet état de douce et pénible incertitude. Je n'osais parler; je tâchais quelquefois de ne pas penser à ce qui m'occupait, pour donner un peu de repos à mon cœur, mais le petit Émile, dont mes caresses avaient déjà gagné l'affection, me souriait, m'embrassait et me rendait toutes mes espérances en même temps que toutes mes craintes.

Enfin, mes amis, nous arrivâmes dans cet asile où la bonté console le malheur, et donne à l'enfance une seconde fois la vie. Nous demandâmes la sœur chargée de recevoir les enfants. La bonne Marie, qui était avec nous, devait la reconnaître. La porte s'ouvre; mon cœur battait; nous voyons s'approcher une fille respectable. — Eh bien! Marie, lui dis-je tout bas... — Non, madame, ce n'est pas elle. — Je croyais que vous me demandiez, dit la sœur avec une tendre bienveillance. — Ma sœur, dit Frédéric, ayez la bonté de nous apprendre si vous êtes chargée depuis plusieurs années de recevoir les petits infortunés que le malheur confie à cet asile. — Depuis deux ans seulement. — Et celle de vos compagnes qui les recevait il y a six ans, serait-elle encore dans cette maison? — Oui, monsieur, c'est la sœur Marianne. — O ma sœur, m'écriai-je, peut-on la voir à l'instant même? — Je cours la chercher, dit la bonne sœur. — Et l'espoir rentra dans mon âme, et je serrai Émile dans mes bras, en lui répétant que j'étais sa mère... Frédéric se détournait pour me cacher son émotion; notre tendre mère pleurait ainsi que notre bonne Marie.

J'entendis marcher très-vite; je me levai en tenant l'enfant; ce moment allait tout décider... L'air franc et affable de la sœur qui entrait me parut un signe de bonheur. — Ah! c'est bien vous! s'écria Marie. — Je vous reconnais, dit la sœur Marianne; mais je ne sais plus où je vous ai vue. — Ici, il y a six ans; je vins avec une jeune dame vous demander un enfant abandonné.... — Je m'en souviens, dit la sœur, il était bien joli; je ne pus même vous le recommander sans verser des larmes. — A ces mots, je me jetai au cou de la sœur Marianne : O vous qui êtes si bonne! dites-moi si cet enfant est mon fils? Frédéric expliqua à la sœur le motif de notre voyage; elle nous mena dans le lieu où étaient les registres; nous les parcourûmes, et nous y trouvâmes la certitude que je tenais mon Charles entre mes bras.

Les larmes expriment seules tant de sentiment et de félicité; nous pleurions tous sur notre bien-aimé Charles qui nous caressait tour à tour. — Madame, dit la sœur Marianne, je me souviens du jour où je reçus cet enfant. Sa pauvre nourrice m'avait fait appeler; elle était mourante : elle me raconta qu'elle venait d'un village éloigné de plus de quinze lieues; que les parents de l'enfant qu'elle nourrissait étant émigrés, elle ne recevait plus d'argent; que celui qu'ils lui avaient laissé aurait bien suffi, mais qu'ayant été pillée par des brigands, elle s'était trouvée dans une misère affreuse; son mari, qui était jeune, était parti pour l'armée, et elle, ne sachant plus que devenir, s'en allait dans une petite ville où elle espérait trouver assez d'ouvrage pour élever votre enfant, et vous le rendre un jour. C'est en allant dans cette ville que l'infortunée nourrice tomba malade et mourut en me recommandant cet enfant...... Je l'emportai, continua la bonne sœur; je déposai dans nos registres les papiers que vous venez de voir, et je soignai bien cette pauvre petite créature.

Vous savez le reste, dit cette excellente fille, en parlant à la bonne Marie; vous savez qu'en donnant l'enfant à votre maîtresse, je la remerciai du bien qu'elle voulait lui faire, en pleurant de m'en séparer; vous savez combien il m'aimait. — Oui, m'écriai-je en l'embrassant; je sens combien il a dû vous aimer et être heureux avec vous; c'est vous qui m'avez remplacée auprès de lui; vous avez été sa seconde mère. Je ne reconnaîtrai jamais assez vos bontés.

Alors je fis promettre à la bonne sœur de venir tous les ans passer quelques jours avec nous, et je lui annonçai que nous viendrions souvent la voir avec Charles. — Tu aimeras toujours la sœur Marianne? lui dit-elle. — Oui! toujours, maman Marianne, répondit mon cher enfant. — Bon petit cœur, comme il se souvient du nom que je lui avais dit de me donner ! — Et c'est aussi mon nom, ma chère sœur; comme vous aviez tout ce qu'il fallait pour me remplacer! Venez, je vous en conjure, le jour de notre mariage. — Elle me le promit.

Heureuse journée ! époque bien chère ! Mon bonheur n'était plus mêlé que d'un regret ; ma tante manquait seule à mes vœux ; je retrouvais la douceur d'être mère au moment de devenir la plus heureuse épouse ; mon fils m'était rendu par mon mari, par sa respectable mère ; je ne pouvais leur exprimer assez ma reconnaissance et mon amour ; j'étais dans un état de contentement céleste ; la sœur Marianne et ses compagnes nous retinrent en nous invitant à voir leur maison. Nous acceptâmes ; nous étions tous deux dans la disposition la plus convenable pour jouir du spectacle de la bienfaisance et de la charité. Je ne vous ferai pas la description de cet hôpital, et des sentiments que nous éprouvâmes en le parcourant dans toutes ses parties. Ces excellentes filles, qui nous le montraient, reçurent de nous ces égards, ce respect, ces témoignages d'estime et d'affection que l'auteur du livre sur les Compensations appelle leur juste et douce récompense. L'éloge qu'il leur a consacré avec tant de chaleur rappelle que c'est dans un asile ouvert par leur bonté qu'il fit son livre, et qu'il trouva un abri contre l'infortune.

Avant de partir, je priai la sœur Marianne d'accepter un don de reconnaissance pour les enfants confiés à ses soins. Tous les ans, à la même époque, nous allons leur porter cette petite rente, et nous passons l'anniversaire du jour où j'ai retrouvé mon fils dans le lieu où il m'a été conservé.

Peu de jours après notre heureuse visite à l'hôpital, nous reçûmes la réponse de Clara et de son mari, et une heure après ils arrivèrent eux-mêmes. — S'il faut que de tendres époux soient les témoins de votre union, dit Clara en entrant, nous avons maintenant ce droit, nous le joignons à ceux de l'amitié. Clara avait raison, ils étaient heureux, ils s'aimaient ; leurs devoirs étaient leurs plaisirs ; nous en reçûmes l'assurance avec bien de la joie ; et le bonheur de nos amis, de notre bonne mère, de la sœur Marianne, la gaieté de Charles, les bénédictions de nos domestiques et de nos fermiers, furent les fêtes de notre mariage.

Depuis ce jour j'ai été bien heureuse... Cependant notre fortune, déjà modique, a éprouvé des diminutions; nous avons perdu un procès qui nous a privés de cette maison où se fit notre mariage. J'y ai laissé de bien chers souvenirs; mais que ce regret est bien compensé par le bonheur de retrouver aujourd'hui ma respectable tante! et combien ne l'était-il point déjà par vous tous, mes bons amis!.... Mais que n'ai-je pu épargner tous les regrets à celui qui m'est plus cher que moi-même! que n'ai-je pu donner à mon mari le seul bien qu'il désire, moi qui voudrais l'accabler de biens! Privation désolante, puisque c'est lui surtout qu'elle afflige... Je l'avais craint, nous n'avons point d'enfants.... Il veut m'interrompre par de généreuses assurances.... Que me diras-tu, mon ami, qui n'augmente mes peines?... O mon cher fils! c'est à toi de le consoler.

J'achève mon histoire. Notre respectable mère a fini ses jours dans nos bras; nous avons adouci sa vieillesse. La bonne sœur Marianne nous est chaque jour plus tendrement attachée; Charles nous comble de satisfactions par sa tendresse et sa conduite. — Et Clara? dit madame de Belval. — Clara est raisonnable; sa vivacité ne gâte plus son charmant naturel, son mari l'aime plus que jamais; ils ont deux enfants, ce sont deux filles. Clara répète souvent qu'elle ne leur permettra point de caprices, et elle prie son mari de ne lui en plus permettre à elle-même; ce qu'il fait avec un doux mélange de tendresse et de fermeté. Leur fortune est médiocre, mais ils savent la rendre suffisante par leur économie; et la seule dépense qu'ils accordent à leur plaisir est un petit voyage qu'ils font tous les ans pour passer quelques semaines avec nous. Voici bientôt le temps de ce voyage; ce sera le premier qu'ils feront dans ce lieu, où nous ne sommes que depuis un an; nous aurons un grand plaisir à donner deux amis de plus à nos amis.

Nous vous devons des remerciements pour votre intéressant récit, dit M. de Murville à l'aimable Marianne; il ajoute encore aux sentiments d'estime que vous et M. Durand nous aviez inspirés. Nous montrerions aisément qu'il fournit aussi beaucoup de preuves en faveur de notre chère doctrine;

il nous apprendrait surtout combien le principe des compensations se lie aux récompenses que la sagesse mérite ; celle-ci nous invite à ne pas entasser sur le présent les biens et les jouissances, car c'est ainsi que l'on déshérite l'avenir.

Mais, en ce moment, ne nous arrêtons pas sur cette pensée ; ce qui nous presse, c'est d'entendre l'histoire de la respectable tante que vous venez de retrouver. — Mon cher frère, dit madame de Belval, vous exprimez notre empressement commun. Combien ne devons-nous pas bénir l'idée de ces récits qui viennent de procurer une si douce surprise et une si heureuse reconnaissance?

Oui, mes amis, dit madame de Belfort, nous devons la bénir, car je vivais auprès de ma chère Marianne sans me douter de mon bonheur. Je ne pourrais ce soir, ajouta-t-elle, satisfaire votre touchante curiosité ; je me sens fatiguée par les douces émotions que j'ai reçues ; je vais seulement vous apprendre ce qui empêchait ma nièce de me reconnaître : le changement de mon nom et celui de mon visage en sont les causes ; l'âge et les infirmités ont opéré le second changement, la révolution m'a forcée au premier ; quand je suis rentrée en France, j'ai pris le nom de Belfort, qui était un des noms de mon mari, n'osant pas, pour des raisons de prudence, reprendre celui de Courbezon, que nous portions autrefois, et sous lequel ma chère nièce m'avait uniquement connue.

Quant à moi, mes chers amis, je ne jouis point de la lumière : je ne pouvais reconnaître ma chère Marianne ; je ne le regrette plus ; nous avons vécu dans une douce intimité ; nous avons pris l'une pour l'autre de la tendresse et de l'estime, avant de savoir quels liens antérieurs nous unissaient. Remercions le ciel de cette dernière épreuve. J'ai appris combien je devais être glorieuse de ma chère Marianne. Je l'ai admirée comme épouse et comme mère, avant de retrouver en elle ma fille adoptive : je l'ai jugée sans partialité ; je puis affirmer ses touchantes vertus. Voilà la compensation des retards de notre reconnaissance.

— Ma tante, ma chère tante! que vous me rendez heureuse! Vous appréciez mes intentions et les devoirs que mon bonheur m'impose. — Elle apprécie tes actions, ton caractère et ta conduite, dit Frédéric; elle juge le digne objet qui a si bien répondu à ses soins, à sa tendresse et à ses vertus.

Le lendemain de cet heureux jour, madame de Belfort remplit ainsi sa promesse :

HISTOIRE
DE MADAME DE BELFORT.

Mes bons amis, et vous, ma chère nièce, vous allez apprendre tout ce que vous désirez savoir de ma vie. Votre curiosité sera soutenue par l'affection que je vous inspire; et quant aux compensations qui nous ont suggéré l'idée qui en ce moment nous rassemble, je pense que je puis leur offrir un tribut; ma longue expérience est toute en leur faveur.

J'avais un père et une mère bons et estimables, mais ils étaient soumis aux idées de leur temps; ils croyaient que pour se faire respecter et obéir il faut se faire craindre; ils ne m'inspiraient point de confiance; ils glaçaient mon cœur, et me rendaient souvent bien triste.

Les impressions qui me sont restées de ce premier âge ont influé sur toute ma vie; je suis devenue mélancolique, sérieuse, et j'ai perdu tous les penchants de la gaieté; mais aussi je suis rentrée en moi-même, j'y ai trouvé des consolations et des douceurs. Je ne pense point que la gaieté m'en eût procuré davantage.

Je ne vous dirai rien de plus de mon enfance. Une éducation sévère était une chose trop générale autrefois pour n'être pas connue de tous ceux qui m'écoutent. Vous avez vu de ces jeunes victimes dont l'auteur de l'ouvrage sur les Compensations a peint le sort cruel. Vous avez vu le printemps de la vie obscurci par les larmes et glacé par la terreur. Vous savez tous, par expérience peut-être, que les plaisirs, la confiance, les sentiments doux et vifs, toutes les prémices de l'âme, au lieu d'être recueillis par de tendres parents, étaient souvent étouffés autrefois par une éducation d'austérité et de contrainte.

Qui le sait mieux que moi? dit madame de Belval. — Tandis que moi, dit madame Durand, je fus élevée par celle qui, après avoir éprouvé toutes les peines de l'enfance, ne voulut répandre sur moi que des biens.

Vous le voyez, dit Armand, voilà les Compensations en défaut. L'enfance de nos pères fut généralement plus malheureuse que la nôtre, et sans que le reste de leur vie en fût devenu plus heureux. — Je ne vous accorderai point cela, dit M. de Murville; nos pères eurent presque tous une enfance dure et sombre; mais elle était conforme aux mœurs de leur temps, et elle leur préparait bien des jouissances. Les talents que l'on ne pouvait acquérir alors qu'avec un travail opiniâtre, les sciences hérissées de difficultés, toutes les branches des connaissances humaines enveloppées de ténèbres, exigeaient des enfants et des jeunes gens les plus grands efforts. Mais ces efforts, qui exigeaient à leur tour une éducation sérieuse, sévère même, étaient encouragés par l'estime publique. L'éducation des enfants n'était austère que parce que la société elle-même était grave et réfléchie. La société demandait que chacun remplît sa carrière avec force et constance; elle voulait dans chaque individu de la bonne conduite, du mérite et des mœurs; chacun ainsi, dans le monde, était excité au travail, au recueillement, à la patience; il était heureux, par conséquent, d'avoir pris de bonne heure ces dispositions; et, je vous le répète, mon cher Armand, ces dispositions, ces obligations sévères, portaient avec elles des jouissances fortes; les Compensations n'étaient point en défaut. — Elles le sont donc aujourd'hui? — Non, mon ami;

aujourd'hui beaucoup de véritables avantages sont nés des progrès de la civilisation; toutes les études sont facilitées, tous les succès rapides; dans les arts et dans les sciences, dans l'industrie, dans le commerce, dans toutes les voies de l'instruction et de la fortune, les routes sont multipliées, souvent agréables; les épines furent arrachées par nos pères; ils défrichèrent avec effort le sol où nous recueillons sans peine une moisson abondante. L'économie, le travail, la simplicité, la dignité, la constance, furent leurs biens; le luxe, la mobilité, la richesse, l'élégance, sont les nôtres. Nous traitons nos enfants comme nous sommes traités par notre siècle; nous laissons à cet âge sa légèreté, sa gaieté, sa liberté et ses douceurs.

Je reprends mon histoire, dit madame de Belfort.

Lorsque j'eus atteint ma quinzième année, j'espérais que l'on m'accorderait plus de confiance. Je m'efforçais de la mériter, et quelquefois de la solliciter par l'expression timide de la mienne. Oh! combien alors j'étais affligée des réponses qui me glaçaient! En vain je désirais prendre part aux intérêts de ma famille; je voulais aimer mes parents; je voulais leur offrir les premiers sentiments de mon cœur, les premières idées de mon esprit; et l'on m'imposait silence, et l'on me traitait toujours comme un enfant; et, au lieu de m'apprendre à me conduire, de me donner des conseils pour l'avenir, on me commandait d'obéir et de me taire.

J'étais malheureuse; mais, je vous l'ai dit, ma raison profita de mes peines.

Mes parents abusèrent de mon habitude de soumission pour fixer mon sort par un mariage avantageux, selon leurs idées. J'étais très-jeune, sans expérience, sans guide; et, je l'avoue, l'idée de passer sous une autre autorité que celle qui m'accablait me rendit presque heureuse. On ne me dit point ce qu'une femme devait de complaisance, de respect, de soumission à son mari; on me laissa entrevoir, au contraire, que j'allais être ma maîtresse, que je serais considérée, que j'aurais une fortune, une maison, un équipage; en un mot, que je ne serais plus un enfant : tout cela me plut beaucoup.

Mon mari était un homme agréable; il avait l'air de me croire raisonnable; il causait avec moi de ses affaires, de ses projets de fortune; et, sans me témoigner beaucoup de tendresse, il me traitait avec des égards d'autant plus doux pour moi que j'y étais peu accoutumée.

Au bout de quelques jours passés en fêtes brillantes, nous nous trouvâmes seuls dans notre hôtel : je commençai à jouir du plaisir d'être maîtresse de maison; je ne pensai qu'à en profiter en donnant sans cesse de nouveaux ordres. J'achetais des choses dont j'ignorais le prix ; j'invitais des personnes que je connaissais à peine; je sortais sans avoir rien à faire, uniquement pour avoir le plaisir de sortir en liberté. Je tâchais enfin de me dédommager de mon ancien esclavage, ou plutôt de m'en venger, car je recevais de cette vie tumultueuse trop peu de plaisir pour y trouver la compensation des peines de mon enfance.

J'avais une sœur beaucoup plus âgée que moi, qui était veuve, et que sa mauvaise santé rendait fort sédentaire. Ma mère, qui ne l'aimait pas, m'avait très-rarement menée chez elle. J'usais souvent de ma liberté pour aller la voir. Un jour que je lui annonçai que je voulais passer une journée tout entière auprès d'elle, sa réponse fut bien tendre; elle me pressa de choisir le lendemain.

Je me disposais à me rendre chez elle, lorsque mon mari entra, en me prévenant qu'il venait de rencontrer quelques personnes de sa famille qu'il n'avait pas vues depuis longtemps, et qu'il me les présenterait à dîner; je lui répondis que je ne pouvais pas dîner chez moi, que j'étais invitée par ma sœur. Il faut écrire à votre sœur pour vous excuser, me dit mon mari d'un air mécontent. — Pourquoi? lui dis-je. Lorsqu'il me vient du monde, vous n'en suivez pas moins les projets que vous aviez formés. — La comparaison est plaisante, dit mon mari; croyez-vous l'étendre à tout? — Je ne sais ce que vous voulez dire. — A la bonne heure ; mais quant à votre sœur, écrivez-lui, vous dis-je : une maîtresse de maison doit en faire les honneurs; ce devoir est une excuse suffisante.

Je regardais mon mari avec étonnement. — Allons, me dit-il, écrivez sur-le-champ; je croyais qu'il suffisait de vous prévenir de vos devoirs; vous les observiez si fidèlement chez votre père! — Sans doute; mais maintenant ne suis-je pas ma maîtresse? — Mon mari sourit et haussa les épaules, en me disant qu'il m'ordonnait, quoique ma maîtresse, de rester chez moi. — Avez-vous donc les droits d'un père pour me donner des ordres? — J'ai les droits d'un époux, et je prétends être obéi.

En disant ces mots il sortit. Un quart d'heure après, un de ses gens vint me demander l'adresse de ma sœur, pour lui porter mes excuses; j'écrivis quelques mots; je me plaignis; je dis à moitié ce qui me retenait.

Je reçus une réponse qui me fit réfléchir. « Je suis fâchée, me disait cette femme raisonnable et sage, de ne pas recevoir aujourd'hui une sœur que je désire voir souvent. Je me sens disposée à lui prouver mon amitié par tous les conseils que l'expérience peut donner à la jeunesse, et par toute la confiance que je désire lui inspirer. Mais, si de nouveaux devoirs s'opposaient demain encore à une visite qui me serait chère, je prie ma sœur de ne pas en murmurer plus que moi. Notre empressement de nous voir est le même : il est des obstacles que nous devons l'une et l'autre respecter. »

Je lus plusieurs fois ce billet; j'appris que ma nouvelle position me donnait des devoirs, et je commençais à prendre la résolution de les suivre, lorsque mon mari me présenta sa famille, en me priant de l'aider à la recevoir avec amitié; je le fis; le dîner fut agréable; il y avait, parmi les parents de M. de Belfort, un jeune homme et sa femme; ils étaient nouvellement mariés; ils paraissaient doux et timides. La jeune femme regardait son mari avant de parler; elle disait toujours *nous* au lieu de *moi;* et, malgré un peu de gaucherie dans les manières, elle me plut beaucoup. Après le dîner je me rapprochai d'elle, je cherchai à la faire causer. Quoique plus jeune qu'elle, l'habitude du grand monde me donnait plus d'assurance, et je trouvais pour la première fois l'occasion d'encourager la timidité, ce qui me donnait un plaisir secret de supériorité, et ce qui me rendit aimable et confiante. Enfin, à force de questions et de prévenances de ma part, et après bien de l'embarras dans les réponses d'Élisa, ma timide parente, nous liâmes une conversation suivie : je vis bientôt que, malgré sa rougeur, sa voix tremblante et son maintien gêné, la jeune Élisa avait plus de sagesse, de raison, et surtout de bonheur que moi. J'appris d'abord qu'elle devait le jour et son éducation à un père et une mère bons et tendres, qui n'avaient songé qu'à en faire une excellente épouse, et qui lui avaient fait chérir les devoirs de fille, en lui faisant respecter d'avance ceux que l'hymen lui destinait : je sus qu'elle avait épousé l'homme que son cœur avait choisi, qu'elle l'aimait, qu'elle l'adorait, qu'elle en était estimée et chérie ; toutes ses vertus étaient exercées et récompensées ; elle était bien heureuse.

Elle exprima avec timidité le désir de connaître à son tour les conditions de mon sort. Un doux intérêt s'unissait à sa curiosité. Je lui paraissais une femme brillante environnée de plaisirs. Je lui parlai avec sincérité. Je ne cachai ni l'isolement où le tourbillon laissait mon cœur, ni l'ennui qui le gagnait. — Que je vous plains! dit Élisa; malgré votre fortune et votre rang, le bonheur ne vous suit point. Tâchez donc d'aimer votre époux et vos devoirs, ajouta-t-elle d'un ton qui me toucha; sans l'amour, vous serait-il possible d'être satisfaite ? — Vous êtes donc bien heureuse ? — Autant qu'on peut l'être sur la terre? — Il ne vous manque rien? vous ne désirez rien? vous n'avez point de peines? — J'en ai beaucoup, mais je les aime. Mes privations, mes désirs, mes peines, sont le résultat de mon bonheur. — Je ne vous comprends pas. — J'adore mon mari; tous mes vœux, toutes mes espérances, tous mes soins sont pour lui; mais aussi, quand il me quitte un instant, que de craintes alarment ma tendresse! Quand le sort est contraire à ses désirs, que j'éprouve de chagrins! Vous ne pouvez comprendre ce que je souffre, puisque vous ne connaissez pas l'amour : vous n'avez jamais souffert que pour vous-même.

En disant ces mots, des larmes coulèrent sur son visage,

qui en même temps brillait d'une ardeur céleste. Je ne pus retenir un mouvement de tendresse; je serrai dans mes bras cette femme intéressante, et je lui offris mon amitié. Pourrais-je faire quelque chose pour vous, lui dis-je, c'est-à-dire, pour l'objet de tous vos vœux? Dites-le-moi; ma famille a le crédit que donnent une grande fortune et un rang élevé; je l'emploierai avec zèle. — Que vous êtes bonne! Eh bien! oui, vous pouvez nous servir. Mon mari possède pour toute fortune un bien dont les revenus sont médiocres; mais il tient cet héritage de nobles et vertueux parents. Le vieux château que nous habitons fut le berceau d'une longue suite d'ancêtres. Mon mari vit au milieu des souvenirs les plus honorables; il aime à me les retracer dans les lieux qui en sont remplis. Nous désirons, nous espérons des enfants. Combien il serait doux pour leur père de se voir renaître aux lieux mêmes où il reçut le jour! Cependant, madame, un procès que nous avons avec des parents qui nous sont inconnus peut nous bannir de notre demeure! Mon mari me cache une partie de ses craintes, ou plutôt sa tendresse pour moi lui donne le courage de se résigner à tout; mais moi!... je suis bien inquiète.

Je rassurai Élisa; je m'engageai à la servir avec un zèle dont je me promis pour moi-même les plus vrais plaisirs : elle me donna toute sa confiance; elle me raconta toutes ses occupations; son mari en était toujours l'objet. Les soins multipliés d'une maison rurale ne la fatiguaient jamais, grâce à l'amour. Elle avait peu de domestiques; elle n'avait que ceux dont les travaux étaient nécessaires. Elle s'occupait beaucoup de son ménage : c'était sa plus douce jouissance. Les connaissances agréables dont ses parents l'avaient ornée lui étaient bien chères; elle les faisait servir, ainsi que ses talents, à embellir la retraite de son époux.

Nous étions encore à causer, ou, pour mieux dire, j'écoutais encore mon heureuse amie, lorsque son mari s'approcha de nous : leurs regards se confondirent avec une tendresse qui acheva de m'apprendre où était le bonheur. Je ne pus retenir mes larmes; je leur dis, en serrant leurs mains dans les miennes : Oh! combien mon cœur vous félicite et vous admire! —

Ma femme vous a donc révélé tous nos secrets? dit-il en frappant doucement sa joue. — Oui, mon ami, et elle pressa de ses lèvres la main chérie.

J'étais trop émue pour rester dans un cercle d'indifférents. Je proposai à ma jeune cousine de venir dans mon jardin. Son mari m'offrit le bras : je le priai de me fournir tous les moyens de tenir les promesses que sa femme avait reçues.

Il me remercia avec franchise, me donna tous les renseignements qui devaient me guider, et nous recommencions à parler de bonheur et d'amour, lorsqu'on vint m'annoncer une visite : c'était une femme très à la mode et très-brillante. Elle parla de spectacles, de chiffons, de voitures ; je ne pouvais répondre ; ma distraction avait une cause si douce que je ne cherchais point à la vaincre. Qu'avez-vous donc? me dit la belle Émilie; vous êtes triste ou préoccupée. Est-ce vous, monsieur de Belfort, qui êtes cause de cela? Franchement, je n'en serais pas étonnée, les maris sont insupportables; et si je vous croyais comparable au mien, je vous gronderais de bon cœur. Ma chère amie, continua-t-elle, c'est un service que nous devrions nous rendre; je me charge, si vous voulez, de dire à votre mari ses vérités; voulez-vous vous charger du même soin à l'égard du mien?

Mon mari répondit à cette saillie par des propos fort galants; on lui riposta sur le même ton; on changea vingt fois de sujet; la conversation retomba sur les tracasseries de ménage. Mon mari blâma l'exigence et les procédés assujettissants, loua beaucoup la liberté, s'accusa d'avoir eu un tort d'époux, promit en riant d'avoir désormais meilleur ton, me baisa la main sans me regarder, en me demandant si les femmes n'allaient point le proclamer le meilleur mari du monde. Émilie rit aux éclats de cette scène : Madame de Belfort, dit-elle, je vous dois le seul instant de gaieté de ma journée; vous avez un mari charmant; vous devez avoir peu de morale à entendre; vous ne payez pas grand'chose le plaisir de briller et de plaire. Je ne suis pas aussi heureuse; ma maison, ordinairement si agréable, si brillante, si enviée de bien des femmes, n'est plus que le temple de l'ennui et de l'humeur quand j'y suis seule avec mon mari.

Émilie, en disant ces mots, se leva et s'en alla. Tandis que M. de Belfort s'éloignait un moment pour lui donner la main, Élisa vint m'embrasser en pleurant. Que je vous plains ! me dit-elle.

J'étais vraiment à plaindre. J'avais vu l'isolement qui me menaçait ; mon mari riait des plus saints devoirs au moment où je venais d'en sentir le prix ; il me déchirait le cœur par sa légèreté et son indifférence au moment où j'appréciais les sentiments profonds et tendres. Ces réflexions furent rapides et cruelles.

Mon mari rentra ; il ne s'aperçut pas de mon émotion. Je prétextai le besoin de prendre l'air ; il me suivit avec ses parents. Vous ne savez pas, dit-il, ce qui mettait la belle Émilie de si mauvaise humeur contre son cher époux ? je vais vous conter l'anecdote ; je la tiens d'une amie ; je n'ai pas voulu devant elle avoir l'air d'être instruit de cette folie. Émilie est très-riche ; son mari en est fou, ce qui le rend d'une complaisance extrême pour les goûts et les dépenses de sa femme. Le premier de ses goûts est la toilette ; Émilie n'a pas d'égale pour le luxe et l'élégance. Aux premiers temps de son mariage, elle se contentait de ce que Paris offre de plus brillant : cela maintenant ne peut lui suffire ; et quand les meilleurs ouvriers ont fait des chefs-d'œuvre pour lui plaire, ses caprices les dédaignent souvent pour recourir à une invention bizarre. Avant-hier elle devait donner un bal ; ses habits étaient commandés depuis longtemps ; rien n'était épargné. Le soir vient, elle essaie une parure ravissante ; cette parure ne lui suffit pas ; une plus magnifique est rejetée ; l'humeur se mêle au caprice, la femme de chambre est maltraitée, l'amie intime mal reçue, le mari à plus forte raison ; celui-ci, croyant cet instant de chagrin favorable, parle avec tendresse ; il offre même d'acheter sur-le-champ une parure nouvelle... Émilie pleure et sourit. — Ah ! mon Dieu, dit-elle, cela serait si cher ! — Est-il rien de trop cher pour vous ? — Je voudrais une parure entière d'émeraudes ; je ne puis être ce soir sans pierreries, et je suis si mal disposée que toutes les miennes ne pourraient m'embellir ; il faut bien cependant que votre femme soit la plus jolie du bal qu'elle donne. — Je

vole, dit le mari ; mais du moins... Il ajoute un mot plus bas...
— Je vous entends, dit Émilie ; vous allez être récompensé d'avance de votre galanterie charmante ; chargez un de mes gens d'aller chez celui dont la société vous déplaît ; quoique votre prévention soit injuste, je lui interdis ma porte.

Le mari, ravi d'obtenir enfin ce qu'il demandait depuis longtemps, envoie chez le jeune homme, puis il court chercher les émeraudes ; peine inutile, il n'y en a pas de montées au goût d'Émilie ; aucun joaillier ne peut en fournir sur-le-champ. Quel embarras ! et Émilie, quel dépit ! Ses traits s'en ressentent ; tout le monde s'en aperçoit ; les femmes triomphent, les hommes observent ; l'absence de celui auquel elle a interdit sa porte est remarquée ; pauvre Émilie ! Pour comble de malheur, elle devine les conjectures ; c'en est trop ; elle se retire pour cacher son dépit ; son mari veut la suivre, il est traité avec colère ; on l'accuse de tout ; la haine remplace l'indifférence ; sa patience n'y tient pas ; il parle avec violence : Émilie s'évanouit ; depuis ce moment, vapeurs, migraines, sermons, querelles, enfer.

Je ne pourrais vous peindre, mes amis, quel fut l'étonnement d'Élisa en écoutant ce récit ; elle témoigna avec candeur et franchise son mépris pour de pareilles mœurs. Elle rougissait et s'animait ; la vertu l'emportait sur la timidité. Qu'elle était belle en ce moment ! M. de Belfort parut frappé ; il voulut changer de ton. La jeune femme l'interrompit. — Mes chers parents, nous dit-elle, vous nous avez reçus avec amitié ; vous désirez nous rendre service ; laissez-nous essayer de vous servir aussi... Vous habitez un séjour où le bonheur est si rare qu'on ne sait plus où le chercher ; laissez-nous vous montrer où il se trouve ; que notre exemple vous apprenne qu'il est donné par l'amour. Ne vous isolez plus, quand vous pouvez être unis ; n'abandonnez plus des devoirs et des droits qui sont les premiers des biens ; ne couvrez pas de mépris les titres qui doivent vous rendre respectables... Elle prononça ces mots d'une voix timide et suppliante ; nous ne pouvions répondre. Son mari la regardait avec un tendre orgueil.

Excusez-moi, dit-elle; j'aime à faire des prosélytes à l'amour. Toutes les fois que j'ai vu le malheur, l'isolement, l'ennui, l'indifférence, dessécher la vie, j'ai parlé du bonheur d'aimer; de ses charmes bienfaisants, purs, intarissables; car la Providence, en faisant de l'amour le premier des biens, en a fait dans sa juste bonté un bien universel. Tous les hommes, de toutes conditions, de tout âge, ont droit à ce bonheur; tous peuvent aimer s'ils savent conserver un cœur pur et tendre. On pourrait ne pas être aimé en méritant de l'être; mais ne pas aimer, c'est impossible. Nos parents, nos contemporains, la nature, le Créateur, si nous étions dans un désert, nous sauveraient du malheur de l'indifférence... Et vous, qui êtes époux, vous n'aimeriez pas! vous ne seriez pas heureux!

Je regardai mon mari; il sourit d'un air déconcerté, tandis que le mari d'Élisa accablait cette charmante femme des témoignages de son bonheur et de sa tendresse.

Cette scène touchante, l'éloquence de la vertu, mes dispositions, tout concourait à m'encourager; j'allais demander vivement à mon mari son affection, notre bonheur, lorsqu'on vint annoncer que la voiture était prête : Ne perdons pas un moment, s'écria mon mari, l'opéra sera commencé;—il se lève, chacun en fait autant; mon cœur est glacé.

Nous arrivons à l'Opéra avec des dispositions bien différentes. Mon mari ne perdit pas de vue sa jeune parente; il se plaça près d'elle et lui rendit des soins empressés. Pour elle, son époux avait seul ses regards chaque fois qu'elle les détournait du spectacle; et moi, enfoncée dans mes réflexions, agitée de sentiments nouveaux, d'inquiétudes cruelles, je trouvai la soirée bien longue. Mon mari n'en attendit pas la fin pour nous quitter; il s'excusa sur un engagement, et me laissa ses parents à reconduire. Cette commission était douce; je m'en acquittai, je leur témoignai ma reconnaissance et mon admiration; mille vœux pour mon bonheur furent leur réponse; la jeune femme ajouta qu'elle voyait bien que je le méritais; mais hélas!... Cet hélas! me frappa. Nous nous quittions; je l'invitai à revenir me voir.

Je ne vis mon mari que le lendemain à déjeuner, et je crus

remarquer qu'il m'évitait ; je lui demandai s'il dînerait chez lui, il me dit que non ; je profitai de cette occasion pour lui dire que j'irais chez ma sœur, et pour lui rappeler la petite scène de la veille ; je lui témoignai les regrets que j'avais de ma conduite ; je lui dis que je me trouvais bien coupable, que je le priais de pardonner l'ignorance où j'étais de mes devoirs ; je vis qu'il m'écoutait impatiemment. A quoi bon cette excuse ? me dit-il ; je crois qu'Elisa vous a endoctrinée ; j'en serais fâché ; cela vous rendrait ridicule ; toutes ses maximes sont bonnes pour la province ; elle est d'ailleurs tendre et timide à la fois, ce qui la rend piquante ; mais pour vous qui avez du sang-froid et de l'usage, n'allez pas imiter une conduite qui ne vous conviendrait pas, nous gênerait beaucoup, et serait persiflée. Mon mari ne m'en dit pas davantage ; il sortit en fredonnant une ariette nouvelle, et je m'enfuis dans mon appartement pour pleurer en liberté.

J'étais encore plongée dans un profond chagrin, lorsqu'on m'annonça mon père. J'essayai de cacher mes larmes ; il s'en aperçut, il m'en demanda la cause ; je la lui dis en évitant d'accuser mon mari. Mais que devins-je lorsque j'appris de mon père que M. de Belfort était très-dérangé, que la moitié de sa fortune était aliénée, qu'il avait fait des pertes énormes au jeu, qu'il entretenait une femme qu'il avait séduite ! Ces nouvelles me désolèrent ; je fis cependant peu de plaintes sur mon sort ; mon père, qui m'avait mariée, aurait pu les prendre pour des reproches. Aussitôt qu'il fut parti, je me hâtai d'aller me jeter dans les bras de ma sœur.

Cette femme, d'une bonté bien rare, avait toutes les qualités qui sont désirables dans une mère ; elle voulut m'en servir ; et ses tendres conseils, en me guidant au commencement de mes malheurs, m'apprirent à me rendre digne de me guider moi-même dans la suite.

Je passai toute la journée auprès d'elle, et le soir elle voulut me reconduire chez moi. Je voulais tenter de ramener mon mari à la sagesse par tous les moyens possibles ; j'espérais, à force de douceur et de condescendance, exécuter un projet si cher ; ma sœur devait me seconder, et j'avais prié mon père de se prêter par son silence à l'espoir qui me restait.

Jamais peut-être deux jours de réflexions et de malheur n'ont produit plus d'effet sur une jeune personne ; le sentiment et la raison se développaient dans mon cœur ; je n'étais plus la même ; mon mari parut s'en apercevoir ; je lui dis des choses touchantes et sages ; je lui parlai des conseils que j'avais reçus, des résolutions que j'avais prises, et de l'espoir que j'avais de faire son bonheur. Comme il ne répondait rien, et que la présence de ma sœur m'encourageait, je me plaignis avec vivacité d'avoir méconnu des devoirs d'où dépendait mon premier bien ; j'ajoutai que si ma conduite, en déterminant celle de mon mari, l'avait éloigné de sa maison, j'étais loin d'en murmurer : Si vous aviez des torts, lui dis-je, ils seraient le résultat des miens, et je m'en reconnaîtrais coupable ; mais pardonnez le passé à mon ignorance, je saurai désormais mériter votre estime et votre attachement.

Ma sœur ajouta des choses obligeantes et bonnes ; puis elle se retira, et mon mari profita de son départ pour me quitter ; ce qui me fit juger avec douleur que je n'avais rien gagné auprès de lui.

Le lendemain je l'attendis vainement ; je ne vis de toute la journée que ma bonne sœur, qui me conseilla de ne point fatiguer mon mari d'une tendresse qui semblait lui être importune, et d'attendre avec résignation le moment favorable pour lui montrer un dévouement qui finirait peut-être par le toucher. Ma sœur, en me donnant ce conseil, paraissait avoir peu d'espérance ; les miennes étaient plus faibles encore. La journée se passa tout entière à causer ensemble et à nous étonner de ne pas recevoir de nos jeunes parents la visite qu'ils m'avaient promise. Ma sœur désirait vivement les connaître, d'après tout ce que je lui en avais dit.

Quand je fus seule, comme il était tard, et que je me sentais fatiguée, je me couchai et je m'endormis. Je ne sais depuis combien de temps le sommeil avait suspendu mes peines, lorsque mon mari entra précipitamment dans ma chambre et me réveilla en me priant de ne pas m'effrayer. Il m'est cependant arrivé une affaire malheureuse, dit-il ; mais avec de la prudence elle n'aura pas de suites. Alors il me raconta qu'il s'était trouvé la veille près d'Élisa au moment où un jeune homme appartenant à une famille puissante adressait à la jeune femme des hommages indiscrets. Mon mari, n'écoutant que l'intérêt que lui inspirait Élisa, avait imposé silence au jeune homme ; un duel s'en est suivi. M. de Belfort a tué son adversaire ; il croit n'avoir d'autre parti à prendre qu'une prompte fuite ; il avait attendu la nuit pour rentrer dans la ville et pour prendre congé de moi.

Maintenant, ajouta-t-il, je pars ; je ne sais où j'irai ; mais vous aurez de mes nouvelles aussitôt qu'une retraite sûre me fournira les moyens d'échapper au ressentiment que nous devons redouter. Tout ce qui m'embarrasse est la difficulté d'avoir des fonds à l'instant même, car mon homme d'affaires ne saurait m'en procurer beaucoup ; d'ailleurs, j'aime mieux qu'il ignore cet événement ; je ne suis pas sûr de sa discrétion.

Prenez mes diamants, m'écriai-je, ils ont une valeur considérable ; prenez encore tout l'or qui me reste de la bourse de mon mariage. — Non, me dit-il, je ne vous priverai pas de vos diamants, et je ne vous laisserai pas sans argent ; il m'est venu une idée qui pourrait être bonne. Votre grand-père vous a légué des biens considérables à la Martinique ; confiez-moi les titres de ces biens ; si le malheur me poursuit longtemps, ils m'offriront une ressource. Je me hâtai de lui remettre tous les titres de mes propriétés en Amérique ; c'était presque toute ma fortune.

Je voulais forcer encore mon mari à prendre mes diamants ; il ne voulut point, il se contenta de deux cents louis que je le suppliai d'emporter, en le pressant de fuir, de ne songer qu'à sa sûreté, et de me tranquilliser par une lettre aussitôt qu'il pourrait le faire sans danger.

Je n'essaierai pas de vous peindre dans quel état me laissa cette scène cruelle ; jamais je n'attendis le jour avec une impatience plus vive ; je sentais le besoin de confier mes peines à ma sœur.

Quel fut mon étonnement en voyant entrer seul et désespéré le mari de ma jeune parente! Où est Élisa? m'écriai-je. — Il ne put me dire que ces mots : Elle a disparu! Je n'ai jamais vu d'image de désolation qui puisse être comparée à cet infortuné; il semblait frappé de mort; ses yeux étaient égarés, sa voix tremblante, son esprit troublé. La douleur se montrait dans tous ses mouvements, dans toutes ses paroles; il mourait à l'espoir, à l'amour; son cœur se brisait, se déchirait : que serait la mort véritable, la mort qui anéantit, auprès de cette mort qui désespère?

Je fus si frappée de ce spectacle que je ne pouvais parler; je me hâtai de faire asseoir ce malheureux jeune homme. Je le priai de s'expliquer; et pour lui donner le temps de se remettre, je lui racontai tout ce que M. de Belfort m'avait dit. Mais, hélas! il savait mieux que moi ce qu'il fallait croire; il me lut d'abord ce billet que lui avait fait remettre mon mari.

« Le désir de vous servir me fait faire un coup de tête ; votre
« Élisa est charmante ; ma femme et moi nous la conduisons
« chez le ministre pour qu'elle obtienne ce que l'on vous a re-
« fusé ; comme elle est timide, nous lui faisons un peu de vio-
« lence ; venez ce soir nous attendre chez moi. »

Ce billet étonna beaucoup le mari d'Élisa; il finit par l'abuser; il ne songea alors qu'à la contrariété que sa femme devait éprouver; il m'accusa d'y avoir participé. Ne pouvant néanmoins résister à son impatience, il ordonne à son domestique de lui procurer sur-le-champ le cabriolet le plus rapide; en moins d'un quart d'heure il se croit sur nos traces; son étonnement est extrême de ne point nous atteindre; il arrive enfin; il est à la porte du ministre; il s'informe, il questionne; on n'a vu personne qui pût nous ressembler. Alors l'inquiétude entre dans son cœur; il retourne vers sa demeure; il y rentre; en s'y retrouvant seul, son désespoir n'a plus de bornes; il appelle une femme qui servait Élisa; il l'envoie chez moi, c'est sa dernière ressource; il brûle et tremble en attendant la réponse à son message... On revient, plus d'espoir, je ne suis point sortie; mon mari m'a quittée dès le matin, et n'est pas rentré. Le malheureux jeune homme se rappelle alors l'admiration que M. de Belfort avait montrée en voyant, en écoutant Élisa, les soins qu'il avait cherché à lui rendre, ses efforts pour lui plaire. D'un autre côté, le projet qu'il a formé de quitter la France permet l'idée d'une audace inouïe.

Alors plus de doute ; cet époux si tendre voit tout son malheur ; mais alors aussi une pensée le rassure, c'est la force de l'amour ; un pressentiment céleste entre dans son cœur. Bientôt cependant le désespoir succède à des éclairs consolateurs. La nuit tout entière est consacrée aux agitations les plus cruelles. Dès le point du jour il se hâte de parcourir toutes les maisons que fréquente M. de Belfort ; on ne l'a vu nulle part. C'est alors qu'il vient chez moi dans l'état que j'ai essayé de décrire.

Vous jugez de l'effet que ce récit produisit sur moi ; j'étais hors d'état de réfléchir à ce qui m'arrivait ; mes peines d'ailleurs étaient légères en comparaison de celles des deux époux séparés par le mien ; je le sentais trop pour me plaindre... Que faire? dis-je avec abattement ; puisse le ciel nous inspirer !

— Allons partout où vous connaîtrez des liaisons à votre mari ; nommez-moi ses amis, ses serviteurs. Je n'ai point assez d'argent pour obtenir l'aveu de ses complices, ou pour le suivre et le découvrir ; prêtez-m'en, je vous en conjure ; empruntez-en, si vous n'en avez pas : je vendrai l'héritage de mon père ; si ce n'est pas assez, je travaillerai ; si tout cela ne suffit pas, je recevrai vos dons : vous m'aiderez à racheter mon trésor...

En ce moment nous entendons courir avec précipitation ; la porte s'ouvre : Élisa tombe dans les bras de son mari.

Scène ravissante autant qu'imprévue ! combien j'en fus touchée ! Les deux époux paraissaient accablés de leur bonheur ; ils ne pouvaient l'exprimer que par des larmes abondantes. Élisa serrait son mari dans ses bras ; elle se pressait contre lui avec un tendre effroi. A ces mouvements d'un reste de frayeur succédaient des mouvements de félicité et de reconnaissance ; elle regardait le ciel et son mari.

Ce tableau touchant est le plus beau de mes souvenirs ; le temps ne l'a point effacé ; j'ai retenu de même le récit que nous fit Élisa, et qui fut souvent interrompu par les sentiments qu'il fit naître.

Aussitôt, dit-elle, que je fus dans la voiture de M. de Belfort, il se plaça auprès de moi et ferma la portière; à l'instant la voiture part avec une vitesse effrayante : je fais un cri; M. de Belfort semble partager ma crainte; il ordonne au cocher d'arrêter. — Mais je ne le vois que trop, ajoute-t-il, les chevaux ont pris le mors aux dents; gardons-nous de tourmenter le cocher; nous lui ferions perdre la tête; il a besoin de sang-froid. — Grand Dieu! mon mari, m'écriai-je... Je concentrai mes craintes; je regardais M. de Belfort, qui semblait ne s'occuper que des chevaux... J'aperçois bientôt que nous ne sommes plus dans des rues peuplées ; nous traversons un faubourg écarté; tout d'un coup le cocher arrête ses chevaux, en disant à voix forte : Nous sommes sauvés! A ce cri, une jeune femme sort de sa maison, s'empresse de demander ce que c'est. Le cocher descend de son siége, dit que les chevaux se sont emportés, qu'il a souvent craint de périr ; il ajoute qu'une jeune dame est dans la voiture, qu'elle doit être morte d'effroi. Au même instant M. de Belfort me supplie de descendre pour me rassurer; le cocher fait entendre que lui-même a besoin de quelques moments de repos..... Hé bien! m'écriai-je, je n'ai plus besoin de voiture; mais je ne m'arrêterai pas : je veux aller rendre la tranquillité à mon mari. M. de Belfort me dit que je retarderai ce moment en allant à pied, et qu'en donnant au cocher le temps de se remettre, je ferai plus que regagner ce temps. Le cocher confirme ce que me dit son maître; il promet que je serai rendue chez moi dans une demi-heure, si je veux lui accorder quelques instants. Alors la jeune femme me prie instamment d'entrer chez elle et d'accepter au moins un verre d'eau. — Oui, dit M. de Belfort, l'effroi que vous avez éprouvé exige cette précaution... En disant ces mots, il remercie la jeune femme; il la suit, me donne la main et m'entraîne. Nous traversons une maison obscure, un grand jardin solitaire; un pavillon le termine. Je prends un verre d'eau... De grâce, madame! dis-je à celle qui me le donne, laissez-moi vous remercier et partir. M. de Belfort, quoique je retarde le moment de voir mon mari en allant à pied, je veux m'en aller sur-le-champ, si votre cocher n'est pas en état de me reconduire à l'instant même : je meurs d'inquiétude et d'agitation.

La jeune femme sort : M. de Belfort resté seul avec moi passe bientôt des expressions de l'intérêt à celles d'une passion violente. J'y réponds avec indignation et désespoir... : rien ne le touche. — J'attendrai, dit-il, que le temps et ma passion adoucissent mes torts.

— Hé bien ! m'écriai-je, c'est à la mort seule qu'il faut recourir.

M. de Belfort, effrayé de mon désespoir, appelle la jeune femme et me laisse seule avec elle. Je me jette à ses pieds ; j'implore sa pitié ; je lui parle de mon mari. Elle semble touchée, j'entrevois une lueur d'espérance, je redouble d'instances ; je supplie par mes regards, par mes discours !... Enfin je triomphe : cette malheureuse jeune femme, quoique dépendante de M. de Belfort par suite d'une conduite coupable, finit par céder à mon désespoir. Elle brave les dangers qu'elle court en me sauvant ; secondée par un serviteur qui se laisse gagner par mes promesses, elle favorise ma fuite, et je suis rendue à mon mari et au bonheur.

En disant ces mots, Élisa retombe dans les bras de cet époux adoré ; l'un et l'autre expriment leur amour, leur bonheur, par les larmes et le silence.

Pour moi, mes amis, ma position devint bien douloureuse. M. de Belfort, désespéré de la fuite d'Élisa, après avoir dans sa fureur maltraité la pauvre Justine, disparut avec elle.

Ce départ ajouta au bonheur d'Élisa. J'avoue qu'il ne m'affligea point ; si je sentais mon cœur déchiré, ce n'était point par amour pour M. de Belfort, c'était par la pensée cruelle que les liens qui m'unissaient à lui m'interdisaient toute autre union, et m'imposaient le devoir de l'indifférence. Élisa et son mari furent vivement affectés de mes peines ; ils me témoignèrent une touchante amitié, me prièrent de les regarder comme un frère et une sœur bien tendres. Lorsque leurs affaires ne les retinrent plus à Paris, et qu'à l'aide de mes soins ils eurent assuré leur petite propriété, ils allèrent goûter le bonheur dans leur douce retraite.

Je leur avais promis d'aller les voir, et j'étais sur le point de tenir cette promesse, lorsque je perdis, presqu'en même temps, mon père et ma mère; ils me laissèrent un frère bien jeune qu'ils recommandèrent à mes soins; je crus devoir remplir fidèlement leur dernier vœu. Je devins une tendre et indulgente mère pour ce jeune homme : c'était votre père, ma chère Marianne : il n'avait pas reçu une éducation soignée; il avait des goûts qui m'affligeaient, des principes que je m'efforçais de changer; il m'était néanmoins bien cher; il me le devint encore plus par la perte de ma bonne sœur; je n'eus plus d'autre proche parent; je me privai, pour ne pas le quitter, du plaisir d'aller voir Élisa. Il est vrai qu'un autre sentiment me retint; je craignais le spectacle de l'amour et du bonheur, quand mon sort me condamnait à des privations cruelles. Je dois vivre de sacrifices, écrivais-je à Élisa; auprès de vous je les sentirais trop vivement. Elisa me répondait les choses les plus touchantes; n'ayant à souffrir que des alarmes continuellement excitées dans son cœur par l'amour, elle exprimait ces tendres alarmes de manière à m'en faire envier l'honorable cause, et à me faire gémir davantage de mon isolement.

Élisa devint mère, elle me l'annonça; je vis qu'elle n'osait me montrer sa joie, et que cependant elle ne pouvait la retenir; ses nouveaux soins l'empêchèrent de m'écrire aussi souvent, et sa famille, en s'augmentant beaucoup, rendit notre correspondance très-rare. D'ailleurs Élisa ne pouvait comme moi éprouver des sentiments bien vifs pour une amie; ils étaient tous concentrés sur son époux, dont elle avait aussi toute la tendresse : les mêmes vœux, les mêmes vertus les unissaient; on pouvait dire qu'ils avaient commencé sur la terre l'union céleste qui faisait leur dernière espérance.

Mon frère avait reçu de nos parents des biens assez considérables dont il voulut bientôt commencer à jouir. Ce que mon mari ne m'avait point enlevé composait encore pour moi une fortune suffisante; je me retirai à la campagne; je m'attachai à de bonnes gens ; je profitai en liberté des douceurs de mes réflexions et des charmes de la nature ; je devins heureuse, ou du moins paisible et juste.

Mon frère se maria, je retournai auprès de lui. Mes chers amis, vous connaissez déjà la suite de mon histoire, ma nièce vous l'a racontée ; mais elle n'a pu vous dire assez combien sa naissance me causa de joie, et combien sa jeunesse et son éducation m'ont fourni de plaisirs. Je l'aimais comme j'aurais aimé ma fille ; il m'en coûta cruellement de me séparer d'elle ; mais mon mari me rappelait ; il me priait instamment de le rejoindre ; et, malgré tous ses torts, mes engagements étaient sacrés. Je quittai le bonheur pour le devoir ; et je sentis alors que la vertu, comme l'amour, peut donner des charmes à la douleur.

Je m'embarquai en regardant ma chère Marianne, et en la recommandant au ciel ; mon voyage fut triste et calme. En arrivant à la Martinique, je me promis d'être fidèle à mes principes de résignation et de sagesse. Je trouvai mon mari bien changé : lorsqu'il m'avait quittée, il était brillant, impétueux, léger ; mais vingt ans s'étaient écoulés, je le trouvai misanthrope et malade. Il me témoigna beaucoup de reconnaissance. Vous revenez vers moi, me dit-il, et je n'ai jamais été digne de vous. Ces mots suffirent pour effacer tous mes sujets de plaintes.

Je l'engageai à me raconter son histoire. Il s'était embarqué pour la Martinique avec cette même Justine qui avait sauvé Élisa. Il avait pris possession de tous les biens que j'avais dans cette île ; mais la crainte des démarches que j'aurais pu faire l'avait tourmenté constamment ; le climat de la Martinique lui déplaisait d'ailleurs, et le séjour de Paris excitant ses regrets, il devint sombre et dur. Justine, qui l'aimait, supporta pendant longtemps les chagrins qu'elle en recevait ; mais après avoir dévoré ses peines en silence, elle finit par les confier. Elle était vive et faible ; son âme recevait aisément toutes les impressions ; on lui inspira des remords qui furent aidés par le malheur : elle se détacha de mon mari, elle le quitta ; mais, entraînée bientôt par de nouvelles séductions, elle fut punie par de nouvelles douleurs. Le bonheur illégitime n'est point durable, et rien n'adoucit les peines qui le suivent.

Que cette réflexion est vraie, dit madame de Belval. On supporte une autorité despotique, on s'honore d'être victime, lorsque le devoir en fait un mérite; mais lorsque l'on est maltraité par ceux dont les droits rendent coupable, il ne peut rester que le désespoir, et c'est ici une preuve bien frappante du principe établi dans le livre des Compensations : la sagesse a toujours pour résultat d'augmenter les biens et d'affaiblir les peines; cette heureuse pensée est surtout nécessaire aux femmes.

Pourquoi l'est-elle plus qu'à nous ? dit Armand.

— Parce que la sensibilité des femmes et leur faiblesse les exposent à bien plus de danger. Les occasions pour un homme de prendre des déterminations, d'éprouver des combats, sont rares et importantes. Pour nous, elles se renouvellent sans cesse, mais elles n'ont point d'éclat: le plus souvent elles ne sont point aperçues : il faut qu'une femme, pour être heureuse, unisse secrètement la sagesse à ses vœux les plus tendres, à ses espérances les plus chères, qu'elle la confonde avec l'amour: amour et sagesse, il n'est pas d'autres sentiments permis aux femmes; mais que de bonheur, de compensations naissent de ces deux sentiments! Ma respectable amie, continuez de nous le montrer par votre histoire.

J'appris de mon mari, dit madame de Belfort, qu'après avoir été quitté par Justine, il était tombé malade. Il souffrait de l'isolement, et surtout de l'ennui. Il voulut remplacer celle que l'habitude lui rendait chère : il fut volé. Il devenait infirme, il prit une gouvernante qui le soignait mal et avec dureté; il n'avait ni parents, ni amis; ses domestiques étaient intéressés, ses gens d'affaires infidèles; il ne pouvait être exposé à tant de peines sans les augmenter, car il n'avait point de résignation; il devint mécontent de tout; son humeur acheva d'aliéner les personnes qui l'entouraient, et de le désoler lui-même; ses affaires en souffrirent; il ne mit qu'emportement et injustice dans les rapports qu'il avait avec ceux qui les administraient; bientôt il eut des procès; il les embrouilla : ses revenus furent suspendus; mes biens furent saisis. Ce fut alors qu'il m'appela.

Sauvez vos propriétés, me dit-il; chargez-vous de tous les embarras que je vous cause. Je dis à M. de Belfort que je voulais surtout me charger de son bonheur; mais hélas! il était plus facile de rétablir l'ordre dans ses affaires que le calme dans son âme.

Je passai plusieurs années auprès de lui. Nous étions rentrés dans presque tous nos biens, et nous étions encore assez riches pour recevoir du monde : c'était la seule chose qui pût adoucir l'humeur sombre de M. de Belfort, et lui faire supporter ses nombreuses infirmités.

Ces années furent pénibles. Je ne pus, malgré tous mes soins et tous mes vœux, me procurer des nouvelles de ma nièce; la révolution française m'en ôta l'espoir, en le remplaçant par de cruelles inquiétudes. Il m'est inutile, ma chère Marianne, de vous dire combien vous manquiez à mon bonheur; mais je dois faire une réflexion qui s'applique aux Compensations : cette privation désolante que mon cœur éprouvait m'était cependant bien chère; je n'aurais pas voulu, pour m'épargner mes larmes, n'avoir jamais eu de fille adoptive; je remerciais le ciel, dans ma douleur, des heureuses années que je regrettais, et je n'avais pas l'ingratitude d'oublier les douceurs qui avaient précédé mes peines. — O ma tante! dit madame Durand, M. de Belfort avait raison, vous êtes toujours la même. — Oui, ma chère enfant, je l'ai senti au bonheur de vous retrouver; mais je veux achever mon histoire.

Je vous ai dit, mes amis, que mon mari était infirme et âgé; il ne pouvait plus se mêler de nos affaires; je réglais seule l'administration de notre maison; et le désir de mériter sa confiance me rendait plus attentive que n'eût pu faire la crainte de ses reproches.

Il lui fallut des soins et de la société jusques à la fin de sa vie; j'eus la consolation de lui en avoir toujours procuré, de l'avoir soigné, respecté..... Quand je l'eus perdu, je donnai des larmes à sa mémoire et à ses peines. Je me retirai à la campagne, en regrettant amèrement que la liberté de rentrer en France me fût interdite, et que mon sort ne pût être uni à celui de ma chère nièce.

Il y avait quelque temps que j'habitais la retraite, lorsque j'en fus tirée par l'événement le plus heureux de ma vie.

Un honnête homme, qui avait ma confiance pour mes affaires, me proposa d'acquérir un petit bien que sa proximité mettait à ma convenance; il ajouta que cette affaire était fort avantageuse sous tous les rapports; et, après me l'avoir prouvé par des calculs fort clairs, il me dit que le propriétaire ferait même un sacrifice sur le prix de son habitation, étant obligé de rejoindre promptement sa famille, qu'il avait laissée dans l'Amérique septentrionale. J'avais quelques fonds à placer; l'acquisition que l'on me proposait paraissait convenable; on me disait de plus que je rendrais service au propriétaire, qui souffrait vivement des retards qui le retenaient loin de sa famille : ce motif acheva de me déterminer. Je fixai avec mon homme d'affaires le jour où j'irais voir cette habitation, et je le chargeai de m'annoncer.

Mes amis, dit madame de Belfort, en prenant la main de M. de Murville, vous voyez celui qui me reçut; il était alors ce qu'il sera toujours, le plus estimable, le meilleur des hommes. Il avait entendu parler de moi d'une manière si honorable et si flatteuse, qu'il me témoigna plus de plaisir encore de me voir chez lui que de terminer une affaire qui l'intéressait beaucoup. Ce plaisir fut bientôt réciproque : l'estime que M. de Murville avait conçue d'avance en ma faveur, je l'éprouvai pour lui dès les premiers jours. Nous passâmes ces premiers jours à parcourir son habitation; et pendant tout ce temps il me montra ses principes, ses qualités, son âme tout entière..... Laissez-moi parler, mon ami, dit madame de Belfort à M. de Murville qui voulait l'interrompre; toutes les personnes qui m'entourent n'entendront que ce qu'elles savent. Je vis en vous l'homme qui, pour mieux donner le bonheur à ses amis, leur inspire le sentiment de la justice et le goût de la sagesse.

Tous les amis de M. de Murville s'empressèrent de reconnaître que l'on ne pouvait donner avec plus de vérité la définition de son caractère. Madame de Belfort continua ainsi :

L'affaire qui m'avait conduite chez M. de Murville l'amena chez moi le lendemain, et nous donna, pendant plusieurs jours, de fréquentes et de longues occasions de causer ensemble. Je recevais tous les détails relatifs à la propriété que j'acquérais, et des recommandations touchantes pour le bonheur des habitants dont le sort m'était confié. M. de Murville me parlait avec le plaisir et la certitude d'être toujours entendu ; enfin, mes amis, nous fûmes bientôt liés par une amitié bien tendre. Je n'avais pas voulu abuser de la position de M. de Murville pour payer moins cher son habitation ; je l'avais dit à mon homme d'affaires avant notre première entrevue ; et, le jour même, j'avais fixé le prix de mon acquisition. M. de Murville, touché de ce procédé, avait voulu satisfaire aussi son cœur généreux ; il avait consacré à mon homme d'affaires le surplus de la somme qu'il espérait, en reconnaissance, disait-il, du bonheur qu'il lui avait procuré. Mais l'embarras était de faire accepter le don par cet homme désintéressé. M. de Murville trouva un moyen digne de son cœur : il savait que la fille de cet homme aimait tendrement le régisseur du bien qu'il me vendait. Ce régisseur était actif, honnête ; M. de Murville me l'avait recommandé : il imagina de lui donner la somme dont son cœur voulait faire un généreux emploi, et il fit à la fois le bonheur de ce jeune homme, de celle qu'il aimait, et de son père. Ensuite, il concerta avec celui-ci de faire du mariage de sa fille une surprise et une fête pour moi. M. de Murville avait pris tous les arrangements avec une mystérieuse délicatesse. Il m'invita à prendre possession de ma nouvelle propriété avant son départ ; il me dit qu'il voulait me céder lui-même tous ses droits sur le bonheur de ceux qui l'avaient longtemps chéri. Nous fixâmes un jour pour cette formalité touchante. Mon homme d'affaires me suivait, et s'efforçait de cacher sa joie ; mais lorsque j'en sus le motif, lorsque je vis toute la famille assemblée et les heureux époux me bénir par leurs espérances, je bénis à mon tour la générosité de M. de Murville. Je ne savais pas tout encore : il me fit signer avec l'acte de mon acquisition celui qui assurait aux jeunes époux la dot qu'il leur avait consacrée, et qu'il voulut leur donner en mon nom, en me rappelant que cette somme avait été ajoutée par moi-même à celle qu'il attendait de son bien. Je l'ai acceptée pour vous faire chérir, me dit-il ; j'en ai disposé, au nom de votre cœur, pour faire un acte de bonheur, qui doit être pour nous un contrat d'amitié, puisqu'il réunit nos deux noms d'une manière bien douce... Je ne pus répondre ; M. de Murville s'en souvient ; je mis mon nom auprès du sien : ils furent répétés à la fois par toute l'heureuse famille, et nous passâmes le reste du jour dans une pure et touchante félicité.

Le désir d'un prompt rapprochement devait naître d'une amitié si véritable. M. de Murville me parla de sa femme, de sa fille adoptive, des amis qu'il rassemblait. Je vis qu'il était alors, comme il l'est encore, le centre d'affections honorables et de dispositions vertueuses. Que ne pouvons-nous, lui disais-je, habiter le même lieu ! Mais j'avais des biens dont il fallait me défaire ; car dans ce temps orageux il ne m'aurait pas suffi de trouver des régisseurs fidèles ; les événements pouvaient rompre toutes les communications. D'ailleurs, je désirais, avant de me fixer auprès de M. de Murville, connaître plus particulièrement les dispositions de sa famille, et savoir comment mes sentiments d'amitié seraient accueillis. J'obtins bientôt à cet égard les assurances les plus flatteuses. A peine M. de Murville eut-il rejoint sa femme et ses amis, que je reçus au nom de cette heureuse société l'invitation la plus pressante et la plus honorable. M. de Murville avait raconté notre liaison ; il avait fait partager ses sentiments pour moi : je vis que je serais reçue par l'estime et la confiance ; je n'étais plus jeune ; je ne désirais plus réunir d'autres biens à ceux qui m'étaient offerts. Je répondis à M. de Murville : je lui exprimai mon affection, ainsi qu'à toutes les personnes qui l'environnaient. Je m'occupai de vendre mes biens : je le fis avec avantage. J'en profitai pour faire du bien aux personnes dont je me séparais, et pour me consoler de les quitter ; car j'éprouvais des regrets qu'elles partageaient bien vivement. J'étais chérie, j'étais reconnaissante : c'est un doux souvenir, et une des compensations dont j'aimerai toujours à tenir compte.

Enfin, mes amis, quelques mois après le départ de M. de Murville, après avoir rassemblé tout mon bien, je m'embarquai pour l'Amérique septentrionale; j'y fus reçue par l'amitié tendre, sincère : j'y trouvai le bonheur simple et vrai que j'avais attendu.

Ce bonheur fut malheureusement troublé. Un an après mon arrivée, M. de Murville perdit sa femme; elle était mon amie; elle méritait bien les larmes qu'elle nous fit répandre; sa fille était encore bien jeune; mais elle était déjà trop sensible pour ne pas souffrir, et trop intéressante pour ne pas m'inspirer les plus doux sentiments. Vous savez, mes amis, combien son père a pour elle de tendresse; mais vous n'avez pas vu, comme moi, Fanny dès son enfance; vous ne savez pas combien l'affection de M. de Murville fut toujours vive et juste. Je les ai connus au moment douloureux qui resserra leurs liens et augmenta mon attachement.

Fanny était auprès de madame de Belfort; elle serrait sa main sur son cœur; elle prit ensuite celle de M. de Murville; leurs souvenirs, leurs sentiments les unissaient; on respecta ce qu'ils éprouvaient. Madame de Belfort se tut sans qu'on osât la presser de continuer; elle reprit son récit aussitôt que son émotion put le lui permettre.

J'avais eu d'abord le projet de chercher une habitation commode et agréable dans le voisinage de M. de Murville. Mais, de concert avec sa femme, il m'avait pressée de choisir sa maison; j'y avais consenti en prenant les arrangements qui pouvaient satisfaire mon cœur et ma délicatesse. J'étais riche; j'avais plusieurs domestiques fidèles; je voulus les garder : nous convînmes d'un partage de dépense qui m'ôta l'inquiétude d'être à charge à mes amis.

Bientôt M. de Murville et Fanny me devinrent si chers, que je pris à cœur tous leurs intérêts; je me chargeai du soin de leur maison : nous ne comptâmes plus; notre amitié intime confondit nos biens, nos désirs et nos espérances.

Ce temps de ma vie est mon temps de bonheur ; c'est-à-dire que depuis l'union d'amitié que j'ai contractée avec M. de Murville, les biens l'ont emporté de beaucoup sur les maux. Mon enfance et ma jeunesse avaient formé un temps d'épreuve. Malheureuse chez mes parents, malheureuse en ménage, humiliée par mon frère, forcée d'abandonner ma fille adoptive !... Aujourd'hui cette fille chérie, que je retrouve heureuse, comble de joie ma vieillesse ; mes yeux ont perdu la lumière, mais mon cœur se guide aisément vers les amis qui l'entourent. La Providence a versé sur moi les plus touchantes compensations.

Je vivais entre M. de Murville et Fanny dans l'intimité que je viens de décrire, lorsque M. de Murville fut obligé de passer en France pour sauver la fortune qu'il y avait laissée. Il espérait nous rejoindre bientôt ; il nous le promettait... ; et au moment où il semblait être sur le point de tenir cette douce promesse, je reçois indirectement de ses nouvelles : j'apprends qu'il est malheureux, dépouillé de ses biens, victime de l'injustice, de la calomnie... Ces informations auraient déchiré mon cœur, si elles ne l'avaient rempli de dévouement et de courage ; l'amitié qui m'unissait à M. de Murville était la véritable amitié ; je rassemblai mes fonds : je dis adieu à ma chère Fanny ; et pour calmer son inquiétude, je m'engageai à lui ramener bientôt son père.

Je ne vous dirai point combien je souffris en la quittant ; je ne vous parlerai pas non plus des sentiments qui m'agitèrent pendant la traversée : l'espérance de consoler M. de Murville mêlait cependant bien des douceurs à mes regrets et à mes craintes.

Dans l'empressement où j'étais de passer en France, je m'étais embarquée sur un vaisseau qui se rendait en Angleterre ; j'avais été forcée de prendre cette voie, n'en trouvant pas d'autre. A peine fûmes-nous arrivés en Angleterre, que toute communication avec la France fut sévèrement fermée ; ce contre-temps fut bien cruel. Obligée de rester en Angleterre sans recommandation, ne connaissant point la langue, et, en qualité de Française, excitant des défiances, j'eus beaucoup à souffrir. Il était surtout bien douloureux pour moi de ne pouvoir me rapprocher de M. de Murville, le consoler, le secourir.

Je tentai inutilement plusieurs moyens de rentrer en France; enfin, n'en trouvant point d'autres, j'acceptai avec empressement l'offre qui me fut faite par le domestique dont je connaissais le zèle, et qui m'avait suivie : ce brave homme avait un parent pêcheur dans l'île de Jersey. Nous nous rendîmes chez lui; nous fûmes bien accueillis; nous le déterminâmes à nous recevoir dans sa frêle barque, et à nous jeter sur les côtes de France. Ce projet une fois arrêté, je fus calme et heureuse; j'attendis le jour qui devait remplir le plus cher de mes vœux; la cabane du pêcheur, les rochers de l'île, furent embellis par les plus douces espérances; l'amitié me remplit de courage; et le soir, lorsque le bateau vint me prendre, lorsque j'y entrai au clair de la lune et que je me vis seule sur les flots entre deux rameurs, je n'éprouvai d'autres sentiments qu'une pieuse sécurité; mon cœur, au lieu d'adresser à Dieu les vœux de la crainte, ne lui offrit que l'élan de la joie et de la reconnaissance.

La traversée fut paisible; nous arrivâmes sur la côte; mes compagnons m'aidèrent à descendre sur cette terre désirée; mais au moment où je goûtais le plus vivement le bonheur d'un tel succès, des hommes s'approchent : ils sont armés; ils m'arrêtent, ils me conduisent dans une sombre prison. Affligée, mais non découragée, j'adresse mes réclamations à l'autorité publique; je raconte avec franchise mon histoire. Au bout de peu de jours, j'obtiens d'être conduite à Paris, et bientôt la liberté m'est rendue; mon arrestation n'était qu'une mesure de prudence que la guerre justifiait.

J'avais écrit à M. de Murville, je n'en recevais point de nouvelles; aussitôt que je fus libre, je volai vers lui. Le moment de notre réunion aurait compensé de bien plus grandes peines que celles que j'avais bravées. Je lui rendis l'aisance; je lui rendis plus encore...; je détruisis les calomnies qui l'accablaient. Ce devoir rempli, je ne négligeai rien pour retrouver ma chère nièce, ou du moins pour connaître son sort ; mes recherches furent malheureusement inutiles.

Une occasion heureuse d'acquérir l'habitation où nous sommes s'étant présentée, je trouvai bien doux de me fixer avec mon ami dans cette province qu'avaient habitée Élisa et son mari, et où je pouvais espérer de les revoir encore ; mais M. de Murville reçut alors une lettre déchirante de sa fille. Cette jeune personne, dont j'avais pressenti la sensibilité excessive, était malade et bien malheureuse ; elle vous racontera sa touchante histoire.

M. de Murville profite à l'instant d'un vaisseau qui faisait voile pour les États-Unis ; je l'aurais accompagné si ma santé ne s'était trouvée affaiblie par mon voyage, et si mon séjour en France n'avait encore été nécessaire aux intérêts de M. de Murville.

Ce temps de ma vie fut un temps d'isolement et de tristesse ; trop souvent la confiance m'abandonna ; je craignis de nouveaux malheurs qui me sépareraient pour toujours de mon ami et de sa fille. Je tombai dans l'injustice : n'ai-je donc pas eu assez d'inquiétudes? demandais-je à la Providence ; n'ai-je point encore gagné pour le reste de ma vie les douceurs de l'affection et du repos?

Un jour qu'en me livrant à de sombres pensées je me promenais vers un hameau voisin de ma demeure, je vois une fête champêtre ; j'en demande le sujet : on me dit que c'est un double mariage : un père et une mère, l'un et l'autre dans une vieillesse très-avancée, renouvelaient leur union au bout de cinquante années ; en même temps ils mariaient leur petite-fille.

On me montre les deux vieillards ; une joie céleste se peignait sur leurs visages vénérables ; leurs enfants, leurs voisins, parlaient de leur bonheur... O mes amis! je dois l'avouer : en ce moment mon injustice fut bien coupable ; je sentis mon cœur se briser ; je me rappelai toutes les peines de ma vie, toutes les privations que j'avais éprouvées ; je me vis seule, sans famille ; j'oubliai mes années de bonheur, d'amitié ;

je ne vis plus que les biens qui m'avaient manqué, que d'autres obtenaient à mes yeux... Je doutai de la justice suprême; je crus voir une inégalité cruelle dans le sort des hommes. Éloignons-nous, me dis-je, d'un spectacle qui, en me montrant un privilége, excite mon envie... Hélas! je m'en souviens encore, je n'ai jamais été réellement malheureuse qu'en ce triste moment; mon cœur se serrait, ma raison m'abandonnait; je me détachais de mes semblables; la reconnaissance religieuse me refusait ses douceurs..... Je marchais dans une belle campagne sans en jouir; je respirais un air pur sans en goûter les charmes; j'aurais pu répandre des bienfaits dans le hameau, je ne le désirais pas.

Je continuais de marcher, le murmure et le malheur dans l'âme, lorsque, sans m'y attendre, j'entre dans un lieu funèbre. De petites croix semées sans ordre, des tombes couvertes de gazon !... Je m'arrête; un homme attire mes regards; c'était un ecclésiastique; à genoux sur une de ces tombes, il priait avec ferveur; ses accents annonçaient une douleur profonde; mais son attitude était celle de la résignation, et ses regards semblaient unir la tristesse à l'espérance.

Ce spectacle changea tout à coup les dispositions de mon cœur; je fus touchée, attendrie, et je tombai à genoux pour demander pardon à Dieu de mes injustes murmures.

L'ecclésiastique m'entend; il vient à moi avec douceur, il me demande ce qui m'amène dans ce lieu; il m'offre des consolations et ses conseils avec ce zèle touchant et simple qui rend les ministres de la religion si chers à l'infortune. J'étais dans un état qui dispose à la confiance; j'étais rendue à la justice, et j'en recevais pour premier prix un doux attendrissement. Je racontai tous les sentiments qui m'avaient agitée depuis le commencement de ma promenade, et le trop heureux spectacle qui les avait causés ; je vis alors que celui qui m'écoutait paraissait plus ému que moi-même; je le vis s'efforcer de retenir ses larmes au récit du double mariage. Madame, me dit-il, vous m'avez confié les sentiments que cette cérémonie touchante vous a fait éprouver; hélas! ceux qui me remplissent ont la même cause, quoique bien différents ; si vous voulez les connaître, ils vous apprendront à ne point accuser le sort; ils vous montreront l'équité suprême; pour moi, je vous devrai un douloureux plaisir; j'aime à faire honorer par les âmes pures et sensibles ceux dont je pleure la mort. Je pressai le bon prêtre de parler. Il me fit asseoir sur les marches du tombeau qui avait reçu ses larmes; puis il me dit d'un ton grave et touchant :

Je suis le pasteur de ce village; il contient peu d'habitants; mes devoirs sont faciles et doux à remplir; aujourd'hui cependant un de ces devoirs m'a troublé en renouvelant mes souvenirs les plus chers; j'ai béni les deux mariages dont la fête a rendu un moment votre cœur injuste. J'ai béni des époux qui vivent heureux depuis cinquante ans; et dans cette même église, il y a deux ans, j'ai remarié au bout d'un même temps de bonheur ceux qui m'avaient donné la vie... Maintenant ils reposent ici !.... Oui, madame, j'ai béni en tremblant de respect et de joie l'union de mon père et de ma mère; je me suis prosterné devant Dieu pour le supplier de prolonger leur vie; mes tendres et vertueux parents étaient tout mon bonheur, tout mon amour; maintenant ils font toute ma douleur et tout mon espoir...

Cet excellent fils fut interrompu par les larmes; il me fit signe de lire l'inscription qu'il avait gravée sur la tombe; je me mis à genoux, je lus avec émotion les premières lignes; mais que devins-je en reconnaissant sur cette triste pierre les noms d'Élisa et de son mari, les noms de ces époux si tendres dont j'avais admiré les sentiments et les vertus !... La surprise m'arrache un cri; mes souvenirs se joignent à l'émotion que j'éprouve, et me rendent la vivacité de la jeunesse : Mon ami, mon cher ami, dis-je au bon curé, j'ai connu, j'ai chéri, honoré vos parents; ils étaient les miens; ils étaient mes amis; je bénis le ciel d'avoir retrouvé leur digne fils et d'avoir guidé mes pas sur leur tombe respectable. Alors je racontai au bon curé comment j'avais connu sa mère; et je vis qu'elle-même lui avait parlé de moi souvent et avec affection : cette rencontre si imprévue nous attendrit l'un et l'autre. Le fils d'Élisa était sensible comme elle; il avait hérité de son âme ardente et vive et des nobles qualités de son père. Il me parla de ses parents avec chaleur; j'aimais à le voir s'animer en faisant leur éloge, en parlant de leur union parfaite, de leur amour, de leur bonheur!..... Oui, disait-il, pendant plus de cinquante ans ils ont éprouvé l'amour, exercé la vertu, chéri leurs enfants sans interruption, sans relâche...

Grand Dieu! m'écriai-je, je ne murmure point; mais qu'il me soit permis de le dire encore : il est sur la terre des priviléges. — Oui, me dit le fils d'Élisa, ceux de la vertu; mais il n'en est point d'autres; ma mère a mérité d'en jouir; cette sensibilité profonde qu'elle avait reçue a été pour elle la source de peines déchirantes; mais ses vertus célestes lui ont constamment donné le droit de s'honorer, au fond de son âme, de ce qu'elle avait à souffrir; et s'honorer de ce que l'on souffre, n'est-ce pas encore jouir?

J'achève son histoire. Vous savez, madame, que mon père et ma mère possédaient pour tout bien un petit fief héréditaire que votre protection leur avait conservé. Je reçus la vie dans ce lieu, ainsi que deux de mes frères, et j'y fus élevé par mes parents. La révolution vint; mon père éprouva beaucoup de peines et d'inquiétudes; il fut obligé de vendre son domaine et de fuir avec nous dans une province éloignée. Je ne puis vous peindre combien de sentiments tendres, de dévouement, de pur amour, furent développés dans nos cœurs par les malheurs et les dangers; nous ne vivions que pour nous consoler et nous aimer les uns les autres; mon père et ma mère nous montraient de si touchants exemples! Nos récompenses, nos devoirs, tout était embelli par la tendresse.... Vous avez connu mes parents; vous avez vu ma mère; elle nous fit respirer l'amour avec la vie... Son cœur brûlant nous animait; elle dirigeait nos sentiments sur son époux adoré; elle nous donnait l'exemple du respect et de l'amour. Je le répète, madame, jamais il n'y eut de famille plus unie et plus heureuse.

Le besoin de rester avec mes parents, et d'employer les sentiments ardents qui remplissaient mon cœur, décida mon choix, lorsque je fus en âge de prendre un état. Mon âme vive et douce se consacra à Dieu et à l'amour filial. Je quittai ma famille; cette séparation fut douloureuse; heureusement elle ne fut pas longue..., et elle ne se renouvellera plus; vous le voyez.... Voilà notre tombeau.

C'est dans ce village que mon père se retira lorsqu'il fut forcé de quitter avec nous sa patrie; il loua une ferme, il la fit valoir, il éleva tous ses enfants, se fit bénir des paysans, estimer de ses voisins; les sentiments qu'il inspira furent la cause de mon bonheur. La cure du village devint vacante. J'étais vicaire aux environs; mon père et ma mère eurent la joie de me voir devenir leur curé à la sollicitation de tous les habitants. Quelle joie pour mes parents et pour moi! Ma mère avait rassemblé tous ses enfants; elle avait voulu faire, de l'installation de son fils, une fête pour son époux.

Lorsque j'entrai dans la chambre où toute la famille m'attendait, ma mère vint au-devant de moi, et m'embrassant avec tendresse : Mon fils, me dit-elle, sois heureux et sage, pour l'exemple de tes jeunes frères, pour le bonheur de ton digne père, et pour que je te doive son bonheur. Mon père entendit ces paroles, il se leva, nous serra ensemble dans ses bras. Que ton fils soit digne de toi, dit-il à ma mère..... Je tombai à leurs pieds; je demandai à mon père sa bénédiction.

Ma mère se mit à genoux avec respect, et ses enfants l'imitèrent..... Je sortis ensuite pour aller à l'église; j'offris à Dieu des sentiments purs et des résolutions vertueuses.

A mon retour, ma mère me prit à part et me dit : Mon cher enfant, nous avons deviné, ton père et moi, l'un des motifs qui t'ont engagé à prendre l'état respectable dont l'une des peines sera, pour toi, de n'avoir point de famille; reste avec nous, mon fils; c'était ton vœu; c'est le nôtre. Ton père m'a permis de te préparer une surprise; viens voir l'asile que nous avons orné de nos soins et de notre amour. Elle me conduisit dans un petit bâtiment qui tenait à celui qu'elle habitait : la propreté, la simplicité, l'auraient rendu bien agréable pour un étranger..... Jugez ce qu'il fut pour moi. J'y trouvai mon père. Il me reçut dans ses bras. Mon fils, me dit-il, voilà ton presbytère; il est sous le toit paternel... Je ne pus répondre...

Nous ne nous quitterons jamais, ajouta-t-il; ton sort est fixé par la bonté de Dieu que tu vas servir ici. Ta mère et moi nous y resterons toujours; nous y mourrons dans tes bras; tu y élèveras notre tombeau; tu nous y réuniras; promets-le-moi aujourd'hui. — Je le promis d'une voix étouffée... Mais, ô mon père! Dieu vous conservera longtemps, s'il ne m'a pas destiné au malheur!... Pourquoi me parler aujourd'hui du temps où je serai seul ici avec mes larmes? — Ma mère était pâle et tremblante : Mon Dieu! s'écria-t-elle; ô mon Dieu! est-il donc vrai que tant de bonheur doive finir?

En prononçant ces mots, elle parut accablée; mon père s'approcha d'elle, la prit dans ses bras; elle pleura bien amèrement et longtemps. — Nous serons unis, même au tombeau, dit-elle à son époux; nous le serons pour toujours. — Oui, ma mère, lui dis-je; et si vous étiez séparés pendant quelques instants dans ce monde... Elle tressaillit; mon père me fit signe de me taire : il dit mille choses tendres et touchantes pour consoler ma mère, à qui, sans le vouloir, je venais de porter un coup terrible. Ce fut en vain que mon père voulut détourner son cœur des plus tristes pensées. Mon ami, mon fils, répondit-elle avec douceur, Dieu est juste : il m'a donné les premiers des biens; il a dû y attacher les plus vives peines. Si mon bonheur devait toujours être le même, si la sécurité se joignait à mon amour, je serais dans le ciel, je ne pourrais ni le désirer, ni le mériter... Dieu exerce ma résignation; il mesure mes craintes à l'ardeur de mes vœux; je ne me plains pas des inquiétudes qui souvent me déchirent, des dangers dont mon imagination me menace, des malheurs dont la possibilité seule me fait frémir; je ne murmure point lorsque mon cœur égarant ma raison me remplit de terreurs superstitieuses.... Cependant rien alors n'égale les maux que j'éprouve, puisque ces menaces, ces inquiétudes, ces terreurs ont pour objet ceux que j'aime. Mes amis, continua-t-elle, vous ne savez pas combien ma tendresse me fournit de peines, combien d'alarmes vous me causez; mais toi surtout, dit-elle à mon père, tu ne sais pas, tu ne comprendras jamais combien de chagrins et de bonheur je te dois.

Ma mère sortit ; nous parlâmes d'elle comme d'un ange. Mon père me raconta que pendant mon enfance, l'amour maternel avait été pour elle la source de mille douleurs, mais qu'elle les avait toujours bénies, qu'elle en avait remercié Dieu en pensant à leur cause ; il me dit encore que ma mère, ayant perdu deux de ses enfants, avait trouvé dans son courage la force de cacher sa peine pour diminuer celle qu'il éprouvait lui-même..... Jamais il n'y eut un cœur plus pur et plus tendre que celui de ta mère, me dit-il ; et ce cœur est à moi, et ne peut être heureux sans moi. Hélas ! ce qui cause ses alarmes, c'est la crainte de rester sans moi sur la terre, ou de m'y laisser sans elle.

Pardonnez-moi, madame, dit le bon curé, si je vous ai rapporté tous les souvenirs du plus heureux jour de ma vie. Vous aurez reconnu ma mère dans ces touchantes scènes ; et vous aurez vu qu'aux plus heureuses fêtes, aux plus doux sentiments de la vie, le ciel mêle des pensées douloureuses !... Que de larmes ont coulé dans un asile qui, cependant, fut, plus que tout autre, l'asile du bonheur !

J'assurai le fils d'Élisa que je reconnaissais la bonté suprême, que je ne me plaindrais plus, et que son touchant récit venait de préparer les consolations du reste de ma vie.

Il continua ainsi : Le sort le plus heureux est en apparence le plus uniforme. Depuis leur retraite en ce lieu, la vie de mes parents s'est écoulée sans événements remarquables, mais non assurément sans occupations et sans variété. Ils avaient six enfants ; j'étais l'aîné ; mon premier frère se maria de bonne heure ; il est établi dans ce village, et sa famille est heureuse ; il l'a dirigée vers la sagesse et la simplicité. L'aînée de nos sœurs, qui était le troisième enfant de ma mère, et qui porte son nom, n'a pas voulu se marier ; elle est restée avec moi ; notre seconde sœur est morte ainsi qu'un jeune frère ; ils sont ici, ils y ont souvent reçu les larmes de ma mère. Nous avons encore un frère qui est maintenant avec nous.

Nous avons tous été attachés à nos parents, par le respect et la tendresse, nous avons eu le bonheur de les conserver longtemps ; ils ont, comme je vous l'ai dit, renouvelé leur mariage, après cinquante ans de l'union la plus parfaite; j'avais alors quarante-huit ans; je dis à ma mère après l'auguste cérémonie : Je suis heureux; Dieu a exaucé le premier de mes vœux. — C'est moi qui suis heureuse, s'écria ma mère. C'est moi qui ai le droit de dire, Je suis heureuse! car ma vie est presque à son terme, et je l'ai consacrée à mon époux. Mon père vint : ses sentiments de reconnaissance s'unirent à ceux de ma mère et aux miens. Toute notre famille était rassemblée; ma mère ne mêla point, comme à son ordinaire, des larmes à sa joie; je crus que l'âge commençait à affaiblir son imagination : je me trompais; le soir, quand mon père fut sorti, elle me serra la main, me regarda avec tendresse et se mit à pleurer, mais sans amertume, sans agitation; j'allais la prier de parler, mon père rentra et elle se tut. Le lendemain je la retrouvai seule, je la pressai de m'ouvrir son cœur. Mon fils, me dit-elle, j'ai deviné ton étonnement, en me voyant tranquille; tu me crois guérie de cette douloureuse inquiétude qui a toujours troublé la possession de mes biens : il est vrai qu'elle est bien diminuée; le temps qui nous reste à passer sur la terre est maintenant bien court; l'un de nous deux ne peut plus vivre longtemps séparé de l'autre; d'ailleurs ma santé est très-affaiblie; je sens que le bonheur et des soins peuvent la prolonger; mais elle ne résisterait plus au malheur... Je suis sûre enfin de ne plus lui survivre... Ma mère prononça ces mots avec l'accent du bonheur! Effet touchant de l'affection profonde; elle fait naître à la fois les pensées les plus sombres et les sentiments les plus consolateurs.

Mon cher fils, me dit encore cette tendre mère, ne t'afflige pas; je prendrai soin le plus que je pourrai de prolonger ma vie... Elle fut interrompue par mon père, il avait tout entendu; nous pleurâmes ensemble.

Depuis ce temps, la santé de ma mère devint chaque jour plus faible; cependant, toujours soutenue par son cœur, elle s'occupait de rendre notre maison plus commode, d'améliorer nos biens, d'embellir notre enclos, et surtout de soigner mon père, qui était atteint par plusieurs infirmités; enfin, elle tomba malade, elle sentit qu'elle allait nous quitter; elle ne songea qu'à notre douleur, au chagrin de mon père... Oh ! je t'en conjure, me dit-elle, ne le quitte pas pendant le peu de jours qui lui restent, et qui seront des jours de deuil... Elle se trompait, il ne devait y avoir de deuil que pour moi. Mon père ne résista point au coup qui le frappait, il mourut le même jour que ma mère.

Le bon curé cessa de parler, nous pleurâmes ensemble ; nous revînmes ensuite vers le village ; il me pria d'entrer chez lui, et de procurer à sa sœur le plaisir de connaître une ancienne amie de sa mère ; j'acceptai ; je fus reçue avec bien de la franchise ; je reconnus les traits d'Élisa dans ceux de sa fille, et je vis avec respect cette demeure simple des vertueux époux dont je quittais le tombeau... Quand le soir fut venu, je me retirai, le cœur plein d'une douce tristesse ; je promis aux enfants d'Élisa de venir les voir tous les jours, aussi longtemps que j'habiterais leur voisinage.

Maintenant, mes bons amis, dit madame de Belfort, je dois vous demander pardon pour vous avoir raconté cette histoire, qui est vraiment un épisode dans la mienne ; mais cette histoire a fait sur moi une impression profonde ; elle m'a paru d'ailleurs offrir une preuve touchante des compensations attachées au plus grand des biens et aux qualités les plus heureuses.
— Vous avez raison, dit vivement madame de Belval. — Je suis plus touché de cette preuve que de toutes les autres, dit Armand d'une voix émue. — M. de Murville lui serra la main.
— Bon jeune homme, ajouta-t-il, revenez d'une injustice bien commune ; ne demandez plus à la Providence pourquoi elle accorde à quelques hommes toutes les forces du sentiment et de l'intelligence, tandis que d'autres en paraissent presque dépourvus : si les premiers sont plus heureux, c'est lorsque, semblables à Élisa, ils pratiquent toutes les vertus ; et, vous venez de le voir, ils ont encore bien des peines.

Madame de Belfort acheva ainsi son récit :
J'allai voir tous les jours les enfants d'Élisa jusques au moment où je fus retenue par une infirmité qui bientôt l'emporta

sur tous les soins et tous les remèdes. Ma vue, naturellement faible, avait beaucoup souffert de mon séjour en Amérique. Au temps dont je vous parle j'avais soixante-neuf ans, je sentis que mes yeux commençaient à s'éteindre; je fus bien vivement affligée du malheur qui me menaçait... La fille d'Élisa, qui remplissait dans son village les fonctions de sœur de la Charité, vint me prodiguer tous les secours; sa bonté, son zèle, son intelligence, furent bientôt inutiles : je perdis la vue, en souffrant beaucoup.

Cependant je supportai cette peine avec plus de douceur que je ne m'y étais moi-même attendue. Il semblait que le ciel m'y eût préparée par les scènes touchantes que je vous ai racontées. Le fils d'Élisa me soutint par ses consolations. Il me parla de ceux qui avaient toujours été privés de la lumière, ou qui l'avaient perdue dans leur jeunesse; je rappelai avec lui mes souvenirs; je n'avais jamais eu de maladie grave; je n'avais jamais souffert avec violence. C'était ma première infirmité : je puis le dire, mes amis, puisque c'est au fils d'Élisa que je dois surtout l'attribuer; ma résignation prit souvent le caractère de la reconnaissance.

Dès le commencement de ma maladie, j'avais fait écrire à madame de Belval; elle avait appris de quelle affliction j'étais menacée. Cette excellente sœur de mon ami, qui, en ce moment sans doute, m'écoute avec émotion, se hâta de venir. Lorsqu'elle arriva, je n'étais déjà plus en état de la voir; mais je sentis avec bien de la douceur qu'en me serrant dans ses bras, elle me couvrait de ses larmes.

Elle m'engagea à revenir avec elle vers la demeure de son frère; ce devait être mon dernier asile. Avant de partir, je me fis reconduire par le bon curé à la maison de son père. Je la parcourus sans la voir; mon respect, mon émotion, en furent augmentés peut-être. Mon âme, que mes sens ne pouvaient distraire, se crut aisément transportée dans le séjour céleste, où Élisa fait pour toujours le bonheur de son époux.

Un désir me restait à satisfaire; je voulais donner un gage de reconnaissance à mes humbles bienfaiteurs : je ne savais que leur offrir. Ils possédaient en eux-mêmes de si grands biens, qu'ils ne formaient point de désirs. Mes amis, leur dis-je, autrefois votre mère a bien voulu me fournir des moyens de lui être utile; voulez-vous imiter son exemple? Vous ajouteriez un doux plaisir aux biens que je vous dois. — Nous le ferions bien volontiers, si nous avions des besoins, dit le curé; mais nous possédons tout ce qui nous est nécessaire. — Cependant, ajouta la bonne sœur, si vous voulez satisfaire votre générosité, il y a, autour de nous, de pauvres familles qui sont honnêtes et sages, je les rassemblerai, si vous me le permettez; vous leur donnerez des secours : elles vous béniront, et nous partagerons leur reconnaissance.

Je me hâtai de demander cette satisfaction; la fille d'Élisa courut, et revint bientôt environnée de pauvres gens dont je ne pouvais par moi-même connaître le nombre. Je leur donnai tout l'argent que j'avais apporté; je priai ensuite la fille d'Élisa d'écrire sous ma dictée un engagement pour une rente annuelle dont je laissai la distribution au bon curé. Que ce moment fut doux pour moi! J'entendais les bénédictions qui m'étaient données; quelques-uns demandaient au ciel que la lumière me fût rendue; en ce moment surtout je n'en sentais point la privation.

Nous partîmes : les enfants d'Élisa me témoignèrent la plus tendre affection; ils me promirent de me donner souvent de leurs nouvelles, en adressant leurs lettres à madame de Belval. Cette douce correspondance se soutient encore et ne finira qu'à mon dernier jour.

Revenus à la demeure de M. de Murville, nous y passâmes quelque temps à attendre son retour; ses lettres nous donnaient tantôt de l'inquiétude, tantôt de prochaines espérances. Madame de Belval et sa jeune fille m'accablaient des soins de la bonté et de l'amitié. Enfin M. de Murville nous annonça positivement son arrivée; peu de jours après, nous le serrâmes dans nos bras, ainsi que sa chère Fanny. Cette réunion était le dernier vœu de mon cœur... Ils versèrent des larmes sur ma peine; une tendre compassion les en faisait souffrir; je les consolai par ma gaieté, par une résignation que leur attachement rendait facile.

Depuis le retour de M. de Murville, il y a dix ans, je n'ai passé que des jours de douceur; un seul chagrin attristait ma vieillesse : qu'était devenue ma chère Marianne ? Comment le ciel avait-il disposé de son sort et de ses jours ? Je viens de la retrouver, toujours bonne, tendre, vertueuse, faisant le bonheur d'un mari bien digne de la posséder, mère d'un jeune homme aimable, modeste et sage... O mes amis ! que sont devenues mes peines ! Je ne le sais plus; elles se sont perdues dans mes consolations et mon bonheur.

On remercia madame de Belfort de son touchant récit, et les tendres commentaires de ses amis lui prouvèrent qu'elle avait augmenté leur affection et leur estime en remplissant d'ailleurs le but qu'elle s'était proposé.

Vos souvenirs s'appliquent au principe des compensations, dit madame de Belval; votre vie offre le mélange des positions les plus douces et des positions les plus tristes, des avantages les plus rares et des privations les plus cruelles.

Dans votre enfance, vos qualités charmantes vous donnent des biens précieux, vos parents vous causent des peines amères. Vous vous mariez; vous avez une grande fortune; mais ce n'est point l'amour qui a formé vos liens; votre époux vous cause les chagrins les plus cuisants. Vous demeurez isolée sans être libre; votre cœur ne peut s'engager; mais la vertu vous donne ses récompenses, elle vous environne d'estime et d'amitié. Votre position change; vous vous consacrez au bonheur de votre jeune frère; vous espérez le servir par vos conseils et votre exemple; cet espoir est trompé; vous souffrez encore; votre frère se marie; vous ne trouvez point dans sa femme une amie digne de vous; mais elle vous offre l'occasion de répandre un grand bienfait : elle devient la cause d'un acte de dévouement sans exemple. A peine avez-vous consommé ce sacrifice obscur et sublime, que le mépris semble vous atteindre et les humiliations vous abaisser; votre frère est cruel; mais celle que vous avez sauvée répand à vos pieds sa reconnaissance; vous êtes aimée, vous êtes révérée, vous êtes heureuse; la mère de Marianne est rendue par vous à la sagesse; sa chère fille est le prix de vos bienfaits. Ce prix si doux, si grand, si noblement acquis, vous donne tous les droits d'une mère; Marianne vous en fait éprouver tous les sentiments, tous les plaisirs. Mais au bout de plusieurs années heureuses, après avoir rempli la douce tâche d'une éducation si chère, la Providence vient vous redemander des vertus pénibles; il faut quitter Marianne et votre patrie; vous ne balancez pas; votre cœur brisé obéit au devoir; votre époux vous a rappelée; vous offrez près de lui un nouveau modèle de sage conduite; vous méritez le bonheur, vous l'enchaînez. Cette longue épreuve est suivie de la plus douce récompense; le ciel vous donne un ami... Je le répète, la justice du sort est prouvée par votre histoire.

— Elle l'est d'autant mieux, ajouta M. de Murville, que nous avons toujours vu la sagesse augmenter les biens de madame de Belfort et diminuer ses peines. Supposez une conduite contraire dans des circonstances pareilles, vous aurez l'histoire d'une femme très-malheureuse; vous la verrez irritée des contrariétés les plus légères, et ne jouissant au contraire qu'avec légèreté des biens les plus dignes d'affection; et cette femme accusera la justice suprême; elle niera le balancement de nos destinées. Croyez, mes amis, qu'il en serait de même de toutes les comparaisons que nous pourrions faire, et qu'en général nous ne sommes heureux ou malheureux que par la manière dont nous acceptons les biens et les maux dont notre vie est également semée. Avec de la sagesse et de la justice nous demeurons dans cette disposition douce et tendre qui nous fait tout mettre à profit.

Armand paraissait ému, troublé même. — Mon ami, lui dit M. de Murville, avez-vous à nous faire quelque objection pressante? — Non, dit Armand, je n'en ai plus; je sais maintenant pourquoi je suis malheureux, pourquoi j'ai accusé vos principes consolateurs. Je suis malheureux; mais le ciel n'est pas injuste; mon histoire est tout entière dans cet aveu.

— Et ce noble aveu, dit M. de Murville, suffit pour payer notre confiance et mériter notre estime. Nous vous plaignons, mon ami; nous vous aimons, nous approuvons d'avance la nouvelle direction que vous allez prendre. Ajournons vos confidences; c'est dans plusieurs années qu'elles nous seront doublement chères. — Homme incomparable! s'écria Armand, oui, je serai digne de votre estime; je tiendrai les engagements que vous voulez bien garantir... Ah! que ne puis-je soulager mon âme!... Mais des femmes si vertueuses, des jeunes gens si purs!...

Armand était très-agité. — Venez, mon ami, lui dit M. de Murville, allons nous promener dans un lieu solitaire; mon cœur écoutera et calmera le vôtre; nous parlerons de la justice suprême; nous implorerons les secours de la sagesse; nous prendrons des résolutions salutaires; les émotions vertueuses ont besoin de la solitude et de l'amitié.

Ils sortirent. M. Durand prit la main de Charles, qui paraissait attendri. — Mon cher fils, lui dit-il, voilà le jeune homme égaré dont l'auteur de l'ouvrage sur les compensations a tracé les peines cruelles. Ses peines sont des châtiments sans doute; plaignons-le de les avoir mérités. — O mon père! dit Charles en se jetant dans les bras de M. Durand, plaignons-le de n'avoir pas eu comme moi un guide, un ami, un excellent père.

— Que lui manque-t-il en ce moment? dit madame de Belval. Quelle touchante conduite que celle de mon frère! avec quelle tendre indulgence il ouvre les bras au repentir! comme il sait l'inspirer, le soutenir, adoucir les regrets par l'espérance, honorer les intentions en plaignant les erreurs!

— L'homme juste est l'organe de Dieu, dit madame de Belfort; il explique ses lois, il parle de sa bonté, de son équité, de son indulgence; il encourage et il console. La justice de Dieu est partout; mais la conviction de cette justice manque à bien des hommes. Heureux ceux qui la possèdent! heureux ceux qui la répandent! Ils versent sur leurs semblables le baume de la douceur. Les bienfaits des pensées consolantes s'étendent sur les hommes de toutes les classes et de tous les âges : ce sont des trésors confiés à des mains généreuses.

Maintenant, dit M. de Murville, rappelons nos engagements d'amitié et de confiance. Nous avons déjà entendu l'histoire de madame Durand, celle de son mari et celle de madame de Belfort. Qui de nous, ma sœur, ma fille, Dalmont ou moi, va acquitter sa dette? Mon avis est que ce soit notre bon ami Dalmont. — C'est aussi le nôtre, dirent madame de Belval et Fanny. — Allons, mon cher ami, j'ai recueilli les voix; faites-nous vos aimables confidences.

HISTOIRE DE M. DALMONT.

Mes bons amis, dit M. Dalmont, je consens volontiers à parler avant madame de Belval, M. de Murville et Fanny, qui doivent encore nous faire entendre leur histoire : car, s'ils doivent nous offrir des scènes aussi touchantes que celles dont nous sommes encore attendris, mon récit ne serait, après les leurs, que d'un bien faible intérêt. Je regrette même, pour cette raison, de n'avoir point parlé le premier... — Et pourquoi cet exorde, mon ami? dit M. de Murville; ne savez-vous pas que notre amitié pour vous suppléerait à l'intérêt, s'il manquait aux événements de votre vie, ce que je suis loin de croire?
— Vous avez tort de ne pas le croire, mon cher Murville. Mon histoire n'aura que le mérite d'être bientôt connue; j'appartiens à la classe nombreuse des hommes dont la vie est longue et l'histoire courte; on peut à ce sujet appliquer la doctrine des compensations. Il est des hommes qui agissent et sentent beaucoup en peu de temps; d'autres passent de longues années à sentir et agir faiblement. Il en est à qui il n'a manqué que d'être placés d'une autre manière, pour beaucoup sentir et beaucoup agir. Enfin quelques-uns, et je suis peut-être de ce nombre, auraient fourni une carrière brillante et utile, si de bonne heure ils ne s'étaient pas fait de fausses idées sur les destinées humaines, s'ils n'avaient pas espéré et demandé un

bonheur parfait. Pour mon compte, je crois avoir beaucoup diminué ma part de bonheur en voulant l'obtenir sans mesure; c'est ce qui vous sera prouvé par mon récit.

Je suis né d'une famille ancienne et respectable, mais pauvre. Mon père était un brave militaire, ma mère une femme excellente; ils n'avaient d'enfants que moi et une sœur que vous connaissez. Mes parents étaient loin de penser qu'il y eût un balancement équitable dans le sort des hommes; mon père, qui avait servi avec honneur, mais sans profit, oubliait toutes les jouissances de l'état militaire; il ne se rappelait que les passe-droits, les vexations et les abus d'autorité. Il soutenait que s'il eût servi l'État dans la magistrature, il fût devenu l'homme le plus heureux de la terre; tout lui aurait souri; rien n'aurait contrarié ses vœux; il citait sans cesse un de ses frères, membre d'un des parlements de province.

Lorsque je fus en âge de prendre un état, mon père, convaincu que rien n'égalait les avantages de la profession de magistrat, que j'étais parfaitement né pour elle, que, pour être heureux, il fallait être membre d'un parlement, ou tout au moins avocat, ne voulut point écouter ce que je lui dis de ma vocation pour les armes; il m'envoya à mon oncle le magistrat, qui voulut bien se charger de moi.

Mon oncle était un assez brave homme, qui me traita bien, et chez qui j'aurais été heureux sans mon aversion pour les études qui m'étaient imposées. Je lui fis un jour l'aveu de cette répugnance et du goût que j'aurais eu pour l'état de mon père. — Mon cher ami, me dit-il, vous avez tort d'avoir plutôt du goût pour une chose que pour une autre; vous avez tort surtout de croire que l'on peut trouver quelque part du plaisir et du bonheur. Votre père s'abuse; vous vous abusez; tous les choix des hommes sont des erreurs; pour moi, j'en suis convaincu : aussi je ne cherche point à améliorer mon sort; ce n'est pas la peine, je n'aime point mon état; il est si assommant, si monotone ! je suis malheureux; mais je vous le répète : le malheur et l'ennui sont partout.

Mon oncle ne m'en dit pas davantage : il me quitta en bâillant, et je remarquai depuis ce jour qu'il avait l'air de l'homme du monde le plus misanthrope et le plus ennuyé.

Pour moi, j'étais dans l'embarras. Mon père m'avait dit : La robe est le premier, le plus heureux des états ; vous ne serez heureux que dans la robe. Mon oncle me disait : Le choix d'une position est indifférent ; toutes les positions sont malheureuses ; je ne savais lequel croire ; et ne pensant point à un milieu entre ces exagérations, j'étais ballotté, indécis : je continuais, en attendant, mes ennuyeuses études près de mon ennuyé patron.

Au bout d'un an j'allai voir mon père ; je le trouvai toujours aussi persuadé de sa chimère que mon oncle l'était de la sienne. Ma sœur, qui était déjà remplie de raison et d'esprit, souffrait beaucoup d'entendre toujours accuser la Providence ; ma mère, qui avait peu d'étendue dans les idées, ne parlait que d'êtres privilégiés, des favoris de la fortune et des injustices du sort ; mon père et ma mère, quoique bons, religieux, charitables, murmuraient depuis le matin jusqu'au soir. Ma pauvre sœur, qui était obligée d'entendre leurs plaintes et d'y souscrire, au moins par son silence, fut bien heureuse de pouvoir en causer avec moi.

Je ne puis croire, me dit-elle, que tous les biens soient d'un côté, et tous les maux de l'autre. Je ne crois pas non plus, comme mon oncle, que tout soit mal ; je souffre, et l'on déraisonne ; voilà tout ce que je sens.

Ma sœur ne put alors m'en dire davantage. Ses réflexions ne lui montraient point encore l'heureux système qui dissipe les erreurs dont nous gémissions. Elle ne pouvait définir ce qui est ; mais elle rejetait ce qui ne peut être : commencement de raison et de philosophie.

Après avoir resté quelque temps chez mon père à entendre vanter le bonheur d'autrui, d'un ton d'aigreur et de chagrin, je revins chez mon oncle, qui commença à me parler malheur et ennui, mais d'un ton doux et tranquille. Ils calomniaient la vie l'un et l'autre, chacun selon son caractère : mon père était ardent, et son frère paisible. Avec un peu plus de lumières l'humeur de mon père se serait changée en résignation, et bientôt en gaieté, tandis que mon oncle, s'il eût pu être plus éclairé, se serait livré à son sort sans en médire; la tristesse, qui lui était naturelle, n'aurait plus été qu'une mélancolie souvent accompagnée de douceur.

Voilà, je crois, mes amis, les bienfaits que la raison aurait répandus sur ma famille; mais nous étions loin de la raison : et moi, placé entre deux erreurs funestes, je me dégoûtai entièrement de l'une sans m'accommoder de l'autre; je me fatiguai de végéter dans le pénible apprentissage d'un état que je n'aimais pas : je quittai la robe et mon oncle, et je revins essuyer de nouveau les lamentations de mes parents.

Mon oncle, qui était bon, généreux, et qui avait pris de l'amitié pour moi, en me renvoyant chez mon père, me fit une pension qui donna de l'aisance à ma famille, ne me conseilla aucun parti, ne m'invita ni ne me détourna du mariage, mais m'annonça que si l'envie me prenait de me marier, il doublerait ma pension. Ce motif ajouta peu au désir qui me pressait d'acquérir une famille, mais il encouragea mes recherches. Mon imagination assez vive me demandait de n'arrêter mon cœur que sur une femme parfaite : cette exigence ne fit que me rendre inconstant. La perfection que je demandais n'était point la perfection réelle qui consiste dans le mélange heureux de la raison, de la sensibilité et de la grâce, mais la perfection romanesque qui se compose de l'assortiment chimérique de toutes les qualités brillantes. Tour à tour abusé par mes désirs et détrompé par mon expérience, ou plutôt, passant alternativement des préventions de l'enthousiasme à celles de l'injustice, je consumai vingt ans de ma vie à offrir mes vœux, à les reprendre, à créer des idoles, à les renverser, à trouver bien, à chercher mieux!... Que vous dirai-je de plus, mes amis? Ne soyez pas étonnés de me voir disciple zélé d'une doctrine qui m'aurait épargné bien des inquiétudes. J'aurais maintenant une femme bonne et aimable, dont l'affection et l'estime feraient mon bonheur; elle m'aurait peut-être donné une famille, j'aurais à vous raconter des peines et des plaisirs dignes de vous intéresser... Au lieu de cela...

M. Dalmont exprimait par sa physionomie et par le son de

sa voix une touchante tristesse. — Eh quoi! mon ami, lui dit M. de Murville, oubliez-vous les liens qui vous sont chers? Votre aimable sœur, vos bons amis, à qui vous appartenez par tant d'affection, voilà la famille du vertueux célibataire.

— Après avoir passé plus de la moitié de ma vie auprès de mon oncle, je le perdis presque en même temps que mon père. Ils étaient tous deux très-âgés. Ma sœur avait manqué beaucoup de partis, qu'elle aurait trouvés fort convenables; elle les avait manqués, parce que ma mère voulait toujours davantage. Cependant l'âge était venu de trouver moins; et à la fin on n'avait plus rien trouvé; et ma sœur était restée, comme moi, sans famille; mais, avec plus de bon sens que moi, elle avait souffert de la déraison de ses parents, et elle n'y avait point eu de part.

— Mon cher ami, me dit-elle, qu'allons-nous faire maintenant pour être, non pas parfaitement heureux, mais médiocrement heureux? car c'est, je crois, tout ce que l'on peut obtenir. Nous ne sommes plus ni l'un ni l'autre d'âge à nous marier: voulez-vous que nous unissions nos biens et notre affection? Nous connaîtrons tous les charmes de l'amitié, de la liberté, de la confiance; et si nous avons quelques goûts particuliers à nous sacrifier mutuellement, je crois que ce sacrifice même sera un plaisir.

Je fus entièrement de l'avis de ma sœur; je partageai ses espérances de tranquillité, et nous nous établîmes ensemble dans une petite ville du voisinage. Ma sœur, qui a un très-bon esprit, un caractère aimable, beaucoup de raison, se fit bientôt chérir et désirer: elle devint le lien de la société, l'arbitre des réunions, le conseil de la jeunesse, le modèle de tout le monde: et, malgré la médisance commune à toutes les petites villes, malgré les propos, les haines particulières, les petites factions et tous les inconvénients d'une société sans diversion et sans mouvement, ma sœur savait être paisible et satisfaite.

Pour moi, je fus d'abord assez heureux, et beaucoup de choses me plaisaient: j'aimais à intéresser mes concitoyens, à prendre intérêt à leurs affaires, à connaître, à partager leurs plaisirs, à trouver toujours des gens prêts à m'écouter, à me soutenir, à me prêter leur bourse et leurs secours. Mais à côté de ces avantages j'éprouvais de grandes contrariétés : mes actions, mes pensées étaient connues de ceux que je n'estimais pas comme de ceux que j'estimais ; mes opinions étaient soutenues par ceux-ci, elles étaient blâmées par ceux-là : les uns et les autres étaient également mes voisins ; je voyais, je rencontrais ceux qui me déplaisaient aussi souvent que ceux que j'aimais. La révolution, en fortifiant les opinions et les haines, vint rendre la discorde plus animée et plus fréquente que l'union. Je me fis de violents ennemis ; je ne sentis plus que les contrariétés de la vie que je menais, et je trouvai ces contrariétés insupportables. Ma sœur, qui s'en aperçut, m'engagea la première à m'éloigner.

— Mon cher ami, me dit-elle, si j'avais l'humeur précheuse, je vous dirais que vous avez tort de ne point vous plaire ici ; que vous trouverez ailleurs autant de peines ; qu'il vous suffirait, pour être content, de faire comme moi, de causer avec les gens raisonnables, de les estimer, de les rechercher de préférence, de laisser parler les autres sans vous affecter de ce qu'ils disent, sans leur répondre, sans leur en vouloir de leur déraison, et sans leur faire l'honneur de vous en affecter. Mais, mon cher frère, je ne veux point vous retenir. Vous reviendrez, et vous vous plairez auprès de moi quand vous serez sûr qu'il y a partout à côté de gens aimables et estimables, des gens que l'on ne peut estimer ni chérir. Partez, mon cher Dalmont : un peu d'absence fera tomber les haines que vous avez soulevées. Allez chez nos parents, M. et madame d'Hercourt : ils vous pressent de passer un an dans leurs terres ; acceptez leur offre obligeante ; ils ont assez de fortune pour que vous n'ayez pas à craindre d'être indiscret. Leur famille est nombreuse. — Et une grande famille, dis-je à ma sœur, vaut bien mieux qu'une petite ville, où l'on ne peut faire un pas sans rencontrer un personnage qui déplaît.

— Je souhaite, dit ma sœur, que cette grande famille ne vous paraisse bientôt très-ressemblante à notre petite ville. Mais allez l'éprouver, mon cher frère ; restez loin de moi aussi longtemps que vous serez heureux ; revenez lorsque vous ne pourrez plus tenir à vos peines, ou seulement à votre ennui.

Ma bonne sœur était attendrie : je fus sur le point de rester ; mais la prudence me conseillait de fuir les ennemis que je m'étais donnés parmi les révolutionnaires ; et madame d'Hercourt m'invitait à la suivre : je partis avec elle et son mari.

Ces deux époux, respectables et bons, n'étaient plus jeunes : ils avaient aimé nos parents, et ils nous traitaient avec une franche amitié. M. d'Hercourt était un homme plein d'honneur et de probité. Madame d'Hercourt était d'une amabilité parfaite ; sa politesse, ses égards, sa déférence, tout venait de son cœur. Elle était parvenue à cet âge où une femme peut unir la liberté décente aux agréments de l'esprit et du caractère ; elle pouvait fournir la preuve d'une heureuse compensation entre le printemps et l'automne d'une femme aimable. Dans sa jeunesse, elle avait été belle et entourée d'hommages ; mais alors, comme elle était sage et très-attachée à ses devoirs, elle s'imposait une grande contrainte et ne donnait point l'essor à la vivacité de son esprit. Une telle retenue diminuait l'agrément de sa conversation : cet agrément lui fut rendu lorsqu'elle perdit ceux de la jeunesse : ce que le temps avait ôté à sa figure, son esprit l'avait retrouvé. Heureuse compensation, je le répète, pour les femmes que leur position appelle à vivre en société ; elles n'osent y montrer toutes les grâces de leur esprit que lorsqu'elles ne peuvent plus craindre d'être accusées de coquetterie.

— Cette observation est juste, dit M. de Murville : on ne voit se rassembler une société à la fois agréable et estimable que chez les femmes d'esprit dont la jeunesse est passée ; elles ont alors des amis qui remplacent par leurs sentiments les hommages qu'elles recevaient des jeunes gens frivoles.

— Cette preuve des compensations, dit Armand, ne peut s'appliquer qu'aux femmes qui veulent briller et plaire dans le monde.

— Je suis de votre avis, dit M. Durand ; celle qui ne veut plaire qu'à son époux peut lui montrer son esprit dès sa jeunesse ;

elle est aimable au temps de sa beauté ; et quand elle l'a perdue, elle ne la regrette pas : elle est dédommagée par tant de biens, tant de sentiments et tant d'estime !

Madame Durand serrait la main de son époux, qui la regardait avec tendresse.

M. de Murville pria son ami de reprendre son récit.

Les personnes que je trouvai chez mes bons parents, dit M. Dalmont, étaient la sœur aînée de M. d'Hercourt, son neveu et sa femme, un chanoine, et un jeune homme cousin de madame d'Hercourt. Je fus, dès le premier jour, traité comme si j'eusse été de la famille.

Je me hâtai d'écrire à ma sœur que j'étais heureux ; et en effet, la vie que l'on menait au château d'Hercourt me parut d'abord très-agréable ; M. d'Hercourt y contribuait beaucoup sans doute par la bonté et la franchise de son caractère ; mais c'est surtout à sa femme que le mérite en était dû. L'esprit de madame d'Hercourt était le vrai modèle de l'esprit de société. Auprès d'elle il semblait que tout le monde fût aimable ; elle observait d'abord les personnes avec qui elle devait vivre ; elle sondait leurs défauts, elle cherchait quel était le genre de leur amour-propre ; elle profitait ensuite de cette connaissance pour ne jamais les heurter et pour faire ressortir leurs avantages ; elle trouvait, en applaudissant, en encourageant l'amabilité, les moyens de l'augmenter ; et en se taisant sur ce qui lui déplaisait, elle savait l'affaiblir et presque le détruire.

Je passai un an au château d'Hercourt, et le plaisir que j'y goûtai fut surtout l'ouvrage de cette femme charmante. Au bout de ce temps elle tomba malade ; sa santé fut tellement altérée, qu'elle était obligée de passer dans son lit la plus grande partie du jour. Son mari partageait son temps entre elle et ses amis ; il était déjà bien âgé, et il paraissait très-affaibli par l'inquiétude.

Nous nous réunissions en famille comme à l'ordinaire ; mais bientôt nous aperçûmes que nous avions perdu l'âme de notre bonheur, le lien de notre intimité. Le neveu de M. d'Hercourt était obligeant et loyal, mais pétulant, entêté, jaloux de ses anciens droits. Sa femme avait de l'instruction et assez d'esprit ; mais elle prétendait en avoir beaucoup plus qu'on ne pouvait lui en accorder, et elle était envieuse du mérite des autres femmes. La sœur aînée avait un bon cœur, beaucoup d'esprit, et des principes irréprochables ; mais elle était prude, un peu médisante et très-cérémonieuse ; le chanoine était d'une conduite austère, d'une probité rigoureuse ; mais il était avare et dur. Le jeune homme, cousin de M. d'Hercourt, était solitaire, taciturne ou même sauvage ; tout occupé de la botanique, il semblait faire beaucoup plus de cas des plantes que des humains.

Lorsque madame d'Hercourt vivait au milieu de nous, lorsqu'elle gouvernait nos caractères par la plus aimable adresse, nos défauts restaient dans l'ombre ; nous nous aimions tous, parce que la principale affection de chacun de nous portait sur elle ; c'était un lien entre nous. La liberté rendue à nos faiblesses fut bientôt suivie de discussions, de querelles ; l'intimité dont nous avions pris l'habitude ne fit qu'augmenter les moyens de division. Plus on est ensemble, moins on se pardonne les torts que l'indulgence ne voile plus.

Que cette petite femme est arrogante ! me disait un jour la sœur aînée, en me parlant de la jeune nièce ; les connaissances dont elle s'enorgueillit ne font honneur qu'à sa mémoire et au discernement des hommes qui ont choisi ses livres.

Le chanoine vint à son tour me porter des plaintes. Ce jeune homme est un entêté, dit-il en parlant du neveu ; il prétend avoir raison toujours, et c'est surtout quand il déraisonne ; il parle sans cesse de droits et de titres qu'il n'eut jamais... Le neveu entra en ce moment ; il soutint avec chaleur les droits qu'on lui refusait ; le chanoine mit dans ses réponses une animosité qui me révolta ; je pris le parti de son adversaire : je me fis un ami et un ennemi pour tout le temps que dura cette querelle.

Mais peu de jours après le chanoine disputant encore avec le jeune homme sur une question de politique, celui-ci invoqua mon appui ; il croyait que je devais être son second en toute rencontre. Comme en ce moment il déraisonnait complétement, je me déclarai contre lui. Sa surprise augmenta sa colère : il me dit des choses malhonnêtes, m'accusa surtout d'être un homme sans opinion, sans caractère, sur lequel on ne pouvait point compter. Je me fâchai un peu; je l'aurais fait davantage si je ne m'étais point rappelé que j'étais dans la maison de madame d'Hercourt.

Je fus bientôt exposé à une autre scène du même genre; la nièce avait dit quelque chose de mortifiant à la sœur aînée; celle-ci vint me le rapporter; et comme l'esprit qu'elle avait toujours était en ce moment monté par le ressentiment, elle critiqua, censura, contrefit, médit, tout cela avec beaucoup de sel et de vérité. N'ayant pu m'empêcher de trouver ses saillies très-piquantes, je lui en donnai le témoignage par ma gaieté. J'eus bientôt lieu de m'en repentir. Le lendemain les deux dames s'attaquèrent vivement; les épigrammes pleuvaient; la sœur aînée, pour augmenter ses forces, cita la conversation que nous avions eue ensemble et l'approbation que je lui avais donnée; vous jugez combien la nièce fut aigrie contre moi par cette information; j'eus en elle une ennemie déclarée, sans avoir une amie dans celle qui me valait cette inimitié; car je l'irritai à son tour, en me plaignant de ce qu'elle m'avait compromis.

C'est ainsi que nous fûmes tous bientôt très-fatigués les uns des autres. Rien n'est plus maussade, plus désagréable que la vie de famille, m'écriai-je; allons chercher ailleurs la paix et le bonheur. Madame d'Hercourt était envoyée par son médecin aux eaux de Bagnères; je profitai de cette circonstance pour prendre congé d'elle et de son mari. Cette excellente femme me dit un tendre adieu. — Je ne vous retiens pas, ajouta-t-elle; j'ai su que vous n'étiez pas heureux chez moi; c'est peut-être un peu votre faute; vous ne paraissez point avoir encore assez appris combien il faut apporter de douceur et d'indulgence dans la société, surtout quand on a plus d'esprit et d'avantages que les autres. Cette indulgence n'est qu'une justice; quels sont nos droits d'exiger de la raison, de la sensibilité, de la force, des personnes à qui la nature n'en a point accordé? Lorsque nous rencontrons un aveugle, nous le plaignons, nous ne nous fâchons pas contre lui de ce qu'il ne peut nous voir; nous nous adressons aux sens qui lui restent; si nous agissions de même à l'égard des hommes qui sont privés de quelques-unes des facultés intellectuelles, si nous nous adressions à celles qui leur restent, ils nous entendraient, ils nous serviraient, nous serions plus heureux.

Je retins cette sage leçon, mais sans me promettre d'en beaucoup profiter. Je n'étais plus jeune, mon caractère était formé; et malheureusement je ne pouvais supporter les défauts des autres hommes; c'est encore mon défaut; voilà pourquoi, mes amis, je ne suis vraiment heureux qu'ici..... Mais je ne veux pas m'interrompre.

En quittant M. et madame d'Hercourt, je ne pouvais revenir auprès de ma sœur; la prudence m'en détournait. Je résolus d'aller voir Paris, je me faisais de ce séjour l'idée la plus brillante : la liberté, les distractions, les plaisirs!...

J'arrive, je suis dans cette ville célèbre, dans cette nouvelle capitale du monde. Que de rues à parcourir! que d'édifices à voir! que de chefs-d'œuvre à admirer! Par où commencer? A qui m'adresser? La curiosité, l'empressement, m'attirent et m'égarent; au lieu de l'admiration que j'attendais, je n'éprouve d'abord que le sentiment de la confusion et du tumulte; peu à peu je me reconnais, et alors des jouissances me sont données; je parcours un monde entier; je vois tous les trésors de l'industrie, tous les arts, toutes les institutions, tous les spectacles...

Mais lorsque mon ardeur n'est plus excitée par l'espoir de la nouveauté, je me sens pressé du besoin de me reposer, de prendre des habitudes; je cherche une société, des amis, un voisinage... Rien de tout cela; je ne revois plus les personnes avec qui j'ai fait connaissance; les habitants de la maison où je loge me rencontrent et ne me regardent pas; la distraction se peint sur tous les visages, l'amitié sur aucun. Je crois contracter des rapports d'opinion, de convenance; je traverse Paris; je me présente, harassé, chez ceux qui m'ont donné cet espoir; et l'homme que je crois avoir satisfait, enchanté, me reconnaît à peine ; il a complétement oublié mes sentiments et notre conversation.

Ailleurs je ne trouve personne, ou bien l'on sort à l'instant où je m'annonce, et l'on ne m'écoute pas.

Ailleurs encore je rencontre avec surprise des hommes contre lesquels on a vivement déclamé la veille, et que l'on traite en ce moment tout aussi gracieusement que moi.

Je me fais recevoir dans ce que l'on appelle des salons, des cercles ; et là je ne retrouve pas deux fois les mêmes personnes ; là chaque jour une succession confuse d'hommes et de choses ; personne ne s'intéresse à moi ; personne ne désire m'inspirer de l'intérêt ; tout se montre isolé, abandonné, indifférent !...

Je prends mon parti ; à ces sociétés où l'on me parle sans me rien dire, où il faut que je réponde sans avoir rien à dire non plus, je préfère les lieux publics, où je pourrai, si je le veux, n'écouter personne et ne jamais parler. Je passe mon temps au café, au spectacle : je finis encore par me lasser de rester silencieux et immobile au milieu de la foule, du tumulte et du bruit ; je me renferme dans mon appartement : l'ennui m'y gagne ; je me jette dans les promenades : la nature n'y est pas, et l'ennui me poursuit encore...

Je tombe malade : alors mon isolement me chagrine et m'effraye ; j'écris à ma sœur ; soit discrétion, soit fausse honte, je ne lui dis qu'à moitié ce que je souffre ; bientôt mon mal augmente, je vais mourir seul dans ce bruyant désert... J'écris de nouveau, mais avec abandon et franchise ; ma sœur arrive, elle me soigne, me console, me sauve ; je ne voudrais plus me séparer d'elle ; j'avoue le prix de tout ce que j'ai quitté ; mais nous ne pouvons retourner ensemble dans notre petite ville ; j'y serais poursuivi ; ma sœur y rentre seule ; sa présence et son adresse y sont nécessaires pour conserver nos biens ; je lui dis un adieu cruel, et je passe dans les pays étrangers.

Mon séjour sur les terres d'exil a été assez long ; j'y ai connu bien des peines et quelquefois de douces consolations ; une bien grande pour moi fut de retrouver M. et madame d'Hercourt avec le jeune naturaliste, leur cousin, et le vieux chanoine. Entourés de privations et d'inquiétude, nous nous livrions à des conversations graves et intéressantes ; nous parlions quelquefois de la justice suprême ; madame d'Hercourt mettait à la prouver la sagacité de son jugement et la douceur de son esprit. M. d'Hercourt donnait l'exemple de la résignation et de la patience ; le chanoine appuyait ses pensées de maximes religieuses ; et comme le jeune neveu n'était point auprès de nous, comme de plus madame d'Hercourt nous était rendue, nous ne disputions pas; enfin, le jeune naturaliste montrait beaucoup plus d'aménité que je n'en avais remarqué autrefois dans son caractère. C'est ce dont je me permis de lui demander la raison, et ce qu'il m'expliqua avec franchise.

Lorsque nous nous sommes connus en France, me dit-il, j'avais la passion de la botanique ; et vous savez que chacune de nos passions concentre nos facultés sur l'objet qui l'excite. Je vous voyais tous disposés à parler d'autre chose que de ce qui m'intéressait, et à vous irriter les uns contre les autres ; comme vous ne vous entendiez pas mutuellement, et comme le plus souvent c'était parce que vous parliez de choses sur lesquelles il me paraissait impossible que vous pussiez jamais vous entendre, je ne faisais que redoubler d'ardeur et d'attrait pour une étude qui tenait constamment mon âme à la fois paisible et satisfaite. Je sentais que si je me laissais entraîner à des discussions qui lui étaient étrangères, je perdrais aussitôt cette tranquillité d'esprit qui non-seulement faisait mon bonheur, mais qui donnait encore à mon application de la force et de la constance. Or, n'ayant point de fortune, j'avais besoin de porter toute mon application à l'étude d'une science de laquelle j'espérais mon bien-être, précisément parce que les travaux qu'elle m'imposait étaient les plus favorables à mes goûts. Maintenant que mes succès ont justifié cette manière de voir et d'agir, j'ai suivi une inclination qui m'était également naturelle, et que jusque-là j'avais réprimée ; je suis rentré en commerce avec les hommes ; je jouis de leur société en même temps que des fruits de mes travaux.

Ce discours me parut plein de sagesse, d'autant plus que madame d'Hercourt m'avait donné récemment sur le compte de son cousin des informations singulièrement favorables ; elle m'avait dit : Nous aurions ici beaucoup à souffrir sans la générosité de ce jeune homme ; il nous a contraints de partager avec lui la petite aisance qu'il retire de ses ouvrages et de l'emploi de ses talents.

Je m'attachai alors à lui par l'affection et par l'estime, je découvris sans cesse dans son cœur des qualités nouvelles ; et sa raison, sa bonté, sa tolérance, m'invitaient à partager ses opinions. Je désirai connaître son histoire ; il se rendit à mes désirs lorsqu'il vit que je les formais par attachement encore plus que par curiosité. Un jour, pendant une promenade que nous fîmes ensemble, il m'intéressa vivement par le récit que vous allez entendre.

J'étais fils d'un homme riche ; je fus d'abord élevé dans l'aisance ; mais mon père ayant fait d'assez mauvaises affaires, on me mit dans un de ces colléges, encore incomplets, où l'on n'attachait de l'importance qu'aux études littéraires ; je fis assez de progrès dans ces études, quoiqu'elles ne fussent point conformes à mon goût dominant. J'étais naturaliste sans que je pusse m'en douter ; je rassemblais, autant qu'il m'était possible, des papillons, des coquillages ; je les classais selon de petites méthodes de mon invention ; je thésaurisais avec ardeur, je conservais avec avarice. J'étais souvent grondé, puni, pour avoir négligé mon thème en faveur d'un petit insecte ; et cette rigueur, en condamnant mon inclination au mystère, la changeait en passion.

A dix-huit ans je fus retiré du collége ; mon père mourut peu de temps après ; et, sans guide, sans jugement, sans notions précises sur la société et sur moi-même, je me trouvai libre possesseur de mon temps et d'une très-petite fortune. Je commençai par suivre mon goût pour l'histoire naturelle ; mais bientôt je sentis vivement l'insuffisance de mes moyens de vivre ; partagé entre une inclination pressante et des besoins pressants, je fus malheureux. Je confiai mes peines à un vieux parent de mon père ; il prit intérêt à mon sort ; il était de ces hommes qui ne manquent point de bon sens dans les choses communes, mais qui, ne pouvant monter jusques aux choses élevées, se fâchent contre elles et gourmandent les jeunes gens qui tentent d'y parvenir. Laissez donc, me dit-il, toutes ces niaiseries de plantes et de coquilles ; tout cela ne fait que conduire les riches aux Petites-Maisons, les pauvres à l'hôpital. Un état, mon cher enfant, un état ; et il n'y en a qu'un de bon, c'est le commerce. Vendre et acheter ; il n'est pas d'homme sur la terre qui fasse autre chose. Je sais bien que comme il est quelques nigauds qui aiment les colifichets et les phrases, il peut y avoir quelques marchands de papillons et de paroles. Mais comme le sens commun réprouve les uns et les autres, le nombre ne peut qu'en diminuer chaque jour : la prudence et la raison veulent du solide ; elles ne donnent cours qu'aux aliments et aux vêtements. Mon cher ami, vous avez tout l'air de ne pas me croire, mais comme je vous croirais encore moins si vous vouliez me répondre, et que vous me fâcheriez peut-être, ne disputons point ; écoutez-moi seulement ; je me charge de régir votre petit bien, d'en augmenter même la valeur, et d'y ajouter tous les ans ce qui sera nécessaire pour que vous puissiez vivre commodément et vous habiller honnêtement si vous voulez entrer comme commis dans une maison de commerce ; sinon, je ne vous dis plus rien, je ne vous donne rien, et je ne me mêle ni de vos affaires ni de votre sort.

Tout cela fut prononcé d'un ton si décidé, et ma détresse était si urgente, que je n'osai pas même me permettre la plus légère observation. Je fus placé par mon patron dans une maison de commerce ; l'occupation que l'on me donna était sans doute très-bonne en elle-même, très-convenable à d'autres jeunes gens ; ce qui me le prouvait, c'est que je partageais mes fonctions avec un jeune homme plein d'honneur et de zèle, qui aimait déjà la profession de commerçant, en parlait avec estime, en voyait les opérations avec étendue, et pour cette raison en étudiait les détails.

Mais quoique nous fussions unis par l'amitié, nous différions de caractère ; ces fonctions qu'il aimait et qu'il remplissait très-bien, je m'en acquittais fort mal ; je les prenais en aversion.

Mon vieux patron était d'ailleurs fidèle à ses promesses ; rien ne me manquait pour la nourriture ni pour le vêtement. Il me remettait mon petit revenu avec exactitude, et il y faisait une addition considérable ; il me liait ainsi par reconnaissance à l'apprentissage de commerçant. Je n'osais point me plaindre ; je faisais même tout ce qui dépendait de moi pour que l'on eût de bons témoignages à lui rendre sur mon compte : on se louait en effet de mon zèle, mais assez peu de ma capacité.

Mon patron, me croyant décidé à suivre la profession du commerce, et se trouvant obligé de faire un long voyage pour recueillir une succession dans laquelle j'étais intéressé, me dit un jour : Mon ami, il faut que je parte ; mon absence durera peut-être quelque temps ; j'ai pris confiance en vous ; je vais vous remettre d'avance une année de votre revenu. Continuez à marcher dans la route utile, la seule raisonnable ; à mon retour, votre apprentissage sera fini, votre bien sera augmenté ; alors nous aviserons aux meilleurs moyens de vous conduire à la fortune. Adieu.

A un homme de ce caractère il ne fallait point répliquer ; je ne devais pas non plus abuser de sa confiance, agir contre son vœu pendant qu'il s'occuperait de mes intérêts... Je continuai mon triste apprentissage.

Mais bientôt l'ennui, le dégoût, m'assimilèrent aux hommes les plus dépourvus d'intelligence ; je m'acquittai si mal de mes fonctions, que, tout en me disant des choses honorables sur mon caractère et ma conduite, on me renvoya. J'en fus plus satisfait que mortifié. Mon patron, pensai-je aussitôt, n'aura point de reproches à me faire, il me conservera son amitié.

Je me hâtai de lui écrire ; je ne dissimulai point les motifs de ma disgrâce, au contraire, je confirmai par mon aveu le jugement que l'on avait porté sur mon incapacité. Malheureusement, pour emporter la conviction de mon vieux parent, je mis dans ma lettre de la raison, des discussions, de la force, du style. Quoi ! me répondit-il, vous écrivez comme un auteur, et vous n'avez pas assez d'intelligence pour être commis marchand! Vous êtes un bel esprit, et vous vous faites renvoyer comme un homme sans esprit! Mon cher ami, il fallait mieux soutenir votre rôle, ou plutôt il fallait me dire avec franchise que vous n'avez d'inclination que pour l'oisiveté. Eh bien, suivez cette belle carrière; je n'ai pas le droit de vous forcer à en prendre une autre : je vous remettrai vos petites affaires en meilleur état qu'elles ne l'étaient lorsque vous me les avez confiées. Point d'autres explications entre nous, et ne vous adressez plus à moi; les paresseux ne me sont rien : je ne retire pas deux fois un homme de la misère.

Peu de temps après cette réponse, je reçus de mon parent les titres de mes propriétés : il les avait bonifiées; mais elles étaient loin encore de pouvoir me procurer du bien-être et de me dispenser de travailler au profit de mon existence. Aussi je tombai dans l'indécision, ne me sentant vivement attiré que vers les sciences naturelles, et sachant bien que l'homme dont elles servent la fortune a commencé par leur consacrer beaucoup de temps, et souvent beaucoup d'argent.

J'étais inquiet, affligé; je ne savais encore quel parti prendre, lorsque je reçus la visite d'un de mes camarades de collége, jeune homme ardent, plein d'esprit, qui réussissait presque toujours à persuader les choses les plus extraordinaires, parce qu'il commençait par se les persuader. — Mon cher ami, me dit-il, tu es sans état; je n'en ai point non plus : prenons celui qui dès le début nous affranchira de toutes les peines de la vie et nous environnera de ses douceurs. — C'est bien ce que je désire; parle : quelle est ton idée? — Écoute : nous avons fait d'assez bonnes études; nous passons l'un et l'autre pour avoir de la facilité, de l'esprit; nous faisons bien les vers; étudions les modèles, et ensuite... — Je t'entends; livrons-nous à la poésie. — Oui, mon ami, marchons à la fortune, et surtout à la gloire; parcourons ensemble ces vastes champs où Virgile, Horace, Ovide, recueillirent autrefois des moissons si abondantes, et qui sont encore de la même fertilité. — Ces mots de mon jeune camarade me parurent d'abord un peu hasardés; il s'en aperçut... — Eh quoi! me dit-il, crains-tu que l'esprit humain trouve jamais le terme de sa fécondité et de sa richesse? Non, non, ajouta-t-il avec enthousiasme : les fruits de la pensée se renouvelleront sans cesse pour l'enchantement de la vie de l'homme, comme les productions de la terre se renouvelleront sans cesse pour sa conservation.

A ces mots je sentis ma vocation toute décidée. Allons, me dis-je, c'en est fait, travaillons aux délices de nos contemporains et des générations futures. Soyons poëtes : c'est notre destinée ; que de ravissements nous goûterons à la remplir !

Cette détermination prise, nous nous logeons ensemble dans un petit appartement qui donnait sur la campagne ; nous achetons des livres..... ; nous faisons des vers sur tous les sujets, des vers de tous les genres, et d'assez brillants succès couronnent les travaux de mon ami.

Il avait réellement le génie de la poésie, et moi, je dois en convenir, je n'étais inspiré que par son ardeur. Sa réputation prit de l'éclat ; la mienne resta dans l'ombre : le théâtre lui fut ouvert ; il fit une tragédie ; elle fut représentée ; les applaudissements furent modérés ; l'auteur se persuada qu'ils étaient éclatants et unanimes ; l'amitié qui nous unissait me fit partager sa confiance. Mon ami, s'écria-t-il en rentrant le soir dans notre demeure, voilà le bonheur, il se trouve sur les traces de Racine, de Corneille ; il s'y trouve dès les premiers pas que l'on y fait.

Je pensais comme mon ami, et sa gloire, augmentée de la mienne, que j'espérais encore, me faisait ajouter avec plus d'enthousiasme que de justice et de modestie : Les plus grands des humains ne sont-ils point ceux qui ont reçu en partage le goût, le sentiment, tous les dons du génie ? et le bonheur ne doit-il pas appartenir aux plus grands des humains ?

Le lendemain nous attendîmes avec impatience les feuilles périodiques..... Nous avions dédaigné de faire connaissance avec leurs rédacteurs ; nous avions négligé à dessein de leur inspirer de la bienveillance, de crainte de gêner leur justice. Que d'éloges ils vont donner ! disions-nous avec confiance... Et à la réserve d'un seul, qui même ne vanta l'ouvrage de mon ami qu'avec une assez froide mesure, tous les autres le déchirèrent sans pitié. Non-seulement on exagéra les vrais défauts de son ouvrage, mais quelques critiques travestirent les beautés en défauts. On fit plus; pour expliquer les succès de la veille, on accusa mon ami d'avoir acheté des suffrages, d'avoir bassement flatté les hommes qui pouvaient lui servir d'appui.

Son âme noble fut irritée à l'excès : dans son indignation, il agit et s'exprima de manière à se donner des légions d'implacables ennemis; dès lors tout le feu de son talent se changea en amertume et en colère; sa tragédie fut écartée; il la retira avec dépit.

Comme mes humbles productions s'étaient perdues dans la foule de celles qui ne font ombrage à personne, je ne partageai point précisément l'humeur de mon ami; mais je me décourageai comme lui; la mortification secrète de ne pouvoir l'égaler me fit approuver tout ce qu'il disait par irritation contre l'injustice. Le siècle des beaux-arts est passé, disions-nous ensemble; on ne les protége plus; on ne les honore plus; abandonnons une carrière où, au lieu des palmes de la gloire, on ne recueille que les poisons de l'envie.

— Que ferons-nous maintenant! — Après de tels affronts, s'écria mon ami, resterions-nous encore parmi des hommes qui, les uns, m'ont outragé, les autres n'ont point su me défendre? Non, non, allons chercher une terre meilleure, des hommes plus simples, plus sensibles, plus justes; nous ne ferons plus de vers sans doute; nous donnerons un autre emploi à nos forces et à nos talents.

Cette nouvelle idée de mon ami m'aurait séduit peut-être, le plaisir de voyager est si attrayant pour un jeune homme! Je fus retenu par une circonstance heureuse. Je vous ai dit qu'une faible portion d'héritage, recueillie en ma faveur par mon vieux parent, était venue augmenter mon petit patrimoine. Les principaux droits à cette succession appartenaient à madame d'Hercourt, nièce de mon père; je me trouvais ainsi en rapport d'affaires avec cette femme estimable dont mon père m'avait beaucoup parlé, mais que je ne connaissais point encore; elle vint à Paris pour la cause qui nous était commune; elle me fit prévenir de son arrivée; j'allai la voir;

elle me reçut, ainsi que son mari, avec la bonté la plus encourageante. Nous parlâmes très-peu de l'héritage que nous devions partager; elle se chargea d'assurer tout ce qui devait me revenir; et il me fut aisé de voir que mes droits étaient entre des mains généreuses qui méritaient plus que ma confiance. Nous parlâmes beaucoup de mon sort, de mes goûts, de mes désirs, de mes espérances. Je lui racontai ce que mon ami venait d'éprouver; il a pris, ajoutai-je, la résolution de voyager, et il me presse vivement de le suivre. — Ce serait pour vous une grande imprudence, me dit madame d'Hercourt; les voyages ne conviennent qu'aux personnes très-riches, qui ont beaucoup de temps et d'argent à dépenser, ou aux hommes très-pauvres et d'un caractère aventurier; ceux-là n'ont rien à perdre et peuvent rencontrer des chances favorables; vous n'appartenez ni à l'une ni à l'autre de ces deux classes; vous avez une petite fortune et des goûts paisibles; il faut ménager l'une et suivre les autres; la raison invite l'homme à se placer autant qu'il le peut convenablement à ses talents et à son caractère; donnez ce conseil à votre ami; il paraît né pour cultiver les belles-lettres; dès son début, il a fait un ouvrage qui dans sa persuasion excite l'envie, dont il a par conséquent le droit d'être satisfait; et c'est le témoignage même rendu à ses talents qui le rebute et le décourage! Où ira-t-il? que cherche-t-il? Nulle part il ne verra tous les biens et tous les droits se confondre; le vrai sage est celui qui s'attache d'abord à acquérir des droits; que ce soit là votre principe et votre marche. Cultivez les sciences, puisque telle est l'inclination qui vous presse; ajoutez au désir de satisfaire votre goût l'intention d'augmenter votre bien-être, aussitôt que vos connaissances et vos talents vous en fourniront les moyens; et ces moyens se présenteront, parce que les sciences sont utiles à la société et que la société récompense nécessairement tout ce qui lui est utile. Je vous aiderai à attendre le temps de travailler pour elle; mon mari vous offre sa maison; apportez-y des livres et du zèle; vous y trouverez notre affection et du loisir.

Ce langage de la sagesse et de la bonté me pénétra de la plus vive reconnaissance; en le comparant à celui de mon ancien patron, dont je n'avais pu méconnaître les intentions obligeantes, je fus frappé des avantages qu'un esprit sain, éclairé, étendu, ajoute à la générosité du caractère. Je m'engageai à suivre la route que madame d'Hercourt venait de me tracer. Je revins chez mon ami ; je lui exposai de mon mieux les raisons que madame d'Hercourt m'avait données pour renoncer aux voyages et pour m'attacher à l'étude des sciences; je l'engageai à profiter pour lui-même de ses sages conseils ; mais il était trop irrité, et peut-être aussi trop inconstant, trop avide de mouvement et d'aventures ; il partit ; sa vie errante fut semée de beaucoup de jouissances et d'encore plus de malheurs; la mienne fut occupée, simple et heureuse; je travaillai d'abord quelque temps à Paris ; je suivis les cours publics des professeurs les plus renommés ; je profitai ensuite de l'offre gracieuse que M. et madame d'Hercourt m'avaient faite, et qu'ils avaient souvent renouvelée ; je me rendis à leur maison de campagne : c'est là que vous m'avez vu cherchant à mûrir dans le silence d'un beau séjour les connaissances que j'avais acquises. Le temps et l'occasion de les rendre utiles arrivèrent comme madame d'Hercourt me l'avait annoncé ; je publiai quelques ouvrages qui furent estimés ; la révolution, en agitant tous les hommes, en déplaçant toutes les fortunes, en troublant tous les projets, m'arracha pendant quelque temps au travail et à la retraite. M. et madame d'Hercourt s'étant vus forcés de quitter la France, je les suivis, entraîné par la reconnaissance, par l'affection et par l'espoir de trouver dans les pays étrangers un peu plus de sécurité, et de ces faveurs d'opinion que les sciences réclament : cet espoir n'a pas été entièrement trompé.

C'est par ces mots que le jeune parent de M. d'Hercourt termina son intéressant récit. J'admirai la délicatesse qui le portait à se taire sur l'emploi qu'il donnait aux fruits de ses travaux; j'aurais entièrement ignoré de quelle manière il acquittait sa reconnaissance envers madame d'Hercourt, si elle-même ne m'en avait informé pour soulager sa propre reconnaissance. Une vie si estimable et un caractère si noble m'inspirèrent une affection profonde. Voilà un sage, dis-je en moi-même, car son esprit est éclairé, sa vie utile, son cœur généreux et simple. Que ne puis-je l'imiter! Malheureusement je suis bien loin de son instruction, et je ne suis plus assez jeune pour pouvoir en acquérir. N'importe : avec de la bonne volonté il n'est point d'homme qui ne puisse faire quelque chose d'honorable et d'avantageux pour lui-même et pour la société. A cet aiguillon de l'émulation vint se joindre celui du besoin ; je ne recevais que très-difficilement les petits secours que ma sœur s'efforçait de me faire passer ; et les moyens d'existence de madame d'Hercourt étaient trop peu étendus, et venaient d'une source trop respectable pour qu'il me fût permis de les diminuer. Je demandai à son jeune parent de vouloir bien chercher en ma faveur une place que je pusse remplir avec honneur et quelques profits. — En ce moment c'est assez difficile, me répondit-il ; cependant je n'y renonce pas ; demain nous ferons la tentative qui me donne le plus d'espérance.

Le lendemain il me mena à une abbaye du voisinage. Aussitôt que je l'aperçus : Quelle situation admirable! m'écriai-je ; que tous les habitants d'une telle maison doivent être heureux ! — Le jeune homme me regarda en souriant. — Là comme partout, me dit-il, plus de repos que de malheur en faveur des hommes sages ; plus de malheur que de repos en faveur de ceux qui ne le sont pas.

Nous entrons ; le prieur, à qui d'abord nous rendons visite, nous reçoit avec beaucoup de politesse ; et il témoigne à mon introducteur beaucoup d'égards. C'était un homme âgé, d'une physionomie respectable, dont l'âme paraissait plus douce que forte et élevée. J'appris dans la suite qu'il avait un neveu, grand amateur d'histoire naturelle, qui venait souvent demander des instructions à notre jeune homme ; le prieur, qui aimait tendrement son neveu, reconnaissait généreusement tous les services qui lui étaient rendus.

Ce même prieur, étant d'une naissance illustre en Allemagne, tenait à un grand nombre de familles opulentes. Mon jeune ami lui parla de ma position, de mes désirs, m'honora d'un suffrage bien supérieur à mon mérite, et demanda en mon nom une place honorable. — Je chercherai avec intérêt, répondit le prieur; depuis longtemps vous m'avez inspiré l'inclination, et imposé le devoir de vous servir. Ces mots furent dits avec un ton de bienveillance sincère. Il ajouta en se tournant vers moi : — Que monsieur veuille bien passer quelques jours dans notre retraite; je tâcherai de la lui rendre agréable pendant que je ferai les démarches dont il a le désir. — Tant de bonté me touche vivement, répondis-je; je vais être très-heureux auprès de vous; et les démarches que vous aurez la complaisance de faire seront certainement suivies de succès. Pourrait-on craindre des refus, lorsque l'on est présenté par un tel Mécène!

Cette réponse inspirée par mon cœur plut au bon père, qui me crut digne des éloges qui venaient de m'être donnés par mon jeune ami. Après avoir causé quelques moments avec nous, il fit appeler un religieux, et lui confia le soin de me montrer la maison et de me conduire à la chambre qui m'était destinée. Mon jeune ami me laissa entre les mains de mon conducteur, et revint auprès de madame d'Hercourt.

Je parcourus cette maison, grande, imposante, où paraissait régner l'opulence avec la tranquillité. Mon conducteur était un homme d'environ cinquante ans; sa figure était sérieuse : il parlait peu, et ses paroles avaient du sens, de la gravité. — Que ce séjour me plairait, lui dis-je dans le moment où il ouvrit la porte de ma chambre. — Comme toute nouveauté, me répondit-il. — Je le regardai; je craignis de lui demander s'il était heureux; la réponse qu'il venait de faire semblait contenir d'avance toutes ses réponses. Cependant j'osai lui dire : Y a-t-il longtemps que vous habitez cette maison? — Il y a vingt ans, et j'y ai toujours été satisfait : je le suis encore. — Je me montrai étonné. — Je suis bien ici, me dit-il, parce que j'ai connu le monde et que j'y étais déplacé. J'ai le caractère un peu âpre; j'aime l'étude et le silence. Les plaisirs me séduisent moins que les contrariétés ne m'irritent; je n'ai été jeté dans la retraite, ni par le désespoir, ni par la ferveur religieuse, mais par la réflexion; aussi mon sort ne

mérite ni félicitation ni pitié; ce qui est rare autour de moi...
En ce moment un bruit se fait entendre; mon conducteur me fait signe de me taire : c'était un religieux qui entrait dans sa cellule, voisine de ma chambre, et séparée seulement par une cloison fort mince. Je crois reconnaître à sa démarche que c'est un vieillard; et bientôt le son de sa voix me le démontre mieux encore. Il se met en prières; il les fait à voix haute : son accent est celui du bonheur, de l'amour. Le plus souvent ce n'est ni sa mémoire ni un livre qui fournissent les mots qu'il prononce; c'est son cœur, manifestement son cœur : O mon Dieu! s'écrie-t-il, que j'ai de bonheur et que je vous aime!

Plus touché encore que surpris, j'écoutai quelques moments ce tendre vieillard, qui, ne croyant être entendu que de Dieu seul, lui adressait, avec la vivacité d'un jeune homme, l'expression de sa félicité, de sa soumission, de son adoration, de sa reconnaissance. Il se tut; et dans son silence mon imagination crut voir la douce satisfaction d'un cœur pénétré qui vient de soulager ses sentiments et qui se repose.

Mon conducteur me fait signe de sortir; nous ménageons nos pas; nous attendons d'être un peu éloignés pour reprendre notre conversation. — Que ce vieillard est heureux! m'écriai-je. — Oui, il est heureux, et il a mérité de l'être. Depuis longtemps il goûte sans trouble tout ce que le sentiment de la piété peut donner de bonheur, et le sentiment de la piété à cet âge est une source de bonheur à la fois calme et féconde. Mais il a acheté le droit d'y puiser les jouissances du reste de sa vie. Il entra jeune dans la retraite; il y porta une âme profondément sensible, une âme capable de tous les genres de passions et de désirs. Par un effort soutenu et très-souvent pénible, il dirigea vers l'amour céleste tout le feu de ses penchants; aujourd'hui il n'a plus d'orages à éteindre, plus de sacrifices à faire; il aime avec tendresse ce Dieu consolateur dont il se sent toujours pénétré.

Ces mots frappants excitèrent en moi bien des réflexions; je les poursuivais en silence, lorsque nous sommes rencontrés par un religieux dont la vue seule me cause des sensations d'un ordre tout différent : c'était un homme d'environ quarante ans;

physionomie dure et vive, regard farouche, mouvements convulsifs. Mon conducteur l'arrête d'un air affable en lui adressant des paroles d'intérêt et de bonté. — Pour toute réponse un silence atrabilaire. — Nouvelle tentative suivie de plus de succès; l'homme sombre, après m'avoir regardé d'un œil qui m'épouvante, laisse échapper quelques mots sans suite. — Rassurez-vous, lui dit mon conducteur, monsieur est un de mes amis; il mérite votre confiance, son âme est sensible. — Il est donc bien malheureux! — Oui, il est malheureux, lui répondit mon conducteur, qui paraissait vouloir le faire causer, mais en évitant une scène violente.

Il ne l'évite pas. Cet homme parle, s'agite... Sa voix forte fait retentir le cloître des éclats de la colère!... — Calmez-vous donc, mon ami!... — Moi me calmer! et l'enfer est dans mon cœur! — Jetez-vous dans le sein de Dieu... — Eh! que voulez-vous que j'en attende?

Je frémis du blasphème!... Il continue sur le ton de la fureur. Nous ne songeons plus à l'apaiser : ce serait impossible ; il semble d'ailleurs que c'est un de ces hommes dont l'irritation effrayante a besoin d'être quelquefois soulagée pour ne pas se changer en affreuse démence. Ses mouvements suivent sa voix terrible; j'entends avec plus d'horreur que de pitié tout ce qu'une âme ardente, égarée, peut avouer de passions insensées, de sentiments coupables. Le malheureux frémit entre autres d'être soumis à un supérieur qui n'a, dit-il, qu'un grand nom et qui est dépourvu de talents et de caractère. Lui-même, il m'est aisé de le voir, est un homme à grands talents, qui, dès son jeune âge, manquant de guide et de principes, s'est laissé impétueusement agiter par les passions d'autrui et par les siennes, a tout blâmé, tout heurté, s'est jeté dans le cloître par humeur et n'y reste que par contrainte.

J'attendais avec impatience le terme de ce désolant spectacle... Une cloche sonne. — Voilà l'office! s'écrie-t-il; que n'est-ce celui de ma mort!... Et il nous quitte brusquement.

Quelles affreuses dispositions pour un homme qui va chanter les louanges du Créateur!... Mais la même cloche appelle l'heureux vieillard. Nous le voyons sortir de sa cellule... Mon cœur se repose de son effroi ; un petit homme à cheveux blancs, de la physionomie la plus douce, la plus gracieuse, nous salue avec le sourire de la paix et du contentement.

Mon conducteur est obligé de se rendre aux mêmes devoirs. Il m'offre de me placer dans une partie de l'église, d'où je pourrai suivre l'office aussi longtemps que je le voudrai et me retirer sans être aperçu. J'y consens. — Êtes-vous musicien ? me demande-t-il alors. — Non, mais je suis très-sensible aux beautés de la musique. — Vous allez donc goûter un vrai plaisir. Ce même religieux que nous venons de rencontrer, et dont le langage vous a fait frémir, est un homme doué de génie par la nature. Vous allez l'entendre. Je vais pour cela parler au prieur. Lorsque celui-ci veut suspendre un peu son humeur et sa violence, il donne de l'emploi à son amour-propre et à ses talents.

Mon conducteur se sépare de moi ; je me rends à la place qu'il m'a indiquée ; je le vois disant quelques mots au prieur.

L'office commence ; les voûtes de l'église retentissent de chants graves et religieux ; mon âme s'émeut et se recueille. Je contemple surtout le saint vieillard, dont l'attitude, les mouvements et la physionomie indiquent l'extase d'une piété céleste ; je regarde ensuite celui qui déjà m'a effrayé, et cette vue me rend les mêmes sentiments.

Quelques cérémonies se font en silence. Le prieur s'approche de l'homme sombre ; il lui remet un livre ouvert, et l'invite à se rendre au milieu du chœur. A l'instant la figure de cet homme prend un tout autre caractère ; elle devient rayonnante d'esprit et de vivacité. Il va d'un pas animé vers un pupitre élevé, sur lequel il pose son livre. Prenant alors une attitude dramatique et un air inspiré, il chante le magnifique psaume *Super flumina Babylonis*. Quel prodige ! sur chaque verset il improvise de la manière la plus convenable au sens des paroles ; tous les sentiments, toutes les images reçoivent une expression parfaite ; et la voix de cet homme est d'une beauté incomparable ; tour à tour elle attendrit et elle fait frissonner.

Rien n'égale mon étonnement, mon admiration, mon enthousiasme ; et c'est surtout l'enthousiasme de cet homme qui l'excite ; il paraît en ce moment dans toute la félicité du génie, et le saint vieillard, en l'écoutant, dans tout le ravissement de la piété.

Lorsqu'il a achevé son chant sublime, il revient vers sa place. Quel changement s'est opéré ! sa démarche est paisible, ses traits sont devenus doux et aimables, il participe au reste de l'office d'un air religieux et satisfait.

L'office terminé, je l'attends à la sortie de l'église ; je lui exprime, faiblement à mon gré, l'émotion dont mon âme est encore remplie ; il me parle alors avec dignité, éloquence et infiniment d'esprit. Pendant une heure que je l'écoute, mille traits saillants ou profonds m'éblouissent ou me frappent ; et c'est encore le génie qui s'épanche par chaleur et enthousiasme ; je n'ai jamais vu une déclamation plus énergique, ni des yeux plus beaux et plus ardents.

Mon conducteur vient nous rejoindre ; l'homme extraordinaire se retire ; je suis satisfait de pouvoir dire tout ce qu'il m'a fait éprouver. — Et dans de tels moments, ajoutai-je, que de bonheur est son partage ! — Oui, monsieur, un bonheur très-élevé ; et demain, ce soir peut-être, la moindre contrariété, ou seulement l'ennui, l'inquiétude, le feront passer de cette exaltation si noble et si heureuse au délire de la fureur. Cet homme ne vit que pour les extrêmes ; que cela ne vous étonne pas. Ici, monsieur, dans cette solitude qui toujours nous concentre, tout ce qui est bon devient excellent ; tout ce qui est fort devient terrible. Vous venez de voir deux hommes qui présentent, l'un l'image du terrible, l'autre l'image de l'excellent. La nature a bien voulu me placer entre mes deux confrères.

Je conversai encore quelques moments avec cet homme modéré et judicieux. Je le priai ensuite de vaquer à ses occupations particulières. — Je le veux bien, me dit-il avec franchise. Vous connaissez votre chambre ; voilà l'entrée de nos jardins.

Je parcourus ces beaux jardins, l'âme toute remplie de sensations et de pensées. Le résultat de mes réflexions fut que mon conducteur lui-même, le seul des trois religieux que j'aurais pu imiter, ne jouissait pas d'un sort désirable, au moins pour un homme de mon caractère. La mobilité de mes goûts et mon défaut d'attrait pour l'étude m'éloignaient d'une position silencieuse et monotone dans laquelle je n'étais point en état de porter ce qui seul peut en faire la compensation et le charme, un grand amour pour la retraite et des sentiments religieux très-vifs et très-profonds.

Je passai deux jours dans cette abbaye; tout ce dont je fus témoin ne fit que me confirmer dans mon opinion; je suivis les religieux dans leurs récréations ainsi que dans leurs exercices; le bonheur de chacun d'eux me parut toujours proportionné à sa piété et à son goût pour la retraite : cela me fit penser que, comme l'esprit de retraite était précédemment l'esprit général de la société, que le goût de la dissipation remplaçait insensiblement partout l'esprit de retraite, que les maisons religieuses, ne pouvant s'affranchir de tous les rapports extérieurs, ne pouvaient se défendre de participer à l'état général des sociétés dont elles faisaient partie, il était à craindre que bientôt il n'y eût dans les maisons religieuses presque plus d'hommes paisibles et heureux; ce qui rendrait nécessaire et même salutaire la suppression de ces maisons.

C'est ainsi, je pense, que beaucoup d'anciennes institutions deviennent insensiblement hors de possibilité et de convenance. Si cela est, il ne faut pas toujours s'irriter contre les changements.

— Non, sans doute, dit M. de Murville; mais il ne faut pas non plus donner dans l'excès opposé en pensant que les changements, même les plus nécessaires, n'entraîneront point la chute de grands avantages, dont on ne sentait pas le prix lorsqu'on les possédait, et que l'on regrettera aussitôt qu'on les aura perdus.

Depuis mon retour en France, j'ai souvent rencontré des hommes qui avaient passé leur jeunesse ou même leur âge mûr dans des maisons religieuses, et qui là plus d'une fois avaient trouvé, non sans raison, le joug monastique dur et pénible. Quelques-uns m'ont avoué avec candeur que, devenus arbitres de leur propre destinée, ils passaient souvent leurs jours dans une indécision cruelle. Chaque parti qui se présentait un instant comme le meilleur déroulait presque aussitôt la masse d'inconvénients qui devaient le suivre; ils l'abandonnaient pour en choisir un autre qui également ne se montrait plus que désagréable ou funeste aussitôt qu'ils l'avaient pris. De tels tourments leur étaient inconnus, lorsqu'une loi impérieuse et sacrée fixait l'emploi de leur existence. Tout n'est point malheur dans la soumission; tout n'est point bonheur dans l'indépendance.

Pardonnez, mon cher Dalmont, si je vous ai interrompu. Votre réflexion très-judicieuse a appelé la mienne.

— Qui est plus judicieuse encore, dit M. Dalmont; car la nécessité des changements, quoique pressante de temps à autre, est, je crois, moins fréquente, moins continue que l'utilité de la résignation et la nécessité de la prudence. Je reprends mon récit.

Au bout de deux jours le prieur était revenu d'un petit voyage qu'il avait bien voulu entreprendre en ma faveur. Je ne sais, me dit-il, si la place que l'on vous propose vous sera parfaitement convenable; je sais seulement que j'ai fait de mon mieux pour que vous soyez satisfait. — C'est de quoi, lui répondis-je, votre bonté me donne l'assurance. — Le prince de C..., l'un de mes parents, a deux fils en âge d'être élevés; il vous confie leur éducation. Sa tendresse pour ses enfants et sa générosité vous garantissent des conditions avantageuses. — Je les accepte avec reconnaissance.

Ma position ne me permettait point de refuser; j'avais d'ailleurs entendu parler du prince de C... comme d'un homme magnifique; je devais m'attendre à trouver dans sa maison tous les agréments que donne l'emploi très-varié de l'opulence.

Je remerciai le bon prieur de ses soins obligeants et des prévenances que j'avais reçues chez lui; j'allai prendre congé de madame d'Hercourt et de son jeune parent, et je me rendis à mon poste.

Mon attente fut d'abord confirmée; je reçus un noble accueil ; un bel appartement me fut donné dans une maison superbe ; un domestique fut attaché à ma personne ; le prince fixa en ma faveur un traitement considérable, commença par me faire de riches présents, m'environna de bien-être, m'invita à lui indiquer ce que je pourrais désirer, soit pour rendre mes fonctions plus faciles, soit pour ma commodité personnelle. — Tout ce que je désire, lui dis-je, c'est que mes talents répondent au zèle que tant de bontés m'inspirent.

Il n'y eut d'abord que trop de vérité dans cette réponse ; mon zèle fut très-animé ; il était excité par ma reconnaissance autant que par les charmes et la nouveauté de cette situation inattendue ; mes talents n'étaient que ce qu'ils sont, c'est-à-dire fort peu de chose. Cependant ils auraient pu être suffisants pour mes fonctions, surtout à leur début ; les deux enfants qui m'étaient confiés n'avaient encore rien appris, et ils ne manquaient pas d'intelligence. Mais dans les grandes maisons on a l'habitude de considérer l'instituteur comme une sorte de petit Apollon, qui doit sans cesse tenir toutes les muses à la disposition du maître, et surtout de la maîtresse ; et moi, qui n'étais ni poëte, ni musicien, ni peintre, j'eus la mortification de tromper l'attente de tout le monde ; ce qui fit singulièrement baisser les égards et la considération.

Réduit à la condition de pédagogue, je vis bientôt qu'il n'en est pas de plus triste, de plus ingrate. Mes deux élèves étaient différents d'âge, de dispositions, de caractère. Les soins que je donnais à l'un n'étaient presque pas utiles à l'autre ; la plus grande partie de mon temps était employée, et cependant j'étais dérangé par celui dont je ne pouvais m'occuper directement. Il fallait, ou le réduire par la contrainte à s'ennuyer, ou lui permettre de jouer seul, ce qui causait de continuelles distractions à celui que je tenais à l'ouvrage ; et lorsqu'ils jouaient ensemble, que de cris ! de querelles ! Que de légers accidents étaient convertis en dangers par des parents pusillanimes ! Que de plaintes sur ma négligence, lorsque ces enfants se faisaient du mal, ou seulement lorsqu'ils se rendaient importuns par leur gaieté ! Le plus souvent ces plaintes étaient tacites, mais je les devinais ; et, pour les prévenir, je m'imposais l'esclavage d'une surveillance qui fatiguait, rebutait mes élèves autant que moi-même. Que d'injonctions je faisais alors! que de défenses, de punitions, de réprimandes auxquelles j'étais loin de donner mon approbation, et que j'aurais épargnées à ces enfants si j'avais été leur père! Et, dans leur instruction, que de choses, à mon sens, inutiles, ou anticipées, ou déplacées, je faisais, uniquement parce qu'elles étaient demandées ou seulement désirées! Que de jouissances indiscrètes je m'efforçais de procurer à l'amour-propre du prince! Et lorsque ces efforts étaient inutiles, ce qui arrivait le plus souvent, le mécontentement était faiblement déguisé par la politesse.

Un an s'était à peine écoulé que toutes ces causes de dégoût, en s'accumulant, en se répétant sans cesse, avaient rendu ma position insupportable; et il était bien humiliant pour moi de voir que l'on commençait à se fatiguer aussi de ma personne et de mes services, tandis que si mes services étaient infructueux, c'était surtout par l'effet des obstacles que je rencontrais, et des contre-sens que j'étais obligé de faire. Cependant, contraint par les circonstances, il me fallut rester à ce poste rebutant. Je redoublai de zèle et de patience : on le vit; on eut la délicatesse d'y répondre par de nouveaux égards; mais je ne pus me faire à ce besoin d'une activité minutieuse qui chaque jour consume le temps et la liberté, sans porter ni honneur ni plaisir. Je sentis que ma santé s'affaiblissait. J'aurais peut-être bientôt succombé à la crainte seule des peines qui me menaçaient, lorsqu'à la voix d'un homme puissant les portes de la France commencèrent à se rouvrir. Je me hâtai d'écrire à ma sœur; je lui exposai ma situation, mes chagrins; je lui demandai si je pouvais revenir auprès d'elle. Sa réponse fut celle que je devais attendre de son cœur. Je quittai le prince : notre séparation se fit avec des égards apparents, sans reproches mutuels, mais de part et d'autre avec un contentement secret.

Avant de rentrer en France, j'écrivis au jeune parent de madame d'Hercourt : je l'informai de ma résolution; je lui demandai si, comme je devais le présumer, il n'en formait pas une semblable. Sa réponse fut bien affligeante. Madame d'Hercourt venait de mourir. Ce bon jeune homme témoignait sa douleur de manière à montrer combien il avait mérité l'affection de cette femme estimable; il se consacrait à la consolation de M. d'Hercourt qui, infirme, accablé par l'âge et par le chagrin, ayant perdu toutes ses propriétés en France, voulait mourir auprès du tombeau de sa femme, que ses souvenirs ne quittaient plus.

Le moment où je revis ma patrie fut bien doux pour mon cœur. Je quittais une terre étrangère, une famille étrangère; j'allais retrouver une sœur pleine d'attachement pour moi, et sur qui seule reposaient toutes mes affections. Son tendre accueil effaça toutes mes peines. Elle se montra, comme autrefois, dévouée à mon bonheur. — Mon cher ami, me dit-elle, s'il est une ville que vous préfériez, lors même que ce serait Paris, nous nous y fixerons ensemble. — Non, ma sœur; j'ai assez éprouvé qu'en cherchant au loin les biens de la vie on ne fait le plus souvent que perdre les biens préférables que l'on aurait trouvés près de soi. — C'est bien ce que je pense. Ici vous partagerez mes habitudes; vous aurez mes voisins, mes amis : ce sont autant d'avances qu'il nous faut acquérir partout pour goûter quelques douceurs, et à notre âge on doit avoir toutes ses acquisitions faites.

Je demandai à ma sœur si la révolution n'avait pas occasionné de grands changements dans notre pays. — D'assez grands, me dit-elle; vous trouverez beaucoup de nouvelles familles. Un grand nombre de celles qui vous déplaisaient n'y sont plus. — Tant mieux! — Ma sœur sourit. — Vous croyez donc, lui dis-je, que je ne gagnerai rien à ce changement? — Vous gagnerez, si vous êtes devenu moins exigeant; si vous avez appris à vous contenter des hommes tels qu'ils sont, sans vouloir les contraindre à n'avoir que le caractère, les besoins, les habitudes, les opinions qui vous plaisent. — Ma chère sœur, je ne suis pas encore aussi avancé que vous en bonté et en modération; mais je ne crois pas non plus toute mon expérience perdue. — C'est ce que nous verrons bientôt, me dit ma sœur avec un doux sourire. Au reste, ajouta-t-elle, avant d'éprouver jusques à quel degré vous avez été réformé par cette expérience que vous invoquez, je vous présenterai à une famille qui est nouvellement établie dans le voisinage, et qui ne fournira que des satisfactions à votre cœur et à votre raison. — C'est beaucoup dire, ma chère sœur. Tenez, il faut que je vous fasse un aveu : votre indulgence, votre bonté naturelle, me tiennent en défiance contre vos jugements. Vous donnez peut-être dans l'excès opposé à celui dont je méritais autrefois le reproche ; je crois qu'avec beaucoup de sagacité pour découvrir les bonnes qualités d'autrui, vous en avez très-peu pour découvrir les défauts. — Vous me provoquez, me dit ma sœur en riant ; je vous montrerai bientôt que vous ne me connaissez pas bien encore. Je suis, je l'avoue, indulgente, parce que, selon moi, l'indulgence n'est le plus souvent que justice ; mais je sais voir aussi bien qu'un autre ce qui doit fournir de l'exercice à cette indulgence que j'aime à pratiquer.

Peu de jours après nous nous trouvâmes ensemble dans une réunion nombreuse ; ma sœur me demanda de rester auprès d'elle. Il y a ici, me dit-elle, du bien et du mal à voir, de bonnes et de mauvaises qualités à distinguer les unes des autres. — Voyez cet homme qui regarde tout le monde avec un sourire gracieux ; c'est la bonté même. Il a peu d'esprit, mais beaucoup d'amis ; car il est obligeant, sensible, sans prétentions. Il n'est pas heureux dans sa famille ; on y abuse de sa bonté ; on y méconnaît ses qualités : il est dédommagé par l'affection publique. Partout où il se présente, il semble porter la gaieté franche, le doux contentement. Son voisin, au contraire, va demeurer distrait et soucieux, jusqu'à ce qu'il ait pu s'emparer de toute l'attention de l'assemblée, et alors il ne parlera que de ses affaires, de ses embarras domestiques. Tout va mal en France, car il prétend avoir peine à vivre, et ses revenus ne rentrent pas ; ce n'est pas qu'il soit réellement dans la gêne, et qu'à sa place mille autres ne fussent satisfaits de sa position ; mais le plus léger désagrément l'irrite, lui fait oublier tous les avantages qu'il possède, le porte à regretter ceux qu'il a abandonnés, à changer de condition pour obtenir de nouveaux avantages, qu'il oubliera encore au moindre désagrément. Honnête homme d'ailleurs, franc et sincère, il semble, par son humeur, son indécision, son impatience, avoir à cœur de rebuter à jamais ses amis et la fortune.

Au reste, il grondera peu aujourd'hui; il n'en aura guère le loisir; je vois sur la physionomie de cette dame placée vis-à-vis de nous qu'elle s'apprête à parler; et quand elle aura commencé, il sera difficile de l'interrompre, en premier lieu, parce qu'elle parlera à ravir : si vous fermez les yeux, et que vous vous borniez à l'écouter, vous croirez entendre la lecture posée et soutenue d'un livre très-bien écrit; en second lieu, c'est exactement la personne du despotisme, mais du despotisme paré, orné, ayant soin de ne jamais se montrer que sous des formes douces et gracieuses. Restée veuve d'assez bonne heure, elle a demandé et obtenu tous les droits qu'un mari et les lois peuvent accorder. Elle est loin d'en avoir fait un usage répréhensible; mais elle est également loin d'en avoir rien abandonné; ses enfants ont resté, le mieux qu'elle a pu, sous sa dépendance, c'est à cela surtout qu'elle a mis son attention, et l'on peut dire son talent; ce qu'ils y ont gagné, c'est que leur fortune a été conservée ou même améliorée; ce qu'ils semblent y avoir perdu, c'est cette aisance d'affection, cette franchise d'intimité, qui naissent de la liberté et de la confiance. Il y a de l'unité dans la famille; je doute qu'il y ait de l'union.

— Quels sont, dis-je à ma sœur, ces deux hommes qui s'entretiennent ensemble? Il en est un dont la figure est à la fois bien noble et bien touchante; je me sens attiré vers lui par tous mes sentiments.

— Je le crois, dit ma sœur; c'est le chef de la famille dont je vous ai parlé, et qui depuis peu s'est établi dans notre voisinage; il a des procès considérables, que les événements publics ont fait naître, et qui lui fournissent sans cesse l'occasion de montrer cette fermeté dans la modération, cette douceur dans la défense, cette générosité dans l'accusation, qui sont les qualités de l'homme juste et sage.

... C'était donc M. de Murville? dirent à la fois Fanny, madame de Belfort et madame Durand.

— Oui, mes amis, c'était M. de Murville ; j'ai voulu finir mon histoire par un trait de bonheur et de vérité.

— Mon cher Dalmont, mes bons amis, dit M. de Murville, votre affection me pénètre d'une émotion toujours nouvelle.

— Et moi, reprit M. Dalmont, il y a six ans que je vous rencontrai pour la première fois dans cette société que ma sœur me faisait connaître ; il y a six ans que je vous aime, et que, grâce à votre amitié, à celle de votre famille, à celle de ma sœur, et aussi peut-être à un peu d'expérience, je mène une vie fort douce qui se ressemble toujours.

Je vous assure, dit madame de Belfort à M. Dalmont, que vous avez eu bien tort de douter du plaisir que nous causerait votre récit. Vous avez même l'avantage sur nous par la variété des scènes qui ont composé votre vie, et par les applications qu'elles présentent du principe des compensations.

Il est vrai, répondit M. Dalmont, que, par l'effet de ma position ou de mon inconstance, j'ai éprouvé, plus que bien d'autres personnes, les avantages et les inconvénients de la vie sociale ; n'ayant ni famille ni grande fortune, j'ai contracté un grand nombre de ces rapports passagers qui fournissent peu à l'attachement et beaucoup à l'observation. J'ai vu tour à tour les châteaux, les petites villes, Paris, les pays étrangers, les retraites de l'indigence, les maisons des grands, les cercles de province, et enfin cette maison, la seule où mon cœur exigeant ait trouvé le bonheur et des amis selon mes vœux.

Ne vous reprochez point d'être exigeant, dit M. de Murville, quand il s'agit du choix de vos amis ; je pense que si l'indulgence est nécessaire en général à l'égard des hommes avec qui l'on n'est point lié par un commerce intime, on doit se défendre autant qu'il est possible de se lier par un tel commerce avec ceux qui ne méritent point d'estime et de confiance. Je n'ai rien vu que de juste dans les motifs qui vous ont rapproché de madame d'Hercourt et de son neveu, et dans ceux qui vous éloignaient du reste de sa famille. Un des plus nobles priviléges de l'homme est de choisir, du moins par ses intentions et ses désirs, ceux avec qui il lui est le plus avantageux de passer sa vie. L'auteur de l'ouvrage sur les compensations a consacré un chapitre aux indications qu'il est bon de suivre dans ce choix important. La plus remarquable, et selon moi la plus juste, est de se livrer de préférence aux hommes bons, confiants, qui ne savent que difficilement déguiser un sentiment, une pensée, et dont les manières sont franches et simples.

J'ai trouvé, dit M. Durand, toutes les indications qui composent ce chapitre sages et utiles; je les ai recommandées à mon fils, car je pense comme vous que l'on ne saurait être trop sévère dans le choix des liaisons intimes, ni d'un autre côté porter trop de douceur et de bienveillance dans les rapports fugitifs qui se renouvellent à tout instant.

Cependant, dit Armand, lorsque l'on rencontre une personne très-désobligeante, une circonstance très-incommode?

Si l'on ne peut s'en délivrer, répondit M. Durand, il faut vivre avec elles sans amertume; il faut se persuader que dans toutes les positions on rencontre malgré soi des personnes et des circonstances semblables; il faut surtout ne pas oublier que, volontairement ou sans dessein, on a été soi-même plus d'une fois incommode ou désobligeant.

Avant de se séparer, on obtint de madame de Belval la promesse qu'elle raconterait le lendemain son histoire.

HISTOIRE DE MADAME DE BELVAL.

J'ai perdu mon père et ma mère de si bonne heure que je n'ai pu en conserver aucun souvenir. Je fus livrée, comme pupille, à un oncle dur, despote, violent, sans délicatesse et très-intéressé. Sa femme était méchante, impérieuse; je ne pouvais tomber en de plus mauvaises mains.

Je ne vous parlerai point de mon enfance; elle fut malheureuse, mais sans événements; je vais prendre mon histoire à l'époque de ma jeunesse.

Mon caractère était vif et décidé ; j'étais laide, même à quinze ans ; mais je plaisais beaucoup par ce que l'on appelait ma taille, mes grâces, mes manières ; et comme, avec ces avantages, j'annonçais du courage, de la force, beaucoup de résolution et de franchise, on me pardonnait de manquer de douceur et de beauté.

J'avais atteint l'âge de dix-huit ans, et les défauts, les absurdités, les mauvais traitements de mon oncle et de ma tante, avaient encore augmenté l'âpreté naturelle à mon caractère, lorsque mon oncle vint un jour pour la première fois me parler de mariage. — Julie, me dit-il, je vais vous établir ; il se présente pour vous un parti très-convenable ; je vous donnerai un bel état de maison ; votre tante va vous nommer l'homme qui vous épouse, et elle vous apprendra de quelle manière vous devez vous conduire à son égard.

Mon oncle sortit sans m'en dire davantage, et avec l'air d'un homme profondément certain de mon obéissance, ou peut-être voulant la rendre plus facile en ne paraissant point en douter.

Ma tante entra l'instant d'après ; elle me trouva parfaitement tranquille. — Votre oncle vient de vous parler, me dit-elle. C'est M. de Villarzel qui vous demande en mariage. — Cela peut être. — Votre oncle lui a déjà fait une promesse positive ; il demande maintenant un entretien avec vous ; je vais vous apprendre ce que vous devez lui répondre. — Vous savez donc, ma tante, ce qu'il doit me dire ? — Certainement ; ce que l'on dit en pareil cas ; il vous pressera de lui donner votre cœur, d'accepter ses vœux, ses dons, ses hommages. — Bien, ma tante ; s'il doit me parler ainsi, ma réponse est toute prête ; je n'ai pas besoin qu'elle me soit inspirée ; et d'ailleurs, une fois pour toutes, dans cette circonstance comme dans toutes les autres, je ne répondrai jamais que d'après moi et mes sentiments.

Je vis que ma tante s'irritait ; je me levai ; je la saluai froidement en lui disant qu'il était fâcheux pour elle et pour moi qu'elle ne me connût pas encore : si j'avais moins de force, ajoutai-je, les injonctions que je reçois me feraient prendre des résolutions opposées à celles que l'on désire. Mais non ; je connais mes droits, et je ne veux point les dépasser. Je ne me marierai jamais sans l'examen et l'approbation de mon cœur ; il est possible que M. de Villarzel le mérite. Je ne me laisse point prévenir contre lui par la manière dont on me le présente pour la première fois. Je sais d'ailleurs que je suis mineure et en tutelle ; tant que je serai mineure, je prendrai le consentement de mon oncle pour toutes les choses importantes ; mais soyez bien sûre que ni vous ni mon oncle n'obtiendrez jamais rien de moi que par mon libre consentement.

Après avoir parlé ainsi d'un ton très-calme, je me retirai dans mon appartement sans que ma tante, qui paraissait interdite, songeât à m'arrêter ni à me suivre.

Le soir, M. de Villarzel me fut présenté par mon oncle ; il était doux et honnête, mais froid et réservé ; il me fit les compliments d'usage avec un ton de déférence et de délicatesse qui me donna de ses mœurs une idée avantageuse ; mais en même temps la facilité et même l'urbanité de ses expressions me montrant que son cœur n'était rien moins que touché, je lui répondis : — Je ne désire, monsieur, me marier qu'avec l'homme qui, non-seulement m'inspirera beaucoup d'affection et d'estime, mais à qui j'inspirerai ces sentiments moi-même ; sans cela, le consentement que je lui donnerais serait coupable, car je n'aurais point en l'épousant l'espérance de faire son bonheur.

M. de Villarzel parut fort étonné. On m'avait peinte comme une jeune personne qui, n'ayant jamais vu le monde, serait même hors d'état d'entendre les choses flatteuses qu'on lui dirait ; et quiconque connaissait mon oncle ne devait point présumer qu'une fille élevée dans sa maison pût avoir quelques idées fortes et de l'élévation dans le caractère. M. de Villarzel, en me regardant, passa bientôt de la surprise à un embarras dont je fus bien plus touchée que je ne l'avais été de sa politesse. — Mademoiselle, me dit-il, mes espérances viennent d'acquérir tant de prix par leur objet, que je crains d'être présomptueux en les conservant encore.

Je ne répondis que par un obligeant sourire. — Allons, allons, monsieur de Villarzel, dit brusquement mon oncle, vous lui demandez son avis, je crois! traitez-la comme si elle était déjà votre femme. — Si je l'osais, répondit M. de Villarzel, ce serait pour montrer sans réserve à mademoiselle combien elle me pénètre d'attachement et d'estime. — Eh bien! c'est donc une chose faite ; le mariage est décidé, fixons le jour du contrat. — Je vous prie, monsieur, de laisser entièrement à mademoiselle le temps et la liberté de fixer ce que je dois attendre. — Eh! bon Dieu, quel singulier langage ! ce n'est pas ainsi que vous nous avez d'abord parlé; ne savez-vous donc plus que je suis le maître de son sort? — Je sais que mademoiselle est sous votre dépendance. — Vous savez ce qui n'est point, interrompis-je avec vivacité.

Ces derniers mots de M. de Villarzel, ses ménagements pour mon oncle, pour un homme si absurde et si dur, venaient de détruire en un instant l'effet de ses paroles précédentes. Je me tournai vers lui en faisant porter sur lui seul la révolte que mon oncle surtout excitait dans mon esprit; je lui dis avec fierté : Monsieur, les engagements que vous aviez pris d'avance avec mon oncle étaient très-humiliants pour moi, et je vous déclare que je ne les tiendrai pas, quoique vous paraissiez me croire sous sa dépendance.

En disant ces mots, je sortis précipitamment; j'avais besoin de respirer; je me promenai seule, j'étais très-agitée; la conduite de M. de Villarzel se présentait d'abord comme très-offensante, et bientôt sa douceur, l'expression de ses regards, ses paroles délicates et généreuses m'accusaient d'avoir manqué de modération ; je sentais que ce n'était réellement que mon oncle qui m'avait irritée; mais je me demandais aussi quel était le caractère de M. de Villarzel, qui, avant de me connaître, s'engageait à m'épouser, et qui, à l'instant où je paraissais lui inspirer de l'inclination, ménageait l'homme par qui j'étais opprimée.

J'en étais là de ma discussion solitaire, lorsque ma petite cousine Rosalie, fille de mon oncle, courut vers moi : Tenez, me dit-elle, voilà une lettre de M. de Villarzel; c'est maman qui vous l'envoie et qui vous prie d'y répondre plus honnêtement qu'à ses conversations; je reviendrai bientôt chercher la réponse.

J'ouvris cette lettre ; voici à peu près ce qu'elle contenait :
« Mademoiselle, je vous ai offensée ; j'en ai un vif regret, quoique mon offense n'ait pu être qu'involontaire. Si, avant de prononcer le mot qui vous a fait de la peine, j'étais parvenu à vous faire lire dans mon cœur, vous m'auriez pardonné les ménagements que j'ai montrés pour les personnes qui, sans pouvoir disposer de votre main, tiennent réellement votre sort sous leur dépendance. Il est naturellement dans mon caractère de n'irriter personne. Le vôtre est d'une fierté très-estimable, mais peut-être trop prononcée ; l'abus des droits que l'on a exercés sur vous paraît vous avoir mise trop fortement en garde contre tout ce qui pourrait ressembler à de la condescendance. Il y a plus de justice dans le reproche que vous me faites de vous avoir demandée en mariage avant de vous connaître ; ce tort vous paraîtrait cependant excusable, si je pouvais vous dire quel était l'état de mon cœur au moment où j'ai fait cette demande et quelle idée on m'avait donnée de vous. Il m'a suffi de vous voir un instant pour être détrompé ; je reconnais maintenant que vous possédez, seulement avec un peu d'excès, les qualités les plus heureuses. »

Cette lettre me toucha vivement par la délicatesse avec laquelle la brusquerie de mon caractère m'était reprochée. Il faut, me dis-je, que M. de Villarzel soit un homme estimable et qu'il m'estime moi-même pour me parler avec cette franchise adoucie la première fois qu'il m'écrit. Je lui répondis à l'instant à peu près en ces termes : « Vous avez jugé mon caractère ; c'est à moi à dire avec franchise ce que vous m'avez fait entendre avec beaucoup d'égards et de politesse ; je suis devenue exigeante et irritable, parce que j'ai été maltraitée ; dans mon estime j'ai mis la force au-dessus de toutes les qualités ; vous m'apprenez aujourd'hui à estimer aussi la douceur et la déférence ; je sens, monsieur, que si vous vous plaisiez à l'entreprendre, vous me rendriez capable de céder à la raison et à la sagesse. »

J'appelai ma petite cousine ; je lui donnai ma lettre, elle la porta à M. de Villarzel. Il revint le lendemain ; il demanda à ma tante la permission de causer avec moi ; dans cette conversation et dans celles qui la suivirent, il me montra son aménité, son indulgence pour les défauts d'autrui, sa sévérité pour lui-même. Nous prîmes l'un pour l'autre une affection sincère, à laquelle cependant ce que l'on appelle amour demeura étranger, mais qui depuis ce temps n'a fait que se fortifier; aujourd'hui encore elle est ce qu'elle sera toujours, parfaite et inaltérable.

Comment cela? Et quel est donc ce M. de Villarzel? dit madame de Belfort. — Vous le saurez bientôt, et vous reconnaîtrez que mon estime et mon affection ne sauraient être mieux fondées.

Je reprends mon récit. Mon oncle paraissait très-mécontent, non-seulement de moi, mais de M. de Villarzel; il trouvait fort mauvais que j'eusse été appuyée dans ce qu'il appelait mon insubordination et ma révolte; il me cherchait des torts, il en cherchait à M. de Villarzel, qui ne s'écartait jamais dans ses conversations avec lui et ma tante d'une douce et touchante dignité. Il me fut aisé de voir que, pour des raisons dignes de sa cupidité et de son orgueilleux caractère, mon oncle ne voulait plus me donner pour époux un homme disposé à me traiter avec beaucoup d'égards, et en même temps à soutenir mes droits. M. de Villarzel l'ayant prié plusieurs fois de fixer le jour et les arrangements de notre mariage, il avait éludé avec humeur et en employant des expressions désobligeantes. Ma tante se mettait toujours en tiers dans mes conversations avec M. de Villarzel, et par son aigreur elle cherchait à le rebuter, à exciter mon impatience. Je conservais, à l'exemple de M. de Villarzel, de la modération et de la douceur; mais je voyais bien que mon oncle et ma tante méditaient un nouveau projet et me préparaient bien des peines. Je ne me trompais point. Un jour que nous causions en présence de ma tante, mon oncle entra; sa physionomie peignait ce genre de satisfaction odieuse qui résulte des succès de la méchanceté et de l'avarice. Ma nièce, me dit-il, vous étiez guidée par une très-bonne étoile, ou, si vous le voulez, par une prudence très-remarquable, lorsque vous repoussiez les vœux de M. de Villarzel; je bénis votre résistance; mon devoir de tuteur est d'accepter pour vous un parti beaucoup plus avantageux qui se présente aujourd'hui. M. de Villarzel étant très-loin d'avoir le rang et la fortune du jeune homme que l'on me propose, je le prie de ne plus employer son éloquence qu'à vous disposer en faveur de la raison. Je vais m'occuper de vos plus pressants intérêts ; je vous laisse avec votre tante.

Mon oncle sortit ; j'étais indignée ; M. de Villarzel lui-même se possédait à peine ; cependant, avec une expression et un regard que je sus très-bien comprendre, il me dit : Mademoiselle, les intentions de monsieur votre oncle méritent votre reconnaissance ; mais nous avons pris maintenant l'un pour l'autre une confiance qui ne peut plus s'affaiblir.

A ces mots il se leva, prit ma main qu'il serra avec tendresse, salua froidement ma tante et se retira. A peine fut-il sorti que je me retirai moi-même dans mon appartement sans dire un mot à ma tante.

Le lendemain je reçus, comme je m'y attendais, une lettre de M. de Villarzel, lettre pleine de sentiments nobles et d'une raison touchante ; lettre moins vive, mais bien meilleure que ce que l'on appelle vulgairement une lettre d'amour. Je me hâtai de répondre. Mon « ami, lui dis-je, je suivrai votre exemple ; je suspendrai mes regrets et mes plaintes. Nous nous aimons, et ce sentiment est légitime, conservons-le dans nos cœurs avec la pureté qui nous le rend cher. Mon union avec vous sera le premier acte de ma liberté ; en attendant, je mériterai mon bonheur par ma résignation. Vous m'approuverez, mon ami : nous avons l'un et l'autre également besoin d'amour et de devoir. Soutenue par votre estime, je respecterai les lois imposées à la jeunesse. Ces lois, comme vous le dites, sont généralement utiles. Nous sommes au nombre des exceptions malheureuses ; mais nous souffrons moins de nos épreuves que nous ne jouirons d'être en paix avec la vertu. »

J'achevais cette lettre, lorsque mon oncle me fit appeler. Il s'assit, et me fit signe d'en faire autant. — Ma nièce, me dit-il, il ne faut plus d'enfantillage, ce serait aussi inutile que déplacé. Vous allez épouser un homme titré, dont la fortune est immense ; vous avez plu sans vous en douter : vous recevrez aujourd'hui la visite du comte de Belval, et vous lui ferez l'accueil que vous devez à son rang, à ses intentions, à mes engagements et à mes ordres.

Mon oncle en parlant ainsi avait pris un ton important et élevé, il semblait étaler orgueilleusement son autorité et ses espérances. Je lui répondis froidement : Mon oncle, je me retire dans mon appartement. Je ne recevrai pas M. le comte de Belval ; vous voudrez bien lui épargner une tentative inutile.

Je me levai ; mon oncle se plaça devant la porte. — Mademoiselle, me dit-il, vous ne sortirez d'ici que pour être madame de Belval ou pour vous rendre dans un couvent. — Je suis prête à partir. Vous auriez dû, mon oncle, commencer par cette proposition ; j'aurais mis à vous obéir un empressement qui aurait prévenu votre colère. — Hé bien, mademoiselle ! me dit mon oncle en mordant ses lèvres, que ce soit la même chose pour vous ; si vous n'avez pu prévenir ma colère, vous avez du moins le mérite de la dissiper : vous partirez demain.

— Demain, mon oncle.

Je passai le reste du jour à écrire à M. de Villarzel et à faire les apprêts de mon départ.

Le lendemain, je quittai les lieux où j'avais passé mon enfance ; je traversai le salon où j'avais formé de doux projets. Hélas ! je ne quittais point de parents ; j'étais orpheline, seule au monde : non-seulement mon oncle et ma tante ne se trouvèrent point sur mon passage, mais je vis des domestiques s'éloigner en me voyant. Ma femme de chambre avait seule obtenu la permission de me suivre ; ma vieille gouvernante se traîna sur mes pas en pleurant ; je l'embrassai, et alors seulement je trouvai aussi des larmes.

Une voiture m'attendait à la porte ; le cocher me remit un billet de mon oncle : « Allez, mademoiselle, tous les ordres sont donnés, *sans colère*, pour que vous arriviez en toute sûreté aux lieux qui sont honorés de *votre empressement.* » Tels étaient les adieux de mon oncle.

J'arrivai le soir au couvent. C'était un bien triste séjour, rendu plus triste encore par l'accueil sévère que je reçus et que je devais aux recommandations de mon oncle. On me laissa peu de liberté : sans ma bonne femme de chambre je n'aurais pu écrire : elle m'en fournit les moyens.

Peu de jours après, je reçus une réponse de M. de Villarzel : il me témoignait son affection et me donnait ses conseils doux et sages. « Vous allez, me disait-il, trouver autour de vous de l'aigreur, des préventions, de l'injustice ; le moyen d'en détourner l'effet, c'est d'être indulgente, de ne point reprocher à ceux qui vous entourent les qualités qui leur manquent ou les erreurs qui les aveuglent ; il n'est personne auprès de vous qui n'ait quelque valeur ; attachez-vous à la découvrir, à en tenir compte ; elle s'augmentera et tournera à votre profit. Ma chère Julie, nous sommes dans la peine ; laissez-moi vous dire cependant qu'il nous reste bien des jouissances, et que nous pouvons les étendre chaque jour. Le jeune homme qui croyait vous obtenir a réellement du crédit, une grande fortune ; il est de plus violent, impérieux. Il faut que je me défende sans faiblesse et sans imprudence du mal que votre oncle l'excite à me faire. J'ai des procès qui me causent de la fatigue et de l'inquiétude ; je suis séparé de vous... Eh bien, Julie ! il me reste encore assez de bonheur pour aimer mon sort ! Il est embelli par votre affection, votre estime et mes espérances. »

Je formai le projet d'imiter mon ami dans sa douceur, et de me conformer à ses consolants principes. Je tâchai de bien vivre avec les compagnes de ma retraite : cette entreprise fut difficile ; trop souvent l'erreur, la petitesse, l'absurdité, la méchanceté m'irritaient. « Tournez votre exigence sur vous-même, m'écrivait sans cesse mon ami ; ce n'est qu'en valant mieux que les autres que l'on peut espérer de les rendre meilleurs. »

Je gravai dans mon cœur ces sages préceptes ; je m'imposai la loi de ne me conduire que d'après les avis de M. de Villarzel, et de lui écrire chaque jour tous les efforts que j'aurais faits pour l'imiter, toutes les fautes qui m'en auraient empêchée. Je tins ce projet avec exactitude ; mon ami y concourut par ses encouragements et sa bonté. Les profits que j'en retirai furent bien grands : j'eus à la vérité le temps de les affermir; car mon oncle me laissa pendant un an dans la retraite. Au bout de ce temps il vint me voir. — Julie, me dit-il, êtes-vous toujours dans les mêmes résolutions? — Toujours, mon oncle; mais je serais bien heureuse si vous aviez la complaisance de les approuver et de me pardonner le ton que je prenais autrefois en vous les communiquant. — Vraiment, dit-il, vous êtes bien changée! — Il sortit, et me laissa seule avec ma tante. — Écoutez la raison, me dit-elle. Avez-vous donc tant d'aversion pour le mariage? — Non, ma tante: une heureuse union me paraît le premier des biens. — Le jeune homme qui vous aime, qui brûle de vous obtenir... — Il ne me connaît pas! — Il vous a vue; il vous adore! Il jouit d'une fortune immense, d'un grand crédit à la cour; il peut procurer à votre oncle de grands avantages, dont l'éclat rejaillirait sur vous. — De grâce, madame, ne me forcez pas à rappeler un refus. — Je croyais vous trouver mieux disposée : on disait que vous étiez devenue si douce! — J'espère avoir corrigé un peu la roideur de mon caractère; mais permettez-moi de vous dire que je ne voudrais pas changer les principes de ma conduite.

Mon oncle et ma tante s'en allèrent; je vis bien qu'ils désiraient plus que jamais le mariage en faveur duquel ils avaient rompu celui qui fixait tous mes vœux; ils avaient espéré que le temps et la triste prison que j'habitais me détermineraient à suivre leur volonté.

J'écrivis le lendemain à M. de Villarzel. « Mes parents sont venus, lui dis-je; je crois les avoir bien reçus : je n'ai témoigné ni aigreur ni mécontentement, mais une détermination inébranlable. Je n'ai point eu de scène; je n'en ai point fait; et cette visite si redoutée ne m'a laissé que le contentement de moi-même. O mon cher Villarzel! le bien que vous me faites doit vous prouver que je vous aime! »

Mon ami me répondait toujours avec la plus tendre affection; le sentiment qui nous unissait était plein de douceur. Nous nous écrivions chaque soir; et, toutes les semaines à peu près, nous échangions nos longues lettres. Ces moments, quoique bien courts, répandaient un charme inexprimable sur ma vie, en apparence si malheureuse; et c'était de bien bonne foi que j'écrivais à mon ami qu'après le bonheur d'être sa femme, je préférais mon sort à tous ceux que l'on pourrait m'offrir.

Je crois vous avoir dit que j'aimais l'étude. Le séjour du couvent ne fit qu'accroître mes goûts. Mon oncle, qui en fut informé, m'envoya une caisse de livres bien choisis, qu'il accompagna d'une lettre assez tendre. Ce présent me fit plaisir par sa valeur plus que par l'intention de celui qui me le faisait. Il m'était facile de présumer ce que l'on voulait obtenir de ma reconnaissance : je n'en répondis pas moins d'une manière obligeante et respectueuse. Peu de jours après une seconde lettre me fut remise. Mon oncle me sollicitait en faveur du jeune homme qui me recherchait. « Je regrette, ajoutait-il, de vous avoir traitée avec rigueur ; j'espère que vous vous rendrez aujourd'hui à mes instances. » Je me hâtai de répondre que l'honneur me prescrivait de ne jamais laisser de doute sur mes intentions lorsqu'elles étaient fixes et inébranlables ; que j'étais bien résolue à ne point épouser le jeune homme qui se proposait. Le ton de ma lettre, par sa modération, devait détruire toutes les espérances.

Quelque temps s'écoula sans que l'on répétât ces demandes importunes ; et ce qui augmenta singulièrement ma satisfaction, c'est que la supérieure du couvent vint un jour me dire qu'à la demande de mon oncle elle me permettait de me promener quelquefois avec ma femme de chambre hors de la maison. Je me hâtai de profiter de cette faveur.

Mais au moment où ma position semblait s'adoucir, je reçus de M. Villarzel une confidence cruelle et inattendue. « Ma chère Julie, me disait-il, je m'efforce en vain depuis quelques jours de vous cacher le nouveau coup qui me frappe ; mais à qui le confierai-je, si ce n'est à l'amie généreuse qui seule peut l'adoucir par ses consolations et ses conseils ?

« Vous savez, Julie, que je suis orphelin comme vous ; j'ai cru souvent reconnaître un lien de plus dans ce malheur qui nous était commun. Je me souviens un peu de mon père ; je le vois à son lit de mort, entouré d'une famille avec laquelle il était très-lié et à laquelle il me recommanda. Je fus élevé avec une bonté paternelle par cette sage et vertueuse famille ; elle était composée de deux excellents époux et de leurs deux filles : l'une d'elles avait à peu près mon âge. Un mariage très-avantageux lui fut proposé : elle y consentit ; mais quelques circonstances en ayant longtemps retardé la célébration, elle resta encore plus d'un an auprès de son père, et là elle ne voyait que moi. Elle avait peu d'esprit, peu de talents : elle ne m'inspirait point un véritable amour ; mais elle était très-jeune, sensible... Que vous dirai-je, Julie ! nous fûmes coupables, et bientôt malheureux. Vous n'imaginez pas les tourments qui déchiraient mon cœur : je ne cherchais plus que la solitude ; je m'accusais, je me haïssais ; ma jeunesse était poursuivie par le remords. Pour m'apaiser, je résolus d'expier ma faute par la sagesse de ma vie. L'infortunée qui partageait mes douleurs me demanda de m'éloigner, afin de lui donner des forces : on lui annonçait le prochain retour de celui qui devait l'épouser.

« Il me fallut trouver un prétexte de départ. Hélas ! je n'en avais point ! Mon père m'avait confié à son ami ; je devais me conduire d'après ses conseils ; je l'avais toujours fait jusqu'à ce jour. Il voulut me retenir ; je fus obligé de joindre l'apparence du caprice envers mon protecteur à l'injure cruelle et secrète dont mon cœur coupable était déchiré !... O Julie ! combien de larmes je versai ! combien ma vie errante et malheureuse fut troublée ! Moi dont l'âme était pénétrée de reconnaissance, je passais pour ingrat ! J'avais payé les bienfaits par un crime ; et, au lieu de l'avouer, d'en demander le châtiment ou le pardon, je devais le dérober par une nouvelle faute !... Moi qui aimais l'honneur avec tant de passion, je ne le sentais plus que sous les traits du remords !... Plaignez-moi, Julie ! j'ai été malheureux, et j'ai le droit d'affirmer maintenant que je ne le fus vraiment qu'à cette époque ; j'ai eu depuis des inquiétudes, des chagrins, des douleurs ; mais ces douleurs, même les plus cuisantes, étaient mêlées de consolations ; il n'est qu'une conscience troublée qui connaisse un malheur sans relâche...

« Cependant le repentir adoucit mes peines, je tins les résolutions salutaires que j'avais prises; ma vie fut honnête et sage; les plus grands sacrifices me parurent des devoirs d'expiation; ma conscience me rendit le repos.

« J'appris sans trouble le mariage de celle que j'avais entraînée. Je la croyais détachée comme moi de ses souvenirs. Hélas! j'ignorais que l'amour, en restant au fond de son âme, se joignait au repentir pour la déchirer.

« J'avais écrit souvent à son père; je lui avais témoigné tant de respect qu'il m'avait pardonné mon départ et qu'il m'avait continué sa protection et ses conseils.

« Vous savez que mon père m'avait laissé des procès; mon digne protecteur m'aidait à reprendre mes biens, et il m'avait déjà fait rentrer dans une partie de l'héritage de mon père : alors je songeai à me marier; mais je ne cherchais point d'amour; mon cœur, encore affligé, ne s'ouvrait point à ce sentiment. J'étais entré dans une carrière grave; je m'y distinguais; j'aimais mon état et ses devoirs; je voulus avoir une femme, des enfants, et remplir aussi envers eux tous les devoirs d'un homme de bien; j'entendis parler de vous; je sus que vous étiez sage et disposée par la retraite à la simplicité. Votre oncle accueillit mes propositions, et je crus que vous alliez m'accepter pour époux, comme je vous avais demandée, sans besoin d'une prédilection marquée, sans même avoir réfléchi à vos droits et à vos devoirs; je pensais que mon cœur gagnerait le vôtre quand nous serions époux, et que les jeunes personnes ignorant toute l'importance du mariage, il était assez indifférent et encore plus difficile de choisir... Vous savez, Julie, quelle fut ma surprise en trouvant en vous une raison développée, des principes solides, et toutes les dispositions qui rendaient mon bonheur certain; vous avez vu l'amour pur et sincère naître en mon cœur d'une si heureuse réunion d'avantages; vous avez vu ma douleur lorsqu'il a fallu éloigner mon espérance; mais vous voyez maintenant dans mon histoire le principe du courage que je vous ai montré... Hélas! Julie, que me reste-t-il à vous apprendre? C'est bien maintenant qu'il faudrait du courage!... O mon amie! ce doux espoir d'être à vous, qui pouvait embellir un siècle d'attente; cette certitude d'un terme à notre épreuve !... Mais écoutez-moi, Julie, et vous verrez tout mon malheur.

« Cette jeune personne dont le père fut mon tuteur et mon second père ; celle qui avait tant de droits à mes égards ; celle enfin que je croyais pouvoir oublier pour toujours, eh bien, Julie, elle est veuve. Restée libre avec une grande fortune et tous les sentiments de sa jeunesse, elle les a avoués à son père ; et c'est lui-même qui me presse aujourd'hui d'entrer dans sa famille, de faire le bonheur de sa fille et le sien.... Le bonheur, ô Julie !... Il ajoute que sa fille a été sage ; qu'elle avait fait à son époux l'aveu de sa faute ; qu'elle l'a expiée par ses larmes et sa conduite ; qu'elle doit maintenant espérer un plus doux moyen de la réparer, et que sa santé, affaiblie par le chagrin, sera sans doute rétablie par l'amour.

« ...Julie, mon amie, je ne puis rien ajouter ; je ne l'aime point ; je ne l'aimai jamais, et vous savez combien je vous aime ! »

Vous jugez, mes amis, de l'effet que produisit cette lettre ; ce fut le moment le plus cruel de ma vie et celui où mes forces remportèrent la plus noble victoire. J'écrivis à M. de Villarzel ; je le fis, comme je le ferais encore ; j'employai la raison, la douceur, la tendresse, à l'inviter au devoir ; la persuasion coulait sous ma plume ; la vertu triomphait dans mes violents combats. Je promis mon bonheur et mon repos pour prix du sacrifice ; je priai avec l'éloquence des plus vrais sentiments ; et je fus heureuse dans mon désespoir.

Je n'essaierai point de peindre ce que j'éprouvai en faisant partir cette lettre ; le sentiment qui triomphait adoucissait les autres, et ce souvenir me donne le droit de m'estimer. Un projet fut bientôt formé, c'était de vivre dans ce couvent ; me voilà orpheline et veuve, disais-je ; je dois chercher dans la religion, l'étude et la retraite, les plaisirs que le monde ne peut plus m'offrir.

Je pensais aussi que j'aimerais toujours M. de Villarzel comme un frère ; je pensais surtout que bientôt il serait heureux malgré tous ses regrets ; je connaissais la beauté de son âme, sa sagesse, le besoin qu'il avait d'être en paix avec sa conscience, sa résignation et ses forces.

Dans l'état de mon cœur je devais attacher un grand prix à la permission que l'on m'avait donnée de me promener hors des murs du couvent. Cette maison était solitaire au milieu d'une campagne qui semblait abandonnée; les premiers jours je ne sortis qu'accompagnée de ma femme de chambre; n'ayant rencontré que quelques paysans, je pris bientôt de la sécurité; et quoique ma femme de chambre me fût très-attachée, je sentais qu'en me promenant seule je goûterais encore plus de plaisir, parce que j'aurais plus de liberté.

Mes premiers essais me confirmèrent dans mon attente; accompagnée seulement d'un livre et de l'image de mon ami, je parcourus, sans être troublée, les environs de ma retraite. Un jour je m'étais un peu éloignée sans perdre de vue néanmoins les murs du couvent; je m'étais assise auprès d'un ruisseau qui bordait un sentier solitaire; deux hommes se montrent, s'élancent sur moi, et me portent, malgré mes cris, dans une voiture fortement gardée; un de ces hommes s'y enferme avec moi. Encore plus irritée qu'effrayée, je dis à mon ravisseur : Que prétendez-vous faire, monsieur? regardez-moi; vous vous êtes sûrement mépris en enlevant une femme qui n'a point de beauté et qui vous est inconnue. — Il n'y a pas de méprise, aimable Julie, me répond-il d'un ton passionné; vous êtes adorable à mes yeux, et depuis longtemps vous m'êtes trop connue pour mon repos. Je suis le comte de Belval; c'est moi qui vous ai demandée en mariage; c'est moi que vous avez refusé et désolé. Ces refus ont exalté mes sentiments; la passion m'enflamme; j'ai juré d'être votre époux; j'ai la parole de votre oncle; c'est à ma demande que vous a été accordée la permission de vous promener hors des murs de votre couvent. J'ai attendu depuis bien des jours l'heureuse occasion qui s'est enfin présentée; épargnez-moi la violence; pardonnez-moi un moyen désespéré; cachons-le sous l'apparence d'un accord mutuel.

Ce discours ajouta la surprise à l'indignation; je parlai à mon audacieux adorateur avec une force imposante. — Tout est inutile, me dit-il, vous serez ma femme; je me porterai à tous les excès pour vous obtenir. — Ces mots me firent trembler; j'étais donc au pouvoir d'un monstre; je voulus l'attendrir par la douceur, le ramener par la raison; je lui annonçai que j'avais donné mon cœur, qu'il n'aurait en moi qu'une femme infidèle par toutes ses pensées; je lui parlai des malheurs qu'il se préparait; je le menaçai de mon désespoir; ce fut en vain : je m'efforçai de me soustraire à mon sort; je voulus ouvrir la portière; j'appelai du secours. M. de Belval ne daigna seulement pas s'y opposer, et il m'apprit cruellement par sa tranquillité à reconnaître ma faiblesse. J'invoquai de nouveau le sentiment de l'honneur; je lui en parlai le langage; il le traita comme il avait traité mes efforts.

Nous arrivâmes. — Épargnez-vous une peine inutile, me dit-il, rien ne changera mes résolutions, et rien ne vous ferait obtenir du secours dans un lieu où tout m'est dévoué.

La voiture avait traversé la cour d'un château magnifique; je ne vis personne; nous descendîmes sous une voûte assez éloignée de la porte principale, et l'homme qui me conduisait me fit entrer dans un appartement spacieux, où nous fûmes entièrement seuls. — Julie, me dit-il alors en se jetant à mes pieds, je vous aime, écoutez ma proposition, ou plutôt ma détermination invariable; je vous posséderai, j'y suis résolu. Voulez-vous que ce soit comme époux? vous ferez mon bonheur; et en m'épargnant un crime, vous me fournirez les moyens de réparer ceux que je viens de commettre. Si vous me refusez! vous m'entendez; je suis le seul maître de ces lieux; un amour furieux, irrité par vos refus...
— Eh! donnez-moi du temps! m'écriai-je avec l'accent du désespoir. — Non, non, il faut me promettre de m'épouser demain dans la chapelle de ce château en présence de vos parents qui exigent ce mariage et de plusieurs amis; si vous n'y consentez point, craignez tout de ma passion. — L'indignation fut alors le seul accent de mon cœur; j'accablai celui qui me menaçait; toutes les forces de l'innocence se réunissaient pour me soutenir. — Hé bien, conservez l'honneur, me dit-il, conservez-le; et prenez-moi pour époux, n'espérez pas me faire renoncer à un trésor dont vous me montrez si bien le prix.

En disant ces mots, l'égarement d'une passion effrénée

était dans ses traits : un mouvement involontaire me fit chercher à m'enfuir; en me débattant avec violence je heurtai rudement de la tête contre une porte : Grand Dieu! m'écriai-je, me protégez-vous? Allez-vous envoyer la mort à mon secours?

Le désespoir de celui que j'appelais mon assassin fut au comble; il courut appeler une femme. — Secourez-la, sauvez-la, vous me répondez de sa vie. — Je n'ai besoin de rien, dis-je avec fierté.

La femme se retira, et le comte de Belval me demanda si un peu de repos ne me serait pas nécessaire. L'inquiétude en ce moment se peignait encore dans ses traits bien plus que la violence. — Oui, monsieur, lui répondis-je, le repos m'est nécessaire. — Hé bien, Julie, promettez-moi de ne pas attenter à vos jours. — S'ils n'appartenaient pas à Dieu, vos prières seraient inutiles. — Je vous laisse donc, Julie; reposez-vous, recueillez toutes vos réflexions; j'ose espérer que votre honneur même secondera mes vœux. Il sortit.

Je regardai tout ce qui m'entourait; aucune issue n'était ménagée, aucun moyen possible; je ne pouvais pas non plus m'enfermer dans cette chambre; je me jetai à genoux; je laissai passer bien du temps avant de pouvoir réfléchir sur mon sort : mon âme était dans une agitation terrible... Heureusement l'image de mon ami calma l'orage; je crus le voir, je crus l'entendre me dire : Je suis perdu pour vous; c'est de vous-même que j'ai reçu l'ordre de me sacrifier au devoir : imitez et accomplissez mon sacrifice.

Je passai la nuit à repousser et à accueillir alternativement cette pensée; je touchai à peine aux aliments qui me furent apportés; le jour parut; ce jour devait consommer mon malheur; je ne voyais plus de moyens de l'éviter; le déshonneur pouvait l'augmenter encore... Les amis du comte, mes parents..., tous ceux qui m'entouraient avaient formé un complot; la violence allait être employée; j'étais aimée de M. de Belval, j'étais perdue pour M. de Villarzel; des scènes affreuses pouvaient résulter de ma résistance; l'honneur pouvait m'être sauvé par mon consentement.

Le comte entra. — Julie, dit-il, le jour est venu, et mes amis sont rassemblés; vos parents vont venir; doivent-ils vous conduire à l'autel? — Puisqu'il faut, répondis-je, que j'ordonne moi-même mon supplice, que mes parents viennent. La porte s'ouvre; je vois mon oncle et ma tante; je baisse mon voile; ils osent à peine me regarder. M. de Belval me prie, avec les manières de la déférence, de le suivre à la chapelle. Je m'approche de lui : Vous savez mes secrets, lui dis-je; vous savez que mon cœur s'était donné. — Je sais ce que je dois attendre de vos vertus. — Je demande de pouvoir écrire le récit de toutes mes peines; c'est la seule prière que je vous adresse. — Je remets tout à votre volonté, Julie.

Nous nous rendîmes à la chapelle; je prononçai l'engagement sacré; et, en offrant à Dieu ce cruel sacrifice, je l'agrandis par la résolution de le respecter. M. de Belval paraissait hors de lui-même. — Julie, me dit-il, oserai-je vous supplier de m'écouter un instant? J'y consentis, et nous passâmes dans son cabinet. — O vous! sur qui j'ai usurpé le plus doux des titres, vous dont j'ai déchiré le cœur, me pardonnerez-vous jamais?... Ce calme imposant n'est-il qu'un désespoir concentré? Protestez-vous intérieurement contre un engagement forcé? — Non, monsieur, je suis soumise à mon sort; le devoir commandera le respect au défaut de l'estime; la vertu me tiendra lieu de bonheur, et ces reproches seront les derniers. Mais obtiendrai-je ce que je vous ai demandé? Pourrai-je écrire à M. de Villarzel? Cette lettre, que vous lirez comme toutes celles que j'écrirai jamais, vous assurera ma reconnaissance. — Écrivez, Julie, dit le comte, et ne me parlez pas de reconnaissance. O mon Dieu! à quoi les passions peuvent-elles conduire!... Il sortit en cachant son visage; il paraissait pénétré...

Je me jetai à genoux : je recueillis toutes mes forces; j'apaisai mon âme, et j'écrivis à M. de Villarzel tout ce qui m'était arrivé. « O mon ami! lui disais-je en terminant cette lettre cruelle, dites-moi que vous m'approuvez; dites-moi que vous aimez mon sacrifice, si vous voulez m'accorder le seul bonheur que j'envie. Le devoir et la conscience vont m'entourer des liens les plus puissants. Aimons-nous dans la vertu qui nous sépare;

aimons-nous assez pour rendre nos souvenirs purs et sévères, comme le furent nos pensées et nos espérances... Adieu, mon ami ; adieu , estimable objet de mes affections innocentes !... »

En écrivant ces derniers mots mon cœur fut saisi d'une si vive peine que mes yeux se troublèrent ; je ne pus continuer, je fus sur le point de perdre connaissance. En revenant à moi je vis le comte qui me prodiguait des soins. Mon premier mouvement fut de le repousser ; j'avais tout oublié ; je trouvai la force de me lever avec effroi. Mais la lettre que je venais d'écrire frappa mes regards ; je retombai sur ma chaise en joignant mes mains. Grand Dieu ! m'écriai-je, pardonnez-moi ; je ne me rappelais plus qu'il est mon époux, je ne l'oublierai plus. Je tendis la main pour prendre une liqueur calmante que M. de Belval me présentait ; et cet effort de résignation fut récompensé ; mon cœur puisa de la tranquillité dans l'approbation de ma conscience. — Monsieur le comte, lui dis-je, lisez cette lettre ; elle vous fera connaître l'état de mon cœur.

Il lut ; ses larmes coulèrent. — Julie, me dit-il en me la rendant, ne me demandez pas ce que je pense de vous et de celui que vous avez aimé ; mon admiration est-elle digne de s'adresser à un ange ? — Vous consentez à faire partir cette lettre ? — Toutes celles que vous écrirez.

Je tombai malade le soir même ; je le fus assez longtemps, et quelquefois il semblait que l'on dût craindre pour ma vie. Mes parents, qui étaient restés au château, unirent leurs soins à ceux que le comte cherchait à me rendre, mais que sa douleur troublait souvent, car elle était violente comme son caractère. Le principal emploi de mon courage était de le calmer, de le réconcilier avec lui-même, de lui répéter que le titre d'époux m'ordonnait d'oublier ses torts. — Oui, tu pardonnes, mais tu meurs. — Non, non, vos larmes sont exagérées. — Quoi ! tu veux que j'espère, et tu es si malheureuse ! — Je tâcherai de retrouver le bonheur. — O Julie ! ne pourrai-je donc le retrouver aussi ?

Ce mot me toucha. — Si votre cœur s'ouvre à la vertu ; si vos égarements sont à leur terme ! — Eh bien ! Julie, nos cœurs se rencontreront-ils ? — Je vous en donne l'assurance.

M. de Belval se jeta à genoux, prit ma main, la couvrit de baisers et de larmes; je sentis que l'espoir de l'aimer naissait dans mon cœur. — Écoutez, lui dis-je, s'il me vient une réponse de M. de Villarzel, ne craignez pas de me la montrer. — Hé bien! je l'ai reçue; la voilà. (Elle était cachetée.) — Pourquoi ne l'avez-vous pas lue? lui demandai-je. Croyez-vous que je veuille me soustraire à vos droits? Le comte me regarda fixement; mon caractère semblait l'étonner. Je lui dis avec plus de douceur : Dès le premier instant je me suis soumise à la censure de mon époux, afin de m'armer contre toute faiblesse; quand on veut être sage et que l'on n'a point encore d'amour, il faut resserrer fortement la chaîne de ses devoirs.

M. de Belval, ému par mes paroles, le fut également par la lecture de la lettre de M. de Villarzel; il me la remit. — Mon devoir, me dit-il en me serrant la main, est de vous laisser libre pendant que vous lirez cette lettre. — Il sortit. Je fus touchée de voir à la fois dans son cœur de la confiance et de la jalousie.

« O Julie! me disait M. de Villarzel, vous voulez mon approbation! ne vous suffit-il pas de la vôtre? Eh quoi! il faut dire : Je renonce à toi, au bonheur, à l'amour! je ne garde plus que la vertu sur la terre... Qu'ai-je dit? Je m'égare : ne suis-je pas heureux que le malheur facilite mes devoirs? O Julie! pardonnez-moi! Je relis votre lettre; je me soumets; j'approuve les sacrifices dont mon sort se compose : aimez le vôtre, mon amie; respectez votre époux. Ne cherchons pas lequel de nous est le plus à plaindre; n'affaiblissons point notre courage; que désormais nos affections ne s'unissent que pour s'adresser ensemble à la vertu et à ses récompenses éternelles. »

Je retrouvai le soulagement des larmes; je le dus à mon ami : elles ne m'en firent que plus de bien; elles favorisèrent ma guérison, qui bientôt fut rapide. Le comte témoigna sa joie avec une vivacité égale à la douleur qu'il avait montrée. Mes parents nous quittèrent; mes adieux ne furent point ceux de la tendresse et de l'estime; mais, de ma part, ils furent faits avec douceur.

Lorsque je fus entièrement rétablie, mon mari me conduisit vers une partie de ses jardins qu'il m'avait consacrée : j'y trouvai tout ce que le luxe, le goût, les arts et la nature peuvent réunir. Des monuments, élevés en mon honneur, y étaient multipliés; et une colline artificielle, dédiée aux muses et décorée de leurs statues, offrait à son sommet le temple de l'Étude; au delà du jardin, un vallon bien coupé, arrosé par une rivière charmante, était consacré à la Bienfaisance; des chaumières, habitées par des familles heureuses, montraient les plus doux effets de son culte. Une cabane plus élevée que les autres attirait mes regards. M. de Belval me proposa de m'y conduire : j'y consentis. Nous entrâmes d'abord dans un vestibule entouré de siéges propres et simples. — Reposons-nous ici un moment, dit M. de Belval... A peine fûmes-nous assis que les habitants du hameau vinrent me reconnaître pour maîtresse; un joli enfant m'offrit un bouquet : il n'était formé que de fleurs des champs. — Venez maintenant, me dit M. de Belval... Une porte s'ouvrit; nous entrâmes dans une sorte de temple champêtre : je vis, sous mes traits, la statue de la Bienfaisance; ses mains versaient des présents; de jeunes filles la paraient de guirlandes.

Julie, me dit le comte, vous êtes la divinité du lieu. Pendant votre maladie, pour me rendre le ciel favorable, j'ai répandu le bonheur dans ce vallon. C'est vous, Julie, c'est réellement vous qui versiez mes bienfaits; c'est ce que j'ai voulu apprendre à ceux qui s'empressaient de me témoigner leur reconnaissance. Je leur ai dit que des fleurs suffiraient pour payer votre cœur.

Je regardai le comte avec une expression d'étonnement. — Je vous entends, me dit-il; vous avez peine à comprendre comment un monstre de violence peut être délicat et tendre : voulez-vous que je vous l'explique? voulez-vous apprendre mon histoire? Vous saurez combien de contrastes la nature peut réunir, ou plutôt vous verrez ce que les dons brillants, l'excès du bonheur et des avantages peuvent causer de malheurs et entraîner de fautes.

Je montrai la plus vive curiosité pour ce récit. Ce fut en

revenant doucement vers notre demeure que M. de Belval le fit de la manière suivante :

Je suis fils du marquis de Solages, l'un de ces hommes respectables qui, de temps à autre, sont envoyés par le ciel pour servir de modèles à tous les hommes. Ma mère, bien digne par ses vertus d'être la femme de mon père, est de la famille de Belval. Mon aïeul maternel, en la donnant à mon père, mit pour condition que son premier enfant mâle serait élevé près de lui, hériterait de son nom et de son immense fortune. Mon père y consentit, quoique à regret. Je passai ainsi dès mes premiers ans dans la maison de mon aïeul ; j'y fus traité avec une extrême tendresse et entouré d'opulence. Mon caractère, naturellement violent, s'affermit par mon éducation dans ses dispositions impétueuses. Mon aïeul, affaibli par l'âge, donnait à toutes les personnes qui m'environnaient l'exemple de la soumission à tous mes désirs.

Vers l'âge de seize ans, mon aïeul me fit voyager. Il me confia à un gouverneur intéressé, corrompu et hypocrite, qui avait eu l'art de se montrer à ses yeux paré de toutes les vertus. Cet homme méprisable profita de mes défauts, et les changea en vices pour assurer sa fortune. Souvent, malgré ma jeunesse, je rougissais pour lui de sa lâcheté et de ses conseils ; mais, avec une adresse perfide, il se servait toujours de mes passions pour m'imposer silence. Constamment environné de séductions, mon cours de voyage fut un cours de désordre.

A mon retour je portai la désolation dans le cœur de mon aïeul. J'aliénai également l'affection de mon père et de ma mère. Quelquefois leurs exemples et leurs leçons commençaient à me ramener : j'avais honte de ma conduite ; je sentais confusément qu'il devait être dans la pratique de l'honneur et de la vertu un bonheur préférable aux plaisirs de la légèreté et du vice. Ces mouvements n'avaient ni force ni durée ; mes habitudes déréglées continuaient de m'entraîner.

Mon aïeul mourut ; j'héritai de son opulence. Je me livrai alors à mes passions avec encore plus d'extravagance. Je me jetai sans mesure dans l'étourdissement ; et bientôt, fatigué de tous les plaisirs qui ne coûtaient que de l'argent, je tournai mon ardeur vers les conquêtes difficiles ; je devins avide de résistances et d'efforts.

C'est alors, Julie, que j'entendis parler de vous comme d'une jeune personne innocente et sauvage. Je connaissais votre oncle ; je savais qu'il n'était rien que l'on ne pût obtenir de lui en flattant sa vanité et son avarice : je formai, avant même de vous connaître, les projets les plus coupables. Mais un jour, ayant engagé votre oncle à vous mener au spectacle, et, m'étant placé derrière vous dans une loge où il m'avait promis de vous conduire, je vous vis, j'écoutai vos réflexions, je suivis les mouvements de votre âme. M. de Villarzel était près de vous ; son esprit et sa tendresse vous fournissaient l'occasion de dire les choses les plus intéressantes : en ce moment une passion irrésistible s'éleva dans mon cœur. Accoutumé à ne respecter aucun lien, je ne fus qu'excité, et non retenu par l'affection que M. de Villarzel paraissait vous avoir inspirée ; mais tout en me livrant sans remords à des intentions criminelles, je sentis en même temps que j'éprouvais pour la première fois un amour véritable, et qu'il serait heureux pour moi de parvenir, à quelque prix que ce fût, à passer avec vous le reste de mes jours.

Dès le lendemain je confiai mes désirs à votre oncle. Je le trouvai mécontent de vous et de M. de Villarzel : je saisis cette circonstance ; sa parole me fut aisément engagée. Votre résistance étant facile à prévoir, je lui fis promettre de vous traiter avec rigueur, et surtout de vous séparer de M. de Villarzel, en vous exilant dans une maison religieuse. Vous voyez, Julie, la part que j'ai eue à vos peines. J'espérais vous amener bientôt par lassitude à couronner mes vœux ; mais, informé par votre oncle du peu de succès de mes espérances, et vos refus mêmes soutenant sans cesse l'ardeur de ma passion, je vous fis tendre le piége dans lequel vous avez donné sans défiance.

Le reste de mon histoire n'est maintenant que trop présent à votre pensée : ô Julie ! mes sentiments d'amour et d'estime pour le trésor que je possède feront-ils pardonner les moyens coupables et barbares que j'ai employés pour l'acquérir ? — N'y pensons plus, dis-je à M. de Belval ; mais permettez-moi une question. Vos parents sont-ils toujours irrités contre vous? — Toujours; car ils sont aussi respectables, aussi vertueux que je suis... — N'achevez pas! Ils sont ce que vous pouvez devenir. — O Julie! vous êtes digne d'opérer ce doux miracle; daignez-vous le désirer? — Oui, je le désire; et si vous le désirez avec moi, je l'espère.

M. de Belval me satisfit alors par le ton animé avec lequel il prit les résolutions les plus salutaires.

Je lui demandai ensuite des détails sur sa famille. Tous ceux qu'il me donna me pénétrèrent d'une profonde estime pour son père et pour sa mère. Je le pressai de ne rien négliger pour rentrer dans leur affection; j'offris de m'employer à cette réconciliation, dont l'effet devait retomber sur moi en affermissant dans la route de la sagesse celui dont je désirais le bonheur.

Je leur écrivis; mon style fut celui de l'affection et de la franchise. Je les apaisai en faveur de leur fils. Ils me répondirent, me nommèrent leur fille, me témoignèrent une flatteuse estime, et me dirent avec dignité et tendresse qu'ils fondaient sur moi seule l'espoir de retrouver le fils qu'ils avaient perdu.

Vous ne vous étonnerez point, mes amis, si le désir de mériter des sentiments si honorables soutint fortement mon courage. Je ne songeai qu'à remplir mes devoirs; j'employai tous mes soins pour répondre aux vœux de M. et de madame de Solages : mais hélas! au bout de peu de temps M. de Belval revint à ses habitudes et à son caractère; quelquefois, entraîné par mes efforts, il prenait des résolutions ardentes; son repentir était extrême; bientôt il retombait dans de honteux excès; tous les emportements, toutes les exagérations du bien et du mal se partageaient son âme. Tantôt jaloux, furieux, plein de défiance et de colère, il provoquait mes innocents souvenirs pour les interdire à mon cœur; tantôt plein de douceur, d'amour, d'indulgence, il me parlait de M. de Villarzel, de ses vertus, du désir de l'égaler.

Je passai un an dans ces alternatives de profonds chagrins et de faibles espérances. A ce terme je reçus une lettre affligeante de M. de Villarzel. Il m'apprenait que sa femme venait de mourir ; il peignait cet événement avec tristesse, et il épargnait les réflexions. Je vis les raisons touchantes de son silence ; je sondai mon cœur, et je vis avec joie qu'il n'appartenait plus qu'à la sagesse ; je ne murmurai point contre l'obstacle qui me séparait de mon ami ; je lui écrivis ; je mis dans ma lettre tout le sentiment de mes devoirs et la paix de ma conscience ; je pressai M. de Villarzel de chercher de nouveau une compagne vertueuse qui pût faire son bonheur.

Peu de temps après, M. de Belval fut contraint par ses affaires d'aller à Paris. Il m'y conduisit, et il voulut me faire briller dans le monde. Je vis alors qu'il était loin d'être né pour la retraite, et qu'un hôtel somptueux, des équipages magnifiques, des assemblées nombreuses, des spectacles, des plaisirs bruyants, lui convenaient bien mieux que les douceurs de la vie de campagne. Je fis un grand effort pour me soumettre à ses goûts ; car rien n'était plus opposé aux miens. Je cachai ma contrainte ; je me répandis dans le monde ; je suivis toutes les volontés de mon époux, avec cette soumission qui était le résultat des forces de mon âme ; je l'avoue même, je jouissais d'être contrariée, d'exercer des vertus difficiles ; les encouragements que je recevais de M. et de madame de Solages, joints à ceux de ma conscience, étaient la compensation de mes sacrifices. J'avais encore d'autres plaisirs ; souvent j'empêchais des fautes par mes conseils et mes exemples ; j'imposais le respect au milieu de la licence : il m'était doux de voir qu'il me suffisait quelquefois de paraître pour commander la réserve et les égards. Julie, me disait mon mari, vous êtes la divinité de la sagesse ; restez aux lieux où vous pouvez faire des miracles ; c'est ici, plutôt qu'au château de Belval, que l'on a besoin de vous.

Hélas ! je ne pus cependant faire le miracle le plus cher à mes vœux ; mon mari continua d'être le jouet de ses passions ; le séjour de Paris ne fit que rendre plus rares et plus faibles ses résolutions vertueuses.

A l'instant où sa conduite me donnait le plus d'inquiétude, il reçut une commission qui le transporta de joie. Il fut du nombre des jeunes Français qui allèrent seconder la révolution d'Amérique. Cette expédition, à laquelle s'attachaient les idées les plus brillantes, exaltait toutes les têtes vives ; M. de Belval brûlait de partir ; et cependant il regrettait de me quitter ; il ne savait quel parti prendre. — Si vous ne deviez pas, me dit-il, vous déplaire au château de Solages! — Moi, répondis-je, me déplaire dans le séjour de la sagesse et de la vertu ! Ah ! que ne pouvez-vous obtenir que j'y sois reçue!

M. de Belval écrivit à son père, et mon vœu fut rempli ; on m'appela avec une bonté touchante ; on me dit que l'on me connaissait d'avance. Mon mari avait demandé la permission de m'accompagner : elle lui fut accordée avec un empressement dont on voulut bien me faire honneur ; il me fut bien doux d'être le gage de cette réunion. Nous partîmes après avoir pris congé de nos connaissances trop nombreuses ; nous traversâmes une grande partie de la France, et nous arrivâmes au château de Solages : moi pour y rester longtemps peut-être, mon mari pour en repartir presque à l'instant. — Écoutez-moi, mes amis, je vais tâcher de décrire dignement ce dont mon âme sera toujours remplie.

Le château de Solages était simple, grand, parfaitement d'accord avec le caractère et les mœurs des personnes qui l'habitaient. Les bâtiments étaient nobles et sans ornements inutiles, les jardins vastes et réguliers ; l'ensemble avait un aspect majestueux et austère qui semblait annoncer le maître.

Cependant, quels que fussent les sentiments de respect inspirés par ces lieux, M. de Solages en faisait éprouver de bien supérieurs. Jamais peut-être il n'exista d'homme plus digne du titre de chef de famille ; jamais l'autorité ne fut exercée avec plus de dignité et de zèle. M. de Solages était un homme de cinquante ans ; sa taille était élevée, sa figure belle et imposante ; sa physionomie exprimait le calme de la force et de la vertu ; jamais elle n'exprima ni colère, ni crainte, ni faiblesse.

M. de Solages commandait à une grande famille et à de nombreux vassaux ; il ne quittait point ses terres ; il ne remettait à personne le soin d'y faire régner l'ordre et la justice. On ignorait si l'exercice de ses nombreux devoirs était favorisé par ses goûts, ou s'il avait vaincu ses goûts pour se soumettre à ses devoirs; on ne pouvait le croire avide d'une autorité absolue, car il respectait les lois; on ne pouvait le croire sévère par dureté, car il se plaisait à récompenser bien plus qu'à punir : c'était l'image de l'équité, de la raison, de la justice. Il n'était pas ce que l'on appelle aimable; il n'exprimait pas des sentiments légers avec facilité et délicatesse; ce n'était point l'homme de société; il rassemblait cependant chez lui une société intéressante; ses enfants, ses voisins la formaient; il aimait à les voir se réunir; il les invitait à la gaieté pure, à l'innocent plaisir; il restait auprès d'eux quelquefois; mais il ne se mêlait pas à leurs récréations; après avoir présidé quelques instants l'heureuse assemblée, il chargeait sa femme d'y conserver l'ordre et la décence; il allait ensuite porter ailleurs sa présence et ses soins.

On se formerait une idée bien fausse du château de Solages, si l'on croyait que le bonheur y était étranger. A la vérité, les plaisirs y étaient graves, et les fêtes y étaient simples et décentes; mais on n'était affranchi d'aucun lien; tous les sentiments nobles étaient exercés, non par bienséance, mais par inclination et par sagesse. On prolongeait dans ce lieu la censure salutaire que nous exerçons maintenant sur l'enfance; mais on ne l'exerçait que sur des choses importantes; on était sévère pour les mœurs, comme on l'est dans la société pour les lois de l'usage et de la politesse.

Madame de Solages était une femme de beaucoup d'esprit. Uniquement occupée de ses devoirs et pénétrée de leur dignité, elle savait que le premier, celui qui réglait tous les autres, était de voir dans son époux le maître de ses actions, l'arbitre de ses pensées et l'objet de ses sentiments; mais son caractère avait reçu de la nature beaucoup de penchant à l'entêtement et à la roideur; elle avait quelquefois de grands efforts à faire pour le réprimer; elle donnait cependant à tout le monde le premier exemple de l'obéissance; et lorsque ses défauts l'emportaient, lorsque dans certains moments bien rares elle osait contredire des ordres sacrés, sa peine et son repentir étaient encore un excellent exemple.

Permettez-moi, mes amis, de vous faire le tableau de mon entrée au château de Solages, lorsque je fus présentée par mon mari à ses vertueux parents. Nous fûmes introduits dans un grand salon où toute la famille était rassemblée. Mon respectable beau-père était assis auprès de sa femme et au milieu de ses enfants. Lorsque nous entrâmes tout le monde se leva, excepté M. de Solages, à qui mon mari me conduisit et qui me serra dans ses bras. Il reçut ensuite les témoignages de respect de mon mari avec dignité et en silence. Ma belle-mère vint à moi, m'embrassa tendrement : Aimez-la bien, lui dit M. de Solages en me regardant ; elle est digne de votre affection. Mes belles-sœurs s'approchèrent avec une douce et timide franchise ; leurs maris me firent à leur tour un accueil plein d'estime et de bienveillance, mais sans galanterie ni fadeur. J'étais émue de respect et de plaisir. M. de Solages me fit asseoir entre lui et sa femme, me combla de témoignages d'affection, et me parla de ma conduite et de mon caractère du ton le plus honorable. Oh ! que de consolations en ce moment furent données à mes peines ! — Ma fille, ajouta M. de Solages, j'aurais voulu vous donner une preuve éclatante de mon respect pour vos vertus ; j'aurais voulu aller au-devant de vous avec ma femme et vous recevoir avec les égards que vous méritez : mais je n'ai pu suivre ce désir ; votre mari venait avec vous, et il ne partage point vos titres.

Cette leçon, qui fut suivie autour de nous d'un profond silence, me parut terrible. Je vis qu'elle était vivement sentie par mon mari ; je me hâtai de l'adoucir. — O mon père ! m'écriai-je en tombant à genoux, que votre grande âme pardonne... — Ma fille, me dit M. de Solages en me relevant, êtes-vous heureuse ? En prononçant ces mots sa voix sévère m'interdisait jusques au mensonge de l'indulgence. — Je le serai, mon père ! — Eh bien, alors je pardonnerai.

Quel ascendant ! quelle puissance ! Nous semblions tous glacés par la crainte, et mon mari paraissait de plus tourmenté par la honte et le remords.

— Ma fille, me dit M. de Solages, replacez-vous auprès de votre mère ; elle vous donnera les récompenses de son affection et de son estime ; et ses vertus rendent de telles récompenses bien précieuses.

A ces mots il se leva, m'embrassa de nouveau et sortit, nous laissant tous pénétrés de cette admiration et de cet amour qui composent les sentiments célestes.

Après quelques moments donnés encore à l'émotion profonde, madame de Solages, me prenant les mains avec tendresse, me dit : Ne serez-vous pas bien aise, ma chère fille, de connaître vos sœurs? Ma chère Émilie, dit-elle à sa fille aînée, venez embrasser notre aimable Julie. Vous êtes dignes l'une de l'autre ; vous vous aimerez bientôt, et si mon témoignage suffit, vous vous estimerez dès aujourd'hui. Le mari d'Émilie s'approcha ; il ajouta un tendre éloge à celui de sa mère. — Voilà ma seconde fille, dit madame de Solages en me présentant une jeune femme douce et timide ; comme son mari n'est point là, je parlerai pour lui et pour moi en vous disant qu'il n'est pas de femme meilleure et plus sage. — Il n'en est pas de plus heureuse et de plus reconnaissante, dit celle-ci en rougissant. — Voilà la femme de mon second fils ; si vous aimez les caractères très-vifs, mais très-bons et très-francs, vous aimerez notre chère Juliette. — Où est ma petite Sidonie, la femme du dernier de mes fils? — Me voilà, me voilà, s'écria une très-jeune femme qui accourut d'un air empressé, et qui, avec des manières pleines de grâce, me demanda mon amitié.

Vivement touchée d'un accueil si aimable et si tendre, je le témoignai au gré de mon cœur. Ma belle-mère me proposa de venir causer avec elle dans un des bosquets du jardin ; j'y consentis avec empressement.

Ma chère fille, me dit-elle lorsque nous fûmes seules, vous venez de faire connaissance avec votre famille ; il faut que je vous instruise maintenant de la vie que nous menons : elle est heureuse ; car nous nous intéressons tous aux choses les plus dignes d'intérêt. Mon mari fait le lien général de nos cœurs en exerçant sur nous l'empire de la force et de la sagesse ; nous connaissons ses lois et nous les aimons. Je suis chargée par sa confiance de veiller sur le maintien des principes qu'il a établis; je suis pour ainsi dire le premier ministre de son gouvernement respectable. Le soir, lorsque je termine avec lui ma journée, je lui rends compte de ce que j'ai recueilli. Lorsqu'une de nos filles a mérité les reproches de son époux, lorsque surtout elle ne les a point supportés avec douceur et déférence, le mien m'ordonne de lui rappeler ses devoirs avec tendresse. Mais lorsqu'une d'entre elles a été grondée par son mari avec injustice, lorsqu'elle a eu de l'humeur à supporter, je l'exhorte avec douceur à nous donner un exemple de modération et de courage, à ne voir dans la rigueur dont elle gémit qu'un balancement de l'indulgence qu'elle a souvent éprouvée. Cependant je le dis à mon mari, qui parle en secret à son fils, qui lui recommande d'être toujours bon et juste, et qui le conseille encore plus puissamment par son admirable exemple.

Nous avons six enfants, ajouta ma belle-mère; ils sont tous mariés, ce qui nous donne autant de filles que de fils; car nous avons confondu les étrangers dans notre tendresse.

J'embrassai cette mère excellente, je l'assurai que ma reconnaissance répondait à la bonté d'une si heureuse adoption. Je lui demandai ensuite comment elle avait pu marier deux de ses filles sans les quitter, et fixer également chez elle deux de ses belles-filles.

Je ne suis pas étonnée, répondit-elle, qu'un si grand et si rare bonheur excite votre surprise. Je ne puis vous l'expliquer sans rappeler des souvenirs pénibles. Hélas, ma chère Julie! deux de nos enfants sont séparés de nous; vous ne connaissez que trop les chagrins que l'un des deux nous a donnés; le second nous a rendus aussi bien malheureux : c'est ce qui nous a engagés à ne rien épargner pour retenir auprès de nous les quatre autres. Écoutez, Julie, je vais confier à votre cœur indulgent les cruels motifs qui se sont unis à notre tendresse.

Lorsque j'épousai M. de Solages, il était jeune, et ne jouissait que d'une médiocre fortune; la mienne était considérable. Mon grand-père voulut la doubler en me donnant la moitié de la sienne; mais par une disposition particulière, il réserva l'autre moitié de sa fortune à mon premier enfant, à condition qu'il l'élèverait. Comme mon grand-père était un homme très-estimable, mon mari fit le sacrifice qu'il exigeait; il signa des conditions auxquelles étaient attachées la main d'une femme qu'il aimait et la fortune de son premier enfant. Ce premier enfant est votre époux : il fut remis à son aïeul; je souffris bien d'en être privée, et fus bien heureuse de redevenir mère d'un second enfant. Ce fut une fille, que nous nommâmes Rosalie : son enfance nous combla de joie; nous ne savions pas combien de peines la suivraient.

Rosalie était aimable, bonne, vive, franche. Parvenue à l'âge de dix-sept ans, elle fut demandée en mariage par le fils d'un de nos amis, jeune homme très-riche et d'une âme bien supérieure à sa fortune. Nous consultâmes Rosalie : son cœur s'accorda avec nos désirs; elle se maria. Notre seule douleur fut de la quitter; son âme pure partagea nos peines; elle reçut avec respect mes conseils et la bénédiction de son père. Ce souvenir m'émeut encore. Mon mari, que vous voyez si grave, si sévère, me comblait de témoignages de tendresse, pleurait avec moi, soutenait mon courage. Toute notre consolation, en nous séparant de notre enfant, était de penser à ses qualités, et surtout à celles de son digne époux. Mais cependant que de craintes se mêlaient à nos plus douces espérances! Rosalie était jeune, belle, vive; son mari, forcé par son état de la conduire à la cour, de l'établir à Paris, de la quitter souvent!... Ah, Julie! que de sources d'alarmes pour M. de Solages et pour moi!

Rosalie s'était engagée à entretenir avec moi la plus intime correspondance; elle m'avait promis toute la confiance de son cœur, et je l'espérais : j'avais été la confidente de son amour.

Au bout d'un an de mariage elle devint mère; et pendant un an encore elle fut bien heureuse. A ce terme, son mari, nommé inspecteur général du génie, fut obligé de la quitter pour remplir les devoirs de son état; Rosalie elle-même avait une place à la cour qui nous empêchait de l'appeler près de nous. Elle resta sans guide, entourée de séductions et d'amies dangereuses. Ses lettres devinrent rares; je m'en plaignis avec tendresse et douceur : elle me répondit, s'excusa sur sa santé, sur de nombreuses occupations. M. de Solages entretenait de son côté une correspondance suivie avec son gendre. Ce jeune homme, plein d'honneur, aimait tendrement sa femme; il s'était éloigné d'elle avec un vif regret. Il lui avait fait en partant les recommandations les plus sages; Rosalie avait tout promis avec l'intention la plus franche; mais bientôt, entraînée par sa confiance même, elle avait cédé à des insinuations perfides; elle avait manqué à tous ses engagements.

En prononçant ces mots madame de Solages se livra à sa douleur respectable; mes larmes coulaient sur ses mains, qui pressaient les miennes : c'était la seule consolation que je pusse lui donner.

Elle continua. Un soir, nous étions seuls, votre père et moi; nos enfants venaient de se retirer; nous allions nous-mêmes quitter le salon, lorsqu'on annonça l'époux de Rosalie. Cette arrivée subite, à une telle heure, fut un signal d'effroi; et la pâleur, l'air triste et sévère du malheureux jeune homme acheva de m'instruire. — Ma fille? m'écriai-je. — Remettez-vous, me dit votre père; et il s'approcha de son gendre, qu'il embrassa sans parler. — Mon père, j'ai besoin de me calmer; j'ai reçu un coup terrible. — Une idée sinistre s'empare de mon cœur; je saisis la main du jeune homme. Ah! parlez, lui dis-je; où est notre enfant? — A Paris, madame... — Ces mots furent dits d'un ton qui me glaça. M. de Solages prit nos deux mains et les serra avec force; je crus entendre ses sombres pressentiments; je fondis en pleurs. Le mari de Rosalie se leva, marcha dans la chambre d'un air agité; puis revenant vers nous... — Excusez ce désordre; nous dit-il, et recevez toujours mon respect et ma tendresse. — Mon cher et digne fils, lui dit votre père, vous voyez que nous sommes préparés à une grande douleur; ne nous épargnez plus.

Le jeune homme alors nous donna la cruelle confirmation de nos craintes. Rosalie était tombée sans apercevoir le précipice : exemple affreux des dangers du monde et des malheurs qui suivent l'oubli du devoir.

Je ne vous peindrai pas, Julie, la profonde douleur de

votre père et celle qui me déchirait. L'irritation, la pitié se combattaient dans mon cœur. Mon gendre gardait un morne silence. — Parlez, dit à voix forte M. de Solages; ne craignez point d'exprimer votre indignation devant ceux qui la partagent, devant ceux qui s'uniront à vous pour punir la malheureuse qui les déshonore. En prononçant ces mots, votre père avait un regard et un accent terribles.

Grand Dieu! m'écriai-je, que deviendra ma fille?... — Votre fille!...

A ce seul mot de votre père je fus consternée.

Nous demeurâmes quelque temps en silence. Mon gendre parla le premier; et, prenant un ton frappant par sa noblesse, il nous dit :

Mes respectables parents, je viens de recueillir mes forces; je remplirai mes devoirs : ils sont grands; car mes passions me troublent. L'indignation et le mépris me pressaient d'abandonner celle que j'aimais; mon premier mouvement fut de m'en séparer pour toujours. Je ne le ferai point; les lois humaines et religieuses m'ont nommé son époux et son juge. Ma vénération pour vous, ma tendresse pour l'enfant dont elle est la mère et le sentiment de mes devoirs soutiendront mon courage; mais il faut faire la part de l'honneur et de la justice. Si je consens à ne point répudier la coupable, je ne consentirai à la revoir qu'après une longue expiation. Je vais partir; je vais pendant trois ans remplir, en voyageant, les devoirs de mon état : je vous confie mon enfant et mes droits.

Mon mari et moi nous demeurions immobiles d'admiration et de douleur. Le jeune homme continua. — Ma chère enfant vous sera remise tout à l'heure par sa gouvernante; mais en quel lieu laisserez-vous sa mère? en quel couvent?... — J'osai dire : Ne pourrait-elle trouver ici une prison sévère?... — Dans ma maison, dit M. de Solages! dans ma maison! et c'est vous qui le proposez!... — Non, dit l'époux de Rosalie; elle ne doit point profaner le sanctuaire de l'honneur et de l'innocence. — J'indiquai alors le couvent dont ma tante est supérieure. Ma tante est sévère sans dureté; elle n'est entourée que d'innocentes filles ; ailleurs on pourrait avoir renfermé d'autres femmes coupables.

Ma proposition fut acceptée. Le jeune homme alla chercher sa fille, la pressa dans ses bras, la posa sur mes genoux. Je me penchai sur cette innocente créature ; et à ma douleur vint se mêler la douce joie de voir le premier enfant de mes enfants.

Mon gendre partit le lendemain avant le jour. La grandeur d'âme qu'il avait montrée et l'affliction qu'il nous avait causée remplissaient notre cœur d'émotions graves. Je n'osais parler la première ; mon mari gardait le silence ; il le rompit avec effort. — Mon amie, me dit-il avec tendresse, une grande peine nous afflige, mais un grand exemple nous soutient. Un époux offensé, désolé, vient de surmonter ses passions et sa honte : qu'un pareil effort nous encourage. Mère infortunée, tu es l'estimable compagne d'un homme vertueux ; aide-le à remplir ses devoirs et à supporter ses chagrins.

Je ne puis vous dire, ma chère Julie, quel puissant effet produisirent sur moi ces touchantes paroles ; je jurai d'en faire une loi sacrée ; je jurai qu'aucun de mes devoirs ne souffrirait de ma douleur.

Nous décidâmes que l'ancienne gouvernante de Rosalie irait avec notre homme d'affaires la chercher à Paris ; que j'irais prévenir ma tante, et que je reviendrais auprès d'elle le jour où elle recevrait Rosalie.

Ce jour est un de ceux qui ne s'effaceront jamais de mon cœur. J'avais été prévenue par la fidèle gouvernante ; en m'assignant le moment de son arrivée, elle m'avait donné des détails déchirants : elle avait trouvé ma fille en proie à la douleur. L'infortunée, devenue criminelle sans être corrompue, sans avoir perdu la candeur, avait été saisie par le remords à l'instant même où elle avait manqué à ses devoirs. Lorsque cette malheureuse enfant vit entrer nos fidèles serviteurs, elle devint pâle et tremblante. L'homme d'affaires lui présenta un papier. Rosalie, en le recevant, n'eut pas la force de le lire. — C'est une lettre de cachet ! dit-elle d'une voix résignée... — Non, madame, c'est un ordre que votre mari a laissé au château de Solages. — Mon mari! le château de Solages! Grand Dieu! quels mots terribles!... Rosalie se jeta à genoux, elle lut l'ordre en fondant en pleurs. La gouvernante lui dit qu'elle avait quinze jours pour se rendre au couvent, qu'elle était libre d'en prendre quelques-uns pour se calmer. — Je veux partir de suite. — J'ai moi-même besoin d'un peu de repos, dit la gouvernante qui voulait avoir le temps de m'écrire. — Eh bien, nous partirons après demain.

Je n'eus ainsi que le temps de me rendre auprès de ma tante, de la prévenir et de m'enfermer dans l'appartement où ma pauvre fille devait entrer. Mon cœur était dans le dernier trouble. J'attendis quelques heures; je désirais, je redoutais également d'entendre le bruit de la voiture..... Un bruit l'annonce dans le lointain; il augmente, il s'approche; la voiture s'arrête: je me mets à genoux; je prie Dieu de me calmer... Mais j'entends les pas de Rosalie; je me jette sur un fauteuil. Elle entre sans me voir; des sanglots semblent l'étouffer. — Grand Dieu! s'écrie-t-elle, si près de Solages, si près de ma mère et indigne de la revoir! — Ma fille!..... A ce cri Rosalie tombe; je me précipite, je la relève; je la serre dans mes bras; je la couvre de baisers et de pleurs.

Oh! qu'elle fut intéressante par son amour, par son repentir, par son étonnement, en voyant ma tendresse et mon indulgence! Et sa pâleur, ses yeux creusés par les larmes, sa beauté flétrie, sa profonde douleur! O ma chère Julie! plaignez-la, plaignez et aimez encore votre sœur: elle a tant souffert!

— Oui, ma mère, dis-je à madame de Solages, oui, je plains Rosalie dans sa faute; mais je la chéris dans son repentir: qu'il me sera doux de la presser sur mon cœur!

Madame de Solages continua. — Après avoir passé la moitié de la journée à recevoir les aveux et les résolutions de ma fille, je lui dis en l'embrassant: C'est ici votre demeure, ma chère Rosalie: c'est ici que vous attendrez les ordres de votre époux et de votre père. Je viendrai quelquefois vous donner mes consolations; et mes regards se tourneront bien souvent vers vous, car d'ici on voit le château de Solages. — O Dieu! s'écria Rosalie en ouvrant la fenêtre et la refermant aussitôt, quel supplice ! le séjour de l'honneur en face du refuge de ma faute.

Que ces mouvements me touchèrent! Lorsqu'elle fut un peu calmée, je lui dis que ma tante nous attendait. Je vais, lui dis-je, vous présenter à cette femme respectable. Rosalie se leva, me suivit, humiliée, tremblante. Nous entrâmes; ma tante nous reçut avec une religieuse dignité. — J'implorai sa bonté et son indulgence. Ma tante répondit : — Nous devons, comme le ciel, pardonner au repentir. Et elle prit la main de ma fille.

Nous restâmes quelques moments ensemble. Rosalie, le cœur gonflé, n'osait ni lever les yeux ni prononcer une parole. Je demandai à ma tante la permission de la reconduire et de l'établir dans son appartement. La pauvre enfant, en se retrouvant seule avec moi, se sentit bien heureuse.

Lorsque l'heure de mon départ fut venue, je la pressai dans mes bras. Ma chère enfant, lui dis-je, soigne-toi, résigne-toi; c'est ta mère qui t'en conjure! — O ma mère! soyez tranquille et ne me plaignez pas d'habiter une prison; c'est vous qui m'y avez placée. — Il faut partir, m'écriai-je; il faut te quitter! — Oui, ma mère, puisqu'il faut que je sois punie. Reviendrez-vous bientôt? — Aussitôt que ton père le permettra. Que dirai-je pour toi à ton père? — O ciel ! s'écria Rosalie, qu'oserai-je adresser à son image respectable!... Et mon mari!... me pardonnera-t-il jamais! — Oui, mon enfant, calme-toi, tu seras pardonnée.

Rosalie, pleurant d'amour, de repentir et d'espérance, rendit mon départ bien difficile. J'eus enfin la force de m'arracher de ses bras. Je vis se refermer sur elle les portes du cloître, et je m'éloignai, laissant à cette chère infortunée ma tendresse et ma pitié.

Depuis ce temps, ma chère Julie, je suis allée la voir plusieurs fois; et les espérances que son repentir m'avait données se sont changées en consolantes certitudes. Rosalie se soumet à toutes ses peines. Privée de son enfant, de sa liberté, de tous les plaisirs, elle ne pleure que sa faute. Deux ans se sont déjà écoulés depuis qu'elle s'est ainsi soumise à des épreuves pénibles; nous osons déjà garantir la sagesse de sa conduite à venir. Nous donnons par nos lettres ces détails à son mari, qui de son côté consacre sa vie à l'exercice de ses devoirs et à l'acquisition des connaissances les plus utiles. Lorsqu'il nous écrit, il nous parle beaucoup de sa fille, peu de Rosalie. Mais c'est un de ces hommes forts et justes dont les dispositions ne peuvent varier.

Dans un an nous aurons la douceur de le revoir au milieu de nous; c'est alors qu'il prononcera sur Rosalie : il terminera ou prolongera sa retraite ; il la trouvera soumise à ce qu'il ordonnera de son sort.

Maintenant, ma chère Julie, vous voyez quels chagrins cruels nous ont fait désirer de garder nos enfants près de nous. L'austérité de nos principes, le prix que nous mettons à l'honneur et à la vertu, rendaient ces chagrins bien cuisants. M. de Solages voulut les rendre utiles à ses autres enfants. Nos deux fils étaient en âge de se marier, ainsi qu'Émilie : votre père les rassembla ; il leur fit le récit douloureux des malheurs de Rosalie et de votre époux. Mes enfants, leur dit-il, vous êtes bons et sages; vous êtes notre consolation. Si vous ne nous quittez point, rien n'altérera votre bonheur et le nôtre; je ferai de ma maison l'asile de la vertu; il sera habité par l'amour, la sagesse et l'innocence. Faites quelques sacrifices de fortune ou d'autres avantages pour conserver les plus précieux des biens ; ne nous séparons pas, mes chers enfants ; amenez ici des compagnes vertueuses ; qu'Émilie choisisse avec nous un époux qui consente à nous la laisser. Soyez tous heureux; à ce prix, votre père et votre mère vous devront de la reconnaissance.

Nos enfants tombèrent ensemble aux pieds de M. de Solages ; ils jurèrent leur bonheur et le nôtre; ils ont tenu leurs promesses. Nos deux fils nous ont amené Blanche et Sidonie; Émilie s'est mariée avec un jeune homme qui a trouvé dans la condition de vivre avec nous un attrait de plus; et peu de temps après, le mariage de Juliette a achevé de satisfaire nos vœux en nous donnant aussi un gendre qui se regarde comme un de nos enfants.

Voilà, ma chère Julie, ce que vous désiriez savoir. Vous connaissez maintenant nos peines et notre bonheur; vous savez nos plus chers secrets : je devais les confier à mon excellente fille.

Je remerciai avec attendrissement madame de Solages de sa touchante confiance. Nous rentrâmes dans le salon; c'était l'heure du dîner. Quelques personnes étaient déjà rassemblées; bientôt la cloche appela le reste de la famille. Mes sœurs avaient fait leur toilette; je m'excusai d'être restée en habit de voyage; nous passâmes dans la salle à manger. Le dîner fut agréable; chacun y montra une tendre cordialité. M. de Solages parla peu; sa femme parla davantage, et elle eut l'art intéressant de faire briller tour à tour les qualités aimables de ses enfants. J'étais placée auprès de Sidonie, qui me parut charmante; son esprit répondait à sa figure; elle causait avec grâce et facilité. Mes beaux-frères montrèrent de l'instruction, beaucoup d'élévation dans l'esprit et des sentiments d'honneur.

Après dîner, on revint dans le salon; on commença une conversation intéressante; madame de Solages l'interrompit à son début, pour m'informer de ce qui allait en faire le sujet. Tous les matins, me dit-elle, après le déjeuner, je passe ici quelques heures, environnée de mes filles; pendant que l'une d'elles fait une lecture à voix haute, chacune de nous travaille à un ouvrage de son goût. Pendant ce même temps, nos jeunes gens prennent le plaisir de la chasse, de la promenade, ou bien ils accompagnent mon mari dans ses domaines. Ils rentrent ensuite dans le salon, ils y trouvent leurs femmes; et chacun alors emmène la sienne, sort de nouveau avec elle, ou bien se retire dans son appartement. Nous dînons à deux heures; et, après dîner, comme aujourd'hui, nous venons ici causer ensemble; c'est le plus souvent de la lecture que nous avons faite le matin. Certainement, Julie, vous aimerez notre conversation et notre lecture.

C'était, en effet, l'histoire admirable de Grandisson qui en faisait alors le sujet. Les nobles sentiments dont ce bel ouvrage est rempli faisaient une profonde impression sur des âmes pures et élevées; mes sœurs parlaient de chaque scène de ce livre avec attendrissement et respect; leurs maris, qui l'avaient lu, s'unissaient à elles, et jouissaient de leur enthousiasme. On voulut bien me demander ce que je pensais de Grandisson, et j'eus le bonheur d'être d'accord avec l'épouse vertueuse et les excellentes filles de M. de Solages.

Je fus bien aise de connaître quel était habituellement le genre de livres qui servaient aux délassements de cette noble famille; je le demandai à madame de Solages. Rarement, me répondit-elle, nous lisons des livres d'histoire : nous y trouvons peu de sentiments qui puissent nous servir de guides. De simples femmes, comme nous, ne sont point destinées à se trouver dans la position des personnages historiques; nous n'aurons à exercer aucune de leurs vertus, à éviter aucune de leurs fautes. Il est cependant bon, même à une femme, d'avoir des notions en ce genre; il est même des femmes qui, comme Sidonie, se trouvant mariées à des hommes livrés spécialement à l'étude de l'histoire, se font justement un devoir d'augmenter les connaissances abrégées qu'elles ont reçues; mais, en général, il nous est moins avantageux de nous occuper des conquêtes, des gouvernements et des rois, que de puiser dans la morale, et dans les allégories qu'elle inspire à l'imagination, des modèles de sentiments et de conduite.

M. de Solages, après avoir approuvé ces paroles raisonnables, ajouta que malheureusement les bons livres d'imagination et de morale sont bien rares, et qu'il faut en ménager la lecture avec économie. Il m'offrit ensuite de me montrer sa maison, et de me faire commencer par sa bibliothèque. Je le suivis avec empressement. Nous entrâmes dans une grande pièce bien éclairée, qui contenait beaucoup de livres classés dans de belles armoires. Une de ces armoires paraissait plus ornée, mais contenait moins de livres que les autres; je m'en approchai, elle avait pour inscription : *Bibliothèque de madame de Solages.* — Voilà, me dit mon respectable conducteur, la preuve de la rareté des bons livres. Tout ce que l'honneur et la vertu ont dicté de pur et d'exempt de danger se trouve là, et l'armoire n'est pas remplie. Je parcourus rapidement les titres des livres. M. de Solages ajouta : Je suis persuadé, ma fille, que vous avez encore lu bien des livres que vous ne trouverez point dans cette bibliothèque. Votre caractère vous donne des forces extraordinaires ; les passions séduisantes, les erreurs d'opinion, n'ont pu vous entraîner. Mais toutes les femmes ne vous ressemblent pas ; je vous prie, ma fille, de ne point exciter vos sœurs à lire un ouvrage nouveau pour elles, avant d'en avoir parlé à votre mère ; elle est prudente, sage et éclairée.

Tremblante que cette demande de M. de Solages ne renfermât une censure, je lui dis d'un ton timide : Permettez-moi, mon père, de vous assurer que l'amour de la littérature ne m'a point entraînée à lire des ouvrages condamnables. — Pardonnez-moi, ma chère fille, de ne m'être point fait entendre... Et en prononçant ces paroles rassurantes, M. de Solages prit un ton d'empressement tendre et obligeant. — Je suis loin de croire que vous ayez lu ces malheureux ouvrages où l'on a déshonoré l'imagination et l'esprit, en les mettant aux ordres de la licence ; je n'ai voulu parler que de ceux qui donnent aux jeunes âmes l'idée et les besoins de mouvements passionnés, sans montrer assez vivement les fautes et les malheurs que ces mouvements entraînent. Tout ouvrage qui, à son terme, ne laisse point l'âme du lecteur dans une disposition douce et satisfaite, qui ne l'a point porté à aimer davantage les vertus simples, et à faire le bonheur des personnes dont il est entouré, n'est point un bon livre.

Je montrai à M. de Solages combien je m'honorais d'avoir eu toujours, sur ce sujet, une opinion semblable à la sienne.

Il voulut bien ensuite me faire parcourir le reste de sa maison, dont j'admirai la distribution simple et commode. Nous rentrâmes dans le salon ; nous n'y trouvâmes que Sidonie ; M. de Solages me laissa bientôt avec elle. Cette jeune femme, qui m'avait paru déjà si aimable, fit encore plus que confirmer ces premières apparences. Sa jeunesse et son caractère lui donnaient beaucoup de franchise. J'étais enchantée de sa naïveté, de ses manières douces et caressantes. — Nous vous aimions toutes avant votre arrivée, me dit-elle ; c'était notre mère qui vous avait donné nos cœurs ; maintenant vous assurez votre conquête, et vous m'êtes chère au premier jour de notre liaison.

Je fus bien touchée de cette déclaration charmante ; je ne négligeai rien pour en convaincre ma jeune amie. — Vous me gagnez tout à fait, me dit-elle en souriant ; car je suis à la fois tendre et orgueilleuse. Elle prit mon bras, me caressa, me dit qu'elle était bien heureuse de ce que je l'aimais ; que bientôt elle aurait besoin d'être encore plus aimée... Je la regardai ; elle pleurait. — Mon mari va partir pour son régiment, me dit-elle ; vous me permettrez de vous en parler souvent : j'aurai tant de confiance en vous !... Je l'embrassai ; je lui répondis avec égard et tendresse. — Je vous en prie, me dit-elle, parlez-moi plus simplement, et traitez-moi tout de suite avec supériorité ; je suis un enfant encore, en raison et en esprit ; ce sera bien assez pour moi d'être votre jeune amie.

Elle achevait ces mots charmants, lorsque sa sœur aînée entra dans le salon ; elle lui sauta au cou. — Bonne Émilie ! ajouta-t-elle, je lui ai dit que je l'aimerai !... Madame de Solages vint nous rejoindre ; elle se félicita de nous voir si bien ensemble. Sidonie lui baisa la main, et lui raconta notre conversation. — Continuez-la, dit madame de Solages, j'ai quelques ordres à donner. Sidonie va vous entretenir de tout ce qui nous intéresse ; je la charge de vous peindre nos caractères, nos plaisirs et nos peines : la vérité sera dans son récit ; nous l'aimons tant pour sa gaieté franche et ses aimables qualités ! vous ferez comme nous, vous en serez folle ; et, pour cette raison, vous aurez du chagrin quand vous la verrez mériter ses reproches et les nôtres. — Maman, dit Sidonie, ne vais-je pas avoir une sauvegarde de plus ?..... Ma chère sœur, vous me donnerez vos conseils et vos exemples, n'est-ce pas ?... Elle n'attendit pas ma réponse, m'embrassa, m'entraîna vers un joli bosquet, qu'elle appelait son jardin ; et, s'acquittant de la commission qu'elle avait reçue de sa mère, elle me fit, avec vivacité, les portraits de toutes les personnes avec qui j'allais passer d'heureux jours.

Je ne vous parlerai pas de mon père et de ma mère, dit-elle, ils sont si sages, si bons ; ils me paraissent si parfaits, que je ne puis employer d'autres mots pour peindre leur caractère ; d'ailleurs ce sujet est trop sacré ; je n'oserais l'égayer par la plus douce malice ; le respect glacerait mon récit. Les mêmes motifs me font supprimer le portrait de mon mari ; ajoutez-y que, pour être vraie, mon cœur ne tarirait point sur son éloge, et que vous mettriez la vérité sur le compte de l'amour. Je me contenterai de dire que, si j'étais toujours ce que je voudrais être, si mes défauts étaient corrigés, mes qualités augmentées, si j'imitais votre exemple et celui de ma mère, à peine serais-je digne de lui. — Je pressai Sidonie sur mon cœur : elle était attendrie ; elle rougissait et s'animait. Je n'ai jamais vu d'aussi jolie figure que la sienne en ce moment. — Je vais vous parler de mes sœurs, dit-elle ; je suis pourtant fâchée qu'elles ne soient point ici : j'aime à faire leur portrait devant elles, quitte à les faire un peu rougir de modestie. Commençons par Émilie ; vous avez vu comme elle est jolie, comme elle a l'air bon et sage : jamais le caractère n'a été mieux exprimé par les traits. Ma sœur aînée est un modèle de résignation ; elle a eu deux enfants qu'elle a perdus ; son mari était au désespoir. Pour ne pas y ajouter, elle a caché sa douleur ; elle nous a laissé croire qu'elle était moins sensible que lui à cette perte affreuse ; elle a dévoré ses larmes : une maladie grave, causée par ce chagrin, nous a révélé son secret. Depuis ce temps, l'amour de son mari s'est augmenté, comme notre amitié ; nous cherchons tous à dédommager cette excellente sœur ; et elle dit qu'elle trouve une grande consolation dans sa reconnaissance.

Maintenant, je passe à son époux. Il est particulièrement lié avec le mien. Il a mille bonnes qualités : il est généreux, tendre ; il adore sa femme ; il est excellent ami ; mais il est fou de musique ; il rend à mon mari le service de me donner des leçons qui durent deux heures, et qui m'assomment d'ennui ; et, pour que l'ennui soit sans relâche, quand il nous quitte, sa femme le remplace : voilà leurs qualités et leurs défauts. Passons à un autre couple.

Ma belle-sœur Juliette est vive, parleuse, un peu susceptible ; elle se fâche quelquefois sans que l'on sache pourquoi, et elle fâche les autres sans le vouloir davantage. Son mari est lent, sérieux, calme : c'est un contraste parfait pour le caractère; mais leurs cœurs se ressemblent comme tous les bons cœurs.

Ils ont un joli enfant, et ils seraient parfaitement heureux, sans cette vivacité de caractère qui fait souvent le tourment de Juliette, et sans une blessure grave que son mari a reçue et qui le fait encore souffrir. — Et leurs défauts, dis-je à Sidonie, quels sont-ils ? Quel ennui de leur part remplace celui des leçons de musique? — Rien, madame; toute la leçon que je leur dois est celle que je reçois en ce moment de votre malice... Et Sidonie m'embrassa; puis elle ajouta : — Tenez, il faut que je sois vraie : nous nous disputons souvent, Juliette et moi; nous nous aimons l'instant d'après; et, pour son mari, je lui en veux d'avoir augmenté le goût du mien pour la géographie et l'histoire. — Et ce goût, ma chère Sidonie, ne vous offre-t-il pas un nouveau moyen de plaire à votre mari? — Que je vous aime, ma sœur! vous me parlez en amie dès le premier jour : oui, j'aime à satisfaire le goût de mon mari; et ce n'est que parce que j'aime aussi à plaisanter un peu, que je viens de former cette plainte.

Maintenant, j'en suis à ma sœur Blanche. Vous n'imaginez pas combien elle est aimable. Elle a trop d'esprit pour son bonheur. Elle aimerait la poésie, la musique; elle cultivait la peinture avec succès; mais sa santé souffrait de l'usage de ses talents. Son mari, qui d'ailleurs n'aime pas beaucoup les beaux-arts, les lui a interdits. Elle assure que le sacrifice de ses goûts est pour elle un plaisir; elle s'impose l'obligation de travailler à l'aiguille, parce que son mari aime à porter de son ouvrage; ce qui l'ennuie bien fort quoi qu'elle en dise, et ce qui m'amuse beaucoup par la petite prétention qu'elle a de travailler aussi bien que moi, et par l'occasion qu'elle me fournit de rire à ses dépens, sans la fâcher cependant : elle est si bonne!

Son mari l'aime, l'estime ; mais il est sévère ; et tant mieux pour moi : il me fait penser à l'indulgence du mien. Quand je l'entends gronder sa femme, qui est un ange, je me dis : Que me ferait-il à moi qui suis si loin d'elle ? Un jour, je lui ai dit qu'indépendamment du bonheur d'être à mon mari, j'aimais beaucoup à ne pas être à lui. Il a assez bien pris cette folie;

mais ma sœur m'a boudée pour la première et seule fois, et mon mari m'a grondée. Cependant, n'allez pas croire que le mari de Blanche, quoique je lui en veuille un peu de tout cela, ne soit pas un excellent homme. Il est aimé et estimé de mon père, ce qui ajoute à son éloge bien plus que toute ma rancune ne pourrait le diminuer. Je suis bien fâchée qu'il n'ait pas le bonheur d'avoir des enfants ; cette privation le désole ; et, comme Blanche est d'une bien mauvaise santé, il craint plus qu'il n'espère.

Voilà mes portraits finis, dit Sidonie, à moins qu'il ne vous faille le mien. — Volontiers, ma chère amie; mais sera-t-il ressemblant ! — Vous allez voir. Je suis vive et sincère, point paresseuse, mais négligente. Je me crois de l'esprit, et je dis souvent des sottises ; je suis soumise par mes intentions et revêche par mon caractère; très-naïve, très-gaie, très-causeuse, quand mon cœur et mon mari ne me reprochent rien; mais s'ils me parlent l'un et l'autre d'un ton sévère, me voilà gauche, triste et maussade; enfin j'ai des résolutions excellentes, mais j'y manque souvent... Attendez, je n'ai pas fini ; il manque un trait, et il est essentiel : devinez-le...Sidonie me regarda d'un air si ravissant! — Je le tiens, ma charmante amie ; ce regard achève de tout dire : vous êtes heureuse ; votre cœur est plein de reconnaissance et d'amour... Elle m'embrassa vivement, et ses beaux yeux sourirent et pleurèrent ; ils furent à la fois tendres et éclatants.

Je la remerciai de ses informations charmantes ; je lui dis combien sa candeur me ravissait : répétez-moi toujours combien vous êtes heureuse. — Oh! oui, je suis heureuse ! je ne saurais assez bénir mon sort ; vous avez vu dans ce que je vous ai dit de mes sœurs et de leurs époux qu'il leur manquait toujours quelque chose, qu'il venait toujours un triste *mais*...., *il leur faudrait*..., *ils n'ont pas*... Moi, j'ai tout; je ne demande rien ; il est vrai que je n'ai pas toujours parlé ainsi : oh! j'ai bien eu l'enfance la plus triste !... Privée de mes parents, élevée dans un couvent où l'on me grondait sans cesse, ou bien chez une tante qui ne m'aimait pas, qui me maltraitait !... Mais ce temps est passé; celui-ci en est la récompense. — Ma chère amie, c'est ainsi que la vie se compose ; chacun a son temps de peines, son temps de plaisirs ; chacun aussi a ses bonnes qualités et ses défauts. Mais dans ce lieu de vertu et de bonté la sagesse diminue les défauts et les peines, et elle augmente les vrais plaisirs et les qualités heureuses.

J'ai voulu, mes amis, vous rapporter ce récit de Sidonie et notre conversation ; j'y trouve une application intéressante de notre chère doctrine ; et, si le séjour que j'ai fait au château de Solages vous paraît trop heureux, je répondrai ce que je viens de dire à Sidonie. — Pour moi, dit M. de Murville, je n'objecterai rien : j'ai vu cette famille ; c'est elle surtout qui m'a donné l'idée du bonheur que l'on peut ajouter à son sort en vivant pour l'honneur et la sagesse. — Elle offre le tableau le plus touchant et le plus noble, dit madame Durand ; achevez-le, je vous en prie, afin de nous faire partager l'avantage que vous avez eu d'en jouir. — N'omettez rien, dit M. Dalmont ; je voudrais passer le plus de temps possible à ce château de Solages. Je vous assure que je m'y serais bien fixé, malgré mon inconstance. — En vérité, dit Armand, il devrait y avoir plus de vertu sur la terre ; toutes les maisons devraient ressembler à celle de M. de Solages ou à celle de M. de Murville. — Bon jeune homme ! dit M. de Murville, je répondrai dans un autre moment à votre estime pour moi et à vos plaintes ; à présent vous êtes sûrement bien pressé, comme nous, de suivre madame de Belval.

Puisque vous aimez tous le château de Solages, dit-elle, je trouve bien doux de vous y ramener.

Après avoir terminé notre entretien, nous revînmes, Sidonie et moi, rejoindre notre famille. — On sera vraisemblablement dans le salon de musique, me dit ma jeune amie : c'est l'heure où l'on en fait tous les jours ; mais, ajouta-t-elle avec un regard flatteur, on ne me grondera pas aujourd'hui de m'être oubliée.

Nous entrâmes ; on eut la bonté de me dire que l'on m'avait attendue pour commencer le concert de famille. — D'autant plus, ajouta Juliette avec un peu de méchanceté, qu'une sonate de Sidonie est aujourd'hui à la tête du programme. Allons, madame, dit-elle gravement, que notre sœur juge par vos talents de la patience de votre maître..... Sidonie rougit, souffrit, fut sur le point de pleurer ; mais ce petit mouvement fut bientôt dissipé par mes caresses, et encore plus par un éclat de rire de l'aimable Juliette, qui vint l'embrasser vivement en lui demandant pardon de ses folies. Sidonie courut au piano en riant et en essuyant une larme. Elle fut accompagnée par son maître, le mari d'Émilie. Elle joua le plus souvent d'une manière charmante ; quelquefois elle s'arrêta, se reprit, se perdit encore, et alors nous donna par ses petites impatiences un spectacle fort intéressant. Elle chanta ensuite un duo avec Émilie, qui à son tour joua seule avec une perfection rare, chanta ensuite. Jamais il n'y eut de concert plus agréable, plus touchant ; il fut terminé par un trio que chantèrent ensemble Émilie, son mari et ma chère Sidonie.

Le reste de la soirée se passa en conversations aimables. Après souper, madame de Solages vint se placer auprès de moi. — Ma chère fille, me dit-elle, vous connaissez maintenant notre manière de vivre. Nos jours se ressemblent ; nous ne demandons à Dieu chaque soir que de bénir et de nous conserver le bonheur que nous goûtons. — Ah ! lui répondis-je, avec quelle sincérité et quelle ardeur je vais m'unir à une si douce prière ! Elle m'embrassa tendrement.

Vers dix heures, nous nous séparâmes avec ces sentiments de contentement, d'union, qui donnent tant de force contre les peines. Accompagnée de mon mari et de sa mère, je me retirai dans l'appartement qui m'était destiné. — Bonsoir, ma fille, me dit-elle en m'embrassant de nouveau avec une bonté touchante. Elle embrassa aussi son fils bien tendrement, mais en silence.

J'étais pressée d'exprimer à mon mari tous les sentiments d'admiration et de reconnaissance dont j'étais pénétrée ; j'espérais le trouver aussi avide que moi du bonheur dont on jouissait dans la maison de son père. Mais, trop enivré des projets qu'il avait formés et du voyage qu'il allait faire, il resta insensible à tant de douceurs; mon enthousiasme lui donna même une humeur qu'il crut déguiser, et qu'il ne fit qu'exprimer par ses plaintes et ses censures. — Julie, me dit-il, quelle étroite scène pour vos talents et pour votre esprit ! Vos sœurs ont si peu vu le monde; leurs maris sont si graves, si peu aimables ! par qui serez-vous ici appréciée? Où sont ici les gens de goût qui puissent flatter par leurs hommages?... J'interrompis M. de Belval : je sentis qu'emporté par la passion, il disait ce qu'il ne voulait pas dire. Je lui parlai avec douceur; j'essayai avec ménagement d'insinuer que la simplicité des mœurs du château de Solages et l'estime franche que la vertu y recevait avaient bien plus de prix que tous les applaudissements donnés par les gens de goût et les plaisirs offerts par le monde. — Je voudrais penser comme vous, dit M. de Belval ; mais j'ai beau faire, je ne puis me plaire ici; j'y éprouve de la gêne et de la contrainte; rien de ce que l'on fait ne m'amuse; il y a trop de monotonie : il me faut plus d'activité, plus de liberté surtout. — Il me semble, répondis-je, que la monotonie est bien écartée par l'intérêt qui naît sans cesse de l'intimité, de l'affection, de la confiance; il n'est point ici de petites choses, parce qu'il n'en est point qui, éprouvée par une personne, laisse les autres dans l'indifférence; tout est sujet de réflexions, de sentiments, de peines ou de plaisirs. — Cela peut être; mais cette sévérité de ton et de principes! On est ici subordonné toute sa vie, comme si l'on était toujours enfant. Pourquoi recevoir des règles, quand on est d'âge à se conduire? Pourquoi se laisser humilier, quand on a un caractère généreux? — L'homme sage n'humilie personne; car il se soumet le premier aux règles qu'il impose, et il emploie sa raison et son exemple à montrer que la paix et le bonheur sont les fruits de cette soumission. — La paix, c'est possible; mais le bonheur!... Ah, Julie! vous n'avez pas encore tout vu. Vous ne savez pas ce qu'il en coûte à tout le monde, surtout à ma mère. Naturellement très-fière, elle demande avec respect des ordres, que, par inclination, elle appellerait tout au plus des conseils. Et mes frères! des jeunes gens ! Que de choses permises ailleurs leur sont défendues!

De quelle gravité on leur donne l'insipide habitude! Ils sont heureux!... et jamais une plaisanterie, une folie, une licence aimable!... à vingt-cinq ans, des patriarches! — Dites à vingt-cinq ans des hommes d'honneur, qui, volontairement privés des plaisirs condamnables, s'attachent avec le feu de la jeunesse aux vrais biens dont ils sont entourés!

M. de Belval ne se rendit point à mes vœux secrets; si j'avais insisté j'aurais été importune. Dès le lendemain il prit congé de son respectable père; je vis son cœur ému en recevant les plus nobles exhortations; il y répondit d'une manière qui me toucha profondément. Il prit ma main, la mit dans celle de sa mère; Je vous confie, dit-il, la meilleure moitié de moi-même; elle méritera pour nous deux votre tendresse, et je croirai souvent être au milieu de vous. — M. de Solages montra alors son cœur paternel; il m'embrassa tendrement, et prenant à la fois dans ses deux mains la mienne, celle de son fils et celle de madame de Solages, il me dit d'une voix émue : Ma fille, j'accepte pour ma femme et pour moi le don de votre époux. Il veut partir; puisse-t-il ne pas attendre les leçons du malheur!... Puisse l'amour qu'il vous doit le ramener bientôt, mais digne de vous et de sa famille! Adieu, mon fils.

En prononçant ces derniers mots, M. de Solages embrassa mon mari, et se retira en nous laissant avec madame de Solages.

Mon mari, touché et frappé des paroles de son père, fit à sa mère des adieux pleins d'affection; et moi, dans ce moment fugitif, je reçus aussi des adieux d'une vive tendresse; j'y répondis par les vœux les plus sincères.

Maintenant, mes amis, continua madame de Belval, vous voyez d'avance qu'un long séjour au château de Solages fut la compensation des peines de ma jeunesse; je veux vous le prouver en vous racontant avec quelques détails l'histoire de ce temps de bonheur.

Madame de Solages me traitait comme son amie intime. Votre père, me dit-elle un jour, autorise le plaisir que je goûte auprès de vous ; son estime pour vous égale la mienne. Cependant, vous voyez, il se mêle peu à nos entretiens. Les nombreux devoirs qu'il s'est imposés lui ont fait contracter des habitudes graves et austères. Il est devenu supérieur au besoin d'intimité et d'épanchement. La force et la sagesse ont pris dans son âme le principal empire ; on ne trouverait nulle part un plus beau caractère. — Et le vôtre ! m'écriai-je involontairement. — Ma fille, que dites-vous ? Ces paroles m'affligent ; est-ce pour me flatter que vous les avez prononcées ? ou bien auriez-vous, comme beaucoup de femmes, la faiblesse d'oublier la place que la nature nous assigne ? D'ailleurs je suis loin d'être parfaite, ma chère Julie ; mais, sans vouloir déterminer ce qui manque à la perfection de mon caractère, je pense d'une manière générale que la nature ordonne à toutes les femmes de se soumettre ; que la plus heureuse est celle qui, comme moi, trouve la supériorité de son époux d'accord avec cette loi ; mais que lorsque par une exception il n'en est point ainsi, la femme exceptée doit encore, pour être moins malheureuse, s'imposer le devoir de l'obéissance. Nous pouvons prendre dans ma famille l'application de ces principes. Émilie et Juliette ont épousé des hommes qui leur sont supérieurs : elles sont heureuses ; leurs devoirs sont facilités par la raison et l'amour. Il n'en est pas ainsi de Blanche. Sans les plus rares vertus cette femme intéressante serait malheureuse ; mon fils lui est bien cher, et il le mérite par les qualités les plus recommandables ; mais il est impossible qu'elle ne sente pas souvent combien de choses lui manquent ; son esprit a peu d'étendue ; son caractère n'est pas sans défauts ; mais Blanche sent aussi que ses propres avantages sont un bien qui doit être compensé ; elle place cette compensation dans les sacrifices que lui coûte souvent l'obéissance ; et le sentiment du mérite qu'elle acquiert, ainsi que la paix de son ménage et le bonheur de son époux, sont ensuite les récompenses de ses sacrifices. Un plus parfait exemple de conduite n'est pas possible ; ses soins pour éviter à mon fils toute occasion de plainte, sa déférence pour ses goûts, le silence qu'elle garde sur tout ce qui peut lui déplaire, l'adresse aimable qu'elle emploie pour lui fournir sans cesse les choses dont il aime à s'occuper, sa grâce et sa bonté en font une femme accomplie.

Nous causâmes encore quelques moments, ma belle-mère et moi, avec la plus tendre confiance; elle me pria de lui répéter les principales circonstances de mon histoire. Je vis que son affection lui faisait prendre un nouvel intérêt à mes malheurs passés; elle me remercia de lui avoir raconté ce qu'elle appelait mes glorieuses épreuves. — Maintenant, me dit-elle, pardonnez-moi de vous demander encore dans quel état est votre cœur, et combien d'efforts la vertu vous impose? — O ma mère! depuis longtemps mon cœur était calme et résigné; près de vous il est heureux et sage; pourrais-je vivre en ce lieu avec une pensée coupable? Si je pense souvent encore à mon ami, c'est avec le regret qu'il ne soit pas au nombre de mes frères, et avec la douceur d'avoir vaincu les sentiments que m'avaient inspiré d'autres vœux. Madame de Solages m'embrassa; ses yeux se mouillèrent de larmes. — Ma fille, me dit-elle..., pourquoi?.... Elle se tut; elle pensait à mon mari, à ce fils qui l'avait affligée; pourquoi n'a-t-il pas mon cœur? disait-elle sans doute.

Depuis ce jour madame de Solages me parut encore plus tendre. Elle causait souvent avec chacune de ses filles, mais elle ne paraissait prendre qu'avec moi le ton d'une entière confiance. J'étais, il est vrai, la seule dont la position, les malheurs et les épreuves pussent autoriser une exception; et de plus un certain rapport de caractère avait disposé ma belle-mère en ma faveur. Je vous ressemble, Julie, me disait-elle un jour; la douceur est souvent pour moi le résultat de la force. Elle avait raison, je m'en apercevais quelquefois. Pour moi, je n'avais point l'occasion d'acquérir du mérite; point d'époux à satisfaire, point de devoirs personnels à remplir; soumise à une vie réglée, sage, heureuse, j'en jouissais, et je m'oubliais pour admirer tout ce qui m'entourait.

Mes sœurs m'aimaient beaucoup; Émilie pleurait quelquefois ses enfants auprès de moi, lorsque nous étions loin de sa famille et surtout de son époux; Juliette venait me confier son repentir lorsque sa vivacité l'avait emportée ; Blanche fut longtemps plus réservée ; un sage motif retenait sa confiance ; on la croyait souvent concentrée par tristesse. Je la connaissais mieux ; elle fut touchée de mes égards ; je lui inspirai de l'affection ; et je finis par procurer à cette femme charmante le plaisir de causer à son gré ; les besoins de son esprit et de sa raison furent quelquefois soulagés.

Le temps du départ de mes frères arriva ; mes sœurs étaient toutes bien tristes ; leur confiance en moi fut augmentée : elles me parlaient toutes de leurs peines, et surtout ma chère Sidonie. Cette femme charmante était l'enfant gâté de la maison : sa jeunesse, sa vivacité, lui valaient d'innocentes préférences.

Pendant l'absence de mes frères, c'était de leurs lettres que l'on recevait les plus doux plaisirs. Celle de mes sœurs qui en avait reçu était tendrement félicitée ; on partageait sa joie ; chacune espérait une lettre à son tour ; puis on écrivait ; puis enfin le temps du retour s'approchait. Alors que de plaisirs ! combien cette émulation de vertus, de qualités, de talents, s'augmentait ! Celui à qui l'on avait pensé pendant six mois, celui pour qui l'on voulait être meilleure et plus aimable allait revenir.

Je reçus aussi une lettre de mon mari. Hélas ! il était toujours le même ! étonnant mélange de défauts et d'heureuses qualités ! J'étais dans le salon lorsque cette lettre me fut remise ; je reconnus l'écriture ; je sortis avec émotion. Mais en rentrant je ne pus rien lire à mes sœurs ; il n'y avait rien dans la lettre de M. de Belval qui fût écrit dans la langue du château de Solages : je me bornai à offrir les compliments d'usage ; et mes sœurs, qui étaient aussi discrètes que bonnes, ne témoignèrent ni curiosité ni mécontentement ; elles continuèrent de lire leurs lettres devant moi.

Une autre fois je reçus une lettre dont l'écriture m'était encore mieux connue. J'étais seule avec mes sœurs ; je sortis ; elles crurent que c'était pour lire sans témoins : c'était pour chercher M. de Solages. Il se promenait avec sa femme : — Mon père, lui dis-je, mon mari vous a remis ses droits sur ma conduite ; votre bonté vous les a fait accepter : veuillez les exercer. Si M. de Belval était ici, il recevrait cette lettre, il la lirait avant moi. Veuillez le remplacer; cette lettre est de M. de Villarzel; j'avoue que je désire connaître son sort : cet aveu vous atteste la pureté de mes sentiments, car ce n'est point devant vous que j'avouerais des sentiments coupables.

M. de Solages prit la lettre avec attendrissement. Madame de Solages me serra la main et me témoigna la plus touchante estime pendant que M. de Solages ouvrait et lisait la lettre. Il me la remit en disant : — Lisez-la, ma fille, je n'avais pas besoin de ce témoignage pour savoir combien vous êtes estimables, vous et votre ami; cependant, continuez d'être sévère pour vous-même; donnez-vous toujours des appuis contre la faiblesse. Ne présumez jamais trop de vos forces; la prudence est le premier auxiliaire du devoir.

Mon père s'éloigna. Ma mère me demanda s'il m'avait affligée, s'il m'avait humiliée. — Il m'a honorée, répondis-je, en me croyant digne d'entendre ses sages maximes; que je suis glorieuse d'avoir toujours pensé ce qu'il vient de dire! O ma mère! vous qui n'avez jamais eu de sentiments à combattre, vous ignorez combien de précautions il faut prendre contre son propre cœur!

Maintenant, ma mère, lisons ensemble cette lettre; veuillez bien l'écouter.

Madame de Solages me prêta l'attention la plus flatteuse. Mon digne ami m'apprenait qu'il s'était rendu à Paris pour terminer quelques affaires; il y avait demandé de mes nouvelles; on lui avait appris que j'étais avec M. de Belval au château de Solages. Il faisait des vœux pour que notre union fût encore resserrée par les sentiments qui nous seraient inspirés dans le séjour de l'affection et de la sagesse; il m'offrait l'hommage de son respect, de son estime; il me priait de lui donner de mes nouvelles, ou de supplier mon mari de lui en faire donner. Mon bonheur et ma santé étaient tout ce qu'il désirait.

Cette lettre si simple attendrit ma mère. — Vous allez lui répondre? me dit-elle. — Si mon père y consent. — N'en doutez point, si votre mari vous a déjà donné une permission semblable. — C'est ce qu'il a fait toutes les fois que j'ai reçu une lettre de M. de Villarzel. — En ce cas, ma chère Julie, allez satisfaire votre cœur; allez écrire.

Peu de moments après j'apportai à M. de Solages la réponse suivante :

« Mon mari est absent. Son père, qui a les mêmes droits à ma soumission et à mon respect, me permet de vous écrire. Il m'est doux, mon ami, de vous dire que mon bonheur est parfait. Ce séjour est celui de la paix et de l'innocence; félicitons-nous de pouvoir goûter ces biens après avoir traversé les temps d'orage : je désirerais vous savoir dans une position semblable à la mienne, c'est le plus beau vœu que mon amitié puisse faire. Une maison comme celle que j'habite offre une réunion céleste; puissiez-vous du moins trouver une compagne comparable à une de mes sœurs! Vous savez combien votre bonheur ajouterait à celui dont on environne votre amie. »

M. de Solages lut la lettre, me la rendit. — C'est ce que j'attendais de vous, me dit-il en m'embrassant avec tendresse. Désormais une de mes plus douces consolations sera de jouir de la manière noble dont vous remplirez tous vos devoirs.

Que cet homme excellent savait faire de chacun de ses témoignages d'estime une grande récompense !

J'écrivis à M. de Belval; je lui racontai ce qui s'était passé; je lui envoyai la lettre de M. de Villarzel et ma réponse. Il eut un accès de jalousie; il se plaignit avec amertume; il m'ordonna de ne plus recevoir les lettres de M. de Villarzel; heureusement il ne m'en vint plus; en obéissant, j'aurais souffert de la peine de mon ami.

Le retour de mes frères fut annoncé quelques jours d'avance; on prépara des fêtes simples; tout le monde était dans la joie; Sidonie ne modérait pas la sienne, sa vivacité m'enchantait. — Venez, ma sœur, me disait-elle, que je vous joue toutes les sonates que j'ai apprises pour lui plaire. Elle courait au piano, me demandait si j'étais contente, puis elle se levait, sautait de joie, me parlait de la parure que son mari aimerait le plus à lui voir; elle en revenait à tout ce qu'elle avait appris, à tout ce qu'elle avait lu : il sera content, ma chère Julie; dites-moi, croyez-vous qu'il soit content? — Oui, ma chère amie. — Et le sera-t-il de mon caractère? Dites-moi franchement si je suis un peu meilleure? Oh! dites-le-moi, c'est l'essentiel pour lui qui est si bon; — J'allais lui répondre; notre mère entra. Félicitez-vous, chère Sidonie, dit-elle; votre mari nous prie de vous faire conduire à la terre de votre tante; il y arrivera dans quatre jours; il est obligé d'y rester pour le mariage d'une de vos parentes; vous allez l'y rejoindre et le voir huit jours plus tôt...

Sidonie était transportée de joie; elle remerciait madame de Solages; elle m'embrassait, elle parlait de son bonheur à toute la famille. Elle passa encore un jour avec nous, et elle partit le lendemain.

Son absence ne fut pas longue; elle ne dura pas quinze jours, et cependant nous étions tous pressés de la revoir; je crains, disait ma mère, qu'on ne gâte notre Sidonie. Un peu trop de galanterie de la part des hommes, quelques mauvaises plaisanteries de la part des femmes, peuvent avoir un mauvais effet sur une tête vive qui n'a pas dix-sept ans.

Sidonie et son mari revinrent : deux de nos frères étaient déjà de retour. Le dernier était attendu le lendemain; c'était le mari de Blanche, qui avait mis tout son zèle à le bien recevoir. Sidonie, qui venait d'assister à des fêtes brillantes, critiqua notre simplicité. Je l'avertis doucement de ne point affliger sa sœur; je la trouvai moins naïve qu'à l'ordinaire. Ma mère aurait-elle eu raison? dis-je en moi-même. Le soir j'observai Sidonie; elle était distraite; elle semblait vouloir imiter quelques manières qui l'avaient séduite. Le lendemain, je trouvai sa parure plus recherchée qu'à l'ordinaire et de la négligence dans ses égards pour nous ; deux fois même elle répondit à son mari avec un ton de légèreté qu'elle n'avait jamais osé prendre, et qu'il n'aurait jamais souffert si l'amour, augmenté par l'absence, n'eût fait taire la raison. Ma mère souffrait beaucoup : mon père prenait dans tout ce qu'il disait un ton plus sévère, sans doute pour rappeler son fils à la fermeté. A dîner, Sidonie se fit attendre; son mari fit des excuses, et lorsqu'elle entra il lui dit avec douceur d'en faire encore à son père. — Cela est inutile, mon fils, dit M. de Solages, les vôtres suffisent. C'est votre faute si votre femme ne descend pas plus tôt. Sidonie, qui un autre jour n'aurait pas reçu cette leçon sans en être affectée, fit semblant de ne rien entendre, et mes sœurs, qui sentaient ses fautes, prirent involontairement l'air d'humiliation qu'elle aurait dû manifester.

Quelques jours se passèrent ainsi. Sidonie avait de l'humeur, des caprices ; elle était tour à tour triste et gaie à l'excès : son mari souffrait ; mais elle le séduisait par ses grâces.

Un jour, au concert de famille, on demande à Sidonie de jouer et de chanter. Pour la première fois elle se fait prier. Elle se met au piano de mauvaise grâce et joue mal, ce qui achève de lui donner de l'humeur. Son mari s'approche d'elle; il cherche par un ton caressant à l'adoucir. Cette faiblesse achève de tourner la tête à Sidonie ; elle fait l'enfant gâté, pleure, sourit, et boude tour à tour : ce n'est plus cette jeune femme pleine de candeur et de tendresse ; c'est une jolie capricieuse, une petite maîtresse peu digne d'intérêt.

Elle revient brusquement à sa place. Juliette lui succède au piano; toujours vive, impatiente, et cette fois, entraînée par l'exemple, elle manque la mesure, ne sait plus où elle en est, se dépite, se lève et jette le cahier. Son mari la prend par la main. — Remettez-vous, Juliette, lui dit-il froidement; vous n'êtes pas une enfant comme Sidonie, faites plus d'attention. Juliette se rassoit, et joue de son mieux. Mon père s'approche, lui donne un tendre éloge et serre la main de son mari.

Madame de Solages propose de terminer le concert. On se met à causer; la conversation est d'abord indifférente. M. de Solages ne s'y mêle pas. Il s'assoit à l'extrémité du salon et propose une partie de trictrac au mari de Blanche. Le mari d'Émilie cause avec celui de Sidonie, qui paraît lui répondre d'un air distrait; il écoute notre conversation qui s'anime ; ma mère parle des devoirs des femmes; le retour de ses enfants lui fournit mille choses touchantes; elle plaint les femmes qui se laissent séduire par des plaisirs frivoles et qu'une fausse honte écarte du bonheur. Sidonie se sent désignée; elle se fâche au lieu de s'attendrir. Madame de Solages devient alors plus éloquente et plus tendre; elle fait ressortir les torts de Sidonie par ses touchantes bontés; mais la jeune femme, se laissant emporter, n'y met plus de mesure; d'un ton aigre, dépité, elle prie ma mère de garder ses maximes pour elle et pour ses filles, en l'assurant qu'elle ne prétend plus s'y soumettre. — Arrête, malheureuse! s'écrie son mari.— O ma chère Sidonie! lui dit ma mère en lui tendant les bras, viens sur mon cœur, sois toujours ma fille. — Non, non, ma mère, s'écria son fils d'une voix terrible, elle cesse de l'être; elle ne reprendra ce titre qu'après avoir expié sa faute. Allez, madame, allez sur l'heure vous renfermer dans votre appartement; et vous, ma mère, recevez les excuses de votre fils. — Cet admirable jeune homme se jette aux genoux de sa mère, tandis que Sidonie sort en pleurant. M. de Solages s'approche, prend son fils dans ses bras. — J'honore ton courage, lui dit-il, car je sais combien il te coûte. — Quoi! mon père, celle qui m'a donné la vie est offensée par la moitié de moi-même, et j'aurais besoin de courage pour punir! Non, ma mère, depuis que Sidonie a eu l'audace de vous manquer, j'ai retrouvé mes forces.

Mon frère reprenait les mains de ma mère, les couvrait de baisers; ma mère pleurait de douleur et de tendresse. Elle s'efforçait de parler; elle priait son fils de pardonner; elle l'en conjurait : mon frère était inébranlable; elle redoublait. — Taisez-vous, lui dit mon père, n'ajoutez pas à l'effort bien nécessaire qu'il s'impose. — Hélas! ma mère, dit l'époux de Sidonie, je suis bien puni de la faiblesse que j'ai montrée. Si, dès notre retour, j'avais rempli mes devoirs, si j'avais réprimé la première faute de Sidonie en faisant taire l'excès de mon amour, elle ne serait pas maintenant si malheureuse et si coupable.

Mon frère sentit sa voix s'étouffer; il embrassa la meilleure des mères.: elle mêla ses larmes aux siennes. Mon père avait une expression de bonté, de tristesse et de dignité qui commandait un tendre respect; mes sœurs pleuraient; mes frères étaient désolés; tout le monde gardait le silence... Le mari de Sidonie, tournant les yeux autour de lui, s'écria d'une voix émue : O mes respectables parents! ô mes amis! pardonnez-moi la scène pénible qui vient de troubler votre bonheur!

Nous l'embrassâmes tous ; nous lui montrâmes la plus vive tendresse. Oh! que les liens de famille se resserrent dans les jours de tristesse et d'inquiétude!

Mes enfants, dit mon père, nous l'éprouvons aujourd'hui : notre bonheur et nos forces viennent de notre affection mutuelle. Depuis bien des jours mon fils était secrètement condamné par sa famille; la peine qu'il en ressentait et sa tendresse pour sa mère lui ont enfin rappelé ses droits. Aimons-nous, mes enfants, afin que nos devoirs soient toujours faciles, et nos douleurs prévenues ou adoucies; et vous, mes chères filles, soyez toujours soumises : votre faiblesse ne saurait être pour vous une cause d'humiliation; et si vous ne la reconnaissiez pas, elle serait une source de peines. Sidonie, avant d'être punie par son époux, l'était déjà par ses caprices, ses dégoûts et son humeur. Maintenant je laisse à vos cœurs le soin de payer son repentir de vos égards et de votre estime.

Mon père se leva; nous étions tous pénétrés d'amour et de vénération.

Je veux voir ma Sidonie, dit ma mère; je veux être la première à la consoler.

Son fils la retint. — Je vous en conjure, lui dit-il, que ma femme ne reçoive pas sitôt une si grande faveur. Qu'une trop prompte indulgence n'affaiblisse pas le chagrin qu'elle doit recevoir de sa faute. — Je t'approuve, mon fils, dit M. de Solages : une mère offensée doit retenir son cœur et se condamner à souffrir. Mais vous, mes filles, si votre frère le permet, allez voir Sidonie. — Je consens bien volontiers à cette invitation que vous fait mon père, dit le jeune homme; je prie l'une de vous, mes chères sœurs, d'aller voir ma femme, de causer avec elle, mais de la laisser tout le jour dans la solitude et le repentir.

Ma mère me serra la main, j'entendis ce tendre langage; je demandai, j'obtins la faveur d'aller la première chez Sidonie. —

Portez-lui son arrêt, me dit son époux, et que vos sages conseils lui en fassent respecter la justice. — Portez-lui nos consolations et notre amitié, dirent mes sœurs. — Et mon pardon et mon amour, dit madame de Solages... Elle pleurait; ses filles lui prodiguaient de tendres caresses; mes frères s'éloignèrent pour les laisser libres; mon père sortit avec le mari de Sidonie, et je courus vers cette chère infortunée.

Sa douleur était inexprimable; elle sentait toutes ses fautes. — Jamais, disait-elle, on n'en commit de semblables dans ce lieu : cette idée me désole; je suis la première qui ai manqué à la mère de mon époux! — Ma chère amie, elle vous pardonne; elle m'a dit de vous porter tout son amour... Ces mots redoublèrent la douleur de Sidonie. — Ah! dit-elle, parlez-moi plutôt de mépris et de haine; répétez-moi les paroles sévères de mon mari; j'aime mieux l'accent de sa colère que celui d'une indulgence qui augmente mes torts. — Votre époux ne connaît point la colère; il m'a envoyée... — Quoi! est-ce qu'il m'abandonne? Abandonne-t-il son autorité? Je l'ai mérité, sans doute, je l'ai mérité, Julie! mais je suis si jeune! mon repentir est si déchirant!... Allez avec mes sœurs vous jeter à ses pieds; ma mère joindra ses prières aux vôtres; suppliez mon mari de garder ses droits; dites-lui de me punir; obtenez qu'il prenne à mes fautes un intérêt sévère. — Il le prend, ma chère Sidonie, il n'a point cessé de le prendre; votre faute est bien loin de celles qui méritent l'abandon et le mépris. — O mon Dieu! je vous remercie; il ne m'abandonne pas! Ah! ma sœur! que je suis heureuse! puisque l'on me punit, on m'aime encore.

Je pris Sidonie dans mes bras; je la couvris de caresses et de larmes; je lui fis le récit fidèle de ce qui s'était passé. Ma chère amie, lui dis-je, je ne savais comment vous transmettre ce que votre mari appelait un arrêt, je ne m'attendais pas à trouver tant de respect et même de reconnaissance. — Je le crois; vous m'aviez vue oublier tous mes devoirs! Ma chère Julie, quittez-moi; retournez auprès de mon mari; dites-lui que je l'attendrai à cette place. Elle se mit à genoux auprès du fauteuil où il se plaçait. Dites-lui que sa pauvre Sidonie est rendue pour toujours à la soumission et au devoir; mais ne l'implorez pas pour abréger le temps d'épreuves et de retraite que sa justice m'impose; par intérêt pour moi, ma chère Julie, laissez-moi le châtiment qui seul peut soulager mon cœur. — Je vous le promets, Sidonie.

Quelle femme intéressante! A genoux près de moi, ses beaux yeux étaient noyés de larmes... J'entends un soupir; je vois son époux. Il la contemplait; ses regards étaient pleins d'amour. Elle ne le voyait pas encore. Je l'appelai; je lui montrai le fauteuil. Sidonie toute tremblante n'osait lever les yeux. Il s'assit, et d'une voix émue il me dit : — Je viens vous remercier, ma chère sœur; vous avez ramené la sagesse dans un cœur égaré; ce cœur est toujours la moitié du mien, soit qu'il m'impose des devoirs sévères, soit qu'il me comble de joie.

Ces mots touchants firent tout l'effet que je devais attendre. Sidonie ne pouvait plus parler; elle pressait les genoux de son mari; elle les couvrait de larmes; elle ne pouvait trouver d'autre langage. — Mon père m'attend, dit son mari en faisant un violent effort...; j'ai promis à mon père... Nous allons dans une de ses terres... Adieu!... — Un mot, s'écria Sidonie, un seul mot! M'as-tu pardonné? — Pas encore, Sidonie; l'image de ma mère est dans mon cœur auprès de la vôtre... — Et tu pars irrité!... — Je pars affligé... Adieu, Sidonie..... adieu!... Laissez-moi...; je vous défends de m'arrêter et de me suivre... Il sort, l'âme brisée. — Oh! suivez-le, ma chère Julie; suivez-le, vous à qui il ne l'a point défendu!... Je le suivis par égard pour lui autant que pour Sidonie. Il fut sensible à cet empressement, qui lui fournissait un soulagement nécessaire; il ne retenait plus ses larmes; j'y mêlai les miennes; je lui racontai comment Sidonie avait reçu ses ordres. Vous possédez un trésor, lui dis-je, et vous êtes bien digne de le conserver.

Il partit; je rentrai dans le salon; je trouvai ma mère bien triste, et mes sœurs aussi empressées qu'elle de me parler de Sidonie. Pendant les deux jours de l'absence de son mari, nous n'eûmes pas d'autre sujet d'entretien; et l'une de nous allait de temps en temps consoler la pauvre solitaire.

Enfin le moment qui devait nous la rendre arriva. Sidonie était vivement émue, je la trouvai qui s'habillait. Son mari m'avait chargée de lui dire qu'elle se préparât à descendre : une timide joie brillait sur ses traits. — Je ne puis exprimer tous mes sentiments, me dit-elle; mais j'en éprouve de bien délicieux et de bien tristes ; mes souvenirs vont prolonger ma peine : je crains les premiers regards de mon mari, la sévérité de mon père et l'indulgence de celle qui va répondre à mon repentir par son amour... — Oui, par tout son amour, s'écria ma mère en entrant dans la chambre avec précipitation.... Sidonie fait un cri, se jette à ses pieds ; ma mère la relève, la serre sur son cœur... — Ma fille, ma Sidonie, lui disait-elle, savais-tu bien qu'un ordre sacré retenait ta mère? As-tu compris combien cet ordre était rigoureux pour son cœur ? — Ma mère, ma mère! répondait Sidonie, vous m'accablez ; c'est en ce moment que je suis punie... Laissez-moi du moins vous demander grâce!...

J'étais auprès d'elle; je jouissais de cette tendre scène ; l'époux de Sidonie, qui entra en ce moment, en jouissait plus vivement encore : immobile, attendri, les yeux fixés sur ce qu'il avait de plus cher, il aimait, il admirait. Sidonie l'aperçoit; elle vole à ses pieds. — Laisse-moi me soulager de son indulgence, s'écrie-t-elle; laisse-moi m'accuser de l'avoir offensée... Son mari la relève, la serre dans ses bras, la porte dans ceux de sa mère, qui lui dit : — Eh bien, ma fille! puisque ton cœur le demande, je te pardonne!... Tous les trois s'unissent alors par les sentiments les plus doux, par les caresses et les larmes ; tous les trois sont si heureux, qu'on ne sait plus où est l'offensé, le coupable et le juge : le repentir et l'amour ont tout effacé.

Ma mère, par une touchante bonté, avait voulu venir au-devant de Sidonie ; elle avait obtenu cette douce permission de M. de Solages et de son fils, qui bientôt l'avait suivie. Mais elle n'avait point osé demander à M. de Solages d'être seule lorsqu'il recevrait les excuses de Sidonie ; elle savait qu'il aimait à donner à de telles scènes la solennité de famille, afin d'entretenir autour de lui l'ordre et le respect. Madame de Solages, ne pouvant épargner à sa fille un devoir qui la troublait, s'efforçait de la rassurer par sa tendresse.

Nous entrâmes dans le salon ; mes frères avaient l'expression de l'intérêt le plus sincère ; mes sœurs encourageaient Sidonie de leurs doux regards ; son mari s'avançait entre elle et sa mère ; ils s'unirent pour la présenter à M. de Solages. Elle fit un noble effort. — Mon père, dit-elle avec un mélange de timidité et de courage, mon père, recevez mes excuses devant cette chère famille, qui fut témoin de ma faute; ce n'est qu'en la réparant à ses yeux que je puis l'effacer.

Ma chère fille, répondit M. de Solages, je reçois, comme chef de toute une famille que vous aimez, ces excuses qui vous rendent notre tendresse ; vous avez soutenu, d'une manière honorable pour votre caractère et vos principes, la peine que vous aviez méritée.... — O mon père, ma mère, mon époux ! s'écriait Sidonie... et ses larmes, son bonheur, étaient tout son langage. Son mari, transporté de joie et de tendresse, la présenta aux vives caresses de chacune de nous.

Lorsque notre émotion fut un peu calmée, M. de Solages nous demanda de nous asseoir, et après s'être placé lui-même auprès de Sidonie, il nous dit :

Mes filles, profitez d'une scène si touchante, et des peines qui l'ont précédée, pour connaître le véritable orgueil de votre sexe ; le ciel l'a placé dans la pratique des vertus simples, douces et obscures. Malheur à celles qui le placent faussement dans de vains hommages et dans un empire usurpé! Ces femmes dont on excite les caprices, dont on dédaigne les fautes, que l'on accable d'adulations et d'indulgence, celles-là devraient être humiliées du rôle honteux que nos passions leur donnent. Ce ne sont point des vertus que l'on attend d'elles ; on ne prend point pour cela assez d'intérêt à leur honneur et à leur bonheur; on ne leur demande que de briller et d'éblouir. Hélas ! comment trouvent-elles l'apparence même de la gloire sur ce trône fragile ? Comparez cet empire illusoire, renversé par le moindre dégoût, remplacé par le mépris ou l'indifférence, aux droits solides et touchants d'une épouse sage et soumise! La première est le jouet de l'homme égoïste et faible ; c'est une esclave qu'il pare quelques moments en reine pour amuser son loisir : l'autre est la compagne de l'homme fort, la tendre moitié de lui-même, la protégée de son cœur, le digne objet de ses soins, de son estime et de son amour.

Ces paroles de M. de Solages nous pénétrèrent de cette émotion profonde qui ne peut s'exprimer que par le respect et le silence. Mon père se leva et sortit, comme il le faisait d'ordinaire lorsqu'il avait donné une belle et grande leçon ; il aimait à nous laisser libres d'en retirer, chacun à notre gré, les fruits salutaires.

Après une conversation digne des sentiments qu'il venait de nous inspirer, nous nous séparâmes pour le reste de la matinée.

L'heure de dîner nous rassembla de nouveau. Sidonie se montra bien heureuse en reprenant sa place ; elle portait sans cesse autour d'elle des regards reconnaissants. M. de Solages semblait mêler plus de contentement à sa dignité ordinaire ; mes frères étaient plus aimables, mes sœurs plus tendres, les domestiques plus zélés ; un ton de joie pure nous animait ; ma mère en faisait hommage à Sidonie.

Après le dîner la promenade fut prolongée; ma mère semblait avoir l'intention de supprimer le concert. Sidonie s'en aperçut; elle le demanda avec une instance touchante ; nous pénétrâmes ses intéressants motifs. A peine fûmes-nous entrés dans le salon de musique qu'elle courut se placer devant le piano. Son cœur était agité, ses jolies mains essuyaient à la dérobée quelques douces larmes; le mari de Juliette, s'étant placé auprès d'elle pour l'accompagner, lui demanda quel morceau elle voulait exécuter : Le même que l'autre jour, répondit-elle. Et cette fois, si elle ne joua pas bien, ce fut par l'excès du désir de nous satisfaire. Aussi quand elle eut fini, elle porta un regard timide sur M. de Solages, qui s'empressa de lui dire : Ma chère fille, nous sommes si contents et si occupés de vous, que nous n'avons guère pu suivre votre sonate ! Quels applaudissements auraient pu valoir pour Sidonie un mot si touchant?

Depuis ce jour cette femme charmante gagna sans cesse dans notre estime. Le repentir, le souvenir de ses peines, le bonheur qu'elle avait retrouvé, les scènes gravées dans son cœur par une leçon tendre et sévère, lui valurent des années de raison et d'expérience. Bien loin d'éprouver cette humiliation qui tient à la faiblesse, elle rappela souvent la sage punition qui lui avait fait tant de bien, et lui avait rendu son époux encore plus cher, plus digne de son respect et de sa tendresse.

Mais des scènes plus frappantes encore se préparaient. Un jour, pendant que nous étions toutes rassemblées autour de madame de Solages, cette femme excellente me dit : Ma chère fille, je vous conduirai demain au couvent où est Rosalie ; je prie Sidonie d'aller demander à son mari la permission de m'accompagner aussi. Ma petite sœur sortit pour l'obtenir. — Je suis bien aise, dit madame de Solages, de conduire notre chère Sidonie dans l'asile de la douleur et du repentir au moment où son âme est ouverte aux impressions graves et tendres.

Le lendemain nous partîmes de bonne heure. Mes sœurs s'étaient rassemblées pour nous dire adieu, et nous charger de mille choses tendres pour Rosalie. Au moment de monter en voiture, madame de Solages se fit apporter de nouveau l'enfant de Rosalie qu'elle avait beaucoup caressé le matin ; elle le couvrit de baisers.

Pendant la route, j'étais attendrie ; madame de Solages avait l'air pensif ; nous fûmes quelque temps sans parler. — Maman, dit enfin Sidonie, je suis bien contente d'aller voir ma sœur ; mais je tremble de dire devant elle quelque chose qui la chagrine. Souvent mes paroles m'échappent ; je n'ai jamais vécu qu'avec des gens heureux ; je serais désolée de blesser une sœur dans le chagrin. Ma mère embrassa Sidonie. — Ne craignez rien, lui dit-elle, votre sœur est si résignée, si douce, que vous ne pourrez la blesser. — Non, mais l'affliger peut-être. — Rassurez-vous encore ; avec un cœur comme le vôtre, ma chère Sidonie, on respecte involontairement la peine des malheureux.

Nous arrivâmes, nous entrâmes dans le couvent. Sidonie regardait ces portes massives, ces murs élevés, ces grilles, ces cloîtres longs et sombres; elle était interdite, tremblante; elle me donnait le bras sans parler. Madame de Solages nous fit rester un moment dans le corridor qui conduisait à la chambre de sa fille; bientôt elle nous appela. — Embrassez-vous, mes enfants, nous dit-elle. Rosalie se laissa serrer dans mes bras : elle reçut nos caresses avec tristesse et douceur; elle était baignée de larmes; ses yeux n'osaient se relever sur nous. Ma mère nous fit asseoir; et, pour nous aider à nous remettre, elle parla de l'enfant de Rosalie, de nos sœurs, de leurs maris. Pendant ce temps, Sidonie regardait la chambre obscure et triste; elle soupirait et s'efforçait de retenir ses larmes; Rosalie commençait à se calmer; elle vit l'émotion de notre jeune sœur; elle en fut touchée. — Je vois votre pitié, lui dit-elle; je vous en remercie. — Voyez encore plus mon affection, mon estime pour votre courage, lui répondit Sidonie. — Oui, mes enfants, dit madame de Solages, montrez tous les sentiments qui vous remplissent; ne vous efforcez plus de cacher ce que vous éprouvez.

Dès ce moment nous n'eûmes plus de réserve. Rosalie parla de sa douleur et de son repentir; j'exprimai la juste compassion qui me remplissait. Madame de Solages, avec la force que lui donnait sa conduite sans tache, parla de vertu, de sagesse, et nous pénétra d'un profond respect; jamais cette femme éloquente ne m'avait fait plus d'impression que dans ce lieu de douleur. Il était des moments où Rosalie, consternée, semblait écouter la voix de Dieu même; je souffrais de son humiliation; je voulus l'adoucir; je voulus pallier sa faute; je déplorai la funeste influence de certaines positions; j'accusais le sort..., je sentis que je me perdais dans des sophismes, que ma pitié m'entraînait... Madame de Solages me regarde d'un air étonné; bientôt elle se montre mécontente, irritée. — Est-ce vous qui parlez, Julie? Est-ce vous qui, par un tel langage, démentez votre conduite et vos principes? Quoique intimidée par ces mots sévères, je ne me désistai point encore; je peignis les séductions... — Et où seraient les vertus sans elles? interrompit madame de Solages. — Il est du moins, osai-je ajouter, bien des femmes plus coupables... — Elles ne sont pas mes filles, dit ma mère avec force ; elles ne furent pas élevées dans le séjour de l'honneur, entourées de vertus, mariées avec des hommes sages. Il est, dites-vous, des femmes plus coupables ! Auriez-vous l'intention d'abaisser jusques à elles les regards de Rosalie ? Croyez-vous ainsi la consoler ? Voulez-vous, par une telle comparaison, l'empêcher de s'accuser et de se punir ? Ah ! laissez-la plutôt se répéter que pour Rosalie de Solages, une seule faute est un grand crime! Elle est plus heureuse avec son repentir amer et juste qu'elle ne pourrait l'être avec tous les subterfuges de votre tolérance ; et ce n'est qu'à l'aide d'un tel repentir qu'elle reprendra ses droits, sa force et son bonheur.

— Pardonnez-moi ! m'écriai-je... ; et un mouvement d'admiration me fit tomber aux genoux de madame de Solages ; je reconnais mes torts, je les rétracte ; je n'avoue que vos sentiments sublimes.

Ma mère me releva, me pardonna, et revint avec moi au ton de la bonté et de la tendresse.

La journée se passa trop promptement pour nous, et surtout pour Rosalie. Ma mère, après lui avoir parlé avec force, la caressait avec douleur ; elle versait tour à tour dans le cœur de son enfant la raison et le repentir, le courage et l'espérance.

Avant de partir, nous rendîmes une courte visite à la supérieure : c'était une femme respectable. Rosalie la bénissait, et s'en faisait chérir. Ma mère nous présenta, Sidonie et moi, à cette bonne parente. Elle connaissait la famille de Sidonie ; elle voulut savoir aussi quelle était la mienne ; je répondis à ses désirs. — J'ai connu votre mère, me dit-elle, femme estimable, douce, qui versa des larmes dans ce couvent. Ces mots excitèrent une vive curiosité dans mon esprit, mais l'heure de nous retirer était venue, et la religieuse était pressée de se rendre à ses devoirs.

Nous partîmes. Quand nous fûmes en route, madame de Solages prit la main de Sidonie. — Vous êtes triste, mon enfant ? lui dit-elle. — Je l'avoue, ma mère ; Rosalie paraît si bonne et si malheureuse ! O mon Dieu ! quel sort ! quel triste séjour ! que de privations et quelle longue épreuve !

moi, qui trouvais deux jours de chagrin un temps si long! — Vous avez raison, ma fille, de plaindre votre sœur. Il est bien dur sans doute, au plus bel âge de la vie, dans une position brillante, environnée de plaisirs et d'hommages, il est bien dur de venir se renfermer dans un cloître solitaire, au fond d'une triste cellule, de s'environner de pauvreté et de pénitence, de vivre toujours seule avec ses larmes et ses remords.

— Arrêtez, ma mère, s'écria Sidonie, ce tableau est trop déchirant et trop vrai. — Oui, ma fille ; mais Rosalie vous a dit qu'elle serait bien plus malheureuse sans ses expiations et ses larmes ; elle vous a dit que sa seule consolation était d'avoir été punie, et qu'elle ne trouverait la paix qu'après avoir traversé ce temps d'épreuves et de douleur.

— Oh! oui, dit Sidonie, je le crois : ce n'est pas aussi d'être au couvent que je la plains le plus, ce n'est pas même d'être privée de notre bonheur ; c'est... Sidonie n'acheva pas, et elle rougit de pudeur.

Que tu me rends heureuse! lui dit sa mère en l'embrassant avec ardeur. — Je vous ai pourtant affligée. — Tu ne m'affligeras jamais profondément. — Je le jure, dit Sidonie ; j'ai de plus que Rosalie son cruel exemple, et le noble exemple de mes sœurs.

Le lendemain de ce voyage, M. de Solages me rencontra dans le parc. — Julie, me dit-il, vous êtes tombée hier dans un piége que votre bonté et votre esprit vous tendaient à la fois. Il ne faut abuser ni de ses talents ni de son cœur, surtout quand on parle de la sagesse. Je sais, ajouta-t-il, que vos intentions étaient généreuses ; je sais que vous avez promptement rétracté vos erreurs : je ne veux point vous faire de reproches ; je veux seulement vous dire que j'ai eu un moment de peine. Vos opinions me sont d'autant plus chères que vous possédez toute mon estime... Mon père me tendit la main, je la pressai sur mes lèvres, et j'exprimai, trop faiblement au gré de mon cœur, ma reconnaissance et mon respect.

M. de Solages venait de s'éloigner, lorsque sa femme vint me rejoindre. — Chère Julie, me dit-elle, je vous ai fait gronder. — Oh! je vous en remercie, lui répondis-je; il est si glorieux d'être dirigé par des cœurs comme les vôtres; une leçon de vous est si précieuse et si imposante! — Vous savez, ma chère amie, que je rends compte, chaque soir, à mon mari de toutes mes pensées, de toutes mes paroles. Notre journée d'hier était trop intéressante pour rien oublier. J'ai dit à votre père le tort que vous aviez eu par une intention trop indulgente; je lui ai dit aussi l'irritation que j'avais mise dans ma réponse, au lieu du calme et de la fermeté, qui auraient suffi. J'ai avoué ce tort comme le vôtre, Julie, et j'ai été blâmée comme vous. Échangeons un doux pardon, ma fille... Et, en me parlant ainsi, cette femme excellente me serra dans ses bras. Elle ne m'inspira jamais plus d'admiration et de tendresse.

Enfin le temps approcha où nous devions revoir l'époux de Rosalie. Ma mère était agitée. Pour se calmer elle causait souvent avec moi. Toutes mes sœurs s'unissaient à ses tendres vœux. — Mes chères filles, nous dit-elle un jour, je touche à l'un des moments les plus importants de ma vie. Je vais partir avec M. de Solages; nous allons au-devant de notre digne gendre... Je me sens inquiète, je crains les émotions trop fortes. M. de Solages me permet d'emmener une de mes filles : qui de vous veut m'accompagner pour me soutenir et peut-être me soigner?..... Chacune de nous s'empressa de s'offrir. Mais bientôt, par un concert généreux, mes sœurs me cédèrent la préférence la plus touchante. — Allez, me dirent-elles, vous avez plus de force que nous, et vous n'avez point ici de devoirs à remplir.

Nous partîmes. J'étais glorieuse de voyager entre M. et madame de Solages. Nous restâmes plusieurs jours dans la ville où était Rosalie. M. de Solages y possédait une maison. Nous allions passer le plus de temps possible à préparer Rosalie au retour de son époux. M. de Solages n'avait pu connaître le moment précis de son arrivée ; la mauvaise saison rendait les voyages difficiles, et le désir de recevoir son gendre, joint au besoin de ménager sa femme et sa fille, avait engagé mon père à prendre plusieurs jours d'avance.

Il profitait de ce temps pour aller voir une partie de ses biens qui étaient dans le voisinage ; le soir, lorsque nous revenions du couvent, il écoutait, avec un profond intérêt, nos fidèles récits. Madame de Solages peignait, avec une vérité touchante, les douleurs, les craintes, le repentir de Rosalie. — Elle est pour toujours rendue à la sagesse, disait-elle. Elle est si inquiète, si désolée ! elle attend son arrêt avec tant de soumission et de respect ! M. de Solages, pour toute réponse, serrait la main de sa femme, et accordait une larme à la tendresse et à l'espoir.

Madame de Solages avait voulu emmener l'enfant de Rosalie, non pour elle, mais pour son père. M. de Solages ne l'avait pas permis. — Nous ne devons rien employer, avait-il dit, pour gagner l'indulgence de ce jeune homme. Des rapports sincères sur la conduite de Rosalie, le récit de sa constance dans ses épreuves, dans ses remords, voilà tout ce que nous avons le droit de faire. Remercions Dieu d'avoir rendu son repentir assez profond pour nous fournir les seuls moyens que l'honneur nous laissait dans sa triste cause.

Ah ! M. de Solages avait raison : le repentir de Rosalie était profond ; il ne pouvait avoir plus de constance et de force ; c'est ce que je me plaisais à répéter devant elle pour consoler sa mère, pour la soutenir elle-même par l'espoir du pardon ; et elle me répondait d'une voix tremblante : — Que la volonté de Dieu s'accomplisse ! Je n'attends rien que de l'indulgence et de la pitié.

La bonne supérieure était souvent avec nous ; elle nous parlait de la résignation de Rosalie. — Jamais, disait-elle, je n'ai rien vu d'aussi bon, d'aussi soumis, d'aussi intéressant que cette chère infortunée ; et pourtant j'ai vu bien des peines, bien du repentir, bien des larmes !

Je rappelai à la bonne religieuse qu'elle avait consolé ma mère ; je la priai instamment de me raconter ce qu'elle savait de son histoire : elle y consentit avec bonté. Mais rien ne pouvait interrompre ses premiers devoirs. — Celui de vous satisfaire, me dit-elle, doit être placé au nombre de mes douces récréations. Venez dans ma cellule à l'heure qui leur est consacrée..... Je m'y rendis, et j'obtins le récit suivant:

Votre mère était plongée dans la plus vive douleur lorsqu'elle vint en ce lieu : elle y fut conduite par un frère qu'elle appelait son tyran. Je vis bientôt qu'il méritait ce titre. Votre mère, pour m'en convaincre, me fit le récit de ses peines. Restée orpheline très-jeune, elle avait passé sous la tutelle, ou plutôt sous le joug de ce frère dénaturé, qui par son avarice et ses mauvais traitements avait rendu son enfance très-malheureuse. Parvenue à l'âge de dix-huit ans, sa beauté avait passionné un homme très-riche, mais qu'elle n'aimait point. Elle avait donné secrètement son cœur à un jeune homme digne de son amour; elle l'avait épousé, et l'avait suivi en Italie pour échapper aux persécutions de son frère et de l'homme qui, en flattant son avarice, l'avait mis dans ses intérêts. Elle devint mère en Italie; elle y attendit l'âge d'user de ses droits. Elle revenait en France avec son mari et son fils, lorsqu'elle fut accueillie par une affreuse tempête : elle vit périr tout ce qu'elle chérissait. Sauvée par miracle, elle fut jetée sur les côtes de Provence et arrachée à la mer par un pauvre pêcheur, qui la porta privée de sentiment dans sa cabane, et qui se hâta d'aller chercher pour elle les secours des sœurs de la Charité. Elle fut longtemps en danger de mourir, et sa raison même resta longtemps affaiblie. Cet événement se répandit; une femme jeune et belle avait, disait-on, fait naufrage sur les côtes de Provence. Votre oncle, que la cupidité, la haine et la vengeance rendaient inquiet, voulut savoir si cette infortunée n'était point sa sœur. Il la reconnut, abusa de son malheur, de sa faiblesse, de son indigence pour redevenir son maître; et, afin qu'elle ne pût lui échapper de nouveau, il la conduisit dans ce couvent. Je n'en étais point alors supérieure; je n'y avais d'autres droits que ceux des prières et des larmes. J'adoucis autant qu'il me fut possible les chagrins de votre mère; je contribuai au retour de sa santé et de sa raison : mais, naturellement douce et faible, ses malheurs l'avaient rendue encore plus craintive, plus facile à effrayer. Son frère la faisait trembler. Une seule consolation, une seule pensée fugitive trompait quelquefois sa douleur. Si mon mari et mon fils vivaient encore! disait-elle..... Hélas! elle reçut bientôt de son frère la triste confirmation de leur mort. Elle ne forma plus alors qu'un vœu; ce fut de rester dans la retraite, de se consacrer à la solitude et à la religion. Son frère parvint à l'en empêcher. Toujours sollicité lui-même par l'homme qui s'était passionné pour votre mère, il renouvela ses propositions, menaça, s'emporta, supplia, fit tour à tour les scènes les plus vives et les instances les plus pressantes. Votre mère, qui résistait à peine à la colère, était encore plus faible contre les supplications; et son frère, à qui de grands biens étaient offerts, ne les épargnait pas. C'est ainsi que votre mère fut vendue. Heureusement, M. de Roselle était meilleur qu'un tel marché ne devait le faire attendre. Votre mère ne fut ni malheureuse ni heureuse. Sa seule joie fut de vous donner le jour. Elle mourut bientôt après; et votre père, qui ne lui survécut pas longtemps, vous confia avec tous ses biens à celui qui avait été pour votre mère un tuteur si cruel.

Voilà, ma chère fille, dit la respectable supérieure, ce que j'ai su de votre histoire. Votre mère était bonne, douce, tendre; votre père avait, dit-on, de belles qualités; vous devez donner des larmes à leur mémoire et à leurs peines.

Je remerciai la digne amie de ma mère; un tendre intérêt lui fit désirer de connaître à son tour les principaux événements de ma vie; je m'empressai de la satisfaire; elle fut frappée de la ressemblance de ma position avec celle de ma mère. Le même homme, dit-elle, vous a fait éprouver la même tyrannie; mais vous étiez soutenue par votre caractère et votre courage, tandis que votre mère était accablée par sa timidité et sa faiblesse. Bénissez Dieu pour les avantages qu'il vous a accordés; remerciez-le surtout de vous avoir fait chérir la sagesse; l'amour de la sagesse est le premier des biens.

Je quittai la bonne religieuse; j'allai rejoindre madame de Solages, je trouvai un doux plaisir à lui répéter tout ce que je venais d'apprendre. Ce récit fit une diversion salutaire à l'émotion dont elle ne pouvait se défendre. Mais Rosalie, placée auprès de sa mère, ne put, malgré son amitié pour moi, donner son attention à mes paroles.

Je terminais mon récit, lorsque madame de Solages reçut un billet de son mari. — Revenez avec Julie, lui disait-il.

Rosalie tressaillit. — Il est arrivé! s'écria-t-elle. Son tremblement nous effraya; je courus chercher la bonne supérieure; ses regards, ses promesses prévinrent les inquiétudes de madame de Solages. — Soyez tranquille, dit-elle, je ne la quitterai pas; je prierai auprès d'elle, je la soignerai; Dieu me fera la grâce de la calmer.

Nous nous arrachons des bras de Rosalie; madame de Solages avait aussi besoin d'être calmée. Je n'épargnai pas mes soins.

Nous arrivons à la maison de M. de Solages; nous voyons plus de monde dans la cour, des domestiques inconnus, une voiture de voyage. Ma mère, se pressant contre moi, tremblait comme sa pauvre Rosalie. — Ma mère, mon amie, lui dis-je, rassemblez vos forces; il est arrivé. A ces mots madame de Solages fait un mouvement très-vif, m'embrasse, essuie ses larmes, et commande à sa grande âme le calme et la dignité.

Nous entrons. Mon père était debout; je vois l'époux de Rosalie; ce jeune homme dépasse encore le portrait que mon imagination s'en était formé; ses traits pleins de majesté et de force respiraient le courage et l'honneur.

Il s'avance vers nous. — Ma mère, dit-il à madame de Solages, je sais combien de reconnaissance je dois unir à mon respect. — O mon fils! nous ne ferons jamais assez pour vous. Je regrette de n'avoir point partagé avec M. de Solages la satisfaction et l'honneur de vous recevoir.

Ils s'embrassent tendrement; tous les deux sont émus; mais tous les deux sont aussi forts que bons et sensibles.

M. de Solages me présente, me nomme. — Je vous ai envoyé, dit-il, le récit de son histoire et la peinture de ses qualités; c'est nous tous qui l'avons choisie pour accompagner madame de Solages.

L'époux de Rosalie me fit l'accueil le plus honorable; il remercia mon père de lui avoir amené une sœur pour laquelle il était plein d'estime, et dont il espérait se faire chérir. Il prit ensuite la main de sa mère, parla de sa santé du ton le plus tendre.

— Permettez-moi de vous demander, lui dit madame de Solages, si vous êtes arrivé depuis longtemps. — Il n'y a qu'un instant, répondit M. de Solages, qui comprit le motif de cette demande; nous n'avons encore parlé que du bonheur qu'éprouvent des hommes de bien en se retrouvant après une longue absence; nos sentiments mutuels sont les seuls que nous ayons encore exprimés.

Je crus qu'il me convenait alors de me retirer; je me levai...; mon frère me retint. — La confiance de M. de Solages, me dit-il, doit vous garantir la mienne; je vous prie, ma sœur, de l'accepter tout entière; j'ouvrirai sans réserve mon cœur devant mes parents et devant vous.

Je m'inclinai; il se fit un profond silence.

— Ma mère, dit l'époux de Rosalie, vos soins pour tout ce qui m'est cher ont-ils obtenu le succès que méritent vos vertus? — Je crois mes vœux exaucés, dit madame de Solages. — Et vous, mon père? — Les miens le sont aussi; mon cœur s'en est rapporté à ma femme, à ma fille, et à une autre femme estimable et sage. — Vous n'avez donc point encore vu Rosalie? dit le jeune homme d'une voix émue. — Non, mon fils, je n'ai point vu Rosalie. Son repentir était trop grand pour ne pas toucher un père; et ce père n'avait ni pardon ni espoir à donner sans vous.

— Homme respectable, dit le jeune homme, demain je vous rendrai votre fille... — Grand Dieu! s'écria madame de Solages, ma fille mourra de reconnaissance; sa mère en est accablée. — Mon fils, dit M. de Solages, consultez vos sages principes; ce qu'ils vous permettront d'accorder à l'indulgence sera payé par nos cœurs reconnaissants.

Mon père fut obligé de sortir pour se calmer; je ne l'avais jamais vu dans cet état de bonheur et de trouble. J'admirai cette union de la bonté et de la sagesse; que sa conduite envers son gendre me paraissait noble et touchante! Tant de déférence, tant de respect de la part d'un homme si fort, si accoutumé à l'autorité!

Le soir M. de Solages demanda à son gendre à quelle heure il ordonnait que Rosalie sortît du couvent. — A l'heure qui conviendra à ma mère, répondit le jeune homme.

Le lendemain ma mère ne fut point en état de se rendre auprès de Rosalie ; je fus chargée de la remplacer. Chère et malheureuse Rosalie ! quelle commission douce et cruelle ! je la trouvai accablée, mourante. Elle n'aura jamais la force de vous suivre, disait la bonne supérieure en priant pour elle. Rosalie ne parlait pas, ne pleurait pas ; elle tremblait, pâlissait ; sa tête tombait sur mon épaule ; elle me causait les plus vives craintes. J'espérais que le mouvement de la voiture lui ferait du bien ; je le lui disais ; je lui faisais des caresses ; je cherchais à la rassurer... Elle n'entendait rien.

En arrivant nous fûmes d'abord reçues par ma mère, qui lui tendait les bras. — Je vais donc le voir ! dit-elle d'une voix faible... — Ma fille, remets-toi, repose-toi avant d'entrer. — Mais s'il l'ordonne !... — Ma Rosalie, tu n'es pas en état de paraître. — O ma mère ! vous tremblez, dit Rosalie d'un ton sombre et résigné ; elle leva les yeux au ciel, en joignant fortement les mains... Je voudrais savoir mon sort, ajouta-t-elle avec une douceur déchirante... Oh ! si du moins avant de mourir je pouvais entendre une fois le mot de pardon !... — Je n'y puis tenir, s'écria madame de Solages ; elle se lève, ouvre une porte voisine, elle entre en disant d'une voix étouffée : Mon fils, voilà celle que vous avez demandée... Le jeune homme fait quelques pas ; ses yeux, ses traits peignent encore les combats qui troublent son âme... Sa voix entrecoupée fait entendre ces mots : Est-ce vous, Rosalie ?... — Est-ce la voix d'un Dieu de miséricorde ? dit Rosalie en baignant de pleurs les pieds de son époux..... Elle s'efforce de lever les yeux... Oh ! dit-elle, je ne le vois pas ! un nuage me dérobe sa bonté... ou sa colère...

Rosalie va s'évanouir... Son mari se penche sur elle..., la prend dans ses bras... : Je te pardonne, Rosalie..... ; tu es rentrée dans mon cœur.... Étroitement serrés, ils se relèvent ensemble... Madame de Solages est trop émue ; elle ne peut exprimer ce qu'elle éprouve ; et M. de Solages, profondément sensible à ce tableau du repentir dans les bras de l'indulgence, s'écrie : Grand Dieu ! mon fils est votre image ; qu'il soit révéré comme vous !

Madame de Belval suspendit un moment son récit ; ses auditeurs avaient besoin, comme elle, de se reposer de l'émotion que leur causait une scène si intéressante.

Je n'essaierai point, mes amis, continua-t-elle, de vous dépeindre la douce félicité de Rosalie, malgré sa pâleur et sa faiblesse ; les tendres égards de son mari, la joie profonde de son père et de sa mère, et le contentement de toute sa famille, lorsque nous rentrâmes au château de Solages ; vos cœurs devinent tous les sentiments que dans des positions semblables vous goûteriez si bien. Depuis ce moment, tout ce que l'âme la plus ardente peut imaginer de bonheur, d'affection et de vertus, se réunit autour de moi.

Mais, hélas ! je fus bientôt obligée de quitter ce château de Solages, où l'on me traitait avec des égards et une tendresse dont j'étais si heureuse et si fière. Mon mari revint en France ; je le priai vainement de venir voir son père ; il m'ordonna de me rendre à sa terre de Belval ; et le refus qu'il fit de venir me chercher lui-même fut pour moi d'un triste présage. Je fus bien affligée en me séparant de sa famille ; je reçus avant de partir les témoignages de l'attachement le plus tendre ; on fit les vœux les plus ardents pour me revoir bientôt. M. de Solages seul n'exprima point le même désir ; il se contenta de me dire : — Allez à vos devoirs, ma chère fille ; n'oubliez point que vous m'avez pénétré d'affection et d'estime ; que ces sentiments d'un père vous accompagnent et vous soutiennent ; ils ne vous manqueront jamais ; vous les mériterez toujours.

J'entendis le sens de ces nobles paroles ; elles remplirent mon âme de consolation et de force. La fille de M. de Solages, répondis-je à mon père, est trop heureuse de ce titre pour jamais descendre du rang qu'il lui donne.

Je partis ; j'arrivai au château de Belval peu de temps après mon mari : il mit dans son accueil moins de plaisir de me revoir que d'humeur de ce que je m'étais fait attendre. Je lui retrouvai le même fonds de caractère ; de la légèreté dans les principes ; souvent de la violence dans les mouvements ; quelquefois aussi des intentions généreuses ; mais elles ne duraient qu'un instant. Il revenait mécontent de son voyage, détrompé de toutes les espérances de plaisir, de fortune et de gloire ; ayant, disait-il, beaucoup à se plaindre des hommes, du sort, de la nature ; en un mot, chagrin et misanthrope, comme le sont tous les hommes qui, par erreur d'opinion, autant que par vivacité de caractère, ont exagéré toutes leurs espérances, et, pour cette raison, n'ont su modérer ni leurs actions ni leurs désirs.

Quel sujet de réflexion pour moi qui revenais du château de Solages !

Mes amis, je passai au château de Belval plusieurs années, dont je ne vous raconterai point les détails ; je vous dirai seulement qu'exposée plus que personne aux effets malheureux de l'ennui et de l'inquiétude dont mon mari était dévoré, j'eus la douceur de tenir les promesses que j'avais faites à son père. Je reçus d'ailleurs fréquemment, pour ma consolation, des lettres de madame de Solages ; mes sœurs m'écrivaient aussi ; je me croyais au milieu d'elles en lisant leurs lettres charmantes. Sidonie m'avait promis de ne pas oublier la scène la plus légère, de me transmettre jusques aux moindres paroles de M. de Solages ; elle remplissait cet engagement avec exactitude ; je remplissais de même celui que j'avais pris avec madame de Solages de lui confier tous mes sentiments. Je lui annonçai que M. de Villarzel s'était établi en Amérique ; c'était de M. de Belval que je tenais cette information. La jalousie étant un fruit naturel de son humeur, il n'avait point voulu me communiquer la lettre par laquelle M. de Villarzel m'apprenait sa résolution, et m'en disait les motifs. M. de Belval déchira même cette lettre sous mes yeux, en me disant que puisque M. de Villarzel était parti et se portait bien, je n'aurais jamais besoin d'en savoir davantage. Ce moment de dureté et d'injustice fut un de ceux où mon cœur soumis, mais non insensible, répondit le mieux à la confiance de mon père.

Je n'avais encore pour compensation de mes peines que le souvenir du temps que j'avais passé au château de Solages, et les lettres que j'en recevais, lorsqu'une joie inespérée vint remplir mon cœur. Je devins enceinte ; M. de Belval partagea mon bonheur. Mais ce sentiment même ne pouvait être que fugitif dans une âme dont l'inquiétude dévorante semblait être devenue la funeste nature. Malheureusement elle commençait à paraître justifiée par les événements qui se préparaient. Les orages révolutionnaires faisaient entendre leurs préludes sombres. M. de Belval, trop irritable pour supporter les premières atteintes de l'esprit séditieux, et trop ardent pour ne pas saisir avec avidité les grandes occasions de mouvements et d'aventures, voulut absolument émigrer ; j'essayai vainement de le retenir. Mais j'avoue que je n'insistai plus lorsqu'il me proposa d'aller attendre de nouveau au château de Solages, et ma délivrance, et la fin d'une révolte qu'il croyait devoir être étouffée en très-peu de temps. Je ne partageais pas cette espérance ; mais je pensais bien davantage au bonheur de revenir auprès de mon père ; j'étais pénétrée d'un contentement céleste en pensant que mon enfant naîtrait dans le séjour de toutes les vertus, et en recevrait l'influence.

Je fus accueillie et traitée au château de Solages comme je devais l'attendre. Ma mère me combla de soins et de bontés. Ce fut la bonne Émilie qui reçut mon enfant dans ses bras, et qui la première le plaça sur son berceau ; elle pria sur ma fille ; elle demanda à Dieu de la rendre digne du nom de Solages ; elle voulut être sa marraine, sa protectrice ; et les tendres vœux de cette femme excellente me pénétrèrent d'un religieux espoir qui se réalise chaque jour. Ma fille fait mon bonheur ; je vous la montrerai à son retour du château de Solages où elle est en ce moment.

Je passai un an au château de Solages ; la révolution, au lieu de rétrograder, faisait chaque jour des pas terribles. M. de Belval, retenu dans les pays étrangers plus longtemps qu'il ne l'avait cru, mais se persuadant sans cesse qu'il rentrerait bientôt en France, et que la crise qui l'y ramènerait allait s'effectuer, nous appela moi et sa fille. Je devais lui tenir compte de ses motifs, et ne jamais lui reprocher ses illusions.

Je ne vous dirai point ce que nous eûmes à souffrir de privations et de peines; cette partie de mon histoire est la même que celle de presque tous les émigrés. Nous passâmes quatre années bien cruelles; M. de Belval, toujours trompé dans ses espérances, tantôt s'irritant de ce que sa cause était le jouet des cours étrangères, tantôt accusant son parti d'inhabileté, de trahison, ou d'imprudence; et moi, livrée sans cesse à de mortelles inquiétudes sur le sort de mon mari et sur celui de mon enfant.

Enfin le moment étant venu où les émigrés, abandonnés par perfidie ou par faiblesse, n'eurent plus rien à attendre que de la générosité du vainqueur, nous rentrâmes en France. Ce fut pour moi un moment de joie bien vive; mais ce ne fut qu'un moment. M. de Belval ne trouvant à son retour, pour prix de son dévouement, que l'anéantissement de presque toute sa fortune, ne garda plus de modération dans son humeur et dans ses plaintes; mon occupation fréquente et cruelle fut d'adoucir son désespoir.

Un jour il me jetait dans l'effroi par une scène très-violente, lorsqu'une lettre m'est remise; il me l'arrache, l'ouvre, n'en lit que les premiers mots, et la met en pièces. Elle était de M. de Villarzel. Je ne pus me défendre d'un secret sentiment de plaisir en recevant des nouvelles d'un ami si cher que je croyais perdu. Mais mon mari, dont l'irritation et la fureur ne demandaient que des prétextes, qui d'ailleurs m'aimait encore, quoiqu'il me rendît bien malheureuse, s'emporta contre moi et contre mon ami d'une manière épouvantable; j'essayai vainement de le calmer; il ne répondit à mes larmes et à mes prières que par des imprécations et des menaces qui me firent frémir.

Je ne répondis point à M. de Villarzel. Je formai le désolant espoir de lui persuader, par mon silence, que je n'existais plus.

Un mois s'était écoulé depuis sa fatale lettre; je commençais à tranquilliser mon cœur en me disant : C'en est fait; j'ai étouffé ma consolation la plus chère; je suis en paix avec mes devoirs.

Mon mari ne me parlait plus de M. de Villarzel, et à son irritation convulsive avait succédé un calme sinistre, un ennui accablant. — Mon ami, lui dis-je, vous feriez bien peut-être de vous distraire, de faire un peu d'exercice; votre santé paraît moins bonne depuis quelques jours. — Que m'importe?

Je gardai quelques moments le silence. Reprenant ensuite : Vous aimiez la chasse autrefois, lui dis-je. — Je n'aime plus rien.

Cependant quelques jours après cet entretien, mon mari, toujours triste et sombre, parcourait, un fusil de chasse à la main, les bois qui entourent notre demeure; la nuit commençait lorsque des cris d'alarme se firent entendre. Mon mari court; il voit un homme attaqué par des brigands qui, à cette époque malheureuse, étaient nombreux dans notre province. Mon mari, toujours plein de courage, prend part à la lutte, fait fuir les assassins; mais il est lui-même blessé dangereusement. Celui qu'il vient de sauver s'empresse de le soutenir, veut à son tour lui prodiguer des soins; mais alors quelle surprise!... mon mari reconnaît en lui l'objet de sa haine, de son injuste jalousie, Villarzel en un mot; j'arrive en ce moment, tremblante, hors d'haleine; ma vue redouble l'indignation de mon mari; il repousse nos soins; l'irritation, la fureur, ajoutent au danger de sa blessure; nous redoublons nos efforts, nos prières... — Mon ami, mon sauveur, mon frère, s'écriait M. de Villarzel, ah! par pitié, laissez-moi arrêter ce sang que vous versez pour moi! Ne savez-vous donc pas que je suis votre frère? Ne vous l'ai-je pas écrit?... M. de Belval, affaibli, épuisé, ne l'entend pas; il respire encore; mais il ne résiste plus à nos soins; il n'en a plus la force : hélas! tous nos soins sont inutiles; nous parvenons à peine à lui rendre l'usage de ses sens... — Que m'avez-vous écrit? demande-t-il d'une voix mourante... — J'ai écrit à votre femme que je rentrais en France, que j'étais son frère, que j'avais fait depuis peu cette découverte heureuse, que bientôt j'irais vous voir, vous offrir ma fortune, vous demander votre amitié; serais-je assez malheureux pour que cette lettre ne vous soit point parvenue?

Elle nous est parvenue, dit mon mari en recueillant ses dernières forces... Nous ne l'avons point lue... Je suis puni de ma violence et de mon injustice... Mon frère!... la vie m'était insupportable... Il m'est doux de l'avoir perdue en conservant la vôtre... Je vous recommande ma femme et ma fille... Qu'elles pardonnent à ma mémoire ! Que mon père !...

C'est en prononçant ce nom sacré que mon mari rendit le dernier soupir... Je ne puis continuer !... O mon cher frère ! mon histoire est maintenant la vôtre !

M. de Murville prit la main de madame de Belval ; tous ses amis étonnés, et encore plus attendris, la prièrent de s'arrêter, et se disposèrent à entendre le récit de son frère.

HISTOIRE DE M. DE MURVILLE.

Vous savez, mes bons amis, une bien grande partie du commencement de mon histoire ; je suis cependant obligé d'y revenir pendant quelques instants pour vous expliquer ce que ma sœur ignorait.

J'ai su par le respectable ami de mon père, par ce digne tuteur dont j'ai épousé la fille pour réparer une faute, j'ai su quelques détails sur l'événement cruel qui avait séparé mes parents. Mon père, au moment du naufrage, avait cherché d'abord à sauver ma mère ; il l'avait placée dans une chaloupe ; il était rentré dans le vaisseau pour me prendre ; et, me serrant fortement dans ses bras, il allait descendre de nouveau dans la chaloupe, lorsqu'un affreux coup de vent la détache et l'emporte bien loin du vaisseau, qui lui-même arrache ses ancres ; la chaloupe échoue sur le rivage ; et le vaisseau, rejeté en pleine mer, dérive sans cesse, fait eau de toutes parts, va s'engloutir, lorsque nous sommes rencontrés par un vaisseau anglais qui se rendait à Livourne, et qui parvint à recueillir quelques-uns de nous. C'est ainsi que mon père et moi nous rentrâmes en Italie.

Quoique mon père eût bien des raisons de croire ma mère perdue dans les flots, il lui restait une faible espérance de la retrouver : il se hâta de revenir en France, et de faire sur la côte la plus rapprochée du lieu du naufrage toutes les recherches possibles. Elles furent vaines. On lui dit qu'à la vérité une jeune femme avait été jetée sur le rivage, et qu'elle avait vécu quelques jours, mais que bientôt elle était morte dans les bras de son frère, qui accusait son mari de sa mort, et, pour la venger, voulait faire casser un mariage dont les formes étaient insuffisantes. Ces bruits, répandus à dessein, eurent l'effet désiré. Mon père s'éloigna avec moi, voulant du moins conserver à ma naissance des droits légitimes. Il me conduisit en Alsace, où il avait un ami intime, il me remit à ses tendres soins, me donna le nom de Villarzel pour me soustraire à la haine de mon oncle, et mourut bientôt accablé de ses chagrins.

Voilà, mes amis, tout ce que je sus alors de mon histoire. Mon père avait laissé d'assez grands biens, mais en désordre : mon tuteur m'aida à rentrer dans ces biens. Vous savez qu'une faute bien grave m'éloigna ensuite de cet homme respectable ; que je fus obligé de prendre un état dont je m'efforçai de bien remplir les devoirs ; que je rencontrai, sans les connaître, ma chère sœur et mon oncle barbare, qui m'avait accueilli sous le nom de Villarzel, qui lui était inconnu ; que le comte de Belval, en lui faisant des offres bien plus brillantes que les miennes, l'avait promptement décidé à me repousser ; que j'avais épousé la fille de mon tuteur, et que bientôt je l'avais perdue. C'est de ce moment, mes chers amis, que je dois reprendre avec suite mon histoire.

L'affection pure et tendre que m'inspirait madame de Belval m'invita à lui écrire ; je reçus des réponses pleines de sagesse. Lorsqu'elle fut au château de Solages, je lui écrivis encore une fois ; mais, comme elle vous l'a dit, son mari désapprouva notre correspondance ; je fus obligé d'y renoncer. Dans mon regret je goûtai la douceur de penser que son bonheur était assuré par ses vertus et par le séjour qu'elle habitait.

Mon tuteur mourut alors et me laissa des biens assez considérables qu'il possédait dans l'Amérique septentrionale. Une grande révolution s'annonce, me dit-il, quittez la France, où rien ne peut vous retenir. Je vous adresse en Amérique à un homme qui fut l'ami de votre père et le mien. Il est marié avec une femme aimable; il vous regardera comme le fils de ses deux amis : vous serez heureux, riche, tranquille. Allez, mon fils : quand vous serez en Amérique, reprenez le nom de votre père ; les motifs qui vous en ont donné un autre n'existeront pas dans le nouveau monde : le nom de Murville vous rendra plus cher à mon ami.

Après avoir promis à mon bienfaiteur de suivre ses instructions et avoir donné à sa mort les larmes de l'affliction et de la reconnaissance, je partis pour l'Amérique.

En arrivant, je me hâtai de me rendre à la demeure de l'ami de mon tuteur et de mon père. On répondit par des larmes à mon empressement. Les regrets que l'on donnait à la mort récente de cet excellent homme m'attachèrent à sa mémoire.

Sa veuve me reçut avec bonté. Cette femme, beaucoup plus jeune que son mari, était belle et très-aimable ; elle avait toutes les manières créoles, toutes les grâces qui accompagnent ces manières, un son de voix bien doux, un accent qui séduisait : elle m'inspira de l'amour ; elle finit par le partager. Deux ans après mon arrivée dans son pays, elle me donna son cœur et sa main ; elle me donna aussi une jeune enfant, fille de son premier mari, qui annonçait les qualités les plus heureuses et qui a bien justifié mes espérances.

En ce moment M. de Murville prit la main de sa chère Fanny, sur qui se rassemblèrent avec le plus tendre intérêt tous les regards de l'auditoire.

Je n'eus pas d'autre enfant : ma femme s'en affligeait. Elle n'avait pas d'autre peine ; mais ma tendresse pour Fanny m'empêchait de la partager vivement. Je m'occupai beaucoup de son éducation, et j'étais obligé de m'en occuper seul. Ma femme n'avait point d'instruction ; toute son amabilité était naturelle ; elle avait d'ailleurs, avec les charmes du caractère créole, les défauts qui l'accompagnent; vive dans ses désirs, indolente dans ses actions, opiniâtre et craintive, industrieuse et négligente. Elle me fit éprouver une des peines de famille; elle contrariait les soins que je donnais à Fanny; elle m'aurait quelquefois découragé, si j'avais eu moins de constance et de force. J'éprouvai dans cette occasion combien il est nécessaire à l'homme qui entreprend des choses bonnes et utiles d'acquérir une fermeté soutenue, toujours dirigée par la raison; lorsqu'il n'en est point ainsi, les obstacles semblent saisir, pour se montrer avec le plus de force, les moments où l'attrait s'est ralenti; on suspend son ouvrage; les résolutions s'affaiblissent; l'humeur prolonge l'interruption; on abandonne; on devient mécontent des autres, de soi-même et de sa position.

Ma femme avait peu de fortune : le bien qu'elle habitait, et un autre situé à la Martinique, étaient tout ce qui la composait. Les circonstances me donnant alors quelques craintes sur son bien de la Martinique, je me déterminai d'autant plus aisément à le vendre que je trouvais une occasion avantageuse de le remplacer auprès de notre habitation. Cette affaire exigea un voyage à la Martinique. Je n'y demeurai que très-peu de temps, mais assez pour y faire une des rencontres les plus heureuses de ma vie. Madame de Belfort vous a fait, mes bons amis, le récit des circonstances qui nous ont liés. Lorsque je revins chez moi, je dis à ma femme combien je désirais fixer auprès de moi cette amie respectable. Ma femme partagea mes désirs; bientôt madame de Belfort vint s'établir chez nous. J'entrevis de grands avantages pour l'éducation de Fanny dans la société de cette femme excellente.

Un an après son arrivée je perdis ma compagne. Madame de Belfort a vu mes regrets; Fanny a pleuré avec moi. Je donnerai toujours des larmes à cette épouse, dont les qualités et la tendresse méritaient mon amour.

Madame de Belfort, à qui son âge et ses vertus donnaient sur moi les droits d'une mère, en prit alors les sentiments. Par un heureux effet de son mérite et de son aimable caractère, elle m'inspirait autant de confiance que de respect. La parfaite amitié, l'intime convenance de sentiments et de goûts, n'ont pleinement rempli mon cœur qu'auprès de cette vertueuse amie. Les années que j'ai passées entre elle et Fanny ont formé pour moi un temps de vrai bonheur. Nous tâchions de l'étendre sur notre avenir en conservant la sagesse de désirs et de conduite.

Il y avait six ans que nous menions la vie la plus douce, la plus heureuse, et ma chère Fanny avait atteint l'âge de choisir un époux, lorsque je reçus une lettre de France. Le frère de ma mère, cet homme dur et avide, échappé jusque-là aux horreurs de la révolution, mais frappé des terreurs qu'elle inspirait, malade, affaibli par l'âge et épouvanté par ses remords, voulait se soulager d'un crime. Il avait su, je ne sais comment, qu'un homme, nommé Murville, habitait l'Amérique; il m'avait fait écrire, il demandait si j'étais le fils de sa sœur: n'ayant point d'enfants et ayant perdu sa femme, il voulait me rendre des biens usurpés, apaiser sa conscience et mourir en repos.

Je ne voulus pas négliger des avantages dont j'espérais enrichir Fanny. Je pars; j'arrive en France; je me rends auprès de cet oncle qui m'a demandé. Quelle est ma surprise et la sienne! Je reconnais en lui l'oncle de Julie; il me reconnaît pour l'homme qu'il a présenté autrefois à sa nièce sous le nom de Villarzel. Tout s'éclaircit alors; il m'apprend ce que ma sœur avait appris de la religieuse; j'écris à ma sœur.

Je suis retenu pendant quelque temps auprès de mon oncle par des arrangements d'affaires; je suis d'abord environné de difficultés, d'embarras, et même de pénibles désagréments: des collatéraux, dont mon apparition renverse les espérances, ne se contentent point de me susciter des procès, ils cherchent à me nuire par les moyens trop abondants et trop funestes que la révolution fournissait alors; je parviens, sinon à dissiper leurs mauvaises intentions, du moins à en suspendre les effets. Mon oncle me transmet ses biens, rentre en paix avec ses souvenirs. Quoique sa santé fût très-faible, sa mort ne me paraissant point encore prochaine, je le quitte entraîné par le désir de voir ma sœur.

Que je me sentais heureux en me rapprochant d'elle! Je ne doutais point qu'elle n'eût reçu ma lettre; je m'attendais à être accueilli comme un frère par son mari; j'étais plein de ces douces pensées. A la vue du château de Belval, elles me transportaient de plaisir... Je suis attaqué par des brigands.

Ma sœur vous a déjà raconté la scène la plus cruelle; M. de Belval sauva ma vie, en exposant et en perdant la sienne. Ce moment fut affreux; ceux qui le suivirent furent tous donnés à la douleur : nous ne pûmes de longtemps jouir des sentiments fraternels. Pendant quelques jours Julie fut mourante; je ne pensai qu'à la soigner; à honorer avec elle la mémoire du comte, à le pleurer, à le plaindre, à remplir ses intentions avec autant de zèle que de respect.

Nous écrivîmes à M. de Solages : notre lettre fut dictée par le respect et la franchise; nous nous livrâmes à tous nos sentiments en lui faisant le récit des circonstances terribles dont son fils avait été victime. Cet homme excellent, toujours digne de vénération et d'amour, nous plaignit en exprimant son affliction de la manière la plus touchante; il ne me reprocha point d'être la cause, même innocente, de son malheur. La justice était l'âme de M. de Solages.

Lorsque ma sœur fut en état de voyager, notre premier désir fut de nous présenter à cette vertueuse famille que Julie pouvait toujours nommer la sienne. Nous témoignâmes ce désir, nous reçûmes la plus honorable invitation.

Cette famille rare et vertueuse, que ma sœur vous a fait connaître, était malheureusement diminuée à l'époque de notre voyage. Ma sœur eut à pleurer la mort d'Émilie; les événements publics avaient contraint Blanche et son époux à s'éloigner; il ne restait auprès de M. et de madame de Solages que Juliette, son mari et l'aimable Sidonie.

Je reconnus bientôt la vérité des portraits que m'avait faits ma sœur. M. de Solages dépassait encore la noble idée que j'avais reçue de son caractère. Il était alors avancé en âge, la vieillesse augmentait la dignité qu'il devait à ses vertus; il était triste; il regrettait son fils; mais il nous honorait malgré son affliction; j'étais profondément touché de ses égards. J'étudiais, j'admirais cet imposant modèle : ce n'était plus un homme sévère, prononçant de fortes leçons, et surveillant une jeune famille ; ses devoirs étaient remplis. C'était un vieillard grave et calme ; la résignation et la paix de son âme le consolaient des pertes de la vie : il avait vécu pour l'honneur et la sagesse ; ses souvenirs étaient des droits ; son avenir s'appuyait sur de justes espérances. Madame de Solages partageait ses récompenses et l'affection de ceux de ses enfants dont elle était entourée : cette affection, en s'unissant à un respect éclairé, n'en était devenue que plus touchante ; le temps avait rapproché les inclinations et les caractères ; Sidonie même n'était plus remarquable par sa vivacité, mais par les soins qu'elle donnait à ses enfants ; Juliette était douce et calme ; Rosalie, qui habitait avec son mari une terre du voisinage, venait quelquefois montrer à ses parents les heureux fruits de son repentir et de leur indulgence.

M. de Solages avait désiré connaître les détails de mon histoire et de mon retour en France. J'avais eu le bonheur d'obtenir son approbation et son estime, je ne songeais plus qu'aux moyens de fixer mon sort de manière à réunir autour de moi, et près de M. de Solages, ma sœur, son Émilie, madame de Belfort et ma fille ; je concertais ce doux projet avec ma sœur et M. de Solages, lorsque je reçus de Paris une lettre qui m'annonçait la mort de mon oncle. Ce fut un malheur pour moi : c'était lui surtout qui, par les intentions prononcées qu'il manifestait en ma faveur, arrêtait la mauvaise volonté de ses parents à mon égard ; sa mort leur laissa le champ libre. Tout fut mis en œuvre pour anéantir mes droits ; toutes les ressources de la mauvaise foi furent d'abord employées. L'inutilité de ces tentatives fit recourir à l'intrigue et à la calomnie ; on fit mille suppositions absurdes ; on composa un roman criminel à la faveur de ce qui était obscur et extraordinaire dans mon histoire : on me fit passer pour un aventurier, pour un fourbe. On assura que je n'étais point le frère de Julie ; que j'étais un imposteur qui avait pris, par cupidité, le nom de Murville ; on attaqua à la fois, par ces accusations infâmes, mon honneur, celui de Julie et ma fortune.

J'avoue que mon cœur fut accablé, et que mon courage ne me suffit pas toujours pour repousser cette peine ; plus l'honneur est précieux, plus l'injustice est désolante. Julie, compromise avec moi, me prouvait sa tendresse par ses consolations, mais je voyais aussi sa douleur.

Ce fut alors que pour soulager mon âme, j'écrivis à madame de Belfort avec abandon et amertume ; ce fut cette lettre qui, en informant de mes peines ma respectable amie, la fit partir sans balancer ; pour m'apporter ses généreux secours, elle affronta aussitôt la mer, la guerre, la révolution, et tous les dangers d'un long voyage.

Avant de faire partir ma lettre pour madame de Belfort, je l'avais montrée à M. de Solages ; il l'avait lue ; il avait reçu la justification de mon cœur, ou plutôt il n'avait jamais formé le plus léger doute sur mes droits et mon caractère. Cet homme juste et sage savait entendre le langage de la vérité et de l'innocence ; ses égards et ceux de madame de Solages redoublèrent pour moi et pour Julie ; des bontés si honorables étaient une bien douce compensation à mes peines.

M. de Solages me conseilla de me rendre à Paris ; il me montra que c'était mon devoir ; ma sœur était affligée de ce départ : Mon cher ami, me dit-elle, après les événements cruels dont j'ai été victime, il m'est permis de craindre ; je ne vous retiens pas cependant ; votre honneur et le mien vous commandent de ne négliger aucune démarche ; promettez-moi seulement de garder toujours cette modération que jusques ici vous avez montrée ; le moment de la plus grande épreuve est arrivé ; avec votre caractère il ne pouvait être de peine plus cruelle que l'apparence du crime et de l'imposture ; cependant le désespoir et l'emportement vous prépareraient des peines plus grandes encore, car ils vous exposeraient sans cesse à vous rendre coupable. Pensez à moi, dont vous êtes le premier appui ; pensez à votre respectable amie, à votre fille ; si vous perdez votre fortune et votre réputation par l'injustice des hommes, votre conscience et l'amitié vous resteront.

J'embrassai ma sœur ; je la remerciai ; je lui promis les sentiments qui pouvaient la rassurer, et je fis les préparatifs de mon voyage. J'allais le commencer ; j'étais à la veille de cette séparation qui coûtait si cher à mon cœur, lorsque M. de Solages, accompagné de madame de Solages et de ma sœur, entra dans ma chambre : Vous allez nous quitter, me dit-il ; j'aurais voulu pouvoir adoucir votre peine, et je ne puis en ce moment que l'augmenter ; j'avais essayé de vous donner un ami dans le lieu où l'on vous accuse ; j'avais écrit à celui de mes fils qui habite Paris ; je le priais de vous recevoir, de vous soutenir, de me remplacer : je doutais un peu de sa réponse ; mes craintes se sont confirmées ; mon fils ressemble par son caractère à bien des hommes honnêtes, mais faibles, que les maux, les perfidies, les atrocités révolutionnaires, ont armés d'une défiance excessive ; à ses yeux toute accusation prend bientôt le caractère de l'évidence, parce qu'il a vu beaucoup d'hommes qu'il était difficile de trop accuser ; on lui a donné contre vous les plus violentes préventions ; mon témoignage ne les a point dissipées ; au contraire, il croit que je me suis laissé tromper ; il n'en est que plus irrité contre vous. Mon cher Murville, ne vous irritez point à votre tour ; pardonnez les préventions injustes ; elles font le tourment des hommes qui en sont susceptibles ; et ce n'est jamais en les heurtant de front que l'on parvient à les affaiblir. — Horribles effets de la calomnie ! s'écria ma sœur ; elle ne fait que des victimes. — Oui, ma fille, répondit M. de Solages ; mais le plus malheureux n'est pas l'homme innocent que la calomnie poursuit : n'eût-il que sa conscience et le Dieu qui la remplit, il serait bien moins à plaindre que le calomniateur ! Peut-il être un sort plus affreux que d'éprouver toujours contre soi-même un sentiment de haine et de mépris ?

Je pris avec attendrissement et respect la main du vieillard ; je sentis le calme et la justice rentrer dans mon âme. — Adieu, m'écriai-je, adieu ; je puis maintenant partir et m'exposer à toutes les peines ; la sagesse vient de me soumettre à l'équité suprême.

Nous nous embrassâmes avec tendresse ; madame de Solages et Julie firent pour moi les vœux les plus touchants. M. de Solages me dit en me serrant dans ses bras : Partez, mon digne ami, et n'accusez jamais le ciel. Tant que vous mériterez de le prendre pour témoin, il vous restera des consolations ; et tant que je vivrai, vous aurez, ainsi que Julie, un ami sur la terre.

J'arrivai à Paris ; j'y supportai des peines bien cruelles, sans cesse des contestations humiliantes ; je passai plus d'un an à dévorer tous les genres de dégoût. Les affaires de Julie me désolaient autant que les miennes ; je trouvais sans cesse des obstacles aux choses les plus simples et les plus justes. Si mon cœur s'était trouvé sans appui, ma résignation et mon courage auraient eu bien du mérite ; mais les lettres de ma sœur me soutenaient, et un seul mot de la part de son père me semblait une récompense de Dieu même.

Pendant que cet homme respectable m'encourageait par sa bonté, son fils me désolait par sa dureté, son injustice ; obligé, principalement pour les intérêts de Julie, de le voir souvent, de lui écrire, de le contraindre à des rapports multipliés, je faisais vainement tous mes efforts pour lui inspirer de la confiance ; mes efforts mêmes augmentaient ses préventions, son animosité. Il ne me répondait que par des procédés insultants ; il compromettait par sa haine le sort de ma sœur et le mien : déplorable exemple du mal que peut faire l'opiniâtreté des hommes dont l'esprit est sans justesse et sans étendue.

Le moment vint où les armes que cet homme aveuglé prêtait à mes ennemis allaient le faire triompher de toute ma résistance ; j'allais perdre par un procès diffamant mon honneur et ma fortune ; je n'avais plus d'autres consolations que dans le témoignage de ma sœur, de son père et de ma conscience, lorsque l'arrivée inattendue de madame de Belfort me causa la plus douce surprise et vint porter dans mes affaires le changement le plus heureux. Cette incomparable amie, dans son généreux zèle, avait rassemblé en Amérique les attestations les plus favorables : elle avait retrouvé des papiers importants ; elle avait pris des extraits de tous les actes qui pouvaient me servir. Bientôt l'identité de mon existence et de celle de ce Murville dont on me refusait les droits fut établie d'une manière incontestable; mon procès fut revu; mes adversaires furent confondus; le fils même de M. de Solages fut réduit à se laisser convaincre; je triomphai de tous les obstacles; j'arrangeai les affaires de ma sœur avec autant de succès que de facilité.

Vous jugerez aisément, mes amis, du bonheur que je goûtai en revoyant cette excellente amie, et de celui qu'elle éprouva elle-même en me faisant tant de bien. Ma sœur et M. de Solages partagèrent la joie, l'affection, la reconnaissance que m'inspira un si noble dévouement. La distance qui me séparait de ma chère Fanny était alors ma seule peine; madame de Belfort l'adoucissait en m'apprenant que ma fille avait fait un choix digne de ses vertus et de son cœur. Nous ne pouvions revenir auprès d'elle; madame de Belfort, déjà âgée, était de plus très-affaiblie par les fatigues et les contrariétés de son voyage; j'étais d'ailleurs retenu en France par ma sœur et son Émilie. Nous nous déterminâmes à choisir un lieu agréable et à nous y réunir; mon oncle m'avait laissé des biens dans cette province; madame de Belfort voulut bien m'y accompagner; le pays nous convint: nous y fixâmes notre demeure; ma sœur vint bientôt nous y joindre. Depuis ce temps, mes amis, je ne me suis absenté qu'une fois pour aller chercher en Amérique ma chère Fanny; et la vie calme et heureuse que je mène en ce lieu n'a été troublée que par les peines de ma fille. Ma sœur a également vécu heureuse et chérie dans cette retraite, où elle m'a aidé, par sa tendresse et ses soins, à faire la consolation de notre généreuse amie; elle ne m'a quitté qu'une fois pour passer quelque temps auprès de M. de Solages avec sa chère Émilie; elle y retournera cette année; elle reverra le sage vieillard, sa respectable compagne, l'aimable Sidonie, son mari, ses enfants, et toutes les familles vertueuses qui composent la plus heureuse famille.

M. de Murville cessa de parler; ses amis le remercièrent avec la sincère satisfaction qu'ils avaient éprouvée, et ils engagèrent Fanny à vouloir bien leur raconter son histoire; ce qu'elle fit le lendemain.

HISTOIRE DE FANNY.

Vous savez maintenant, dit la fille adoptive de M. de Murville, que cet homme excellent n'est pas mon père. Vous avez vu avec quelle bonté ingénieuse il me fit croire que je lui devais le jour. Il vous a raconté l'histoire de mon enfance, cette première partie de ma vie dont je devais sans doute expier le trop grand bonheur. C'est de ma jeunesse que je vais vous entretenir... Pardonnez, mes amis, je sens que mon récit sera plein de désordre ; je n'ai plus de force ; la tristesse que j'éprouve n'est pas celle qui donne l'éloquence, c'est celle qui se concentre, en prenant la place des illusions qu'elle enlève et des biens qu'elle détruit. J'aime aujourd'hui la douleur que mes peines m'ont laissée : je la préfère au bonheur que j'ai désiré... ; peut-être, il est vrai, parce que je ne puis plus l'attendre encore... Je sais du moins que je la préfère, ainsi que les souvenirs qui l'entretiennent, à ce que d'autres appellent de la gaieté et des plaisirs.

Celui que j'appellerai toujours mon père vous a dit comment il m'avait élevée ; vous vous rappelez aussi qu'il fut obligé de faire un voyage en France et de me laisser en Amérique ; c'est du jour de son départ que je dois commencer mon récit.

Le chagrin causé par ce départ fut le premier, et il fut bien grand. J'aimais tendrement mon père, j'avais dix-huit ans, et je ne l'avais jamais quitté ; il était à la fois mon ami, mon protecteur, mon guide, et il remplaçait l'excellente mère que j'avais perdue. Mon père, en s'éloignant à regret des lieux que j'habitais, m'avait laissé cette amie si bonne, si tendre, dont les conseils et l'affection devaient me soutenir. Nous passâmes ensemble plus d'une année. Mais je vous l'avoue, mes amis, ni mon père ni madame de Belfort ne pouvaient suppléer, dans mon cœur, à un sentiment que mon imagination lui révélait sans cesse ;

J'étais née sensible; l'amour, dans le vague de mes espérances, était embelli de tous les charmes; éprouver à la fois tous les sentiments doux et nobles, s'estimer soi-même dans l'être que l'on chérit, mettre en lui tout son bonheur, tous ses désirs, toutes ses pensées; se dévouer sans cesse, posséder sans partage... O mes amis! telle était l'idée ravissante que je me faisais du véritable amour!... Et cette idée ravissante, je me la fais encore!

Elle était alors accompagnée d'espérances! J'allais souvent dans les bois avec elle; j'y étais heureuse; les déserts n'étaient plus inhabités; la solitude ne m'effrayait plus; mon cœur suffisait pour la remplir d'amour. Je suivais les bords du fleuve; j'allais pleurer, rêver, aimer! Oh! combien j'imaginais de tendres scènes, de félicités touchantes! Je croyais être à ces jours de réalité qui devaient couronner tous mes vœux; je me voyais parcourant les mêmes lieux avec celui qui m'était destiné; l'amour, la vertu, nous prodiguaient le bonheur; et nos entretiens, qui recommençaient toujours, et nos réflexions toujours ramenées sur notre tendresse..., et la douloureuse image d'un terme à tant de félicité, et l'espoir consolateur d'une félicité sans limites!... Oh! qu'elles étaient rapides les heures que je passais dans cette solitude apparente qui m'offrait une société si chère!

Je revenais auprès de madame de Belfort; je lisais, je jouais de la harpe, je regrettais la solitude.

Souvent dans les vastes forêts qui m'environnaient, les beautés de la nature m'inspiraient des vers passionnés, je les chantais; et, dans le lointain, les torrents semblaient m'accompagner de leur harmonie auguste. Bientôt mon cœur inspirait à ma voix des sons plus tendres; et le mouvement des jeunes arbres, et le chant des oiseaux, s'unissaient à ma voix.

J'étais un jour sur les bords du fleuve; le soleil se levait; son image se réfléchissait à mes pieds. Si je portais sur lui mes regards, il me frappait de son éclat; si je ramenais mes yeux vers les forêts, je les voyais dorées et resplendissantes. Toute la nature célébrait le retour de la lumière; les oiseaux voltigeaient en chantant; les poissons se jouaient dans les eaux du fleuve; les fleurs exhalaient leurs parfums. Mon cœur s'attendrit; bientôt je sentis les nobles mouvements d'une admiration profonde : Astre du jour, m'écriai-je, reçois aussi mon hommage; laisse-moi chanter tes bienfaits.

Je te compare à l'amour; que pourrai-je dire de plus à ta gloire ? Tu remplis le monde de ta lumière, l'amour le remplit de plaisirs; la splendeur t'environne, le bonheur suit l'amour; à ton aspect, les nuages se dissipent, les chagrins sont écartés par l'amour; ta chaleur féconde des lieux glacés et stériles, l'amour pénètre jusque dans les cœurs insensibles... O soleil ! que pourrai-je dire de plus à ta gloire ? Je te compare à l'amour.

Tels étaient les sentiments que ma voix exprimait; j'étais vivement émue, je répétais mes chants avec enthousiasme, avec désordre peut-être...... lorsqu'un léger bruit m'interrompt...... Je tourne la tête; je vois, avec moins de frayeur que de surprise, une femme d'une beauté parfaite, appuyée sur le bras d'un jeune homme. — Pardonnez, madame, me dit-elle, nous avons été attirés par le plaisir; nous avons été retenus par votre voix céleste; vous avez enchanté ces lieux.

J'étais interdite; je réponds en balbutiant; l'étrangère me regarde avec intérêt; un mélange de dignité, de bonté et d'exaltation se montre dans sa personne. Sa taille est belle; son costume d'une élégance ravissante; ses longs cheveux, qui se sont détachés en traversant les bois, retombent en tresses blondes sur ses épaules.

J'avais lu des contes orientaux; je croyais en voir une héroïne. Elle devine mon incertitude. — C'est bien nous, me dit-elle, en souriant avec finesse, c'est nous qui, en vous trouvant ici, et après vous avoir entendue, pourrions vous prendre pour la nymphe du fleuve. Nous sommes des voyageurs; nous avons laissé notre guide à l'entrée de la forêt, nous avons voulu pénétrer seuls et ensemble dans ces lieux enchanteurs..... Mais vous ! comment êtes-vous seule ici avec tant de charmes et de talents ? comment l'impression austère de la solitude vous permet-elle de sentir si vivement, et d'exprimer si bien les plus ravissants plaisirs ?

Je répondis en rougissant : Ma demeure n'est qu'à une très-petite distance ; je me suis familiarisée, par l'habitude, avec ces lieux solitaires; je puis sans effroi en sentir la beauté.

—Stéphanie, dit alors le jeune homme, rendez à cette aimable inconnue le plaisir qu'elle nous a fait goûter.

Stéphanie me ravit par des prodiges de goût et de talent. Elle chante les délices de l'amour, les transports des âmes pures, les charmes de la confiance. Sa voix est brillante et facile : son expression est d'abord enflammée; elle rappelle Sapho; et bientôt par ses grâces, par son attitude séduisante, elle prête une forme aux fictions des poëtes ; elle représente à l'imagination les déesses de l'Olympe.

Le jeune homme semble hors de lui-même ; j'exprime mon admiration d'une voix timide ; Stéphanie me remercie avec grâce, esprit et facilité.

—Madame, ajoute-t-elle, une si heureuse rencontre nous laissera des regrets, si elle n'est qu'un plaisir fugitif; vous habitez les bords du fleuve; la curiosité, l'admiration, l'attrait de la solitude, nous fixent pour quelques mois dans le voisinage. Pouvons-nous espérer de vous retrouver quelquefois dans des lieux qui semblent être vos domaines, et que vous embellissez ? — Madame, répondis-je, je me promène tous les jours sur la rive droite du fleuve ; je serai bien satisfaite de vous y revoir.

Nous causâmes encore quelques moments; les bords du fleuve furent le sujet de notre entretien ; je décrivais son cours, sa beauté majestueuse. Stéphanie m'interrompait lorsqu'elle reconnaissait, à mes descriptions, des lieux qu'elle avait déjà parcourus; elle en parlait alors avec une véhémence, un accent passionné qui semblaient enflammer le jeune homme ; mais pour moi, en l'écoutant, je ne reconnaissais plus la nature. L'exaltation des sentiments qu'elle exprimait, tout en me paraissant magnifique, l'était bien moins cependant que la simple et forte image tracée dans mes souvenirs.

Nous nous quittâmes; je rentrai tout occupée de Stéphanie et du jeune homme. Je les dépeignis à madame de Belfort.— Engagez-les à venir nous voir, me dit-elle ; si vous étiez dans leur pays, ils auraient sans doute pour vous une telle prévenance.

Le lendemain, je les trouvai aux mêmes lieux ; je les invitai à venir visiter ma demeure : ils y consentirent. Madame de Belfort leur fit cet accueil gracieux qui inspire en un instant la confiance ; Stéphanie y répondit avec une amabilité remplie de charmes. — Quand on est étranger, nous dit-elle, et quand on vient de très-loin, la curiosité s'unit encore à l'intérêt que l'on inspire.

Madame de Belfort lui répondit qu'en effet elle excitait vivement ce genre de curiosité. — Eh bien, dit Stéphanie, je vais la satisfaire.

Je suis fille d'un riche négociant de Lyon ; mon père était aussi connu par sa probité, son esprit, sa politesse, que par son immense fortune ; tous les Français vous feraient l'éloge de M. de Belmont. — Je le ferais avec empressement, dit madame de Belfort ; j'ai connu à Paris M. votre père ; je l'ai souvent rencontré en société.

Stéphanie fut enchantée. Une vive joie brilla dans ses yeux, et l'éloge de son père sortit de son cœur avec l'accent de l'enthousiasme. — Mon père, continua-t-elle, me donna l'éducation la plus brillante ; et, comme j'avais des dispositions naturelles, je me fis remarquer, dès ma jeunesse, par de grands talents. Ces avantages et ma fortune me firent rechercher par un grand nombre d'hommes riches et aimables. J'eus beaucoup d'inquiétudes et de peines ; l'histoire d'une seule année de ma vie serait bien longue. Enfin, à dix-huit ans, je me mariai, selon mes vœux, à Paris, et avec un homme dans l'opulence. Mon sort fut alors très-brillant ; ma maison devint la plus agréable de la capitale : tous les arts me rendaient hommage, mon goût décidait la mode ; mon suffrage entraînait l'opinion. Quand je publiais des vers ou de la musique, on les louait d'avance, on se les arrachait. Tant de succès et de bonheur furent cependant mêlés de peines cruelles. Je perdis le cœur de mon époux avant une année de mariage ; je le perdis lui-même, bientôt après. Restée veuve à dix-neuf ans, j'éprouvais tous les sentiments, tous les tourments de la vie : des déchirements cruels, des résolutions extraordinaires, des sacrifices violents, composèrent mon sort. J'idolâtrais mon père ; je voulus me vouer à son bonheur : il se remaria, et je fus obligée de chercher d'autres objets à mes besoins de sacrifices. Des occasions bien douloureuses se présentèrent ; les scènes terribles, les efforts, les combats, se succédèrent dans le roman de ma vie. Enfin, une sœur de mon père mourut dans mes bras. Elle m'avait tenu lieu de mère ; je l'aimais d'une tendresse filiale. Elle me recommanda tout ce qu'elle regrettait ; elle me légua ses deux enfants. Je me trouvai ainsi mère adoptive d'une jeune fille âgée de seize ans, belle comme l'amour, et de ce jeune homme, alors âgé de douze ans. Ma tante leur laissait de grands biens en Amérique ; je lui promis de veiller à leurs intérêts, de les conduire, s'il le fallait, aux lieux où était leur fortune, de m'occuper uniquement de leur sort, de leur bonheur, et d'oublier le mien.

Je tins parole ; au bout d'un an, je m'embarquai avec les deux enfants confiés à mon cœur. Nous arrivâmes sans malheur en Amérique ; mais j'y étais attendue par un profond chagrin ; mon intéressante pupille souffrit du changement de climat ; c'était une fleur délicate, qui n'aurait pas dû être transportée. Malgré tous mes vœux et tous mes soins, elle me fut enlevée par une maladie de langueur.

Je restai seule avec son frère ; plusieurs années me furent nécessaires pour assurer sa fortune. Depuis six mois, toutes mes intentions sont remplies, et nous serions libres de revenir en France ; mais notre patrie est encore troublée et nous sommes retenus, dans ces beaux lieux, par la douceur de goûter en paix tous les plaisirs de l'admiration.

Madame de Belfort remercia Stéphanie de son récit ; elle répondit à sa confiance en lui disant qui nous étions. Nous causâmes ensuite ; et les deux étrangers montrèrent beaucoup d'esprit et d'agrément. Ernest, c'est le nom du jeune homme, avait l'air bon et tendre ; sa physionomie, ordinairement sérieuse, était animée par son cœur. Il regardait la belle Stéphanie, et l'admiration était dans ses regards; il lui parlait, et sa voix prenait l'accent de la tendresse.

Stéphanie parla des arts et de la littérature des différentes nations de l'Europe; elle développa les causes de l'altération du génie; elle nous montra l'influence des révolutions sur les productions de l'esprit humain. Ce qu'elle disait était brillant et vif; mais son langage me paraissait nouveau, et ses expressions me semblaient plus élevées que justes. Je le remarquai bien plus dans la suite; chaque fois que Stéphanie venait nous voir, ce qui arrivait souvent, je trouvais de l'exagération dans sa manière de sentir. Cette femme était extraordinaire sans doute, mais plutôt par des qualités brillantes que par des qualités utiles; elle créait des situations impossibles et des passions imaginaires, pour avoir le plaisir de les décrire et de les juger. Elle avait prodigieusement d'esprit; elle nous lisait souvent des choses charmantes; mais je n'y voyais jamais cette sublimité, cette simplicité, qui naissent de l'élévation réelle dans les idées. Je n'apercevais point dans l'âme de Stéphanie cette force, cette mesure qui enchaînent aux devoirs, cette grandeur véritable qui ne consiste point à rechercher des scènes éclatantes, mais à faire agir noblement l'honneur et la raison. J'entendais toujours parler de sacrifices, et je voyais trop bien que cette ardeur pour les sacrifices avait toute l'inconséquence, toute la mobilité des passions les plus violentes. La vraie générosité me semblait devoir être moins impétueuse.

Quant à Ernest, je vis bientôt que, malgré la différence d'âge, il adorait Stéphanie, et qu'il en était aimé; mais, je l'avoue, je sentis que si un jeune homme de ce caractère m'adressait les vœux de son cœur, le mien saurait mieux l'entendre.

Souvent, dans les promenades que nous faisions ensemble, Ernest était condamné par Stéphanie, pour avoir exprimé avec simplicité des choses qui n'étaient que simples et touchantes; elle lui reprochait de ne pas jouir assez de ses émotions, de ne point augmenter assez, par la réflexion, le prix de ses jouissances. Trop souvent encore, elle prenait avec lui un ton de supériorité, justifié peut-être par une longue habitude, qui cependant ne me paraissait pas convenable; si quelquefois Ernest indiquait ce qu'il n'approuvait pas dans les opinions ou dans les ouvrages de Stéphanie, elle n'en tenait aucun compte.

Mais, tout ce que je remarquais, Ernest ne le voyait pas; Stéphanie, par quelques instants de tendresse, embrasait son cœur et troublait sa raison.

Un jour, je me promenais seule, et je rêvais à Ernest, à Stéphanie; je croyais que bientôt ils seraient époux, qu'ils n'aspiraient qu'à cette union. Tout à coup un profond soupir interrompt ma rêverie; je vois Ernest assis sous un arbre incliné, la tête appuyée sur ses mains, et paraissant plongé dans une affliction profonde. Je le rencontrais seul pour la première fois: je voulus me retirer; mais le bruit des branches, écartées par mon passage, ayant attiré sur moi ses regards, il me conjure de rester un instant. — Mon Dieu! qu'avez-vous? lui dis-je. Stéphanie est-elle malade? Mais non, vous ne la quitteriez pas... Comment êtes-vous ici sans elle? Avez-vous une peine étrangère à son cœur? ou bien venez-vous cacher ici le chagrin que vous donne une de ses peines?

Je me taisais; Ernest ne répondait pas; je craignais d'être indiscrète; je craignais aussi de l'abandonner. — Fanny, me dit-il enfin, vous avez vu toute ma faiblesse: mes larmes vous ont révélé les tourments de mon cœur: je suis bien malheureux! laissez-moi vous dire la cause de mes peines: vous êtes un ange de bonté; vous les adoucirez en les écoutant. — Mais n'aimez-vous donc pas Stéphanie? — Si je l'aime, grand Dieu! — Et comment ne reçoit-elle pas vos larmes? — C'est elle qui les fait couler. — Ne vous aime-t-elle pas? L'aimez-vous sans retour? — Elle m'aime, Fanny; mais tour à tour elle me rend le plus heureux et le plus désolé des hommes. — O ciel! m'écriai-je...

Je m'arrêtai; j'aurais affligé Ernest en lui disant ce que je pensais du caractère et des sentiments de Stéphanie... Parlez, lui dis-je; soulagez votre cœur. — Oh! oui, je vais parler; peut-être, quand vous m'aurez entendu, vous toucherez Stéphanie en lui peignant mes peines?

Je m'assis près d'Ernest; sa tristesse m'intéressait : mon cœur s'ouvrait à ses chagrins.

.... Mais, en ce moment, le jour, déjà sombre, fut obscurci par l'approche d'un orage; les forêts commencèrent à s'agiter; un bruit sourd semblait préluder au fracas des ouragans; les lianes suspendues aux branches des arbres sont brisées; le sable des bords du fleuve s'élève en tourbillons. Quelquefois un instant de calme semble retarder l'orage; le vent s'apaise; des vapeurs brûlantes le remplacent; la nature semble tombée dans un morne silence.

O Fanny! me dit Ernest, que nous sommes bien ici pour parler du malheur!.... En disant ces mots, il me regarde avec une expression touchante; j'étais attendrie. Ernest, lui dis-je, je voudrais vous rendre le bonheur; et, en attendant, je vous plains. — Oh! ce n'est pas en ce moment que je suis à plaindre, s'écrie-t-il; votre bonté, ce désert, cet orage qui nous menace, tout me fait du bien.

Hélas! j'aurais pu dire aussi que tout me faisait du bien, car l'amour entrait dans mon cœur; il y était conduit par le charme de la tristesse et le désordre de la nature.

Vous savez, dit Ernest, que ma mère était la tante de Stéphanie, et qu'en mourant elle me confia à ses soins ainsi que ma sœur. Vous savez encore ce que je lui dois de reconnaissance. Il y a six ans qu'elle s'occupe de mon sort avec le plus noble zèle; depuis un an, tous les sentiments que je lui dois ont pris le caractère de l'amour. Ses grâces, sa beauté, sa sensibilité incomparable, sa générosité ardente, m'ont inspiré une passion aussi pure qu'invincible. J'ai osé le dire à Stéphanie; j'ai osé la presser de disposer de sa liberté en ma faveur; elle a repoussé longtemps mes vœux; elle a fini par me dire qu'elle les exaucerait si elle n'avait à craindre que son père n'eût bientôt un pressant besoin de son dévouement. Il est impossible, assure-t-elle, qu'il soit heureux par la nouvelle union qu'il a contractée. Je dois ma vie entière à celui de qui je la tiens. — Eh bien, Stéphanie, je lui consacrerai aussi ma vie entière. — Je reconnais votre âme à ce mouvement généreux, me dit Stéphanie; mais il faut qu'il soit approuvé par mon père ; j'espère son consentement ; j'ose même dire que j'en suis certaine : il n'en sera que plus touché du devoir que je m'impose de l'attendre... D'ailleurs, mon cher Ernest, le besoin des grandes âmes est de mériter le bonheur avant de l'obtenir. Qu'avez-vous fait pour la vertu ? Où sont vos épreuves ? où sont vos sacrifices ?.... Je vous aime, Ernest ; mais je n'ai pas encore eu l'occasion de vous admirer ; et vous devez me connaître : l'admiration est en moi le fondement de l'amour.

A ces mots prononcés avec enthousiasme, je me rendais, je me laissais entraîner par l'exaltation de Stéphanie ; je souffrais, je jouissais de la contrainte qu'elle imposait à nos sentiments.

Depuis quelque temps, ne recevant point de nouvelles de son père, elle était dans de vives inquiétudes ; et souvent, se plaisant à imaginer les situations les plus cruelles, elle me retirait mes espérances ; elle me déchirait par la supposition de circonstances qui la forceraient, disait-elle, à repousser mes vœux. Hier, une lettre lui est remise ; son agitation, pendant qu'elle la lit, n'égale point la mienne ; elle me la montre ; je crois toucher au bonheur ; son père la réclame, mais sans empressement ; il ne se plaint point de sa femme ; rien n'indique que le dévouement de Stéphanie soit nécessaire : c'est ce que je lui représente. Elle est loin de partager ma pensée ; elle s'en offense même ; d'ailleurs, me dit-elle encore, où sont vos droits au bonheur de la vie, où sont vos épreuves et vos vertus ? — Fanny, Fanny, s'écria Ernest, avec un accent que je ne saurais rendre : mes vertus, sans doute, sont bien loin de celles de Stéphanie ; mais je crois mon amour bien plus fort que le sien !

Ernest cessa de parler. Mille mouvements confus remplissaient mon âme. Je vous plains, lui dis-je ; si je puis vous servir, je le ferai comme si vous étiez mon frère.

Je lui présentai ma main ; il la serra sur son cœur, la couvrit de baisers. — J'ai donc une protectrice ! dit-il. — En ce moment, je sentis qu'il avait bien plus... Je laissais ma main dans les siennes, ses regards étaient attachés sur les miens ; et ses regards étaient pleins de douleur, de sollicitation, de tendresse; hélas! les sentiments qu'ils exprimaient s'adressaient à Stéphanie, et c'était moi qui les recevais! Nous aimions l'un et l'autre; mais nos vœux étaient loin de se confondre; nous étions l'un et l'autre malheureux.

— Je remplirai votre commission, dis-je à Ernest; et je cachai au fond de mon cœur combien elle était déchirante. — Vous réussirez, me dit Ernest; vous avez tant de raison, et votre voix est si touchante!... Ces mots me firent tressaillir. — Vous l'attendrirez, ajouta-t-il encore. — Je l'espère. — Ne me trompez pas, en avez-vous réellement l'espérance? — Je n'en puis répondre; on ne peut se promettre de Stéphanie ce que l'on obtiendrait des femmes ordinaires. — Oh! non, non; rien ne ressemble à Stéphanie!... Et, en prononçant ces mots, l'admiration brillait dans les yeux d'Ernest; et un froid mortel glaçait mon cœur.

Je détournai mes yeux pour cacher mes sentiments et mes larmes; je vis alors, avec saisissement, les objets qui nous entouraient; cette solitude sombre, ces déserts effrayants!.... et l'orage prêt à éclater. — Retirons-nous au plus tôt! m'écriai-je. — Nous n'en avons pas le temps, dit Ernest.

L'ouragan commence; les arbres se brisent, quelques-uns sont arrachés; le jour est obscurci par des tourbillons de feuilles et de poussière; peut-être nous allons périr. Je me rappelle une caverne voisine; j'entraîne Ernest; nos pas se précipitent; nous sommes déchirés par les plantes qui se trouvent sur notre passage; nos efforts surmontent tout ce qui nous arrête; nous parvenons à l'entrée du sombre asile; nous y pénétrons ensemble...

— O Ernest! m'écriai-je, en me jetant à genoux sur le sol humide de notre retraite. — O Fanny! je vous dois la vie!... En ce moment, un affreux coup de tonnerre ébranle les rochers qui nous couvrent; Ernest, effrayé, me prend dans ses bras, et m'emporte vers le fond de la caverne. — Fanny, Fanny, êtes-vous en sûreté? vos frayeurs s'apaisent-elles?.... En me parlant ainsi, la voix d'Ernest et sa main tremblante annoncent les sentiments du plus tendre intérêt; l'obscurité lui dérobe l'émotion de mon cœur.

Nous restâmes quelque temps en silence. Ernest écoutait le fracas de la nature ; il attendait la fin de l'orage ; et moi, je n'écoutais que mon cœur ; je n'espérais pas la fin des orages qui le troublaient ; mais, dans ce lieu si sombre, dans cette solitude terrible, auprès de l'objet de mon amour, je jurai que cet amour ne serait jamais coupable, que je le sacrifierais au bonheur d'Ernest et à la vertu, et que si je n'étais pas aimée, je serais digne de l'être.

Fanny, me dit Ernest, entendez-vous ces torrents de pluie qui se brisent sur le rocher? ce sont les restes de l'orage ; la foudre et les vents sont apaisés ; il n'y a plus de danger : voulez-vous respirer un air plus frais à l'entrée de la caverne?

Nous nous en rapprochâmes ; nous revîmes le jour ; il était encore obscurci par les nuages qui se fondaient en déluge. — Nous allons rester ici longtemps, dis-je à Ernest ; comment sortirions-nous avant la fin de la pluie? — Ne sommes-nous pas bien? — Oui, mais Stéphanie sera inquiète, ainsi que madame de Belfort. Nous nous assîmes sur une pierre détachée de la grotte. — Je suis fâché que l'on puisse être inquiet, dit Ernest. — Oui, nous nous reposerions de nos dangers. Ernest me regardait tendrement, et l'amitié paraissait remplir son cœur. — Chère Fanny, dit-il, ne s'aime-t-on pas davantage, après avoir vu la mort ensemble, après avoir été sauvés ensemble? il me semble que des sentiments fraternels doivent maintenant nous unir... Voulez-vous que je sois votre frère? voulez-vous m'aimer comme si vous étiez ma sœur, ma généreuse et tendre sœur?.... La belle physionomie d'Ernest s'animait de l'expression la plus touchante ; il prit ma main, la serra : ma sœur, me dit-il, oh! combien l'amitié a de douceur! je la sens pour la première fois dans toute sa pureté ; l'éprouveriez-vous aussi? Parlez, Fanny ; on ne cache pas l'amitié... Ce n'était pas de l'amitié que j'éprouvais, c'étaient toutes les affections confondues. — Oui, je vous aime comme si vous étiez mon frère... Je prononçai ces mots d'une voix tremblante. Ernest pressa ma main ; je détournai ma tête pour cacher mon trouble. — Regardez-moi donc, Fanny, me dit-il avec tendresse. Je tressaillis ; mon cœur était brisé d'émotions et d'efforts; je ne pus retenir mes larmes; Ernest pleurait avec moi. — O Stéphanie! dit-il, que n'êtes-vous ici!

Ces mots me glacèrent; un calme cruel remplaça un trouble ravissant.

— La pluie diminue, dis-je à Ernest; hâtons-nous de rejoindre nos amis. Nous sortîmes de la caverne; les chemins glissants, des ravins à traverser, des arbres à franchir, rendaient notre route bien difficile. — Appuyez-vous, Fanny, me disait Ernest en me soutenant. Nous arrivâmes. — Adieu, ma sœur, dit l'amant de Stéphanie; souvenez-vous du titre que vous m'avez donné; souvenez-vous de cette journée : elle restera toujours dans mon cœur. O Fanny! ajouta-t-il avec un ton de sollicitation pressante, rappelez-vous vos promesses; touchez Stéphanie, rendez-moi l'espoir et le bonheur. — Je ferai tout pour l'obtenir, tout, tout, Ernest. En disant ces mots, nous nous séparâmes : j'étais à la porte de notre habitation, et Ernest allait rejoindre Stéphanie.

— Je me souviens de ce jour d'inquiétude, dit madame de Belfort. Oh! combien je fus heureuse de vous revoir, de vous serrer dans mes bras! — Hélas! reprit Fanny, vous ne saviez pas combien d'émotions brûlantes, combien d'agitations remplissaient ce cœur que vous pressiez sur le vôtre. La journée se passa dans une alternative d'amertume et de plaisir; la nuit me rendit un peu de calme; ma première pensée, à mon réveil, fut de remplir mes promesses. Je me levai; l'air était pur; le lendemain d'un orage est ordinairement frais et tranquille. Je partis pour aller demander à ma rivale le bonheur d'Ernest. O mon Dieu, m'écriai-je, elle le refuse, et mon cœur aurait pour lui tant de tendresse! Il lui faut l'amour de Stéphanie, et c'est à moi qu'il le demande! Ah! si le mien pouvait faire son bonheur!.... si Stéphanie était inexorable! Mais Ernest serait au désespoir; puis-je le désirer? Non, non; je ne désire que la félicité d'Ernest; je n'en aurai plus d'autre.

Tels étaient les sentiments de mon cœur, lorsque j'arrivai chez Stéphanie. Elle était seule, occupée à écrire; ses regards très-animés ajoutaient encore à sa beauté. — Je vous dérange, lui dis-je. — Jamais, ma chère Fanny. — Mais vous écriviez, vous paraissiez émue. — Je faisais des vers. Je fus étonnée de ce que Stéphanie, voyant Ernest si désolé, pouvait se livrer à la poésie ; mon cœur, sans le vouloir, faisait des rapprochements : tant qu'il sera dans la souffrance, pensai-je, je ne pourrai me livrer à aucune occupation ; et cependant ce n'est pas moi qui le fais souffrir.

Stéphanie m'offrit de me faire entendre ces vers ; elle prit sa harpe ; et, en l'écoutant, je fis encore un rapprochement involontaire. Si elle m'est inférieure en amour, disais-je en soupirant, oh ! combien elle m'est supérieure en beauté, en esprit, en talents et en grâces ! O Ernest, votre passion n'a que trop d'excuses !

— Stéphanie, me hâtai-je de lui dire, en faisant un effort pour profiter de mes chagrins, Stéphanie, je vous admire tous les jours davantage ; vous réunissez tous les dons qui rendent notre sexe aimable ; vous en êtes le plus bel ornement : ne vous étonnez pas, avec tant de qualités si rares, si vous inspirez des sentiments plus rares encore ; la confiance et l'amitié sont, près de vous, les fruits de l'admiration et de l'estime.

— Vous me touchez, ma chère Fanny ; je suis heureuse de vous inspirer des sentiments si flatteurs. — Stéphanie, me pardonnerez-vous de m'intéresser à votre bonheur ? — Je vous demanderai de me conserver cet intérêt si tendre. — Permettez-moi de vous montrer que j'ai lu dans votre âme. — Parlez, Fanny. — Eh bien ! vous aimez Ernest, il vous adore ! pourquoi ne pas vous unir ! — Jamais, Fanny ; vous ignorez combien de sacrifices me sont imposés par une position extraordinaire. — Mais, vous êtes libre ? — Oui, en apparence ; mais des liens sacrés remplacent ceux dont je suis affranchie...... O Fanny ! plaignez-moi ! — Et vous aimez Ernest ? — Oui, je l'aime, et plus que je n'en suis aimée...

J'étais loin de le croire ; je le dis à Stéphanie ; je la priai, je la conjurai de se rendre heureuse ; je lui dis que l'idée qu'elle se formait de ses devoirs était exagérée : rien ne put changer sa résolution.

Le lendemain, je la vis entrer dans ma chambre ; ses yeux étaient remplis de larmes. Fanny, me dit-elle, un projet extraordinaire m'amène auprès de vous. J'aime Ernest; je ne puis cependant faire son bonheur; il m'est interdit d'être heureuse. Mais vous, Fanny, vous êtes libre; votre cœur n'éprouve encore que le besoin d'aimer; il n'a point trouvé d'objet..... Fanny, mon amie, aimez Ernest; il le mérite : vous êtes assez jeune pour lui; je vous unirai...; et bientôt peut-être vous bénirez ma mémoire... En achevant ces mots, elle fondit en larmes; un violent tremblement la saisit; et moi, en la consolant, en la priant de se calmer, je ne savais plus ce que j'éprouvais; mon agitation était plus vive que la sienne... — Il le faut, s'écria Stéphanie avec force; Fanny, je vous en conjure, votre cœur est généreux; sauvez Ernest du désespoir... Parlez, Fanny, refusez-vous de seconder mes cruels sacrifices?... — Ah! m'écriai-je, s'ils ne devaient pas déchirer le cœur d'Ernest! — Qu'avez-vous dit, Fanny, vous l'aimez? Je cachai ma tête sur le sein de Stéphanie. — Elle l'aime, disait-elle, elle l'aime, et elle me demandait de l'épouser!.... — Oui, je vous l'ai demandé; son bonheur me serait plus cher que ma vie; et en ce moment, où vous connaissez mon amour, je vous conjure encore de céder à ses vœux. J'embrassais Stéphanie, je la pressais dans mes bras; mon cœur battait avec violence... Ernest entra. — Mon Dieu! s'écria-t-il, qu'avez-vous? qui peut ainsi vous agiter l'une et l'autre? Et Ernest lui-même paraissait plongé dans la tristesse. — Stéphanie, dit-il, de grâce, parlez; quelle est la cause de vos chagrins? — Vous, Ernest. — Moi? je ne croyais plus occuper assez votre cœur; vos refus, ce que vous m'avez dit hier après les touchantes instances de Fanny. — Touchantes! dit Stéphanie; elles étaient héroïques. — Je me hâtai d'imposer silence à cette femme étonnante. — Non, me dit-elle; je veux rendre Ernest l'arbitre de son sort; dans les positions extraordinaires, on ne peut se conduire avec ménagement comme dans les positions communes. Ernest, Fanny vous aime... Je ne pouvais arrêter Stéphanie... Ernest tressaillit de surprise. — Stéphanie, dit-il, je ne puis plus mériter d'amour; Fanny est un ange destiné au bonheur; moi, je suis destiné par vous au désespoir et à la mort... Stéphanie voulut parler : elle le fit mal; elle répéta souvent les mots de dévouement, de sacrifices... Et elle faisait le malheur de celui à qui elle avait promis la félicité! Ernest ne parlait plus; plongé dans la douleur, il semblait ne plus vouloir en sortir. Stéphanie le pria de la reconduire chez elle. — J'ai à vous parler encore, lui dit-elle... Nous nous séparâmes... En me disant adieu, Ernest vit les traces de mon agitation et de mes larmes... Mon Dieu! s'écria-t-il... Il prit ma main, la baisa; Stéphanie paraissait occupée d'une résolution extraordinaire.

Cette scène m'avait laissée dans un état impossible à décrire; la nuit n'avait pu me calmer; dès le matin du jour suivant je reçus une lettre qui vint mettre le comble à ma surprise et à mon agitation.

« Je prends un parti violent et bizarre, me disait Stéphanie; je pars, je quitte Ernest, et je lui commande, au nom de tous les sentiments, de ne pas me suivre. Il doit connaître mon caractère et la force de mes résolutions : si je m'étais trompée en lui donnant des espérances; je ne me trompe plus en les renversant. J'ai tout considéré, nos âges, nos positions, nos goûts, nos qualités; nous cherchions faussement le bonheur dans une union que l'amour seul nous faisait désirer; cette union fût devenue malheureuse et coupable... Nous nous séparons; nos cœurs seront déchirés; mais il le faut... Fanny, votre position, votre âge, votre caractère, votre cœur, tout vous rapproche d'Ernest... Faites son bonheur et le vôtre; mes vœux le demandent au ciel... Il me faut, à moi, plus que l'amour, plus que le mariage, plus que des liens ordinaires; il me faut tous les devoirs, toutes les vertus, tous les travaux de la vie. Fanny, Fanny! que d'efforts m'attendent! mais que j'évite de remords et de douleurs! »

En me remettant cette lettre, on m'apprit que Stéphanie était partie; qu'elle avait profité d'un moment où Ernest s'était enfoncé dans les bois, et qu'elle avait aussi laissé une lettre pour lui. Hélas! je connus bientôt l'effet de cette lettre fatale.

Mon premier mouvement fut de montrer à madame de Belfort celle que j'avais reçue, et de lui confier tous mes chagrins; elle crut pouvoir me dire que le bonheur les remplacerait bientôt ; cette espérance était chère à son amitié. J'ai observé secrètement, ajouta-t-elle, le caractère d'Ernest et celui de Stéphanie, j'ai vu qu'ils étaient loin de se convenir, et j'ai aussitôt formé des vœux qui, maintenant, s'accordent avec les sentiments de votre cœur. Cette ouverture fut une tendre consolation pour mes peines ; et la douceur de les épancher dans le sein de l'amitié me les rendit doublement chères.... Hélas ! aujourd'hui qu'elles sont bien augmentées, je sens que je les raconte avec douceur, et que je les aime encore.

Le jour même du départ de Stéphanie, Ernest vint me voir ; il paraissait accablé... Que je vous plains! m'écriai-je.... Il ne put répondre ; sa tristesse gagna mon cœur; je ne songeai plus qu'au désespoir où le laissait Stéphanie ; je comparais sa peine avec celle que j'éprouverais si je le voyais partir ; je pleurais amèrement...... — Fanny, me dit-il au moment où cette pensée me touchait le plus, nous sommes donc nés pour le malheur?

Ce mot me fit frémir; il s'en aperçut. — Vous craignez le malheur, Fanny, et croyez-vous donc qu'il soit si redoutable! C'est par lui que l'on goûte le repos : c'est le port où le destin nous conduit ; avant d'y arriver, tout est désordre, agitation, tumulte; les joies consument, les espérances trompent, l'inquiétude dévore. Dans le malheur, on est tranquille; on se livre à la douleur; on n'est plus déchiré, froissé; la vie est finie.

Ernest porta la main à sa tête ; il se leva, se promena dans la chambre; puis, avec un sourire qui me déchira : — Je suis tout à fait remis, me dit-il, j'ai éprouvé un violent combat ; c'était la dernière résistance des passions humaines, maintenant je les ai vaincues... Il ouvrit lentement une fenêtre ; je volai vers lui avec effroi ; il ne fit pas attention à ce mouvement; mais il resta immobile avec une expression de douleur et de tranquillité qui me rassura. Bientôt la tristesse et l'enthousiasme se peignirent à la fois dans ses traits ; il s'appuya sur la fenêtre, versa un torrent de larmes; ses yeux brillèrent de joie, et ses lèvres laissèrent échapper quelques mots que je ne pus entendre..... Madame de Belfort entra dans ce moment ; le mouvement qu'elle fit ne tira point Ernest de sa rêverie ; j'eus le temps d'apprendre à cette excellente amie tout ce qui s'était passé ; elle frémit ; elle regarda Ernest ; en ce moment, sa physionomie était morne et sombre. — Mon ami, lui dit-elle avec le ton de la bonté, je suis disposée, comme Fanny, à vous plaindre, à vous aimer ; vous aurez ici deux tendres amies, une mère et une sœur. — Une sœur ? dit-il ; ah ! oui, j'en ai une ! c'est un de mes biens les plus chers : savez-vous comment elle est devenue ma sœur ?... Alors il fit le récit de notre rencontre au bord du fleuve ; il peignit l'orage et les scènes de ce jour d'effroi. Il paraissait prendre plaisir à faire ce tableau ; mais il parlait bas et lentement. Bientôt il parut épuisé de fatigue ; je lui demandai s'il voulait prendre quelque chose. — Oui, me dit-il d'une voix affaiblie..... Je fis un mouvement pour sortir ; il se leva, me retint, me prit la main, et m'appela sa sœur. — Mon frère, lui dis-je en retenant mes larmes, voulez-vous que j'aille chercher quelques fruits ? cela vous fera du bien. — Je suis bien, dit-il ; pourquoi vous lever ?... Il me fit asseoir. Madame de Belfort le pria de la suivre. — Venez, dit-elle ; vous prendrez l'air dans le jardin ; nous nous reposerons auprès de la fontaine. — Et pourquoi nous reposer ? dit-il ; nous n'avons plus de fatigue, plus d'émotion, plus de crainte ; le silence et la paix nous environnent.

Il laissa tomber sa tête ; je jetai un cri ; madame de Belfort lui fit respirer des sels ; elle le rappela à la vie ; mais un violent frisson et tous les symptômes d'une maladie terrible suivirent cette scène cruelle.

Cette maladie ne fut pas longue ; mais, pendant toute sa durée, je fus bien malheureuse. Je ne goûtai quelque repos que lorsque l'espoir de sauver Ernest me fut rendu. Les soins de madame de Belfort contribuèrent à le ramener à la vie ; et ces soins furent un bien doux témoignage de sa tendresse pour moi.

Ernest, en échappant au danger de mourir, avait retrouvé sa raison. Pendant sa convalescence, il nous parlait souvent de

Stéphanie, de son caractère, de ses talents, de sa beauté; mais il nous parlait souvent aussi de sa reconnaissance et de son affection pour nous. Bientôt nous fûmes unis par l'intimité la plus douce, et il s'établit entre nous ce genre de bonheur tranquille qui naît de l'estime, de la confiance et des plus tendres sentiments.

Peu à peu les pensées qui ramenaient Ernest vers Stéphanie cessèrent d'être des pensées d'amour; enfin il me pria d'exaucer le vœu de Stéphanie, de choisir pour époux celui dont j'avais conservé la vie. — Fanny, ajouta-t-il, j'aurai souvent des remords auprès de vous; je craindrai que mes souvenirs soient une offense; je ne puis vous offrir un cœur comme le vôtre; serais-je digne de vous, lors même que je n'aurais point aimé? Non, non, Fanny! vous mériteriez plus encore que les premiers vœux du cœur le plus noble et le plus tendre; mais l'amitié que je vous ai inspirée, votre générosité, mes malheurs et ma sincérité suppléeront à ce que je ne puis vous offrir.

Je fus touchée de la candeur d'Ernest; je crus cependant devoir laisser encore ses sentiments en liberté. Je le priai de penser à un engagement qui devait fixer son sort et le mien. — Sondez encore votre cœur, lui dis-je; le mien sera toujours prêt à partager les dispositions du vôtre; je vous demande seulement d'écrire une fois à Stéphanie, et de lui dire que vous l'aimerez toujours. Le ton de votre lettre et ce que vous éprouverez en l'écrivant vous apprendront si vos sentiments pour elle ne doivent plus être que de l'amitié: c'est toute l'épreuve que je vous impose, moins pour mon bonheur que pour le vôtre. Au reste, je préviens la confiance que vous allez me témoigner sans doute : je refuse absolument de voir votre lettre.

Ernest me quitta sans rien dire; mais il me serra la main, et je crus voir de l'amour dans ses regards.

Il écrivit à Stéphanie; il en reçut une réponse courte, d'une faible tendresse... Il me la remit, me conjura de la lire..., et ses yeux étaient en pleurs..... Mon cœur se serra; je détournai le visage. — Fanny, me dit-il d'une voix altérée, vous êtes affligée, offensée peut-être...

— Oh ! non, je ne suis pas offensée ; mais je suis malheureuse pour toujours !... Je prononçai ces mots avec l'accent d'une douleur profonde. Ernest prit ma main, la pressa sur son cœur, m'appela son amie, sa sœur, son épouse... Je fus calmée par sa tendresse. — Fanny, me dit-il, je vous en conjure, accordez-moi une grâce qui me sera bien chère ; revenons ensemble vers les lieux où nous nous sommes promis pour la première fois de nous aimer toujours... J'y consentis. Lorsque nous fûmes auprès de la caverne : — C'est ici, me dit Ernest, que notre vie fut conservée par la bonté suprême ; c'est ici que le don de ton amitié fut reçu par mon cœur ; maintenant c'est ton amour que mon cœur demande ; c'est à genoux que je te conjure de faire mon bonheur !

Ernest était à mes pieds ; je n'avais pas eu la force de le retenir. Appuyée sur un rocher, tremblante de surprise, d'amour et de joie, je ne pouvais parler ; j'étais agitée, je pleurais. Ernest fut effrayé. — Hâtons-nous de revenir, me dit-il ; votre pâleur, vos larmes... Ne craignez rien, lui répondis-je ; je suis mieux ici, mieux surtout pour vous parler.

Nous nous assîmes. Après quelques moments de repos et d'un tendre silence, je dis à Ernest : — Écoutez-moi, mon ami : vous savez que je vous aime : je n'ai pu vous le cacher ; mais vous ne connaissez point le principe de mon amour ; c'est le besoin de votre bonheur. Ce besoin serait satisfait si je ressemblais à Stéphanie ; je ne lui ressemble point. Vous ne pouvez m'aimer comme elle, et je ne vous le reprocherai jamais : tout ce que je voudrais, ce serait de vous rendre aussi heureux que vous pouvez l'être sans elle. Si je croyais qu'une autre femme pût y réussir mieux que moi, j'irais la chercher ; j'irais solliciter son amour pour vous... Mais je ne le crois pas ; une autre ne vaudrait pas Fanny pour t'aimer et te consoler... En prononçant ces mots je détournai mon visage inondé de larmes. — Fanny, Fanny ! s'écria Ernest, ne parle pas ainsi des sentiments dont tu remplis mon cœur ; c'est de l'amour ! une autre que toi serait loin de pouvoir en mériter d'aussi tendres. Je t'aime, Fanny ; je t'aime autant qu'il le faut à mon bonheur.

Ces mots furent dits avec un ton de persuasion qui passa dans mon cœur. Je fus rassurée; je le dis à Ernest. Je ne demandai plus qu'à consulter madame de Belfort pour fixer notre union.

— Allons, dit-il, allons la presser de choisir avec nous ce jour si cher.

Hélas! ajoutai-je, cette excellente amie va remplacer mon père. Elle ne me consolera pas cependant de ne pas le voir auprès de nous. Que ne peut-il former notre union, la bénir! — Il la bénira un jour, Fanny! Je partage déjà tout ton respect, toute ta tendresse.

Mon père m'avait donné sur mon propre sort la plus honorable confiance; je sentais en m'unissant à Ernest que j'étais loin de la trahir; et les circonstances de la guerre ayant suspendu toutes les communications, je crus pouvoir prendre une détermination approuvée par l'amie si sage à laquelle mon père m'avait confiée.

Ernest devint mon époux, dit Fanny. Les premiers mois de notre union furent le temps de félicité qui devait être mon partage. Ernest était bon, sensible et tendre; il n'employait ses qualités que pour moi; il ne s'occupait que de moi; il me rappelait souvent combien je lui étais chère. Pour moi, je retenais souvent la vivacité de mes sentiments; je craignais d'exiger trop d'amour en montrant tout le mien; et, lorsque j'aimais avec le plus d'ardeur, c'était toujours en silence.

Nous avions reçu plusieurs lettres de Stéphanie. Elle avait d'abord consacré tous ses soins à son père. Croyant voir ensuite qu'elle ne lui était point absolument nécessaire, l'activité de son cœur s'était dirigée vers un établissement de bienfaisance; c'est ce qu'elle nous écrivait, en faisant un tableau très-animé du bonheur que lui donnait ce bel emploi de sa générosité. Ses lettres, pendant ce temps heureux, ne témoignaient que des sentiments purs et nobles; sa conduite, et surtout son silence sur l'amour qu'elle avait autrefois inspiré à Ernest, me pénétraient d'estime et d'attachement pour elle... C'était moi qui, imprudemment rassurée par la distance, par les dispositions de Stéphanie, par la tendresse d'Ernest, et bien plus encore par ma tendresse, c'était moi qui parlais de Stéphanie avec affection et confiance, qui prenais un généreux plaisir à rappeler ses qualités brillantes!... Hélas! je ne m'apercevais pas encore qu'Ernest, en m'écoutant, gardait le silence, et ne me regardait pas.

Tout d'un coup les lettres de Stéphanie prirent un autre caractère. Elle avait terminé ses travaux, disait-elle; son cœur commençait à gémir d'être sans emploi, sans amour; elle revenait vers le passé; elle peignait ses souvenirs avec éloquence; elle prenait en même temps des résolutions fortes; en un mot, elle montrait de nouveau, par ses lettres, ce que j'aurais dû attendre, un mélange d'héroïsme et d'ostentation, de générosité et de regrets, de désespoir et d'amour.

C'est après le départ de madame de Belfort que ce changement dans les lettres de Stéphanie en apporta un cruel dans ma destinée. Obligée de concentrer mes craintes et ma jalousie, je fus d'abord bien malheureuse; bientôt je tombai, par le profond sentiment de mes peines, dans un état difficile à dépeindre. Mes pensées sombres et embarrassées me refusaient les délassements de l'intelligence; mon cœur oppressé, accablé, ne trouvait plus de larmes; je traversais les forêts sans goûter même les douceurs de la tristesse; je ne sentais plus ni désirs, ni espérances... O véritable malheur! je t'ai connu! découragement, insensibilité, oubli de l'existence!... O mes amis, vous qui êtes bons et sensibles, pardonnez-moi de répéter que j'ai bien connu le malheur. Je vais, si cela m'est possible, vous dire par quelle voie douloureuse j'y fus conduite.

Lorsque Ernest eut reçu les nouvelles lettres de Stéphanie, il devint rêveur; son humeur s'altéra; il aimait à être seul; ma présence lui devint importune, et ses efforts pour me traiter avec la même tendresse furent aperçus par mon cœur.

Je me promenais un jour sur les bords du fleuve. Troublée par les plus tristes pressentiments, je marchais sans intention de me rendre vers un lieu plutôt que vers un autre, sans regarder même la route que je suivais. Je me trouve subitement au lieu où j'avais rencontré, pour la première fois, Ernest et Stéphanie. C'est ici, m'écriai-je, que je chantais l'amour et l'espérance !... Aujourd'hui je n'y trouverai que l'isolement et la douleur !... Je ne pus retenir mes larmes ; je m'assis sur la pierre où je m'étais assise autrefois ; je goûtai alors une sorte de volupté nouvelle ; je m'abandonnai sans mesure à la plus amère tristesse ; je suivis, jusque dans leurs détails les plus cruels, toutes les pensées qui déchiraient mon cœur.

Tout d'un coup j'entends marcher ; je reconnais les pas d'Ernest ; je demeure immobile sous le feuillage qui me couvre. Ernest ne me voit pas ; il s'arrête, il s'appuie sur le tronc d'un vieux arbre, il regarde le fleuve ; son attitude est celle de la douleur... Je le vois triste, malheureux : je ne sens plus mes peines ; je n'ai plus d'autre besoin que de le consoler ; je vais me montrer, me jeter dans ses bras... Mais il parle ; il prononce mon nom... ; mes mouvements se suspendent. — Fanny, disait-il, pauvre Fanny ! j'ai fait ton malheur et le mien ! Stéphanie seule pouvait me faire aimer la vie. Je cherche en vain le repos auprès de toi ; je n'en puis trouver que dans le tombeau ; l'amant de Stéphanie peut-il vivre sans elle ? Mais toi, Fanny ! toi que j'ai nommée mon épouse, que deviendras-tu sans moi ?... et que deviendras-tu avec moi ?... Hélas ! tu serais plus seule avec moi qu'avec ma tombe... Tu haïrais mon infidélité ; tu chériras ma mémoire... Je te plains, Fanny ! mais bien moins que moi, tu ne sais pas, avec tes sentiments tendres et calmes, ce que font éprouver les passions ardentes. Ah ! que l'âme vive, brûlante, de Stéphanie convenait bien mieux à la mienne !...

Ernest ne parla plus ; il appuya sa tête sur le tronc de l'arbre... et moi, je recueillis au fond de mon cœur ses paroles cruelles. Les plaintes d'Ernest, l'aveuglement qui lui dérobait mon amour, cette passion qui s'adressait à Stéphanie, à cette femme qui l'avait abandonné, cette prévention qui me repoussait, moi qui lui avais consacré mes sentiments et ma vie...; tant d'injustices flétrirent mon cœur ; j'appelai la fierté et l'indifférence pour étouffer la jalousie ; mais de tels mouvements ne pouvaient avoir une longue durée dans le cœur d'une femme tendre, il n'est point d'union soutenue entre le ressentiment et l'amour. Ernest paraît agité ; il se tourne vers les arbustes qui me cachent ; au même instant le vent s'élève, les branches se séparent ; Ernest me voit ; son imagination se trouble ; c'est mon ombre qui se montre à ses regards. — C'en est trop, s'écrie-t-il ; l'image de Fanny vient jusques en ces lieux me reprocher les souvenirs qui me dévorent, elle vient m'ordonner de les éteindre dans le tombeau... Adieu, Fanny, je ne t'offenserai plus; adieu, Stéphanie, je t'adore... Ces mots d'Ernest me glacent d'horreur et d'effroi... Il fait quelques pas vers la forêt ; il regarde d'un air farouche ; je me lève, je le suis ; il me voit sans me connaître, il revient vers le fleuve, s'approche des flots ; je m'élance sur ses pas, je le devance. — Tu ne pourras mourir qu'avec moi ! m'écriai-je... Mais, en m'élançant au bord du fleuve, mes pieds ont rencontré des mousses glissantes, je roule aux yeux d'Ernest dans ces mêmes flots où il allait s'engloutir.

Je ne sais point ce que j'éprouvai en ce moment terrible ; Ernest m'arracha sans connaissance au profond abîme ; lorsque je repris mes sens, je me retrouvai sur les bords du fleuve, entre les bras de mon époux. Ses habits étaient trempés comme les miens ; il était pâle et tremblant ; nous revenions de la mort ensemble ; ce fut la première pensée de mon cœur. — O mon ami, lui dis-je, tu m'as sauvé la vie ; je l'avais exposée pour sauver la tienne ; nous nous devons tous deux l'existence dont nous allons jouir..... O Ernest ! aimons-nous. En disant ces mots, je le pressais sur mon cœur ; il pencha sa tête sur la mienne, me serra avec tendresse. — Je vivrai pour toi, entièrement pour toi, je te le jure, adorable Fanny...... A ces mots, je fais un cri de joie ; tout le bonheur m'est rendu.

Nous restâmes quelques moments dans un doux silence ! le soleil séchait nos habits et ranimait nos forces ; nous étions heureux ; nous nous aimions ; tous nos souvenirs étaient pardonnés ; nous avions oublié nos peines.

O vicissitudes de la vie humaine ! pourquoi troublez-vous la félicité ? Pourquoi soumettez-vous les sentiments du cœur à votre mobilité cruelle ?

Ernest ne me demanda point ce qui m'avait amenée au bord du fleuve ; je ne lui dis point ce que j'avais surpris de ses douloureux secrets ; je crus qu'il m'était rendu pour toujours par l'événement terrible qui avait suivi ses plaintes ; je l'aimai avec une nouvelle ardeur.

Plusieurs jours se passèrent ainsi ; une maladie assez longue, qui fut pour moi la suite de mon accident, prolongea mes illusions de bonheur. Ernest me soigna tendrement ; l'humanité, la bonté, la pitié même, prirent à mes yeux les traits de l'amour. Ma santé revint trop tôt effacer ces erreurs consolantes.

Pendant ma maladie, Ernest ne me quittait pas, et je croyais qu'il ne me quitterait plus ; je lui parlais de mon amour avec abandon ; mes regards attendris montraient mon âme ; mes mains osaient retenir les siennes, et les presser sur mes lèvres brûlantes ; tous les noms tendres, toutes les expressions pures et vives, tout le bonheur d'aimer sortait de mon cœur. Ernest m'écoutait avec douceur, me regardait avec intérêt, me servait avec zèle ; les progrès de mon rétablissement semblaient être son occupation unique ; il était silencieux, mais tendre ; je parlais, je pleurais, j'exprimais seule la vivacité de l'amour ; mais je croyais être entendue ; je ne me plaignais plus.

Lorsque je fus rétablie, Ernest en m'écoutant reprit insensiblement l'air sérieux ; des occupations solitaires remplacèrent les occupations que je lui fournissais ; des égards succédèrent aux soins ; des conversations froides et contraintes, au silence touchant ; des regards tristes et distraits, aux regards de la tendresse... Alors, je n'osai plus parler de mon amour ; je cachai son ardeur, j'étouffai ses plaintes amères ; je m'efforçai souvent de sourire, en parlant de choses indifférentes, tandis que mes paupières étaient épuisées de larmes, et mon cœur gonflé de soupirs. Quelquefois Ernest dissertait sur les sentiments en général ; il avait pris un genre de conversation tout rempli de sentences et d'abstractions qui glaçaient mon cœur ; dans son aveuglement et ses désirs, il croyait pouvoir ployer la nature au gré de ses préventions secrètes ; il ne nommait point Stéphanie ; mais je ne voyais que trop bien qu'elle était le modèle idéal de ses comparaisons et de ses jugements.

Un jour, il peignait, avec une froideur affectée, les passions ardentes, la force des âmes qui les éprouvent, les qualités rares et sublimes qu'elles supposent..... Son cœur désignait Stéphanie; une jalousie amère s'empara du mien; j'osai dire que l'on n'examinait pas toujours avant de porter les jugements très-favorables; j'osai réclamer contre le prestige dont l'exaltation s'environne; je peignis les sentiments de ceux qui se dévouent, la profonde énergie de ceux qui se taisent, la constance de ceux qui souffrent; les âmes vraiment fortes et grandes, ajoutai-je, sont celles qui ne balancent point sur les sacrifices nécessaires et qui les soutiennent, qui ne donnent point de bornes à leurs devoirs légitimes, qui trouvent trop d'exercice dans les réalités de leur position et de la nature pour désirer des biens chimériques et se créer des devoirs funestes.... Enfin, Ernest, on ne doit attendre les actions estimables, ou même les actions sublimes, que des cœurs soumis à la fois à la raison, à la sagesse et à l'amour.

J'en disais trop; Ernest sentit que mon intention était de répondre à ses secrètes pensées; il ne garda plus de ménagements; il nomma Stéphanie; il l'éleva au-dessus de toutes les femmes; il peignit l'ardeur de ses sentiments, la vivacité de ses discours; et, au moment où il était le plus entraîné par la prévention, il croyait encore être impartial, en m'accordant toutes les vertus douces, toutes les qualités touchantes; il oubliait que j'avais voulu l'unir à Stéphanie, que j'avais su imposer silence à mon cœur; une seule action de ma vie lui paraissait héroïque, c'était celle qu'un mouvement involontaire avait produite, et que la mort avait manqué suivre. Ernest, en ce moment et habituellement, ne cherchait dans les mouvements de l'âme que l'effet romanesque, dans les sentiments que ce qui se prêtait à une expression vive, dans le dévouement et l'héroïsme que ce qui était dramatique et saillant.

Ernest continuant de parler pendant que mes réflexions se succédaient avec rapidité, je finis par m'irriter contre son injustice. Oh! c'est bien alors que je manquai de force et de courage; c'est bien alors que, la jalousie de mon cœur s'unissant à la révolte de ma raison, j'oubliai cette modération qui est le premier témoignage des sentiments énergiques; j'oubliai que mon époux malheureux cédait à des passions terribles; j'oubliai les chagrins qui le dévoraient; je ne sentis que mes droits et mes peines; et lorsqu'il me dit, en me comparant toujours à Stéphanie : Oui, elle est vive, mais vous êtes douce; elle aime avec ardeur, mais vous aimez avec tendresse; vous êtes digne d'affection et d'estime.... Et Stéphanie ! m'écriai-je, je le dirai pour vous, Stéphanie seule est digne d'admiration et d'amour !....

En disant ces mots, je me précipitai hors de la chambre d'Ernest; je m'enfermai dans la mienne; je tombai dans un fauteuil, accablée, désolée; le malheur me saisit; le voile de mon avenir fut déchiré.

Ce jour fut affreux; et le lendemain je tombai dans cet état, plus cruel peut-être, que j'ai essayé de vous peindre; je me sentis glacée par le froid de l'indifférence; le souffle brûlant de la jalousie ne me ranima que par intervalles; bientôt la douleur s'éteignit.

Hélas! Ernest aussi était bien malheureux; et alors.... Pardonnez-moi ces larmes, ô mes amis! le repentir et l'amour les font encore couler; Ernest était bien malheureux, et je ne le plaignais pas; et, pour me consoler moi-même, je ne cherchais pas à adoucir ses douleurs! Oh! quel temps de ma vie que ce temps de sécheresse! Il m'accuse autant qu'il m'afflige; il me montre que, lorsque le malheur est devenu pour nous insupportable, nous ne sommes pas exempts de torts.

Ernest sortait seul; il allait dans les forêts, dans les lieux tristes, sauvages. Moi, je sortais sans savoir où j'allais. Il pleurait, il pensait à Stéphanie; il avait des égards pour moi. Je ne pleurais pas; je ne pensais à personne; les égards que j'avais pour mon époux étaient les effets d'habitudes heureuses; ils ne venaient point de mon cœur.

Aux heures des repas, nous étions ensemble; nous parlions quelquefois; plus souvent nous gardions le silence; je désirais la fin de ces heures de contrainte; je désirais encore plus la fin du jour : c'était du temps écoulé. Dans l'ennui qui me consumait, j'étais accablée de la lenteur du temps; et je n'avais pas la force de m'entretenir avec moi-même du dernier terme de mes douleurs. Ces images, présentées à la fois par la religion et la mélancolie, ces images sombres qui plaisent aux yeux fatigués de larmes, ne se montraient pas aux miens : quoique bien malheureuse, je ne me rendais point, par mes désirs, vers le port tranquille où la douleur entrevoit le repos et l'espérance.

Pour sortir de cette léthargie accablante, mon âme avait besoin d'un secours étranger. Un soir j'étais allée dans les bois. Je vois une femme jeune, belle, désolée, qui allaitait un enfant; je m'approche d'elle; je lui demande ce qui cause son affliction; elle garde le silence. Comme son vêtement me permet de croire qu'elle est indigente, je lui offre de l'argent; elle refuse; je tâche de lui adresser des paroles consolantes : hélas! je ne sais plus en trouver; mon cœur ne m'en inspire plus !

Cependant le spectacle que j'ai sous les yeux commence à me rendre de nouveau sensible. L'infortunée pleure avec amertume; elle presse son enfant sur sa poitrine; elle le couvre pour le préserver de la fraîcheur du soir; elle semble oublier ses peines pour le soigner; l'inquiétude suspend sa douleur; et, dans sa douleur même, si l'enfant prend son sein, elle se met à sourire.

Je fus d'abord touchée de ces douceurs de la maternité. Hélas! disais-je, si j'étais mère, je pleurerais comme elle!.... J'allais m'attendrir; je n'en étais pas digne encore : le murmure et l'envie ressaisissent mon cœur. Quelle que soit cette femme et son sort, dis-je en moi-même, je suis bien plus malheureuse; j'ai toutes ses peines, et nul être ne me console; nul être ne m'offre des caresses, pas même de la pitié.... Eh bien, que le désespoir me tienne lieu de tout ce que l'on me refuse! — A ces mots intérieurs, mon âme reprend le calme affreux de la sécheresse; je ne regarde plus la jeune femme qu'avec froideur.

Cependant ses larmes redoublent d'abondance. J'essaie alors

de parler; je prononce les mots de courage, de force; je donne à mes conseils le ton de sentences; et l'infortunée, qui n'entend rien à ce langage sombre, s'en étonne, semble même s'en effrayer. Elle se lève avec lenteur, me regarde avec embarras, et me demande, d'une voix timide, le chemin de la ville voisine. — Je voulais m'y rendre, dit-elle; le besoin de repos m'a forcée de m'arrêter; mais l'approche de la nuit me presse et m'alarme.

Cette candeur et le son de cette douce voix m'adoucissent moi-même. — La ville n'est pas éloignée, répondis-je; voulez-vous que je vous y fasse conduire?... Cette offre touche vivement la jeune femme; je vois dans ses yeux tant de reconnaissance pour un si léger service, que je recommence à trouver, pour elle, des paroles et des mouvements d'intérêt. Je lui présente ma main; elle la prend avec respect; et, après y avoir fait un baiser, que plusieurs larmes accompagnent, elle la pose légèrement sur la joue de son enfant. Je la regarde avec douceur; sa physionomie exprime à la fois le malheur, la résignation et l'innocence. Elle semble vouloir me parler; je l'encourage. — Le bon missionnaire avait raison, dit-elle; Dieu n'abandonnera point sa créature; il a guidé vers vous mes pas dans la forêt; mon cœur est reconnaissant.

Je fus touchée de ces mots si simples; je sentis avec délices que des larmes s'avançaient vers mes paupières, et que la bonté revenait dans mon cœur. — Attendez-moi un moment, dis-je à la jeune femme; je vais chercher un guide. Mais pourquoi ne viendriez-vous pas avec moi à ma demeure? Je puis vous offrir un asile... J'allais la presser de me suivre, lorsque je vois à une petite distance un prêtre des missions. Il marchait plus vite que ses forces ne semblaient le permettre. Son corps était un peu courbé sur le bâton qui le soutenait; mais la douce vivacité de ses yeux, la précipitation de ses pas, la noblesse de ses traits, révélaient la force de son âme et le zèle de ses vertus. Je le reconnais; c'est un de ces hommes qui partout sont accompagnés de respect et d'une célébrité touchante : également révéré du pauvre qui gémit dans le besoin, et du riche dont le cœur est généreux, il portait à l'un les bienfaits de l'autre; il calmait les remords des âmes coupables, parlait de sagesse avec indulgence, de Dieu avec ardeur : c'était le Vincent de Paul de ma patrie.

Je vais au-devant de l'homme respectable. — Mon père, lui dis-je, vous êtes dans le voisinage de ma demeure : qui cherchez-vous ? puis-je vous servir ? — O madame ! s'écria-t-il, auriez-vous rencontré dans ces bois une jeune infortunée pleurant comme Agar dans le désert ?... La jeune mère entend cette voix consolante; elle a retrouvé ses forces; elle court, son enfant dans les bras; la pâleur de son teint est remplacée par la rougeur de la timidité et de l'espérance; elle tombe à genoux. — Mon père ! s'écrie-t-elle, bénissez l'enfant et la mère !... En même temps elle lève ses bras tremblants vers l'ange protecteur; elle lui présente son fils. Le vieillard s'incline; ses mains se joignent; il reste quelques moments en silence; mais tous ses mouvements annoncent une ferveur généreuse : la piété, la vertu, prient pour le malheur et l'innocence. L'enfant sourit; la jeune femme lève les yeux; l'espoir s'y mêle à la tristesse : que de bien ne lui fait pas déjà le vieillard par ses prières et sa présence !

Pour moi, c'en est fait; une scène si touchante me fait retrouver le sentiment; les pensées religieuses, la justice, le repentir, les larmes semblent se presser de briser et de fondre les glaces qui étouffaient mon cœur.

Le vertueux missionnaire s'assied un instant; il a besoin de repos; c'est lui qui veut conduire la jeune femme à la ville voisine. — Vous avez peut-être encore à recevoir, lui dis-je, les confidences de votre intéressante protégée; je vais me retirer. — Non, non, madame; je désire, au contraire, que vous entendiez ce que j'ai à lui dire; vous avez secouru la pauvre fugitive; Dieu vous bénira; mais apprenez d'elle-même les malheurs qui l'ont conduite auprès de vous; votre compassion en sera augmentée. Allons, ma fille, ce récit me donnera un peu de temps pour me reposer, et il soulagera votre reconnaissance.

La jeune femme se met en devoir d'obéir; mais ses pleurs redoublent; ses sanglots arrêtent ses paroles. — Pardon, mon père. — Pleurez, ma fille, lui dit le vieillard : pourquoi retiendriez-vous vos larmes? Pleurez devant moi qui ai vu tant de peines; devant cette dame dont le cœur est généreux; devant le Dieu de bonté et de justice qui ne défend point les larmes, mais seulement le désespoir et le murmure.

La jeune femme s'abandonna quelques moments à sa douleur; et lorsque son cœur moins oppressé lui permit de se faire entendre, elle me raconta ainsi ses chagrins :

Je suis bien jeune, dit-elle; je viens de commencer ma dix-septième année; déjà cependant j'ai connu le bonheur, le malheur; je suis épouse, je suis mère; j'ai perdu mes parents; je suis chassée de... Elle s'interrompit en regardant le vieillard, comme pour lui demander la permission de pleurer et de se plaindre encore. — Continuez, ma chère fille, lui dit cet homme excellent; voyez cet enfant qui vous sourit, et pensez à Dieu qui récompensera votre innocence. — Ces mots touchants calmèrent la jeune fugitive; elle continua :

Je suis née en Amérique d'une mère indienne et d'un père européen. Mes parents étaient bons et pauvres; ils servaient l'un et l'autre un jeune homme chargé de la régie d'une riche habitation. Mon père était l'un de ses principaux employés; ma mère était son esclave. Ils s'aimaient; ils demandèrent à leur jeune maître la permission de se marier; elle leur fut accordée; je fus bientôt le fruit de ce mariage.

Je fus élevée près du maître; je le servis aussitôt que j'en eus la force, et je le fis avec respect et tendresse. Dès mon enfance il avait paru me chérir. Il était bon, généreux, quoique sévère et dur dans ses paroles. Il avait donné la liberté à ma mère; il nous avait comblés de bienfaits : je lui dois le bonheur de mes parents, les instructions de ma jeunesse, la religion qui me soutient : je lui dois vos bontés, mon père; car c'est lui qui vous a prié de me conduire et de m'aimer.

Lorsque je fus en âge d'être mère, mes vertueux parents et vous, mon père, vous me fîtes jurer d'être sage, et mon cœur adora cette loi. Mon jeune maître le sut; il vous parla; il fut touché de vos paroles ; il m'aima; il prit pour épouse la fille de ses serviteurs.

O mon père! vous avez vu mon respect s'unir à mon bonheur : je lui jurai devant vous qu'il serait toujours mon maître; je n'ai point oublié que les lois de mon pays m'avaient faite son esclave, et la religion de mon père sa servante soumise ; je me suis humiliée devant ses bontés; je me suis tue devant sa colère ; j'ai suivi vos conseils et ceux de mes parents. Vous m'avez dit : Qu'il soit ton seigneur sur la terre; et mon cœur vous a toujours obéi. Ma mère m'a dit en mourant : Si ton époux est bon, tu n'auras jamais assez de reconnaissance; s'il est injuste, souviens-toi que l'esclave ne juge pas le maître ; pleure en silence, ne murmure point, et garde la soumission dans ton esprit, de peur que Dieu n'y place l'image de ton époux offensé. O ma mère, vous aviez raison ; que serais-je devenue, si cette image terrible m'avait suivie dans ma disgrâce!

La jeune Indienne se tut pendant quelques instants; elle semblait recueillir en silence les consolantes approbations d'une conscience douce et résignée. Moi, je recevais de la mienne de cuisants reproches, et le murmure était banni de mon cœur par le repentir.

L'Indienne continua : Je perdis mes parents, et je devins mère la première année de mon mariage. Mon mari partagea mes chagrins et mes plaisirs, je le bénis dans ma douleur et dans ma joie; je me prosternai devant lui pour renouveler mes serments; il me releva avec amour, et me dit : Je suis content de t'avoir choisie pour épouse. Ces mots sacrés remplirent mon âme de consolation.

Depuis ce jour, près d'un an de félicité et de reconnaissance fut mon partage. Je mis cet enfant au monde; je le nourris auprès de son père, qui nous donnait souvent à l'un et à l'autre des témoignages de sa tendresse.

Un soir il reçut une lettre. Il apprit que l'habitation qu'il régissait pour le compte d'un habitant de Bordeaux, venait d'être vendue par le propriétaire et achetée par une dame française, qui voulait bien lui donner sa confiance, mais qui se proposait de passer bientôt en Amérique, et de demeurer sur sa propriété. Mon mari prévit le changement de son sort; il en fut affligé; il allait obéir au lieu de commander; le respect et la soumission allaient devenir les droits du maître... Mon cœur fut déchiré de cette pensée. Vous cesseriez d'être respecté! m'écriai-je; oh! non, non; vous serez du moins toujours le maître de votre femme et de votre fils.

En disant ces mots, je plaçai mon enfant sur les genoux de mon mari; je me jetai à ses pieds; je le suppliai de quitter l'habitation. Vous possédez, lui dis-je, assez de bien pour en acquérir une plus petite; hâtez-vous de devenir propriétaire et maître véritable, vous achèterez des esclaves; ils apprendront de moi à vous servir; votre autorité autour de vous sera sacrée comme elle l'est dans mon cœur; l'amour enseignera la crainte, le respect, l'obéissance; vous serez le plus heureux des habitants de mon pays.

Mon mari parut goûter ce projet; mais il remit son exécution à l'arrivée de l'étrangère. Elle ne se fit pas attendre : elle annonça bientôt qu'elle était débarquée. Mon mari voulut aller au-devant d'elle; et moi, je fus grondée pour la première fois; je fus même punie pour avoir pleuré de ce départ.

Il resta absent plus d'une semaine; quand il revint, et que je voulus l'embrasser, je le trouvai sévère et irrité : hélas! il avait déjà vu l'étrangère. J'osai demander si elle viendrait bientôt; j'appris qu'il s'écoulerait un mois; et je reçus l'ordre de m'accoutumer, pendant ce temps, à la solitude. Il faut, me dit mon époux, que je m'occupe fortement de régler mes comptes; je ne veux point être distrait.

J'étais accoutumée à l'obéissance; je me retirai avec mon fils. Je passai tout le jour à pleurer. Le soir, je portai mon enfant sous un grand platane, pour lui faire respirer la fraîcheur de l'air. J'y étais depuis quelques moments, lorsque j'entendis la voix de mon mari; il paraissait irrité contre un esclave; il menaçait de le faire châtier pour lui avoir désobéi; cette menace me fit trembler; je craignis qu'il ne m'accusât aussi de lui avoir désobéi en venant le chercher et l'importuner; je me hâtai de rentrer; je fus trahie par la précipitation de ma fuite; il me vit, ne douta point que je ne me reconnusse moi-même coupable; il m'appela d'un ton terrible; je fus accablée de reproches et renvoyée avec colère à ma solitude. Depuis ce jour, j'en fus retirée quelquefois par un souvenir de bonté, et presque aussitôt rejetée avec une rigueur cruelle. L'étrangère arriva; mon cœur me disait qu'elle était la cause de mes peines; mon cœur ne me trompait pas.

C'est depuis ce jour que je compte les plus tristes chagrins de ma vie. Hélas! moi qui portais le nom de mon maître et le titre de son épouse, moi la mère de son enfant, je retournai parmi les esclaves; je fus traitée comme elles; je fus accablée, dans ma jeunesse, des peines que l'on avait épargnées à mon enfance; l'amertume de mon sort présent s'augmenta de mes souvenirs. Cependant, celle qui causait mes peines les ignorait sans doute : mon mari l'aimait en silence; je ne puis l'accuser de mes douleurs; elle ne cherchait l'amour de personne; jeune encore et très-belle, elle paraissait malheureuse; et mon mari lui-même était dans le malheur.

O, mon père! c'est alors que je vous ai rencontré; vous passiez devant moi sans vous arrêter; vous alliez quelque part faire du bien; je vous priai de m'entendre, et vous me laissâtes vos paroles consolantes. — Oui, ma fille, dit le missionnaire, je fus touché de vos chagrins, et je m'éloignai à regret; ce matin, je suis revenu pour vous consoler encore; je ne vous ai point trouvée; une vieille négresse, qui pleurait sur vous, m'a indiqué la trace de vos pas; je vous ai suivie; je vais vous fournir un asile, mais donnez-moi quelques détails sur ce que la négresse m'a raconté.

Hélas! dit l'Indienne, il y a trois jours que vous avez donné des larmes à mon sort : pendant ces trois jours, j'ai été encore plus malheureuse. Je ne sais quels chagrins ont rendu mon époux plus sombre et plus sévère; je ne sais quelle humiliation il a reçue, mais je sais combien il en a versé sur moi. J'ai été bien maltraitée; mais, en pleurant de mes souffrances, j'ai pleuré pour celui qui les causait. Ce matin, j'ai essayé de l'attendrir; j'ai fait taire la crainte; je me suis jetée sur son passage : j'ai osé rappeler ses bontés; j'ai osé les lui redemander pour son bonheur : il m'a repoussée ; il m'a ordonné de me taire : j'ai senti mon courage redoubler ; il a voulu me fuir ; je l'ai suivi ; il s'est irrité ; à force d'amour, j'ai bravé sa colère.... Hélas! il a pris cet amour pour de la révolte, mes accents douloureux pour de coupables cris....Malheureuse! m'a-t-il dit d'un ton terrible, puisque tu as perdu le respect et l'obéissance, je te chasse, je te répudie! Va-t'en, femme rebelle; que je n'entende plus parler ni de toi, ni de ton fils..... Alors, ô mon père! il m'a fait chasser par des esclaves, qui du moins pleuraient en exécutant ces affreuses rigueurs.

L'Indienne se tut ; son silence, son attitude, ses larmes continuèrent d'exprimer la plus vive douleur; et sur les traits du vieillard se peignait une compassion vénérable : O mon Dieu! s'écria-t-il, protége l'infortunée, rends-lui le cœur de son époux. — O mon père! répondit l'Indienne, laissez-nous prier avec vous!...

En parlant ainsi, elle prit les petites mains de son enfant, les mit dans celles du vieillard, en y laissant aussi les siennes; ses beaux yeux se levèrent alors vers le ciel; elle pria pour celui qui l'avait chassée.

— Allons, ma fille, dit le bon missionnaire, prenez votre enfant; Dieu vous donnera des forces; vous êtes au jour des épreuves; n'oubliez point les jours heureux, et méritez leur retour.

Ces douces paroles versèrent dans le cœur de l'Indienne le baume de la résignation et celui de l'espérance. Je la vis tourner, avec une touchante tristesse, ses regards vers le chemin de son habitation. Hélas! dit-elle, je vois dans le lointain le toit d'où j'ai été bannie!...... ô mon père! — Vous y rentrerez, ma fille.

— Adieu, me dit alors la jeune Indienne du ton de la reconnaissance. — Je la pressai sur mon cœur avec un tendre respect. Pourquoi, dis-je au vieillard, n'est-ce point chez moi que vous lui donnez un asile? — Il lui en faut un plus simple; son mari sera plus aisément touché, en apprenant qu'elle est dans une situation convenable à son malheur. — Je me rendis à cette considération. — Mais du moins, mon père, promettez-moi de me demander tout ce qui lui sera nécessaire, et de venir quelquefois m'informer de son sort. — Je vous le promets ; j'espère vous apprendre bientôt qu'elle est heureuse.

Ils partirent ; je les vis s'éloigner ; ils marchaient lentement, la pauvre mère fatiguée par sa douleur encore plus que par le poids de son fils, le bon missionnaire chargé de sa vieillesse. De temps en temps, la jeune femme se tournait encore vers le lieu où elle avait connu l'amour ; et je croyais entendre le saint vieillard lui répéter : Vous y rentrerez, ma fille.

J'avais encore les yeux et la pensée fixés sur les traces de cette jeune fugitive et de son ange protecteur, lorsque j'entendis marcher auprès de moi ; c'était Ernest qui venait me chercher ; il était inquiet ; ma promenade s'était prolongée plus qu'à l'ordinaire. Mon cœur, qui venait de se rouvrir à tous les sentiments tendres, fut vivement ému de cette inquiétude. Je comparai mon sort à celui de l'Indienne ; mon mari venait me chercher, le sien la chassait. Ernest dévorait ses passions pour me traiter avec égard et bonté, tandis que la jeune Indienne était victime des passions et de la colère. Cependant j'avais murmuré, mon cœur s'était desséché ; et elle, son cœur s'était soumis ; sa résignation avait égalé ses peines ! Ces réflexions achevèrent de me ramener à la raison, à la douceur, à la sagesse ; je bénis l'Indienne, et Dieu qui m'avait envoyé son exemple. C'est ainsi, mes amis, que je parvins à me soutenir contre les nouveaux chagrins que j'ai encore à vous raconter.

Un de ces chagrins était l'absence de mon père et de son excellente amie ; mon imagination ne présumait que trop aisément les malheurs et les dangers dont ils vous ont fait le récit.

La plus cruelle de mes peines, je dois en convenir, était l'indifférence d'Ernest, ou plutôt son amour pour Stéphanie. En vain, pour le toucher, j'employais la tendresse, le silence, la douce adresse d'un cœur passionné ; tout fut inutile ; je reçus des égards et point d'amour... Hélas ! le mien n'en fut point diminué, souvent au contraire je me disais : Ernest est bien plus malheureux que moi ; et à ces mots je l'aimais davantage.

Je lui avais parlé de la rencontre que j'avais faite, en évitant d'ailleurs toutes les réflexions pénibles ; il avait désiré secourir la jeune femme : je regrettais qu'il ne l'eût point vue ; je pensais quelquefois à l'impression salutaire que son cœur généreux aurait pu en recevoir.

Le bon missionnaire était venu assez souvent me donner des nouvelles de son infortunée ; Ernest avait pris pour cet homme respectable les sentiments qu'il méritait. Un jour, il entra chez nous ; la joie de la charité brillait sur son front vénérable ; il avait fait bien des courses pour voir l'époux dur et inconstant ; il avait bravé bien des refus ; il était enfin parvenu à l'attendrir. Joignez vos instances aux miennes, me dit-il ; vous avez vu la résignation et la douleur de cette jeune femme le jour même de son exil. Si son époux recevait votre témoignage, le mien en aurait encore plus de crédit.

Je fus loin de me refuser à la demande du missionnaire ; j'étais glorieuse d'être associée à tant de vertus pour une œuvre si touchante. — Mon père, je vais vous suivre, si mon mari l'approuve. Ernest fit la réponse que j'attendais. Permettez-moi, dit-il au missionnaire, d'aller aussi unir mes efforts à votre zèle et à vos vertus.

Nous nous mîmes en marche. Souvent, placée entre le missionnaire et mon mari, je goûtais en secret une douceur céleste.

Le vieillard nous donna en chemin les informations qui pouvaient aider nos succès. L'époux de la jeune Indienne, nous dit-il, s'était passionné pour la belle étrangère ; mais son amour ayant été repoussé avec mépris, cet homme fier et accoutumé à la domination, après avoir été longtemps de l'humeur la plus sombre, avait fini par regretter en secret son épouse si soumise et si tendre ; un reste de honte le retenait, il cherchait à s'excuser en disant que la rébellion de sa femme l'aurait moins irrité si elle n'avait pas commencé par le surprendre. J'ai étudié le caractère de ce jeune homme, ajouta le sage missionnaire ; j'ai su, des personnes qui l'entourent, que les nombreuses sollicitations le touchent ; qu'il aime à être imploré avec instance, même pour les choses qui sont dans son inclination ; profitons de cette faiblesse pour le ramener au devoir et au bonheur. Les faiblesses sont les sentiers détournés qui conduisent au cœur de l'homme.

Nous arrivâmes; nous suivîmes les instructions du missionnaire; mon cœur m'inspira aisément le langage de la plus tendre sollicitation. Je croyais voir encore la jeune femme se tourner vers la demeure de son époux, je peignis sa douleur et son respect; je me servis des expressions de l'innocente infortunée qui, par excès d'amour, avait paru rebelle, et ne murmurait point cependant contre la colère qui avait suivi cette erreur. Le bon missionnaire m'animait de ses regards, Ernest de son émotion. Je réussis; l'époux attendri me dit qu'il cédait à mes paroles et à son propre cœur; mais il revint à l'apparence de révolte, et, par un retour de son caractère, il prit le ton de la sévérité pour rappeler l'intéressante victime de son injustice.

Madame, dit le bon missionnaire, lorsque nous eûmes quitté le mari de l'Indienne, vous venez de faire plus de bien que les richesses ne peuvent en répandre; que, pour vous récompenser, le bonheur de votre époux vous soit toujours accordé par la bonté divine!

Je fus troublée de ces mots si touchants. Mes regards tombèrent involontairement sur Ernest, qui baissa les siens. Le sage missionnaire, accoutumé à lire dans les âmes, vit mon embarras; il en fut affecté. Trop prudent, trop réservé pour chercher à pénétrer les secrets qu'on ne lui confiait pas, il se hâta de ramener notre attention sur la jeune femme. Je vous quitte, nous dit-il; elle m'attend avec bien de l'impatience; je vais lui porter le bonheur : demain, si vous y consentez, je la conduirai chez vous; nous la ramènerons ensemble sous le toit conjugal. Nous consentîmes à ce projet avec empressement.

Le lendemain cependant la jeune femme vint seule avec son enfant. Le vieillard s'était laissé retenir ailleurs par une autre infortune; il avait sacrifié le spectacle de la joie qu'il avait préparée et qui aurait fait sa récompense. La jeune femme, en nous donnant cette information, en nous témoignant sa reconnaissance, eut bien de la peine à trouver ses paroles; son esprit était si troublé! son empressement était si grand! Nous partîmes; pendant la route nous lui disions tout ce qui pouvait lui montrer combien nous prenions part à son bonheur; elle ne nous entendait pas; elle courait devant nous; elle pleurait, elle riait; elle revenait vers nous, s'éloignait encore : nous avions peine à la suivre.

Mais lorsque nous fûmes près d'arriver, ce fut l'excès du bonheur qui la retint; à la vue de son habitation, elle fut saisie d'un tremblement de joie; elle se prosterna devant cette demeure chérie. — Mon enfant, s'écria-t-elle, voilà le toit de ton père; il nous y recevra tout à l'heure... O mon Dieu! quelle courte épreuve pour tant de félicité!

Nous approchâmes encore; ses sentiments devenaient à chaque instant plus vifs; lorsqu'elle eut touché le seuil de cette maison, ses genoux fléchirent; je fus obligée de prendre son enfant; ses lèvres s'attachèrent à cette porte sacrée : que n'avait-elle pas dû souffrir en la franchissant le jour de son exil!... Et lorsqu'elle fut en présence de son mari! Je ne saurais peindre ce mélange de respect, de soumission, d'amour, de transports et de crainte; je croyais voir ensemble l'énergie et la douceur, la naïveté et la décence, les mœurs policées et les mœurs sauvages, la religion et la nature.

Son mari fut vivement touché; il la releva, la serra sur son cœur, pleura sur son fils, les prit ensemble dans ses bras, s'accusa de dureté, et promit de les aimer toujours.

Ernest était près de moi; il me serra doucement la main; mes yeux baignés de larmes surprirent de la tendresse dans son regard; je crus tous mes vœux exaucés; je crus Ernest sensible, et ma plus douce joie fut d'espérer son bonheur... Grand Dieu! en quel moment formais-je ces vœux et cette espérance!... Une femme paraît; c'est la maîtresse de l'habitation; elle voit des inconnus; elle recule... Mais, hélas! il est trop tard; un cri d'Ernest me révèle Stéphanie, à l'instant où peut-être le cœur de mon mari allait m'être rendu.

Ce tableau cruel est un de ceux que mes souvenirs repoussent en vain : Stéphanie, égarée, l'exaltation dans ses regards,

Ernest se connaissant à peine, moi soutenue par cette jeune femme dont j'avais déploré le malheur, son mari interdit, son enfant effrayé... O mes amis! je crois y être encore; pardonnez le trouble de mon cœur.

Cependant cette scène ne dura qu'un instant. Stéphanie s'élança vers moi, me serra sur sa poitrine avec ses mouvements passionnés. Venez, Ernest, dit-elle, venez embrasser à la fois votre épouse et votre amie; unissons-nous par tous les sentiments.

Ernest s'approcha; la honte, l'amour l'agitaient... Je tâchai de réprimer ma douleur; je demandai à Stéphanie pourquoi elle nous avait fait un mystère de son retour et de son voisinage. Je vous l'apprendrai, me dit-elle en rougissant et en versant des larmes... Aujourd'hui c'en est assez; venez me revoir demain. Elle ne prononça que ce peu de mots, et elle me parut toujours la même, toujours extraordinaire, toujours belle, toujours faite pour séduire et désoler.

Nous la quittâmes... Ernest en s'éloignant fut triste et abattu; je vis toutes mes espérances renversées; je ne me disposai plus qu'à souffrir, à étouffer surtout cette jalousie cruelle dont le poison coulait dans mon cœur.

Le lendemain, nous allâmes chez Stéphanie; elle avait composé son maintien; elle parut plus tranquille. Souvent ses yeux étaient mouillés de larmes; elle ne les essuyait point; elle semblait avoir pris l'habitude de les sentir couler sur son beau visage; elle souriait et parlait en pleurant, ce qui ajoutait encore à sa beauté.

Vous devez être étonnés, nous dit-elle, de me revoir dans vos contrées; vous me blâmez peut-être; pour obtenir votre indulgence, je vais vous dire la vérité.

Il y a à peu près trois mois que la fortune de mon père a été très-dérangée par la banqueroute d'un homme avec lequel il avait toujours été en grande relation d'affaires, et qui en ce moment lui devait des sommes très-considérables. Pour réparer une partie de ses pertes, mon père a été obligé d'accepter les biens que son débiteur possédait en Amérique. Cette habitation était le principal de ses biens; mon père ne pouvait régir par lui-même une fortune aussi éloignée; et ses besoins de bien-être, qui ont toujours été satisfaits, étant augmentés maintenant par les infirmités de la vieillesse, je l'ai pressé de reprendre le bien qu'il m'avait donné près de Lyon, en échange de celui dont il venait de se rendre possesseur. L'infériorité de celui-ci a été pour moi un motif d'insister davantage; mon père s'est rendu à mes prières. J'ai trouvé bien doux de le rétablir, moi sa fille, dans son propre héritage; mais je dois en convenir encore, ce n'est pas sans un grand plaisir que je suis venue de nouveau respirer le même air que vous; et si je ne vous ai point informés de mon arrivée, si je me proposais de vous faire le plus longtemps possible un mystère de mon retour, et me borner à prendre avec le plus tendre intérêt tous les renseignements qui pourraient m'être donnés sur votre sort, c'est que je m'étais fait une loi de sacrifier tout ce qui me paraîtrait interdit par l'honneur et la prudence.

En prononçant ces derniers mots, Stéphanie prit l'accent de la force et de l'enthousiasme; je baissai les yeux, n'osant dire ce que je pensais de cet aveu et de ces résolutions bizarres; tandis qu'Ernest, par la satisfaction contrainte de sa physionomie, semblait dire : O Stéphanie! vous êtes toujours héroïque et sublime!

Nous priâmes Stéphanie de venir à son tour dans notre habitation; ce fut en vain. Ma résolution est prise, dit-elle : je ne reverrai jamais des lieux si chers et si cruels! De telles paroles, en ma présence, en présence d'Ernest, étaient-elles dictées par la prudence et par l'honneur? Mais elle ajouta tant de choses tendres, flatteuses, nobles, que je fus encore obligée de garder le silence, et de regretter pour elle, pour moi et pour Ernest, qu'elle n'eût pas reçu, au lieu de tant de qualités brillantes, un peu plus de cette générosité calme et véritable qui se laisse guider par la raison, ou seulement par la délicatesse.

O mes amis! vous prévoyez mon sort; mais, était-ce le moment de demander à Ernest un douloureux sacrifice? n'était-ce point à moi à pratiquer en secret cette vertu que Stéphanie exaltait sans la connaître, la vertu pénible d'un obscur dévouement? Que de chagrins me consumèrent! mais j'aurais été exposée à bien plus de peines, si l'amour et le devoir n'avaient étouffé mes plaintes; aujourd'hui je reçois le prix de ma résignation. Je vais achever mon histoire; vous verrez, mes amis, que si le bonheur m'est étranger, je suis du moins en paix avec mes souvenirs.

Les amis de Fanny étaient touchés, attendris; Armand surtout paraissait vivement ému; il n'objectait plus rien contre la résignation dans le chagrin; il écoutait; la persuasion entrait dans son cœur à la voix de Fanny. Elle continua en ces termes :

J'engageai Ernest à aller voir Stéphanie. Je n'y consentirai, me dit-il, qu'à condition que vous m'accompagnerez toujours. Il ne me convenait point de rejeter cette condition douloureuse. Nous fîmes ensemble plusieurs visites; réunion cruelle! c'étaient trois cœurs malheureux, chacun par les deux autres, qui se rassemblaient! Cependant Ernest et Stéphanie, qui s'aimaient, devaient mêler bien des douceurs à leurs peines; ma présence, dont ils s'étaient fait une loi, ne pouvait les empêcher d'être unis par leurs vœux...; et moi, c'était surtout en leur présence que j'étais isolée.

Ces idées, ces chagrins sans relâche, affaiblirent ma santé; je me sentis dévorée d'une fièvre lente; je le déguisai longtemps à Ernest, lorsqu'enfin son inquiétude même me força de le lui avouer. Je le priai de continuer sans moi ses visites à Stéphanie; je lui dis tout ce que je pus imaginer pour l'y faire consentir; je lui témoignai la plus parfaite confiance. Ce fut en vain. Ernest ne me quitta point. Il écrivit à Stéphanie pour s'excuser; et les soins qu'il me prodigua furent aussi zélés, aussi tendres, que si j'avais possédé tout son cœur : preuve bien touchante et bien chère du pouvoir que la bonté, le devoir et l'honneur exerçaient sur ce jeune homme infortuné.

Je fus si reconnaissante que je ne voulus pas retenir Ernest plus longtemps : je feignis d'être mieux; je me levai; je dis à Ernest que je pouvais m'occuper; je le suppliai d'aller voir Stéphanie. Il s'y refusa absolument. Tant de générosité excitant la mienne, je voulus aller voir moi-même Stéphanie beaucoup plus tôt que mes forces ne me le permettaient. Cet empressement faillit me coûter la vie; je crus toucher à la fin de mes peines : une rechute violente sembla me conduire au tombeau. Alors Stéphanie oublia tout ce qui la tenait éloignée de ma demeure; elle vint y partager les soins d'Ernest; et tous deux mirent autant de zèle à prolonger mes jours que s'ils en eussent attendu leur bonheur.

Un jour que je sentis ma faiblesse augmentée, je leur dis : Mes amis, vos soins seront inutiles; j'en ai du moins l'espérance. Je pris leurs mains dans les miennes; je fis jurer à Stéphanie qu'elle ne quitterait plus Ernest... Ils pleuraient; ils repoussaient un bonheur dont ma mort était le prix; ils priaient pour mon rétablissement avec l'ardeur la plus touchante. Le ciel les entendit sans doute; la vie me fut rendue. Oh! combien de tristesse accompagna ce retour! Quand je regardais ces deux amants qui se déguisaient l'amour qu'ils éprouvaient l'un pour l'autre, et qui, en même temps, disputaient d'empressement à me soigner, je me disais : Avec quelle générosité ils conservent eux-mêmes l'obstacle qui les empêche de s'unir! O mon Dieu, m'écriai-je, vous lisez dans mon cœur, vous voyez que je ne puis être heureuse que du bonheur d'Ernest; fournissez-moi les moyens de le lui procurer aux dépens du mien, et, s'il le faut, aux dépens de ma vie.

Pendant que mille pensées m'agitaient, j'apprends que le divorce vient d'être permis en France; aussitôt, mon projet est formé. Je dis à Ernest qu'un changement d'air est devenu nécessaire à ma santé; je témoigne le plus pressant désir de passer en France et de rejoindre mon père. Ernest ne pouvait m'accompagner, il était sur la liste des émigrés; je me montrai fortement décidée : ma santé, ma vie en dépendent, ne cessai-je de dire à Ernest; il céda à mes instances; j'écrivis à mon père, je lui annonçai mon arrivée prochaine.

Hélas! c'est bien alors que j'eus besoin de courage! chaque fois que je regardais Ernest, que j'entendais sa voix, que je pressais sa main, mon cœur prononçait ce cruel adieu qui allait nous séparer. Encore quelques jours, et je ne l'entendrai plus; je ne le verrai plus; les mers se placeront entre nous; les lois briseront nos liens!...

Le vaisseau devait bientôt partir; Ernest était accablé de tristesse; lorsqu'il me regardait, la pitié semblait lui révéler mon dévouement. Je crus devoir le confier à Stéphanie, j'exigeai un serment avant de dire mon secret; lorsque je l'eus obtenu, je présentai tous mes motifs avec une vivacité, une éloquence, qui semblaient la surprendre; je profitai de son étonnement : j'exigeai sa promesse d'épouser Ernest aussitôt que la liberté lui serait rendue par mon divorce. Cette promesse fut faite au milieu des larmes et des transports d'admiration. Je crus alors mon sacrifice prêt à s'accomplir; je rassemblai toutes mes résolutions, toutes mes forces... Hélas! un coup terrible m'attendait encore avant de quitter ma patrie.

L'avant-veille de mon départ, Ernest voulut me parler; il était pâle, tremblant. Fanny, me dit-il, si j'ai pénétré votre dessein, je suis trop malheureux; j'aime mieux mourir. En prononçant ces mots, il chancela; je le retins, je le serrai dans mes bras; ses yeux étaient égarés, je le vis bientôt dans cet état cruel où l'avait plongé le départ de Stéphanie; sa raison s'aliénait encore; j'appris qu'il avait passé la nuit dans l'agitation, qu'il avait parcouru la forêt, qu'il s'était arrêté dans la grotte où le ciel avait conservé nos jours, et sur les bords du fleuve où j'avais exposé ma vie pour conserver la sienne. Son imagination exaltée par de longs chagrins, les combats du devoir et de la passion, les ténèbres de la nuit, l'avaient jeté dans le délire; mon départ s'offrait à l'infortuné comme un projet de mort; la maladie que je venais d'éprouver le confirmait dans ses sombres pensées; il s'accusait de mon désespoir; tantôt ses efforts me rappelaient, tantôt ils repoussaient mon image funeste.

Je révoquai alors le projet de mon départ, j'écrivis à mon père : Ernest est malade et malheureux, je ne dois plus m'en séparer; je vais consacrer ma vie à le soigner : si je vais en Europe, ce sera avec lui, ce sera avec l'espoir de le guérir... O mon père! soyez heureux!...

Ma lettre partit. Le moment où je fus retenue près d'Ernesteut quelques douceurs ; mais en regardant l'infortuné, en le voyant privé de plaisir et de pensée, j'oubliais le bonheur de le serrer dans mes bras ; je ne sentais plus que sa situation déplorable. Stéphanie en pleurs était souvent dans notre demeure ; je l'appelais toutes les fois qu'Ernest me paraissait tranquille ; j'aurais voulu lui devoir la raison d'Ernest aux dépens de mon repos. Quelquefois cependant, je dois l'avouer, j'étais moins généreuse ; je trouvais dans l'état d'Ernest une consolation secrète ; il n'avait plus de répugnance à rester auprès de moi, à recevoir mes soins. Je ne le quittais plus ; je le pressais sur mon cœur sans l'affliger ; je versais des larmes sans lui en faire répandre ; mes caresses, mon amour, ne le fatiguaient plus ; je pouvais l'aimer, lui parler... Et ces sentiments, adressés à un infortuné qui ne pouvait les entendre, étaient encore des douceurs au milieu de la tristesse de mes souvenirs.

Un jour, quelques signes de guérison se montrèrent. Nous étions assis sur les bords du fleuve ; la tête d'Ernest était penchée vers moi ; je le soutenais dans mes bras ; c'est sur mon cœur que la raison commença à lui être rendue... Heureux moment! Je pleurais ; je priais pour cette tête si chère ; je la couvrais de baisers ; j'oubliais tout, et mes projets et mes craintes!

Depuis ce jour, les intervalles de raison se rapprochèrent ; bientôt Ernest fut entièrement rétabli, et mon cœur pénétré de joie et de reconnaissance... Hélas! cette joie devait être la dernière!...

O mes amis, épargnez-moi de tristes détails ; je n'aurais plus à vous dire que ce que vous avez entendu. Ernest, rendu à la raison, fut rendu à tous ses sentiments ; je revins à mon projet ; je ne songeais plus qu'à l'exécuter sans jeter de nouveau Ernest dans une situation désolante, lorsque mon père, vivement inquiet de mon sort, fut ramené vers moi par la plus touchante tendresse. Alors, mes amis, rien ne s'opposa plus à ma résolution déchirante ; je quittai mon pays ; je m'arrachai...

Je ne puis finir, dit Fanny ; mon cœur se brise ; je crois voir Ernest ; j'entends ses adieux...

— Venez, ma chère Fanny, dit madame de Belfort, guidez-moi ; nous pleurerons ensemble, tandis que votre père continuera votre douloureux récit.

Elles sortirent ; la pitié, l'admiration, suivirent Fanny, et M. de Murville fut prié d'achever son histoire.

— Hélas! dit-il, ce récit ne sera pas long. Ma fille n'avait plus d'événements à craindre ; elle laissait tout son cœur à ce malheureux Ernest qui, toujours partagé entre l'amour et le devoir, était, à mes yeux mêmes, une intéressante victime. Ce jeune homme croyait qu'au bout d'un an sa femme reviendrait en Amérique. Je l'avais laissé dans cette espérance. Ma fille m'avait fait entrer dans tous ses projets par des raisons et des sentiments sublimes.

Nous nous disposâmes à partir ; Fanny recueillit ses forces. Elle s'enferma une heure avec Stéphanie ; elle arrêta les élans impétueux de cette femme par une générosité bien plus forte. Elle lui rappela ses serments, lui fit un devoir de les tenir. Faisons chacune, lui dit-elle, ce qu'Ernest et son bonheur commandent. Elle laisse Stéphanie étonnée, subjuguée, fondant en pleurs ; elle revient vers Ernest ; il était pâle, tremblant ; elle se jette dans ses bras : Sois heureux, lui dit-elle, sois heureux! Elle prononça ces mots avec un accès de douleur violente ; elle serrait son mari de toutes ses forces ; elle semblait épuiser son âme. — Chère Fanny, dit Ernest, ne reviendras-tu pas ? Ne nous reverrons-nous jamais? — Nous nous reverrons, s'écria-t-elle en fuyant et m'entraînant vers la chaloupe.

Quand nous fûmes sur le vaisseau, elle cacha sa tête pour ne pas voir Ernest. L'instant d'après, elle ramena vers lui ses regards, en se mettant à genoux ; son attitude était calme et triste ; elle avait l'air de se détacher de la vie. Mais quand le vaisseau s'éloigna, quand elle ne vit plus Ernest, le désespoir la saisit ; elle courut s'enfermer dans l'intérieur du navire, pour s'épargner la cruelle tentation de finir tant de douleurs. Je m'approchai d'elle ; je pris ses mains ; elle serra les miennes.

— Priez pour lui et pour moi, mon père. Elle revint paisiblement avec moi sur le bord du vaisseau. — Adieu, mon pays et mon époux; adieu, adieu. — En prononçant ces mots, sa tête tomba sur mon épaule, qu'elle couvrit de larmes.

Pendant toute la traversée, Fanny fut d'une tristesse profonde. Quand nous arrivâmes en France : Voilà donc votre patrie! me dit-elle. Puissiez-vous y être heureux et ne pas la quitter!

Je ne répondais à Fanny que par de tendres caresses.

Le premier de ses soins fut de faire dresser l'acte de son malheur. Nous restâmes à Paris le temps nécessaire. Quand tout fut fini, elle signa cette renonciation; elle était pâle, mais un grand effort lui donnait du calme. Aussitôt qu'elle fut seule, elle s'écria en fondant en pleurs : O mon Dieu! je n'ai plus besoin de courage!

Elle écrivit à Ernest. Sa lettre fut simple : « Mon ami, lui dit-elle, j'ai obtenu tout ce que je demandais, si vous êtes heureux, si vous épousez Stéphanie. »

La lettre qu'elle écrivit à Stéphanie fut plus longue : « Voilà, lui dit-elle, l'acte qui rend à Ernest sa liberté; recevez-le, Stéphanie; écoutez mes vœux; nommez votre époux celui qui fut le mien. Aimez-le, ma chère Stéphanie; rendez-le toujours heureux; c'est mon cœur qui vous en conjure. Ne m'oubliez pas; dites quelquefois à Ernest... Non, non, ne lui dites rien qui l'afflige, rien qui indique mon sacrifice.

« Adieu, Stéphanie; vivez longtemps avec Ernest sur ma terre natale; je dois souffrir, mourir sur la vôtre... Je prierai pour Ernest; je l'aimerai toujours; je ne le reverrai plus. »

Ces lettres sont parties depuis plus d'un an; nous n'avons pas encore eu de réponse. Ma fille a passé ce temps à compter les jours. Le besoin de recevoir des nouvelles d'Ernest est bien pressant pour son cœur. Pendant les premiers mois, elle me confiait souvent son inquiétude. Maintenant elle aime mieux la renfermer. Elle reçoit cependant avec tendresse toutes les consolations que je lui donne; quelquefois aussi elle me déchire par cette réponse faite du ton d'une amère tristesse : O mon père! ils sont mariés, et je ne le verrai plus.

Ce fut par l'histoire de l'intéressante Fanny que furent terminées les confidences de l'aimable famille; des réflexions sages et douces suivirent ces confidences. La doctrine des Compensations, disait M. de Murville, vient d'être appuyée par nos souvenirs. Chacun de nous a eu sa part de souffrances : Fanny a éprouvé celles qui naissent d'une sensibilité très-vive; moi, celle dont la calomnie peut accabler un homme d'honneur; madame de Belval a gémi sous une tyrannie cruelle; madame de Belfort a connu les peines désolantes qui suivent l'abandon et l'isolement; M. Dalmont a prouvé les malheurs qui naissent des erreurs d'opinion; M. Durand a été longtemps victime des sentiments les plus tendres; madame Durand a souffert comme épouse et comme mère : nous avons eu tous notre part de malheur, et cette part a été, pour chacun de nous, principalement le fruit de ses qualités, de son caractère. Mais que de douceurs ont en même temps été le prix de ce caractère, de ces qualités! et que de douceurs nous restent encore, puisque chacun de nous se félicite d'avoir reçu la vie! Cet avantage nous honore : il prouve que la sagesse n'a pas été étrangère à nos actions et à nos intentions.

Maintenant, mes amis, que la raison et l'habitude confirment en nous les dispositions heureuses, nous devons trouver la sagesse encore plus facile; elle rendra nos peines moins amères et nos plaisirs plus doux.

Mon ami, dit madame de Belval, nos salutaires principes nous présentent en faveur de notre chère Fanny des motifs d'espérance; il me semble que sa part de douleur a été bien grande. Oui, répondit M. de Murville, sa part de douleur a été, ce semble, excessive; cependant n'a-t-elle connu que du malheur? n'est-ce pas toujours avec une satisfaction tendre et même glorieuse qu'elle est descendue au fond de son âme? le droit de s'estimer, de s'approuver elle-même, a-t-il jamais cessé de lui appartenir? et peut-il exister pour une belle âme une source plus féconde de véritables jouissances? Le sort de Stéphanie, si brillant en apparence, si heureux même, si flatteur dans certains moments, est bien loin, selon moi, de pouvoir être comparé à celui de sa noble victime. En toutes choses, c'est la fin, ce sont les résultats qu'il faut surtout considérer. Ma chère Fanny est habituellement livrée à un juste sentiment de tristesse; mais la douceur de son âme n'en est jamais altérée; elle ne murmure pas; elle n'accuse pas la Providence; elle n'accuse personne, pas même Stéphanie; et, en attendant que sa résignation reçoive des récompenses que je ne puis imaginer encore, mais qu'elle me donne le droit d'espérer, de combien d'estime et de tendresse n'est-elle pas ici l'objet! que d'affection dans son cœur et dans tous les cœurs qui l'environnent! Stéphanie, au contraire, j'en suis convaincu, est à l'heure même très-malheureuse; son exaltation épuisée est déjà sans doute remplacée par une inquiétude, une oisiveté, une lassitude, une irritation peut-être, qui font le supplice d'Ernest. Ah! ma sœur, la justice éternelle règne en France comme en Amérique; c'est la loi du Créateur.

Madame de Belval allait montrer combien de tels sentiments étaient ceux de son âme. Fanny entra. Madame de Belval unit aussitôt sa tendresse à celle de son frère, et l'on reconnut que Fanny était trop chérie, trop digne de l'être, pour que dans son sort il n'y eût encore bien du bonheur.

Un jour madame Durand vint trouver sa tante, et d'un ton plein d'émotion et de tendresse lui demanda un entretien secret. Madame de Belfort s'empressa de suivre sa chère Marianne, qui guida ses pas vers un bosquet retiré.

— Ma chère tante, dit madame Durand, je viens de recevoir un aveu qui ne m'a point étonnée; mais il a été suivi d'une commission qui m'afflige. — Parlez, mon amie. — C'est de Fanny que je vais vous entretenir; c'est elle que je suis chargée de solliciter. Elle est aimée, ma tante; vous savez combien elle mérite de l'être; mais son cœur n'est-il pas fermé pour toujours à tous les vœux? lui présenter ceux qu'elle inspire, ne sera-ce point lui causer des peines, renouveler toutes celles qui l'accablent? Ma tante, si j'ai compris le cœur de

Fanny les sentiments du jeune Armand seront repoussés. — Oui, Marianne, et ceux de tous les hommes. Il me semble qu'Armand aurait dû, moins qu'un autre, former un espoir; il a entendu son histoire. — Voilà ce que j'ai d'abord représenté à ce jeune homme; mais écoutez de quelle manière il m'a ouvert son cœur.

J'étais seule hier dans le jardin, lorsqu'il m'aborda d'un air timide et agité. — Pardonnez, me dit-il, la liberté que votre excellent caractère me fait prendre; j'ai besoin d'un cœur obligeant; j'ai pensé à votre générosité, à votre douceur.

Je ne savais ce que je pouvais faire pour Armand; je le priai de me l'apprendre; il le fit avec simplicité. — Depuis longtemps, me dit-il, Fanny m'a inspiré des sentiments d'amour; son histoire, en me révélant qu'elle était à la fois libre et enchaînée, m'a rempli de crainte et d'espoir; mais je n'ai point osé parler. Je ne pourrais, il est vrai, lui offrir un cœur exempt de fautes; j'ai eu le malheur d'en commettre; je n'ai point les droits de votre fils et de votre mari; mais j'ai ceux du repentir, et je suis entouré des plus sages exemples. Je ne demanderais d'ailleurs encore que des espérances; il serait juste de m'éprouver. — Bon jeune homme, dis-je à Armand, si le cœur de Fanny était libre... — Ne peut-il le devenir?... Quand elle saura qu'Ernest a épousé Stéphanie! — Je ne répondais rien. — Parlez, refusez-vous de me servir? ne dois-je rien espérer? — Je ne refuse point de vous servir; et ce n'est pas à moi à fixer vos espérances; mais je ne puis vous dissimuler que je ne les partage point : n'importe, je ferai demain toutes les tentatives qui me paraîtront convenables.

Eh bien, dit madame de Belfort, allons tenir parole à ce jeune homme; allons ensemble trouver Fanny.

La commission d'Armand fut remplie avec les ménagements les plus délicats. Fanny répondit, comme Marianne l'avait prévu, avec cette douceur et cette fermeté qui ne permettent aucun espoir. Ses amies la prièrent de ne point leur en vouloir d'une démarche qu'elles s'étaient crues obligées de faire et dont elles avaient annoncé le résultat. Fanny les rassura par ses tendres caresses, et les remercia avec de douces larmes d'avoir jugé son cœur. Je vois maintenant, dit-elle, que j'ai parlé dignement de celui qui le remplira toujours. Mes chères amies, ce moment où je suis si bien entendue a des douceurs pour moi ; laissez-moi saisir cette occasion touchante de vous faire connaître entièrement les sentiments de mon âme.

En disant ces mots Fanny se leva ; elle prit dans son secrétaire un papier qu'elle présenta à madame Durand. Ce papier était l'acte de divorce ; il y avait au bas, de la main de Fanny :

« Cet acte rend la liberté à mon époux ; je l'ai signé par excès d'amour, par un dévouement sans bornes : mais je jure ici que mon mari seul est libre, que je ne le serai jamais. La seule douceur qui me reste est de me regarder toujours comme son épouse : je me conformerai à ce titre par mes pensées et mes actions ; en affranchissant Ernest de tous sentiments et de tous devoirs envers moi, je garderai tous les miens envers lui avec autant de respect que de fidélité. J'ai cru pouvoir profiter des lois pour faire le bonheur de mon mari en me condamnant à la douleur. Dieu m'est témoin que les plus grands chagrins personnels n'eussent jamais pu me faire recourir à ces mêmes lois, et me faire consentir à l'acte que j'ai demandé moi-même. Si cet acte rend mon mari coupable, que la bonté de Dieu lui pardonne en faveur de mes intentions, de mes larmes et de mes serments ! »

Madame de Belfort et madame Durand furent vivement attendries ; elles prodiguèrent à Fanny les tendres consolations de l'amitié et de l'estime. — Ne vous étonnez pas, ajouta Fanny, si je cache souvent mes peines, si je m'unis aux plaisirs que vous et ma famille goûtez en ce moment. Mes sentiments sont profonds ; rien ne peut les affaiblir. Je n'ai pas besoin de donner à mon amour l'aliment de la douleur ; il est inaltérable ; et les devoirs que la bienveillance et l'amitié m'imposent ne changent rien à l'état de mon cœur.

Voilà, mes amies, ce que vous pouvez répondre, et ce qui suffira sans doute ; s'il n'en était pas ainsi, vous pouvez parler de ce que vous avez lu : je me confie à votre prudence et à votre affection.

Madame Durand promit à Fanny qu'elle ne serait point importunée par des vœux inutiles. Elle mit tant de raison et de sagesse dans ce qu'elle dit à Armand, qu'elle le fit renoncer à tout espoir avec autant de résignation que de regret.

Un soir on se mettait à table pour souper; le bruit d'une chaise de poste étonne l'heureuse famille. — M. de Murville se lève; il n'a pas le temps de sortir... Un jeune homme se précipite dans la salle. — Grand Dieu! s'écrie Fanny; et elle s'élance dans les bras d'Ernest.

On s'agite, on s'empresse. M. de Murville soutient Ernest, le serre sur son cœur; tout le monde se retire; il reste seul avec Ernest et Fanny.

— J'ai mérité mon sort, dit Ernest avec un soupir déchirant; mes craintes se sont vérifiées; ô Fanny! j'ai connu trop tard le bonheur de t'adorer! — Que crains-tu? s'écrie Fanny en pressant sa main avec inquiétude. — Lorsque j'ai traversé la ville voisine, j'ai demandé le chemin de ce hameau : Allez-y promptement, m'a-t-on dit, tout y est dans la joie : un mariage s'y prépare.

Ernest frissonnait; ses yeux s'égaraient... — Un mariage et de la joie! Et tu m'as soupçonnée? s'écrie Fanny en se jetant à ses pieds. Je suis à toi, Ernest; je n'ai jamais cessé d'être à toi! le divorce n'était pas pour moi.

Ernest paraissait accablé. — Ma fille, dit M. de Murville avec l'émotion la plus tendre, ménage son âme sensible; calme la tienne..... Mon cher Ernest, vous avez besoin de repos.

Fanny se lève; elle veut servir son mari. — Arrête! lui dit Ernest; ne t'éloigne plus, ange céleste; ne me quitte plus!... En disant ces mots il a retrouvé ses forces; il serre Fanny sur son cœur; il répète : Tu es à moi!... — Oui, Ernest, à toi pour la vie, prête à te suivre, à t'obéir, à te servir... — Je te connais, Fanny; je connais ton amour; je t'aime, je t'adore, je n'adore que toi!..... Ernest prononce ces mots de l'accent le plus tendre.

O mes enfants! dit l'heureux père de Fanny, calmez-vous; maintenant vous en savez assez, puisque chacun de vous a montré son cœur. Mon cher Ernest, soignez-vous pour l'amour de Fanny, dont vous avez toujours été la seule pensée; et toi, ma fille, repose-toi pour l'amour d'Ernest et de ton père.

M. de Murville obtint ce qu'il demandait; il conduisit Ernest à un appartement tranquille, où il lui fit porter tout ce qui pouvait réparer ses forces épuisées; il le servit lui-même, le consola, lui prodigua les témoignages de sa tendresse; il ne le quitta que lorsqu'il le vit dans un paisible sommeil.

Le lendemain Ernest, placé entre M. de Murville et Fanny, raconta ainsi son histoire :

Après votre départ, Fanny, mon âme fut en proie à la douleur et au repentir. Je ne pénétrais point cependant vos généreux motifs; mais je m'indignais contre moi-même de ne vous avoir pas suivie. Ma santé était faible; ma raison semblait obscurcie. Stéphanie ne me quittait pas; votre absence paraissait avoir augmenté sa tendresse; mais bientôt mes chagrins et mes remords l'offensèrent. Son amour, changé en jalousie, prit le caractère violent de toutes ses passions. Elle ne fit plus entendre que le langage de l'exigence; elle devint fatigante par ses plaintes amères sur l'inconstance des hommes, sur les malheurs du sentiment, sur les tourments de l'amour. Vainement alors je cherchais à la calmer, à ramener dans son cœur des dispositions généreuses; vainement je lui parlais de vos droits, de mes torts, de votre résignation, de votre douceur : plus j'étais modéré et juste en rappelant vos qualités, vos vertus et vos peines, plus elle était emportée dans son humeur et dans ses plaintes. Si par moments elle semblait redevenir tendre et paisible, l'instant d'après elle était dure et impérieuse; elle paraissait vouloir reprendre tous les droits qu'elle avait exercés sur mon enfance; elle me reprochait d'avoir oublié les services qu'elle m'avait rendus. Quelquefois, sentant son injustice, elle avait honte de son caractère; et alors, moins excitée par la confiance que par l'orgueil, elle demeurait taciturne et sombre. D'autres fois encore elle déplorait l'inutilité, l'obscurité de sa vie; et dans son agitation indiscrète elle laissait échapper le regret d'être réduite à partager mon humble sort.

Dans une situation si désolante, que pouvais-je faire, Fanny, si ce n'est de comparer à tant d'humeur et d'emportement votre conduite touchante et sublime; et que pouvait produire une telle comparaison, si ce n'est de porter vers vous toutes mes pensées, tous mes vœux, tous mes regrets, et de me détacher de Stéphanie? Elle s'en aperçut aux efforts mêmes que je fis pour le déguiser; alors elle ne réprima plus la violence de ses mouvements; cette activité passionnée qu'elle employait autrefois d'une manière si brillante, elle ne l'employa plus que pour nous accabler l'un et l'autre de tourments et de chagrins; toute affection s'éteignit; il ne me resta plus que la pitié pour adoucir la désolation, l'irritation même que me causait Stéphanie.

Tel était, Fanny, le triste état de mon cœur, lorsque je reçus votre lettre, et avec elle le droit de contracter un nouveau lien : je compris alors tout votre caractère, toute votre conduite; je ne pus tenir à tant d'héroïsme; je m'écriai : O vrai sacrifice de l'amour! que le mien soit à jamais ta récompense!...

Fanny, transportée de bonheur, interrompit Ernest pour lui montrer la tendre émotion de son âme. — O mon amie! lui répondit Ernest, pourquoi le mérite d'un si juste retour m'est-il ôté par les malheureux défauts de Stéphanie et par ce que j'ai souffert de son caractère? — Qu'importe, dit Fanny, pourvu que maintenant mon cœur possède le tien! Mais continue, je t'en supplie.

Stéphanie était auprès de moi, lorsque je lus ta lettre; elle avait déjà vu celle que tu lui adressais; elle semblait éprouver des combats extraordinaires; une jalouse inquiétude, un dépit violent se montraient sur son visage. Trop heureux en ce moment, ou du moins trop agité par l'amour, l'admiration, le repentir, pour maîtriser mon âme, je laissai échapper les cris de mes profonds sentiments; Stéphanie éclata en reproches affreux, en imprécations horribles; j'essayai vainement de la calmer : je voulus la presser dans mes bras; elle s'en arracha brusquement, et s'éloigna en jetant sur moi un regard qui me fit frémir.

Resté seul avec ton image adorée et son image effrayante, j'étais déchiré par les sentiments les plus vifs et les plus opposés. Que devais-je faire? Mon cœur m'entraînait à te poursuivre; la pitié, la générosité me retenaient auprès d'une femme infortunée : je n'espérais point la ramener à des sentiments paisibles; mais je devais, s'il m'était possible, prévenir son désespoir.

Hélas! je ne pus y parvenir. Dès le jour même, inquiet de la manière dont elle m'avait quitté, j'allai vers elle, disposé à tous les ménagements qui pourraient s'accorder avec mon amour et mon admiration pour toi; je la trouvai malade, bouleversée, insensible à mes plus tendres plaintes, révoltée même de ma douceur et de mes égards : Garde ta pitié et ta déférence, me dit-elle; n'insulte point à des maux que tu ne peux comprendre; laisse-moi mourir.

Ces mots cruels, prononcés à la fois d'une voix faible et d'un ton farouche, me jetèrent dans une sombre alarme. Je gardai le silence; mes larmes coulèrent; mais, grand Dieu! quel spectacle se préparait! Les yeux de Stéphanie se fixent et s'éteignent; elle pâlit; saisie de convulsions affreuses, elle tombe sans connaissance. Je me hâte d'appeler du secours; à force de soins, la vie lui est rendue; retour funeste! Le jour n'éclaire plus que ses souffrances; alternativement agitée et languissante, Stéphanie descend rapidement vers le tombeau.

O ma chère Fanny! pardonne-moi les regrets que je lui donnai; et épargne-moi le récit des scènes les plus déchirantes!......

Fanny, vivement émue, fondant en larmes, ne put que se jeter dans les bras d'Ernest, en lui disant : O mon ami! que j'approuve, que j'estime tous les mouvements de ton cœur!

Ma chère Fanny, reprit Ernest, je ne pus me reposer de tant de secousses et de chagrins que par le souvenir de tes vertus et l'espoir de te retrouver. Je ne songeai plus qu'à franchir la distance qui me séparait de toi; je pars, je ne m'arrête point; je mets toute la diligence possible; cependant quel long voyage! J'arrive en France; je me rends à la ville voisine; je demande la demeure de M. de Murville : c'est alors que l'on

brise mon cœur; on me dit que la fille de la maison se marie...
Oh! pardonne-moi cette dernière douleur, cette dernière injustice, Fanny! pardonne-la à toutes les épreuves qui ont composé ma vie et que j'ai méritées! — Tu n'as mérité que mon amour, dit Fanny en se précipitant sur son cœur; et, en acceptant cet amour tout entier, tu mériteras toute ma reconnaissance.

Ernest et Fanny renouvelèrent leurs serments. — Mon ami, dit Fanny, voilà l'union que j'avais désirée : elle est consacrée par mon père. — Oh! que je puisse de nouveau la bénir! s'écria madame de Belfort en rapprochant sur son cœur Ernest et sa compagne : ma chère fille, cette journée est la digne récompense de votre dévouement et le dédommagement de vos peines. Ah! que l'on se trompait en accusant vos épreuves d'être trop grandes, et de démentir le principe des Compensations. » Il ne saurait être en défaut, dit M. de Murville; c'est Dieu même, c'est le maître du temps, le suprême Ordonnateur des choses, c'est l'Être juste qui l'a établi.

Espoir du malheureux, à la vertu propice,
Le Temps marche toujours suivi de la Justice.

APPENDICE.

Le principe d'un balancement général dans les destinées humaines est celui que les moralistes et les philosophes de tous les siècles devaient d'abord apercevoir, car il n'en est pas de plus ancien, de plus constant, de plus vrai et de plus simple. Aussi on le trouve sans cesse exprimé dans les bons ouvrages de l'antiquité et dans les bons ouvrages des temps modernes. Tout écrivain réfléchi lui a rendu hommage, le plus souvent sans dessein, et comme l'on proclame une vérité, reconnue même du vulgaire.

C'est qu'en effet tous les hommes reconnaissent ce principe, et, sans y songer, l'appliquent sans cesse; chez tous les peuples, quel que soit l'âge de leur civilisation, il est un ordre de vérités populaires, ayant reçu le titre de *proverbes*, qui forment pour les hommes de toutes les classes une sorte de philosophie usuelle et consacrée. L'explication la plus simple de ces vérités populaires, celle qui se présente le plus naturellement, les rattache presque toutes au principe d'un balancement exact entre les effets et les causes, entre toute action et la réaction qui lui succède, en un mot au principe général des compensations.

Les arts les plus aimables, ceux dont les productions s'adressent au plus grand nombre d'hommes, semblent se plaire à mettre en scène ce principe. Le poëte de tous les peuples, le philosophe de tous les âges, le bon la Fontaine, a-t-il fait autre chose que traduire en images simples et ingénieuses la loi des compensations dans les destinées humaines, lorsqu'il a écrit ses meilleures fables, *le Chêne et le Roseau, le Savetier et le Financier, la Goutte et l'Araignée?*

Je ne suis donc rien moins que le créateur de l'idée que j'ai exposée; cette idée d'un balancement continu entre le plaisir et la peine est dans l'esprit humain l'idée la plus constante et la plus universelle; c'est par conséquent une idée vraie, car les hommes de tous les lieux, de tous les temps, ne peuvent être d'accord que sur les idées sans cesse vérifiées par toutes les expériences.

Mais cette idée générale n'était encore que vague et indéfinie; elle attendait une démonstration détaillée et méthodique qui ne laissât plus de doute dans les bons esprits.

Si je ne m'abuse point, cette démonstration a été commencée par l'ouvrage que l'on vient de lire; le mot *compensations* est, ce me semble, un de ceux que maintenant les hommes de tout état appliquent le plus fréquemment; on va même plus loin que moi; car, tandis que je ne balance les unes par les autres que des causes générales et les sommes d'effets respectifs qui en résultent, on paraît se plaire à chercher la compensation spéciale, non-seulement de chaque peine grave, mais de chaque mouvement sans importance, de chaque accident le plus léger.

Cette sorte d'habitude, tantôt sérieuse, tantôt badine, ne saurait jamais conduire à un résultat précis; mais elle indique que l'esprit humain, du moins en France, donne au principe des compensations l'assentiment confus d'une persuasion qui lui paraît légitime, quoiqu'il ne songe pas encore à en fixer les bases.

Et en fait de vérités majeures, l'esprit humain est très-avancé quand il en est venu à une telle disposition : c'est toujours une pensée devenue commune à un grand nombre d'hommes qui ébauche et prépare ce qui va s'établir; les créateurs apparents d'une théorie appelée à devenir bientôt universelle n'en sont jamais que les rédacteurs.

TABLE DES MATIÈRES.

                                                             Pages.

Azaïs, sa vie et ses ouvrages. 1
Préface (écrite en 1830). 1
Indroduction. 9

LIVRE PREMIER. — DU MALHEUR.

Coup d'œil général sur la distribution des diverses conditions qui composent le sort de l'homme. 20

LIVRE SECOND.

Application de la loi des compensations à l'engagement du mariage. . 34

LIVRE TROISIÈME.

Compensations attachées au titre de père. 46
Compensations dans les familles. 48
Famille nombreuse. Enfant unique. 50
Compensations en faveur de l'homme qui se marie de bonne heure. . 51
Principal avantage attaché au titre de père. 52
Principales peines attachées au titre de père. 53

LIVRE QUATRIÈME.

Compensations dépendantes de l'organisation individuelle. 57
Compensation attachée au divers tempéraments. .... ib.
Des douceurs attachées à la vie. 59
Jugement sur Mirabeau. 61
Des compensations attachées à la beauté. — Des hommes presque dépourvus de sensibilité et d'intelligence. 64
Influence de notre caractère sur notre destinée. 67
De l'influence que nous pouvons exercer nous-mêmes sur notre caractère. 72
Influence des bons caractères sur ceux qui les environnent. 73

LIVRE CINQUIÈME.

Indications à suivre dans le choix des personnes avec lesquelles il serait le plus doux de passer sa vie. 74
De l'amour-propre. 78
Avantages des contrariétés qui s'attachent à notre sort. — Direction qu'il est heureux de donner à l'amour-propre. 82

LIVRE SIXIÈME.

Des compensations qui s'attachent à la fortune. 86
Les hommes qui possèdent les dons de la fortune ont rarement de vrais amis. 90
Économie, prodigalité. 91
Goût de la dissipation; goût de la retraite. 94
Compensations attachées aux avantages de la puissance, du caractère et du talent. 98
Jugement sur Voltaire. 104

TABLE DES MATIÈRES.

LIVRE SEPTIÈME.

Pages.

Des compensations qui s'attachent au séjour des villes et au séjour des campagnes. 110
Des compensations qui s'attachent aux divers emplois de l'industrie et de l'activité de l'homme. 115
Du commerçant. — Des voyages. — Balancement des divers états. ... 120

LIVRE HUITIÈME.

Des compensations établies dans le sort des femmes. 132

LIVRE NEUVIÈME.

Des compensations attachées à l'enfance. 148
Des avantages de l'enfance. 156
Imprévoyance des enfants. 161
Explication de la cruauté des enfants, et de leur indifférence pour les maux qui nous affectent. 162
Facilité de pleurer accordée aux enfants par la nature. 164

LIVRE DIXIÈME.

Compensations attachées à l'âge de l'adolescence et à celui de la jeunesse. 165

LIVRE ONZIÈME.

Continuation du même sujet. — Défauts attachés au caractère du jeune homme. 180

LIVRE DOUZIÈME.

Continuation du même sujet. — Sort du jeune homme dans les situations où il est déplacé. 194

LIVRE TREIZIÈME.

Compensations attachées à l'âge mûr et à la vieillesse. 203

LIVRE QUATORZIÈME.

Résumé et conclusion. 209

APPLICATIONS DES PRINCIPES DES COMPENSATIONS.

Avant-propos. 229
Introduction. 233
Histoire de madame Durand. 238
Histoire de monsieur Durand. 285
Histoire de madame de Belfort. 303
Histoire de M. Dalmont. 345
Histoire de madame de Delval. 380
Histoire de M. de Murville. 458
Histoire de Fanny. 469
Appendice. 525

FIN DE LA TABLE.

www.ingramcontent.com/pod-product-compliance
Lightning Source LLC
Chambersburg PA
CBHW070411230426
43665CB00012B/1324